La mente diáfana

Historia del pensamiento indio

Juan Arnau

La mente diáfana

Historia del pensamiento indio

Alianza editorial
El libro de bolsillo

Diseño de colección: Estrada Design
Diseño de cubierta: Manuel Estrada
Ilustración de cubierta: © Album / Dea Picture Library

C/ Valentín Beato, 21
28037 Madrid
www.alianzaeditorial.es

PAPEL DE FIBRA
CERTIFICADA

ISBN: 978-84-1148-908-9
Depósito legal: M. 122-2025
Printed in Spain

Si quiere recibir información periódica sobre las novedades de Alianza Editorial, envíe un correo electrónico a la dirección: alianzaeditorial@anaya.es

Índice

¿Quién es el ave de oro
que mora en nuestros pechos y en el sol?
Cisne, pájaro acuático
de cegadora luz,
a él y solo a él honra este fuego.

Así como la llama, consumida la leña,
se sosiega y se extingue,
así, cuando se agota el pensamiento,
la mente halla su fuente y queda en paz.

Cuando el alma se inmola
por saber la verdad,
halla paz al amparo
de su primer cimiento,
cesan todos los hábitos antiguos,
se quiebra la ilusión de lo sensible.

El ciclo de la vida,
que llaman el saṃsāra,
no es más que la mente.
Mantenla siempre limpia,
pues uno se convierte
en aquello que piensa.

Ese es el gran misterio:
una mente serena
trasciende el bien y el mal.
Anclada en su quietud,
la mente se unifica,
y se sume en el gozo de lo eterno.

Si la mente atendiera a lo sagrado,
así como se ocupa de este mundo,
¿quién quedaría ya por liberar?

La mente se presenta
bajo sus dos aspectos:
el puro y el impuro.
Impura si aún la atan los deseos,
y pura si ya ha roto esa atadura.

Cuando ella se concentra,
silencia su murmullo,
se trasciende a sí misma,
y alcanza el fin supremo.

Si aún no se le ha mostrado
la verdad que ella anhela,
la mente halla refugio
solo en el corazón.

Sabiduría hay en lo segundo,
en lo primero, eterna libertad.

Lo demás son palabras.

Maitrī upaniṣad

Preludio

El presente libro recorre más de dos mil años de historia del pensamiento indio, desde los primeros himnos védicos hasta el śivaísmo de Cachemira. Vertebran este largo período dos episodios fundamentales: la experiencia filosófica de las upaniṣad y la escuela del yoga y del sāṃkhya. Todo ello bajo la influencia constante del budismo, cuyos desafíos a la tradición brahmánica alimentaron un fructífero diálogo solo interrumpido por la llegada del islam. Nos ocuparemos en primer lugar de la época védica, dominada por la idea del sacrificio, energía creativa que impulsa las transformaciones del mundo natural. Luego nos acercaremos a la primera tradición propiamente filosófica de la India, las upaniṣad, en las que se perfilan las correspondencias, no siempre evidentes, entre el orden cósmico y el humano. Nos asomaremos a los grandes mitos y símbolos de la devoción hindú, con una breve incursión en sus formas de vida e instituciones sociales. Sin olvidar el pensamiento de los gramáticos, articulado en torno a la vibración sonora y la memoria, dialogaremos con los escépticos, los materialistas y los nihilistas, que preparan el terreno para las dos grandes corrientes heterodoxas: el budismo y el jainismo. A continuación, abordaremos el sāṃkhya, quizá la escuela filosófica más influyente, y sus huellas en la tradición del yoga y de la *Bhagavadgītā*. Pasaremos entonces a los atomistas y al realismo lógico del nyāya. La síntesis del vedānta y el śivaísmo de Cachemira, que refina y extiende la noción del cosmos del sāṃkhya, serán las últimas etapas de nuestro recorrido.

La visión hindú, como veremos, es rica y poliédrica. La India ya lo ha pensado todo, dejó escrito Jorge Luis Borges, y en cierto sentido así es. Pero hay una idea dominante que esperamos que este libro ponga de manifiesto: la correspondencia entre el orden del pensamiento y el orden cósmico, entre lo que pasa en la cabeza y lo que sucede ahí fuera, en el llamado mundo de los fenómenos. La mente es capaz de desdoblarse, y sus hábitos acabarán por decidir el destino del individuo:

> El ciclo de la vida, que llaman el saṃsāra, no es más que la mente. Mantenla siempre limpia, pues uno se convierte en aquello que piensa[1].

En Occidente, Gottfried W. Leibniz, George Berkeley y, más recientemente, Alfred N. Whitehead y Niels Bohr trataron de rescatarla, pero con poco éxito. Este fracaso por parte de lo que podríamos llamar la «ilustración periférica» (u «olvidada») ha tenido consecuencias decisivas para el destino de Europa y, en general, del mundo occidental. Desde entonces, la conciencia, fundamento de la cultura mental, se considera un fenómeno tardío y de escasa relevancia en la evolución cósmica. Para el pensamiento indio antiguo, la situación es bien diferente. La conciencia, situada en el inicio mismo del cosmos, establece una distinción original entre espíritu y naturaleza que permite que ambos mantengan una relación amorosa y cognitiva. De esa relación emerge el mundo en que vivimos. El espíritu quiere conocer y penetrar en la naturaleza. Esta, a su vez, quiere ser atravesada y vivificada por el espíritu, en un acto erótico y sapiencial en el que encuentra su realización. El espíritu, que carece de contenido, puede así experimentar el mundo en toda su diversidad. Mientras que el espíritu está vacío, la naturaleza es la expresión de la plenitud. El mundo no puede entenderse sin esa complementariedad esencial. El yo y la mente pertenecen a la naturaleza, pero necesitan al espíritu si quieren lograr su plena realización. De dicha realización, que tiene muchos nombres (mokṣa, nirvāṇa), basta con saber que supone la liberación del espíritu, que aunque siempre ha gozado de libertad, ha sido confundido por la magia de lo creado en la que él mismo ha participado desde el principio.

Śaṃkara lo dirá de un modo elocuente: lo que llamamos universo no es sino «el conocimiento que se conoce a sí mismo». Pero para ser mundo, el conocimiento debe conocerse a través de cada uno de los seres vivos. Se sugiere que la conciencia, tan íntima, tan nuestra, en realidad no nos pertenece. Es luz reflejada venida de fuera. Entra en nosotros y vuelve a salir; por eso su apropiación es ilícita y, sobre todo, desagradecida. Desatiende los códigos elementales de la cortesía. Somos lunas, pero el ego se cree un sol. La luz es siempre refleja y recíproca y, en la vida humana, conciencia y atención. La búsqueda de una mente diáfana, que no ponga obstáculos al tránsito de la conciencia, se convertirá en uno de los grandes ideales de la cultura india.

Esta situación, que explican las últimas upaniṣad y la filosofía del sāṃkhya, tiene también su expresión en la mitología védica. Prajāpati, el Ser primordial, reconcentrado y lleno de ardor, inicia mediante la autoinmolación el despliegue de lo manifiesto. Entonces lo que era Uno se hace muchos. Lo inmanifiesto se manifiesta. Para la inteligencia védica, el origen de la multiplicidad de la vida que percibe y siente se remonta a esa entrega primordial.

Posteriormente se desarrollará la idea de una experiencia liberadora, una vivencia que trasciende las vicisitudes de la vida cotidiana, sometida a causas y circunstancias por ser ella misma el fundamento de todas las causas y circunstancias. A esta idea se añade otra que toca muy de cerca la naturaleza humana. Hay cosas en la mente que tienen vida propia, que se producen espontáneamente, de modo que es posible observarlas como espectador por no ser expresiones de la propia personalidad. Un extraño fenómeno que infunde la sensación de que compartimos nuestra mente con la de otros, de que participamos de un trasfondo imaginario común.

El pensamiento indio reúne tres de los ingredientes fundamentales de toda gran filosofía. El primero, el asombro, es el destilado de la experiencia poética y el comienzo de toda investigación: decanta la búsqueda y desarrolla un humor inquisitivo. El segundo, la simpatía, se funda en la vieja premisa de que solo lo semejante puede conocer lo semejante; la simpatía propicia el magnetismo erótico, esencial en la transmisión del conocimiento, y la búsqueda de correspondencias y afinidades que, una vez detectadas, establecen las leyes o hábitos del mundo natural. Y el tercero, la libertad, pone distancia respecto a las propias creencias y, en cierto sentido, cierra el círculo al regresar al punto de partida: el asombro y la inquisición.

Estos tres ingredientes forman parte de la cultura mental, es decir, de toda una serie de hábitos del pensamiento y de la percepción que constituyen el legado más valioso de la India.

Orden cósmico y orden social

El término védico ṛta hace referencia a la ley que gobierna el orden natural y el curso de las cosas. De este término se desprende, en la literatura posterior, un concepto decisivo en el pensamiento védico y budista: el concepto de dharma, que adquiere los significados adicionales de ley divina, realidad, verdad y, en el orden social, lo justo y lo correcto. Combina así las prerrogativas de una ley universal con las de una norma moral para conducirse con armonía por la existencia. El dharma incorpora tres niveles de significado: (1) la ley natural o el orden universal; (2) los principios normativos que rigen la sociedad, y (3) el conjunto de instrucciones y prohibiciones que gobiernan los procedimientos litúrgicos. La literatura exegética y filosófica se esforzará en establecer correspondencias entre estos tres niveles, siempre presentes en la mentalidad hindú.

En general, la India antigua rechazó la idea de que el tiempo fuera una realidad en sí misma, al margen de quienes lo experimentan. Tanto en los sistemas filosóficos del hinduismo como en los del budismo y el jainismo, el universo se concibe como un organismo que se desarrolla en paralelo a la actividad consciente de los seres que lo habitan. El espacio y el tiempo no se organizan mediante la gravedad de la materia, sino en función de los diferentes estados mentales. Los actos conscientes abren los caminos del espacio y dibujan el curso del tiempo, produciendo periódicas pérdidas y recuperaciones de los valores. Después de todo, el ejercicio del dharma es deber tanto cósmico como social y político. No solo en el budismo, sino también en los primeros balbuceos del pensamiento védico, el universo se halla concienciado. El puesto de los seres en el cosmos no es resultado de la evolución ciega de la materia, sino de los actos, heroicos o miserables, de los seres. Esta relación del tiempo con la ética (dharma) dará lugar a la doctrina de las cuatro yuga, según la cual no hay un «espíritu de los tiempos», sino que la facilidad o dificultad que presenten ciertos asuntos, ya sean cognitivos o soteriológicos, dependerá del clima espiritual de cada época. La decadencia del dharma es la decadencia del tiempo, que pierde ritmo y vitalidad porque respira en los seres y no al margen de ellos.

Eterno retorno

El cosmos indio es un proceso cíclico y recurrente en el que ni siquiera los dioses son eternos. El universo es reducido periódicamente por el fuego para renacer de nuevo con brío e inocencia. Sin esa infancia cósmica de energías renovadas, el cansancio cósmico no permitiría las hazañas de los héroes ni la liberación de los sabios. Esta idea de la disolución periódica fue compartida por los presocráticos. Heráclito consideraba que el mundo había surgido del fuego (semejante al ardor original de Prajāpati) y volvería al fuego. Parménides llegó a sugerir que el cambio era solo un fenómeno aparente y que las transformaciones del mundo obedecían a los dictados de la repetición. También los pitagóricos, los estoicos y los gnósticos estaban familiarizados con el eterno retorno, que para los últimos convierte el cosmos en una tediosa prisión.

Cuando descubrimos y abrazamos una nueva idea, a veces tenemos la sensación de que ya la conocíamos. En esa familiaridad se funda la experiencia filosófica india. Somos más viejos de lo que pensábamos, nacimos mucho antes de lo que registran nuestros documentos identificativos. Platón llamó a este fenómeno «reminiscencia» (anamnesis), y la idea pudo tener un origen oriental. Consiste en que toda la verdad se encuentra de antemano en el alma de cada individuo, pero velada por las heridas del vivir, por experiencias o emociones negativas (la miseria, la codicia, el odio) que acaban por sepultarla. Desvelarla es tarea del sabio, tanto en el Egeo como a orillas del Ganges.

Las upaniṣad tardías insisten en que el universo está hecho de conciencia y naturaleza. El magnetismo entre ambas crea el receptáculo que habitan los seres. Una idea que probablemente tenga su origen en el sāṃkhya y el budismo. De hecho, en algunas de las narraciones fundacionales del pensamiento hindú, el intervalo entre la disolución del cosmos y su posterior recreación se describe mediante la metáfora del ensueño. La energía creativa, de la que surgirán tanto el tiempo como el espacio, duerme en estado de semiconciencia y, al despertar, despliega de nuevo lo manifiesto. Otra idea recurrente, que veremos en detalle, es que la singular belleza de las transformaciones de la materia tiene una razón de ser: el deleite y la recreación de la conciencia (puruṣa). Sin ese testigo, que contempla la plasticidad creativa de la naturaleza (prakṛti), el despliegue cósmico carecería de sentido. Esa tensión erótica es la que mantiene la marcha del mundo.

La unidad de todas las cosas

El Uno sin segundo celebrado por el poeta védico, el Uno que respira en las tinieblas del origen y se abre camino desde los abismos del no ser, recorre toda la historia del pensamiento indio. Una realidad única en la que toda diferencia es ilusoria; una sustancia que señala la unidad de todas las cosas, su fraternidad original. Ese Uno es la vibración sonora que escucharon los antiguos poetas védicos. Ese Uno adquirirá numerosos nombres a lo largo de diferentes épocas y lugares, pero esa pluralidad no quebrantará su unidad. Es respiración y sostén de la vida, es alimento, fuego y viento. Es amor y deseo ardiente. Es, en definitiva, pregunta y enigma. ¿Quién tendrá la dignidad de conocerlo? ¿Será el poeta con su exaltación, el filósofo con su curiosidad o el brahmán con su plegaria? ¿Será el sacerdote con su sacrificio o el asceta con su silencio?

Uno de los significados más antiguos del término *bráhman* fue el de 'fórmula sagrada'. La plegaria fue una de las primeras formas de la seducción. Como el verso de alabanza, pretende despertar la simpatía de los innumerables dioses, con la esperanza de que nos conduzcan al Uno sin segundo. La palabra sagrada viaja entre la tierra y el cielo y en sí misma es, además de mensajera, enigma (bráhman). Su voz no solo está en los labios del sacerdote; está en el agua y en el viento, en el crepitar del fuego y en el mugido del animal atado a la estaca del sacrificio.

La palabra sagrada sostiene a los dioses y a los hombres. Bṛhaspati, el Señor de la plegaria, garantiza su mutuo entendimiento. Infunde fuerza al enfermo, vigor a las plantas, claridad a la mirada. La plegaria es una sustancia embriagadora, espirituosa, un fluido invisible que fecunda y esclarece las cosas. Fuerza seductora, bráhman es la invocación y lo invocado. Es la palabra antes de su escisión en sonido y significado, es el dardo y la diana, el cuerpo y el espíritu. Esa es la magia de la oralidad védica: una revelación sonora, una voz original que ciertos oídos fueron capaces de oír. Luego, con el tiempo, será la sílaba y el mantra, la vibración y el reconocimiento. Pero por ahora solo es magia y poder de seducción. De ahí que el término *bráhman* signifique tanto 'fórmula sagrada' como 'aquel que conoce el secreto que asegura la comunicación con los dioses'.

Lo importante está oculto, solo lo superficial está a la vista. El universo externo se halla supeditado a la transformación interna. Descubrir y desvelar el ātman (un principio esencial del pensamiento indio del que hablaremos a lo largo de estas páginas), apartar los velos que lo cubren, las sutiles o densas capas que lo ahogan, se convertirá en el objetivo fundamental de la vida. Hay otros objetivos (el placer, la riqueza y el deber –Kāma, artha, dharma–, los tres fines de la vida), pero la liberación (mokṣa) se considera superior a los demás. Para ello se investigará el funcionamiento y la estructura de la mente, las facultades y operaciones de la psique, eje en torno al cual se articula la disciplina del yoga. También las diversas teorías del entendimiento, lo que en Occidente se llama epistemología y en sánscrito pramāṇavāda: cómo conocemos las cosas y cuáles son los medios fiables de conocimiento.

La magia del olvido

La personalidad o ego, con su mundo de nombres y formas, con sus inclinaciones constitutivas, con sus fascinaciones y miedos, hace olvidar la luz interior (ātman), que carece de todo ello y no se ata a nada. Esa magia del olvido es el fundamento de la evolución natural. Sin ella, el mundo se detendría. Las upaniṣad conciben el ātman como el sustrato de todo lo creado. Una viveza que «ni el fuego quema, ni el agua moja, ni el viento seca». No se ve afectado por el curso y las transformaciones de la energía cósmica, pero ignorar su presencia es causa de desdicha e infortunio. Resulta fundamental la necesidad de ese «reconocimiento», palabra con la que el ātman será definido por el śivaísmo de Cachemira. Conocer es reconocer la presencia del ātman bajo todas las máscaras de la persona: social, afectiva o psíquica. Y para que ese reconocimiento sea posible hace falta calmar la mente, desacelerarla y, en último término, desactivarla, algo que veremos cuando nos ocupemos del yoga. Una tarea que asume los presupuestos del humanismo. No hay ángeles, dioses, demonios o técnicas que la faciliten. En todo caso, el que se inicia en esa búsqueda (llamado adhikārin) tiene la posibilidad de aprovechar algunos de los afluentes de gracia proporcionados por la devoción o por la condensación de energía mediante el ayuno, la castidad o el recogimiento. Esa labor de reconocimiento no precisa de la recopilación y ordenación de datos. Nada tiene que ver con la información ni con el empleo de sistemas teóricos o especulativos. Se trata más bien de un esfuerzo de la atención y de la suspensión de los procesos mentales, con el objeto de volver la mente diáfana para que la luz de la conciencia la atraviese sin encontrar obstáculos. Algo así como una ventilación mental en la que la conciencia hace las veces de agente purificador.

Las cualidades fundamentales del adhikārin son la memoria y la devoción al maestro. No hay lugar para el pensamiento crítico en este estadio cognitivo, caracterizado por la disposición a la entrega, la obediencia y el ferviente deseo de escuchar. A ello se añade el firme propósito de custodiar fielmente el tesoro de conocimientos que se va a recibir. El maestro que recita los textos sagrados es una encarnación de lo divino. Hay aquí dos premisas básicas. Por un lado, la fuerza que constituye el ego o la personalidad es la ignorancia. Por el otro, el conocimiento que va a impartirse no es ningún tipo de información, sino que está más allá del nombre y la forma, más allá de todo lo decible. Se trata de una experiencia translógica que resultaría contradictoria o incoherente si se expresara en un lenguaje más o menos depurado. Sin embargo, lo narrativo y la lógica de ciertos relatos no están de más. Pueden sernos de ayuda como propedéutica. La mitología, que en nuestro mundo moderno se transformó en la novela, en el antiguo mundo indio sigue asistiendo al pensamiento. Hay cosas que se cuentan mejor a través del mito. Y la tarea irrenunciable del discípulo es comprender y hacer suyo el secreto que transmite el maestro. El enfoque puramente teórico o intelectual es solo la superficie del asunto. La discriminación entre lo eterno y lo pasajero, entre lo esencial y lo superfluo, es importante, pero si ese conocimiento no arraiga en la experiencia, ya sea en la meditación, la plegaria o el yoga, si no se interioriza, resulta ineficaz. La verdad no es algo que se sepa, sino que se realiza. Una experiencia vital interna en la que participan la memoria, el entendimiento y el sentido del yo, aunque en última instancia todos ellos sean trascendidos.

La experiencia del ātman

La sabiduría no es una ciencia más, sino un conocimiento que tiene por objeto alcanzar una forma más elevada de ser. En algunos casos se renuncia al deseo elemental que impulsa el vivir para transformar la naturaleza humana. En otros se utiliza el propio deseo como agente de transformación (como veremos en el caso del tantrismo). El discípulo debe ser «adecuado» (adhikāra). Mientras que el sacerdote domina los demonios, el médico las enfermedades y el herrero el metal, el sabio ha de dominar su mente. Las pasiones, las reacciones y las meditaciones son su material de trabajo, aunque también necesita la memoria. Los libros sagrados son numerosos y conviene tenerlos siempre en mente. De hecho, así es como se conservó la literatura védica: a través de la memoria de familias de rapsodas, poetas y sacerdotes. Los antepasados la transmitieron en estrofas, sujetas a métrica y acentos, para que fuera fácilmente recordada. La sabiduría y sus poderes son guardados celosamente por generaciones de estudiosos y recitadores. Un himno, un conjuro o un mantra pueden llegar a tener el poder de un arma o un elixir: son capaces de herir o curar, de hundir o elevar. La *Bṛhadāraṇyaka*, o *Gran upaniṣad del bosque*, advierte que el conocimiento secreto no debe transmitirse a quien no sea hijo o discípulo[2], algo que confirma la *Chāndogya upaniṣad*:

> Cuando alguien conoce esta enseñanza oculta, que es la verdad de bráhman, para él el sol no se eleva ni se pone, sino que siempre es de día. Brahmā aleccionó sobre todo esto a Prajāpati, Prajāpati a Manu y Manu a sus vástagos. Y su padre impartió estas mismas verdades a su hijo mayor, Uddālaka Āruṇi. Del mismo modo, cualquier padre debería transmitir estas mismas enseñanzas solo a su primogénito o a un alumno digno de ellas, y nunca a nadie más, ni siquiera aunque le ofrezcan tierras abundantes en aguas y riquezas, pues tales enseñanzas son mucho más grandes[3].

Ese celo, tan brahmánico y poco democrático, será rechazado por el budismo, el jainismo, el sāṃkhya y el yoga, tradiciones todas ellas que nacieron en los márgenes del mundo védico (en el área de Kuru-Pañcāla) y se desarrollaron en el curso central del Ganges, algunas antes de la llegada de los arios. Sin embargo, se extenderá hasta la época medieval con el auge del tantrismo. En la literatura tántrica se registran los diálogos entre Śiva, el Dios supremo, y su esposa Śakti, la Diosa suprema. Primero, uno de ellos atiende como discípulo (sintiendo la fuerza anímica y milagrosa que irradia el maestro); luego, el otro asume ese papel. Cada uno escucha con atención, y en esa devoción se aquilata la enseñanza. Los textos deben conservar su carácter secreto y no revelarse ni a descreídos ni a quienes, siendo creyentes, no han sido iniciados. Nosotros, los occidentales, nos preciamos de tener una tradición filosófica pública. Cualquiera puede acceder a ella y someterla a crítica. Pero es una visión engañosa. Sin la debida instrucción es imposible alcanzar esos conocimientos. No basta con tener el libro y consultarlo; hace falta «iniciarse», aprender a leerlo. El autodidacta simplemente suple al maestro con la ayuda de otros libros. Cualquier tipo de conocimiento no es más que una transmisión cuyo componente erótico resulta fundamental.

Más adelante lo veremos con detalle. En el centro de la entrega del adhikārin se encuentra la experiencia del ātman. Quien la ha vivido goza del bien más preciado y participa de la esencia vital de todas las cosas. Ese poder reside en el interior de la persona, en el santuario más íntimo de la vida, desde donde la sensibilidad y el pensamiento se derraman sobre el cuerpo. Esa fuerza vital se encuentra asociada a la palabra. En la literatura más antigua, *bráhman* significa tanto 'enigma' como 'estrofa', 'línea', 'encantamiento' o 'fórmula mágica'. Esa energía divina, según la upaniṣad de la amistad *(Maitrī)*, «mora en nuestros pechos y en el sol». Es el impulso inconsciente que palpita perennemente en nuestro interior, que hace latir el corazón y derrama la fuerza de las emociones, las visiones y el deseo, el pensamiento y la ignorancia, la esperanza y la desesperación. Trasciende el cuerpo sensible y el cuerpo sutil, se encuentra más allá de la experiencia que proporcionan los sentidos, más allá de los procesos mentales, y, sin embargo, los hace posibles. Aunque no ocupa espacio, se desplaza con nosotros, por eso parece encontrarse en nuestro interior, aunque no está ni dentro ni fuera. Ese es el gran enigma que la civilización india lleva intentando resolver desde hace tres mil años: la vivencia del ātman.

El tiempo como acto y percepción

El universo se concibe como un organismo que se desarrolla en paralelo a la evolución espiritual de los seres que lo habitan. La esencia del tiempo, su fuente de alimentación, reside en la actividad mental y física de todo lo que está vivo. Un buen ejemplo de esta concepción lo hallamos en Vātsyāyana, un filósofo de la escuela nyāya del siglo IV. Vale la pena detenerse en su forma de justificarla. Al explicar el tiempo recurriendo al espacio, se corre el riesgo de quedarse sin presente. En general, esto se hace mediante la idea del movimiento. El ejemplo clásico de la tradición lógica es el fruto que cae del árbol. Mientras viaja hacia el suelo, el espacio que queda por encima del fruto es espacio *recorrido* (pasado), y el que resta por debajo es espacio *por recorrer* (futuro). No hay lugar para un tercer espacio que sirva de referencia al propio *recorrer*, que contemple el presente. Frente a esta opinión, la postura de Vātsyāyana es clara: el tiempo no se manifiesta con relación al espacio, sino con relación al acto. El tiempo está en el hacer. La idea de un tiempo pasado (el tiempo que *ha estado cayendo* el fruto) la proporciona la propia acción de *caer* (presente), que a su vez garantiza su continuación (futuro). De hecho, el significado de *haber estado cayendo* se produce gracias al propio *caer*, y lo mismo podría decirse del *seguir cayendo*. Tanto en el pasado como en el futuro, el objeto se mantiene inactivo, mientras que en el presente está implicado en la acción. Yendo un poco más lejos, se puede considerar, como hizo Nāgārjuna, que no existe un móvil al margen del movimiento, que la mera idea de un objeto estático es una ilusión (como la quietud de la tierra) y que todo se encuentra inmerso en el movimiento, el crecimiento y la transformación.

Estos planteamientos propiciaron una actitud reacia a admitir la existencia de un espacio y un tiempo «ahí fuera», al margen de la mente o de algún tipo de percepción activa (humana o divina). Lo que el presente ofrece es, precisamente, esa unidad consciente de tiempo y acción. La sensación del pasado y la expectación ante el futuro solo son posibles gracias a dicho vínculo. Uḍḍyoṭakara, un comentarista medieval del nyāya, añade que esa unidad es lo que permite que un concepto tan escurridizo como el tiempo cobre sentido. De este modo, pasado y futuro no guardan una relación meramente relativa, como la de lo grande con lo pequeño. No se trata de la «extensión», como creía Descartes. Las relaciones entre pasado y futuro se parecen más bien a las relaciones entre el color y la textura, o entre el aroma y el sabor. Pasado y futuro no son un par de opuestos. Si lo fueran, uno dependería completamente del otro, y no habiendo uno, no existiría el otro (no habiendo lo grande, no existiría lo pequeño). Vātsyāyana concluye que el futuro no puede explicarse exclusivamente mediante el pasado, ni a la inversa. Hace falta un presente activo y consciente para que dichas concepciones tengan sentido. El instante presente puede ser reconocido mediante la presencia de las cosas o mediante una serie de actos coherentes. En el primer caso, vemos que hay un árbol (sustancia) que tiene las hojas verdes y lanceoladas (cualidad), las cuales se agitan por el viento (movimiento). Sin ese presente consciente no sería posible concebir nada, ni siquiera el contacto entre los órganos de los sentidos, la mente y el objeto. La ausencia de alguno de ellos impediría la percepción, y sin esta serían vanos otros medios válidos de conocimiento como la inferencia o el testimonio verbal. En el segundo caso, el presente se manifiesta al realizar una actividad no meramente perceptiva: se recoge agua y se pone a hervir, se lava arroz y se echa en la olla, etcétera. O se repite una acción: se levanta el hacha y se la deja caer repetidamente sobre el tronco. Lo cocinado o lo cortado es aquello sobre lo que se actúa, y dicha acción justifica la existencia del presente. De este modo se prueba la existencia y continuidad de la sustancia del tiempo, como fundamento de la percepción o como expresión de una unidad de acciones en la que están implícitos tanto el pasado como el futuro (sin reducir el tiempo al espacio).

La naturaleza del espacio

Con relación al espacio, el pensamiento indio insistió en una idea complementaria a su concepción del tiempo como acto. Se tiende a considerar la conciencia como el factor que crea el receptáculo donde habitan los seres, y no a la inversa, como entienden las concepciones modernas del espacio. Esta idea será desarrollada fundamentalmente por los defensores del sāṃkhya y por los budistas. Según los primeros, hay un principio intelectivo que es el fundamento del espacio y el tiempo, mientras que los segundos asocian los diferentes ámbitos del espacio a los diferentes estados mentales.

La visión india del espacio y el tiempo hace hincapié en la continuidad frente al principio y el fin. La idea de un principio y un fin de los tiempos le es extraña. El mundo pudo haber sido creado, pero esa creación, como el nacimiento del hombre, no fue la primera. Algunos textos describen el intervalo entre la disolución del cosmos y su posterior recreación mediante la metáfora del sueño. La energía creativa duerme en un estado de semiconciencia y, al despertar, hace que el universo se despliegue de nuevo. El sāṃkhya y el budismo establecerán las concepciones del espacio y el tiempo que predominan en la época clásica, ofreciendo una visión de la vida consciente y del cosmos como un proceso de continuo crecimiento y disminución, muerte y regeneración. Mientras que el tiempo cósmico es simétrico (los astros y los seres vuelven cíclicamente), el de la experiencia consciente puede ser asimétrico. Esa fue la gran contribución del budismo a la cosmología: trazar un mapa del tiempo con base en los estados mentales asociados a la meditación. Cartografiar el espacio es, para el budista, cartografiar la mente.

El sāṃkhya postulará un espíritu o conciencia acostumbrado a estar por encima de las cosas, pero que no quiere perderse la singular belleza de las transformaciones de la naturaleza. Su virtud es su prudencia. Asiste y se recrea en una representación cuyo único propósito (según las metáforas habituales) es complacerlo. La soteriología mantendrá una contraposición entre la creación del mundo y la liberación del individuo (que, como veremos, recorren una misma dirección en sentidos opuestos), incorporando la idea, quizá de origen budista, de que la rueda de la vida mantiene su giro gracias al impulso de la ignorancia, la sed y la actividad mental. En las escuelas hindúes predomina la idea de la liberación como reintegración a la unidad original. Una nostalgia del origen, representativa de la mitología brahmánica, que no comparte el budismo.

Orientaciones

La sensibilidad admite dos direcciones: respecto al objeto percibido o respecto al hecho mismo de percibir. En el primer caso, somos atraídos por lo que nos rodea y, si queremos profundizar en esa dirección, debemos olvidarnos de nosotros mismos hasta cierto punto. En el segundo, el mundo exterior solo colorea y da forma al reconocimiento mismo de la percepción, adquiriendo un papel secundario, auxiliar, en relación con una actividad sensible reflexiva. Puede decirse que toda forma de pensamiento se recrea en una de estas dos opciones, y aunque la filosofía europea no carece de buenos ejemplos de ensimismamiento en la percepción (Leibniz, Berkeley, William James), esta es una actitud característica del pensamiento indio. Aun así, la India también ofrecerá ejemplos de sensibilidad respecto al objeto percibido, como los materialistas (cārvāka), los lógicos (nyāya) y los atomistas (vaiśeṣika).

Las sociedades tecnológicas modernas se caracterizan por el desarrollo de mecanismos de percepción externa. Vemos el rastro que las partículas elementales dejan en las cámaras de burbujas, observamos cómo el fotón atraviesa dos rendijas al mismo tiempo, escuchamos la radiación cósmica de fondo gracias a los radiotelescopios. Fabricamos instrumentos de gran sensibilidad óptica o acústica, si bien estos no amplían la nuestra. Ni el microscopio ni el telescopio nos permiten ver más que mirando a simple vista. En realidad, hacen que veamos menos, pues nos llevan a perder profundidad de campo. Y, como civilización, podemos decir que estos avances no son independientes de un descuido de los mecanismos de percepción interna.

Un buen contraejemplo lo encontramos en la escuela sāṃkhya y en la metafísica que hay detrás de sus técnicas de autorrealización: el origen está siempre presente, en cada reflexión, en cada acto cognitivo, en cada pensamiento. Plotino decía que el alma abandona el tiempo cuando se recoge en lo inteligible. Para el sāṃkhya, el espíritu, conciencia pura y sin contenido, se encuentra fuera del tiempo, pero es testigo y fin de cada uno de los esfuerzos del devenir consciente. Y el sujeto, cuando reflexiona, lo hace *en* y *desde* el origen. El sāṃkhya llena el universo de testigos ocultos a los que la materia, en su infinita capacidad de creación y diversificación, trata de complacer. La conciencia se recrea con las escenificaciones de la materia y se deja seducir por ella. Esta conciencia original no es parte del tiempo, pero lo acompaña continuamente. De hecho, los propios objetivos de esta metafísica en cuanto filosofía de la vida consisten en llevar a efecto y hacer realidad el origen y el presente como integridad, superando así las servidumbres de lo temporal.

1. El diálogo entre la India y Europa

Acercarse al pensamiento indio

Europa se ha mirado en el espejo de la India desde que el mundo es mundo. Pero el espejo nunca ha salido al encuentro de esa curiosa figura colonial. En un ejercicio de entendimiento filosófico, algunos historiadores han escrito la novela de esa relación asimétrica, de ese largo romance de enamoramientos, rupturas y decepciones desde la antigüedad hasta la Edad Moderna[1]. Da la impresión de que el pensamiento indio y el europeo siempre se han vigilado, pero sin llegar nunca a entenderse. Dos cosmologías jugando al escondite, sometidas a un magnetismo recíproco, pero también a repulsiones mutuas. Dos rumbos que ocasionalmente (como en el caso de Plotino) se hacen guiños y se observan desde la distancia, pero cuyo itinerario conduce a experiencias radicalmente distintas. Esa brecha, que quizá todavía se podía vencer en la época de Clemente de Alejandría, se fue agrandando hasta volverse casi insalvable tras la Revolución científica europea. Curiosamente, el auge tecnológico de las últimas décadas parece acercar de nuevo ambos mundos, aunque sus respectivos trasfondos son tan diferentes que el diálogo no siempre es fácil.

La indología moderna se inicia con la fundación de la Sociedad Asiática de Bengala en 1784. Sus primeros héroes son tres hijos revoltosos del Imperio británico: William Jones, Charles Wilkins y Henry Thomas Colebrooke. El primero fue un genio de la lingüística; el segundo, impresor y tipógrafo de la Compañía Británica de las Indias Orientales, se aventuró a traducir la *Bhagavadgītā*; el tercero ejerció de escribiente de la misma compañía y se interesó en la botánica. Los tres sucumbieron a la fiebre del sánscrito. Y los tres, sobre todo el primero y el último, supieron navegar por sus procelosos universos de significado.

La época helénica

Tenemos noticia de encuentros entre filósofos griegos y gimnosofistas indios desde las conquistas militares de Alejandro Magno. Se vieron, pero al parecer no llegaron a entenderse. No es de extrañar si nos atenemos al escaso interés que mostraban los griegos por aprender lenguas extranjeras y a la dificultad del sánscrito. En el lado opuesto, sorprende que en la literatura sánscrita no haya ninguna mención a la filosofía griega. Filóstrato presenta a Pitágoras como el recipiente y transmisor de la sabiduría de Egipto y la India. El romano Apuleyo cuenta que el filósofo y matemático de Samos estudió astronomía y astrología con los caldeos y filosofía de la mente y técnicas de liberación con los gimnosofistas. Un relato singular refiere el encuentro de Sócrates con un filósofo indio. Diógenes Laercio afirma que el séquito de Alejandro, del que formaban parte Onesícrito, Anaxágoras y Pirrón, se reunió con los «sabios desnudos» de la India, «indiferentes al dolor e impasibles ante la muerte». Onesícrito dejó constancia de las dificultades de dicho encuentro. Para avanzar en la conversación era necesario encadenar la labor de tres intérpretes, lo que entorpecía enormemente la comunicación. Después de la muerte de Alejandro, Megástenes (embajador en la India de Seleuco I Nicátor) escribiría su *Índica*, una obra que supera con creces las crónicas de los historiadores del emperador. Megástenes residió en la corte del rey maurya Candragupta a finales del siglo III a. e. c.[2]. No aprendió el sánscrito, pero no ocultó sus simpatías por la cultura hindú y su modo de vida. Distinguió a los brahmanes («más ordenados y civilizados») de los ascetas ermitaños, a los que veía como estoicos o cínicos radicales e inflexibles. Sostuvo que los brahmanes conocían todas las doctrinas sobre la naturaleza que más tarde enseñarían los griegos. Al margen de los edictos de Aśoka, escritos en griego y arameo, apenas hay pruebas de que el pensamiento brahmánico traspasara sus fronteras. El *Milindapañhā*, texto canónico del budismo theravāda, recoge los diálogos entre el rey bactriano Menandro y el monje Nagasena, de enorme popularidad en la tradición budista, pero en cuyas páginas, más allá del nombre del rey, apenas hay rastro de la lengua griega.

Porfirio refiere que Plotino buscó un acceso directo a las fuentes de la sabiduría oriental enrolándose en la expedición de Gordiano III. Émile Bréhier vio en el pensamiento de Plotino la influencia de la filosofía sánscrita (se ha llegado a sugerir que su maestro, Amonio Saccas, tenía cierta filiación budista), y Richard Garbe identificó el sāṃkhya con el modelo en el que se inspiró el filósofo neoplatónico. Al parecer, el gnóstico Bardesano mantuvo contacto en Siria con una delegación india. Es muy probable que en Alejandría se dieran otros encuentros, fundamentalmente asociados con el comercio (hay referencias a Buda y al budismo en los textos de Clemente de Alejandría). Pero no se dispone de suficientes pruebas que apoyen la tesis de Jean Filliozat de que Hipólito, Padre de la Iglesia, leyó (y comprendió) la upaniṣad de la amistad, *Maitrī* (o *Maitrāyaṇī*).

El Imperio mogol

El siguiente contacto entre la India y Europa se produce a raíz de la expansión del islam. Los sabios musulmanes tradujeron obras en sánscrito de medicina, astronomía, astrología y alquimia. Las repercusiones son conocidas: el encuentro del islam con la matemática sánscrita llevaría a la introducción en Europa del sistema decimal y de los números «arábigos», entre ellos el cero, un invento indio. Pero las fuentes religiosas y filosóficas fueron dejadas de lado o reducidas a breves alusiones en obras enciclopédicas. De todas ellas, la más completa es el *Kitāb al-Hind* (traducida al inglés en 1888), de Al-Bīrūnī (973-1048), un encomiable ejemplo de objetividad académica. Astrónomo, geógrafo y matemático de la corte del turco Mahmūd de Ghaznī, Bīrūnī no vaciló en abordar el espinoso tema de la religión y la filosofía indias, hasta entonces ignorado o malentendido, y logró describirlo con una claridad y ecuanimidad sin parangón. Además, estudió sánscrito para tener acceso directo a las fuentes; redactó recensiones de la literatura védica y de las enciclopedias de los mitógrafos (purāṇa), de la *Bhagavadgītā* y los *Dharmaśāstra*, y tradujo los *Yogasūtra* de Patañjali y un texto del sāṃkhya que todavía no ha sido identificado. Bīrūnī era un fiel musulmán, pero rehuía el celo proselitista o crítico. Estaba tan convencido de la superioridad del Corán como de su propia neutralidad académica. Se abrió al pensamiento de la India, pero guardando las distancias. No asoció los dioses indios con los ángeles del islam, ni trató de encontrar un denominador común o algún tipo de sincretismo. Fue diestro y equilibrado en la combinación del detalle y de la abstracción, riguroso en la exposición y comedido en la reflexión hermenéutica. No soslayó los abismos filosóficos y religiosos que separaban el hinduismo y el islam, ni los problemas asociados a la traducción o al estado de las fuentes. Su exposición del sāṃkhya y del yoga es certera, y conoce la existencia del nyāya y de la mīmāṃsā, pero no menciona el vedānta.

La obra de Bīrūnī obtuvo escaso reconocimiento, a diferencia del trabajo de otro enciclopedista, Shahrastānī (1086-1153), uno de los primeros estudiosos de las religiones comparadas. Este último invierte el sentido del origen de la filosofía: si en la antigüedad se creía que Pitágoras regresó de la India cargado de unos conocimientos que después difundió con su escuela, él postula que envió a dos emisarios a la India con el fin de divulgar sus enseñanzas. El discípulo de uno de ellos, de nombre Brahmanan, fundaría la tradición brahmánica.

En el siglo XI, la expansión musulmana en el Punyab, Cachemira y Guyarat culminará con el Sultanato de Delhi

(1206-1526). Pero la edad de oro del islam en la India se producirá más tarde, bajo la égida de los cuatro grandes mogoles (1556-1707): Akbar, Jahāngīr, Shāh Jahān y Aurangzeb. Los emperadores mogoles lograron, a pesar de sus irreconciliables diferencias con los hindúes, largos períodos de pacífica convivencia. Es la época del poeta y místico Kabīr (1440-1518), nacido en el seno de una familia de brahmanes, pero criado por un tejedor musulmán. Unos tiempos en los que desde el sufismo y el monoteísmo devocional vaiṣṇava hubo tentativas de reconciliación con el islam. De hecho, Akbar ya había barajado la idea de que una y la misma divinidad estuviera detrás de todas las religiones. El emperador pretendió crear una religión nacional, libre de ídolos y dotada de elementos islámicos, indios y cristianos, que asegurara la unidad y la paz del Imperio. No lo consiguió, pero dejó una biblioteca que, como la de Alejandría, albergaba obras de muy diversas tradiciones y promovió el estudio de la literatura sánscrita. La armonía religiosa a la que aspiró Akbar nunca dejaría de ser un sueño.

Lo reavivaría el primogénito de su nieto el emperador Shāh Jahān: Dārā Shikoh (1615-1659), que fue contemporáneo de los intentos del joven Leibniz de reconciliar las iglesias europeas y tendió el que sería el puente más firme entre la India y Europa hasta la época colonial. Vertió al persa (o encargó su traducción, no lo sabemos) cincuenta upaniṣad, junto con los fragmentos y comentarios de Śaṃkara. Los reunió en un libro titulado *Sirr-i-Akbar (El gran secreto)*. El joven príncipe participó en debates con brahmanes y mostró un gran interés por las ideas filosóficas de las upaniṣad y la *Bhagavadgītā*. Quiso leer todos los libros divinos y profundizó en los Evangelios, los Salmos y la Torá. De esos empeños nació la *Majma' al-bahrain (Confluencia de todos los mares)*, un ensayo que concilia todas las religiones. Dārā Shikoh fue ejecutado poco después por orden de Aurangzeb, su hermano, con el consentimiento de los doctores del islam, acusado de ser un peligro para el orden público y el Estado. Pero su versión persa de las upaniṣad cayó en manos de Anquetil-Duperron, que la traduciría al latín. Esa versión fue la que sedujo a Schopenhauer y la que estudió Paul Deussen (amigo de Nietzsche). Con este largo y cruento rodeo, el islam volvía a ser el mediador entre el pensamiento indio y Europa.

Los jesuitas

No era la primera vez que intelectuales europeos admiraban la especulación filosófica india. En el siglo XVI las expediciones de Vasco de Gama habían reabierto la ruta marítima a la India, y con los mercaderes de especias llegaron los misioneros.

Roberto de Nobili

El afán hermenéutico del jesuita toscano Roberto de Nobili (1577-1656) dejaría una honda huella en la Ilustración europea. Nobili fue la clave del arco que enlazaba cristianismo e hinduismo. Tenía el genio de las lenguas y sería recordado como el primer sanscritista europeo (traducía *mokṣa* por 'paraíso') y como el padre de la prosa tamil (escribió en esa lengua un catecismo, discursos filosóficos y obras apologéticas, lo que contribuyó al desarrollo de su escritura moderna). Era hábil trasplantando conceptos cristianos al contexto indio y tuvo la audacia de presentar el mensaje cristiano como si perteneciera a la religión hindú. Nadie se explicaba el éxito de su misión de Madurai. Corrió riesgos y no faltaron quienes lo tacharon de incompetente y charlatán.

Nobili investigó la sociedad de castas, la gramática, la poesía y la astronomía sánscritas, e hizo incursiones en la filosofía, el derecho y la medicina indias. Conocía el budismo heterodoxo, a Śaṃkara y Rāmānūja, y a los materialistas (que asocian a Dios con los elementos). Fue capaz de encontrar en las upaniṣad vestigios de la Santísima Trinidad. Defendió las ciencias brahmánicas cuando la mayoría de los europeos las repudiaban. A su juicio, no eran supersticiones o idolatrías, sino otra forma de expresar un saber eterno, y el misionero debía adaptarse a ellas si pretendía que prestaran oídos a su mensaje. Para ello, no bastaba con conocer la lengua; también era necesario compartir su estilo de vida y renunciar a las costumbres patrias. Nobili vestía como un saṃnyāsin, se afeitaba la cabeza y llevaba una cuerda de tres hebras alrededor del torso (como los dos veces nacidos) que representaba la Trinidad. Estaba tan convencido de la verdad del Evangelio como de la posibilidad de trasplantarlo a suelo indio. De nada servía rechazar las creencias brahmánicas; había que llevarlas a la perfección, hacia una plenitud que los propios brahmanes eran incapaces de ver (mientras ayudaban al misionero a profundizar en su propia fe). Nobili anticipa en este punto la *Aufhebung* hegeliana y percibe en el vedānta «un presentimiento de la verdad cristiana». No fue un universalista como Dārā Shikoh, pero ambos encarnaban el deseo de comprender y ser comprendidos, y compartían un optimismo hermenéutico que despertará la desconfianza de vaticanistas y ulemas: un siglo después, el jesuita francés y pionero del sánscrito Jean-François Pons dejaría escrito que la identidad vedántica entre el alma y lo absoluto era una *hybris* demoníaca.

Nobili llegaría a ser conocido en el sur de la India como el «gurú del veda perdido». Y se sospechó que su pluma estaba detrás del *Ezourvedam (El veda de Jesús)*, un veda sincrético, escrito en francés, que se presentaba como una traducción del sánscrito y en el que se destacan los elementos védicos que armonizan con los valores cristianos. Con el *Ezourvedam* se pretendía servir a la cristianización de la población hindú. Curiosamente, Voltaire, entusiasmado con el texto, lo utilizaría en su crítica del cristianismo. Estudiosos como Filliozat han visto en estos misioneros, así como en los pandit que colaboraban con ellos, los orígenes de la indología moderna (en Inglaterra, el estudio del sánscrito también estuvo supeditado a la difusión del cristianismo: el diccionario Monier-Williams sirve de ejemplo). Sea como fuere, la hermenéutica activa de los jesuitas fue uno de los principales canales de comunicación entre Europa y la India a partir del siglo XVII.

Ippolito Desideri

El manuscrito en el que se narran las aventuras tibetanas de Ippolito Desideri, que se creía perdido, fue descubierto en 1875 en la casona de un hidalgo de Pistoya. Lo adquirió la Biblioteca Nacional de Florencia y, treinta años después, el profesor Marinelli, miembro de la Sociedad Geográfica Italiana, preparó su edición junto con el profesor Puini. Se publicó en 1904, como parte de los anales de la Sociedad, bajo el título *Il Tibet secondo la relazione del Viaggio di Ippolito Desideri.* Se trata del primer europeo que contempló el sagrado monte Kailás, el lago Manasarovar y el valle del Tsangpo. Redactó la primera descripción de la fauna, flora y cultivos de la región, de sus costumbres y ritos nupciales y funerarios, estudió los libros canónicos del budismo, cultivó la lengua tibetana y trabó amistad con los monjes.

A principios de la primavera de 1713, un joven David Hume, aspirante a celebridad literaria, hace las maletas con destino a La Flèche, donde piensa retirarse unos años para escribir su gran obra. A los pocos días, el 8 de abril, Ippolito Desideri se embarca rumbo a las Indias Orientales en un navío portugués. Cuando el jesuita toscano llega a Goa al cabo de un año, Hume lleva leídos, entre clásicos grecolatinos y obras modernas, 84 volúmenes de la biblioteca de La Flèche. El 15 de septiembre de 1714, Desideri se traslada del puerto de Goa a Agra, sede de la misión jesuita en el norte de la India. En Delhi conoce a su superior y compañero de viaje, el portugués Manoel Freyre, que lleva veinte años viviendo en la India. Juntos viajan a Cachemira, donde se retrasan seis meses debido a una enfermedad intestinal que casi acaba con la vida del italiano. Para entonces, Hume lleva un centenar de páginas de lo que será el *Tratado de la naturaleza humana*, su primer gran fracaso literario, que «saldrá muerto de las imprentas». Mientras, los jesuitas viajan a Ladakh, el «primer Tíbet», donde son recibidos por el rey y su corte. Desideri desea permanecer allí para fundar una misión, pero se ve obligado a obedecer a Freyre, que pretende abrir una ruta de regreso al valle del Ganges desde Lhasa, a través de Katmandú, e insiste en viajar al tercer Tíbet, el más oriental.

Una peligrosa ruta de siete meses en pleno invierno los conduce por la meseta tibetana hasta su destino final en Lhasa. Mal equipados y con poca experiencia en la montaña, sobreviven gracias a la ayuda de la princesa Casal, viuda del soberano mogol del Tíbet occidental, que abandona su residencia para regresar a Lhasa. Viajan en caravana, protegidos por su ejército, y tras incontables penurias alcanzan su destino el 18 de marzo de 1716. Freyre regresa a la India, a través de Katmandú y Patna, dejando al cargo de la misión a Desideri, a la sazón el único misionero europeo en el Tíbet.

Al poco tiempo, Desideri es recibido en audiencia por el soberano mogol del Tíbet, Lajang Khan, que le da permiso para alquilar una casa en Lhasa y practicar y enseñar su religión. Escribe en tibetano una obra sobre los fundamentos del cristianismo, y el soberano le aconseja aprender budismo y mejorar su tibetano.

Tras meses de intenso estudio, Desideri ingresa en el monasterio de Sera, uno de los tres grandes centros de la tradición gelukpa (o gelug). Allí estudia y debate con los eruditos. Se le permite instalar en sus aposentos una capilla con un crucifijo. Mejora su tibetano y se inicia en la filosofía budista.

A finales de 1717 se ve obligado a abandonar Lhasa a causa de los disturbios por la invasión de los dzungar. Se retira al hospicio de los capuchinos, en la provincia de Dakpo, aunque vuelve a Lhasa durante algunos períodos. Entre 1718 y 1721 compone cinco obras en tibetano para instruir en la doctrina cristiana y refutar la transmigración de las almas (a la que se refiere como «metempsicosis») y la doctrina del vacío. En su redacción, Desideri utiliza las técnicas escolásticas tibetanas de la argumentación y acepta todos aquellos elementos del budismo que a su juicio no se contradicen con los valores cristianos. Probablemente es el primer europeo que entiende cabalmente el budismo.

En octubre de 1716, cuando Hume ha concluido el libro I de su monumental obra, tres capuchinos llegan a Lhasa y presentan a Desideri los documentos de la Santa Sede en los que se especifica que la Propaganda Fide (la institución destinada al reparto de las misiones entre las diferentes órdenes) ha otorgado a los capuchinos el territorio del Tíbet. En enero de 1721, Desideri recibe la orden de abandonar el Tíbet y regresar a la India. Tras una larga estancia en Kuti, en la frontera con Nepal, en 1722 regresa a Agra, donde es nombrado pastor principal de la comunidad católica en Delhi, sede de la corte mogol. Tres años después viaja a la misión que los jesuitas franceses han fundado en Pondicherry. Estudia la lengua tamil y ejerce de misionero hasta que en 1727 es enviado a Roma para promover la beatificación de Juan de Brito, mártir jesuita en el sudeste de la India. Pretende aprovechar el viaje para defender la causa de los jesuitas en el Tíbet y lleva consigo un manuscrito en el que ha consignado sus impresiones sobre la región: *Notizie istoriche del Tibet*. Se embarca en un navío francés y llega a Port-Louis en agosto de 1727. Al cabo de dos semanas entra en el monasterio jesuita de La Flèche, donde se había retirado David Hume a escribir su gran obra. La investigación sobre un posible encuentro entre este y Desideri no es concluyente. Ahora bien, algunas páginas del *Tratado* ponen de manifiesto que Hume conoció algunas de las ideas budistas sobre la identidad ficticia del yo:

> Una identidad que, estrictamente hablando, nunca observamos. Eso es exactamente lo que ocurre en el caso de la identidad personal. No hay ninguna entidad invariable y continua que constituya el yo o la mente[3].

Los ilustrados

La actividad jesuítica en la India influyó, como decíamos, en la querella entre religión y ciencia de la Europa ilustrada. Las crónicas misioneras nutrieron el debate, sobre todo en relación con una idea de Dios que empezaba a despojarse de viejos ropajes. Montaigne y Jakob Böhme habían preparado el terreno al deísmo. Sus motivos pueden rastrearse en dos obras que tendrían una influencia duradera: *The History of Hindostan*, del escocés Alexander Dow, publicado en Londres en 1768, y las crónicas de John Z. Holwell, cirujano irlandés de la Compañía Británica de las Indias Orientales que llegaría a ocupar el puesto de gobernador de Calcuta. Para Dow, entender una religión extranjera solo requería atenerse al postulado de que todas veneran a un mismo ser infinito. Holwell, por su parte, sostenía que todas las religiones se fundan en las mismas verdades originales. Ninguno de los dos sabía sánscrito, pero sus aportaciones resultaron decisivas. William Jones, que fundaría poco después la Sociedad Asiática de Bengala, compartía asimismo el ideario deísta.

Voltaire fue lector de Dow y Holwell. Gracias a ellos, la India entró en la querella entre enciclopedistas y jesuitas de la Francia ilustrada. Leibniz ya había sugerido la necesidad de traer misioneros chinos a Europa para instruir a los occidentales en teología natural. También Voltaire se sintió atraído por China, pero en 1760 cayó en sus manos el *Ezourvedam* y se convenció de que en la India se encontraba la religión más antigua y más pura. Necesitaba argumentos para rebatir la cronología bíblica (según la cual el brahmanismo era una evolución tardía de la revelación mosaica), polémica en la que incluso participó Newton. Voltaire sostenía que la India era la cuna de la civilización y la tierra natal de la religión. Paradójicamente, su fuente de información fue el jesuítico *Ezourvedam*, donde encontró argumentos a favor de una religión natural, racional y deísta, exenta de idolatría y superstición, nacida en la India. En una carta a Federico el Grande, llegaría a afirmar que «nuestra sagrada religión cristiana está fundada en la religión de Brahmā». Pero en el fondo, a Voltaire solo le interesaba la India como arma arrojadiza en su crítica de la revelación cristiana.

Puede decirse que la Ilustración se aproxima a la India de manera poco rigurosa y más bien superficial. Los artículos publicados por Diderot en la *Encyclopédie* son en general imprecisos y despectivos («los que consideran sabios a los brahmanes están más chiflados que ellos»), o copian directamente el *Dictionnaire historique et critique* de Pierre Bayle. El interés ilustrado por otras culturas está animado por la crítica al clero y al cristianismo. Diderot y el barón de Holbach son, por extraño que parezca, más eurocéntricos que los jesuitas que componen el *Ezourvedam*. Diderot, que no cita a Bayle, confunde el budismo (los adoradores del dios Fo) con una secta brahmánica china. A partir de la obra del propio Bayle y de Le Gobien, se forma la idea de que los budistas sienten «pasión por la Nada» y se inclinan por la inmovilidad y la mortificación. Afirma que los indios viven en un mundo de ilusión en el que el cuerpo solo es real cuando deja de existir y se funde con la nada. La santidad radica en no desear nada, en no pensar nada ni sentir nada, un estado de somnolencia parecido al que causan los opiáceos. El tema del quietismo (que Bayle asocia en Occidente con Miguel de Molinos y Madame Guyon) reaparece en la teodicea de Leibniz y más tarde en Hegel (que también recurre a la metáfora del opio hecha célebre por Marx).

Como sugiere Borges, la historia universal del pensamiento es la historia de unas cuantas metáforas, de su predominio, recreación y posterior olvido. Curiosamente, la Ilustración asocia la idea de la tolerancia a la decadencia religiosa (cuando se han perdido las creencias, se tolera todo). Para Moses Mendelssohn, dicha decadencia se debe a que el hombre cae en la idolatría y el politeísmo, confundiendo el símbolo con aquello que designa, sin entender el sentido y la función de las metáforas. Y cuando las imágenes pierden su valor simbólico, el espíritu de la verdad se esfuma y en su lugar queda un torpe vehículo que es puro veneno. La amenaza de la idolatría puede venir tanto de dentro como de fuera. El significado simbólico de las prácticas religiosas de otros pueblos le parece idolatría al extranjero, que antes de emitir su juicio debe familiarizarse con las ideas y prácticas locales. Eso es precisamente lo que hicieron los jesuitas: tratar de ver con los ojos del hindú y defender sus mitos y símbolos, desde la tortuga que sostiene el mundo hasta la araña cósmica que periódicamente teje y desteje el cosmos.

El orientalismo británico

Los sensatos juicios de Mendelssohn no conducirán, sin embargo, al estudio académico del sánscrito. Serán los orientalistas británicos, bajo la protección económica y política del Imperio colonial, los que funden, en 1784, la Sociedad Asiática de Bengala. Un año antes, William Jones (1746-1794), hijo de un matemático galés, es nombrado juez de la Corte Suprema de Calcuta. Genio de las lenguas, desde su llegada a la India se empapa de la cultura hindú. Publica obras de etnomusicología y, convencido de la importancia de consultar los textos legales hindúes en su forma original, se inicia en el estudio del sánscrito. En 1788 se embarca en la colosal tarea de compilar textos jurídicos hindúes y musulmanes (obra que no verá finalizada) y poco después concluye la traducción del *Śākuntalā*, el célebre drama de Kālidāsa. Traduce asimismo el *Hitopadeśa* (una colección de fábulas extraídas del *Pañcatantra*), el *Gītagovinda* y la *Ṛtusaṃhāra* (un poema de 150 versos sobre la influencia de las estaciones en el amor). También se dedica a la literatura védica. Conoce la versión persa de las upaniṣad de Dārā Shikoh, pero desconfía de su calidad y en 1799 traduce la Īśā upaniṣad directamente del sánscrito. Influido por los pandit, muere creyendo que el vedānta es la filosofía genuina de la India y Śaṃkara su más digno representante.

En diez años, Jones ha producido toda una colección de trabajos sobre música, literatura, botánica y geografía locales. Sus traducciones servirán de inspiración al Romanticismo inglés, en particular a Lord Byron y a Samuel Taylor Coleridge. Jones llegó a dominar decenas de lenguas y fue uno de los primeros en defender las similitudes entre el sánscrito clásico, el griego y el latín, que atribuía a una raíz común, lo que dará pie a la idea de una familia de lenguas indoeuropeas. Jones no creía que la India fuera el pasado de Europa, sino que ambas procedían de una misma fuente. Así, Pitágoras y Platón habían extraído sus cosmovisiones de la misma fuente que los sabios indios. Su conocimiento del sánscrito volverá obsoleto el uso del persa y de otras lenguas intermedias para el conocimiento de la antigüedad india. Junto a Jones, cabe destacar entre los pioneros del orientalismo británico a Charles Wilkins (1749-1836), que traduce la *Bhagavādgīta* en 1785, y a Henry Thomas Colebrooke (1765-1837), que vierte al inglés las obras decisivas de la filosofía y las ciencias védicas que leerán Hegel y Schopenhauer.

Los románticos

Anquetil-Duperron (1731-1805) se movía en ambientes menos académicos. Fue una mezcla de ilustrado, romántico, indólogo y viajero. Su traducción del persa al latín del *Sirr-i-Akbar (Oupnek'hat)* despertaría el interés, a través de Schopenhauer, por la filosofía india en Europa. Anquetil-Duperron fue un cristiano devoto, pero exigía estudiar a los indios con la seriedad con la que se estudiaba a los griegos. Desafió a los representantes del idealismo alemán (que leerán su versión de las upaniṣad) y estableció vínculos con las tendencias filosóficas de su tiempo. Entre sus lectores se contarán Goethe, Schiller, Schelling, Humboldt y Jacobi.

Durante el Romanticismo emerge una conciencia histórica de índole orgánica, menos dependiente de categorías como «progreso» o «decadencia». Herder, precursor de la inclinación romántica hacia la India, retoma la pulsión genealógica: Oriente es la infancia inocente y pura, Grecia la juventud vigorosa y Roma la madurez (asediada por la corrupción y la decadencia). Fascinado por la poesía hebrea, Herder se interesa por la India gracias a Dow y Holwell y, más tarde, a las traducciones de Wilkins y Jones. Llegaría a afirmar que los hindúes eran los seres humanos más nobles: moderados y tranquilos, alérgicos a la violencia y de alma profunda y silenciosa. Destaca su creencia en la unidad de todas las cosas y cita un poema traducido por Jones:

> Viṣṇu está en ti, en mí, en todas las cosas; qué tontería sentirse amenazado.
> Descubre el corazón de todas las criaturas en el tuyo, y destruye la ilusión de que eres distinto.

Frente a otros dioses salvajes o crueles, esa idea de la divinidad le parecía pura y sublime. Pero no todo son parabienes: Herder repudia la doctrina del karma porque «despierta un falso sentimiento de compasión por todos los seres vivos, al tiempo que debilita la empatía hacia aquellos que sufren». La transmigración se le antojaba una ilusión que atenta contra el superior humanismo europeo. Herder nunca dejaría de ser profundamente cristiano y europeo, y rehusó regresar a esa infancia idílica, aunque siempre se mostró dispuesto a revisar los prejuicios europeos desde una perspectiva india.

Para el Romanticismo alemán, la India se convertiría en el paraíso perdido de todas las religiones y filosofías, en la morada original, en la cuna de la humanidad y de la jovialidad del alma. La fe ilustrada en el progreso había debilitado el sentido de la unidad y plenitud. Era necesario retornar a esos orígenes perdidos, pues solo entonces se podría enmendar la situación filosófica y religiosa de Europa. Una India envuelta en poesía, donde los hombres no dejan de soñar, empezó a dibujarse en las cabezas románticas como antítesis de una Europa ilustrada, frívola y prosaica. Para Friedrich Schlegel, el hombre había ido demasiado lejos en lo mecánico, dejándose en el camino su sensibilidad y comportándose como un autómata. Schlegel se lanza al estudio del sánscrito y en poco tiempo publica *Über die Sprache und Weisheit der Indier (Sobre la lengua y sabiduría de los indios).* Pero el entusiasmo no le dura mucho, pues se apresura a zanjar su coqueteo con el panteísmo (que invita a la indolencia y la vanidad) y se convierte al catolicismo. Esa obra marca el final de su pasión por la India y el inicio de la búsqueda de la cuna de la civilización en la Mesopotamia bíblica. Con el tiempo, su hermano August Wilhelm ocupará la primera cátedra europea de indología (Bonn, 1818). La indomanía se había transformado en conocimiento.

Humboldt escribía entretanto sustanciosos artículos sobre la *Bhagavadgītā* que Hegel reseñaba concienzudamente. Prototipo de varón erudito (inclinación libresca, habitante de un mundo de abstracciones), Hegel lee a Colebrooke. Sus opiniones sobre el pensamiento indio se limitan a las fuentes disponibles en su época. Se ha criado en la exaltación romántica de la India y será su crítico más severo. A Hegel lo define una idea: el curso de la historia es irreversible y su espíritu avanza hacia una riqueza y complejidad crecientes. Esta idea descarta de entrada la hipótesis romántica, pues los orígenes ya no pueden constituir una época dorada. En 1822, cuatro años después de ser nombrado profesor en Berlín, emprende su estudio de las civilizaciones india y china. Al cabo de dos años, Colebrooke publica sus ensayos (exhaustivos, rigurosos, empáticos) sobre el sāṃkhya y el nyāya-vaiśeṣika. Hegel recurre a ellos en sus lecciones sobre filosofía de la historia. Sin embargo, no llegará a conocer los estudios posteriores de Colebrooke sobre el budismo, el vedānta y el materialismo cārvāka. Los primeros ensayos de Eugène Burnouf (1801-1852) aparecen demasiado tarde y Hegel no alcanza a comprender el budismo. Tampoco responde al desafío de Anquetil-Duperron, que espera una respuesta del idealismo alemán a la visión de las upaniṣad. La India queda cancelada y superada, pero, al mismo tiempo, «preservada y elevada» *(aufgehoben)*. No hay marcha atrás en la historia. La concepción hegeliana del espíritu no admite corrientes independientes, subterráneas o paralelas. Oriente había sido el comienzo, la gestación. La India forma parte del pasado de Europa. Y el curso del espíritu progresa desde allí hasta Occidente: nace en Asia y culmina en Berlín.

Pero hay otros problemas de fondo. Hegel no acepta la doctrina de la ilusión cósmica ni un absoluto que niegue la realidad de lo finito. Rechaza toda entidad abstracta incompatible con la identidad individual y concreta, incapaz de mediar dialécticamente entre lo absoluto y lo relativo, entre lo infinito y lo finito. Para Hegel, el individuo carece en la India de todo valor, «el hombre no ha sido pensado»; en lugar de afirmar y desplegar su individualidad, se atenúa y se suspende en la inmersión yóguica. Devoción abstracta y vaciado, recogimiento en la unidad vacía del bráhman. No hay perfeccionamiento mutuo de hombre y mundo. «La historia universal revela el proceso por el cual el espíritu cobra conciencia de su libertad, que es real precisamente gracias a esa conciencia», mientras que en la India el espíritu ha sido y será siempre libre, y su atadura es solo un juego aparente.

Apercibirse de esta verdad supone la «liberación» del espíritu, una liberación que en el fondo no es tal.

A pesar de la precariedad de sus fuentes, Hegel evalúa también el budismo, «la religión de Fo», de la Nada, que asocia con el nirvāṇa. Nunca entenderá que la vacuidad budista poco tiene que ver con la nada, que el despertar no consiste en identificarse con ella, ni en acostumbrarse a ser nada, a sentir nada o a desear nada. Hegel representa el clímax de la posición eurocéntrica en torno al budismo, legitimada desde su cátedra de Berlín y heredera de Bayle, los enciclopedistas y los jesuitas. Todo esto tiene, claro está, consecuencias políticas. Solo en Europa hay constituciones libres, solo en Europa encontramos un reconocimiento explícito de los derechos del ciudadano. Oriente está «superado», pero todavía puede ser un correctivo o antídoto, todavía puede ayudar a mostrar ciertas aberraciones de la modernidad europea. La India es agua pasada que no mueve molino, pero es agua con memoria y puede ser útil. Hegel coloca a Europa en la cúspide del progreso intelectual y moral, de ahí que su relación con Asia sea asimétrica: el pensamiento asiático solo resulta inteligible a la luz del europeo, no a la inversa. Solo el pensamiento europeo puede suministrar las categorías necesarias para investigar otras culturas. Todas estas ideas servirán de base al eurocentrismo y al colonialismo intelectual.

Hegel muere sin haber conocido la complejidad teórica y la diversidad de la tradición filosófica india. En un primer momento excluyó a la India de la historia de la filosofía. Posteriormente, tras tener acceso al pensamiento del sāṃkhya y el nyāya (a través de Colebrooke), rectificó su postura y reconoció un «alto nivel intelectual» y «una verdadera filosofía», distinguible de sus cultos. Pero las opiniones tardías de Hegel apenas tendrán repercusión en los círculos académicos. En la conciencia colectiva cala su veredicto primero. La India queda fuera de la historia de la filosofía, algo todavía asumido en algunos sectores de la disciplina.

Schopenhauer y Schelling

El siguiente episodio del largo romance entre la India y Europa tiene dos protagonistas: Schopenhauer y Schelling. Los últimos trabajos de Schelling (*Philosophie der Mythologie [Filosofía de la mitología]*) contienen numerosas reflexiones sobre la India, aunque desde una postura comprometida con la revelación cristiana, a diferencia de lo que ocurre en sus primeros comentarios sobre la tradición india, que considera superior a la bíblica. Schelling no participa de la admiración generalizada de los románticos hacia la India. Su fascinación se centra en algunos aspectos de la cosmovisión brahmánica: el retorno a lo absoluto, el panteísmo y el Alma del mundo. «La filosofía tiene por estudio, subjetivamente, la armonía de la mente consigo misma y, objetivamente, el retorno de todo cuanto existe a la identidad común». Al contrario que Hegel, afirma que «lo absoluto es la única realidad y los objetos finitos no son reales». Ese distanciamiento adquiere la forma de una *caída*. Asocia etimológicamente *māyā* y *magia* con los términos alemanes *Macht* ('poder') y *Möglichkeit* ('posibilidad'): la posibilidad del creador de ser otro y, por tanto, la de engendrar el mundo; la libertad de lo absoluto de trascenderse a sí mismo. Como potencia primordial, māyā es también un principio de seducción, capaz de distraer a lo absoluto de su identidad sempiterna. El mundo cobra sentido a partir de un *olvido de sí*. En todo ello resuenan las metáforas del sāṃkhya. La conciencia inmutable del puruṣa se recrea ante el despliegue de la naturaleza creativa. Como ocurre con Hegel, muchas de las afirmaciones de Schelling en torno al pensamiento brahmánico se fundan en conjeturas, aunque no faltan intuiciones certeras y próximas al vedānta: la fecundidad creativa de la ilusión, lo sobrenatural que corre en paralelo a lo natural, el *olvido de sí* como medio de trascender la muerte, la reunificación con el todo.

Mordaz crítico de Hegel, Schopenhauer (1788-1860) representa, más que ningún otro, la consideración europea hacia la India. Le sobrevivió treinta años y tuvo acceso a materiales que Hegel nunca conoció. Quedó fascinado con la traducción latina de las upaniṣad de Anquetil-Duperron y llegó a decir que era «la lectura más gratificante y conmovedora que puede hacerse en este mundo (con excepción del original): ha sido el consuelo de mi vida y será el de mi muerte». El impacto fue tal que trataría de teístas y europeizantes todas las traducciones posteriores. Respecto a la supuesta filiación budista de su obra, asegura que no tenía conocimiento alguno del budismo cuando escribió *El mundo como voluntad y representación*.

Schopenhauer no compartía la exaltación romántica de la infancia ni la nostalgia por el hogar perdido. No proyectaba sobre la India ni un origen puro ni una armonía perdida, y rechazaba la idea hegeliana del despliegue del espíritu. Para Schopenhauer, la historia simplemente carecía de sentido. Prefería los ciclos recurrentes del budismo a la historia lineal y progresiva. Lo que ocurre en el mundo obedece a una causa ciega, una voluntad que avanza de lo inorgánico a lo orgánico y consciente, pero que no sabe ni de propósitos ni de direcciones. Solo la experiencia estética constituye un alto en el camino de ese avance ciego y egoísta de la voluntad. Solo la empatía y la compasión pueden esquivar su tiranía, pues con ellas la pluralidad de los sujetos revela su apariencia y se diluye el poder del egoísmo. La filosofía será ética como la del mahāyāna, y él mismo la verá como culminación del proyecto kantiano. La doctrina del mundo como voluntad y representación se encontraba ya en los textos védicos, pero no como antecedente histórico, sino como verdad intemporal a la que él había llegado por otro camino. Como su admirado Anquetil-Duperron, Schopenhauer creía que «los sabios de todas las épocas habían dicho siempre lo mismo: Śākyamuni Buda y el Maestro Eckhart enseñan lo mismo que yo». Y albergaba la esperanza de que el estudio de la cultura india trajera un nuevo Renacimiento a Europa. De hecho, consideraba que la cosmovisión cristiana se entiende mejor desde la perspectiva del budismo y el vedānta, de igual modo que el conocimiento del sánscrito permite conocer mejor el griego y el latín. Pero no intentó legitimar su pensamiento mediante las doctrinas indias, sino que, como había hecho su antagonista, estimó que era su culminación: «La claridad absoluta reside en mí». Su filosofía había venido a darle a la especulación india su claridad definitiva; era la llave para entenderla. A veces la voluntad era para él *la cosa en sí*, la realidad última detrás de las apariencias, la causa trascendente del universo, lo absoluto que Kant no había logrado identificar. En otras ocasiones la rebajaba a principio inmanente de lo fenoménico. Sea como fuere, para Schopenhauer era posible una «suspensión» de la voluntad –«lo mismo que hasta ahora ha querido deja ahora de querer»–, una transformación (radical y soteriológica) de la personalidad. En este sentido estuvo muy cerca del budismo.

Al margen de la precisión con la que Schopenhauer asocia sus propios conceptos a los de la tradición sánscrita, no hay duda de que nadie hasta él había mostrado una disposición tan decidida a dialogar con el vedānta y el budismo. Todo ello contribuiría a una crítica radical de la cultura europea, fundamentalmente de la idea de un dios personal, del encumbramiento de la razón (en verdad ciega y al servicio de la voluntad) y del sentido de la historia.

La percepción de Nietzsche del budismo fue más fragmentaria si cabe. Como Schopenhauer, desconocía la fórmula de Nāgārjuna según la cual entre el saṃsāra y el nirvāṇa podría no haber la más mínima diferencia, y confundió el budismo con lo que más detestaba: una doctrina del repudio del mundo y del «no a la vida». Cristianismo y budismo serían sinónimos de decadencia y nihilismo pusilánime. El budismo le parecía la religión de la ecuanimidad perfecta, sin amarguras ni resentimientos; un credo para hombres maduros especialmente sensibles al dolor; un pesimismo más aristocrático y refinado que el vulgar nihilismo de los cristianos que amenazaba con conquistar Europa. De todo ello hablaría con su amigo, el sanscritista Paul Deussen, al que inculcó la devoción por Schopenhauer. Deussen dedicaría a Nietzsche su traducción de sesenta upaniṣad, publicada en 1897, que sigue siendo un hito de la indología moderna. También tradujo, guiado por su instinto filológico y sin el apoyo de los pandit, otra obra capital: los comentarios de Śaṃkara a los *Brahmasūtra*.

En ellos, Deussen advierte convergencias y afinidades con Kant y Platón, lo que remite a la esperanza de Schopenhauer de estar escuchando «la voz de una verdad eterna». Nos encontramos ya lejos de la segregación hegeliana de religión y filosofía, así como de la idea de la filosofía como «desprendimiento» del proceso histórico o compromiso con la ciencia libre.

Husserl y Heidegger

Edmund Husserl (1859-1938) ofrece una nueva versión de la postura hegeliana. Sostenía que la filosofía, enraizada en una actitud teórica y fundada en la experiencia griega del asombro, era un fenómeno genuinamente europeo. Poco importaba que su contemporáneo Richard Garbe (1857-1927) hubiera descubierto en el sāṃkhya un racionalismo indio, o que Erich Frauwallner (1898-1974) demostrara los intereses puramente teóricos del vaiśeṣika o que Bimal K. Matilal (1935-1991) midiera el pensamiento indio con los estándares de la filosofía analítica. La idea de una ciencia pura y de una teoría «desinteresada» (no soteriológica) seguía marcando la conciencia filosófica europea. Para Husserl, la tradición europea (cuya identidad descansa en conceptos como *filosofía* y *teoría pura*) no era una tradición entre otras. Solo Europa podía dotar al resto de las tradiciones de un marco universal de significado y entendimiento: «La europeización de todas las humanidades extranjeras es el destino del planeta». Husserl reproduce a la inversa la actitud romántica. Tanto el entusiasmo como el desdén por el pensamiento indio terminan siendo una reivindicación de la propia identidad filosófica. La imagen de la India seguía siendo el reflejo de una Europa ensimismada.

Heidegger coincide con su maestro en la europeización de la cultura de la humanidad e insiste en ello. A su juicio, la investigación «representacional», que todo lo calcula y cosifica, que toma en consideración lo existente para saber cómo y hasta qué punto cabe ponerlo a disposición de la representación, forma ya parte de la globalización de la técnica moderna. Ya no es posible apartarse de esa tendencia, por mucho que uno se empeñe y busque refugio en Oriente o en otros modelos periféricos. La ciencia y la técnica europeas han conducido a la europeización del mundo. A diferencia de Husserl, sostiene que no es este un logro del que haya que jactarse, sino simplemente aceptarlo. Ciencia y técnica son la consecuencia última del modo de pensar representacional que todo lo cosifica; un olvido del ser que devora la sustancia misma de las cosas; el precio (y la fatalidad) del dominio planetario. Heidegger considera que la primera metafísica griega está preñada del proceso que culmina en el pensar científico y tecnológico que hoy domina el mundo. ¿Cómo hablar entonces de «diálogo» con Asia? El encuentro entre las culturas ya no es entre iguales, pues se produce bajo las condiciones delineadas por el pensamiento occidental. Ello no quiere decir que el pensamiento occidental supere al pensamiento antiguo, sino que este último puede resultar ya inalcanzable para nosotros.

Tras el fin del colonialismo, la independencia de la India, la deconstrucción y los estudios subalternos, cabe preguntarse si el pensamiento poscolonial ha logrado desmantelar las perspectivas eurocéntricas. Creemos que no del todo. Sin embargo, hoy en día cada vez más científicos occidentales empiezan a prestar atención a los presupuestos de la metafísica india, sobre todo en lo referente al problema mente-cuerpo, actualmente bajo la rúbrica de «filosofía de la conciencia». ¿Es un síntoma de una reorientación de las perspectivas científicas y filosóficas? ¿Se está produciendo una fusión de horizontes? Solo el porvenir (lineal o cíclico) nos dará las respuestas.

2. La época védica

Himnos

> ¿Dónde está la sangre de la tierra, la vida,
> el espíritu? ¿Quién puede acercarse al hombre
> que sabe para preguntárselo?
>
> RV 1.164.4

Una civilización de la mente

A diferencia de otras civilizaciones de la antigüedad, no contamos con vestigios en piedra, figuras de terracota o instrumentos ceremoniales de la época védica. Sabemos que sus gentes se movían en carros y erigían altares con ladrillos cocidos, pero no se ha conservado ninguno, tampoco templos, palacios ni murallas, ni siquiera manuscritos o inscripciones en piedra. Y, sin embargo, a pesar de este gran vacío arqueológico, conocemos con detalle la mitología védica y la liturgia de los sacrificios: quiénes eran las víctimas, cuántos sacerdotes participaban, qué palabras pronunciaban y, en definitiva, cuál era el comercio con los dioses. Huérfana de restos materiales, la civilización védica es rica en palabras, versos, cantos y fórmulas litúrgicas. La vibración de la palabra original de los sabios, escuchada de labios del maestro y memorizada de generación en generación, es el pilar inequívoco de esta civilización. Un acervo de palabras sagradas custodiadas mediante la transmisión oral durante más de tres milenios, gracias a la inteligencia y devoción de eruditas escuelas de brahmanes cuyas técnicas mnemotécnicas asombraron al mundo.

De todas esas palabras, la mayoría están dedicadas al sacrificio, incluso las que forman parte de las celebraciones del *Ṛgveda*. La complejidad y audacia de los brāhmaṇa (un género de textos exegéticos y rituales que antecede a los āraṇyaka y las upaniṣad) no tiene parangón en la historia antigua, ni en Egipto, ni en Grecia, ni en China ni en Mesopotamia. Ninguna otra civilización dispone de un corpus de textos litúrgicos comparable. Se trata de textos no siempre fáciles de interpretar, dedicados en su gran mayoría al sacrificio del soma, celebrados por aquellos que «están en el secreto» de esa planta psicoactiva y de los estados mentales que suscita, algo de lo que hablaremos más adelante.

La importancia del ritual en la sociedad védica tiene su justificación. El sacrificio es una secuencia de gestos dirigidos a lo invisible, que según los propios ritualistas constituye tres cuartas partes de la totalidad del mundo. El sacrificio pretende entablar un diálogo con ese ámbito intangible que es clave para el destino de lo visible. El sacrificio no es solo un acto intencional o humano, sino la respiración de un universo vivo. Está unido a la vida; es más, puede decirse que es la vida misma. Aunque tratemos de ignorarlo, aunque nos escandalice su violencia, existirá siempre. El carácter inevitable del sacrificio tiene una explicación mítica. Sin el sacrificio de Prajāpati el mundo no existiría. El pensador védico tiene una conciencia muy clara de esta exigencia. Sabe que es hijo del sacrificio. Sabe que ignorar este hecho no resuelve nada y que encubrirlo causaría una inflación de lo inconsciente. Las upaniṣad y el budismo reaccionaron ante esta situación sumergiéndose en lo inconsciente, desarrollando una cultura mental y una serie de estrategias mentales para amortiguar el impacto de esa condición original de la naturaleza humana. En el mundo védico, como ocurrirá después en el hinduismo y el budismo, la mente ocupa una posición privilegiada y constituye el fundamento de todo lo demás. Gracias a esa naturaleza mental de la realidad, la ciencia védica es capaz de dudar de sí misma y mostrarse irónica respecto a sus procedimientos.

El sacrificio es, ante todo, un modo de integrar a la comunidad en un orden más amplio, pero sin alterar demasiado ese orden para que las potencias superiores que lo rigen no desaten su furia contra el grupo. Implica violencia, pérdida y separación, pero también generosidad y entrega. Uno de los himnos más célebres del *Ṛgveda* narra el sacrificio primordial, del que hablaremos en detalle más adelante[1]. Es un drama en tres actos, el primero de los cuales tiene como protagonista al Uno primordial, el segundo a los dioses y el tercero a los hombres. El cuerpo de la Persona primordial es desmembrado mediante el sacrificio, lo que da lugar a las diversas partes del cosmos. El himno narra cómo los dioses lo ataron al poste del sacrificio y lo inmolaron. Este acto original inaugura el funcionamiento del mundo, que es fundamentalmente un perpetuo sacrificio (lo que deprimió a Bhṛgu cuando Varuṇa, su padre, lo envió a descubrir el mundo): para crecer y desarrollarse, los animales se ven obligados a comerse unos a otros. Esa influencia se extendió al firmamento, donde residen los sādhya y los dioses. El motivo psicoanalítico de «matar al padre» o la idea moderna de la muerte de dios encuentran aquí su primera expresión literaria. No solo los seres humanos y el orden cósmico y social han nacido de la Persona primordial sacrificada, sino también los dioses. El Progenitor se ha desmembrado en el mundo:

> De su mente nació la Luna; de sus ojos, el Sol; Indra y Fuego, de su boca; el Viento, de su aliento. Del ombligo, el espacio; el firmamento, de su cabeza; de sus pies, la tierra, y de sus orejas, las regiones del espacio. Así fueron construidos los mundos[2].

Ese acto fundacional será imitado y repetido en los ritos. Hay algo incómodo y hasta cierto punto inaceptable en esta visión. Contra ella se rebelan el budismo y algunas upaniṣad tardías. El sacrificio no responde a la manía sanguinaria de una tribu, sino al funcionamiento mismo del cosmos, a la lógica de la creación y evolución de los seres. Además, como veremos más adelante, es el resultado de una actividad desencadenada por el afán y el deseo. Aceptarlo supone de algún modo consentir ese asesinato primordial.

Los dioses no siempre ayudan a los hombres. En ocasiones los consideran rivales con un enorme poder, sobre todo cuando los desafían mediante el ascetismo. Lo más frecuente, sin embargo, es que ignoren a los hombres y solo reconozcan al sacrificante. Únicamente por medio del sacrificio es posible entablar un diálogo con ellos. El sacrificante pronuncia la estrofa sagrada, y a través de esta, la oblación asciende al cielo.

La verdad del sacrificio es intensa y agotadora. Algunos prefieren vivir en el engaño. Sea como fuere, vivir de continuo en la verdad es inhumano y, a la postre, enajenante. Concluido el sacrificio, hay que poner distancia, regresar a la inercia de lo cotidiano, al sueño que sucede a la vigilia. De ahí que los sacrificantes no dejen rastro y entreguen sus utensilios al fuego. Se borran las huellas, se queman el poste sacrificial y las hierbas que han servido de asiento a los dioses, y se rinden los ladrillos a la voracidad de la selva. El sacrificante abandona el lugar en silencio y se purifica con agua. Se friega la espalda y el pecho para mudar de piel y se viste con ropa nueva. Todos los que han participado en el sacrificio, incómodos por lo que han visto, se aprestan a olvidarlo. Nadie podría soportar la carga de sentido de un sacrificio continuo. Se abandona el lugar como se abandona la escena del crimen.

Sacrificio y mente

La tensión del sacrificio se transfiere a la mente. Lo que ocurre mientras se lleva a cabo tiene por objeto dejar una impresión o inclinación mental. La atención se afila, el exceso de realidad se torna irrealidad. La liturgia es gesto y también acto mental, mente que actúa sobre sí misma. El sacrificio representa el ardor creativo que dio origen a todo, la energía interior que buscarán después los ascetas. El mundo tuvo su origen en ese «calor» (tapas), por ese fuego llegó a ser y por ese fuego terminará.

El viaje de la mente es el viaje de un pensamiento a otro, que puede seguir un itinerario ascendente (el que conduce a los dioses) o descendente (el que lleva a los abismos). La creación en su conjunto es el viaje de todas las mentes, que en su recorrido pueden caer en bucles, precipitarse en grutas o encontrar trampolines para el salto a lo incondicionado. Respecto a la primera posibilidad, el entendimiento puede convertirse en surco rayado y repetitivo, en pensamiento único. Hoy lo llamamos obsesión: los grandes poderes, como el sexo, el dinero, la comida o la violencia, crean pozos para el pensamiento y no le permiten proseguir su viaje. Los tres venenos budistas (la codicia, el odio y la estupidez) o los siete pecados capitales son una cartografía de tales pozos. Cada tradición de pensamiento tiene los suyos. Cualquiera que haya caído en ellos conoce sus peligros y se cuida de banalizarlos. En el ámbito de los veda, ese pozo es el vientre de Vṛta, que se ha tragado todo el soma y no permite el vuelo de la mente.

La conciencia no es algo que posea cada cual. El mero hecho de ser conscientes, de sabernos ser, viene de lejos. Nos alcanza al despertar y se aleja cuando caemos en el sueño profundo. La mente, que es infinitamente rápida, puede atrapar la conciencia y, entonces, regresar al origen en un abrir y cerrar de ojos. No porque la mente alcance la velocidad de la luz, sino porque el espacio y el tiempo tienen una naturaleza mental. La mente es una potencia superior a los dioses; es por su gracia por lo que los dioses se reflejan en el individuo. La mente lo inunda todo, pero, paradójicamente, concibe en soledad. Esa omnipresencia no significa omnipotencia. La mente puede verse atrapada en pozos de oscuridad. La conciencia flota, por así decir, en el aire, y la mente debe atraparla, atraerla para que se pose en ella como el ave en el árbol.

Para el pensamiento védico, hay conciencia antes de que haya algo de lo que tener conciencia. Una idea que cristaliza en el sāṃkhya. El mundo natural es el contenido de una conciencia que originalmente carece de contenido y que se denomina *persona* (puruṣa). Esa es la razón por la que algunas narraciones inciden en que los esclarecidos son anteriores al mundo[3]. Dice el *Taittirīya brāhmaṇa*: «Lo no manifestado estaba solo y de esa soledad nació la mente diciendo: "Quiero ser"». Desde entonces, la mente concibe en soledad. Por eso es hermana de la alucinación y vuela en los sueños. La mente nació con Prajāpati, de ahí que el Primogénito dude de su propia existencia, de si es sueño o realidad. «Prajāpati es, por así decir, la mente. La mente es Prajāpati»[4].

Mente y palabra

Según otro mito, Prajāpati deja que sea la Palabra la que organice la creación. El valor de la Palabra en la cultura védica es incalculable. No solo es una diosa, sino que cuatro de las seis ciencias védicas están dedicadas a ella: fonética, métrica o prosodia, gramática y etimología[5]. Las otras dos son la ciencia del ritual y la ciencia astrológica o del tiempo propicio[6]. Basta con pensar en los mantras como vehículo y objeto de meditación. Mediante la palabra, la mente llega a los dioses y se ofrece el sacrificio. La cultura mental se basa, entre otras cosas, en la palabra, concretamente en el sonido. Pero la mente y la palabra no están al mismo nivel, como lo estarán en Grecia con el logos. La mente es superior a la palabra, porque alcanza el silencio del sabio. En el brāhmaṇa de los *Cien caminos (Śatapatha brāhmaṇa)* se dice que los dioses se hicieron fuertes en la mente, mientras que los asura se refugiaron en la palabra[7]. Sin embargo, los recitadores cuidan escrupulosamente los aspectos fonéticos de himnos, cantos y fórmulas litúrgicas. Los versos métricos permiten embridar el caballo de la mente para que no galope desbocado[8]. El sonido rítmico de la poesía es fundamento del mundo, es eterno, y la eternidad merece memoria. El metro, con su ritmo pulsante, la favorece. Por eso la literatura recuerda que la palabra es el modo de domar la mente. El metro es el *yugo* de la palabra: «El caballo de la mente debe dejarse enjaezar por la palabra». De ahí la eficacia de la oración y el canto en situaciones desesperadas, cuando las aguas de la mente parecen desbordarse o enturbiarse.

La mente y la palabra constituyen una de las parejas primordiales, lo masculino y lo femenino, como lo serán más adelante las parejas espíritu-naturaleza o contemplación-creación. De esa tensión esencial, de esa cópula, emana lo creado. La desigualdad entre mente y palabra es una de las marcas de la civilización india. «La mente es superior al habla. Así como el puño cerrado puede contener un par de dados o de frutos, así también la mente comprende los nombres y el habla»[9]. Algo que contrasta con la actitud de griegos y judíos, que establecieron una alianza con el logos. Desde Sócrates, el conocimiento filosófico quedaría vinculado a lo discursivo, al poder del argumento, aunque solo sea para fijar sus limitaciones (la ignorancia y la ironía socráticas). Posteriormente, el cristianismo joánico haría del Verbo la encarnación divina, mientras que la mente, la cultura mental, quedaría desde entonces ligada a la palabra y la razón.

El primer libro

El *Ṛgveda* es el primer libro de la civilización india. Un libro que no es un libro, pues no tiene pliegos ni lomo, no está cosido ni enrollado en pergaminos. Un libro invisible, sin escritura. Un libro oral. El más antiguo y solemne de los libros es el sonido puro. Un sonido custodiado en la memoria de jóvenes brahmanes durante más de tres mil años[10]. La colección consta de más de un millar de himnos propiciatorios, no exentos de lirismo, cuya composición se atribuye a siete sabios legendarios, los *esclarecidos*, de los que hablaremos en la siguiente sección. Al *Ṛgveda* lo acompañan un libro de cantos, el *Sāmaveda*, y otro de fórmulas litúrgicas, el *Yajurveda*; los tres forman la «triple sabiduría». Posteriormente se añadirá un cuarto veda, el *Atharvaveda*, compendio de magia popular y doméstica[11]. El *Sāmaveda*, el *Yajurveda* y el *Atharvaveda* contienen, en mayor o menor medida, fragmentos del *Ṛgveda*.

Aunque sea el texto más antiguo que ha sobrevivido de la civilización india, la composición del *Ṛgveda* no es en absoluto arcaica o primitiva. Más bien es una antología de un corpus más amplio, una selección de loas a los dioses de una antigua tradición de recitadores y poetas. Sin embargo, no todos los himnos intentan persuadir o seducir a los dioses. Hay himnos irónicos y filosóficos que se ocupan del origen del mundo o de la vida cotidiana de los arios. A pesar de que no se trata del conjunto más antiguo de textos del ámbito indoeuropeo, como sostiene Louis Renou, probablemente sea el documento literario que se redactó y fijó más pronto. Los arios proceden de Asia Central, pero la antología presenta ya elementos claramente indios: plantas, animales y costumbres típicas del subcontinente, desde el elefante hasta la hierba kuśa. Está escrita en sánscrito védico, que se caracteriza por la libertad en el orden de las palabras, las elipsis e hipérboles, los compuestos y el uso de partículas enfáticas de matices diversos. Es un idioma rico y complejo, emparentado con el griego por su origen indoeuropeo y que podría derivar de una lengua común hoy desaparecida.

La fecha de composición del *Ṛgveda* es incierta. Algunos la sitúan en torno al 1200 a. e. c., época en la que los indoeuropeos de la rama aria emigraron al subcontinente indio (mientras que los dorios, también indoeuropeos, se desplazaron a Grecia). El propio texto menciona el lugar de su composición: la región de los Siete Ríos (actual Punyab) afluentes del Indo, que desemboca en la región del Sind, en el actual Pakistán.

La fidelidad en la transmisión oral del *Ṛgveda* es un fenómeno único en la historia de las civilizaciones. De generación en generación, corre a cargo de familias o escuelas de brahmanes, denominadas śākhā. Cada una de ellas se especializa en una colección y es escrupulosa con la pronunciación, si bien elabora sus propias síntesis y reglas, siempre desde el rigor. El manuscrito más antiguo del *Ṛgveda* data del siglo XI, por lo que podemos suponer que el texto se ha conservado en la memoria de estos linajes de recitadores durante casi dos milenios. En la soledad de su trabajo, los copistas de manuscritos medievales podían cometer errores que quedaban sepultados en los libros o eran reproducidos por los escribas. En la tradición viva de estas escuelas, sin embargo, los textos se revisan con recitaciones periódicas y se someten a exhaustivos mecanismos de control[12]. En este sentido, resulta significativo que la enseñanza tradicional se centre en la fidelidad a la forma (la exacta pronunciación fonética de los versos) en vez de en el significado, que es conjetural y cambia con las épocas. Entre lo eterno y lo temporal, se elige lo primero. El sonido frente al sentido, desde el convencimiento del poder teúrgico de la palabra (vāc), de su fuerza creativa y su eficacia como instrumento de persuasión divina. La música de la palabra sánscrita es, en los veda, la única ciencia eficaz. El pie métrico (llamado pada, como la huella sagrada de la vaca) es la escalera que sube al cielo.

La complejidad y sofisticación de la literatura védica hace pensar en una sociedad altamente civilizada, si no en la técnica, al menos en la organización social. Los autores de los himnos fueron sin duda sacerdotes que se ganaban la vida con sus conocimientos litúrgicos. Los poetas rivalizaban en metáforas, arcanos, odas y creación de cosmogonías, con un lenguaje cargado de fórmulas y símbolos solo accesibles para quienes habían sido iniciados y conocían el secreto de las asociaciones y los valores[13]. Sus elementos, el fuego y el agua, son universales, pero sus animales ya no lo son tanto: la vaca, el macho cabrío y el caballo (propio de las estepas de Asia Central). Su elixir mágico es el soma, que simboliza el alimento, mientras que el fuego es el paradigma del «devorador del alimento». El sacrificante ha de seguir la senda del fuego, el misterioso camino que trazan las llamas.

No todos los himnos son sacerdotales, sino que algunos tratan asuntos de la cultura popular, como el himno a las ranas, que celebra la aparición de estos animales con la llegada de la estación de lluvias, o el himno al corcel Dadhṛka, famoso por su velocidad y valor en la batalla. Hay también himnos dedicados a los pájaros o a virtudes como la hospitalidad y la generosidad, además de himnos eróticos, humorísticos e irónicos, como el que hace referencia a la diversidad de los oficios y los deseos, en los que cada cual busca su provecho y bienestar:

> Roturas desea el carpintero, enfermedades el médico. Y cada uno, deseando riquezas, sigue como las vacas sus propias ideas. El caballo desea un carro ligero, risas el bufón, agua la rana, la vellosa concavidad el falo[14].

No hay rastro de la idea de un caos primigenio, a diferencia de lo que ocurre en las cosmogonías helénicas. Sí encontramos la idea de que el deseo fue la primera semilla de la mente, así como la posibilidad de descubrir, en el interior del corazón, un vínculo entre lo manifiesto y lo inmanifiesto[15]. Encontrar dichos vínculos o correspondencias ocultas se convertirá en un asunto clave de las upaniṣad. Otra divergencia importante respecto a la tradición griega es que los dioses indios están envueltos en la misma incertidumbre que los hombres respecto a su origen. Compiten con los hombres y los *esclarecidos* por desvelarlo. Son fuertes, poderosos y, en cierto sentido, eternos, pero están sujetos a la renovación periódica por el Fuego al final de cada ciclo cósmico.

Los siete esclarecidos

El conocimiento védico se encuentra cifrado en una colección de 1028 himnos que fueron «escuchados» por siete sabios de la antigüedad. Estos saptaṛsi (siete videntes o *esclarecidos*) tienen un origen mítico. Fueron los que percibieron la música del origen, los cantos del *Ṛgveda*. Según uno de los mitos, son hijos de la mente de Prajāpati y hacen su aparición cuando el Ser primordial decide ir más allá de sí mismo, abandonar su soledad, para conocer a otros. El Primogénito, se nos dice, está compuesto por siete alientos que engendran todas las cosas. De ahí que la creación, en la que se deshace, en la que se desmiembra y extenúa, borre en cierto sentido a Prajāpati, que no volverá a cobrar el protagonismo que tuvo al principio, ni en el despliegue ni en la regencia del cosmos. Esa soberanía está ahora en manos de los dioses y los siete esclarecidos. Estos últimos han acumulado un enorme poder mediante el cultivo del ardor interno. Pueden incendiar o deglutir partes enteras del universo, e incluso los dioses los temen. Las saṃhitā (las colecciones de himnos, cantos y fórmulas litúrgicas: *Ṛgveda*, *Sāmaveda* y *Yajurveda*) no los mencionan por su nombre; sí lo hacen textos védicos posteriores (brāhmaṇa y upaniṣad). La lista más antigua de los siete esclarecidos la encontramos en el *Jaiminīya brāhmaṇa*: Agastya, Atri, Bharadvāja, Gautama, Jamadagni, Vasiṣṭha y Viśvāmitra[16].

Puesto que pertenecen al tiempo original, la inspiración de los esclarecidos se encuentra presente en las recitaciones y los ritos cotidianos. Proyectan su energía sobre el mundo sin cesar, alentando nuevas canciones y pensamientos. Impulsan el crecimiento de las cosas, como el Sol que hace girar los astros y lleva los frutos a su madurez. Los esclarecidos pertenecen al ámbito de lo inmanifiesto, que constituye tres cuartas partes de lo real, y se dice que residen en la Osa Mayor. Gracias a la incandescencia de su mente y al cultivo del ardor interno, pueden dar el salto a lo divino e incluso trascenderlo. No son dioses, pero tampoco hombres. En algunas cosmogonías su emanación antecede a la de los dioses. De su ardor nacen los inspirados himnos del *Ṛgveda*, las fórmulas litúrgicas del *Yajurveda*, los cantos del *Sāmaveda* y los encantamientos del *Atharvaveda*, así como las grandes intuiciones de las upaniṣad.

En otros textos se dice que los esclarecidos residen en el firmamento junto a sus concubinas, las pléyades, a las que un amante solitario, Agni, trató de seducir. Su inmenso poder les permite desafiar a los dioses, aunque no siempre puedan controlar sus energías (representadas por sus consortes). En el *Ṛgveda* encontramos un curioso diálogo entre el ṛsi Agastya y su esposa Lopamudra que ilustra la personalidad de la mujer védica[17]. Cansada de una larga abstinencia sexual, la esposa le reclama sus atenciones: «Me ha venido el deseo por mi toro, que de sí me aleja». A pesar de que «la vejez destruye la belleza de los cuerpos», Agastya accede: «Vamos, triunfemos en ese certamen de mil mañas». La mujer deja al sabio exhausto. Concluido el acto amoroso, se purifica bebiendo una copa de soma. El Dioniso indio, Śiva, también sedujo a las mujeres de los ṛsi, que lo siguieron presas de la ebriedad. Hay una tensión permanente entre el orden del mundo (que los sacerdotes tratan de perpetuar mediante el sacrificio) y la certeza de que tarde o temprano ese orden será derribado por la simple necesidad de la regeneración. Śiva representa ese «espíritu de la disolución» que hace temblar a los dioses.

El libro primero del *Ṛgveda* se atribuye al esclarecido Viśvāmitra, el «amigo del cosmos», autor del célebre mantra Gāyatrī[18]. En el himno 267, el poeta y sabio acompaña a los arios en una de sus expediciones por el Punyab[19]. Cuando alcanzan la confluencia de los ríos Virat y Śutudri, el poeta se dirige a las corrientes, personificadas en sendas diosas que, «saliendo jubilosas de los montes, como dos yeguas libres ansiosas de galopar rivalizan en su carrera».

«Escuchad, hermanas, al poeta que viene de lejos con las carretas y carros para la batalla. Agachaos, oh corrientes; dejaos atravesar sin llegar con vuestras ondas al eje de los carros». Las aguas acceden a la petición y los carros de los Bhārata las vadean y prosiguen «en busca del botín de vacas». El poema termina diciendo: «El poeta obtuvo la gracia de los ríos. Creced, refrescantes y generosos; llenando vuestros lechos; marchad veloces»[20].

Ascetismo

En la abstención hay un poder. Las tradiciones ascéticas de la India nunca fueron puritanas; al contrario, a veces su desmedida ambición desataba cataclismos. Rāvaṇa medita durante eones y se convierte en el temible demonio del *Rāmāyaṇa*. Los ascetas desafían con su poder a los mismos dioses. Pero debajo de esa actitud hay también una enseñanza. La verdad del ascetismo no es el poder que atesora, sino su capacidad de abrir un claro en el bosque del afán y los deseos particulares, un silencio en el tumulto de las palabras. En la abstención de ciertos pensamientos, en el vaciado de la mente, puede encontrarse la fuerza interior. La liberación solo es posible si se limpia la mente de los tres venenos que la corrompen: codicia, odio y estupidez. Esa limpieza puede hacerse mediante la palabra sagrada, el rito o el control de la respiración. Mediante el sacrificio público o el privado. El salto definitivo no puede darlo el pensamiento (que ha de quedar en suspenso), sino la inspiración. El pensamiento ha sido importante hasta aquí: sin él no se podía saber para qué vivimos, qué debemos amar o qué importuna a ese amor. El pensamiento puede señalar el camino, pero ahora debe retirarse para que el corazón se llene con la gracia.

En todo saber hay una especie de combustión. Las tradiciones chamánicas lo saben bien. El yoga descubrió en la respiración una de las llaves de acceso al calor interno. Ese ardor permite conquistar el mundo porque de él procede. Es la energía creativa del mundo, la fuerza que guía las transformaciones del mundo natural. De ahí que los esclarecidos sean también los garantes del orden cósmico, tanto del devenir rutinario como de las catástrofes. Son, junto a los dioses, los causantes de las grandes irrupciones y las grandes disoluciones. «Todo era agua indiferenciada y vacío –dice el *Ṛgveda*–, y el Uno surgió por el poder de su propio ardor interno». Es el origen mismo del deseo, del «esperma de la mente», y guarda relación con el brillo del conocimiento. El asceta, «cuyo vestido es el viento y cuyos harapos son del color del azafrán»[21], cultiva el ardor interno, al que está dedicado el himno 190 del libro décimo. De ese ardor, se nos dice, nacieron el orden y la verdad, la noche y el ondulante océano. Del ondulante océano nació el Tiempo, el Señor de los días y las noches y de todo cuanto vive. De ese ardor nacieron el Sol y la Luna, el cielo y la tierra, el espacio que los separa y la luz.

Mitos del origen

La creación

La creación es difícil y, en muchos sentidos, fallida o dolorosa. La omnipotencia del creador, como intuyó Leibniz, es una ingenuidad, y este mundo es el mejor de los mundos posibles. En la literatura antigua, Prajāpati es la esencia de la creación y también del sacrificio. Estos dos términos, *creación* y *sacrificio*, parecen indistinguibles en sus primeras manifestaciones. Hay un poder creativo en el sacrificio y un sacrificio en la creación. Prajāpati se inmola y se «despliega» mediante el calor interno que despide su cuerpo. He aquí un concepto clave de la cosmogonía védica, que tendrá un largo recorrido en las tradiciones ascéticas. Los poros del cuerpo de Prajāpati emiten luces que ascienden para fijarse en las estrellas del firmamento[22].

Los mitos más antiguos de la creación aparecen en dos libros tardíos del *Ṛgveda*, el primero y el décimo, donde encontramos algunas estrofas, no demasiadas, que serán fuente de inspiración para la literatura posterior. Abordan la cuestión del origen del mundo, de la formación de los elementos, de la inserción del flujo primigenio en las criaturas y la evolución de la vida a partir de la muerte. Son relatos breves, pero de extraordinaria importancia, dado que la cultura védica gira en torno a la reactualización simbólica de la creación mediante la práctica ritual del sacrificio.

Un mito da cuenta del origen del dios Fuego (Agni). Prajāpati se ha inmolado para obtener descendencia. De su esfuerzo nace el Fuego, generado por su boca. El Fuego es el arquetipo del devorador de alimentos. Una vez creado,

Prajāpati advierte que la tierra está desierta y que no hay ningún alimento para su criatura excepto él. El Fuego abre la boca y se vuelve hacia su padre, que lo contempla aterrado. Entonces Prajāpati se frota las manos y de la fricción surge un líquido parecido a la leche mezclado con pelo. La ofrenda no le agrada y la derrama en el fuego. De ella nacen las plantas. Lo intenta una segunda vez, y en esta ocasión la ofrenda sí le agrada. Aun así duda en ofrecerla, pero una voz en su interior le conmina a hacerlo. El Sol se levanta y arde, y el dios Viento (Vāyu) adquiere su vigor y fuerza. Gracias a la ofrenda, Prajāpati se pone a salvo del Fuego, la muerte que todo lo devora. Por eso se dice que quien sepa esto y ofrezca la oblación en el fuego del hogar obtendrá descendencia. Y así como Prajāpati escapó del Fuego mediante la ofrenda, cuando una persona muere y es incinerada, si ha hecho su ofrenda, el Fuego solo consume su cuerpo y se libra de la muerte.

El mito de Prajāpati

El hombre védico contrae al nacer una deuda con la muerte. La vida, con su carga de frescura, inocencia y espontaneidad, también con sus decepciones y amarguras, exige nacer y morir. El universo en su conjunto es un perpetuo sacrificio, y la vida humana no es una excepción. Ese sacrificio se obra con el fuego de la respiración, el aliento que arde en el interior de cada ser vivo.

Una de las versiones más conocidas del mito de Prajāpati, Padre de todas las criaturas, aparece en el libro décimo del *Ṛgveda*: «El Uno respiraba por su propio impulso; al margen de ello no había absolutamente nada»[23]. Esa Unidad primordial más allá de lo manifiesto y lo inmanifiesto, del ser y del no ser, es el origen de todo, el motivo de que haya algo en lugar de nada. «¿Quién es Prajāpati?», preguntan los textos védicos. Prajāpati es el gran enigma: ¿quién es aquel en quien todo se sustenta, aquel que de todo es fuente? «¿A qué dios adoraremos?»[24], se pregunta el poeta. Y es un enigma hasta para sí mismo: «¿Quién soy yo?»[25], de ahí que también tenga por nombre «Quién» (Ka), de ahí que también represente la investigación filosófica, la búsqueda del porqué. El fundamento del mundo es una pregunta[26].

En la literatura védica no hay una única versión de la creación, pero sí tres grandes modelos. En todos ellos está implícito el uso de la fuerza y la violencia, el sacrificio de uno mismo o de otro: incesto, oblación y desmembramiento. Raimon Panikkar habla de un triple movimiento, de tres fases que recorren la narrativa del mito de la creación: la soledad, el sacrificio y la reintegración[27]. La interiorización y la complicidad con el origen («hazme ser lo que tú eres»)[28] jugarán un importante papel en la literatura posterior.

Para que los dioses puedan descender al rol de víctima debe existir cierta afinidad entre su naturaleza y la de la víctima. Entre otras cosas, los dioses mismos deben originarse en el sacrificio. Por eso la víctima tiene siempre algo de divino. A través de lo semejante se nutre lo semejante, y la víctima es el alimento de los dioses. El sacrificio se considera la condición misma de la existencia divina. Como apunta Marcel Mauss, de ahí al suicidio del dios no hay mucha distancia. Los ritualistas védicos la recorrieron. Los dioses no solo nacen del sacrificio, sino que conservan su existencia gracias al sacrificio. El sacrificio es el creador de las cosas porque en él reside el principio de la vida. Según el célebre mito del *Ṛgveda* 10.90, al principio era la nada, y la Persona primordial quiso obrar mediante su sacrificio, el abandono de sí, la entrega de su cuerpo a los seres.

Como la oración, el sacrificio puede cumplir una variedad de funciones, puede ser acción de gracias, iniciación, voto o ritual de propiciación. Se trata de establecer una corriente de comunicación entre lo sagrado y lo profano a través de una víctima, que puede ser ajena o el propio sacrificante (en el caso de las prácticas ascéticas). El ardor que se desprende del sacrificio lleva el voto a las potestades celestes. Esa relación con lo divino es fuente de vida, pero el sacrificante ha de acometerla con la máxima prudencia. Cuando se toca la esencia de la vida, todo es riesgo. Mauss afirma que todo sacrificio tiene algo de contrato. El mundo de los hombres y el de los dioses intercambian servicios para beneficio de ambas partes. Los dioses necesitan lo profano tanto como los hombres lo sagrado. Si no se le reservara una parte de la cosecha, el dios del trigo moriría. Pero en el caso del sacrificio original, Prajāpati es el sacrificante, la víctima y el sacrificador. Igual que en el sueño, donde la mente es teatro, protagonista y narrador. Todas estas ideas, en la medida en que son compartidas por una comunidad, son reales como hechos sociales y psíquicos. Los milagros solo existen en las comunidades de creyentes porque son una construcción colectiva de la psique del grupo.

El desmembramiento original

Ya hemos visto que el sacrificio forma parte del curso natural de las cosas. Todo en el mundo es un perpetuo sacrificio, de ahí que cualquier fenómeno natural tenga su correspondencia en el rito. Una idea anclada en el célebre mito del *Ṛgveda* que concibe la creación como el sacrificio de la Persona primordial[29]. No hay creación a partir de la nada, sino más bien un reordenamiento del mundo a partir de un material preexistente. Esa distribución afecta a la naturaleza y a la cultura, al orden físico y al orden social.

La Persona primordial tiene incontables cabezas, ojos y pies, y se extiende por todas partes. Impregna la tierra, todo lo que ha sido y lo que será. Es padre de los dioses y de aquellos que crecen mediante el alimento. Los dioses la sacrificaron como ofrenda. La primavera fue la mantequilla clarificada, el verano la leña, el otoño la oblación. Los dioses y los esclarecidos la ataron al poste sacrificial, la ungieron sobre la hierba sagrada y la sacrificaron. De su sacrificio nacieron los animales del bosque, las aves del cielo y los animales domésticos de las aldeas. De ella nacieron los himnos, los metros, las fórmulas litúrgicas y los cantos. De ella nacieron los caballos, las cabras, las vacas y las ovejas.

El desmembramiento da lugar a los diferentes constituyentes del universo físico y social. Los brahmanes surgieron de su boca; los guerreros, de sus brazos; los mercaderes, de sus muslos, y los campesinos, de sus pies. La Luna nació de su mente; el Sol, de sus ojos. De su boca, Indra y el dios Fuego; de su aliento vital, el dios Viento. De su ombligo nació el aire; de su cabeza, el cielo; de sus pies, la tierra, y de sus orejas, el firmamento. De este modo fueron creados los mundos. Siete palos rodeaban el fuego cuando los dioses ataron a la Persona primordial como víctima del sacrificio. Este instauró el orden del mundo, que es el orden del dharma, el cual implica lo físico y lo moral, la naturaleza y la cultura. Y tales poderes alcanzaron la bóveda del cielo y todo el espacio que se extiende hasta donde habitan los dioses.

Como ha mostrado Mircea Eliade, el desmembramiento es un motivo clásico del chamanismo. El alumbramiento del chamán, su nacimiento a la nueva vida, exige entregarse a otros, asumir la propia descomposición. Panikkar lo recrea admirablemente:

> La creación es un darse, una inmolación creadora. Pero no hay nadie a quien ofrecer el sacrificio, nadie dispuesto a recibirlo. Prajāpati debe ser al mismo tiempo sacerdote, víctima y destinatario del sacrificio, e incluso el resultado del sacrificio mismo. Se subdivide a sí mismo en tantas partes como sean necesarias para completar la creación[30].

Lo mueve el deseo de tener progenie, y para cumplirlo necesita del ardor. La pasión creativa y el deseo son dos caras de la misma moneda. De ambas nacen el orden cósmico y el orden moral. El antipuritanismo de esta cosmogonía no puede ser más radical. El fuego inicial es la divina concentración que intentan reproducir los yoguis. El ascetismo védico no es mortificación ni penitencia, sino ardor interno y combustión creativa (de ahí que a menudo se conjugue con la sexualidad). De ese ardor nacen la Tierra y el Sol, el Océano y sus tempestades, el orden cósmico y la verdad[31]. De ese ardor nace la vitalidad divina, que se esconde en el velo de las cualidades. En toda creación palpita una tensión erótica, el deseo como puente entre el ser y el no ser, entre lo manifiesto y lo inmanifiesto. Y ese deseo exige que Prajāpati se desmiembre, que renuncie a su propia identidad, que fue creada en el momento primordial, cuando dijo: «Yo soy».

Prajāpati no sabe vivir sin darse: «Que yo sea muchos», exclama. Una vez desmembrado, da vida a todas las criaturas. Pero la creación casi le cuesta la vida. La entrega ha sido completa, apenas ha dejado nada para sí. Una vez concluida su obra, yace exhausto y a él regresa el miedo. Prajāpati teme morir[32]. El creador de los dioses inmortales se ve al borde de la muerte. Las criaturas lo abandonan y se siente agotado y fracasado: «El objetivo por el que he creado no ha sido alcanzado, las criaturas se alejan de mí, no se mantienen a mi lado para darme alegría y alimento»[33]. Estamos ante uno de los primeros episodios de la muerte de dios. El precio de la creación es la muerte. El mundo es Dios sacrificado. Entonces Prajāpati se encomienda al dios Fuego. Las aguas lo escuchan y acuden en su ayuda. Los dioses le restituyen los miembros y Prajāpati es rescatado de la muerte. Pero las criaturas no vuelven con él, como los hijos que se alejan de los padres. Su mera presencia parece impedir que se desarrollen plenamente. Temen que su identidad sea reabsorbida por el creador. Pero, abandonadas a sí mismas, caen en la confusión. Vagan por el cosmos sin rumbo ni propósito. Se devoran unas a otras según la «lógica del pez» (matsya-nyāya): el grande se come al chico. Es entonces cuando Prajāpati decide absorberlas de nuevo, dando una segunda oportunidad a la creación. Devora a todas sus criaturas con la promesa de otorgarles la capacidad de procrear. Así, Prajāpati penetra en las criaturas y las habita para renovar su vida. Por eso las criaturas llevan en sí lo manifiesto y lo inmanifiesto, el ser y el no ser, lo que son y lo que han sido, la historia entera del mundo y la historia del propio Prajāpati. Desde entonces serán sensibles al sacrificio, a la inmolación creadora, dejándose la piel para hacer lo que hacen.

La sospecha védica conserva su actualidad. Según la cosmología moderna, las estrellas, al morir, transfieren al espacio interestelar el carbono (base de la vida), que posteriormente, gracias a la gravedad y a los cometas, formará parte del seno de los planetas. Es un ejemplo de procreación mediante el sacrificio o la autoinmolación. De modo parecido puede interpretarse la explosión (desmembramiento) primordial del *big bang*, origen de todo.

El incesto original

La separación entre el cielo y la tierra, que adquiere la forma de una guerra entre los dioses y los demonios, será un motivo recurrente en la mitología hindú, junto con la idea de un incesto primordial: el Uno crea un Segundo al que se une como pareja. «El cielo es mi padre, el que engendra; mi madre, esta ancha tierra. Entre estos dos cuencos está la matriz, en ella puso el padre el embrión a su hija»[34]. El mito reaparece, más elaborado, en el brāhmaṇa de los *Cien caminos*. Los actores de este drama son tres: Prajāpati, Uṣás y Rudra. Prajāpati siente pasión por su hija Uṣás, la Aurora, y se une a ella. Los dioses lo reprueban y envían a Rudra para que lo castigue. La flecha de Rudra lo hiere[35] y el semen vertido cae en la tierra, de donde surgen la estirpe de los inmortales y la de los mortales. Ese contacto entre el cielo y la tierra enciende la chispa de la creación, una unión peligrosa, creativa y culpable.

Del esperma vertido en la tierra surgen los Āditya. Los dioses aman y odian al padre. Desatan su ira contra él y luego son ellos mismos quienes lo curan, pues Prajāpati representa el sacrificio y este debe cuidarse. Lo que resulta herido en el sacrificio es «la parte de Rudra», mientras que la ofrenda pretende curar la herida inherente a la existencia, el inevitable sufrimiento que trae aparejado la vida (del que después la cultura mental del budismo se ofrecerá como solución no ritual).

Los brahmanes son los médicos del sacrificio. Bṛhaspati, el primer brahmán y Señor de la oración, ingiere la carne de Prajāpati lacerada por la flecha de Rudra, un gesto que desde entonces los sacerdotes recuerdan con su dignidad. Todas las obligaciones del brahmán se limitan a una. Cuando en la celebración del sacrificio se cometen errores, es él quien los «sana» mediante la invocación de *bhūr*, *bhuvas* y *svar*, las tres palabras sagradas, identificadas con los tres mundos y con la cabeza, los brazos y los pies de la Persona primordial.

La historia, en una versión parecida, se repite en el *Aitareya brāhmaṇa*. Para evitar a su incestuoso padre, la Aurora se metamorfosea en cierva, pero Prajāpati se aproxima a ella convertido en ciervo. Rudra, que es la síntesis de las formas más espantosas de los dioses y de nuevo se erige en vengador, lo atraviesa con su flecha. La semilla de Prajāpati se convierte en un lago rodeado de fuego. Una parte de la semilla se convierte en los Āditya, otra en Bhṛgu (adoptado por Varuṇa) y una tercera en Bṛhaspati. De la combinación de agua y fuego nace la vida: el ganado, el búfalo, el buey y el antílope, el camello y el asno.

La soledad

El miedo a la soledad es uno de los primeros motivos para que haya algo en lugar de nada. Al principio no había ni ser ni no ser. El Uno respiraba en un vacío absoluto, envuelto en la oscuridad. De pronto miró alrededor y solo se vio a sí mismo. Entonces se dijo: «Que yo sea», y al pronunciar estas palabras se hizo consciente de sí mismo.

Pero en la conciencia de uno mismo, en la propia compañía, ya está implícita la conciencia del otro. Y tuvo miedo. Ese temor era infundado, pues no había nadie a quien temer, no había nada aparte de él (primera constatación de la autosuficiencia del miedo, de que puede carecer de objeto). Aburrido, acosado por el tedio, deseó un segundo: «¡Oh, si pudiera procrear y ser múltiple!»[36]. Y esa misma noche primordial empezó a salir de sí mismo, a abandonar su recogimiento. Y para hacerlo no tuvo más remedio que inmolarse.

El motivo aparece también en un célebre pasaje de la *Gran upaniṣad del bosque*. Al principio, este universo era el Sí mismo (ātman) y tenía forma de Persona (puruṣa). Miró alrededor y no vio nada. Sintió miedo. Y le pareció extraño, pues no había nadie a quien temer. Se dijo: «Yo soy», y con ello nació el sentido del yo, la idea de una identidad propia. Pero el Sí mismo no gozaba de la existencia, pues quien está solo no puede compartir su alegría. Entonces deseó compañía. Y como tenía el tamaño de un hombre y una mujer abrazados, decidió dividirse en dos y de él nacieron el hombre y la mujer. Por eso uno mismo, la propia identidad, es solo una mitad, una mitad que ha de completarse. Él se unió a ella y de ambos nació el género humano. Pero ella se preguntaba: «¿Cómo puede unirse a mí después de haberme engendrado?». Sintió vergüenza y decidió esconderse. Se metamorfoseó en vaca, pero él se apresuró a transformarse en toro para unirse de nuevo a ella. Así nació el ganado.

Entonces ella se transformó en yegua y él en semental. Nacieron los equinos. Y así sucesivamente, cambiando de disfraz, dieron nacimiento a las cabras, los asnos, las ovejas y todas las parejas de animales, hasta las hormigas. De este modo surgió la creación, y todo el que lo sabe se recrea en ella. Acto seguido, con su boca y sus manos, él creó el fuego, que todo lo devora, de ahí que en este mundo todo se alimente y sea a su vez alimento de otros: fuego y soma. La oblación vertida en el fuego recuerda ese gesto original. De su semen hizo lo húmedo, que es el soma, arquetipo del alimento, mientras que el fuego es el arquetipo de todo lo que se alimenta.

Pero no nos desviemos. Del Primogénito ha surgido el deseo de compañía que dará lugar al mundo. De él nacerán los dioses y el resto de las cosas. Pero no será Prajāpati el que lleve a cabo el despliegue de lo creado ni la regencia del mundo. La primera tarea se la confía a la diosa de la palabra, Vāc; la segunda, a los dioses. Como el dios de los gnósticos o el *Ein-sof* de los cabalistas, se retira y se reserva para sí lo ignoto, lo desconocido, la pura indeterminación, lo que trasciende todas las cosas. Desde entonces, el mundo estará siempre abierto a las preguntas, a la aventura interminable del pensamiento[37].

Hemos visto que por la boca engendró Prajāpati a su primogénito el dios Fuego (Agni), agente fundamental del metabolismo del mundo, la boca que todo lo devora y, al mismo tiempo, el mensajero entre lo visible y lo invisible. Alrededor del dios Fuego gira todo el orden sacrificial. Desde entonces, el mundo de aquí abajo será el lugar donde unas bocas devoran otras bocas. Y, de un modo muy freudiano, en el instante de la creación, Agni se vuelve con la boca abierta hacia su creador, el único ser al que podría devorar, pues no hay nadie más. Del miedo del Progenitor emana otro ser, la diosa de la palabra: Vāc. Gracias a ella evitará que su hijo lo devore, a través de ella realizará la ofrenda que calmará el hambre del vástago. Este es el acto fundacional del sacrificio. Pero hay un problema: dado que no existe todavía la materia, sino tan solo el Progenitor, el Fuego y la Palabra (elenco que parece sacado de Heráclito), no hay nada que ofrendar. Prajāpati se frota las manos y del calor del contacto emana un líquido parecido a la leche. Y, en ese momento, una voz que parece venida de fuera, pero que es su propia voz, lo sorprende y le ordena que ofrende. Esa es la primera ofrenda, auspiciada por el miedo y la palabra (mediante la invocación svāhā). Será el modelo de todos los sacrificios[38]. Desde entonces, los hombres lo imitan celebrando en sus casas el agnihotra, el sacrifico original, fundamento de todos los demás, que consiste en verter leche en el fuego al amanecer y al atardecer, todos los días del año. Una ofrenda que se extiende a los cambios de fase lunar y de estación. Siempre entre las «junturas» del tiempo, cosiendo las heridas del tiempo (que es Prajāpati), las articulaciones desencajadas del Progenitor, y protegiendo la continuidad del tiempo, que es tiempo de vida, impidiendo que se fracture.

La muerte y el hambre

La muerte es inherente a la creación. Es hambre, y el hambre está sujeta a todo lo que se alimenta y crece. Según esta lógica, no hay creación sin extinción. Tras un tiempo dedicado a engendrar criaturas, Prajāpati vio de pronto que le pesaban. Lo arrastraban hacia abajo con una gravedad amenazadora. La Muerte (Mṛtyu) se instaló en la matriz de Prajāpati y se adhería a las criaturas conforme salían. Por eso los seres tienen una cita con ella. De esa cita no se libran ni siquiera los dioses. Para combatir la muerte, Prajāpati cultivó el ardor interno durante mil años, que era la duración de su propia vida. Así, el que da la vida, aquel al que todas las criaturas deben su existencia, consagra su propia vida a vencer a la muerte. Un duelo interminable, de resultado incierto, cuyo desenlace lo dicta el ardor (tapas). La tierra, refugio donde atenuar el miedo a la muerte, acoge sobre su piel los sacrificios bajo la atenta mirada de la noche, que «nos mira con sus incontables ojos»[39].

Otros mitos asocian a Prajāpati con la muerte misma, esa que aterroriza a los dioses y a los hombres, y para aplacar ese miedo inventan el sacrificio, que enseña a ir más allá de la muerte y ha de realizarse en un altar levantado con ladrillos y que tenga forma de ave. Pero la muerte reclama su parte, y esa parte es el cuerpo:

> Nadie es inmortal con el cuerpo: aquel que haya de volverse inmortal (no todas las almas lo son), mediante el sacrificio o mediante el conocimiento, solo podrá serlo después de separarse del cuerpo[40].

Además, el amargo trago de la muerte es una molestia recurrente. No se muere una sola vez, sino que hay que pasar por sucesivas muertes. El audaz buscará modos de escapar a ese destino.

El enigma de la identidad

Prajāpati, el dios creador, origen de todo lo existente, no está seguro de existir. «¿Quién soy yo?», se pregunta. Por eso lo llaman «Quién» (Ka), porque en sí mismo es un interrogante. Se volvió el garante de la pregunta última y fundamental y de todas las demás que se derivan de ella. Las dudas de Prajāpati sobre su propia identidad dan origen, paradójicamente, a todas las identidades. Estas surgen de él, que parece no tener ninguna. También todos los opuestos, que son la materia de la que está hecha lo manifiesto. Una vez realizado el gesto fundacional, se retira dejando que se desate la carrera de los seres, que es la carrera de las identidades. Seres, por otro lado, perfectamente dispuestos a olvidarlo.

Prajāpati es el sacrificio de la identidad, la capacidad de asumir la duda sobre la propia existencia. Esa incertidumbre se transfiere a la condición humana. Nadie sabe en realidad quién es. Un tema que desarrollará en profundidad el budismo. Detrás de un nombre hay siempre otro nombre y, como trasfondo, la pura indefinición, la inmensidad sin márgenes. Las dudas de Prajāpati las compartimos nosotros, sus hijos, que solo conocemos el hambre o el rito. El sacerdote imita los gestos del sacrificio original para que la creación continúe, para que sigan naciendo identidades abocadas al sacrificio. Es la actividad perenne del mundo natural, que reproduce lo que sucedió en el origen de los tiempos. No importa que haya múltiples versiones; todas ellas convergen en el sacrificio y cada una sirve para explicar uno de sus aspectos.

Reintegración

Queda el último paso. La reintegración de la criatura en el creador, el regreso al origen. Por sí sola, la criatura es impotente. Necesita del «enlace» divino, de la «correspondencia oculta» (upaniṣad) que reconstruye la Unidad primordial. El sacrificio es también una nave o transbordador que permite «llegar» a lo divino, actualizar ese vínculo. El destino del mundo está en manos de la criatura, pues la creación es el altar en el que Prajāpati se ha inmolado y su tarea es reconstruirlo. Ahora el hombre es el «agente» de la divinidad: el destino de Dios está en sus manos. Panikkar expresa con brillantez esta situación, tan actual, que apunta al ateísmo religioso de la sensibilidad moderna:

> La diferencia entre Dios y el hombre no es de orden numérico: no son dos. Pero tampoco son uno, desde el momento en que la unidad no ha sido todavía realizada, alcanzada. Mientras que el hombre *es*, Dios *no es*; mientras que Dios es, el hombre no es[41].

Esa reintegración requiere a su vez un sacrificio, la renuncia a la propia identidad, precisamente a aquella que el sacrificio original hizo posible. Con ello, la criatura no solo es salvada, sino también divinizada. Un último paso que cierra el círculo.

Sacrificio

El alimento

Una cadena une a todos los seres y a todo aquello que pertenece al mundo natural: la atadura entre el que come y el que es comido, entre el devorador y el devorado. En términos del sacrificio, hablamos del fuego y del soma. El fuego devora, el soma es devorado. Pero en el mundo hay un trasfondo, el de lo indestructible o imperecedero, denominado akṣara, donde esa regla de la naturaleza no se cumple, donde nadie come y nada es devorado. Esa es la música a la que el sacrificio presta su oído trascendente. El mundo natural es la cadena que forman el Fuego y Soma, ambos dioses terrestres; pero más allá hay otro ámbito en el que los opuestos se reconcilian y se hacen uno: el mundo de bráhman, en el que bucearán las upaniṣad y el vedānta. Un mundo, como se dice en el sāṃkhya, más allá de las tres cualidades (guṇa) que constituyen la realidad de todo lo creado, lo que llamamos naturaleza[42].

En la *Gran upaniṣad del bosque*, la más antigua y extensa, Yājñavalkya lo describe como «vidente invisible, oyente inaudible, pensador impensable, el testigo ausente», aunque, de hecho, «solo él ve. Solo él oye. Solo él piensa. Solo él percibe»[43]. La trama de lo que es, de lo que llamamos realidad, se encuentra tejida sobre ese otro mundo que está más allá de la muerte y el alimento. Un mundo al que, como dirá más tarde la *Bhagavadgītā*, se accede por diversos recorridos, como ríos que van a dar a la mar. Pretenden alcanzarlo el asceta y el celebrante, pero también el devoto, el filósofo y el hombre de acción. Al conocedor de esto lo delata cierta luminosidad del rostro y la mirada, el resplandor de bráhman.

El joven Bhṛgu, hijo de Varuṇa, es enviado por su padre a conocer mundo para que aprenda lo que no enseñan los libros. Por los caminos, los bosques y las aldeas, Bhṛgu encuentra hombres que se despedazan entre sí, seres que se devoran unos a otros. Regresa deprimido junto a su padre, quien le explica que el mundo está hecho de los hermanos Fuego y Soma, demonios asura que crecieron en el vientre de Vṛtra y después lo abandonaron para unirse a los dioses, liderados por Indra. El Fuego se convirtió en el devorador y Soma en el alimento. Varuṇa instruye a Bhṛgu: «Todo lo que sucede a este nivel es así: no hay más que devorador y devorado». Pero hay más. La polaridad es reversible: lo que ahora devora será devorado en un futuro, y viceversa. El Fuego se transforma en Soma, y Soma en el Fuego. Para comer hay que cercenar, desgarrar. No hay, a este nivel de existencia, un lugar donde esto no suceda. Entre los vegetales, los animales o los humanos, siempre hay un fuego que devora y algo que es devorado. Y llegará un momento en que esa violencia y ese dolor serán ejercidos por quien ahora los sufre. Quien come será comido.

¿Cómo remediar esta situación? ¿Cómo liberarse de la atadura de la necesidad de alimento? El modo propuesto es la representación mediante una serie de actos. Así se hace consciente y se conjura. Se trata de un rito elemental llamado agnihotra, que se celebra cada amanecer y cada atardecer, y que consiste en verter la leche en el fuego[44]. Al comentar el pasaje correspondiente, Roberto Calasso apunta:

> El mal es por tanto ubicuo y omnipresente. Esto explica por qué el sacrificio es asimismo ubicuo y omnipresente. El sacrificio es el acto mediante el cual el mal es conducido a la conciencia[45].

La madurez de Bhṛgu consiste en darse cuenta de que ese es el mecanismo del mundo y de que solo puede superarlo mediante la práctica del sacrificio.

El sacrificante

Esto no es mío, es de Agni.

Mantra del agnihotra

El sacrificio es un don que debe ser entregado, al que hay que renunciar. Es el imperativo esencial del pensamiento védico. Una exigencia personal y cósmica que enseñó Prajāpati, el Primogénito. El sacrificio contribuye a enderezar el curso de las cosas, a mantener el orden del mundo, pero los gestos y las palabras del ritual también crean el espacio para lo invisible, le hacen sitio, y lo invisible es parte importante del mundo. Los gestos y las palabras rituales responden en conjunto a un deseo particular del sacrificante, cuyo patrocinio sufragará los gastos asociados a la ofrenda y a los sacerdotes. Pero antes el sacrificante debe consagrarse, para lo que se requiere un período de aislamiento, de omisión de compromisos familiares, laborales y sociales. El día anterior se encierra en una cabaña construida a tal efecto, que será destruida cuando todo termine. Allí pasa la noche en soledad, aislado del resto de los mortales. Duerme en el suelo y prepara su encuentro con los dioses, los *desvelados*, los que nunca duermen. Se lava y se purifica, viste ropas de lino blanco, que cubre con la piel de un antílope negro. Tras formular el voto, el sacrificante debe ayunar, desocupar su mente de cualquier preocupación mundana y tenderse junto al fuego.

Unce el agua al fuego, pues de agua y fuego está hecha la vida. La vida es el fuego del agua. El fuego es la respiración; el agua, el flujo del corazón. Es una representación erótica: el agua copula con el fuego, unce y es uncida. Ninguno de los oficiantes debe atravesar la línea que une el agua y el fuego, pues perturbaría el acto amoroso. Agua y fuego se atraen, pero también rivalizan y, como imanes, se repelen. Para que la vida sea posible, han de mantener una distancia precisa, pues de lo contrario el agua podría apagar el fuego o el fuego secar el agua. Todo erotismo requiere de una separación que tiene algo de insalvable. Un exceso de proximidad o lejanía lo desactiva. El agua se coloca al norte del fuego, a la distancia convenida. El sacrificio es también una secreta celebración del amor. Por eso su estado mental asociado es el de la alegría, como dice un texto clásico: «Solo sacrifica quien siente alegría, nunca el que está preso del desánimo».

Los oficiantes

Aunque entre sacerdotes y acólitos puede haber numerosos oficiantes, el sacrificio lo celebran cuatro sacerdotes principales. Las palabras sagradas son recitadas por el sacerdote invocador (hotṛ), cuya función es recitar himnos del *Ṛgveda* para convocar a los dioses. Otro oficiante (adhvaryu) «enseña el camino» y guía el sacrificio mediante fórmulas rituales del *Yajurveda*. Entretanto, el cantor (udgātṛ) dirige el canto del sacrificio, cuyos sonidos ascienden a lo alto. Si la música es bien interpretada, los dioses ceden a su insinuación. Un cuarto sacerdote (el brahmán) vela en silencio por el rigor y la exactitud de todo el procedimiento y solo interviene si detecta algún error en su ejecución.

La acción litúrgica permite llegar a donde no puede hacerlo la persona común. Es kármica y mental. Pero el sacrificio es también la representación dramática, mediante gestos y palabras, de un mito. Desligado del mito, carecería de valor simbólico. Un hilo secreto lo sujeta todo. Las alegorías evocadas no son meras metáforas o alusiones líricas, sino vínculos o ataduras reales, ocultos en el tejido del mundo, que propician la magia del sacrificio. Con el sacrificio se pretende manipular de manera efectiva tales vínculos, tal y como se hace hoy en los aceleradores de partículas o en los laboratorios de biotecnología. La lógica del sacrificio no difiere de la científica, pues ambas establecen correspondencias entre lo extraño y lo familiar, explicando lo primero mediante lo segundo.

El ritual doméstico

El agnihotra (literalmente, «que tiene el fuego como sacerdote») es el ritual doméstico que celebra el cabeza de familia dos veces al día, al amanecer y al atardecer, poco antes del crepúsculo. Una ceremonia sencilla que incluye todos los rituales. Sin necesidad de sacerdotes, el cabeza de familia echa cuatro cucharadas de leche de vaca en un cazo y luego la vierte en el fuego. Repite la operación. De nuevo tenemos la tensa dualidad entre el devorador y lo comido (fuego-leche) que anima todo lo viviente.

En cierta ocasión, el rey Janaka preguntó a Yājñavalkya por la ofrenda doméstica. En caso de no haber leche, se sacrificaría con arroz y cebada; si no hubiera ni arroz ni cebada, con hierbas del lugar o del bosque; si no hubiera estas hierbas, con frutos; y si no hubiera nada de esto, con agua. «¿Y si no hubiera agua?», pregunta el rey. «Entonces no habría nada, y sin embargo se podría hacer la ofrenda mediante la confianza en su sentido». El rey, satisfecho, recompensa a Yājñavalkya con cien cabezas de ganado. Una cadena de sustituciones que acaba en el ámbito mental: la intención y la disposición terminan siendo la sustancia del sacrificio. Se anticipa la interiorización del sacrificio del budismo y de las upaniṣad tardías.

El sacrificio del caballo

El sacrificio solemne y público del caballo se denomina aśva-medha, pues pretende capturar y ofrecer la esencia (medha) del caballo (aśva), brioso y libre. En él participan centenares de hombres y animales. Es un ritual arcaico en el que se sacrifican centenares de animales. Los ritualistas describen todos los detalles de la acción litúrgica, desde los abalorios que lucían las crines hasta el tipo de corte que debía hacerse con el cuchillo para despedazar a la víctima y extraer su esencia.

La estaca sacrificial (yūpa) es un pedazo de madera de cinco codos que se clava en el suelo. A ella se ata el animal que va a ser sacrificado. La vida es inconcebible sin esa estaca, cuyo descubrimiento se atribuye a los dioses. Asociada con el rayo, funciona como una especie de *axis mundi*. El miedo no solo hace presa de la víctima, sino también de aquel que comprende que debe matar a aquellos que caminan junto a él. El sacrificante pide permiso a los padres de la víctima antes de matarla. Se dirige entonces con delicadeza al caballo, le susurra palabras afectuosas y le promete que recorrerá el camino de los dioses.

En los hábitos y las costumbres sacrificiales no hay asomo de fetichismo. Los ritualistas manejan pocos objetos, que destruyen al terminar el sacrificio mientras las oblaciones, consumidas por el fuego, buscan su lugar en el cielo. El sacrificio, ya lo hemos dicho, es un viaje. Por eso da vigor al que lo realiza y puede despertar celos entre los dioses.

El altar védico

El altar védico tiene forma de ave. Como el simurg de la mitología irania, la planta del altar se asemeja a un águila con las alas desplegadas. Es el vehículo que conduce al sacrificante al cielo. Se construye ritualmente con ladrillos, en un claro del terreno que esté levemente inclinado. La construcción es simbólica; la fabricación y colocación de los ladrillos es un modo de recomponer el cuerpo desmembrado de Prajāpati. Lo rodean tres fuegos: uno circular, otro cuadrado y un tercero con forma de media luna. En torno a ellos se murmuran fórmulas y se entonan himnos. Alrededor de los fuegos se congregan los dioses (al este) y los antepasados (al sur), mientras que al norte se sitúan los hombres. El ritualismo védico no necesita de templos o santuarios. Se trata de una construcción provisional, que será destruida una vez concluido el sacrificio.

La idea del monasterio, que aparece con el budismo mahāyāna, es demasiado moderna para el imaginario védico. Los ritualistas no consagraban ciertos lugares para que fueran siempre santos, sino que cualquier sitio podía serlo temporalmente: «En verdad, toda la tierra es divina y el lugar del sacrificio puede estar en cualquier parte», dice

Yājñavalkya. La fórmula sacrificial se «imprime» en el emplazamiento elegido, que en ese momento deja de ser un espacio cualquiera para convertirse en sagrado. Conviene que el lugar se encuentre inclinado hacia el este y ligeramente elevado hacia el sur. Un pedazo de tierra acotado y marcado por los fuegos sirve de plataforma para el viaje hacia lo invisible, hacia el firmamento. El sacrificio es una nave que se dirige al cielo.

El sacrificio tiene también un sentido erótico. La escena que representa es asimismo de carácter sexual. El altar es una mujer de caderas perfectas, de hombros generosos y cintura estrecha. Es por tanto femenino, frente al fuego, que es masculino. Sobre sus ladrillos se celebra un rito amoroso.

La parte de Rudra

Toda fundación de un orden deja algo fuera. Y así debe ser si se pretende que el orden sea tal. No hay órdenes absolutos, sino que se trata de desórdenes disfrazados de orden. Los matemáticos lo saben bien. Pero lo que ha quedado fuera amenaza al orden desde el exterior y puede llegar a destruirlo. La enfermedad en el orden biológico, el bárbaro en el orden de la política helénica o el inmigrante y los intocables en el orden social de hoy son la «parte de Rudra». La tradición hindú ahondó en esa condición del orden que es también la del desprendimiento. Como la serpiente que muda su piel, debe dejar un residuo (śeṣa, que también es serpiente) para renovarse. Una vez aceptada esa contingencia, hay que aceptar la necesidad de establecer un compromiso con lo que ha quedado fuera. El paso de un ciclo cósmico a otro es consecuencia de un incendio apocalíptico. Pero de las cenizas (el residuo) de ese fuego cósmico surgirá un nuevo universo.

Rudra, salvaje y oscuro, es temido por los dioses. Hay en él una oscuridad medular, un elemento refractario al conocimiento. De ahí que lo utilicen para castigar a Prajāpati por haberse acostado con su hija, la Aurora. Los dioses quieren entonces distanciarse de Rudra, dejarlo a un lado como si de un residuo del sacrificio se tratara, pero para ello deberán llegar a un pacto con él. Lo que se deja fuera se puede volver en nuestra contra. Solo ese reconocimiento permite que el sacrificio resulte satisfactorio. La figura de Rudra es moderna, pues supone una crítica radical al sacrificio. Es el excedente del orden, pero este no sería posible sin él. En toda vida mental y física hay una «parte de Rudra», esa amalgama de no ser, tinieblas y muerte.

Todo está sujeto a la muerte. El sacrificio es una reacción a la insidiosa expectativa de la cita con la muerte. ¿Cómo puede el sacrificante sustraerse a la muerte? Mediante el fuego y la palabra, responde Yājñavalkya. El sacerdote invocador es la palabra, que a su vez es el fuego que libera. El axioma de la vida ritual védica puede formularse así: la acción combinada del fuego y de la palabra puede evitar que el individuo sea presa de la muerte. ¿Cómo puede uno dejar de estar sujeto al tiempo, al día y a la noche, a los ciclos de la Luna?, pregunta Aśvala a Yājñavalkya. La liberación de la servidumbre del tiempo, del dominio de la muerte, se consigue mediante la ejecución ritual, vertiendo y quemando oblaciones en el fuego.

Fuegos

Un buen número de himnos del *Ṛgveda* están dedicados a Agni, el dios Fuego. Es el regente de la tierra, como el dios Viento (Vāyu) lo es del aire y el dios Sol (Sūrya) del firmamento. Pero Agni tiene también sus representantes en los tres mundos. En el cielo se manifiesta como el Sol, en el aire como el rayo y en la tierra como el fuego. De igual modo que Hermes en la mitología griega, Agni es el mensajero entre los hombres y los dioses, el que eleva las ofrendas (consumiéndolas). También es una fuerza protectora que cuida de los seres humanos, siendo testigo de sus acciones y garante de sus promesas. Se encuentra presente en todos los rituales de paso, desde el matrimonio hasta la iniciación. No en vano, mediante el fuego se renuevan los ciclos cósmicos.

Dicen que Benarés es la ciudad actual más antigua del planeta, también que alberga un fuego que lleva encendido miles de años. Cuidar del fuego forma parte de la vida cotidiana india. El fuego es el símbolo inmemorial de la transformación continua de la vida, de la aspiración y el denuedo, de estar siempre siendo otra cosa. Es además el agente principal del metabolismo, el jugo gástrico que permite que unas esencias sean asimiladas por otras. Como Heráclito, el pensamiento védico concibe el universo como un fuego continuo. Cada configuración cósmica, cada instante, es un momento en la vida del fuego. Por el fuego han llegado las cosas a ser y por el fuego se van.

Todos los dioses están presentes en el fuego. Cuando acaba de encenderse y solo humea, es Rudra; cuando arde brioso, Varuṇa; cuando estalla, Indra; cuando declina, Mitra. Finalmente, cuando arde sin llama es bráhman[46]. En la *Chāndogya upaniṣad*, el sabio rey de los Pañcāla explica que el mundo celeste está constituido por el fuego, pero también el mundo de aquí abajo, el hombre y la mujer, incluso la lluvia. ¿Y en qué sentido el hombre es fuego? Sus palabras son la leña; su aliento, el humo; su lengua, la llama; sus ojos, las brasas; sus orejas, las chispas[47]. Los fuegos, además, tienen «personalidad» y pueden hablar a quien sabe escucharlos. En otro pasaje de la misma upaniṣad, el fuego trata de levantarle el ánimo a un estudiante deprimido que ha renunciado a comer. Para ello lo instruye en el significado de bráhman, que asocia con el aliento, la dicha y el espacio. El bráhman, que se contrae para habitar una minúscula cavidad del corazón, es asimismo externo a la persona. Ese espacio interior dentro del corazón es también exterior. Como si cada corazón proyectara lo que el mundo es. La realidad es inagotable y asiente a cuanto digamos sobre ella. Leibniz dijo algo parecido: los filósofos aciertan en lo que afirman sobre el cosmos y se equivocan en lo que le niegan. Parecería que todo cabe en el universo, que todo cabe en bráhman, desde la reconciliación de los opuestos hasta el enigma de la identidad. Por eso se dice que es «pleno», porque es capaz de asumirlo todo. Los budistas, más comedidos, lo llaman «vacío».

Para la visión védica, el agua y el fuego hacen la vida, y la vida presupone la muerte. La búsqueda de la inmortalidad y la sabiduría son motivos recurrentes en los mitos del dios Fuego. Agni no solo lleva la ofrenda sacrificial a los dioses, sino que también es el ave que trae el elixir de la inmortalidad del cielo a la tierra. La fuente del mito es un diálogo entre los dioses Fuego, Agua y Muerte (Agni, Varuṇa y Yama), presente en el libro décimo del *Ṛgveda*[48].

La sugestión colectiva

La oblación del soma no es simplemente un sacrificio agrario. La planta elegida representa a todas las demás, y en este sentido su sacrificio equivale al sacrificio fundacional de Prajāpati. El soma es el canal por el que lo profano se comunica con lo sagrado. Marcel Mauss, el antropólogo que mejor ha reflexionado sobre el concepto de sacrificio, nos aclara que este no es arcaico o primitivo, sino un producto tardío de la evolución de las civilizaciones. De hecho, «no puede haber sacrificio sin sociedad, y hay pocos ritos que sean más funcionalmente sociales que el sacrificio. En nuestro tiempo secular, la única religión es la sociedad misma». Mauss advierte de los peligros de esta situación: «Si los dioses, cada uno a su hora, salen del templo y se hacen profanos, vemos que lo relativo a la propia sociedad humana (la patria, la propiedad, el trabajo, el individuo) entra en el templo progresivamente». No hay que irse muy lejos para comprobarlo, pues lo vemos aquí mismo en el auge de los nacionalismos y el culto al trabajo, el dinero y el individuo.

El tema verdaderamente incómodo para la mentalidad moderna es el de la magia. La magia representa un conjunto de ritos tan eficaces como los del sacrificio, pero carece de su compromiso social. Es individualista, egoísta, indiferente a la cohesión de la sociedad; enfrenta más que divide. Mauss sugiere que las prácticas mágicas pertenecen al mismo género que las científicas y que la creencia en los mitos tiene idéntica naturaleza que la creencia en las narraciones científicas. En ambos casos se trata del fenómeno de la «psique colectiva», que vincula el poder político al poder de los magos. Y recuerda a Heidegger cuando dice que «en la magia, el individuo no piensa y se mueve solamente a impulsos de la tradición o arrastrado por una sugestión colectiva».

Mauss defiende los razonamientos empíricos y racionales de la magia:

> El sentimiento individual puede aferrarse a quimeras. Pero el sentimiento colectivo solo puede aferrarse a lo sensible, visible y tangible. La magia y la religión se refieren a seres y cuerpos, nacen de necesidades vitales y viven de efectos reales; en último término, están expuestas al control de la experiencia. Sin duda, las conclusiones de los devotos son siempre afirmativas, puesto que el deseo es todopoderoso. Es más, existe la prueba y la confirmación.

La justificación de esta tesis audaz es que la lógica imperante en el pensamiento colectivo es más exigente que la imperante en el individual: «Es más fácil mentirse a uno mismo que mentirse unos a otros».

Hay otra cuestión asociada al mito y a su relación con el tiempo histórico. El mito se actualiza en la historia mediante el rito, y este se celebra en las fiestas que marcan el calendario y configuran una noción colectiva de «duración». Los ritos periódicos hacen el calendario, que es una concepción a la vez objetiva y abstracta del tiempo, creada por el trabajo colectivo de generaciones.

> Pero la noción de tiempo expresada en los primeros calendarios mágicos y religiosos no expresa una cantidad, sino cualidades [...]. Las armonías y discordancias cualitativas de las partes del tiempo son de la misma naturaleza que las de las fiestas. Cada día tiene su santo y cada hora su oración. Las cualidades del tiempo no son otra cosa que modalidades de lo sagrado: religiosidad desviada o recta, fuerte o débil, general o especial[49].

Advierte Mauss que, mientras que para los racionalistas modernos la regularidad del tiempo es dictada por la razón, para los antropólogos debe ser dictada por los poderes sociales, la tradición y el lenguaje, y que detrás de toda supuesta razón hay sensaciones, necesidades colectivas y movimientos de grupos humanos. Una idea que entronca con las críticas de la filosofía y de la física del tiempo objetivo formuladas por personalidades tan diversas como Kierkegaard, Bergson, Einstein o Bohr.

Soma

La divina embriaguez

El dios Soma es también una planta y, en la liturgia védica, el jugo de esa planta. Un néctar embriagador muy apreciado por los dioses y los sacerdotes. Prácticamente todo el libro noveno del *Ṛgveda* está dedicado al dios Soma y a la planta que lo representa, la cual se identifica con el elixir de la inmortalidad. El jugo del soma, amarillo y brillante, se obtiene machacando los tallos de la planta en un mortero. Se filtra entonces con un paño de lana de oveja y se recoge en un cuenco, donde puede mezclarse con agua, leche, yogur o avena[50]. La planta, según la tradición, crece en la montaña Mūjavant y fue traída del cielo a la tierra por un águila, mito que perdura en la historia de Garuḍa, el portador del néctar de la inmortalidad[51]. Los especialistas no han sido todavía capaces de identificarla, pero sabemos que en la época védica era ya cosa del pasado: «La corriente del jugo creador ha dejado de fluir para nosotros». Es la ofrenda por excelencia, pues a los dioses les agrada el soma, lo que permite ganarse su favor. La mayor parte de los himnos del noveno ciclo del *Ṛgveda* está dedicada al soma, «alma original del sacrificio». Nos hablan de sus propiedades embriagadoras, «que provocan la alegría», y de su elaboración ritual[52]. Alimento luminoso, es fuente de inspiración para los poetas védicos: «Los cantos se embellecen con tu fuerza». Propicia la experiencia extática y permite ascender «la columna que sostiene el cielo». Es asimismo el umbral de lo eterno: «Ahora que hemos bebido el soma somos inmortales, hemos alcanzado la luz, hemos encontrado a los dioses. ¿Qué pueden hacernos ahora el odio y la maldad de un simple mortal?». Soma es fuego líquido y tiene propiedades medicinales, pues de fuego y agua está hecha la vida: «Tú eres, oh Soma, guardián de nuestro cuerpo y tomas posesión de cada miembro como un custodio». En ocasiones se le piden gracias como a un soberano: «Prolonga nuestros días como el sol las tardes en primavera»[53].

Agni y Soma son los únicos dioses visibles y ambos carecen de forma humana o animal. En su origen, cuando respiraban en las vastas tinieblas del vientre de Vṛtra, pertenecieron a los asura (un equivalente de los titanes helénicos). Por eso se dice que son un elemento arrancado a las tinieblas, de las que también estamos hechos los humanos. Ambos tienen propiedades ascendentes, son el veneno que cura y viajan constantemente entre la tierra y el cielo. La mente humana entra en sintonía con lo divino gracias al soma. Quien bebe el soma ya no está dentro del mundo, sino que lo ve desde fuera, como el escenario de un gran teatro. De hecho, el soma, que es la inspiración de los esclarecidos y los cantores, lo trajo desde lo alto del cielo el águila Gāyatrī, que es a un tiempo metro (estrofa) y animal. «Un águila veloz, rápida como el pensamiento, trajo la dulce embriaguez, la bebida que a los dioses agrada»[54]. Embriagado por el soma, «bebiendo en la blanca copa de leche la clara hierba que se hincha», cumplirá Indra sus hazañas. Uno de los mitos más hermosos de Soma lo encontramos en un libro tardío del *Ṛgveda*. El dios Soma, que se identifica con la Luna, se desposa con la hija de Sūryā, el Sol. En la literatura posterior a ese himno se considera que la Luna es una copa de néctar de la que beben los dioses, por eso crece y decrece, se vacía y se llena. Soma personifica la Luna y, en calidad de dios de las plantas, representa la quintaesencia de la savia vegetal. Según cierta leyenda, la Luna cayó en la Tierra al nacer y del resplandor de su cuerpo surgieron las plantas[55].

Se dice que Soma nació del orden y creció gracias al orden. Es rey, Señor del alimento y Señor de las tribus.

> Oh inteligente, cuando te prensen, galopa. [...] Ordeñando el Toro del cielo, que produce la vida e ilumina las tinieblas, hemos de persuadir a Indra, a Mitra y a Varuṇa, a que nos ayuden. Como los ríos penetran en el mar, así penetra en el corazón de Indra, receptáculo del soma, la más alta columna de los cielos.
>
> Exprimido con la palabra santa y la verdad, clarificado bajo la fórmula sagrada, Señor de los cielos, los músicos celestes lo acogieron y en él pusieron su sabor. Dondequiera que haya un brahmán diciendo palabras rítmicas con la piedra en la mano, nace la alegría, la espontaneidad y el contento. En él está fijado el Sol y lo inmortal, la más secreta alcoba de los cielos, libre de las penas de la existencia[56].

Desde un punto de vista psíquico, el soma es solo cualidad, y, por carecer de medida, es el origen de todas las medidas.

Mide la fuerza de la mente y la fuerza del rey y de todo aquel que se aproxima a él. Las personas se acercan al soma con deseo, pero también con miedo. Abusar del soma es ingerirlo sin ritos. Indra así lo hizo y se descompuso. Tuvo que recurrir a Prajāpati. El jugo de la planta garantiza la intensidad de la vida mental. La vida solo es plena con el soma. Su exultante rapto hace olvidar la deuda con la muerte, pero el soma está también sujeto a la muerte. Cuando lo exprimen durante el sacrificio, lo matan. Y lo hacen mediante las rocas de las montañas que lo vieron nacer. De ahí que se diga que Vṛtra, la masa informe, contiene el soma. La sustancia embriagadora debe ser filtrada y mezclada con agua para poder digerirla. Permite descifrar los trinos de los pájaros, el esqueleto de las melodías, los gestos de los insectos, el saludo de los árboles. De nuevo el motivo recurrente de que lo visible es mucho menor que lo invisible. El soma ayuda a ver lo inmanifiesto, esa parte esencial del mundo que no se deja ver. Indra mata a Vṛtra y con ello libera el flujo vital que anima el universo. Vṛtra cubre y obstaculiza la evolución, la transformación continua de las cosas, el despliegue impetuoso de la vida. Gracias a ese crimen fluyen las aguas de la vida. De otro modo, el mundo todavía viviría encerrado en el oscuro vientre de Vṛtra.

El soma se filtra como nosotros filtramos la experiencia. Extraemos de las cosas y de las personas lo que interesa a nuestros propósitos y necesidades. Las abstraemos estableciendo esa distancia, ineludible para la vida, que Kṛṣṇa reclama a Arjuna antes de la batalla y que evitará nuevas ataduras. La intensa luz de la verdad que proyecta el soma, la atención continua, no es soportable para un ser humano. Cuando se bebe el soma *se está* ante los inmortales, se alcanza la luz y la compañía divina[57]. Esa ebriedad a perpetuidad es un infierno para el hombre. No así para los dioses, que necesitan del soma, gracias al cual podemos dialogar con ellos. Tras esa intensa experiencia hay que descender y regresar a la normalidad, a la vida anodina y silenciosa, y olvidarse del soma.

La llamada de lo salvaje

La cultura védica rinde culto a la naturaleza. Una devoción que puede verse todavía hoy en la India rural, donde se mantienen vivos cultos antiguos a la diosa y madre naturaleza. Esa atracción por lo salvaje en su estado más puro se manifiesta en cultos a los ríos, las arboledas y las montañas. En el libro décimo del *Ṛgveda* encontramos un himno dedicado a Araṇyānī, la bien perfumada, diosa y personificación del bosque[58]: «Madre de las fieras, abrigo del leñador, rica en frutos que nadie cultiva, tú que andas medio loca, ¿no preguntas por la aldea?, ¿no se apodera de ti el miedo?». Por ella discurren los de «larga cabellera, cuyo vestido es el viento y cuyos harapos son del color del azafrán, los que vuelan por el aire contemplando las formas», los ascetas que recorren «el camino de las apsaras y los gandharva», los que, «junto a Rudra, beben la copa de veneno»[59].

El tránsito de los veda a las upaniṣad y al budismo puede entenderse como un proceso progresivo de interiorización del sacrificio. El ritual solemne y público abandona los gestos y las acciones para integrarse en la cultura mental, se interioriza. La ceremonia invisible de la respiración y el ejercicio de la meditación sustituye al altar, el poste y el animal sacrificial. No hay ya fuego, leche vertida ni invocaciones, y se perfila la figura del saṃnyāsin, que no solo renuncia al mundo para retirarse al bosque, sino también al sacrificio. Ya no verterá más leche sobre el fuego, ni cumplirá con los gestos prescritos o el recitado de fórmulas. La condición de vānaprastha, el que se retira al bosque, exige vivir en silencio, casi de puntillas, sin apenas interferir en el curso de la naturaleza.

Las upaniṣad, de las que nos ocuparemos en el siguiente capítulo, interiorizan el fuego del sacrificio mediante un complejo juego de correspondencias. Estamos ya lejos del *Ṛgveda*, donde el individuo se define por sus deseos y apenas destaca la figura del renunciante, que se encamina hacia el bosque sin mirar atrás. Las upaniṣad conservan el orgullo de los brahmanes, heredado por los primeros maestros del mahāyāna, cuya dialéctica hace temblar a sacerdotes y cortesanos. Yājñavalkya es un buen ejemplo, ya que es capaz de rebatir al más elocuente y de disputar con afectada seguridad sobre la naturaleza de bráhman.

En las upaniṣad observaremos un giro en los planteamientos. Las sucesivas etapas de la experiencia interior discurren en paralelo y en sentido contrario a las etapas sucesivas de la evolución cósmica. El ascenso de la mente del meditante tiene como contraparte el «descenso» que supone la creación y el despliegue del cosmos. El yogui emprende el camino de regreso recogiendo en su mente los restos esparcidos del puruṣa original, para reunificarlos y devolverlos a su origen.

3. Las upaniṣad: correspondencias ocultas

El nacimiento del individuo

En la época de las primeras upaniṣad, que coincide con el nacimiento del budismo, surge una nueva idea del individuo. El sujeto pasa a verse a sí mismo al margen del entramado social y puede elegir voluntariamente su destino. Van apareciendo comunidades de monjes errantes, entre ellas las de los ājīvika y los budistas (así como la de los antiguos tīrthaṅkara o jainistas), heterodoxas con respecto a la tradición védica. Paradójicamente, la idea del individuo nace en la India al amparo de una doctrina, la budista, que le niega toda esencia (anātmavāda). Pero el factor decisivo no es el filosófico. Se trata más bien de un movimiento liberador que rehúye la estricta vida social y ritual de las aldeas (regulada por oficios, castas y tributos) y busca en los bosques, las montañas y la vida itinerante un nuevo modo de estar en el mundo, con deberes más duros y exigentes.

Las upaniṣad surgen en este contexto. Se trata de escritos de procedencias diversas, elaborados a lo largo de varios siglos, que exaltan la vida eremítica, pero conservan parte de la antigua cosmovisión védica en torno al sacrificio. Encontramos pasajes que critican enérgicamente el sacrificio, mientras que en otros la centralidad del sacrificio continúa vigente, sobre todo en la vida cotidiana de las familias. El brahmán ofrece diariamente a los dioses una oblación en el fuego, recita en privado los textos sagrados, hace ofrendas a los ancestros y ejerce la hospitalidad para el resto de sus congéneres. Siempre bajo la premisa de la reciprocidad, pues los dioses viven de las ofrendas, mientras que las personas viven de lo que estos envían, ya sea en forma de lluvia o buenas cosechas.

El nuevo estatus y prestigio de estas sectas de monjes mendicantes, auspiciadas por mercaderes y, sobre todo, por la clase aristocrática de los chatrias (kṣatriya), da lugar a escenas insólitas. Reyes y príncipes enseñan doctrina a los brahmanes y eremitas, e instruyen a los sacerdotes encargados del sacrificio. Paulatinamente emerge un nuevo universo simbólico, que se manifiesta tanto en cuestiones doctrinales como en formas de vida. Destacan tres aspectos. El primero es el afianzamiento de la idea de la existencia como parte de una ronda por diversas formas de vida (humanas, animales, divinas o infernales), impulsada por el deseo y caracterizada por el sufrimiento y la ignorancia, tres factores que atan al ser vivo a un ciclo recurrente de renacimientos y muertes, llamado saṃsāra, que impide su liberación. El segundo aspecto es el desarrollo de la idea del karma: las obras, ya sean de la vida civil o ritual, son las que determinan las condiciones del renacimiento de los seres y su destino por los diferentes ámbitos de existencia. El tercer y último aspecto, consecuencia de las dos anteriores, es el protagonismo que adquiere un nuevo ideal: la necesidad de liberarse de las ataduras impuestas por el karma, la ignorancia y el deseo. Una meta, la liberación, expresada en conceptos como *mokṣa*, *nirvāṇa* o *kaivalya*.

Para resolver el problema de la atadura al sufrimiento y la ignorancia se pueden emprender dos tipos de estrategias, unas centradas en la ética civil y en el ritual del sacrificio, y otras en el autocontrol mental, las técnicas de meditación y el ascetismo. Según estas últimas, el objetivo principal de la vida védica, la prosperidad del linaje familiar y la ofrenda de sacrificios, queda definitivamente desplazado. La familia ya no es la sanguínea, sino la de los miembros de la comunidad elegida, mientras que el sacrificio, público o doméstico, es sustituido por técnicas de meditación y el autocontrol mental. La clave para resolver el enigma de la existencia ya no la tienen los dioses, sino que hay que buscarla en el interior de uno mismo. Las viejas prácticas no solo son abandonadas, sino que pasan a considerarse un obstáculo. En el nuevo paradigma, el sacrificio consiste principalmente en «quemar karma», en romper las ataduras que sujetan al individuo a la rueda del deseo y de la ignorancia. El ideal ha cambiado, ya no se busca la prosperidad o el paraíso, pues ambos son secreciones del deseo, sino la libertad. La nueva teología de la renuncia (saṃnyāsa) aspira a eliminar el karma, lo que implica acabar con los ritos por formar parte del mundo del deseo y de la ignorancia. «Se trata de una ideología individualista en la cual el destino tras la muerte y la liberación final se encuentran determinados por lo que el individuo hace y conoce, y no por intermediarios, ya sean sacerdotes o herederos»[1].

Sacerdotes y guerreros

La India védica encomienda el culto a los brahmanes (los sacerdotes) y el gobierno a los chatrias (los guerreros). La alianza entre las dos varṇa (castas) no solo hace posible la existencia del mundo, sino también el orden social. Su equivalente en el cielo es la alianza entre Bṛhaspati (el sacerdote de los dioses) e Indra (el rey de los dioses). Según un mito[2], el arrogante rey Soma raptó a la mujer de Bṛhaspati y copuló con ella, lo que desató una feroz guerra entre los dioses y los asura. Finalmente, Soma accedió a devolver la mujer a su marido[3]. Una historia que recuerda a la de Helena de Troya y pone de manifiesto que el rapto de la mujer de un brahmán puede causar desórdenes de dimensiones cósmicas.

En esa división del poder espiritual y el poder temporal, al brahmán le corresponden la espada de madera y la estaca sacrificial, mientras que a los chatrias el carro y la flecha. Esa es la tensión esencial que rige la sociedad hindú. Ambas varṇa mantienen una relación de complementariedad que en ocasiones deriva en hostilidad. Aunque los brahmanes son hombres de conocimiento y los chatrias de acción, en algunas upaniṣad encontraremos a los segundos enseñando a los primeros ciertas doctrinas que, por su formación y temperamento, no alcanzan a comprender. La administración del palacio o del reino sería un obstáculo para el brahmán.

Nuevos modos de realización

Tras las insinuaciones a los dioses propias de los himnos y la exégesis litúrgica y mitográfica de los brāhmaṇa, la especulación filosófica india alcanza una de sus cimas con las upaniṣad. Aquí nos encontramos ya en el espacio del pensamiento filosófico. Los textos de estas tradiciones orales que han llegado hasta nosotros siguen siendo objeto de reflexión filosófica en la India actual. No sabemos quiénes fueron los autores de las upaniṣad. Algunas de las más antiguas (Bṛhadāraṇyaka, Chāndogya y Aitareya) probablemente sean antologías de procedencia diversa. Recogen el pensamiento de Yājñavalkya, Uddālaka y Janaka en forma de enseñanzas, diálogos o debates. Entre estos maestros se encuentran algunas mujeres, como Gārgī y Maitreyī, que participan activamente en las disputas dialécticas.

Las upaniṣad representan en cierto sentido la transición de la figura del sacerdote, consagrado al sacrificio, a la del asceta, retirado en el bosque. Las experiencias con uno mismo adquieren el prestigio que antes tenía el altar. Pero el prestigio del renunciante, como sucede a menudo en la India, no era nuevo. Ya en el libro décimo del *Ṛgveda* se mencionan «los silenciosos (muni) que, llevando el viento como cinturón, recorren los caminos de las aves y de los dioses embriagados por su silencio»[4]. Y es precisamente en uno de los himnos de este mismo libro donde se aventura la idea de que el universo surgió del ardor (tapas) gestado en la práctica ascética, la cual abre paso a la noción del puruṣa como yogui cósmico[5]. Viśvakarman, el hacedor del mundo, es al mismo tiempo el que ejecuta el sacrificio y la víctima propiciatoria[6]. Esa unidad de destino, muy característica del pensamiento sacrificial, dará paso a la transición entre una experiencia colectiva, representada por el sacrificio público, y una experiencia privada, representada por la mente del asceta. La teología sigue supeditada, sin embargo, a la cosmología (los dioses están sometidos a los ciclos de evolución e involución del cosmos, mueren con cada disolución y surgen nuevos con cada recreación), pero esta irá derivando hacia una antropología en la que poco a poco la experiencia interior se apodera del prestigio del altar. Mientras que en la época sacrificial el objetivo era hacerse con el poder cósmico o divino, ahora la mente del asceta busca su liberación del entramado del mundo.

Según un célebre pasaje de la *Gran upaniṣad del bosque*, a los dioses les conviene mantener a los seres humanos en la ignorancia y en el continuo ofrecimiento de sacrificios:

> Así, cuando el devoto rinde culto a un dios y piensa: «Él es uno y yo soy otro», no entiende nada y es como un animal para los dioses. Como el ganado está al servicio de los hombres, así los hombres están al servicio de los dioses[7].

La *Muṇḍaka* es todavía más radical e ironiza sobre la utilidad del sacrificio:

> En este culto del sacrificio acecha un karma inferior, y necios son quienes lo consideran lo más alto y sucumben, una y otra vez, al envejecimiento y la muerte. Estos engreídos se creen sabios y eruditos, pero se hunden en la ignorancia y vagan sin rumbo, cayendo una y otra vez como ciegos guiados por ciegos. Se sienten realizados, pero no son más que adolescentes aferrados a los ritos. [...] Creen, ingenuos, que todo reside en el sacrificio y las buenas obras y, tras haber alcanzado el punto más elevado del cielo, recaen en este mundo, o en otro peor[8].

Se sigue pensando que el sacrificio y la conducta con arreglo al dharma procuran recompensas, ya sea en el paraíso o en un renacimiento afortunado, pero estos supuestos destinos dichosos son a la postre efímeros, pues se hallan sometidos a la atadura y la ignorancia y, cuando se agotan, terminan en desdichas.

> Hay que saber dos cosas: una es definitiva, la otra provisional [...]. Lo dicen los conocedores de bráhman. La provisional comprende el estudio de las voces, los ritos, los astros, la gramática, la hermenéutica y el verso, así como la lectura del *Ṛgveda*, el *Yajurveda*, el *Sāmaveda* y el *Atharvaveda*. La definitiva, sin embargo, atañe a lo perdurable: un principio eterno e inasible en el que los sabios reconocen el origen de todo. Aunque es inmensamente sutil, necesario, inefable y diáfano, y carece de órganos (ojos y oídos, pies y manos), es principio y fin indeleble, presente en todo[9].

El conocimiento védico, de carácter ritual, puede enmascarar otro más importante y fundamental: el conocimiento del ātman. Para alcanzarlo no basta con las cotidianas oblaciones al fuego del cabeza de familia. Hay que acumular energía interna, algo que solo puede lograrse con otra forma de vida basada en el control y la transformación de la energía sexual y en la práctica de la concentración mental. La vida del individuo no se prolonga en la de su hijo, sino que es causa y efecto de su propio linaje espiritual, de aquellos que le precedieron y de aquellos en los que se proyectará. La familia deja de ser el centro de la evolución personal, que pasa a desarrollarse en la vida itinerante y mendicante.

> Él es el gran ātman sin principio y el conocimiento que percibe. Habita en el corazón y es el dueño y señor de cuanto existe. Inmune a la virtud y al vicio, ejerce como soberano sobre los seres y los protege. Él es la linde que separa y une los dos mundos. Los brahmanes aspiran a él por el ayuno y la renuncia, el estudio de los veda, los sacrificios y las ofrendas. Solo

quien lo contempla es un auténtico asceta y solo su búsqueda dota de sentido la vida mendicante. Sus antiguos practicantes renunciaron a la descendencia. «¿Para qué queremos hijos –se decían– si tenemos el ātman?», y así, en la soledad y la pobreza, vivieron una vida mendicante. Pues hijos y propiedades son una misma cosa[10].

Este es el nuevo ideal que inauguran las upaniṣad y que se verá reflejado en los budistas y en los ājīvika: celibato, vida errante y mendicidad. Antes ya lo practicaban los jainistas, pero ahora constituye el eje de la reflexión india en torno a la naturaleza del mundo y el modo de vivir en él. La vida en familia ya no es un medio efectivo de realización espiritual, sino un obstáculo. Numerosos pasajes de los nikāya budistas la describen como un camino polvoriento y lleno de trampas donde apenas es posible practicar la vida espiritual en toda su pureza y esplendor. La vida vagabunda, por el contrario, se mueve a cielo abierto[11].

En el complejo y variado corpus de las upaniṣad, que se extiende a lo largo de un vasto período de tiempo, empiezan a asomar las trazas del nuevo ideal, que busca los entornos salvajes del bosque y el alejamiento de los centros urbanos y la vida civil. Esta última se asocia con el antiguo «camino de los ancestros», mientras que de la vida del bosque parte el «camino de los dioses».

Quienes saben esto y lo cultivan mediante el ardor y la fe, perdidos en la jungla, se encaminan hacia la luz. De la luz pasan al día y del día a la quincena de la luna creciente. De esta a los seis meses en los que el sol se dirige hacia el norte, de estos al año y del año al sol. Del sol a la luna y de la luna al relámpago. En ese punto una persona, que no es humana, los guía hasta bráhman. Esta es la senda que conduce a los dioses.

> Por otro lado, quienes viven en las aldeas y cultivan la generosidad y las ofrendas a dioses y sacerdotes se encaminan hacia el humo. Del humo pasan a la noche, de la noche a la quincena de la luna menguante. De esta a los seis meses en los que el sol se dirige hacia el sur. No alcanzan el año, pero desde estos meses pasan al mundo de los ancestros, del mundo de los ancestros al espacio y del espacio a la luna. Este es el rey Soma, el alimento de los dioses. Los dioses lo degustan. Residen allí por un tiempo, hasta que se agota el mérito de sus buenas acciones. Entonces regresan por el mismo camino por el que alcanzaron el espacio. Del espacio pasan al viento y, tras haberse convertido en viento, se hacen humo. El humo se vuelve niebla y la niebla nube. Esa nube produce lluvia y de esta crecen el arroz y la cebada, la hierba y los árboles, el sésamo y las alubias. Por esa vía la liberación es más difícil. Solo cuando alguien degusta esos alimentos y los deposita como semen retornan a la existencia.
>
> Ahora bien, la gente que se comporta de manera afable puede esperar renacer en un vientre afable y nacer en la casta de los brahmanes, en la de los chatrias o en la de los mercaderes. Sin embargo, quienes han tenido una conducta infame renacen en vientres infames, como perros, cerdos o parias. Hay una tercera posibilidad, para quienes no han seguido ninguno de estos dos caminos: estos se convierten en diminutas criaturas que nacen y mueren sin cesar[12].

Patrick Olivelle sostiene que, más que un contraste entre la aldea y el bosque, se trata de un contraste entre la urbe y el bosque, y que el fenómeno de los ascetas errantes tiene su origen en los grandes centros de población. El atractivo de lo salvaje se asocia a una revalorización de los ambientes a los que no ha llegado la civilización, con su ansia de transformación y manipulación. No se trata tanto de una polaridad entre ortodoxos y heterodoxos como de un contraste entre formas de vida: entre la vida célibe y la marital, entre la mendicidad y la actividad productiva, entre la vida peregrina y el hogar familiar, entre el cultivo interior y la observancia ritual. Dos mundos simbólicos opuestos que mantendrán un continuo diálogo a lo largo de toda la historia del pensamiento indio y que, como veremos, darán profundos y prolongados frutos.

El pensamiento y la vida

En las primeras upaniṣad encontramos una fisiología metafísica que asume como indispensables dos categorías a las que apenas ha prestado atención la filosofía occidental: la respiración (prāṇa), en sus cinco o siete formas, y el alimento (anna). La vida respira y se alimenta, y el pensamiento no puede desatender ese vínculo con el entorno y con el resto de los seres. Sin esas categorías no puede hablarse de una filosofía de la vida. Los pasos que ha de dar el buscador del conocimiento (adhikārin) se encuentran marcados por un deseo de transformación de la personalidad heredada. Una suerte de alquimia que pretende convertir la propia psique en un lugar diáfano que pueda ser atravesado por la luminosidad del ātman. Iremos viendo, a lo largo de este libro, las diferentes estrategias para lograrlo. Si las personas se retiran al bosque, los dioses se quedan sin su alimento, la ofrenda sacrificial. Pero el ātman acabará desplazando a los dioses. La *Aitareya upaniṣad* confirma esa sustitución:

> En el principio era el ātman. Nada salvo él abría los ojos. Y pensó: «Concebiré los mundos». Y creó la luz y las aguas del cielo y la tierra. La luz llenó el aire; las aguas de lo alto, el firmamento, y las de abajo, mortales, la tierra[13]. Y el ātman se dijo: «Hechos

los mundos, haré a quienes los custodien». De las aguas de abajo formó a una Persona[14].

La incubó en su boca y después la dio a luz como a un huevo. Y de la boca de esa Persona salió el habla, y del habla el fuego. Y de su nariz el aliento, y del aliento el aire. Y de sus ojos la vista, y de la vista el sol. Y de sus orejas el oído, y del oído el espacio[15]. Y de su piel el vello, y del vello las plantas y los árboles. Y de su corazón la mente, y de la mente la luna. Y de su ombligo el aire que se espira, y del aire que se espira la muerte. Y de su órgano viril el semen, y del semen el agua que riega la tierra.

Los dioses, recién creados, se sumergieron en el gran océano. Luego, el ātman hizo que la Persona pasara hambre y sed. Y los dioses reclamaron un lugar para vivir y alimentarse. Y el ātman les ofreció primero un toro, pero no les satisfizo y lo rehusaron. Después un caballo, que tampoco aceptaron. Por último, a la Persona de la que procedían, y eso sí les satisfizo. «Es la obra perfecta», se dijeron. Y el ātman los confinó en sus moradas. Al Fuego, hecho voz, en la boca. Al Viento, hecho aliento, en la nariz. Al Sol, hecho vista, en los ojos. Al Espacio, hecho oído, en las orejas. A las plantas y árboles, hechos vello, en la piel. A la Luna, hecha mente, en el corazón. A la Muerte, hecha espiración, en el ombligo. Al Agua, hecha semen, en el pene. Pero el hambre y la sed dijeron: «Encontradnos un sitio». Y él les respondió: «A ambas os hago partícipes de estas divinidades». Por eso, cuando un dios recibe una oblación, en ella se hallan el hambre y la sed.

Luego, el ātman pensó: «Estos son los mundos y sus guardianes; los proveeré de alimento». Y con su calor incubó las aguas, y de su líquido creó el alimento sólido. Pero apenas creado, se le escurrió de las manos. Quiso asirlo con la voz, pero no pudo. De haber sido así, el mero hecho de hablar del alimento nos saciaría. Quiso asirlo con el aliento vital, y tampoco pudo. De haber sido así, con solo respirarlo nos saciaría. O con la mirada, para que con solo verlo nos saciara. O con el oído, para que con solo oírlo nos saciara. O con la piel, para que nos saciara su mero tacto. O con la mente, para que nos saciara su mero pensamiento. O con el pene, para que con solo eyacular quedáramos satisfechos. Finalmente, y gracias al aire que se inspira, lo pudo tragar. El aire consume el alimento. Es el alimento.

Y el ātman se dijo: «¿Cómo podrá ser esto sin mí? Y ¿en dónde me alojaré?». Y siguió pensando: «Si hablo de viva voz, si respiro por el aliento, si veo con los ojos, oigo con los oídos, toco con la piel, discurro con la mente, aspiro el aire y eyaculo por el pene, ¿quién soy yo?». Entonces se hizo un corte en la coronilla y entró por él: es la puerta de la felicidad. Así, el ātman tiene tres moradas, primera, segunda y tercera: tres sueños[16].

Aquí no interesa tanto el tema del creador y su creación, de los ritos y los dogmas de la religión secular, como el de la conciencia (realidad última y perdurable) que vuelve la mirada hacia sí misma. El cuerpo vivo no está simplemente sostenido por bráhman, sino que es la ciudadela de bráhman. Una ciudadela con nueve puertas en cuyo interior reside el más preciado tesoro, la luz que no muere ni envejece, el hilo con el que están tejidas todas las criaturas, carente de deseos, pero lleno de vida. Lo que empezó siendo plegaria pasó a ser respiración y luz interior. En el corazón de la vida se insufla el bráhman, y entonces se lo llama ātman, o «Sí mismo», que es pura luz y carece de cualidades, y al que no hay que confundir con el ego o sentido del yo, con la personalidad y todo su equipaje de inclinaciones, ya sean manías o virtudes. Es el verdadero ser del que nos hemos apropiado, que hemos hecho nuestro, aunque solo muy en el fondo sepamos que no nos pertenece, pues es el viento que recorre el espacio y anima todo lo que late y está vivo.

Dos pájaros en un árbol

La imagen pertenece al *Ṛgveda*, pero se tornará en eje central del pensamiento de las upaniṣad. Sus ecos recorren la historia de la filosofía sánscrita. La idea es sencilla: hay dos personas en la persona, que no siempre llegan a distinguirse, a darse cuenta de que son dos. El sujeto es dual, quizá por la naturaleza misma de la mente. Hay una mirada que contempla las cosas del mundo y una mirada que observa la mirada, que la vigila desde fuera. Y no para detectar sus faltas o sancionar sus pecados, sino para recrearse en ella. Es la mirada de la conciencia, lo que más tarde el sāṃkhya llamará puruṣa, que se encuentra fuera del mundo natural. Una conciencia original que carece de contenido, o, mejor, cuyo contenido es el propio mundo natural. Pero en las upaniṣad estas ideas no se han desarrollado todavía y la terminología es otra. El verso védico dice lo siguiente: «Dos pájaros, unidos por la amistad, en el mismo árbol han encontrado refugio. Uno de ellos come el dulce fruto de la higuera; el otro, sin comer, lo observa»[17]. Dos yoes conviven en cada persona: uno es lo que convencionalmente llamamos «ego» o «yo» (aham), mientras que el otro es el ātman. Uno, el pájaro que come, está inmerso en el mundo de los apetitos, las inclinaciones y los deseos; el otro está fuera, no come, simplemente observa. Más tarde, el sāṃkhya dirá que, cuando somos conscientes de algo, esa experiencia ocurre fuera del mundo natural, en el origen, y aunque parezca que pertenece al yo, en realidad pertenece a esa conciencia original de la que el ser participa o es expresión. En esas dos personalidades hay una jerarquía: el ātman es soberano, incondicionado y eterno; el yo es siervo, dependiente y pasajero. Siervo porque obedece deseos de otro, inclinaciones heredadas (cocinadas en existencias pasadas); dependiente porque su vida no es autónoma, sino que necesita del aire que respira, del agua y el alimento; y pasajero porque ha de morir, porque esa personalidad no se conservará más allá de la muerte, sino que se transmitirá a otro yo, en un ciclo incesante al que solo pone fin la liberación.

El sentido del yo (ahaṃkāra) que confunde a los seres aparece por primera vez en la *Chāndogya upaniṣad* y más tarde en la *Śvetāśvatara*, pero su origen mítico se encuentra en la *Gran upaniṣad del bosque*[18]. El pasaje, uno de los más célebres de la literatura sánscrita, dice: «Al comienzo no había más que bráhman, por lo que solo se conocía a Sí mismo (ātman). Y se dijo: "Yo (aham) soy bráhman"». De ese desdoblamiento procede todo. La conciencia, no teniendo nada que contemplar, careciendo de objeto, se vuelve sobre sí misma y al hacerlo crea el primer objeto: el yo (aham). Entonces tuvo un deseo (el deseo y el yo aparejados desde el principio): «Deseó una mujer, deseó engendrar, deseó riquezas y ritos». Desear y decir yo van juntos, deseo es apropiación. El mundo del ego y el mundo del deseo van de la mano, ignorar esto es ignorarlo todo. El yo, la carrera de las identidades, se convierte en punto de partida del mundo empírico, del despliegue del mundo natural, un mundo que por otro lado es triple o tripartito, está hecho de tres cualidades (guṇa): una pura y luminosa (sattva), una inquieta y dinámica (rajas) y otra pesada y oscura (tamas). La primera otorga inteligencia a la creación; la segunda, dinamismo; la tercera, estabilidad. Todas las cosas están hechas, en mayor o menor medida, de estas tres cualidades, en principio inmateriales (o de una materia harto sutil), que, en su evolución, decantan lo que ordinariamente llamamos materia. La upaniṣad de la amistad *(Maitrī)*, después de ocuparse en un tono muy budista de la naturaleza del cuerpo («huesos cubiertos de carne y piel, lleno de heces y orina, flemas y bilis, tuétano, sangre, grasa e innumerables enfermedades»), describe tamas y rajas de la siguiente manera:

> La duda y el miedo, la tristeza y el sueño, el cansancio y la locura, el envejecimiento y el dolor, el hambre y la sed, la miseria y la ira, el desánimo y la estulticia, la envidia y la adustez, la ignorancia y la impudicia, la grosería, la rudeza y la frivolidad son efecto de tamas. La vitalidad y el afecto, la pasión y el ansia, el vigor y el placer, el odio y la hipocresía, los celos y la libido, la veleidad y la volubilidad, la histeria, la ambición y la codicia, la adulación y la sumisión, el rechazo de lo ingrato y el apetito de lo grato, la acritud y la gula son, por el contrario, efecto de rajas. Inmersa en ellas y llevada por esas impresiones, el alma adquiere distintas formas, y así se crea la diversidad de los seres[19].

Más adelante se describe la naturaleza de sattva:

> Aquella parte de la naturaleza capaz de reflexión, que se corresponde con cada conciencia original (puruṣa), que conoce la naturaleza del espacio y la duración, el esfuerzo en la comprensión y la autoestima.

Tamas se asocia con Rudra, rajas con Brahmā y sattva con Viṣṇu. Al margen de dichas identificaciones, lo decisivo es que Él, siendo Uno, se hizo triple y «porque surgió así, se mueve entre los seres cuando ha entrado en ellos»; por eso es el guía supremo y por eso el ātman está dentro y fuera.

Dos formas de reduccionismo amenazan el juego de intercambios entre el yo y el ātman. Quienes solo creen en el yo fenoménico viven amedrentados por la cita con la muerte, que amenaza su disolución; pero quienes, espoleados por el hechizo de la personalidad, creen que el yo es el ātman, que hay un yo imperecedero, confunden lo fugaz con lo eterno. La existencia, su enigma, es la partida interminable entre lo fugaz y lo eterno, entre el adentro y el afuera, entre la inmanencia y la trascendencia. Un secreto que sintetiza la críptica sentencia del brāhmaṇa de los *Cien caminos*: «He puesto todos los mundos dentro del ātman y al ātman en todos los mundos»[20].

Lo decisivo aquí es que pensarse a sí mismo, saberse ser, es anterior a la experiencia del otro. Por eso los dos pájaros amigos, aunque estén en el mismo árbol, no se encuentran al mismo nivel. Y, sin embargo, se necesitan y no pueden vivir uno sin el otro. En cierto sentido, el universo es la expresión de esa necesidad original, de esa complementariedad. Así lo expresa el mito con el miedo a la soledad de Prajāpati, con su deseo de compañía, como vimos en el capítulo anterior. O el pasaje mencionado de la *Gran upaniṣad del bosque*, que, a partir de ese saberse ser, abre la carrera de las identidades.

Reflejos

Además de la alegoría de los dos pájaros, hay otros motivos de la literatura védica que ilustran esa duplicidad. Si miramos a una persona a los ojos, observaremos que en cada una de sus pupilas se dibuja la figura de una persona diminuta. El ojo ve y refleja, es al mismo tiempo catalejo y espejo. Dentro de cada uno de nosotros hay otro ser, que ve y refleja. Pero hacia fuera también somos el reflejo en el ojo de un ser que nos contiene. He aquí otra vez el juego de la inmanencia y la trascendencia. Sean cuales sean las alegorías o las parábolas, ni el lenguaje, ni la percepción ni el pensamiento pueden dar cuenta de manera fehaciente de esta situación. Y, sin embargo, uno puede acceder a ella mediante la experiencia.

El reconocimiento de esa condición dual es la base de cualquier otro desarrollo de la cultura mental. Es la gran apuesta del pensamiento indio, desde Yājñavalkya hasta Śaṃkara, y en esa tradición, pese a todo lo que se ha escrito, puede incluirse a Siddhārtha Gautama, el buda histórico. Un diálogo que dura ya más de dos milenios. El problema de fondo es siempre el mismo, ya se llame «plenitud» o «vacío». El gran obstáculo sigue siendo la ficticia soberanía del yo, que se resuelve mediante el deseo irónico que Kṛṣṇa intenta inculcarle a Arjuna. El yo es un impedimento porque es lo más parecido al ātman que existe, aunque no lo sea[21]. «Quien reconoce este ātman vence el sufrimiento, acaba yendo más allá del sufrimiento» y alcanza la «otra orilla». Las palabras de Sanatkumāra a Nārada en la *Chāndogya upaniṣad* tienen un tono budista y podrían perfectamente atribuirse al sabio de los śākya.

Los tres mundos

Para las upaniṣad, la experiencia humana (y cualquier otra) tiene siempre presentes tres ámbitos o niveles de realidad, «los tres mundos», que en estas páginas traducimos como «tierra», «aire» y «firmamento» y que en general están asociados al mundo humano, al divino y al cósmico respectivamente. Por esos tres mundos desfilan los dioses, los hombres, los animales, los espíritus de los bosques, los ríos y las montañas, el alma de los difuntos y de los ancestros, así como otros seres de naturaleza inmaterial. Lo divino recorre los tres mundos: hay dioses de la tierra, como Agni o Soma; dioses del aire, como Vāyu o Indra; y dioses del firmamento, como Varuṇa, arquetipo de la justicia. Hay dioses sensibles y dioses abstractos, no siempre visibles, pero no por ello menos presentes (como en el hombre hay ideales o esperanzas que lo mueven y no son visibles). Los dioses nos habitan, pero también los abismos: esa es la condición del alma, cuya naturaleza, como advertía Aristóteles, le permite ser todas las cosas. Las tres dimensiones son completamente reales y, aunque podemos hacer distinciones y asignar a cada una sus propios protagonistas, hay que tener en cuenta que las tres se imbrican y de algún modo forman parte de cada experiencia particular, sea humana o divina. La comunicación entre estos tres ámbitos de la realidad permanece siempre abierta. De hecho, las upaniṣad establecen la cartografía de esos vasos comunicantes y las correspondencias ocultas entre los diferentes ámbitos, el fisiológico, el divino y el cósmico. Unos vínculos que permiten desplazarse de uno a otro o enlazarlos. Esas tres dimensiones forman, además, un sistema plural. La condición humana no está completa si no se tienen en cuenta esas otras dimensiones, esas fuerzas misteriosas que rodean los empeños humanos.

El deseo se encuentra hasta en los rincones más aparentemente inertes del universo. Es la expresión profunda del dinamismo del ser, que nunca podrán ocultar el voluntarismo ni la razón (una idea que fascinaba a Schopenhauer). En el fondo del deseo reside la libertad. Espiritualizar los deseos es el modo de lograr la armonía de las pasiones a la que aspira el sabio[22]. Esa es la solidaridad que une lo humano y lo divino. Los dioses no escapan al embrujo del deseo. Todo ser tiende a la germinación. Ningún ser está aislado, despojado de sus raíces o indiferente a sus frutos, ya se trate de los poderosos dioses o de una humilde brizna de hierba. Y para madurar debe asumir los diferentes ámbitos de realidad que lo atraviesan. Como en otras tradiciones en las que el conocimiento es el factor esencial para la liberación, las upaniṣad afirman que el ser humano está enraizado en las estrellas, como un árbol invertido[23]. El puruṣa no es solo lo que generalmente entendemos por «persona», sino la expresión de lo humano en los tres mundos, que se encuentra tanto en el sol como en el aire del campo o en el interior del corazón.

El ser humano es un peregrino que recorre cierto camino, como hacen las estaciones o los planetas. Es también una encrucijada, pues lo mueven dos fuerzas: el desarrollo de la propia personalidad, una tentación que está en el aire y que representa Indra, arquetipo de la autarquía; y su integración y armonización con el resto del cosmos, que representa Varuṇa, guardián del orden cósmico (ṛta), así como del carácter sacrificial de la vida. Esa tensión recorre las estrofas del *Ṛgveda* a través de estas dos figuras, las más importantes, junto a Soma, de la colección de himnos e invocaciones. Cada ser debe moverse entre estos dos polos, pues cada nueva presencia, cada nuevo surgimiento, altera el orden cósmico, que ha de reajustarse para hacerle sitio (algo parecido a lo que decía T. S. Eliot sobre la nueva obra maestra que ha de incorporarse al canon literario). El hombre debe restablecer el equilibrio que su mera aparición ha alterado. El misterio de la vida es el misterio de la solidaridad de todo lo vivo. Una solidaridad que sobrevuela la ley de la selva y en la que, como apunta Panikkar, «nos comemos unos a otros y juntos crecemos». La vida humana es transitoria y acaba ofreciéndose en sacrificio.

Ātman

El ātman es la luz del alma y el centro de la persona. Una conciencia sin contenido entretejida en la percepción, la mente, la palabra y el aire vital. Cuando Janaka pregunta a Yājñavalkya qué es el ātman, este responde:

> Es la conciencia pura que hay entretejida en las funciones vitales, la luz interior del corazón. Recorre los dos mundos (el de aquí y el de más allá), pues a ambos pertenece. Y lo hace como si pensara, como si se transformara y moviera, aunque permanece idéntica a sí misma. Convertida en sueño profundo, trasciende este mundo y los umbrales de la muerte. En verdad, esa conciencia, asumiendo un cuerpo al nacer, queda transida de males, pero saliendo del cuerpo al morir se libera de ellos[24].

En un pasaje anterior se define el ātman positivamente, como mente, palabra y aire vital[25]. ¿Qué tienen en común estos tres elementos? Podría decirse que los tres permiten el acceso a la conciencia, al saberse ser del cuerpo vivo. La mente, la palabra y la respiración son actividades que permiten al sujeto sentirse presente en el mundo y reconocer su realidad circundante. La *Chāndogya upaniṣad* vuelve sobre este tema, pero con Indra, rey de los dioses, y Virocana, rey de los asura, como protagonistas[26]. Ambos quieren encontrar esa parte de su ser que se encuentra libre de la muerte y el dolor, del hambre y la sed. Conocerla permite conocer todos los mundos, recrearse en los deseos y no verse arrastrado por ellos. Para dar con ella, se dirigen a su creador, Prajāpati, el Primogénito, que les muestra su propio reflejo en el agua de un barreño y les dice que lo que buscan no está sino en su propio cuerpo. Virocana regresa satisfecho con los asura, pero Indra tiene dudas y pregunta de nuevo. La dicha no puede descansar en el cuerpo, siempre sometido a fatigas y dolores. Prajāpati le hace ver que el ātman puede identificarse con la conciencia en el estado de sueño, pues entonces no se ve amenazada por la contingencia física de la vigilia. También asocia la conciencia con el estado de sueño profundo, donde no se ve perturbada por nada, ni por las imágenes del deseo, ni por temores ni por ensueños angustiosos. Pero la satisfacción que produce el sueño profundo no es suficiente para Indra, pues se trata de un estado inconsciente, negativo, donde uno no se reconoce a sí mismo. Finalmente, Prajāpati le enseña la verdad sobre el inmortal e incorpóreo ātman, capaz de recrearse en los cuerpos. La diversidad del mundo, su inagotable espectáculo, se ofrece a esa «persona», a ese ātman, que es el que sabe que ve, oye, huele y gusta.

Ese ātman se localiza en un pequeño santuario en forma de loto que hay en el corazón. Conviene ir a buscarlo y conocer a quien lo habita. Ese viaje al interior es el que proponen las upaniṣad. Un viaje fascinante porque ese diminuto interior es tan vasto como el universo. En él caben el cielo, la tierra y todas las estrellas, todos los mundos y sus constelaciones[27]. El ātman es el puente que conecta los dos mundos («pues a ambos pertenece»). Quien lo atraviesa queda curado de sus heridas. El que estaba ciego puede ver, el que estaba herido sana y, libre del mal, contempla cómo la noche se transforma en día, pues el mundo de bráhman es siempre luminoso[28]. Esa es la gran intuición de las upaniṣad: establecer la identidad entre la trascendencia y la inmanencia, entre el centro del corazón (ātman) y un sereno mundo de luz (bráhman), libre del dolor y de toda contingencia.

La ciencia de los vínculos

Las tres grandes preocupaciones del pensamiento védico son el ritual, los mitos del origen del mundo y el destino humano. El ritual establece el vínculo (mediante la atadura del sacrificio, las oraciones y los cantos) entre lo divino y lo humano. Pero su lógica no distingue entre dioses y energías cósmicas, de modo que la cosmología y la mitología se comportan como una única ciencia. La ciencia del sacrificio es la encargada de encontrar las correspondencias entre los tres ámbitos. Manipulando uno de los tres es posible alterar los otros. La palabra sánscrita *upaniṣad* hace referencia precisamente a ese enlace o correspondencia. Dicho vínculo no solo hace posible el ritual y lo justifica, sino que es el fundamento teúrgico de su eficacia. La correspondencia, por otro lado, permite los juegos e imágenes del pensamiento poético y especulativo. Los diferentes elementos de lo real, en apariencia independientes, guardan vínculos ocultos que esta ciencia irá desvelando. Unas afinidades que ponen de manifiesto la urdimbre secreta del mundo, de ahí que *upaniṣad* signifique también 'doctrina secreta'.

Esas correspondencias, que salían a la luz mediante el sacrificio, empiezan a manifestarse ahora a través del cuerpo, imagen reflejada del cosmos. Tras el período de los himnos védicos y su exégesis en los brāhmaṇa, se abre paso la figura del asceta. El cuerpo deviene un laboratorio fisiológico donde se llevan a cabo las operaciones que antes se realizaban en el altar. La manipulación de las energías cósmicas mediante la extracción de la esencia (medha) de seres vivos sacrificados (el hombre, el caballo, el cabrito) no solo da lugar a otros tipos de sacrificio incruento (cereal, arroz, leche), sino también a otra clase de ceremonia, corporal y especulativa, que va cobrando forma en las upaniṣad. De la especulación centrada en el ritual pasamos a la especulación centrada en la transmisión: la enseñanza esotérica que se transmite de maestro a discípulo. Aunque no faltan las especulaciones rituales y cosmogónicas, puede decirse que el tema central de las upaniṣad es lo humano: la constitución del cuerpo, sus energías vitales y sus facultades cognitivas, y las relaciones entre el propio organismo (incluidos la mente y el lenguaje) y ese otro organismo que es el cosmos.

El aliento vital

El ātman es la mente, la palabra y el aliento vital. Estas tres potencias remiten a los tres mundos. La palabra es la tierra, la mente es el aire y el aliento vital es el firmamento. Se corresponden con los tres veda. La palabra es el *Ṛgveda*, la mente es el *Sāmaveda* y el aliento vital es el *Yajurveda*. Y se refieren, respectivamente, a los dioses, los ancestros y los hombres. Pues los dioses son la palabra, los ancestros son la mente y los hombres son el aliento vital. Y asimismo son el padre, la madre y la progenie. Lo

> conocido, lo que se desea conocer y lo desconocido. La palabra es lo conocido, pues en ella ciframos lo sabido y de ella hacemos uso. Pertenece a la tradición y protege a quien la conoce. En la mente está lo que se desea conocer, los enigmas del mundo por descifrar. Así, la mente protege al que la conoce. El aliento vital es lo desconocido, ya que ningún ser viviente sabe en el fondo quién es. Así, el aliento vital protege al hombre[29].

El fragmento citado es importante porque ofrece la primera definición, positiva y trina, de ātman. Aquí, el aliento vital (prāṇa) no es solo el aire que da vida a los cuerpos, sino el principio mismo de la vida: el «espíritu» que anima a los seres vivos y que recorre la creación entera. En el *Atharvaveda* se dice que sostiene todas las cosas y que todas ellas dependen de él. La relevancia de este concepto se constata más tarde en las upaniṣad, cuando se presenta la respiración como la función vital más importante[30]. Podemos vivir sin hablar, sin comer, mudos o ciegos, pero no sin respirar. El resto de los sentidos incluso reconocen su supremacía y en ocasiones se consideran «aires vitales», por ser una emanación del espíritu, identificado con el dios védico del Viento (Vāyu). Y se dirá que prāṇa, a diferencia de los sentidos, se encuentra más allá de la muerte. Pues aunque todas las divinidades encuentran su ocaso al final del ciclo cósmico, no ocurre así con el Viento, que nunca cesa de soplar, se mueva o no.

Como principio supremo, prāṇa se identifica con las realidades más elevadas (bráhman, Indra, el sol o el fuego sacrificial). Hay un segundo sentido de prāṇa como factor que anima el resto de las funciones vitales. Y hay un tercero, más concreto, que se refiere exclusivamente a la inspiración, como uno más de los cinco modos de circulación del aire vital[31]. Las listas y descripciones al respecto no siempre son coherentes. En ocasiones se habla de tres prāṇa, o de cuatro o siete, aunque en general se considera que son cinco.

La palabra hace posible el aliento vital, y en otro pasaje se la vincula con los elementos: «La tierra es el cuerpo de la palabra y el fuego su esplendor. Cuando ella se difunde, la tierra y el fuego se dilatan». Y esa relación con «lo elementado» se extiende a la mente: «El firmamento es el cuerpo de la mente y el sol su luz. Cuando la mente se abre, se ensancha el horizonte y resplandece el sol». De la unión de ambos nació el aliento vital. La idea es fascinante: la vida que respira como síntesis de la palabra y la mente. Y se establece una última correspondencia:

> El agua es el cuerpo del aliento vital y la luna su luz. Hasta donde él alienta llega el agua y luce la luna. A la par y sin límites. Quien les pone límite tropieza con un mundo limitado; quien, por el contrario, las sabe ilimitadas trasciende todo límite[32].

Experimentos con uno mismo

La Muerte le explica a Naciketas que el fuego que conduce al paraíso es la vía para alcanzar el mundo eterno y su fundamento, y que esa llama está asentada en la caverna del corazón[33]. Pero hay un deseo más excelso que el de conocer el fuego del sacrificio original que conduce al paraíso. Ese deseo, que alcanza lo perdurable con materiales perecederos, es el conocimiento del ātman y de bráhman, que trasciende la felicidad condicionada del paraíso. El sabio medita con la mente recogida, apartada de los objetos y dirigida hacia el Sí mismo (ātman), que no debe confundirse con el yo (aham). El ego o yo tiene la misma naturaleza fenoménica que el sonido o el color. Es empírico en tal grado que en el giro de las existencias puede degradarse hasta lo inorgánico. El sabio se ocupa de conocer el ātman en el yo (no el ātman del yo), agazapado en la caverna del corazón (donde mora el origen primordial). La mente desecha el yo, abrumada de cargas, y se apropia de lo sutil, deleitándose en la fuente de todo deleite, en la morada abierta a bráhman[34]. De ahí que se diga que conocer bráhman es ser bráhman. En definitiva, es bráhman quien se conoce y quien conoce en nosotros. Una idea que llevará hasta sus últimas consecuencias la filosofía del sāṃkhya.

Esa es la meta que proclaman todas las ascesis. Los sabios consideran que es el sujeto de la experiencia, solo accesible a la mente recogida, no dispersa. Camino difícil de transitar, como el filo cortante de la navaja[35]. Quien lo recorre no vuelve a nacer y se libra de las fauces de la muerte. Quien lo ignora renace indefinidamente, muriendo una y otra vez. Es la sílaba *om*, sonido primordial y soporte supremo, la conciencia que ni nace ni muere, que no surge de otro ser ni en otra cosa deviene, eterna y primordial. Asentado en el corazón de las criaturas, sutil entre lo espeso, incorpóreo entre lo corpóreo, estable en lo inestable, no se puede conocer mediante la enseñanza recibida ni mediante el entendimiento. Solo puede conocerlo aquel a quien él mismo escoge. A ese, el ātman se le revela en su propio cuerpo[36]. Aparece entonces, como por sorpresa, la idea de la gracia.

Los seres son los sentidos del Uno

Implícita en estas ideas hay una filosofía de la percepción. El que existe por sí mismo perforó hacia fuera las aperturas de los sentidos. A través de ellos, el yo (aham) ve los objetos externos, y no el principio inmanente. Solo al invertir la mirada puede contemplarse el ātman interno. Pero es el Uno, el que primero nació del ardor ascético, abrigado en la caverna del corazón, el que disfruta de todas las experiencias conscientes, el que, mediante los seres, contempla la diversidad del mundo. Es la infinidad modeladora de los dioses y los seres vivos, que mediante ellos sale de sí y mira al exterior[37]. Frente al modelo del Dios vigilante del Antiguo Testamento, que sanciona con juicio sumario y definitivo la conducta de los seres, lo que aquí se sugiere es que lo divino mira a través de los ojos de las criaturas. No es ya la mirada que fiscaliza su evolución y desarrollo, sino un cómplice que accede a ver con los ojos de otro. Estas ideas tendrán en el pensamiento indio un largo recorrido (que a nuestro juicio no se ha puesto de manifiesto lo suficiente). Los seres son los sentidos del principio original, sus ojos y sus oídos. El que no ha nacido ve, oye y siente la diversidad de lo natural a través de las once puertas de las criaturas. Vive como un huésped en una ciudadela con once aperturas correspondientes a los orificios del cuerpo humano: los dos ojos, los dos oídos, los dos orificios nasales, la boca, el ano y el órgano genital, el ombligo y la sutura craneal. Las facultades anímicas superiores, como el entendimiento o la memoria, le sirven de regocijo. Y aunque nos parezca que vivimos del aire inhalado y exhalado, vivimos gracias a esa misteriosa presencia.

La percepción no tiene un único punto de apoyo (el «rayo» de la visión del que hablaba Platón). Un pasaje de la *Gran upaniṣad del bosque* es elocuente al respecto:

> Lo real es el sol de allá arriba. La «persona» que hay en el astro solar y la «persona» que hay en el ojo derecho se apoyan una en otra. Por medio de los rayos de luz se equilibran, la de allá con la de acá, y viceversa. También por medio del aire vital se apoyan una en otra. Cuando uno está a punto de morir, solo ve el disco puro del sol, ya que los rayos no le llegan (y no pueden sostener su aliento y su mirada)[38].

Las ideas del sāṃkhya que encontramos en upaniṣad tardías, como la *Śvetāśvatara* y la *Maitrī,* profundizan en esta idea: los seres son las ventanas mediante las cuales el puruṣa se abre a la diversidad del mundo. El puruṣa permanece despierto mientras los seres duermen, moldea todos los deseos, late en cada una de las formas. Es él quien diversifica la Única forma. En él descansan todos los mundos. Sin embargo, no le afecta el dolor del mundo, pues se encuentra fuera de su alcance. Es lo eterno en lo transitorio, la conciencia en los seres; siendo Uno, satisface incontables deseos[39]. Brilla con luz propia, pero en las criaturas lo hace con luz reflejada. Se ve a sí mismo en la mente como en un espejo, en el mundo de los antepasados como en un sueño, en el mundo fenoménico por contraste. Y se manifiesta con diferentes grados de claridad. En el intelecto purificado es donde se refleja con mayor nitidez, como la imagen de un espejo pulido. Pero también se refleja en el mundo de los antepasados, en la confusión propia de los sueños y en el mundo de la experiencia común, con sus luces y sus sombras. Es conocido solo en aquel que reconoce su presencia, pues solo en él puede vivir[40]. Una idea, la del «reconocimiento», sobre la que ahondarán siglos más tarde las escuelas śivaístas de Cachemira.

La aventura del ser

El mundo fenoménico y su evolución en el tiempo es una limitación del origen. Una acotación de lugar de la que surge el espacio (ākāśa), que para algunas upaniṣad es el origen de todas las cosas y el destino al que regresarán. En esa limitación está implícita una exigencia de superación: el límite es dado con el fin de superarlo. Así, el Uno halla un estímulo y se diversifica en innumerables identidades incompletas. Tras un primer momento de negación (autolimitación del Uno), vienen un segundo momento de afirmación (la presencia de los seres) y un tercer momento de superación (su posible libertad). Estas tres fases constituyen el curso del tiempo, que se concibe como (1) autolimitado, (2) escindido y diversificado, y (3) destinado a regresar a la unidad original. En este sentido, la contingencia de lo finito gana un horizonte y la limitación esencial de los seres se asocia con la idea de lo inacabado, en una misión que consiste en asumir el desafío del origen.

Queda todavía la pregunta de por qué el Uno se entrega a la limitación. Algunos pasajes, como hemos visto, sugieren que el fundamento prefiere la fragilidad a la soledad: el bráhman se identifica con la diversidad limitada y se aventura en ella. Una de las metáforas que dan cuenta de dicha asociación es la de la sal en el agua. Una vez disuelta, no es posible identificarla, pero sí reconocer su sabor. Es aquí donde la experiencia interior de la mente (frente a la antigua experiencia pública del sacrificio) tiene un papel que jugar[41]. En ocasiones el Uno se describe en términos negativos –no es ni esto ni aquello (neti, neti)–, pero en todo caso reclamará con el tiempo los cuidados de la devoción. Y la devoción irá cobrando el protagonismo que antes tenía el sacrificio, lo que dará lugar al teísmo sin ambigüedades de la *Bhagavadgītā*, donde el canto devocional suplanta a la estaca del sacrificio, aunque el deber impuesto por la casta obligue todavía a matar.

La persona

La situación es la que sigue. Hay en nosotros una enigmática «persona». Está en el habla, la mente y la respiración, tras las pupilas y los tímpanos. La palabra sánscrita *puruṣa* significa, en general, 'persona' y alude a la forma humana. Como hemos visto, reviste gran importancia en algunas cosmogonías recogidas en las upaniṣad. La Persona primordial es una unidad articulada a partir de la cual, mediante su sacrificio o desmembramiento, se produce la multiplicidad del mundo. Las diferentes partes de su cuerpo pasan a formar las diferentes partes del universo (físico, mental y social). El sacrificio es el primer principio ordenador del mundo[42].

El puruṣa garantiza la inmanencia del principio divino en la creación[43]. La unidad se desmiembra y deviene diversidad, y así es como penetra en cada una de sus partes, aunque sin dejar de ser «una». El ātman es el recuerdo vivo del origen (como la radiación cósmica de fondo del *big bang*, que podemos «oír» aquí y ahora), pues se instala en el interior de cada porción de la realidad, haciendo posible que esta quede conectada a la Unidad primordial.

El gozo de la percepción, la posibilidad de ver y oír (sabias palabras o hermosas melodías), la magia del desdoblamiento del sujeto y el objeto, exige el sacrificio primordial. El desmembramiento del Uno es el único modo, o el mejor de los modos posibles, de «compartirse» y penetrar en cada uno de los seres creados, que ahora (por el miedo a la soledad) son «otros». La condición humana revive (ya sea mediante el sacrificio o la cultura mental) esa situación primordial en la que se prefiere la compañía (con sus alegrías pero también sus penas) a la soledad, aun a costa del sacrificio o desprendimiento de la propia identidad.

Tú eres eso

La religión védica es politeísta. Su panteón alberga 33 dioses de diversas categorías que ejercen su actividad en los tres mundos. Hay dioses del firmamento (Varuṇa, Mitra, Sūryā, Dyaus, Savitṛ, Uṣás, Ratri, Aśvin), del aire (Indra, Rudra, Vāyu, Parjanya, Apas) y de la tierra (Pṛthivi, Agni, Bṛhaspati, Soma, Araṇyānī). A estos se añaden ciertas divinidades abstractas (Dhatar, Tvaṣṭṛ o Viśvakarmā, Hiraṇyagarbha), algunas de ellas ideales o pasionales, como la diosa de la libertad (Aditi), madre de los dioses, o el dios de la ira, personificación de la cólera (Manyu). Los dioses no duermen, sino que velan entre los durmientes (los humanos), quienes viven el insípido sueño de una vigilia desatenta. No siempre ayudan a los hombres. A veces son sus rivales, sobre todo de los esclarecidos, a los que respetan y miran con recelo. Finalmente hay divinidades menores o genios como las ninfas (apsara), los músicos celestiales (gandhārva) y otros demonios (rākṣasa) que merodean por lugares santos o recónditos. La multiplicidad de los dioses, sin embargo, se antoja aparente. En los himnos se dice que los poetas llaman de modo diverso a lo que es uno. «¿Por qué un canto a la Aurora no habría de complacer al Sol?»[44]. El planteamiento tiene un corolario: si los dioses son uno, ¿por qué la multitud de las criaturas no habría de ser también aparente? A esa conclusión llegarán los sabios de las upaniṣad.

El Uno respiraba sin aliento y se sintió extraño. Intuyó que la soledad no era buena y quiso ser dos. El Todo que ahora vemos es el gran sacrificio del Uno. A él debemos nuestra existencia. Esa creación resultó del cultivo de un ardor interno que se proyectó en el exterior. ¿Y qué podemos saber del Uno? No ha nacido, no es ni esto ni aquello (neti, neti). Y, sin embargo, es Uno. Eso es todo lo que sabemos. ¿Esa unidad es ātman o es yo? El yo es pura apariencia, se parece al color y al sonido, conocer el yo no es conocer el ātman. Pero hay más. El sujeto de conocimiento no es el yo, sino precisamente aquel a quien hay que conocer (ātman o puruṣa), aquel a quien el sabio busca. Y ese sujeto trascendente no está en nosotros ni fuera de nosotros, pues carece de localización espacial. Pero conoce a través de nosotros. Cuando conocemos algo, cuando aprendemos una lección, el que conoce es él. Pero conoce en nosotros. De ahí que se diga: «Tú (ātman) eres eso (bráhman)». Cuando el que conoce se confunde con el yo, se vuelve vanidoso y su arrogancia oculta el ātman. Entonces corre el riesgo de endurecerse y degradarse hasta lo inorgánico[45].

De ahí a la identificación entre ser y conocer no hay más que un paso. Conociendo las cosas, en realidad conocemos a bráhman. No como quien conoce un objeto, sino como quien se conoce a sí mismo, como quien se «reconoce». Śaṃkara lo dirá de manera harto elocuente: «El conocimiento que se conoce a sí mismo». Es bráhman quien se conoce en nosotros. Una magia singular, femenina, que consiste en dejarse atravesar, en aprender a ser vehículo del conocimiento. Por eso *conocer bráhman* significa 'ser bráhman'.

Las upaniṣad y el yoga

Eliade investigó la influencia del yoga en las upaniṣad tardías[46]. El *Yogatattva* registra minuciosamente las prácticas yóguicas y los prodigios que propician. Aunque advierte que no bastan para alcanzar la liberación, pues se requiere del concurso del conocimiento. El texto es un manual técnico para ascetas, con instrucciones muy precisas. Mediante la práctica de la concentración mental, la purificación de los conductos de energía y el control de la respiración, se logra la ligereza del cuerpo, una piel brillante y un gran poder digestivo, mientras que con la suspensión completa de la respiración se puede dominar cualquier cosa de los tres mundos. El yogui es como un dios, se vuelve hermoso y fuerte, las mujeres lo desean, es capaz de elevarse por los aires y controlar la voluntad ajena. La lista de prodigios es larga: puede adoptar cualquier forma que desee, trasladarse como el chamán a grandes distancias, gozar de la clarividencia y la «clariaudiencia», volverse invisible, dominar la materia y transmutar el hierro y otros metales en oro.

Estas upaniṣad tardías profundizan en la fisiología metafísica que se esboza en las más tempranas. Las cinco partes del cuerpo se corresponden con cinco elementos cósmicos: tierra, fuego, aire, agua y espacio. A cada uno de estos elementos le corresponde a su vez un sonido y una concentración particulares. Al meditar sobre cada uno de ellos, el yogui puede dominar el elemento en cuestión. La parte del cuerpo que va de los tobillos a las rodillas se corresponde con la tierra; visualmente, su símbolo es un cuadrado de color amarillo; su sonido o mantra, la sílaba *la*. Se conquista el dominio de la tierra concentrándose en esa parte del cuerpo durante dos horas, con la ayuda de su símbolo y su sonido. Se contempla a Brahmā, que es de color amarillo y tiene cuatro rostros y cuatro bocas. La parte del cuerpo que va de las rodillas al recto se corresponde con el agua y la sílaba *va*. La que va del recto al corazón se corresponde con el fuego y la sílaba *ra*. La que va del corazón al entrecejo se corresponde con el aire y con la sílaba *ya*. La que va del entrecejo a la parte superior de la cabeza, con el espacio y la sílaba *ka*.

La liberación es el momento en el que el alma individual ya no se distingue del espíritu universal. Entonces uno puede dejarse absorber por el espíritu universal o conservar la propia identidad. Puede además adoptar cualquier forma, ser un dios en los cielos o un mendigo en la tierra, elegir el momento de su muerte y conocer el futuro. Otra upaniṣad tardía, la *Nādabindu*, se especializa en el logro de la experiencia extática mediante toda una serie de audiciones místicas con la que se propone transformar el cosmos en una teofanía sonora. En ella encontramos el eco o la fuente (no podemos saberlo) de la música de las esferas de los pitagóricos.

4. Dioses, mitos y símbolos

Historia del tiempo

La concepción del tiempo en la India no es la de un tiempo neutro o indiferente. El tiempo está impregnado de las cualidades de los seres que lo experimentan. Los seres no viven en el tiempo, sino que es el tiempo el que vive en los seres. De ahí que no sea objetivo ni uniforme, sino vivo, pues se ve afectado por las mentes y los estados de conciencia de aquellos que lo experimentan. El tiempo no vive en los relojes, sino en la atención de los seres vivos. Además, es cíclico: hay tiempos de penumbra y tiempos luminosos, épocas desgraciadas y épocas afortunadas, que se alternan interminablemente. Ni siquiera los dioses son eternos. Una vez cumplido un ciclo cósmico, Śiva se encarga de reducirlo todo a cenizas para que el cosmos pueda renovarse y volver a surgir con inocencia y brío. Esa es la ley del mundo; oponerse a ella es inútil. Por si fuera poco, dentro de cada ciclo hay un movimiento lineal y regresivo, que atraviesa cuatro épocas (yuga). En cada una de ellas se ponen de manifiesto ciertas cualidades del tiempo y de la historia. La India nunca ha creído en una lógica de la historia, aunque en cierto sentido ha asumido la existencia de una lógica de los tiempos, una lógica «generacional». Ese es uno de los significados del término *yuga* en el *Ṛgveda*. Posteriormente, en los compendios de mitología (purāṇa), los tratados y las grandes epopeyas, pasará a significar 'era', de las que se conocen cuatro: kṛta, tretā, dvāpara y kali.

El dado es el eje del tiempo. Pero los dados se rigen por leyes inmutables. No se inclinan, como hacen los hombres, ante la cólera de un rey. De hecho, son los propios reyes los que se pliegan a su veredicto. Los dados se rigen por leyes tan verdaderas como las del dios Sol[1]. Savitṛ es el dios que mueve el mundo, «el que impele, estimula o vivifica», y su actividad se asocia a la idea de movimiento. El giro incesante de los dados dicta el destino de los hombres, como el del tiempo dicta el destino del mundo. Hay un carácter cíclico en el tiempo, como también lo hay en la fortuna: «Los dioses se mueven como los dados, tan pronto nos dan riqueza como nos la quitan»[2]. La palabra sánscrita *akṣa*, que designa el dado, alude también al eje de un carro (proviene de la misma raíz que el latín *axis*).

Los nombres de las cuatro eras se asocian a las cuatro tiradas del secular juego de los dados, que comportaba ciertos aspectos rituales. No sabemos cuáles eran las reglas, ni siquiera si el juego de los nobles era el mismo que el popular. Pero hay indicios de que la secuencia 4-3-2-1 era parte del juego: el 4 se refería a kṛta, el 3 a tretā, el 2 a dvāpara y el 1 a kali. La jugada ganadora (el póquer) era kṛta, seguida por las otras en orden descendente hasta llegar a kali, la peor de todas. No está de más recordar la importancia de dicho juego en la antigüedad, especialmente entre la aristocracia guerrera. Duryodhana derrota al rey Yudhiṣṭhira jugando a los dados, y entonces los hermanos Pāṇḍava deben permanecer doce años exiliados en el bosque. Cumplido ese período, regresan y les son confiscadas sus propiedades. Ambas facciones se declaran la guerra y sus ejércitos se citan en Kurukṣetra, el campo del dharma, donde se decidirá el destino de la humanidad. En ese contexto se sitúa la enseñanza que Kṛṣṇa imparte a Arjuna en la *Bhagavadgītā*.

Cada ciclo cósmico tiene cuatro edades, que toman sus nombres de los diversos lances del juego de los dados. Hay una primera edad de oro (kṛta, de la raíz *kṛ* y que significa 'realizado' o 'perfecto'), seguida de una edad de plata (tretā), una edad de bronce (dvāpara) y una edad de hierro (kali). Actualmente nos encontramos en esta última, dominada por la ceguera y la confusión, en la que la humanidad trabaja obstinadamente en su propia destrucción. Es la era de la distracción tecnológica (esa que nos roba la atención y la libertad) y de la entrega al demiurgo tecnológico que amenaza con someter a los hombres. La edad de oro, por el contrario, es completa y perfecta: el orden cósmico y moral se rinde a la perfección. El organismo del universo goza de plena salud, como también los seres que habitan en su seno. Las personas nacen virtuosas y se consagran espontáneamente a sus deberes, que coinciden con sus inclinaciones naturales. Los brahmanes se ocupan del conocimiento; los nobles, del gobierno de la tierra; los mercaderes, del comercio; y los campesinos, del cultivo de los campos. Todas las castas respetan el orden sagrado de la vida, que dura cien años. Pero el desgaste es inevitable, de modo que gradualmente el dharma va decayendo. Cuando ha perdido un cuarto de su capacidad, entramos en la edad de plata, que toma su nombre, tretā *(tres, trois, three)*, del lance de 3 en el juego de los dados. El cuerpo social y cósmico se sostiene con tres cuartos del orden perfecto inicial. Las inclinaciones y los empeños empiezan a no encajar. La ley ya no surge de un modo espontáneo, sino que debe ser inculcada y aprendida.

La edad de bronce, llamada dvāpara por el lance de 2 en el juego de los dados, se rige por un delicado equilibrio entre el orden y el caos, entre la luz y la oscuridad. Las clases sociales avanzan progresivamente hacia su descomposición. El orden cósmico solo se apoya en dos patas. La perfección espiritual ya no es un estímulo para los seres, y lo divino pierde su poder de atracción. Los seres ambicionan propiedades, honores y placeres y, cegados por la pasión, se tornan mezquinos. Poco a poco se van extinguiendo las costumbres sagradas, la vida ascética, el silencio y el ayuno, el culto a la respiración y la atención.

Como decíamos, actualmente nos encontramos en la kali yuga, la más degradada de las cuatro edades, en la que predominan la discordia y el egoísmo, pero que aun así presenta algunas ventajas: todo va más rápido y el fruto de las obras no se hace esperar. En la edad de hierro, el dharma subsiste en una cuarta parte. Es un tiempo dominado por la disputa y la guerra. En la partida de dados, kali es la peor tirada. Ciertamente, cualquier tiempo pasado fue mejor. La propiedad confiere el rango social, la falsedad propicia el éxito y la riqueza es la única ambición. Esta edad, al ser la más corrupta, es la más breve: dura en torno a 400 000 años. Los efectos del karma son también más rápidos y las acciones enseguida maduran.

El fatal magnetismo del juego es antiguo. Aparece ya en el *Ṛgveda*, donde el cantor lamenta la pérdida de familia y propiedades debido a su irresistible adicción a los dados. Posteriormente, en los brāhmaṇa, el juego de los dados formará parte del ritual de consagración del rey. Para ser soberano no basta con la sangre real, también hay que tener suerte.

Poco a poco va tomando forma la idea de una concepción ética del tiempo y el espacio (esencial en el budismo). Las sucesivas eras traen consigo un deterioro gradual en la calidad moral de los seres, y los correspondientes términos *kṛta, tretā, dvāpara* y *kali* pasan a designar dicha degradación. No deja de ser curioso que estas cuatro eras se encuentren documentadas en la propia historia de la civilización hindú. Al margen de la kṛta yuga (conocida también como satya yuga), en la que predomina la verdad y todos los seres se encuentran plenamente satisfechos, las sucesivas eras se corresponden con diversos modos de entender la tarea del hombre en este mundo, junto con sendas estrategias de liberación. La tretā yuga, en la que el sacrificio es la estrategia soteriológica por excelencia, coincide con el período védico hasta la composición de las primeras upaniṣad. En la dvāpara yuga, que impone una nueva necesidad y, por tanto, una nueva estrategia de liberación mediante el conocimiento y la meditación, se da el auge del budismo, el yoga y el vedānta. Finalmente, en la kali yuga ya no basta con la concentración mental o la meditación filosófica, sino que además son imprescindibles la devoción y el canto. Esta época se corresponde con el florecimiento de los grandes movimientos devocionales de la India medieval. Un momento de transición entre la era del sacrificio y la era del conocimiento.

El conjunto de las cuatro edades se denomina mahā yuga (cuatro millones de años). Mil ciclos mahā yuga son un día de Brahmā, que comienza con la creación y termina con la disolución cósmica. Entonces el universo se reabsorbe y todos los seres se funden en lo absoluto. Empieza la noche de Brahmā, que dura lo mismo que el día y en la que los seres individuales subsisten como gérmenes que esperan su postrera manifestación. Cuando amanece se inicia de nuevo la creación. Brahmā surge como un loto del ombligo de Viṣṇu, que duerme sobre una serpiente que flota en el agua primordial. Los diversos mitos asociados a la evolución del tiempo se repiten en cada era. Son las hazañas arquetípicas que dan cuerda al mundo y mantienen el pulso de su evolución. Los dioses tampoco son eternos. La vida de Brahmā dura cien años, con sus días y sus noches, y concluye con la gran disolución universal. Entonces todo desaparece, hasta los dioses, y los individuos ya no permanecen en estado latente a la espera de su reaparición en un nuevo ciclo. Todo queda disuelto en la sustancia primordial. A continuación, hay un sueño profundo que dura otro siglo de Brahmā, tras el cual se reinicia el universo.

No hay en este modelo cosmológico una idea lineal y evolutiva del tiempo (como la que proporcionan la geología, la antropología o la historia). El tiempo, como creían los presocráticos, Platón o Aristóteles, es cíclico. Cada ciencia y cada arte han llegado a su apogeo incontables veces. Cada individuo ha bebido más leche que la que cabe en el Ganges, habiendo nacido y muerto en infinidad de ocasiones. La sabiduría es eterna, pero se revela cíclicamente, como una lección repetida para instruir a los seres. Nada hay que no se repita, que no sea eco de un suceso del pasado. El viejo se vuelve joven y todo progreso es ilusorio. El mecanismo del tiempo lo ponen en marcha y lo sostienen ciertas figuras arquetípicas.

Desde la perspectiva india, el tiempo es una ilusión. Como cuando ensanchamos nuestra perspectiva y las cosas cambian de valor, lo que antes parecía permanente se torna fugaz y lo fugaz adquiere cierto sentido de permanencia. Si consideramos una montaña en el breve espacio de una vida humana, se nos antoja sólida y permanente. Pero desde la perspectiva de las eras del mundo, la montaña se levanta y se derrumba como si fuera una ola. También lo efímero es permanente; un efecto del eterno retorno que obsesionó a Nietzsche. De ahí la ilusión del tiempo, su hechizo y su magia.

Viṣṇu

El caudal de mitos y símbolos de la India es inabarcable. Cualquier intento de análisis exhaustivo está condenado al fracaso. El prodigioso y fragmentario legado de los mitos resulta esencial para comprender el pensamiento indio. Tanto el silencio de la respiración como la plegaria y la oblación han sido palancas para dar el salto a lo incondicionado, pero todas esas prácticas no pueden entenderse sin el magnetismo y la inspiración del mito, del que nos ocuparemos en esta sección.

En la India no encontramos el paso del mito al logos que dio Aristóteles en la Grecia clásica. De hecho, una característica fundamental de la filosofía india es la de haber renunciado a dar ese paso. Para entender los asuntos de la vida humana, cuya esencia es la contradicción y tensión de los puestos, no basta con utilizar los recursos de la inferencia o el silogismo. Para entender ciertas cosas hace falta el mito. Un enfoque que no supone ningún tipo de irracionalidad. De hecho, es más razonable que someter la experiencia al corsé de ciertos lenguajes abstractos regidos por el principio de identidad y no contradicción. Además, sería inútil tratar de encajar las concepciones indias en nuestros esquemas conceptuales. Es más efectivo dejar que su carácter, profundamente extraño, revele las limitaciones inherentes a nuestra forma de entender el mundo[3].

Aunque los dioses son incontables, como incontables son sus hazañas, nos centraremos en las tres grandes divinidades: Brahmā, Viṣṇu y Śiva. De Brahmā ya hemos hablado en el capítulo 2 al ocuparnos de los mitos védicos, donde aparece bajo la forma de Prajāpati, el Primogénito y Padre de todos los seres. Las funciones de Brahmā coinciden en muchos aspectos con las de una de las grandes protagonistas de la devoción, sobre todo a partir del surgimiento del tantrismo: la diosa Devī o Śakti, esencia inquieta y creadora del mundo natural, de la que nos ocuparemos al final del capítulo. La trinidad de dioses compuesta por Brahmā, Viṣṇu y Śiva mantiene su papel fundamental en la vida cotidiana de los hindúes. Y aunque en sus respectivos mitos cada uno de ellos acabe asumiendo todas las funciones, Viṣṇu y Śiva son como los dos polos de un campo magnético: inmanencia y trascendencia, preservación y disolución.

La ilusión del mundo

Si el tiempo es una ilusión, también lo son todos los afanes, todos los impulsos que mueven la existencia. El deseo es la mayor de las ilusiones, la que busca ciegamente su propia extinción. De ahí que la risa sea un principio de sabiduría. La risa abate con su hacha el árbol de la vanidad, cuyas ramificaciones son las ambiciones. Encierra, como una semilla, el fruto de la sabiduría. La ilusión del mundo permite tomarse las desgracias con cierto humor o distancia. Hace posible la ironía y, con ello, la filosofía. Hay algo de todo esto en el trasfondo del pensamiento hindú, aunque el concepto filosófico de *ilusión* (māyā) fuera desarrollado por un budista, Nāgārjuna, de quien hablaremos más adelante. Posteriormente será incorporado a la tradición como algo propio que se remonta a las upaniṣad o al pensamiento védico (aunque de hecho no se encuentre allí).

El término *māyā* hace referencia a cualquier tipo de ilusión, truco, artificio o engaño al que nos somete la propia mente. En los dioses, māyā es el poder que les permite adoptar formas y apariencias diversas; en las cortesanas, la seducción; en los poetas, el encanto; en los bardos y los dramaturgos, la capacidad de cautivar la mente del espectador. Pero ese principio no se limita a dichas profesiones, sino que afecta al universo entero. Toda la creación es producto de māyā, de la ilusión creada en la mente de Viṣṇu, el dios que sueña el universo. Desde esta perspectiva, Brahmā no es más que un peón, el demiurgo que se encarga de hacer el cosmos. El verdadero artífice es Viṣṇu, que es quien lo sueña. Del cuerpo durmiente de Viṣṇu emerge Brahmā en forma de loto. El encanto de lo inmanifiesto, māyā, solo queda inactivo tras la disolución cósmica, cuando el universo duerme en estado de sueño profundo.

La ilusión de māyā es efecto y causa. Es el efecto del mago o prestidigitador, también un poder creativo y de representación, como ocurre en los sueños. En este último sentido, se asocia a la energía creativa del mundo: śakti. Un principio femenino que constituye el lado protector y maternal de la divinidad, la aceptación incondicional de las vicisitudes, la belleza y el encanto de las cosas, así como lo que nos hace repudiarlas y alejarnos de ellas.

Es, además, el enigma supremo. La literatura está llena de historias en las que se explica por qué es incognoscible. Hablan todas ellas de la seducción y el empeño por cosas que, a la postre, resultan dolorosas y decepcionantes, ya sea el amor pasional o la consecución de un reino. La ilusión de māyā nubla la mente cubriéndola de brillantes capas y la lleva de un lado a otro. Los filósofos han tratado de conocer sus secretos, pero son inexpugnables: si está activa, porque nos hechiza y nos impide ver con claridad (como les ocurre a los enamorados); si está inactiva (en el sueño profundo, ya sea del cosmos o del individuo), porque no hay nada que ver.

La idea de que vivimos en el sueño de Dios tendrá un largo recorrido en la historia del pensamiento indio. Según los mitos asociados a su figura, Viṣṇu no medita, sino que sueña el universo. Es el dios del ensueño, del sueño con imágenes, mientras que Śiva preside el sueño profundo, el cual impide la visión y es trasfondo de la vigilia y el ensueño.

El Inmanente

La figura de Viṣṇu es más amable que la de Śiva. Encaja mejor en lo que consideramos el buen orden y la idea convencional de la benevolencia, el cuidado y la atención. Viṣṇu viene a rescatar el mundo cuando las cosas se ponen feas y las personas, en su ceguera, trabajan en pos de su propia destrucción. Es el dios encargado de mantener la vida. No busca la ruptura como Śiva, sino la estabilidad, creando la ilusión de que el vivir es interminable (una ilusión, por otro lado, necesaria para la vida misma), de que podría haber vida sin muerte. La fuerza de Śiva es disgregadora, centrífuga; la de Viṣṇu, cohesiva y centrípeta. Ambas se complementan.

«Tras crear el mundo, entró en él»[4]. Viṣṇu es el Inmanente. Embriaga con su poder a todas las criaturas. Está en el sol, el fuego, el viento y el agua; en la tierra, las raíces de las plantas y el brillo del mineral; en el alimento y la respiración. Y, por supuesto, en el corazón humano. Está en todos los corazones. No hay cuerpo que no sea su cuerpo. Los sabios y los ignorantes, los nobles y los humildes: todos forman parte de él.

Los pies de Viṣṇu son objeto de culto. El pie mide y separa, pone distancia y permite caminar, desplazarse por el espacio, abrirlo. Su mito más conocido es el de los tres pasos o huellas. Sucede al inicio de los tiempos y se basa en la idea de que crear es separar los elementos y desplegarlos por el espacio universal. Así, el dios separó con sus zancadas los tres mundos: el de la sensibilidad humana, el aéreo de los dioses y el inmaterial de los significados. Todas las experiencias habitan en el espacio que cubren esos tres pasos.

Los descensos

Cuando el clima espiritual o la conducta de los seres amenazan con romper el orden cósmico y social, Viṣṇu desciende al mundo para impartir de nuevo su enseñanza (acorde a los nuevos tiempos) y restablecer el dharma. Son momentos críticos de la historia que requieren la ayuda de un guía que proteja la tierra y a las personas de sí mismas, del impulso ciego de autodestrucción que periódicamente se apodera del género humano. Los textos difieren en el número de estas encarnaciones, pero la tradición acepta en general diez para cada uno de los ciclos cósmicos. Los avatares de Viṣṇu corren en paralelo a la evolución de las especies: Pez, Tortuga, Jabalí, Hombre-león, Enano, Paraśurāma (Rāma el del hacha), Rāma, Kṛṣṇa, Buda y Kalki. El último, que está por llegar, representa el fin de los tiempos y cerrará el ciclo cósmico que vivimos. Según los textos, no todas estas encarnaciones tienen el mismo valor. Algunas de ellas solo son la manifestación de algún aspecto de lo divino, mientras que en otras, como en el caso de Kṛṣṇa, lo divino se manifiesta en su plenitud.

Los planetas, que constituyen la prehistoria del universo y acogen a los seres vivos y permiten sus ritos, son formas de lo divino y se consideran anteriores a los seres vivos. También son manifestaciones de Viṣṇu. Así, Rāma, arquetipo de la justicia, es la encarnación del Sol; Kṛṣṇa, arquetipo del amor, lo es de la Luna; el Hombre-león es Marte, dios de la guerra; Buda es Mercurio (el mensajero). Entre las encarnaciones menores de Viṣṇu se cuentan asimismo filósofos y escritores. Destacan Kapila, Vyāsa, Ṛṣabha y Nārada.

El primero, el filósofo Kapila, *el Rojo*, concibió la cosmología del sāṃkhya y la ciencia del número. Probablemente no pertenecía a la tradición védica, pero la ortodoxia hindú incorporó su sistema. Se dice que era hijo de Sombra, uno de los Progenitores, y a veces se lo identifica con el Fuego (Agni).

En cuanto a Vyāsa, compilador de las escrituras, estableció las diferentes disciplinas de la ciencia védica, organizó los dieciocho purāṇa y compuso el *Mahābhārata*. También es una entidad cósmica y literaria, que nace y renace para custodiar lo que se escribe y merece ser conservado. Surge en todas las edades del mundo en compañía de la Verdad (Satyavatī) y divide el árbol del saber. De hecho, Vyāsa es hijo ilegítimo de la Verdad, pues ni todas las palabras son verdaderas ni todas son dignas de preservarse.

Ṛṣabha es el primer tīrthaṅkara y el fundador del jainismo. Sabio preario, es hijo del Ombligo del mundo y de su esposa, el Eje polar. Su hijo mayor, Bhārata, dio nombre al continente indio. Ṛṣabha mostró a sus hijos el camino de la sabiduría, les legó su reino y se retiró a una ermita. El ascetismo severo lo convirtió en un saco de piel y nervios. Más tarde viajó por todo el subcontinente enseñando lo que había aprendido. Su leyenda sigue el mismo patrón que la de Buda.

Por último, Nārada nació de la garganta de Brahmā e inventó el primer instrumento de cuerda (vīṇā). Amaba las canciones y dirigía los coros celestiales. Aparece en numerosas leyendas y mitos. Una maldición de Brahmā lo condenó a una vida desordenada y sensual. Por su temperamento, será uno de los primeros en abrazar la doctrina tántrica.

Edad primera

En la edad primera, Viṣṇu desciende como pez (Matsya), tortuga (Kūrma), jabalí y hombre-león. La historia del pez reproduce la del diluvio universal. Es muy posible que el mito tenga un origen babilonio. Mientras hacía sus abluciones en el río, Manu, el hombre primordial, descubrió un pez que se deslizaba entre sus manos.

«Sálvame», le dijo, y Manu lo cuidó y alimentó. Lo metió en una vasija, pero el pez crecía a gran velocidad, de modo que luego tuvo que trasladarlo a una tinaja, a un pozo, al Ganges, y finalmente lo llevó al océano, el único lugar capaz de contenerlo. Manu reconoció en el pez a Viṣṇu. El acuático animal le dijo: «Te salvaré de un diluvio que arrasará la tierra. En poco tiempo quedarán sumergidos los bosques, las ciudades y las montañas». Llegado el momento, Manu hizo construir una barca en la que embarcó a multitud de animales, plantas y personas. «Cuando la barca sea azotada por las olas, amárrala a mi cuerno», le había dicho el pez. La serpiente Permanencia sirvió de estacha. Cuando se desató la tormenta, la serpiente remolcó la barca hasta un lugar seguro mientras el pez-dios combatía a un demonio submarino que había robado el conocimiento a Brahmā.

Viṣṇu vuelve a aparecer poco después, en esta ocasión en forma de tortuga, para recuperar los restos del diluvio. Utilizando a una gran serpiente como cuchara, los dioses y los asura remueven el océano primordial. Una montaña mítica les sirve de mango, pero necesitan un apoyo, y la tortuga desciende al fondo del océano para proporcionárselo. El océano agitado da lugar a la ambrosía, el néctar de la inmortalidad. Luego emergen la diosa del vino y el soma, el elixir de la oblación, las ninfas, el árbol de los deseos y la vaca de la abundancia, entre otros seres celestiales. Es así como se obra la recreación del mundo, gracias al anclaje de Kūrma, que significa 'tortuga'.

Acto seguido, Viṣṇu regresa en forma de jabalí. La tierra está sumergida a causa de un demonio llamado «Ojo de

Oro» (Hiraṇyākṣa). El jabalí lo mata y hace emerger la tierra con sus cien brazos, dejándola a flote como si fuera un barco. En un mundo en el que todo es agua, el jabalí es el arquitecto de la tierra firme (pṛthivī). La cepilla y extiende, erige las montañas, aplana los llanos y divide los continentes.

La encarnación del hombre-león (Nārasiṃha) es la última de la edad primera. Prahlāda, hijo de un rey demonio, es un niño piadoso. Su padre trata de desalentar su devoción por Viṣṇu, pero, como es incapaz, decide matarlo. Sin embargo, no lo consigue de ninguna de las maneras porque una milagrosa y desconocida fuerza, el propio Viṣṇu, protege al niño. El rey, desesperado, monta en cólera y destruye los pilares de palacio. Viṣṇu se dispone a acabar con él, pero el rey es muy poderoso –en el pasado llegó a ser un gran asceta y obtuvo ciertos privilegios de Brahmā– y no pueden matarlo ni un hombre ni un animal, ni de día ni de noche, ni dentro ni fuera de palacio. No obstante, las palabras siempre tienen su envés, de modo que Viṣṇu aparece en el crepúsculo (que no es ni de día ni de noche) en forma de hombre-león (que no es ni hombre ni animal) y lo ejecuta en el umbral de palacio (que no está ni dentro ni fuera del edificio). La historia se cuenta en numerosas colecciones antiguas: en los purāṇa, los āraṇyaka y las upaniṣad, así como en el *Mahābhārata*.

Edad segunda

La primera de las encarnaciones de Viṣṇu en la edad segunda es en forma de enano. Gracias a su ascetismo, Balī, el rey de los asura, había obtenido la soberanía de los tres mundos. Para ayudar a los dioses, Viṣṇu se encarna en un virtuoso y menudo sacerdote y le pide al rey que le entregue el pedazo de tierra que pueda abarcar con tres zancadas. Como en la historia del juego de ajedrez y los granos de trigo, el rey no duda en acceder a tal petición al ver la insignificancia del enano. Pero este, milagrosamente, abarca de una primera zancada el mundo terrestre, de una segunda el mundo aéreo y de una tercera y última todo el firmamento. Y, no encontrando otro lugar donde apoyar el pie, le aplasta la cabeza a Balī y lo hunde en los infiernos para que allí construya su reino.

Paraśurāma es la siguiente encarnación. Su misión es moral: restablecer el orden social, pues la casta de los guerreros se ha levantado contra la de los sacerdotes y le ha usurpado sus funciones. La situación entraña un gran peligro, porque rompe el equilibrio y arroja a la sociedad a una de las cuatro tiranías (la de los soberanos y guerreros, la de los mercaderes, la de los trabajadores o la de los sacerdotes). Rāma «el del hacha» (paraśu) combate y vence a los aristócratas y guerreros, restableciendo así el equilibrio.

Los dioses tienen una personalidad fuerte y multifacética que se multiplica en heterónimos, y a veces estos se enfrentan entre sí por la supremacía, por el gobierno de la personalidad, que ambicionan única aunque sea plural. Las dos siguientes encarnaciones son las más importantes para la devoción hindú: Rāma, el dios del deber y la fuerza del dharma, y Kṛṣṇa, el dios del amor y la devoción (bhakti) como vía de acceso a lo divino. El primero representa el aspecto solar de Viṣṇu; el segundo, su aspecto lunar.

Edad tercera

Rāma

La figura de Rāma encarna la importancia de la ley cósmica y sus relaciones con las leyes humanas, de las que son reflejo. La historia del rey mortal homónimo era ya conocida en la India mucho antes de que su leyenda se convirtiera en mito y Rāma adquiriera el estatus de divinidad. Tras el símbolo hay una realidad histórica. Solo los libros más recientes del *Rāmāyaṇa*, el primero y el séptimo, se refieren a él como a un dios. Rāma es un hombre que quiere recuperar su honor y que no sabe que es un dios hasta que oye la verdad de Brahmā. La más antigua y sorprendente de las historias sobre Rāma se debe a Valmīki, considerado tradicionalmente el fundador de la poesía épica. Existen numerosas versiones del *Rāmāyaṇa*, en sánscrito, tamil y otras lenguas autóctonas de la India. Una de las más populares es la de Tulsīdās, escrita en hindi medieval y que, más que épica, es en esencia una obra mística. En una de esas versiones, cuando Rāma repudia a su esposa Sītā después de la batalla, ella no entra en el fuego, sino que es devuelta a la tierra. No en vano, es la nacida del «surco» (Sītā) arado por Janaka, rey de Videha. Con su gesta, Rāma, rey de Ayodhya, restablece el tiempo primero, la era dorada de la justicia y la felicidad. Rāma y su hermano Lakṣmaṇa recorren la superficie de la tierra en busca de la esposa del primero, que ha sido secuestrada por el demonio Rāvaṇa (devoto de Śiva).

El término sánscrito Rāma hace referencia a aquello que brilla o cautiva. Rāma es el Encantador. La devoción por Rāma probablemente sea la más extendida en la India actual.

Hay además numerosos lugares consagrados a su fiel amigo y servidor Hanumān, semidiós con cabeza de mono. Sītā es la fuerza primigenia de la creación y simboliza la naturaleza en estado puro. Es la madre del mundo y encarna el resplandor divino. Sītā es la semilla; Rāma, la conciencia que la hace brotar: prakṛti y puruṣa, los dos principios de cuyo amor surge el mundo.

Kṛṣṇa

Los orígenes de Kṛṣṇa son oscuros y su leyenda no pertenece a la tradición aria. Antes de ser uno de los avatares de Viṣṇu, Kṛṣṇa fue un dios tribal gangético o un héroe épico de la India prearia. Tiene algo de Hércules por sus proezas, pero también de Eros por sus amores. Es asimismo un filósofo: antes de la batalla de Kurukṣetra instruye a Arjuna en el modo de vivir y combatir: «El sabio no llora ni por los vivos ni por los muertos». Y enseguida le expone que el mundo no es un juego quimérico, sino que es la naturaleza misma la que lleva al hombre a la acción. Tan ignorante es el que cree que va a la batalla a matar como el que cree que va a morir. El espíritu ni nace ni muere, es indestructible y eterno.

El ciclo de mitos y leyendas de Kṛṣṇa es inmenso. En su nacimiento hay dos motivos que encontramos en otras mitologías: la matanza de inocentes y el niño dios (o rey) educado por padres adoptivos que ignoran su verdadera condición. Kṛṣṇa es el rey disfrazado de plebeyo. Kṛṣṇa y su hermano Balarāma surgen de las aguas del infierno, que son la matriz de Kālī (un vínculo con la mitografía de Śiva)[5]. Luego, ambos son colocados en la matriz de Devakī, hermana del cruel rey Kaṃsa. Puesto que Nārada había predicho que este sería asesinado por su sobrino, el rey mantenía a Devakī cautiva y había hecho matar a sus seis primeros hijos. El séptimo, Balarāma, es trasladado a la matriz de Rohiṇī, y el octavo, Kṛṣṇa, es intercambiado en secreto por la hija de un pastor de bueyes. Kṛṣṇa se cría en los pastos, toca la flauta y seduce a las jóvenes pastoras. De gran valor, combate y da muerte a monstruos y demonios. Y después de matar a Kaṃsa, como había predicho Nārada, se hace con el poder del reino.

Con el tiempo, los devotos de Viṣṇu considerarán a Kṛṣṇa la encarnación del Ser supremo. Junto a Rāma, pertenece a la casta de los príncipes guerreros, no a la de los sacerdotes, por lo que los historiadores apuntan a que ambos representan a antiguos héroes de la tradición prearia incorporados posteriormente a la ortodoxia védica. El *Bhāgavata purāṇa* narra en detalle las travesuras infantiles y los juegos de amor adolescente de Kṛṣṇa, de gran importancia en la devoción popular. Rādhā, hija de su padre adoptivo, es su pastora favorita. Sus amores constituyen el tema principal de gran parte de la literatura erótico-mística de la India. Hay una versión cosmogónica de esa relación. Lo que ocurre en Mathurā es en realidad un eco de lo que ocurrió en el origen de los tiempos. El Ser supremo estaba solo y no podía experimentar el amor. Se manifestó entonces bajo una doble forma: luz negra y luz blanca. La luz negra (Kṛṣṇa) fecundó a la luz blanca (Rādhikā) y de ella nacieron (siguiendo el modelo cosmológico del sāṃkhya) la naturaleza primordial y el intelecto universal, así como el Embrión de Oro, que representa la totalidad de los cuerpos sutiles. Los amores de Kṛṣṇa y Rādhā representan el eterno romance entre el espíritu y la naturaleza.

En su primera infancia, Kṛṣṇa mata a la bruja Pūtanā, que devora a niños y se bebe su sangre. El relato juega con el contraste entre el frágil y diminuto bebé y el alma universal, poderosa y eterna. Pūtanā pretende matarlo dándole de mamar una leche envenenada, y el bebé utiliza el acto de mamar para matarla a ella.

Las travesuras de Kṛṣṇa son una fuente de alegría para su madre. Orina en los suelos recién fregados y planea incesantemente modos de hurtar dulces y viandas, que considera más sabrosos si son robados. En uno de estos episodios lo acusan de haber comido porquerías, y su madre, al mirar dentro de su boca, contempla el universo en su totalidad: la tierra entera y las lejanas regiones del firmamento, el viento, el relámpago, la luna y las estrellas, el fuego, el océano y todas las constelaciones, los sentidos vacilantes, la mente y las tres hebras de las que están hechas todas las cosas, los miedos y las esperanzas, el tiempo y sus ciclos eternos. Es el viejo motivo arquetípico de la ocultación de lo grande en lo pequeño, de la totalidad contenida en una gota de agua.

En la adolescencia prosigue con sus travesuras. Roba la ropa a las muchachas de la aldea mientras se bañan en el río, danza eróticamente con las pastoras a la luz de la luna, somete a la serpiente Kāliya, cuyo mito amplía el contraste entre el veneno y la ambrosía. La serpiente ha envenenado un estanque y Kṛṣṇa convierte el veneno en ambrosía batiendo el agua con los pies (a la manera de los dioses en el océano de leche primordial). Kāliya, que representa la muerte y el mundo inferior, es enemiga del ave Garuḍa, vehículo de Viṣṇu. Pero no todas las serpientes son perversas, sino que algunas atesoran sabiduría y ciertos venenos curativos. Viṣṇu combina ambos símbolos en su figura: sueña el universo dormido sobre la serpiente de la eternidad (Śeṣa), que es el resto del universo que quedó del ciclo anterior, una especie de *alter ego* positivo de Kāliya, la serpiente a la que Viṣṇu ha de matar para que el mundo se manifieste de nuevo (igual que Indra mató a Vṛtra).

Balarāma, hermano mayor de Kṛṣṇa, es el séptimo avatar de Viṣṇu. En uno de los purāṇa se dice que este se arrancó dos cabellos, uno blanco y otro negro, que corresponden a Balarāma y Kṛṣṇa, los dos hijos de Devakī. Balarāma participa en muchas de las acciones heroicas de su hermano y también lleva a cabo sus propias hazañas. Se lo representa vestido de azul y con la piel blanca.

Edad cuarta

La edad a la que pertenece la humanidad actual, la edad oscura (kali yuga), es la cuarta y en ella se producen dos descensos más de Viṣṇu, uno ya pasado, como Buda, y otro por venir, como Kalki. Wendy Doniger O'Flaherty señala que el avatar de Buda no pretende integrar, como a veces se dice, las enseñanzas del budismo en la tradición hindú. Por el contrario, aunque Viṣṇu exprese sentimientos antivédicos atribuidos a budistas, jainistas y materialistas, lo hace para destruir a los demonios con una doctrina (el budismo) sobre el principio de que no se puede destruir a una persona virtuosa (antes hay que corromperla). Que la humanidad se convierta al budismo es una consecuencia desgraciada de un acto de Viṣṇu (según la versión hindú), y el hecho de que la doctrina se dirija a los demonios muestra el sentimiento antibudista de los mitógrafos. Viṣṇu desciende en la edad de los conflictos para desilusionar a las personas de baja cuna y a los genios, que habían avanzado mucho en el estudio de la ciencia sagrada. Buda es, por tanto, el poder de una ilusión engañosa (el budismo) que a la postre habrá de proteger la ortodoxia védica. Una enseñanza que aleja del conocimiento de lo real, que es el que permite participar al ser humano, mediante el sacrificio, en el proceso de la evolución cósmica y controlar así su destino. Buda sustituye los valores del sacrificio por valores morales, que conceden más relevancia a la virtud que al rito. Aparta a los seres de la jerarquía social y cósmica que establece el dharma y los induce a creer en la importancia del logro individual y en la sentimentalidad de la no violencia. El tiempo consagrado al estudio se invierte en conductas ingenuas y pusilánimes. Una corriente moral que inaugura la ruina del verdadero saber y anticipa el fin.

El décimo avatar, que todavía ha de venir, es Kalki, que presagia el final de los tiempos. Es el encargado de dar cumplimiento y cierre a la era oscura en la que vivimos, y llegará a lomos de un caballo blanco. La visión védica ha degenerado en confusión total. La tierra es incapaz de soportar a sus avariciosos reyes. Sin embargo, en las fases postreras de esta edad corrupta, la gente abandona las ciudades y se retira al bosque, se refugia en los desfiladeros, se alimenta de raíces, frutos, plantas y miel, y se viste con hojas o cortezas de árbol. Se ve obligada a soportar el calor, el frío y la lluvia. Esas son las semillas de la nueva edad que se avecina, la edad dorada. Y entre ellos se encarnará el creador del universo, el gurú de todo cuanto se mueve, en la forma de un brahmán llamado Kalki, dotado de los ocho poderes sobrenaturales. Inmediatamente después de la conclusión de la edad oscura, la mente de las personas se volverá pura como el cristal, como si despertaran al concluir la noche. Esas gentes serán la semilla de la nueva humanidad en la edad de oro. Viṣṇu contribuye con su presencia a empujar la rueda del tiempo, a impedir que el ciclo se detenga. Es el encargado de que cada cosa ocurra a su debido tiempo. El tiempo se renueva como la célula. No es mero cómputo, sino que está vivo.

Brahmā

La figura de Brahmā no es objeto del culto popular, aunque hay un templo en su honor en Puśkar, cuyo lago es una lágrima del dios. Brahmā es venerado por los esclarecidos y por otros dioses que, cuando acumulan méritos, le piden dones. Pero Brahmā también concede favores y otorga ventajas a los demonios que se han ejercitado en el ascetismo (como Rāvaṇa en el *Rāmayāṇa)*. Ya hemos hablado de los mitos de la creación y de la figura de Prajāpati, también llamado «el Abuelo», que es un epíteto de Brahmā o de alguna clase de creador primordial. Hemos visto los mitos que ilustran el origen de las criaturas y la historia de la creación, cuya figura central es Brahmā-Prajāpati, el Progenitor de los mundos, el Ser inmenso que nació del Embrión de Oro. Es también el sustrato universal, el principio del que nacen el espacio y el tiempo y que propicia la tensión esencial que mueve el mundo, la cohesión (Viṣṇu) y la dispersión (Śiva). Es probable que los mitos del pez del diluvio, de la tortuga y del jabalí que alzó la tierra fueran antiguamente mitos de Brahmā[6].

Brahmā es venerado por sabios y esclarecidos por ser la fuente del conocimiento. Su consorte, Sarasvatī, personifica el saber[7]. De Brahmā nació Mārīcī (Rayo de Luz), uno de los siete sabios, cuyo hijo Kaśypa (Visión) fue otro de los esclarecidos. De él también nació Dakṣa (Diestro), que representa el arte del ritual y es el padre de algunas de las esposas de los dioses. Dakṣa celebró el gran sacrificio en el que Rudra sembró el caos, ofició el matrimonio de Śiva y condujo su carro en la batalla contra los demonios.

Brahmā tiene cuatro cabezas barbadas (contaba con cinco, pero una fue reducida a cenizas por el ojo de Śiva) y cuatro brazos. Sus manos sostienen los cuatro veda. Porta un cetro, un rosario, un arco, dos cazos rituales y un cántaro de agua. Monta sobre un ganso. Aunque en algunos mitos es el primero de los dioses, en otros emerge del ombligo de Viṣṇu, de pie, sobre un loto, mientras este sueña el universo.

Śiva y la diosa

La divinidad que medita

Śiva es el padre de la meditación, el arquetipo y la referencia del control mental. No reflexiona como el filósofo, sino que medita sumergiéndose y abstrayéndose en su propio flujo consciente. Esa concentración es tan poderosa y salvaje como el relámpago. Según una antigua leyenda, Śiva fulminó a Kāma, el dios del amor, porque estaba importunándolo con sus solicitudes. Desde entonces el amor carece de cuerpo y flota en el aire. La meditación fue un elemento esencial en la vida de aquellos jóvenes mendigos, algunos de buena familia, que recorrían el valle del Ganges en torno al siglo V a. e. c. El bráhman neutro es trascendente y se encuentra más allá de toda forma y virtud, carece de cualidades y es indiferente al adjetivo. Pero el culto religioso y el mundo secular, que es el mundo del deseo y del afán, necesitan del adjetivo, de colores y figuras. Nadie puede ver una sustancia, pero el adjetivo permite imaginar las formas de lo divino. Entre ellas destaca la figura de Śiva, que representa el aspecto purificador, a veces destructivo, del proceso cósmico. Aunque puede ser benévolo y auspicioso como Viṣṇu, se ocupa de la disolución periódica del cosmos. Mientras que Viṣṇu encarna las cualidades amables de la vida, Śiva asume con indiferencia las terribles, el necesario pago de la muerte y la descomposición, el severo ascetismo que trasciende el sufrimiento y la dicha. Sus devotos lo invocan con cien nombres y a ellos concede sabiduría y paz. Es un dios poliédrico, multifacético, que conjuga la voluptuosidad y el dinamismo de la danza con el sobrio semblante del asceta. Sus fieles lo veneran de cinco formas: como benefactor, destructor, vagabundo mendicante, danzarín cósmico y Señor supremo.

Pero en Śiva no todo es destrucción. A veces protege a los desamparados. En cierta ocasión defendió a los dioses cuando se vieron desbordados por los asura. Protegió asimismo a los humanos de la caída del Ganges, que se precipitaba desde el cielo, amortiguando con su cabellera el impetuoso torrente. Śiva es también el Señor de los médicos, mitad hombre, mitad mujer, el Señor del ganado y el destructor del tiempo. Cuando uno medita es como si el tiempo se desvaneciera. Ese poder pertenece a Śiva.

En la figura de Śiva se sintetizan la energía creadora, simbolizada en su falo o liṅga, y la concentración meditativa, por su condición de príncipe de los ascetas. El liṅga, que forma parte del mito solar, es una fuente de energía estable y duradera. De su culto, que probablemente se remonta al Neolítico, se conservan vestigios en los sellos de la civilización del Indo. En la India hay doce liṅga de luz (jyotiśliṅga), que constituyen centros de peregrinación de la devoción śivaísta y trazan el itinerario del fervor religioso. El más importante es el de Benarés, la ciudad de Śiva, aunque su culto en Ujjain también es muy antiguo y celebrado.

Śiva ataca el sacrificio

Śiva es el gran dios del hinduismo tardío. Ni el culto al falo ni la consagración al ascetismo son propios del mundo védico, pero la tradición terminó por incorporarlos, asociados al dios védico Rudra. Según el mito cosmogónico del incesto primordial que aparece en el *Ṛgveda*, Prajāpati desea a su hija, la Aurora, y yace con ella, lo que supone una grave transgresión a ojos de los dioses. Entonces Rudra lo atraviesa con una flecha y su semilla es derramada en la tierra. Los dioses, apaciguados, curan a su progenitor y le extraen la flecha. Piensan en un modo de evitar que la semilla se pierda. Pero nadie es capaz de soportar el ardor del semen: Bhaga pierde sus ojos; Pūṣan, sus dientes. Finalmente se lo entregan a Bṛhaspati, el Señor de la plegaria, que se lo da al Sol, el único capaz de asumirlo. Por eso Savitṛ es el que mantiene la vida en la tierra. Pese a ello, a Rudra se le sigue negando una parte del sacrificio védico. El mito de asimilación aparece en el *Mahābhārata*. En la ladera del monte Meru, eje de los tres mundos y mina inagotable de piedras preciosas, Śiva se sienta junto a su esposa, la hija del Himalaya. Los dioses se congregan a su alrededor, junto a los chamanes, los ascetas, las ninfas y los espíritus malignos. Sopla una agradable brisa que esparce el perfume de los árboles en flor. Dakṣa prepara un sacrificio a la antigua usanza y todos los dioses, con Indra a la cabeza, se desplazan hasta el altar.

–¿Adónde van todos los dioses? –le pregunta Pārvatī a Śiva.

–Al sacrificio del caballo –responde el dios de pelo ensortijado.

–¿Por qué no vas con ellos?

–Los dioses no han reservado una parte del sacrificio para mí.

–Pero tú eres entre todos los dioses el supremo, me entristece que se te niegue una parte.

Ante las palabras de su amada, Śiva guarda silencio con el corazón ardiente. Entonces reúne a sus espantosas huestes, toma su arco y ataca el sacrificio. Arranca las estacas y las hace volar por los aires. Engulle a los oficiantes. La víctima del sacrificio se transforma en un ciervo. De la colérica frente de Śiva brota una gota de sudor que cae a tierra, de donde surge un hombrecillo de barba roja y ojos irritados. Tiene la boca siempre abierta y un semblante aterrador. La criatura prende fuego al lugar de sacrificio, que arde como leña seca. Los dioses huyen despavoridos en todas direcciones. Brahmā se aparece ante el portador del tridente y le dice: «Los dioses no pueden encontrar tregua a tu ira; ellos te darán tu parte, oh Señor. Pero si este hombrecillo llamado "Fiebre" vaga entre los hombres, la tierra no podrá soportarlo. Deja que se divida en muchos». El que todo lo conoce lo divide en muchos para que haya paz entre los seres, y desde entonces Fiebre es dolor de cabeza en los elefantes, exudación en las montañas, piel vieja en las serpientes, pezuña ulcerada en los toros, ceguera en el ganado, estreñimiento en el caballo, lava en los volcanes, temblor en la tierra, sonrojo en los tímidos, hipo en los loros y cresta en los gallos. Fiebre entró en la vida de los hombres, en el nacimiento, la enfermedad y la muerte. Y todas las criaturas que respiran deben reverenciar a Fiebre.

En otra versión del mito, Rudra dispara una flecha que atraviesa los testículos de Dakṣa, personificación del sacrificio. Pero hay una lectura más interesante: la creación defectuosa del mundo es lo que desata la ira de Śiva. «¿Qué insensato ha podido crear este mundo?», se pregunta indignado cuando ve como los dioses, los sabios y los poderosos asisten al sacrificio. Lleno de furia, atraviesa con sus flechas los ojos, los dientes y los testículos de los dioses. Brahmā le recrimina que haya sido injusto con ellos y Śiva le responde: «Me creaste antes que a los dioses, ¿por qué no me hacen partícipe del sacrificio?». El motivo de la no participación en el sacrificio se repetirá en otras versiones, por lo que podría pensarse que es una crítica de esta práctica. Pero Śiva exige que los dioses le ofrezcan sacrificios, ya que él es el «dios de dioses», cuya omnisciencia otorga el conocimiento de los veda y de las doctrinas secretas: «Que todos vosotros seáis mi rebaño (paśu) y yo seré vuestro Señor (pata)», de ahí que Śiva sea el Señor del ganado (Paśupati). El decimocuarto día lunar le pertenece, y los dignos ayunan y le ofrendan incienso y otros sacrificios.

La destrucción de las tres ciudades

De todos los mitos de Śiva, quizá el más emblemático sea el de la destrucción de las tres ciudades (los tres mundos), espejo antagónico del mito de la creación. La creación supone un desmembramiento, es separación y ordenamiento, mientras que la disolución exige unidad, que lo que está separado se una y pierda su identidad. La creación del mundo tiene como consecuencia la diversidad, la destrucción, la unidad en la disolución. El mundo como tal exige su fin, su propia muerte, para que sea posible la renovación de las fuerzas creativas. Para nacer, previamente hay que morir. Que la inmortalidad corrompe es uno de los grandes motivos de la mitología hindú, siempre atenta a la renovación que supone el renacer, a la purificación por el fuego o el agua. La muerte es necesaria. Rudra desencadena la disolución universal como un favor dispensado a todos los seres. Dioses y demonios luchan y se roban unos a otros la magia que revive al moribundo. No entienden la necesidad de la muerte. El arma de Śiva es aquí el tiempo. Hay un episodio en el que los asura piden a Rudra que los fulmine, pues la plena inmortalidad es una maldición.

La historia se cuenta en el *Mahābhārata*. Después de vencer a los tres titanes hijos del fiero Tāraka, los dioses se entregan fervientemente al ascetismo. Prajāpati, el que otorga la gracia, complacido por sus votos y su dominio de sí, concede un deseo a los tres titanes, que piden que ninguna criatura pueda matarlos. «No existe la plena inmortalidad –responde el Primogénito–, retirad esa petición y escoged otra». Tras pensarlo bien, se decantan por erigir tres ciudades y reunirlas en una sola al cabo de mil años. Solo el mejor de los dioses podrá destruirla con su flecha. El gran demonio Māyā crea las tres ciudades, de oro, plata y hierro negro, en cada uno de los tres mundos. Tienen cien leguas de ancho por cien de largo, grandes mansiones, jardines en las azoteas y puertas ornamentadas, palacios y pórticos, y cada una cuenta con su rey. Cada vez que un habitante de estas ciudades tiene un deseo, Māyā lo cumple al instante. Los titanes son aquellos que se entregan sin dudarlo al círculo de los deseos y su cumplimiento. No saben salir de sí mismos ni reírse de sus propias inclinaciones. Los atenaza la atadura de una devoción constante al ego y acaban enloquecidos por la codicia y el orgullo. Saquean su entorno y destruyen las ermitas de los sabios del bosque, donde se refugian aquellos que mantienen a raya a su ego y saben reírse de sus propios deseos.

Las tres ciudades crecen como imperios y oprimen al mundo. Vencidas por la avaricia, saquean la civilización y las antiguas costumbres. Indra trata de frenar su avance, pero no puede combatir su poder tecnológico y descubre el miedo. Los dioses se congregan en torno al Progenitor y denuncian a los ofensores del dharma. Prajāpati les dice que nadie sino Śiva podría atravesar las tres ciudades con una sola flecha. Liderados por Indra, los dioses se encaminan hacia la morada de Śiva, el Portador del tridente, cuyo símbolo es el toro. Elogian con palabras cuidadosamente escogidas al que conoce los secretos del yoga y del Sí mismo. Los dioses lo habían imaginado de diferentes formas, pero estando en su presencia comprueban con asombro que refleja sus propias imágenes (un motivo, el del supremo como espejo de los seres, que reaparecerá en el sufismo y en Dante). «Muestra tu gracia y mata a los titanes», le suplican. Y Śiva así lo hace, reuniendo en su flecha la energía de todos los dioses[8]. El universo entero está hecho de Agni y de Soma, el devorador y lo comido, y ellos son la flecha de Śiva. Los titanes solo quieren comer, una ambición que rompe la ley cósmica del dharma y desequilibra el universo. Brahmā sube al carro y toma las riendas poniendo rumbo a la triple ciudad. Śiva enloquece de ira. Los tres mundos se estremecen y un presagio aterrador recorre el espinazo de todos los seres. Śiva lanza contra la ciudad la flecha que reúne la esencia de los tres mundos y arrasa las huestes de los titanes, arrojándolas al océano occidental. El dios de los tres ojos contiene el fuego que nace de su cólera para no reducirlo todo a cenizas.

El culto al falo

De todos los cultos a Śiva, el más importante es el del falo o liṅga, que, como hemos dicho, probablemente se remonta a las sociedades prevédicas del Neolítico y tal vez incluso a la civilización del Indo. El mito clásico se encuentra en el purāṇa dedicado a Śiva. Todo el universo ha sido destruido y no queda más que un gran océano indiferenciado. Un penetrante viento ha secado los siete océanos y todas las criaturas han perecido de sed. En los cuatro puntos cardinales se levantan sendos soles que abrasan cuanto habita en el planeta. El Fuego, surgido del inframundo, invade el firmamento quemándolo todo a su paso. Todo esto ya lo hemos visto y lo volveremos a ver, comentan los esclarecidos.

Los tres dioses eternos, Brahmā, Viṣṇu y Rudra, surgieron de este indiferenciado océano primordial que es también el océano del fin de los tiempos. Brahmā y Viṣṇu le encomiendan la creación a Śiva, que se sumerge en el océano durante mil años para prepararla. Su larga ausencia hace que los otros dos se impacienten y decidan acometer la tarea. Cuando Śiva emerge de las aguas, advierte que Viṣṇu ha creado a dioses, demonios, seres humanos, animales y duendes, y todo lo necesario para la felicidad. Indignado y lleno de ira, lanza por la boca una llama que reduce la creación a cenizas. Brahmā, al constatar que toda la creación está ardiendo, se postra con devoción ante Śiva y le ruega: «Haz que tu propia energía destructiva entre en el sol y permite que los seres vivan de esa energía. Luego, al final del ciclo cósmico, tú asumirás la forma del sol, dando término al universo». Śiva deja escapar una carcajada. Los momentos de máxima tensión hacen que se sienta secretamente alegre. Consiente en ello y arroja su falo sobre la superficie de la tierra. El liṅga la atraviesa y llega al firmamento. Viṣṇu busca su extremo inferior, Brahmā el superior. El falo no tiene fin. Es el eje luminoso que cruza el universo, una columna creativa de oro brillante que a partir de entonces venerarán todas las criaturas y todos los dioses.

La tensión entre Śiva, el dios salvaje, y los sacerdotes brahmanes, orgullosos en su ortodoxia, aparece también en otro mito. El sabio brahmán Bhṛgu acude a ver a Śiva, pero el dios no le atiende porque está haciendo el amor con Pārvatī. Bhṛgu, indignado, lo maldice. Cuando Śiva oye la maldición, se revuelve para matarlo, pero la prudente Pārvatī lo detiene uniendo las palmas de las manos y postrándose ante él. El ojo de la frente de Śiva arde como diez millones de soles. Ya hemos mencionado que una vez fulminó con su mirada al dios del amor por importunarlo, en un episodio que pone de manifiesto la tensión interna que caracteriza al dios: es el gran asceta y, al mismo tiempo, el arquetipo de la fertilidad. Los dioses habían pedido a Kāma que agitara la mente de Śiva para que se uniera a Pārvatī. Śiva advierte su presencia y lo fulmina con el fuego de su ojo antes de que logre turbar su meditación. Pārvatī le suplica que rescate al dios del amor, cuyo cuerpo ha destruido. «Sin amor no puede haber emociones, y sin emociones, ¿cómo podría haber felicidad? Permite que Kāma viva y caliente el mundo». Desde entonces, Amor carece de cuerpo, pero gracias a la naturaleza se mantiene vivo en el aire, aunque no pueda verse.

Nombres y cualidades de Śiva

Śiva ilustra con su figura un viejo ideal: el de comprender la naturaleza de la creación, su belleza y crueldad. Y una aspiración humana: la de integrarse en ese mundo salvaje, magnífico y cruel, y cooperar con la propia divinidad. Los métodos del śivaísmo son los del yoga; su cosmología, la del sāṃkhya; su vía, la del tantrismo o la de la diosa. Vivimos en una época oscura, la era de kali, en la que para conectar con lo divino hay que recorrer la vía de la mano izquierda, aunque no todos tengan las aptitudes o las inclinaciones necesarias. El tantrismo es, como veremos, lo opuesto al puritanismo, la vía más alejada de la afectación y el escrúpulo de quien teme el instinto. Nada existe en el universo, ni siquiera lo más abyecto o salvaje, que no forme parte del cuerpo divino y que no pueda ser una vía para alcanzarlo. El cosmos es la materialización del cuerpo de Dios, y todo ser, por ínfimo o despreciable que sea, tiene un carácter sagrado. Hay seres sutiles y seres toscos, pero hay también una posible comunión con las bestias de las montañas o de la selva. Śiva es asimismo un dios animal, un dios toro. De hecho, como Señor de las bestias (Paśupati), es el dios de la vegetación, los árboles y las montañas. También es el dios de los desprendidos e imaginativos (los jóvenes), de los que no temen abandonarlo todo, y de los humildes y los trabajadores. A Śiva se le acusa de enseñar los secretos del conocimiento védico a la clase trabajadora y a los que están fuera de la ley.

Como apunta Alain Daniélou, el śivaísmo representa la religión popular de la naturaleza frente a la religión urbana característica de los arios, sometida a restricciones e instituciones sociales. La religión aria se centra en el hombre que busca el apoyo de los dioses para lograr su seguridad y dominio[9]. La sexualidad es un elemento esencial de su gozo y de su modo de estar en el mundo. También lo son la meditación y el ascetismo (basado en la privación). Lo divino integra los opuestos con facilidad.

Hay un paralelismo entre los nombres de Śiva y sus diferentes mitos. Puede ser el Auspicioso (Śiva), el Terrible (Bhairava), el Aullador o Señor de las lágrimas (Rudra), el Pacificador (Śaṅkara), el Señor de las bestias (Paśupati), el Tiempo destructor (Kālī), el Danzarín cósmico o Señor del teatro (Naṭarāja), el Dios supremo (Mahādeva), la Existencia (Bhava), el Arquero (Śarva), el Loco errante (Unmatta), el Señor de la meditación (Yogendra o Yogeśvara), el Pilar (Sthāṇu) o el Señor de la tierra (Bhūpati). Puede ser también su parte femenina, la Dama de las montañas (Pārvatī), o su vástago, la Eyaculación (Skanda) o el Muchacho (Kumāra). Todos estos nombres, que en total suman 1008, surgen de los diversos mitos y leyendas asociados con el dios, cuya fuente textual son los purāṇa, concretamente seis de ellos: *Śiva, Liṅga*, *Skanda*, *Matsya*, *Kurma* y *Brahmāṇḍa*. En los āgama y en los tantra, por su parte, se registran las reglas de conducta y los ritos de las diferentes sectas y escuelas consagradas a Śiva.

Como Señor de las bestias, su rebaño comprende todos los seres vivos, todo lo animado por el aliento vital. Vive en las junglas y en las cordilleras, en las cavernas y en los lugares perdidos, y allí se retiran quienes lo buscan. Las cavernas son la residencia favorita de Śiva. Una de las más sagradas es la de Amarnātha, en Cachemira, donde hay un liṅga de hielo. Las cavernas permiten penetrar en el seno de la tierra, y la penetración es una de las prerrogativas de Śiva. El templo hindú, de hecho, consiste en una perforación en la montaña, una cavidad, una gruta de los misterios. En la persona hay una parte animal y una parte divina. Es la intersección de ambos mundos, y en ella confluyen el maestro (pati), el animal (paśu) y el vínculo (pāśa), que expresa la interdependencia de todas las formas de vida.

El vehículo de Śiva es el toro (go). Según algunos lingüistas, de la palabra sánscrita *go* provienen los términos para «Dios» del inglés *(God)*, el alemán *(Gott)* y el escandinavo *(Gud)*. Se lo representa montado en un toro o acompañado de él. El toro personifica la fuerza erótica que solo Śiva puede controlar. Pero también es el genio del bosque, lúbrico y desnudo, que recorre las espesuras erotizando lo que encuentra a su paso. La desnudez tiene desde antiguo un valor mágico y sagrado. La practicaban los jainistas y los ascetas śivaístas. Diversas leyendas muestran al adolescente Śiva vagabundeando desnudo por el bosque, seduciendo a las mujeres de los orgullosos brahmanes (que quieren conquistar el cielo a fuerza de voluntad) y poseyéndolas, vertiendo a diestro y siniestro su semen. De sorprendente belleza, oscuro, cubierto únicamente de ceniza, ríe a carcajadas, danza con gráciles movimientos y exhibe el miembro erecto, encendiendo a las más castas mujeres, a las que dirige gestos licenciosos en presencia de sus esposos. Los sacerdotes, escandalizados, denuncian ante Brahmā al desvergonzado e impúdico dios, que no conoce las reglas de la educación, carece de familia y linaje, vive en compañía de espíritus malignos y genios impuros, y lleva el veneno en la garganta[10].

El dios de la fertilidad

La figura de Śiva representa el planteamiento, el análisis y la solución de un problema que ha obsesionado al pensamiento indio desde las upaniṣad y la época de Buda: cómo transformar la energía sexual en energía psíquica. Un asunto alrededor del cual girará gran parte del pensamiento tántrico. Śiva es al mismo tiempo el alimento y el fuego, el gran fecundador y el gran asceta, capaz de sumergirse durante eras en el sereno flujo de su meditación.

El símbolo más conocido de Śiva es el falo (liṅga), un misterioso órgano a través del cual se manifiesta el principio creativo que da nacimiento a todos los seres. El semen del dios salva de un salto el abismo que separa el no ser del ser. Todo lo vivo tiene como fundamento el falo, todo ha brotado del liṅga; por eso los vivos deben venerarlo (ocurrió también en Egipto y en Grecia, en los cultos de Osiris y Dioniso respectivamente). El liṅga exterior es el falo, mientras que el interior es el signo inasible que puede dirigir la mente en una u otra dirección, formando un cuerpo sutil (liṅgaśarīra) que recorre los diferentes ámbitos de existencia. Ambos constituyen el eje del mundo, la columna de piedra que sostiene la creación y es venerada en muchos de los hogares de la India. El liṅga sutil es eterno y solo lo perciben aquellos que han alcanzado cierto grado de conocimiento. Es el sexo mental, la erótica del conocimiento, el magnetismo irresistible del saber.

El éxtasis sexual es una de las formas de contacto con lo divino. Sin embargo, por extraño que parezca, la unión de Śiva (el gran fornicador) con Pārvatī no es procreadora. Los hijos de uno y otro son engendrados de forma individual:

Gaṇapati, el Señor de las categorías, nace de la raspadura de la piel de la diosa mientras toma un baño; Skanda, eterno adolescente de belleza esplendorosa, dios de los ejércitos, nace del semen de Śiva recogido por el dios Fuego. Una simiente que, debido a su potencia, nadie era capaz de asumir, ni siquiera el Ganges, que se la quita de encima arrojándola a un cañaveral del que nace el vástago del dios[11].

El falo, además, trae suerte y aleja el peligro. En la concepción popular, recuerda Daniélou, tocarse el sexo aleja el mal de ojo. En los esquemas cosmológicos, la bóveda del cielo es un inmenso falo que fecunda el útero de la tierra, matriz de todo lo vivo. La lluvia es la simiente que fecunda los campos, y el relámpago es su orgasmo. En una leyenda, los sabios del bosque maldicen a Śiva y su sexo cae al suelo. Al instante se convierte en un inmenso pilar que atraviesa los mundos y los inquieta y perturba. Todos los habitantes de la tierra, el cielo y el infierno viven presos de la angustia. Los sabios están consternados, y ni siquiera los dioses conocen el placer y la tranquilidad. Mientras el falo no se haya estabilizado no habrá paz en los mundos. Brahmā sugiere a los sabios que derramen agua santa sobre el sexo divino y le construyan un pedestal en forma de vagina, para que se asiente. Solo la Dama de las montañas (Pārvatī) puede recibirlo. Si ella lo toma, calmará de inmediato su energía arrolladora. Las plegarias, las postraciones y las ofrendas terminan por lograr su propósito y la paz vuelve al mundo. Así es como se acepta el culto al dios gangético Śiva en cuanto fuente de la energía universal.

La cosmología india considera el espacio un principio femenino, receptáculo de las evoluciones del tiempo, que es su opuesto, un principio activo y masculino. Pero el dios primordial es esencialmente hermafrodita o bisexual, pues la divinidad suprema es aquella que concilia los opuestos. En la literatura no ha lugar a dudas: en el principio coexisten los contrarios, Śiva y Śakti, la chispa y la voluptuosidad. La Persona primordial tiene un lado femenino izquierdo y otro masculino derecho. De los ritos tántricos en los que participa la mujer se dice que son «de la mano izquierda». La circunvalación de la figura sagrada, del templo o túmulo, ha de realizarse dejando el icono a la derecha, mientras que en la magia tántrica, que invoca la magia femenina, se toma el sentido contrario. El asceta debe acumular ambos poderes, hacer suya la reintegración de los sexos. Como los astros, ha de equilibrar la fuerza centrífuga con la centrípeta, la explosión con la gravedad.

Del teatro a la medicina: otras funciones del dios

Śiva tiene algo de revolucionario. Algunos estudiosos sostienen que es el dios de los humildes, pues ofrece su enseñanza a campesinos, a trabajadores y a todos los iletrados que la sociedad védica excluye del conocimiento sagrado. Desvela los secretos del sacrificio y el significado de los mitos. Es el patrón de los herreros, los alfareros, los leñadores y los cazadores, así como la divinidad a la que rinden culto los vrātya, ascetas mendicantes cuya forma de vida nómada servirá de modelo a los budistas. También es el patrón de quienes viven fuera de la ley, de los forajidos, los asaltantes de caminos y los saqueadores de aldeas. Holi es su fiesta mayor, que se celebra al comienzo de la primavera. En esos días se subvierte el orden social: los criados pueden insultar e incluso maltratar a sus amos, mofarse de los altivos brahmanes y lanzar injurias contra los nobles y los sacerdotes. En Benarés, la ciudad de Śiva, toda la población, hasta los niños y las abuelas, ingiere cannabis prensado con agua, solo o mezclado con yogur, y durante unos días el caos primigenio sustituye la vida ordenada de las castas.

Śiva también es el patrón de los curanderos y sanadores. Es el médico que cura con el uso prudente de los venenos. Conoce a la perfección las esencias del mundo vegetal, lo que intoxica y lo que el cuerpo humano no es capaz de digerir o asimilar. Dispone de venenos y no los teme. Las plantas personifican principios cósmicos y morales. Existen plantas viles y nobles, amigas y enemigas. Unas causan estados de embriaguez o éxtasis, otras la muerte. Unas estimulan la concentración intelectual, otras producen modorra o sueño. Los seres humanos viven en simbiosis con el trigo o el arroz, pero también con ciertas drogas que estimulan sus pasiones o hacen que atisben la trastienda de la existencia. Actualmente en la India pueden verse innumerables árboles sagrados en los que se han excavado pequeños templos rodeados de ofrendas y exvotos. Algunas flores, como el clavel anaranjado, se usan para confeccionar guirnaldas. Las plantas de Śiva son fundamentalmente el pipala *(Ficus religiosa)*, la hierba kuśa y el ojo de Rudra (rudrākṣa), con cuyos granos se hacen rosarios. Según el mito, cuando dioses y titanes batieron el océano de leche que dio lugar al mundo, brotó el néctar, pero también el veneno. Śiva lo ingirió para proteger al mundo y su cuello se tornó azul. Desde entonces se le llama «Cuello Azul» (Nīlakaṇṭa) y lleva serpientes (portadoras de peligrosos venenos) alrededor de esa parte del cuerpo.

Todo lo que nace ha de morir, ese es el principio esencial de la vida. La vida se nutre de la muerte y nada vive si no es destruyendo. Así es la creación, y este aspecto de la naturaleza no puede ser soslayado. El ser humano es lo que come, y toda la vida del universo es una interminable matanza. El creador mismo tiene una naturaleza dual como devorador y como alimento. Por eso fue sacrificado por los dioses, para que se cumpliera esa doble condición. Todo el universo es alimento. No existe nada en el mundo que no mate a otra cosa. Quien camina o respira lo hace a costa de insectos u otros seres diminutos, por muchas precauciones que tome. La no violencia es una ingenua ilusión. El fuego solo puede existir si destruye el combustible. El śivaísmo insiste en este principio fundamental: aceptar el mundo tal y como es. Al comprender su naturaleza nos acercamos al creador. Matar, como dar la vida, es un acto sagrado. De ahí la necesidad del rito, de los elementos geométricos o numéricos (yantra), de los sonoros y rítmicos (mantra) y de los gestuales y corporales (mudrā). Todo alimento no bendecido es un asesinato. El vegetarianismo es un engaño. La violencia contra el mundo de las plantas no es distinta de la que se ejerce contra el mundo animal. De hecho, la destrucción de las especies vegetales puede tener consecuencias mucho más graves.

Śiva es también el terrible Devorador de la vida y Señor de la muerte (Bhairava), el Señor de las lágrimas (Rudra) y el Señor del tiempo (Kālī) que consume todo lo creado. Su tambor ritual, en forma de reloj de arena, está hecho de dos cráneos, para recordar que la vida nace de la muerte. Bajo esa pavorosa apariencia va acompañado por una corte de duendes, fantasmas y espíritus monstruosos. Pero no solo destruye la vida, sino también las cadenas que atan al ser vivo privándolo de la ansiada libertad. Es el poder del tiempo, siempre presente junto a las piras funerarias. De ahí que algunos de sus seguidores se vistan de cenizas, signo del desprendimiento, y del color del azafrán, que en la India es el distintivo del luto y la liberación.

El cosmos se rige por un principio armónico y rítmico. Como Danzarín cósmico o Señor del teatro, Śiva es Naṭarāja, manifestación de la energía rítmica primordial. El creador danza para poner el mundo en marcha, y la danza se convierte en un modo de acercarse a él, de propiciar estados de trance. Con movimientos convulsivos y espasmódicos, los fieles son poseídos por espíritus, genios o diosas. La danza permite entrar en contacto con las fuerzas misteriosas que mueven el mundo. La danza y la música son buenas herramientas para sacudirse el imperio de lo mental, para salir de uno mismo y romper las barreras del ego, para acceder a la percepción de las energías sutiles que mueven las cosas. La embriaguez física, la práctica de los juegos del amor, puede conducir a la embriaguez mística. Śiva es el maestro supremo de esa vía. En la India, el teatro, la danza y la música constituyen el quinto veda. Son cultura viva. Mediante ellas se difunden las leyendas de los dioses y las gestas de los héroes. El teatro se encuentra vinculado a la magia. Hay un efecto escénico y mágico en cada representación. Todo espectáculo, ya sea de danza, música o teatro, ha de ser precedido de una invocación a Śiva.

El valor del cuerpo y la morada

Existen lugares visibles que son umbral de los invisibles. Aunque la ciudad de Śiva sea Benarés, el monte Kailāsa es su eterna morada. Al igual que hay centros energéticos (chakras) en el cuerpo humano, también existen en el planeta lugares especialmente sensibles a las energías trascendentes. Cualquiera que los haya visitado se siente más cerca de los dioses. Nadie puede negar el poder magnético de ciertas montañas. Desde la antigüedad, cristianos, musulmanes, budistas e hindúes han erigido en ellas santuarios y ermitas. El templo hindú representa una montaña, un lugar mágico al que los fieles se acercan con reverencia y temor. Śiva reside en una montaña y su esposa es la Dama de las montañas. El Kailāsa se identifica en ocasiones con el mitológico monte Meru, eje del mundo. De allí brotan los cuatro grandes ríos que fertilizan el sur de Asia.

La condición humana es el nudo que ata la naturaleza y la conciencia. Como Señor del yoga y Maestro de la introspección, Śiva profundiza en los vínculos entre lo mental y lo corporal. Su número es el cinco, pues la sensibilidad tiene cinco aspectos. El primero es la percepción del espacio, el ámbito donde resuena la vibración original que dio lugar al mundo. El segundo es el aire, el principio de la vida. Le sigue el fuego, que es el modo que tiene la materia de organizarse. El cuarto aspecto es el agua, el principio femenino que da sabor a las cosas. El ego o principio de identidad proviene de la conjunción o cruce del fuego con el agua, siendo el primero vertical y la segunda horizontal. Tal es la equis que da forma al individuo, pues este nace de la tensión erótica entre el falo vertical del fuego y el agua horizontal de la vagina. El quinto y último aspecto es la tierra, de la que están formados los astros y todo lo que se considera sólido.

El śivaísmo tántrico es antipuritano, porque se fundamenta en que el deseo reprimido engendra pestilencia. Se sirve de los recursos del cuerpo como trampolín hacia lo incondicionado. El cuerpo es el instrumento de realización, pues, como todo lo material, es un cuerpo divino (la materia es sensible a la luz). El śivaísmo se distancia en este punto del vedānta y de su concepción del mundo como ilusión. Las pasiones humanas, incluso las más bajas o abyectas, son tan reales como los vuelos del espíritu. Inspiran el deseo y la locura erótica del conocimiento. La unión sexual del adepto con una prostituta forma parte del rito, en el que desempeña un papel importante la magia sexual, hecha de fuego (semen) y agua (secreción femenina). La embriaguez del orgasmo y el arrobo que une a los dos seres son el umbral de la identificación definitiva con lo incondicionado. El acto sexual sirve de procedimiento para la identificación mística. Las energías digestiva, respiratoria, excretoria y reproductiva del animal humano se orientan y canalizan hacia la experiencia liberadora. A diferencia de otras tradiciones ortodoxas, y para escándalo de estas, los elementos aparentemente negativos son para el śivaísmo el punto de partida. Pues la vía sáttvica se considera ineficaz en la época oscura en la que vivimos, la era de kali, un tiempo de querellas y conflictos en el que la humanidad trabaja obstinadamente en su propia destrucción. En esta época, los frutos del karma son más inmediatos. De ahí que la vía de Śiva sea una vía tamásica (de tamas), compuesta por sacrificios sangrientos, danzas extáticas y ritos eróticos. Como en Platón, la manía amorosa es fuente de conocimiento, y dado que todo lo sensible participa de la naturaleza divina, las pasiones pierden su carácter impuro.

El viaje es símbolo de la prueba iniciática. La vida vagabunda es obligada para los monjes Śivaístas. Mientras que la tradición aria erige piras a sus muertos, los ritos fúnebres de la tradición śivaísta son bien diferentes (aunque algunas sectas modernas imiten la cremación védica). Así, los adeptos, una vez fallecidos, deben regresar a la tierra. Se cava una tumba de un bastón de profundidad en un lugar auspicioso, al este o al norte de un árbol sagrado. El fondo se cubre con hierba dharba y encima se extiende un paño o una piel de antílope. El cuerpo se rocía con los productos de la vaca (leche, cuajada, mantequilla, excremento y orina) mientras se recitan los mantras sagrados y después el difunto se pone en la posición del loto, de cara al este. En la mano derecha se le coloca un bastón; en la izquierda, un cuenco de agua. Se le toca entonces el punto que hay entre las cejas recitando los mantras consagrados a Śiva, se le parte el cráneo con la cáscara del coco y se cierra la tumba. Sobre ella se erige una plataforma cubierta de estiércol de vaca en cuyo centro se dibuja un yantra adornado con flores y semillas. Se encienden lámparas de aceite y se quema incienso. Sobre el túmulo se hacen ofrendas de leche y alimentos, y los fieles lo circunvalan como si se tratara de un templo. Se dice que hay yoguis que en ese momento mueren voluntariamente, deteniendo los latidos de su corazón. Por último, se construye una cámara funeraria alrededor, sin tocar el cuerpo.

La diosa

Śakti

Śiva no puede concebirse sin Śakti, su energía. Una energía femenina personalizada en la diosa. Ella es la que ejecuta el despliegue de la creación. Sin su impulso, el universo sería un cuerpo sin vida. Para las tradiciones tántricas, la diosa es el objeto central del culto. La chispa entre Śiva y Śakti da lugar al goce y a la atracción, al placer y al dolor, a todo aquello que merece el nombre de «vivencia». El vehículo de Pārvatī es el león o la pantera (los felinos representan la naturaleza seductora, y a veces cruel, del principio femenino). El universo se desenrosca como una serpiente, por eso Kālī aparece cubierta de serpientes. Sobre ella duerme Viṣṇu cuando sueña el universo, según el mito cosmogónico. El yoga tratará de despertar a la serpiente, que duerme enroscada en la base de la columna, para que ascienda por los centros energéticos del cuerpo en busca de su liberación. Esa energía enroscada es el motor de todos los afanes y de todos los logros. Solo el sabio realizado domina el poder de la serpiente.

Como ya hemos visto, en lo que respecta a su linaje, la unión del dios y de la diosa es estéril. Los grandes amantes no crean juntos, sino por separado. A Śiva se lo representa en un coito incesante con Pārvatī, pero su hijo Skanda es consecuencia de un *coitus interruptus*. Pārvatī también engendra a Gaṇapati sin contar con Śiva (las analogías con los mitos mediterráneos son evidentes). En los purāṇa se dice que los siete sabios de la antigüedad, los esclarecidos que practicaban la meditación y los ritos, se reproducían mediante la proyección del espíritu, un poder adquirido por méritos propios que constituye una amenaza para los dioses.

La diosa puede ser la madre protectora, pero también la ménade cruel. Desde la perspectiva tántrica, ese principio femenino no se limita a la mujer, sino que pertenece a todos los seres. La diosa desempeña asimismo un papel en el equilibrio cósmico. Controla y modera la imaginación del dios, su locura creativa o destructiva, y en este sentido intercede por los hombres. A ella deben dirigirse las súplicas al dios.

Las cimas de las grandes montañas son puntos de intersección del cielo y la tierra. Esa es la razón por la que la Dama de las montañas (Pārvatī), hija del Señor de las nieves (Himavat), es la principal apariencia de la diosa. La montaña es Ella, y allí es donde se gesta el milagro de la concepción cósmica. Gracias a su relación con Śiva se manifiesta el Eros divino. La madre, de la que todo ha surgido y a la que todo regresa, se identifica así con el tiempo que todo lo devora (Kālī). Diosa arcaica y negra, baila rodeada de demonios y lleva collares de cráneos humanos, pues su culto participa del sacrificio sangriento. Su opuesto es Satī, el hada buena y fiel, la protectora diosa blanca, hija del mítico sacerdote Dakṣa (hemos visto como el sacrificio que este había preparado fue destruido por Śiva, lo que constituye una representación del fracaso de la fusión de los cultos gangético y ario). Śakti y Satī son aspectos de una misma realidad.

El enlace

Pārvatī es el único ser capaz de soportar el ardor del semen de Śiva. Como su Señor, es experta en la meditación y en la práctica del yoga. Aun así, su enlace no estuvo exento de complicaciones. Su padre, el Señor de las nieves (Himavat), sospecha de ese vagabundo cubierto de cenizas: «Es sucio, ignorante y nauseabundo, y parece un encantador de serpientes»; ronda los crematorios y carece de familia o linaje conocidos. «Preferiría envenenar a mi hija, cortarla en pedazos o ahogarla en el mar antes que dársela a Śiva». Pero el dios sabe ganarse a su futuro suegro y se muestra con su aspecto encantador: vistiendo túnicas de colores y luciendo preciosas joyas sobre una lustrosa piel clara (la vieja tensión étnica y los prejuicios sobre el color de la piel nunca han desaparecido del todo en la India). Se celebra una gran fiesta de boda. Pārvatī está tan hermosa que Brahmā, al verle los pies, deja escapar una gota de semen que cae al suelo. Numerosos sabios nacen de esa gota. Śiva se encoleriza y está a punto de destruir al Abuelo, pero los dioses logran calmarlo. El sacerdote pide a Śiva que diga a los presentes a qué familia pertenece. Se hace un incómodo silencio. «No tengo antepasados ni familia –dice el dios–; mi única familia es el sonido divino, el sonido original».

Los hijos: Gaṇeśa y Skanda

La luna de miel es difícil. Śiva irrumpe en la estancia de Pārvatī y ella se siente incómoda. Para que no vuelva a ocurrir, crea a partir de las escamas de su piel a un muchacho que será su custodio y servidor. El hermoso adolescente, vigoroso y solícito, va armado con una maza y vigila las estancias de la diosa. Le cierra el paso a Śiva, ambos se enfrentan y en la lucha el dios le corta la cabeza. Viendo el dolor de la diosa, opta por reponerla con la primera cabeza viva que encuentra, la de un elefante. Śiva lo llama Gaṇeśa y lo nombra jefe de sus huestes. Gaṇeśa, además de comandante del ejército de Śiva, es Gaṇapati, el Señor de las categorías. También se lo denomina el Señor de los obstáculos, porque es capaz de vencer todo aquello que impide cualquier empresa. Por eso preside todos los hogares y todos los comercios. Como Hermes, es el dios del juego y la suerte, de la astucia y la estrategia.

Kumāra (Muchacho) o Skanda (Eyaculación) es un niño dios que, como Dioniso, es criado por las ninfas. En sus orígenes se asocia con el culto a las serpientes y su nacimiento se cuenta en el *Śiva purāṇa*. Ya hemos visto el mito. Durante miles de años, Śiva copula sin cesar con Pārvatī, indiferente a los problemas del mundo. La tierra es atacada por el titán Tāraka y el orden cósmico está a punto de desvanecerse en el caos. Los dioses se dirigen a la mansión de Śiva para rogarle ayuda. El dios acude a la puerta sin haber derramado su semilla. Tras escucharlos, responde: «La solución dependerá de quien se haga cargo de mi semen», y acto seguido lo deja caer. Antes de que toque el suelo, el dios Fuego, bajo la forma de una paloma, se lo traga. Pārvatī, descontenta por haber sido interrumpida en el acto amoroso, maldice a los dioses, en especial a Agni, al que llama «miserable» y «criminal». Cada dios recibe una parte de la ofrenda del sacrificio arrojada al fuego, así que todos quedan impregnados de la ardiente semilla de Śiva, que les causa horribles dolores. Śiva les permite vomitarla. Cae a tierra y se levanta una montaña de fuego. Las esposas de los siete sabios legendarios, que toman un baño en el río, quedan encinta y sufren terribles quemaduras. Sus esposos las repudian y ellas arrojan la semilla a una cumbre del Himalaya. Pero la montaña no puede con ella y la arroja al Ganges. Queda arrumbada en un cañaveral, del que nace Skanda. Según la tradición, ve la luz sin la intervención de un ser femenino. Discrepamos: la semilla de Śiva no habría surgido sin los miles de años de cópula amorosa con Pārvatī.

Las seis pléyades encuentran a Skanda y lo cuidan y amamantan, por eso él tiene seis rostros. El dios de la belleza juvenil, de la eterna juventud, se convierte en el jefe de los ejércitos. Skanda no se ha casado jamás. Su única esposa es el ejército. A este «soltero» se le atribuye la transmisión de la enseñanza filosófica del śivaísmo, que utiliza como modelo cosmológico el sāṃkhya (sistema del mundo y su evolución) y, como práctica, el yoga, la disciplina que ayuda a reducir a silencio las divagaciones de la mente. Skanda contempla con prudencia las especulaciones de los filósofos. Esa actitud distante y, al mismo tiempo, empática es el comienzo de la sabiduría. Lo que llamamos tantrismo es el vínculo entre estas dos disciplinas, el yoga y el sāṃkhya.

La madre del mundo

En la India, el culto a la madre se remonta a la prehistoria. Encontramos trazas de devoción a la diosa en la época prevédica, en la civilización del valle del Indo. Sin embargo, su establecimiento en el hinduismo ortodoxo se producirá más tarde, con el auge del tantrismo y el śaktismo. Antes, las figuras femeninas solo eran consortes de los dioses, aspectos de estos o instrumentos en su lucha por la supremacía. El poder de Śiva era Śakti; el de Viṣṇu, la prosperidad de Śrī. Con la llegada del tantrismo, todas estas energías femeninas se fusionaron en el culto a la diosa, que, como veremos, tiene numerosas variantes y formas.

La diosa es el principio creador de lo divino, tanto en la filosofía como en el mito. Es el dinamismo de la naturaleza (prakṛti), la energía divina que impulsa el crecimiento y la evolución de los seres. Sin ella, los dioses no serían capaces de crear ni de destruir. Los adoradores de la diosa (śakta) la consideran el aspecto esencial de lo divino, sin el cual los dioses permanecerían inactivos o inoperantes. Una energía por otro lado inseparable de quien la posee. Su importancia en el culto se debe a que sin ella el dios sería inaccesible. En este sentido, la diosa es mediadora, puente hacia lo incondicionado y trascendente. Es la posibilidad misma de saber, lo que justifica la metamorfosis del universo sobre la base de lo inmutable.

La idea de una divinidad femenina suprema, madre y matriz, no se desarrolló en la sociedad patriarcal védica. Probablemente fue un legado de los pueblos del valle del Ganges. En un principio, la madre de los dioses es la consorte de los dioses, la expresión de alguna de sus cualidades. En el caso de Viṣṇu, Lakṣmī es el poder de la multiplicidad, que tiene muchos nombres: la Dama del loto (Padma), la diosa Fortuna (Lakṣmī) o la diosa Belleza (Śrī). Surgió de las aguas primordiales con un loto en la mano y acompaña a Viṣṇu en cada una de sus encarnaciones (es la Dama del loto, la Tierra, Sītā y Radha cuando él desciende como Enano, Rāma el del hacha, Rāma y Kṛṣṇa respectivamente). «Sin ella no pertenezco a ningún lugar», dice Viṣṇu. El dios hace aquí las veces de «no lugar», es la ubicuidad de la conciencia, mientras que la madre es la matriz, el lugar que ocupan los seres, o sea, lo que llamamos universo. Por eso es también la madre del dios Eros (Kāma): el amor mueve el mundo y ella mueve el amor. Y volverá como diosa de la destrucción junto a Kalki cuando el presente ciclo cósmico llegue a su término.

Como esposa de Brahmā, la diosa es Sarasvatī, Torrente de sabiduría, patrona de las ciencias. Simboliza la unión del poder y la inteligencia, es el poder organizador de la creación y también la creación mediante la palabra (Vāc). De gran belleza y tez blanca, con un loto y la luna creciente en la frente, con sus numerosos brazos sostiene un laúd, un libro, un rosario y el gancho que sirve para conducir al elefante.

Diosa de la palabra, Vāc, concede el don de la elocuencia a quien la ama. Para crear el mundo, Brahmā se une a Palabra. Presente en todos los sacrificios, himnos, cantos e invocaciones, ella es el Arte del rito. Uno de sus aspectos más auspiciosos es la estrofa Gāyatrī, el metro védico de veinticuatro sílabas (tres veces ocho) que contiene la esencia del conocimiento védico.

La reina de los espíritus y los duendes también es venerada bajo su terrible aspecto de devoradora del tiempo (Kālī) como diosa ebria de vino, lujuria y sangre que demanda los ritos crueles del tantrismo. De esta guisa es Durgā, la Invencible.

Durgā

La inaccesible Durgā es una de las formas más populares de la diosa Pārvatī, consorte de Śiva. Es la feroz Señora de la guerra y de la destrucción purificadora. Expresión de la ira divina, combate las fuerzas demoníacas que amenazan el dharma, la prosperidad y la paz. Es el lado terrible de la madre protectora, que desata su furia contra lo que amenaza el orden cósmico. En el panteón hindú, Durgā aparece a lomos de una tigresa, portando un arma en cada uno de sus numerosos brazos. Es una deidad fundamental del śaktismo, en el que se equipara a bráhman, la realidad última. Uno de los textos más célebres dedicados a su figura, el *Devī Māhātmya* (o *Durgā Saptaṣatī*), del siglo V, la celebra como Ser supremo y creadora del universo. Para los śakta, esta obra es tan importante como la *Bhagavadgītā*. Durgā tiene incontables devotos en Bangladés, en Nepal y, sobre todo, en los estados orientales de la India: Bengala, Odisha (antes Orissa), Assam y Bihar.

Por toda la India y el Sudeste Asiático se ven imágenes de la escena del *Devī Māhātmya* en la que Durgā da muerte al demonio búfalo Mahiṣāsura. Durgā aparece como deidad independiente en el período de las epopeyas, en el *Harivamśa* y en los purāṇa *Mārkaṇḍeya* y *Devī*. Según algunos historiadores, su forma primitiva proviene del sincretismo entre una diosa de la montaña, venerada en el Himalaya, y una deidad guerrera de los abhira. Posteriormente se transforma en Kālī, personificación del tiempo que todo lo devora, mientras que algunas de sus energías positivas se asocian con la energía primordial que alienta el curso del mundo. Sea como fuere, los restos arqueológicos indican que Durgā es una diosa cuya lucha con el demonio búfalo aparece representada en relieves desde antiguo. En el fragor de la batalla mantiene su rostro tranquilo y sereno. Y aunque es aterradora y destructiva, también sabe ser benevolente y cariñosa. Una serenidad que deriva de la creencia en su carácter protector, aunque la violencia que ejerce sea necesaria para detener el avance de la corrupción. En la iconografía sostiene armas de diversos dioses del panteón hindú que, incapaces, se las prestan para que luche contra las poderosas fuerzas del mal: un disco, una caracola, un arco y una flecha, una espada, una jabalina, un escudo y una soga. Todas estas armas representan para los śakta la disciplina interna y externa, el servicio desinteresado, la reflexión, la oración, la devoción, la alegría y el cultivo de la mente. No en vano a Durgā se la considera el «yo» interior y la madre divina de la creación. A veces se la encuentra empuñando una pluma como la patrona de los escritores. Durgā aparece en la mitología bajo numerosas formas y con distintos nombres que, en última instancia, son manifestaciones de una única diosa.

Otras formas de la diosa

Devī, la diosa suprema, se proyecta en la furia del león y en la rabia del héroe. Es la forma de la Inmensidad (Brahmā), como afirma la *Devī upaniṣad*. De ella procede todo lo que se ve, todo lo que respira y todo lo que se come. Puede ser el hambre y la violencia, así como la bondad y el cuidado. En ocasiones aparece como un demonio negro que babea de ira homicida en el campo de batalla. Es la energía creadora, pero también el tiempo que todo lo consume, la exterminadora del mundo. Encarna tanto la maldición como el conjuro auspicioso.

El *Mārkaṇḍeya purāṇa* es la colección de textos que mejor describe las hazañas y el carácter de la diosa. Doncella y guerrera invencible, nació de la mezcla de la ira de todos los dioses cuando un titán amenazaba con arruinar el mundo, en una crisis original y siempre repetida. Nada podían hacer ni Viṣṇu ni Śiva contra el colosal Mahiṣa, un búfalo monstruoso. La totalidad de los dioses imploraron la ayuda de la diosa, y entonces Viṣṇu y Śiva se inflamaron de ira y de sus bocas brotaron sendos torrentes de llamas que se fusionaron en una nube flamígera. Esta se expandía y condensaba como cuando nace una estrella, hasta que la bola llameante adoptó la forma de la diosa. Al contemplar la auspiciosa personificación de la energía cósmica, de la amalgama de sus poderes, los dioses se felicitaron y pusieron todas sus esperanzas en ella. Era la doncella más hermosa de los tres mundos, el eterno femenino, primordial y perenne, que integra todas las energías particulares y unifica las diversas personalidades divinas. Con ese gesto voluntario de sometimiento, los dioses devolvieron sus energías a Śakti, fuerza única y primera de la que procede todo.

La explicación mítica de la energía primordial es también cosmológica. Cuando el cosmos se desplegó por primera vez, en un sistema de esferas y fuerzas rigurosamente diferenciadas, la energía de la vida estaba fragmentada en multitud de manifestaciones individuales, pero ahora estas habían perdido su fuerza. La Energía de la vida, como principio materno y primordial, las reabsorbió y las impulsó a pleno rendimiento. En algunas ilustraciones medievales se ve a los dioses tendiendo sus armas a la diosa para que destruya al titán. Como ha mostrado Heinrich Zimmer, Śiva le entrega su tridente; Brahmā, el de los Cuatro Rostros, su cuenco de limosnas y el manuscrito de sabiduría mágica de los veda; Kāla, el dios del tiempo, su espada y su escudo. A su derecha está el legendario padre de la diosa, el rey montaña Himalaya, con el león que ella montará. La amazona, provista de las armas de todos los dioses y alentada por sus himnos de alabanza, representa las fuerzas afirmativas del universo frente a un enemigo codicioso y grotesco. Tras aniquilar al ejército del titán, la diosa ata al poderoso búfalo con un lazo. El demonio escapa abandonando el cuerpo del búfalo y asumiendo la forma de un león. La diosa se apresura a decapitarlo, pero Mahiṣa, en virtud de su energía de autotransformación, se escapa de nuevo, ahora en forma de héroe con una espada. Implacable, la diosa acribilla esta nueva materialización con una lluvia de flechas. Pero el demonio se alza ante ella como un elefante, extiende la trompa y la agarra. Ella le corta la trompa de un tajo y el demonio retoma su figura favorita, la de un búfalo gigante, haciendo estremecer el universo con el pisoteo de sus pezuñas. La diosa estalla en una estruendosa carcajada y se lleva a los labios un cuenco de licor embriagador y estimulante. Mientras bebe, sus ojos se enrojecen. El demonio búfalo arranca las montañas con sus cuernos y las arroja contra ella, bramando desafiante, pero la diosa las pulveriza con sus flechas. Entonces se abalanza sobre él y le atraviesa la garganta con el tridente. El demonio intenta escapar de nuevo abandonando el cuerpo del búfalo pero, al asomar por la boca, ella le cercena la cabeza.

En el campo de batalla del universo, las galaxias se devoran unas a otras, y también los dioses proyectan su personalidad sobre otras más débiles o dependientes. El mito, como apunta Zimmer, tiene una lectura psicológica. El mundo no es tal cual es, sino como lo percibimos o reaccionamos a él. Es producto de nuestra māyā o ilusión. Un factor esencial que no solo atañe al creador, sino también a la criatura. Vemos las cosas en virtud de cómo somos, y ese «ver» es ya un universo. Somos cautivos de māyā, de nuestra energía vital, más o menos ciega y capaz de producir y proyectar incesantemente formas benévolas o demoníacas a partir de nuestra propia sustancia. Cada vez que nos dejamos atrapar o nos vemos implicados en asuntos vitales y apasionados, tratamos con estas proyecciones. Ese es el hechizo de māyā. En este sentido, las formas y figuras de los dioses hindúes equivalen a una filosofía y a una metafísica.

Todos caemos bajo el influjo de nuestra propia vitalidad, de nuestra māyā individual, que nos dirige desde el ángulo ciego de la inercia pasional. Algunos procesos psíquicos son autónomos y escapan a nuestro control. Nuestras reacciones ante ellos son forzadas; lo queramos o no, somos servidores de los impulsos de māyā-Śakti. En caso contrario, no seríamos individuos y careceríamos de una historia personal o biográfica. El conjunto de los dioses mora en todo ser vivo. No importa que este lo reconozca o no, pues en cualquier caso sentirá sus efectos.

Frente a la filosofía como pura actividad intelectual, consagrada a dilucidar, catalogar, describir y sistematizar los contenidos del pensamiento, el pensamiento indio aspira, más allá del análisis, a la transformación de la naturaleza humana. El yoga busca la transformación de impulsos y emociones, su canalización hacia estados mentales que promuevan la serenidad o la visión penetrante. Una alquimia que propicia la liberación de las proyecciones y obsesiones de la Śakti individual. De este modo, los mitos y símbolos hindúes son una forma de hablar de la mente y las pasiones, pero con un lenguaje que no es técnico o científico sino narrativo. Es el cuento que cada cual se cuenta a sí mismo para entenderse mejor y que cristaliza en las figuras del simbolismo y el arte.

La tradición tántrica es la que más ha profundizado en el culto de Śakti. La conciencia universal es un océano en cuyo centro hay una isla, la fuerza dinámica de la evolución cósmica, de la que surgen los tres mundos. Esa energía se llama *bindu*, que significa 'gota'. La diosa es del color sanguíneo del guṇa rajas, que promueve la actividad. Tiene en sus manos cuatro armas de combate contra los demonios: el arco, la flecha, el lazo y la aguijada. El arco y la flecha son la fuerza de voluntad. El lazo con el que atrapa las bestias es el conocimiento, la fuerza con la que el intelecto fija sus objetos. La aguijada, que sirve para azuzar a las monturas o a las bestias de carga, denota la acción.

La diosa en su aspecto negativo, como destructora que arrebata la vida a las criaturas a las que ella misma ha dado a luz, es Kālī, forma femenina de la palabra *kāla*, que significa 'tiempo', 'principio generador y destructor de todas las cosas'. Kālī, la Negra, la devoradora universal, la sombra de la muerte, aparece en ocasiones como una bruja flaca y aterradora, de dedos huesudos, dientes prominentes y una voracidad insaciable. Una vieja cruel, egocéntrica y miserable que se alimenta de las entrañas de su víctima. En los textos tántricos la vemos de pie sobre una barca que flota en un océano de sangre, o bebiendo sangre de un cráneo. En vez de una guirnalda, lleva un collar de calaveras que le cuelga hasta las rodillas.

El tantrismo

En Mohenjo-Daro se desarrolló una civilización que creció en torno al curso del río Indo alrededor del 2500 a. e. c. y cuyos restos urbanos pueden verse hoy en Pakistán. Allí se descubrió un proto-Śiva (sello M-304), conservado en el Museo Nacional de la India. No podemos saber si la identificación del arqueólogo John Marshall tiene visos de legitimidad, pero la imagen impresiona. El dios tiene tres rostros y dos cuernos circulares, y está rodeado de animales. Se encuentra sentado en la postura del loto, típica de la meditación y que, según algunos investigadores, está asociada a la técnica tántrica de hacer ascender la energía de la vida a través de la espina dorsal. Otra escena, grabada en el sello M-1186, parece mostrar un sacrificio humano a Durgā, que se encuentra «enmarcada» por un árbol y tiene a sus pies un sacerdote arrodillado rodeado de seis doncellas (las seis madres o pléyades). Tampoco podemos saber si esta lectura es legítima. Las interpretaciones se multiplican, pero algunos especialistas insisten en remontar las prácticas tántricas a la civilización del Indo, es decir, a dos mil años antes del nacimiento de Buda, detectando prácticas tántricas en el *Ṛgveda* y el *Atharvaveda*, sobre todo con respecto al papel del aliento vital (prāṇa). Desde el punto de vista histórico, sin embargo, lo más prudente es situar el nacimiento de estas técnicas de la respiración en la época de la fundación del budismo. Si aceptamos el consenso actual sobre las fechas del Buda histórico (muerto en el 400 a. e. c.), ello las situaría en torno al siglo V a. e. c. Su sistematización llegará más tarde.

El tantra consiste en toda una serie de técnicas, más o menos coherentes y regladas, que aparecen en los textos budistas y śaivas hacia el siglo IX. Entre ellas se encuentran detalladas visualizaciones de la divinidad en las que el adepto se identifica con una figura divina en el centro de un mandala; divinidades feroces, tanto masculinas como femeninas; prácticas transgresivas al estilo de kāpālika, asociadas con los crematorios y con el sexo y la muerte mediante sustancias intoxicantes, y prácticas yóguicas internas, incluidas técnicas sexuales, que tienen por objeto lograr la salud y una larga vida, además de una visión liberadora.

La palabra sánscrita *tantra* puede significar 'urdimbre', 'hilo', 'texto' o 'doctrina'. Hace referencia a una tradición (o linaje) espiritual, así como a los textos que se basan en ella. El tantrismo es un fenómeno medieval que propone un sistema de instrucción fuertemente ritualizado. A veces acepta la autoridad de los veda, otras se distancia de ellos. Hay textos tántricos revelados por Śiva y otros por Viṣṇu. Los primeros constituyen las tradiciones śivaístas; los segundos, la tradición vaiṣṇava (o viṣṇuista) del pāñcarātra. También hay numerosos textos tántricos budistas de la vía del diamante (vajrayāna), conservados en el canon tibetano y muy activos entre los siglos V y VIII, y unos pocos tantras jainistas.

Para la tradición tántrica, māyā es el aspecto dinámico de lo absoluto. Todas las cosas son la revelación, manifestación y particularización de una única esencia divina. Esta perspectiva equivale a la santificación indiscriminada de todo cuanto existe (en cierto sentido, desdice o hace inútiles el yoga y la sublimación a través del ascetismo). Los hijos del mundo están en contacto inmediato con lo divino si son capaces de mirar y tratar todas las cosas como parte integral de la autorrevelación de lo absoluto.

El tantrismo es una afirmación del mundo. No renuncia a él, como hacían los antiguos ascetas, sino que enfatiza la santidad y pureza de todas las cosas. El universo en todos sus aspectos es la manifestación divina de la māyā-śakti, de la sublime y terrible madre del mundo que hemos descrito en la sección anterior. De ahí que el iniciado, tras los ritos, retorne a su puesto en la escala de los seres y en la sociedad, pues esta es también una manifestación de esa fuerza divina que lo impregna todo. En el rito, la transgresión; en la vida civil, la aceptación. Toda la gama de experiencias (estratos de una única corriente universal) participan de lo divino. Los cinco elementos del rito, tradicionalmente prohibidos, son las cinco emes: madya (el vino), māṃsa (la carne), matsya (el pescado), mudrā (el cereal tostado) y maithuna (el acto sexual). Los tántricos son excluidos por las facciones más conservadoras de sus tradiciones, pero ellos se ven a sí mismos como la ampliación legítima de estas.

Los rituales tántricos de iniciación (dīkṣā) tienen como propósito destruir el poder generativo de las acciones pasadas del individuo y consustanciarlo con el poder divino. Como afirma Alexis Sanderson, el adepto tántrico no es tanto un antirritualista como un superritualista (desviándose así de la enseñanza original budista, reacia a los excesos rituales)[12]. El tantrismo se distingue del resto de las tradiciones en la creencia, compartida por la ortodoxia mīmāṃsā, de que el mero acto ritual es suficiente para la liberación. La complejidad y elaboración del ritual tántrico es, en cierto sentido, otra vuelta de tuerca a la querencia india por el rito.

En los diagramas mágicos de las escuelas tántricas aparecen los símbolos de Kāma, el dios del amor, cuya compañera, Rāti, representa el placer sensual y la lujuria. Zimmer identifica esos símbolos (la fecha, el arco, el lazo y el gancho) con las cuatro fórmulas de la seducción, que tiene un carácter normativo: abre (jambha), enloquece (moha), inmoviliza (stambha) y somete (vaśa). Una de las antiguas leyendas cuenta cómo Kāma intentó someter a Śiva, arquetipo del asceta solitario. Interrumpió su meditación y lo colmó de deseo por Pārvatī, la diosa suprema de la tierra (arquetipo de todos los seres femeninos y del sagrado misterio de la creación y la seducción). Cuando la primera flecha alcanzó a Śiva y sacó al dios de su intemporal meditación, de su frente salió un rayo que fulminó a Kāma y lo redujo a cenizas[13]. Pero el amor sigue presente, aunque no se vea. Es el poder mediante el cual uno se engendra a sí mismo, ya sea bestia, humano o vegetal, y se vuelve partícipe de la evolución creadora universal. Es el fundamento del «tú eres eso» que Uddālaka Āruṇi le enseña a Śvetaketu en la *Chāndogya upaniṣad.*

El amor es la conjunción de lo eterno y la duración en el tiempo, de lo inmutable y lo cambiante. Es lo que se esconde tras el accidente temporal de la propia personalidad. De ahí la magia, el arte secreto de las simpatías. La literatura india está llena de tratados sobre el amor, de encantamientos y conjuros que facilitan la experiencia amorosa. El brebaje embriagador hace palpitar a los propios dioses. El amor o goce de la vida (Kāma) y el zarpazo de la muerte (Māra) son la carnada y el anzuelo respectivamente. Los placeres de la mesa frente a la penosa hora del pago. Pero el mundo del amor no es el único mundo. El budismo concibe mundos de materia sutil y mundos inmateriales en los que la fuerza del amor no es tan poderosa y cuyos ámbitos, como veremos, se asocian con diferentes estados meditativos. Mundos en los que la propia personalidad (familia, dieta, oficio, género y confesión), hija del amor, queda disuelta; mundos intemporales en los que el amor, cuyo fruto es el tiempo, ha perdido su poder ilusionante; mundos de emoción sin erotismo, con cierto anhelo de anonimato (se podría decir que inhumanos); mundos que nos advierten que no somos solo nuestras máscaras sociales, como tampoco somos únicamente nuestra mente, ni siquiera nuestra alma o psique. Para alcanzar esos mundos hay que desprenderse de las envolturas que oscurecen el ātman, de la propia piel y el propio entendimiento, del alma, la memoria y las emociones. Todo automatismo, todo agrado y desagrado, debe abandonarse. La virtud puede atar tanto como un asesinato (aunque conduzca por caminos más apacibles). La identificación con algo, la pertenencia a la familia, a un grupo social o a una nación, es una necesidad humana. Pero en última instancia no agota lo que somos (no puede hacerlo).

La tradición devocional considera que todos los estados de conciencia son reales. El universo es la inacabable manifestación del poder y la gloria divinos. Lo divino reside en nuestros corazones, pero también ahí fuera. Para los amantes de Dios, esa realidad es una y la misma; lo que cambia son los nombres. El principio último (bráhman) y la energía transformadora del mundo (śakti) son idénticos. No podemos pensar en uno sin la otra, como no podemos pensar en el tiempo sin lo eterno. En el tantrismo, la devoción teísta deja en segundo plano la abstracción del bráhman sin cualidades (nirguṇa) en favor del bráhman manifiesto (saguṇa). Ese dios personal se representa generalmente en su aspecto femenino, lo que constituye una afirmación de la verdad y realidad de la energía transformadora que mueve el mundo (māyā-śakti). El culto popular a la diosa se proyecta en figuras como Devī, Kālī, Pārvatī, Umā, Padma o Dūrga, pero todas ellas apuntan a una única madre. Un culto eclipsado durante siglos por las divinidades patriarcales del panteón védico, en el que las diosas eran meras manifestaciones del poder de sus consortes.

La diosa o madre universal desempeña un papel esencial en las corrientes devocionales que eclosionan en la India medieval. Algunas de estas corrientes consideran que el universo es un eterno juego sostenido por una diosa alegre y lúdica que juega con sus criaturas. En su devoción extrema, Ramakrishna llega a afirmar: «Si un hombre es mordido por una serpiente, puede librarse del veneno diciendo enfáticamente: no hay veneno en mí». O: «Madre, aquí está tu virtud y tu vicio. Toma ambos y concédeme puro amor por ti». Esta sagrada locura no intenta aislar al espíritu, sino que prefiere sumirse en la fuerza expresiva de lo creado. El amante de la diosa no desea la liberación; esta deben buscarla los que no saben recrearse y disfrutar de ella, los que no saben reconocer el juego eterno de la alegría y el dolor, incapaces de experimentar la beatitud que los trasciende.

5. El sāṃkhya

Una filosofía antigua

En la antigua India no se dio el conflicto entre mitología y filosofía que caracteriza a nuestra civilización judeohelénica. Ambas disciplinas se consideraron desde un principio complementarias, y en general se pensaba que había cosas que era mejor contarlas en forma de mito, mientras que para otras eran preferibles los conceptos. Mitología y filosofía mantenían una relación de reciprocidad. El mito utiliza un lenguaje alegórico, y las energías cósmicas se asocian a ciertas divinidades y nutren desde el subsuelo psíquico el pensamiento filosófico.

El sāṃkhya es uno de los sistemas filosóficos más antiguos de la India. Su origen probablemente esté fuera de la cultura védica. Según la tradición, fue fundado por el mítico Kapila, que no pertenece al linaje de los sabios de los veda y las upaniṣad. Su nombre, epíteto del sol, significa 'rojo', en alusión al poder solar del asceta. Kapila aparece en un célebre episodio del *Mahābhārata*. La guardia armada del emperador cabalgaba junto al caballo del sacrificio de su padre. En aquella época, cuando un rey pretendía proclamarse soberano supremo (cakravartin), permitía que un ejemplar perfecto de caballo vagara libremente por los diferentes reinos durante un año, a imitación del sol. Toda la tierra que el animal pisara sería del dominio del gran soberano, que lo sacrificaría cuando se cumpliera ese tiempo. Pues bien, cabalgaba la guardia de sesenta mil hombres junto al caballo cuando de pronto este desapareció como por arte de magia. Los soldados se pusieron a cavar en el lugar donde lo habían visto por última vez y, tras muchos esfuerzos, lo encontraron en los profundos reinos subterráneos, meditando junto a Kapila. Se precipitaron en su rescate sin rendir honores al sabio, que, deshonrado, los redujo a cenizas con el relámpago de su mirada.

Los estudiosos apuntan a un posible vínculo con el jainismo anterior a Mahāvīra y, quizá, con las culturas del curso medio del Ganges. Encontramos menciones al sāṃkhya en los diálogos budistas, en las biografías del Buda, en las grandes obras épicas, en tratados de medicina, política y jurisprudencia y en las upaniṣad, sobre todo en la *Maitrī*, pero también en las más antiguas. La *Bṛhat* identifica el ātman con puruṣa y afirma que es la luz del corazón y la conciencia pura que entreteje los alientos vitales. En la *Chāndogya* (*ca*. VIII-VII a. e. c.) aparece una de las primeras referencias a la teoría, característica del sāṃkhya, de las tres cualidades (guṇa)[1], mediante las cuales puede conocerse todo lo que hay en el mundo natural. En la época de composición de la *Bhagavadgītā*, el sāṃkhya ya es un sistema consolidado sin cuya cosmovisión no sería posible entender cabalmente ese libro.

El sāṃkhya fue en sus orígenes una tradición oral externa a los ambientes sacerdotales o dialécticos. Probablemente nació entre matemáticos, astrónomos y médicos, que desarrollaron una cosmología racional y una teoría del cuerpo humano asociada al yoga y a la medicina del āyurveda. Las frecuentes alusiones a esta filosofía en la literatura antigua permiten inferir que gozaba de gran reconocimiento antes de la época clásica, período al que se remonta la primera formulación escrita del sistema, a cargo de Īśvarakṛṣṇa, profusamente comentada en la época medieval. Con el tiempo, la tradición brahmánica absorberá el prestigio del sāṃkhya, que a partir de la época clásica se considerará uno de los seis sistemas ortodoxos.

Los filósofos sāṃkhya, como los pitagóricos, solían agrupar los términos filosóficos en parejas, tríos, quintetos o septetos, un hábito relacionado con la música, la astronomía y la recitación sacra, en la que los números primos desempeñarán un importante papel[2]. Puesto que el término *sāṃkhya* significa 'número' o 'cantidad', podemos hablar de una filosofía numérica o de la enumeración. Los diversos elementos de lo real se clasifican en tres categorías de acuerdo con sus funciones dentro del conjunto: los veinticinco principios constitutivos del cosmos (tattva), las ocho inclinaciones de la inteligencia (bhāva) y las cincuenta categorías efectivas de lo dado (bhūta). Es decir, lo que constituye el mundo (la ontología), lo que podría ser (la soteriología) y lo que de hecho es (el conocimiento empírico).

Pero el funcionamiento mismo del universo se basa en una distinción primera entre espíritu (puruṣa) y naturaleza (prakṛti). El espíritu es un testigo indiferente e inmutable de las evoluciones e involuciones cósmicas, mientras que la naturaleza es el ámbito donde se producen todas esas transformaciones. Esa naturaleza es cíclica: se activa y desactiva periódicamente en cada una de las fases de despliegue y repliegue del cosmos. Es decir, la naturaleza tiene un estado manifiesto cuando se despliega (el mundo natural y sus transformaciones) y un estado potencial o latente cuando el universo, replegado, «duerme» en perfecto equilibrio. La intervención de la conciencia, como veremos, despierta a la naturaleza.

Estamos ante un naturalismo metafísico que otorga un importante papel a la experiencia. Se trata de un naturalismo metafísico porque, de no ser por la presencia enigmática de la conciencia (que desencadena el universo manifiesto), el sāṃkhya constituiría un evolucionismo materialista parecido al que predomina hoy en la ciencia (salvo que en este caso la conciencia es lo primero y no lo último, y el universo se despliega de lo complejo a lo simple, al contrario que en el neodarwinismo contemporáneo). Y otorga un importante papel a la experiencia porque el propósito de esta filosofía, como se dice al comienzo de la obra de Īśvarakṛṣṇa, es la erradicación del sufrimiento mediante el conocimiento. Una agenda que deja entrever una posible influencia budista, confirmada cuando el autor expresa sus reticencias respecto al ritual védico, cuyo goce efímero exige el sufrimiento de la víctima sacrificial.

Los componentes del mundo

(1) Conciencia sin contenido (puruṣa) ∩ (2) Material primordial (prakṛti)

↓

(3) Principio intelectivo (buddhi, mahāt)

↓

(4) Sentido de la identidad o sentido del yo (ahaṃkāra)

↓ ↓

(5) Mente (manas)		Elementos sutiles (tanmātra)
Facultades sensoriales (buddhīndriya)	Capacidades (karmendriya)	
(6) oír (śrotra)	(11) hablar (vāc)	(16) sonido (śabda)
(7) tocar (tvac)	(12) asir (pāṇi)	(17) contacto (sparśa)
(8) ver (cakṣus)	(13) mover (pada)	(18) forma o imagen (rūpa)
(9) gustar (rasana)	(14) excretar (payu)	(19) gusto (rasa)
(10) oler (ghrāṇa)	(15) procrear (upastha)	(20) olor (gandha)

↓

Elementos físicos (mahābdhūta)
(21) espacio (ākāśa)
(22) viento (vāyu)
(23) fuego (tejas)
(24) agua (ap)
(25) tierra (pṛthivī)

Según el sāṃkhya, lo real está constituido por veinticinco elementos que no gozan de un mismo estatus ni aparecen simultáneamente en la evolución cósmica, sino que se despliegan jerárquicamente según la tabla anterior. El comentario más iluminador del sistema, *Tattvakaumudī (Esclarecimiento de los principios)*, es obra de Vācaspati Miśra (s. IX o X), un brahmán que vivió cerca de la frontera de Nepal y del que apenas sabemos nada, pero que nos ha legado diversos comentarios de gran valor sobre las diferentes escuelas filosóficas. Miśra clasifica los veinticinco principios en cuatro tipos (una clasificación que en la época medieval europea encontraremos en los escritos del irlandés Escoto Eriúgena): (1) meramente creativos, (2) creativos y creados, (3) meramente creados o (4) ni creados ni creativos.

Los dos primeros, cuya asociación da lugar al mundo, son la conciencia o espíritu (puruṣa) y la materia primordial o naturaleza (prakṛti). La relación entre ellos es enigmática, pues no podemos saber por qué se asocian y en qué condiciones lo hacen, pero se considera un hecho que, debido a su asociación, existe el mundo. No hay por tanto un espíritu de la naturaleza, sino más bien un magnetismo entre el espíritu y la naturaleza, dos sustancias independientes. Pese a ello, no estamos ante un dualismo, como se ha dicho frecuentemente, dado que hay magnetismo erótico en lugar de oposición. El cuerpo no es la cárcel del alma ni nada por el estilo, sino que de ese magnetismo nace un principio intelectivo (buddhi). Esta inteligencia es creativa, pues a partir de ella se desarrolla un sentido de la identidad, y también creada, pues evoluciona a partir del enlace entre espíritu y naturaleza.

El único principio del sistema exclusivamente creativo es la naturaleza primordial, que ha existido siempre, ya sea en estado manifiesto o latente. Frente a estos principios destaca la posición que ocupa la conciencia. Es el único principio que ni ha sido creado ni es en sí mismo creativo (pues carece de contenido, o mejor, su contenido es el mundo natural).

La conciencia ni siquiera ve, solo lo hace a través de la naturaleza. Su importancia es fundamental: sin la conciencia, la naturaleza no se habría «despertado» ni habría iniciado su evolución. La conciencia desencadenó el proceso creativo y diversificador del cosmos, desestabilizando así a la naturaleza, que se encontraba en un equilibrio perfecto.

Los dos primeros principios son independientes uno del otro. Uno representa una conciencia inmutable, plural y sin contenido; el otro, la naturaleza original de la que está hecho todo lo dado (ya sea manifiesto o latente). Son los únicos principios cuya naturaleza es autónoma, cuya existencia no depende de la existencia de otras cosas, y por tanto no están subordinados a las condiciones espaciales y temporales del cosmos, sino más bien al contrario: el espacio y el tiempo son consecuencia de su copresencia. Se definen como principios metafísicos (más allá del espacio o del tiempo) simples, carentes de partes, estables, no generados ni producidos por ninguna otra cosa, no sujetos al surgimiento y a la desaparición, no apoyados en nada e independientes[3]. Ni siquiera les afecta el despliegue y repliegue periódico del cosmos, es más, dicho despliegue y repliegue tiene su razón de ser precisamente en ellos, en esa relación de copresencia o coexistencia. El espíritu es esencialmente inactivo, mientras que la naturaleza es esencialmente creativa. Ella es la responsable del resto de los principios que configuran el universo natural, pero esa generación no sería posible sin el testigo, sin la presencia enigmática del espíritu, que decanta, sin implicarse, todo el proceso de transformación del mundo.

Una singular compenetración vincula al espíritu con la naturaleza. Es singular porque, como veremos, una de las partes no se ve afectada por la convivencia pero la solicita. Para muchos de sus críticos, antiguos y modernos, este es el talón de Aquiles de la filosofía del sāṃkhya. Para otros, es precisamente en esa misteriosa relación donde radica su genio.

La madre naturaleza

La raíz del universo, por utilizar una metáfora arbórea, es un principio femenino denominado prakṛti. En términos míticos, representa a la diosa, el arquetipo femenino y la dimensión femenina de lo divino. Todas las criaturas, incluidos los dioses, son vástagos suyos. En un mundo donde todo se encuentra animado y todo es sagrado, la diosa naturaleza se une con el espíritu para dar a luz al mundo. Ella es la fuente eterna e inextinguible, pues carece de origen y siempre ha existido. Es pariente de la Ishtar babilónica y la Isis egipcia, de Afrodita y Cibeles. Su enlace con el espíritu recrea el mundo periódicamente. No sabemos por qué lo hace, pero en esa tarea juega un papel importante la presencia del espíritu, que se ocupa de contemplar su labor y, en cierto sentido, la justifica. Sin testigo no hay árbol, montaña ni planeta.

La naturaleza duerme en su estado inmanifiesto antes de que el espíritu la despierte. Y en ese estado comparte las características del espíritu: es intemporal, inespacial, estable, simple; carece de causa, soporte, cualidades, partes, y es independiente. Una definición de lo indefinible justificada por las características de la naturaleza cuando se manifiesta, que son las opuestas: temporal, espacial, inestable, compleja, causada, etcétera. Sin embargo, tanto lo inmanifiesto como lo manifiesto dependen del proceso gúṇico, en el primer caso de su equilibrio, en el segundo de su desequilibrio. El espíritu, por el contrario, se encuentra al margen de dicho proceso y es por tanto incapaz de producción alguna.

La naturaleza es pues la fuerza que genera la diversidad del cosmos. Está constituida por tres cualidades (guṇa) que impulsan sus transformaciones y determinan la actividad de la naturaleza y los diversos estados que experimenta en su evolución: satisfacción, frustración o confusión, abarcando tanto estados subjetivos como objetivos. El mundo natural, antes que de cantidades, está hecho de cualidades que decantan las cantidades, la materia bruta. Esas cualidades son los hilos que atan los elementos dispersos de lo real y mueven el mundo, que está hecho de imaginación y de deseo.

Los tres hilos

Los tres hilos que trenzan la cuerda del universo son los guṇa, término sánscrito que literalmente quiere decir 'cabello' o 'hilo'. Pero también puede significar 'cualidad', 'genio', 'inclinación' o 'temperamento'. El sāṃkhya postula tres constituyentes de la naturaleza, tres temperamentos o humores: uno contemplativo (pura serenidad), otro activo (pura inquietud) y un último pasivo (pura inercia), asociados respectivamente al placer, el dolor y la indiferencia. Todas las cosas creadas, desde un mineral cualquiera hasta el planeta entero, desde la más insignificante brizna de hierba hasta el más engreído de los dioses, resultan de algún tipo de mezcla de estas notas distintivas. El paralelismo con Hipócrates es indudable. El griego distinguía a los individuos de acuerdo con el dominio de uno de los cuatro humores, cuya desigual combinación daba lugar a temperamentos sanguíneos, flemáticos o melancólicos. Los filósofos del sāṃkhya atribuían su taxonomía tripartita a todos los entes, ya fueran conscientes o inconscientes, e incluso a las categorías del espacio y el tiempo. Aunque los historiadores hablen del *siglo de las luces* o de *épocas oscuras*, y los físicos curven el espacio ante la presencia de agujeros negros o de luminosas estrellas, cuesta imaginar en el espacio o el tiempo una naturaleza temperamental. Habitualmente pensamos que los humores ocurren *en* el espacio y *en* el tiempo, y no a la inversa. Sin embargo, esta fue una idea recurrente en la India, como se aprecia en las eras tradicionales del mundo o en la cosmología del sāṃkhya.

El primer guṇa, el sattva, se asocia a lo ligero y expansivo, a lo blanco y transparente; el segundo, rajas, a lo activo, a lo rojo y móvil; el tercero, tamas, a lo pesado, a lo negro y sólido. Los productos finitos y fugaces del mundo comparten con la naturaleza estas tres cualidades que constituyen tanto lo manifiesto como lo inmanifiesto. Dasgupta describe la naturaleza en su estado latente como un equilibrio tenso, no sereno. Esta intensidad inherente será capaz de crear, cuando sea desestabilizada por el espíritu, toda la diversidad de lo natural. Es algo parecido a lo que ocurre en el interior de una estrella, donde la fuerza concéntrica de la gravedad es compensada por la fuerza excéntrica del horno nuclear. Aquí, la actividad expansiva (rajas) se encuentra compensada por la gravedad de lo inerte (tamas). Cuando dicho equilibrio es perturbado mediante la intervención (mera presencia) del espíritu, se inicia la evolución cósmica.

Los guṇa son pues el engranaje de un mundo hecho de cualidades. Subsisten a todas las transformaciones, ni se crean ni se destruyen. Dado que la naturaleza se compone de estas tres cualidades (sattva, rajas y tamas), de ellas puede decirse que constituyen lo único real. Producen la diversidad de los fenómenos y los seres, pero al mismo tiempo permiten a estos últimos inferir lo no manifiesto a partir de lo manifiesto, y distinguir a ambos del espíritu. El discernimiento, de índole claramente intelectual y filosófica, de lo no manifiesto, lo manifiesto y el espíritu es una vía para la liberación del sufrimiento.

Sin embargo, a diferencia del espíritu, la naturaleza es inconsciente e incapaz de discernir. De modo que los elementos conscientes implicados en cualquier proceso cognitivo no pertenecen al mundo natural, sino que son un préstamo o proyección del espíritu, que se contempla a sí mismo en lo material y es el verdadero sujeto del conocimiento (una idea que refutará Śaṃkara, como veremos al final del presente libro).

Las tres cualidades tienen sus propios estados afectivos asociados: sattva, la dicha; rajas, la inquietud y la emoción; tamas, la ofuscación. En este sentido, el mundo natural está hecho de estados de ánimo (algo en lo que el sāṃkhya coincide con el budismo). Mientras que sattva pone de manifiesto e ilumina, rajas es un estímulo o principio de actividad, y tamas representa la inercia y el obstáculo. El primer guṇa, sattva, se asocia con la sabiduría y la bondad, con los aspectos creativos y luminosos de la naturaleza; su complementario, tamas, con la inercia ciega, con lo indolente y lo pesado. Entre ambos extremos, resolviendo la tensión, se encuentra rajas, el principio dinamizador que da cuenta de todo cambio y se considera el humor típicamente humano. Con todo, si la única fuerza evolutiva fuera rajas, el mundo estaría sometido a una actividad frenética. Se ocupa de contrarrestarla tamas, que mediante su carácter pesado otorga estabilidad. Pero toda la evolución cósmica no sería más que un proceso ciego y fatal si no existiera el guṇa sattva, que ilumina las evoluciones de la naturaleza y halla reposo en la contemplación. Todo ente y manifestación, ya sea material o espiritual, es una mezcla de estas tres cualidades.

Fueron la ilustración irlandesa y escocesa y las filosofías de la subjetividad las que postularon que la esencia de las cosas y del mundo son las sensaciones o las impresiones. Pero con el sāṃkhya el planteamiento es diferente: las cosas son pura sensación, pero objetivamente, no solo desde un particular punto de vista. Dichas «sensaciones» cubren en un continuo toda la gama de los entes, desde la brizna de hierba hasta la más alta divinidad. El ser humano es fundamentalmente sensación, pero también actividad, inquietud y movimiento (rajas), contemplación y luz (sattva), materia inerte y oscuridad (tamas). El mineral está hecho asimismo de sensaciones, aunque sean de otro tipo: rudimentarias, lentas, telúricas, opacas, menos dinámicas y flexibles, y escasamente contemplativas. Decir que la esencia de las cosas son las sensaciones supone afirmar no que los entes tienen o causan impresiones, sino que las impresiones causan o producen entes. La sensación pasa de ser un mero hecho psíquico al fundamento constitutivo del ser. Ya no se considera, objetivamente, un reflejo y, subjetivamente, la generadora de las aventuras del espíritu; ya no se piensa que sea posible distinguir tantas sensaciones como aparatos receptores haya (visuales, auditivas, olfativas, gustativas, táctiles, cinestéticas, térmicas, dolorosas, agradables, equilibradas...), sino que la sensación pasa a ser la *cosa en sí*, la función que hace al órgano. La impresión crea su propio sistema nervioso, de modo que se podrían dar tantos entes u organismos como posibles combinaciones de sensaciones.

Además, las sensaciones se encuentran estrechamente asociadas a la dicha y el sufrimiento. Las hay agradables, desagradables y deprimidas, en correspondencia con el placer, el dolor y la estulticia. Cuanto más abajo nos encontremos en la escala de la evolución, cuanto más alejados estemos de la inteligencia cósmica, menor será la intensidad de las sensaciones. No siente el mineral como la planta, ni esta como la persona. Hasta el punto de que en relación con ciertos materiales complejos apenas cabe hablar de sensaciones, sino de meras reacciones físicas. Estas últimas constituyen el mundo estrictamente material, que es el último sedimento del mundo de sensaciones. Hay una jerarquía de los seres en función de su sensibilidad (o mejor, de la sensibilidad que los ha producido), y hay un camino ascendente hacia el principio primero de lo manifiesto, la inteligencia, el entendimiento, que es el que se encuentra más cerca del espíritu.

El yoga heredará del sāṃkhya la idea de que la mente y el espíritu son dos entidades radicalmente distintas. Desde esta perspectiva, los actuales intentos de las neurociencias de buscar la conciencia (lo que antiguamente se llamaba espíritu) en el cerebro estarían desencaminados. La mente es un instrumento de la conciencia. La conciencia utiliza la mente para observar el mundo natural y recrearse en su diversidad. Cuando se confunde el instrumento con el sujeto, la identificación con la mente crea un intelecto oscuro, un sujeto de oscuridad. Por el contrario, cuando se rebaja la actividad de la mente, cuando dejamos de identificarnos con ese cristal sin luz propia, el espíritu recupera su pureza original. Esa desidentificación del sujeto con la identidad que crea la mente es el objetivo del yoga. Entre los logros de los yoguis gracias a su destreza para alcanzar los estados concentrados de la mente, Patañjali incluye el de contemplar el mundo como un baile de los tres colores asociados a los guṇa: blanco, rojo y negro.

La inteligencia cósmica

La primera emanación del vínculo entre naturaleza y espíritu, como ya hemos dicho, es un principio intelectivo (buddhi) que constituye la forma más sofisticada de la materia, en la que predomina la luminosidad de la cualidad sattva. Se trata de una inteligencia que está todavía lejos de ser la facultad de un sujeto o la capacidad de un organismo para adaptarse a situaciones nuevas. No hay aún, en este estadio de la evolución, entidades o individuos. Pero dicha inteligencia no carece de aspectos gnoseológicos, para cuyo desarrollo se fabrica un yo, un sentido de la identidad (ahaṃkāra). Observemos la originalidad del planteamiento: la inteligencia no es una potencia del yo, sino más bien a la inversa. Tampoco es una entidad metafísica de ordenación del cosmos, sino una consecuencia de la evolución natural debida a su asociación con el espíritu. La evolución natural conduce a un principio de individuación en el que la identidad o el sentido del yo es resultado (o tendencia inevitable) del desdoblamiento de la inteligibilidad, que precisa de entidades sobre las que predicar que no sean atributos.

No hay una dependencia de la inteligencia respecto del sentir, ya que los estímulos del sentir presuponen un sujeto que les sirva de sede, y ese sujeto no se ha formado todavía. Lo sensible se constituirá posteriormente, como resultado de la combinación del sentido del yo y de la mente. No se trata pues de que el mundo se haga cognoscible gracias a esa *inteligencia cósmica.* El mundo diverso y plural aún no existe, y esa sutil inteligencia natural lo estructura y le da forma. Se plantea de este modo que entre el entendimiento y la sensibilidad no hay una diferencia esencial, sino de evolución. Es la evolución de lo manifiesto lo que lleva a la inteligencia a convertirse gradualmente en sensibilidad. La sensibilidad es el despliegue de la inteligencia.

Antes de que la percepción capte el mundo, la imaginación lo transfigure y la acción lo transforme, la inteligencia ha ordenado el cosmos. El entendimiento humano actuará sobre ese orden, al que debe su eficacia. Toda realidad, todo ente, tanto en la cosmología sāṃkhya como en la budista, es una posición. Las diferentes posiciones representan correlaciones y correspondencias, y de ellas derivan las diversas contingencias que asedian la existencia. Como veremos, a ese principio de ordenación le incumbe la tarea más difícil, la que da acceso a la liberación: experimentar la diferencia entre espíritu y naturaleza, desmontar el engranaje del mundo, desentrañar la confusión entre la naturaleza primordial y la conciencia original.

El sentido de la identidad

Antes de que aparezca lo individual, en el estadio evolutivo anterior, no hay diferencia entre la acción de determinar y el agente que determina. Ahora se observan los resultados. El principio intelectivo deriva en reflexión, presupone un «yo». De este modo surge el sentido de la identidad: ahaṃkāra (el que hace, *kāra*, el yo, *aham*). Se erige así el contorno que distingue al sujeto –ya sea célula, estrella o criatura– del paisaje. El yo encuentra, tanto en sí como fuera de sí, cierta potencia y cierta resistencia. Lo cósmico se ha hecho personal. La dualidad de lo individual permite concebirlo no como una entidad separada de las demás, sino como una «personalidad» que no se halla exclusivamente en sí misma, sino también en su circunstancia, que se encuentra imbuida de una inteligencia cósmica.

De ahí que el yo sea un ente que asimila el pensamiento de otro, en este caso del paisaje imbuido de la inteligencia cósmica, en la que se refleja la luminosidad de la conciencia primordial. La presumida acción del yo es en sí teatro y no fuente. Esta es quizá la idea más original de la filosofía del sāṃkhya: la inspiración (la fuente) es el espíritu o conciencia, que se encuentra fuera del mundo y cuyo teatro es el individuo. El individuo es visto como el escenario de un drama cósmico. Se percibe aquí la influencia del budismo. Lo que llamamos seres y lo que convencionalmente consideramos individuos son espacios en los que resuena la libertad del espíritu, y lo que esta doctrina propone es aspirar a oír esa música mediante el discernimiento. No con el objetivo del recreo o del juego, sino para alcanzar una expresión plena y definitiva donde ya no quepa el sufrimiento.

De ambos, del intelecto y del sentido del yo, surge la mente, que hace posible la acción y la sensación y, por tanto, el nacimiento de lo subjetivo. Explicar esta evolución es relativamente sencillo. El principio de individuación se desdobla en lo psíquico y lo somático (ambas son evoluciones naturales).

A lo psíquico pertenecen la capacidad de argumentar y formar conceptos (saṃkalpa), el pensamiento reflexivo (manas), las facultades sensibles y la capacidad de acción. En paralelo surgen los elementos sutiles. En la filosofía del sāṃkhya, la función hace al órgano, y estos elementos sutiles crean en su faceta «tamásica» los elementos toscos (mahābhūta) que constituyen el mundo físico, el de lo propiamente material.

La tensión entre lo objetivo y lo subjetivo se resuelve del siguiente modo. Desde una perspectiva objetiva, el sāṃkhya define la transformación continua de la materia como un proceso tripartito cuya actividad, ordenación y objetivación se atribuyen respectivamente a rajas, sattva y tamas (lo objetivo está en cierto sentido muerto). Desde una perspectiva subjetiva, estas tres funciones se traducen en diversos estados emocionales: inquietud (rajas), discernimiento (sattva) o confusión (tamas). Toda la actividad del mundo, ya sea física o psíquica, se mueve según estos parámetros: la inquietud busca la satisfacción, el discernimiento busca la contemplación, la confusión busca la estabilidad. Aunque el discernimiento encuentre ocasionalmente estados de dicha, la búsqueda de satisfacción tiende inevitablemente a la frustración y el desánimo. El entendimiento cabal de este orden de cosas constituye el remedio para superar dichos estados de abatimiento.

Hay en el sāṃkhya un peculiar naturalismo. La mente y sus intenciones, el pensamiento y las ideas, las sensaciones, esperanzas y temores, el placer y la contemplación, el discernimiento y la reflexión, asociados a sattva y buddhi, no se diferencian esencialmente de los estados opacos y tortuosos asociados a tamas; ni siquiera de lo inerte e inactivo, de lo ineficaz o de lo que carece de capacidad de reacción, aunque esto se encuentre en peldaños inferiores del proceso evolutivo. De modo que la distinción convencional entre lo subjetivo y lo objetivo obedece a diferencias evolutivas y no esenciales o de raíz. Ambos son consecuencia natural de la combinación trigúṇica. Tanto los productos más refinados del intelecto como las vetas más duras del mineral tienen su origen en la naturaleza primordial. La conciencia de existir, el recuerdo o la evocación, la imaginación o el deseo son, desde esta perspectiva, procesos naturales hechos de una materia sutil. Pasado, presente y futuro resultan de la actividad trigúṇica. Cuanto existe, cuanto existió y existirá, desde el gran Brahmā hasta la más insignificante brizna de hierba, son resultado de dicha interacción. Es un modo de decir que el flujo de experiencias subjetivas, en el que se combinan el desasosiego, la contemplación y la confusión, no se diferencia de la objetividad, coherencia y tendencia de la naturaleza primordial. El dilema del mundo es el dilema del individuo.

La mente

Una de las singularidades de la filosofía india es que la mente se considera un sentido más, aunque el más refinado y complejo de todos. El «principio reflexivo» (manas o citta) es la sede y el centro de operaciones de los demás sentidos. Cuando estos se contradicen, como en el caso de un palo sumergido en el agua (que para la vista está quebrado, pero para el tacto es recto), la última palabra la tiene la mente. Las impresiones sensoriales son para el sāṃkhya un efecto inmediato del sentido de la identidad. La mente es la única facultad que toma parte en los sentidos objetivos y subjetivos, es decir, en la percepción cognitiva (buddhīndriya) y en la facultad de actuar (karmendriya); si no fuera así, la acción sería imposible. Esto no significa que los sentidos no actúen, sino que su actividad solo es reconocida mediante la intervención de la mente, que es donde se asocian los dos ámbitos y se generan las intenciones. Las características que definen la mente son la reflexión y el pensamiento.

¿De dónde procede la actividad de los sentidos? ¿Se trata de una actividad eterna o tuvo un comienzo? Los sentidos se ven impelidos incesantemente a cubrir sus necesidades. ¿Y qué hay detrás de esas apremiantes necesidades? La respuesta de los comentaristas es optimista: la liberación del espíritu. Ese es el objetivo último que mueve toda acción sensible; ese es el aliento, la mayoría de las veces ignorado, de la sensibilidad. Si no fuera así, el espíritu sería incapaz de discriminar entre sí mismo y el mundo natural inanimado. De modo que ese ímpetu se considera la respuesta al juego del espíritu, que se recrea y diversifica a través de la naturaleza para después liberarse de ella. Aunque, paradójicamente, ya está liberado (como nos lo recordará Śaṃkara) antes de que empiece el juego de la creación, que, insistimos, es una recreación en el doble sentido, cíclica y recreativa.

Según otra taxonomía, el sāṃkhya es una filosofía de la «enumeración» que clasifica los órganos en tres internos y diez externos. Los tres internos son el principio intelectivo, el sentido de la identidad y la mente. Los diez externos son las cinco facultades sensibles y las cinco facultades motoras. Esta nueva clasificación apunta a una definición de la naturaleza del tiempo. Los órganos externos operan únicamente en el presente, mientras que los internos lo hacen en relación con el pasado, el presente y el futuro (aunque sería más propio decir que actúan en el origen: el espíritu). Entre los órganos externos, las facultades sensibles operan tanto sobre los elementos sutiles como sobre los físicos, mientras que las cinco facultades motoras lo hacen tan solo sobre los elementos físicos. De nuevo se subraya la superioridad, tanto creativa como en lo que se refiere a su alcance, de la percepción sobre la acción.

La clasificación anterior supone una jerarquía. Los órganos internos tienen la capacidad de actuar sobre el resto de los principios y a lo largo de todos los segmentos de la flecha del tiempo. Entre todos ellos, el principio intelectivo es el supremo, dado que el sentido del yo y la reflexión operan sobre sus respectivos campos y presentan sus resultados al principio intelectivo, que a su vez los remite, con sus propias adiciones y modificaciones, al ojo «discriminativo» del espíritu. El principio intelectivo es por tanto el representante del espíritu en el mundo natural, pues no solo se encuentra en el inicio de la evolución creadora para la recreación (y, a la postre, liberación) del espíritu, sino que también sirve de enlace entre el ámbito natural y el ámbito de la conciencia.

Al ser producto de la materia primordial, la mente tiene una naturaleza gúṇica y su función cognitiva consiste en adquirir la forma de los objetos que conoce mediante la transformación de su propia constitución interna. Un fenómeno parecido al de la plasticidad del cerebro según las neurociencias modernas. Se trata de una sustancia altamente maleable, capaz de adoptar formas muy diversas en función del recorrido de su experiencia. Esta flexibilidad no implica en absoluto que la mente contribuya a crear el mundo, aunque sí al modo de experimentarlo. La mente es mundo y circunstancia, pero puede liberarse según su manera de reaccionar a ello. Como dice un viejo dicho hindú, las circunstancias pueden quitártelo todo, menos el modo en que las afrontes.

El cuerpo sutil

El término sánscrito *liṅga* posee una gran riqueza semántica: es el signo distintivo, la marca, la señal. Es también el órgano sexual masculino, cuya expresión religiosa y devocional es el falo de Śiva. En gramática es el género; en lógica, el signo inferencial. Para la filosofía del sāṃkhya es el «cuerpo insigne» (liṅgaśarīra) que hace efectiva la transmigración y la explica. Dicho cuerpo se encuentra marcado o señalado por las existencias previas y, dado que no está constituido por elementos físicos (aunque, como veremos, se adhiere a ellos), se llama también «cuerpo sutil». Siendo producto de la naturaleza primordial, el cuerpo sutil no conoce limitaciones espaciales ni temporales y dura todo un ciclo cósmico, de ahí que otro de sus nombres sea «cuerpo astral».

El cuerpo insigne está compuesto por los tres órganos internos (el principio intelectivo o inteligencia cósmica, el sentido de la identidad y la mente), los diez órganos externos y los cinco elementos sutiles. Es incapaz de tener experiencias, pero se ve afectado por las inclinaciones que atañen al principio intelectivo, de ahí que renazca. Está prendido del cuerpo físico, que se compone de los cinco elementos (espacio, agua, fuego, aire y tierra), y es el factor que lo anima y le da vida. En el momento de la muerte, el cuerpo insigne se desprende de estos elementos físicos y transmigra.

En general se ha considerado que la idea de un cuerpo sutil o astral, eslabón entre el alma particular y el logos universal, derivaba de la filosofía de Platón. Concretamente, del mito de Er, la leyenda escatológica que clausura *La República*. El cuerpo del soldado Er, muerto en la guerra, es encontrado incorrupto entre los cadáveres diez días después del fin de la contienda. Cuando lo llevan a casa y lo tienden en la pira, vuelve a la vida y cuenta lo que ha visto. Al salir de su cuerpo, su alma se puso en marcha junto a muchas otras hasta que llegaron a un lugar maravilloso, donde unos jueces mandaban a los justos que tomaran el camino de la derecha, por una abertura en los cielos, y a los demás el de la izquierda, por una abertura en la tierra. Y había almas que salían sucias de la tierra y otras que venían del cielo y hablaban de visiones de indecible belleza. Cada alma que se iba pagaba la pena por sus injusticias y ofensas. Las que regresaban volvían a encarnarse. Y no es el Hado el que las elige, sino que ellas mismas escogen su Hado y su género de vida, la mayoría de las veces según aquello a lo que estaban habituadas en su vida anterior. Algo que concuerda con las concepciones indias del karma y, en el caso del sāṃkhya, del carácter gúṇico del cuerpo sutil.

Probablemente la idea de un cuerpo astral como entidad relacionada con los cielos planetarios sea mucho más antigua que Platón y se remonte a un origen egipcio o védico. La idea hunde sus raíces en los relatos sobre la vida después de la muerte. Despojada del cuerpo, el alma asciende y viaja en su cuerpo sutil (llamado a veces «cuerpo de sueño») a los reinos superiores, cielos, infiernos o ámbitos purgativos. En el mundo grecorromano, este relato se encuentra en *El sueño de Escipión*, de Cicerón. A veces el cuerpo astral se percibe como un aura de color y se relaciona con toda una serie de experiencias, arquetipos, símbolos oníricos, recuerdos, seres espirituales y paisajes visionarios.

En el sāṃkhya, llegado el momento de la disolución cósmica, el cuerpo astral es reabsorbido por la que fue su causa, la naturaleza primordial. Este cuerpo sutil está impregnado de percepciones y no puede subsistir sin el soporte de los cinco elementos sutiles (lo sonoro, lo luminoso, lo táctil, lo oloroso y lo gustativo). Su impulso se debe al propósito del espíritu gracias al poder omnipresente de la naturaleza. Se lo compara con un actor que asume diferentes papeles, pues, al asociarse con las diversas predisposiciones del principio intelectivo, asume distintos cuerpos. Es por tanto el sujeto que transmigra y experimenta el sufrimiento del nacimiento y la muerte. El espíritu, reflejado en el cuerpo sutil a través de la inteligencia, sufre ese dolor como si afectara a su propio cuerpo y es el verdadero sujeto de la experiencia, aunque el yo crea que es él.

El renacer

El sāṃkhya, como la mayoría de las escuelas de pensamiento indias, abordó la cuestión de lo que ata y de lo que libera, y ofreció su propio modelo del proceso del renacimiento y la transmigración. Ya hemos visto que los veinticinco principios, desde el principio intelectivo hacia abajo, constituyen un mecanismo impulsado por el proceso de transformación de los guṇa, que funciona como una ley de conservación de la energía que gobierna las evoluciones de la naturaleza según una estricta causalidad. Sin embargo, el ámbito constitutivo no agota lo real. A él se añaden un ámbito proyectivo y un ámbito final (o de los frutos). Al primero pertenecen las ocho inclinaciones de la inteligencia, que se agrupan en cuatro parejas de opuestos: la predisposición al dharma o su rechazo, la propensión al conocimiento o la ignorancia, la querencia por el poder o la impotencia, y el apego por las cosas o el desprendimiento de estas. Esas ocho inclinaciones, que representan las posibilidades de la inteligencia, se denominan *causas eficientes* y tienen como consecuencia las diversas trayectorias opuestas que puede tomar el cuerpo sutil en la existencia: ascendente o descendente, libre o prisionera, de dominio sobre la vida o de desorientación y, por último, de inmersión en la naturaleza primordial o de empeño y compromiso con el saṃsāra. Estas predisposiciones del liṅga son innatas, pero su dominio o intensidad pueden modificarse a lo largo de una vida.

El cuerpo sutil es el encargado de transportar un conjunto o constelación de dichas inclinaciones de una existencia a la subsiguiente y de integrarlas en el cuerpo físico. Funcionan como una especie de código genético que predisponen al nuevo ser a una determinada forma de vida. Sin embargo, el liṅga no puede operar sin la existencia del cuerpo físico, que se encuentra atravesado por cinco vientos o alientos: respiración (prāṇa), excreción (apāna), digestión (samāna), aliento ascendente (udāna) y aliento difuso (vyāna). Es interesante observar como el autor del *Yuktidīpikā* relaciona estos «alientos» con ciertas actitudes sociales. La fisiología cumple aquí una función social: prāṇa se asocia con la obediencia, apāna con el medrar, samāna con la solidaridad, udāna con el sentido de superioridad y vyāna con la devoción y el amor. De nuevo estamos cerca de Hipócrates. Los cinco móviles o fundamentos de la acción (que la *Yuktidīpikā* asocia a los cinco alientos mencionados) son la perseverancia, la fe, el deseo de satisfacción, el deseo de conocer y el deseo de ignorar.

Todos estos factores configuran las diferentes rutas del renacer y organizan el mundo psicofísico de los seres en diferentes ámbitos (divinos, humanos, animales), que son las diversas formas de vida consciente aceptadas por el sāṃkhya: ocho paraísos donde moran los dioses, un ámbito humano y cinco ámbitos animales. Mediante el desapego se alcanza un estado de absorción en los elementos sutiles y se disfruta temporalmente de un estado de dicha, pero se vuelve a renacer sujeto a ataduras. Esa clasificación es consecuencia de la distribución constitutiva de los guṇa en cada uno de los seres. Así, sattva predomina en los paraísos, rajas entre los hombres y tamas en los mundos inferiores de los animales. Pero todo este proceso de distribución del ser tiene su origen en la naturaleza primordial, cuyo propósito es atender a las necesidades de un espíritu con sed de aventura (diversificación, pseudoatadura y pseudoliberación). Y la naturaleza se describe como la gran benefactora, la madre que no exige al espíritu compensación alguna por todos sus desvelos. El espíritu busca emanciparse, aunque en realidad nunca ha estado atado. Cuando lo logre, ella se retirará como lo hace una actriz una vez que ha representado su papel sobre el escenario. Y todas las inquietudes y zozobras que el espíritu creía propias le parecerán ahora ilusiones.

Ninguna de las grandes escuelas de pensamiento de la India puede entenderse al margen del concepto de liberación. Este constituye su *leitmotiv*. Podría decirse que la filosofía india surge como justificación teórica de una liberación que se da por sentada. Cada una de las escuelas traza su propio mapa hacia ese logro, y el sāṃkhya no es una excepción. Mediante la virtud, el cuerpo sutil asciende a ámbitos de existencia más elevados, pero la emancipación definitiva es consecuencia del discernimiento intelectual. Esa es la peculiaridad del sāṃkhya: que la liberación pase por la filosofía, por una comprensión experiencial de las relaciones entre el espíritu y la naturaleza. El espíritu descubre así su verdadera condición (despojado de la naturaleza con la que parecía comprometido) y se contempla a sí mismo sin atributos (al margen de los tres guṇa que constituyen el mundo natural).

Las facultades

Dentro de la cosmología sāṃkhya se produce, a partir del sentido de la identidad, un nuevo desdoblamiento en un mundo mental, interno, que podríamos considerar psicológico, y otro físico, externo, aunque estrictamente ambos sean evoluciones de la naturaleza primordial y carezcan de actividad consciente propia. El primero lo componen once elementos (la mente, los cinco sentidos y las cinco capacidades), mientras que el segundo está constituido por los cinco grandes elementos físicos (mahābhūta, lo que hoy llamaríamos *materia*, que en el sāṃkhya es un sedimento tardío de la evolución cósmica). Los dos mundos son consecuencia de la actividad de rajas. La diferencia fundamental entre ambos es que el primero, el mental e interno, participa en alto grado del guṇa sattva, siendo por tanto luminoso e iluminador (aunque su luz sea prestada), al tiempo que el segundo, el físico y externo, es consecuencia del sentido de la identidad, ya que es afectado principalmente por el guṇa tamas. Sin embargo, la actividad transformadora a la que dan lugar estos mundos interno y externo no sería posible sin el impulso de una fuerza motriz representada por el guṇa rajas, pues sattva y tamas, cada uno a su manera, son ineficaces y carecen de la capacidad de actuar.

Así, las facultades (la sensibilidad y la capacidad de actuar) son efecto inmediato del sentido de la identidad y están constituidas principalmente por la luminosidad reflejada del sattva. Como hemos visto, se dividen en aquellas asociadas a la percepción y aquellas asociadas a la acción. Según Vācaspati Miśra, se denominan *indriya* por tener las cualidades del dios Indra. En las facultades hay que incluir a la mente, la más sofisticada de todas ellas y el centro de operaciones tanto de la percepción como de la acción. La mente se define como facultad deliberativa (saṃkalpaka), pues distingue lo semejante de lo diferente, atribuye propiedades e identifica; y como principio reflexivo, pues suministra formas y cualificaciones a la percepción directa de un objeto.

Elementos sutiles y elementos físicos

La primera manifestación de la naturaleza primordial es esencialmente sáttvica, y de dicho fundamento emerge el resto del cosmos. Decir que el primer producto que destila el universo es la inteligencia es ya decir mucho. El cosmos, como en Platón, es en esencia bueno, si por bondad entendemos aquello que es claro e iluminador. Esa primera luz comprende la inteligencia de todo organismo individual (lo que es y lo que proyecta ser), además de los elementos físicos que son resultado de su evolución. No estamos hablando únicamente de la inteligencia de los cuerpos. La respiración, la percepción o la destreza tienen la suya propia, y también hay una inteligencia del agua, del fuego o del espacio.

Del sentido de la identidad surge una bifurcación que da paso a dos corrientes evolutivas, una sáttvica y otra tamásica. El guṇa rajas sirve en ambas de dinamizador de las transformaciones. La primera corriente desarrolla las capacidades cognitivas del organismo (la mente y los sentidos) y sus capacidades de acción. La segunda corriente produce, gracias al carácter sáttvico de buddhi, formas aladas (los elementos sutiles –tanmātra–) y, mediante sus componentes tamásicos, formas pesadas (los elementos físicos –mahābhūta–, que se caracterizan por su homogeneidad, inercia y solidez).

Los elementos sutiles, cuya naturaleza es la percepción, tienen capacidad generativa y crean los grandes elementos físicos. ¿Cómo se realiza dicho proceso? Vācaspati Miśra lo explica con claridad. Del primer elemento sutil, el sonido (origen, según la tradición védica, de todo lo manifiesto), surge el espacio (ākāśa), que se caracteriza por lo sonoro (śabda), entendido implícitamente como una vibración del espacio. De la combinación del sonido con el segundo elemento sutil, lo táctil (sparśa), surge el aire o viento (Vāyu), que se caracteriza por lo táctil y lo sonoro. Del mismo modo, de la fusión de lo sonoro, lo táctil y lo visual (rūpa) surge el fuego (tejas), asociado a lo luminoso. Si a lo sonoro, lo táctil y lo visual les añadimos el gusto (rasa), surge el elemento líquido, el agua (jala). Finalmente, de la combinación de los cuatro elementos sutiles con el olfato (gandha) surge la tierra (pṛthivī).

La palabra sánscrita *bhūta* designa 'lo que ha sido', lo formado y creado, lo pretérito y anterior (de ahí que en la mitología india se asocie a fantasmas y espectros). Los cinco grandes elementos, o elementos físicos (tierra, agua, fuego, aire y espacio), son bhūta precisamente por tratarse de formaciones o sedimentos de los elementos sutiles. De nuevo, el énfasis generativo se pone en la percepción, como ocurre a menudo en el pensamiento indio. Lo perceptivo crea el ámbito donde desarrollarse. La función hace al órgano. El espacio se considera evolución del sonido, el aire del tacto, el fuego de la forma, el agua del gusto y la tierra del olfato.

El predominio de los elementos sutiles sobre los físicos se hace patente en su duración. Los primeros son eternos, mientras que los segundos se desvanecen cada vez que se cierra un ciclo cósmico y el universo se diluye, para entrar en un estado latente en el que los guṇa regresan al equilibrio.

Lo contingente y lo limitado, lo que se da en el mundo natural, se define aquí como «ser para otro» y se representa mediante el principio femenino. Como hemos visto, el mundo natural, emanado de la naturaleza primordial, tiene como elementos constitutivos los tres guṇa, que en última instancia consisten en sensaciones de serenidad, inquietud o confusión. Todo lo originado a partir del principio intelectivo goza de esa condición «transitiva», del mismo modo que los objetos tienen cierta función: por ejemplo, una silla y una chaqueta «son para» sentarse y abrigarse respectivamente. De nuevo, la inferencia presenta una naturaleza típicamente experiencial (más que experimental), muy característica del sāṃkhya. Estamos acostumbrados a explicar la percepción partiendo de los elementos físicos o materiales (el órgano sensible, el fotón, la neurona, etcétera), pero aquí es la materia misma la que se explica mediante lo que se experimenta, mediante lo que se percibe o siente: serenidad, inquietud o confusión.

Este matiz es importante en el conjunto del sistema, pues el razonamiento para justificar la existencia del espíritu se basa en el conocimiento como experiencia. Desde esta perspectiva, la experiencia se estructura a través de sensaciones (sattva, rajas y tamas) en continua fluctuación e interacción. Explicar dicho proceso de transformación en función de otros estados cuya naturaleza sería también trigúṇica nos conduciría a una regresión infinita. Es necesario postular un fundamento estable a todo ese cambio, inferir el reverso del mundo natural (de todas nuestras experiencias sensibles y reflexivas). Siendo el mundo natural discreto, subjetivo, inquieto, dicho reverso deberá ser completo, objetivo, sereno, como lo es precisamente el espíritu o la conciencia original. Un fin en sí mismo y no un «ser para otro» como es habitual.

Siguiendo este razonamiento, se deduce la existencia al margen de la naturaleza de un espíritu que es la sede de las experiencias, ya que la naturaleza es en sí misma ciega e inconsciente. Cada uno de nosotros experimenta a diario sensaciones agradables o desagradables, placenteras o dolorosas. ¿Dónde se producen? No en el sujeto empírico, que está hecho de esas mismas sensaciones, sino en una entidad más allá de la propia sensación. Como se ha dicho, si las sensaciones fueran agradables o desagradables para el principio intelectivo y sus derivados, ello implicaría un argumento circular: la sensación no puede ser sujeto de la sensación, dado que la intelección misma está constituida por ellas. De modo que todo aquello que es dicha, inquietud o confusión debe ser evaluado por un agente externo, independientemente de esa tríada. Ese testigo externo es el puruṣa.

El lugar de la conciencia

Como se ha podido entrever por lo dicho hasta ahora, la conciencia sin contenido que es el espíritu no es en modo alguno moral. No supone un conocimiento del bien y del mal, sino que está relacionada con la advertencia o el reconocimiento de algo, una modificación interna experimentada por la propia mente. Al margen de su sentido moral, el término latino *conscientĭa*, calco del griego συνείδησις, puede desdoblarse en tres sentidos: el psicológico, el epistemológico y el metafísico. En cuanto al primero, la conciencia es el apercibimiento de la propia identidad, aunque también puede hablarse de la conciencia de un objeto o de una situación, siendo estas conscientes en la medida en que constituyen modificaciones del yo psicológico. De ahí el salto al sentido epistemológico, para el cual la conciencia es el sujeto del conocimiento, lo que establece la siguiente relación: [conciencia/sujeto] ↔ [objeto]. Solo en su significado metafísico las nociones occidentales de conciencia se acercan a la idea del sāṃkhya. Dada su naturaleza originaria, el puruṣa no solo es anterior a cualquier realidad psicológica o epistemológica, sino su fundamento mismo. El vínculo común a estos tres sentidos es el carácter unificado y unificante de la conciencia. La conciencia es, desde esta perspectiva, una tendencia hacia la unidad y el fundamento mismo de esta. Una unidad plural, como en las mónadas de Leibniz, pues innumerables son los puruṣa, que no se debe confundir con el sentido de la identidad, que en el sāṃkhya es producto, tardío y material, de la inteligencia.

Conviene matizar dicha relación del puruṣa con el acto de percatarse de algo, ya sea interno o externo. Para el sāṃkhya, la conciencia no es una facultad que puedan ejercer o no los seres, sino una realidad metafísica que trasciende el espacio y el tiempo, que se encuentra más allá de toda contingencia y de toda transformación. Lo que los seres hacen cuando son conscientes de algo es ejercer una actividad mental propia, combinación de los tres órganos internos. Y tal actividad, mediante el discernimiento de la diferencia entre esa misma actividad y la conciencia metafísica del puruṣa, es capaz de «liberar» al propio puruṣa. Desde esta perspectiva puede decirse que la conciencia humana no es intencional, aunque así lo crea; es conciencia refleja, aunque se crea directa; y carece de objeto, aunque se crea sensitiva e intelectiva. La tradición filosófica europea ha discutido desde antiguo sobre la intencionalidad o no intencionalidad de la conciencia. Generalmente, quienes la han considerado una cosa cualquiera han negado su intencionalidad y han sostenido que simplemente se trata de una facultad y un foco de actividades. Por el contrario, la tradición filosófica cristiana (Agustín, Tomás de Aquino, Descartes) optó por atribuir a la conciencia una naturaleza intencional. El sāṃkhya, como hemos visto, admite el carácter metafísico de la conciencia y asume sin cortapisas la consecuencia lógica de esta premisa: la falta de intencionalidad de la conciencia. Para este sistema filosófico, la identidad de la persona, solo asumible en su liberación, no es un asunto empírico sino trascendental.

El magnetismo original

En el sāṃkhya no encontramos la idea hegeliana de una conciencia que se trasciende continuamente a sí misma, ni un despliegue de la conciencia que se identifique con el despliegue de la realidad o la historia, tampoco la determinación de los grados o figuras de la propia conciencia a lo largo de todo el proceso. La conciencia sin contenido del puruṣa es inactiva e independiente del mundo empírico, carece de intencionalidad, no es ni continente ni contenido, pero se «refleja» en dicho mundo empírico. El sāṃkhya no especifica las condiciones de dicho vínculo o imbricación, tampoco identifica la conciencia con la existencia. El puruṣa no es una extensión de la vida, sino su fundamento primero. En este sentido, carece de temporalidad, espacialidad, historicidad, memoria y duración. No es posible definirlo mediante categorías empíricas, pues se trata de una conciencia ausente para la que hay que descartar cualquier relación causal. Para concebirla, hay que considerarla el reverso de lo contingente. La naturaleza es necesidad, la conciencia es libertad. Y la audaz propuesta del sāṃkhya es que la vida consciente puede encontrar el modo de reconciliarlas. No es que la conciencia y la naturaleza primordiales deriven de una fuente común, sino que la primera sirve de catalizador para el despliegue de la segunda, es decir, el proceso de transformación que es el mundo natural lo causa un espíritu que no se altera en el curso de la evolución. Vācaspati Miśra aclara el asunto recurriendo a la metáfora del espejo, una de las favoritas de Nāgārjuna y, en general, del budismo. La conciencia se refleja en el intelecto sin verse afectada por ello. Dicho reflejo hace posible lo que llamamos *experiencia consciente*, pero no implica modificación alguna por parte de la conciencia. Se ilustra mediante la imagen de la luna en un estanque, que puede deformarse por el movimiento del agua sin que por ello la luna se vea afectada. La metáfora será matizada posteriormente por Vijñānabikṣu, que establece una doble reflexión: la conciencia del puruṣa se refleja en el intelecto, y ese reflejo regresa a su vez al puruṣa. Sea como fuere, lo decisivo aquí es que el intelecto, puro sattva, se considera un sucedáneo del puruṣa, es decir, una sustancia que, por tener propiedades parecidas a otra, puede reemplazarla, pero sin olvidar la jerarquía que hay entre ambas.

Hay otras metáforas que explican esta configuración original. Vācaspati Miśra afirma que el puruṣa es el testigo, espectador o sujeto de la percepción, inmutable, neutral e imparcial, y sujeto asimismo de la emancipación final. El mundo natural exhibe sus manifestaciones y creaciones ante el espíritu, que es testigo y sujeto de su percepción, sin que él mismo las produzca por ser esencialmente inactivo. Las relaciones entre puruṣa y prakṛti (el mundo como acto de amor, como unión de un principio masculino y otro femenino), su imbricación o reciprocidad, se explican mediante la alegoría del cojo y el ciego, cuya asociación produce lo creado. El cojo no puede andar, pero sí ver el camino; el ciego puede andar, pero no avanzar sin la guía del cojo. El cojo se sube a hombros del ciego y ambos recorren el camino. El cojo es el puruṣa; el ciego, la prakṛti. De esa asociación procede la creación (el mundo manifiesto); sin ella, no habría de qué liberarse. Dicha reciprocidad suscita en el espíritu la impresión de que él mismo se compone de los tres guṇa; deshacer este malentendido es lo que conduce a su «liberación» (engañosa, pues ya está liberado).

Otra explicación de por qué el espíritu no se ve afectado por las transformaciones del mundo natural es la falta de contacto. El vínculo no se produce a través de los sentidos, sino de las imágenes creadas en la mente gracias a la percepción.

Se trata de un contacto de imágenes, y la imagen es fundamentalmente luminosa (sáttvica). Aunque uno imagine reinos de oscuridad, la imaginación misma requiere de luz. Ese conocimiento, por tanto, no altera la condición del espíritu. Es entonces cuando se pone en juego la analogía del cristal de cuarzo, ejemplo perfecto de la transparencia esencial del puruṣa. Cuando el cuarzo se coloca frente a una rosa, adquiere el color rojo de la rosa sin que en realidad cambie su naturaleza ni se vea afectado por la rojez. Dicha proximidad entre puruṣa y prakṛti permite la transferencia unidireccional de los procesos mentales de la naturaleza hacia el puruṣa, lo que crea la ilusión de que es la naturaleza la que experimenta la conciencia, cuando en realidad lo hace el puruṣa. Es como cuando sufrimos una herida en la pierna y la sentimos desde el cerebro, no en el cerebro. La naturaleza es esencialmente inconsciente, pero mediante ese proceso de transferencia tiene la impresión de ser ella la que experimenta, cuando en realidad esa experiencia es exterior a ella. El espíritu está siempre presente en las experiencias conscientes, pero su presencia es la de un testigo que se mantiene al margen y en el que no se da ningún tipo de transformación, de ahí que se considere inmutable y sin contenido.

Vācaspati Miśra llama saṃyoga a esa proximidad y coexistencia que no implica contacto. Una coexistencia eterna, sin comienzo, que permite a la mente iluminarse con la luz del puruṣa, como si tuviera luminosidad propia, y al puruṣa presenciar los procesos mentales. La naturaleza es así el objeto visible de una conciencia pasiva que la «activa» con su mera presencia. Y el intelecto se concibe entonces como la capacidad de dotarse de una conciencia ajena, por así decirlo, no innata sino adquirida.

Nos encontramos aquí ante un doble equívoco que va de lo empírico a lo metafísico y de lo metafísico a lo empírico. En el primer caso, el mundo en transformación y la experiencia que tenemos de él, siendo completamente reales, se hallan distorsionados por la ilusión de que la conciencia del puruṣa está atrapada en el proceso causal de los guṇa. En el segundo, ese mismo mundo empírico en transformación produce la ilusión de estar dotado de conciencia, mostrando una falsa autosuficiencia y estrechez, y creando la impresión de no necesitar nada exterior. La postura del sāṃkhya se asienta en la negación de ambas posibilidades. La primera por contradecir la existencia de un espíritu inmutable y eterno (herencia del pensamiento védico), la segunda por impedir la posibilidad de la liberación (herencia del yoga).

Un dualismo solo aparente

El término sánscrito *puruṣa* significa literalmente 'persona'. Los ecos del mito védico del hombre primordial, cuya inmolación da lugar al mundo, y del ātman de las upaniṣad son aquí evidentes. Y, sin embargo, de algún modo se presiente la influencia del budismo primitivo y su negación del ātman. No faltan testimonios de encuentros y debates entre el sāṃkhya y el budismo. El sāṃkhya oscila por tanto entre un materialismo radical (de tipo cārvāka) y un idealismo sustentado en una conciencia pura e inmutable que no solo es testigo del mundo de los fenómenos y los seres, sin verse afectada por sus transformaciones, sino que también es el principio que desencadena su manifestación a partir de un estado latente de equilibrio.

Esta es la peculiaridad del dualismo del sāṃkhya, tan alejado de lo que la filosofía moderna ha entendido por dualismo que es dudoso que merezca dicha etiqueta. Lo que comúnmente llamamos espiritual, en el sāṃkhya es material, mientras que lo privado es cósmico, el pensamiento es extensión. En cierto sentido, la propuesta misma de un proceso tripartito que subyace a las transformaciones y evoluciones del mundo puede verse como una crítica del dualismo, ya se trate del ātman-anātman (upaniṣad-budismo), del jīva-ajīva de los jainas o del debate postrero entre realistas del nyāya e idealistas del budismo mahāyāna.

La palabra *dualismo* es reciente. Ni siquiera los maniqueos la utilizaban. Apareció en Europa a caballo entre los siglos XVII y XVIII, de la mano de Hyde, Leibniz y Bayle. Christian Wolff le daría posteriormente un significado filosófico. Para Wolff, dualistas eran aquellos que admitían la existencia de sustancias materiales e inmateriales, concediendo a los cuerpos una existencia real fuera de las almas y considerando inmateriales a las propias almas. Cosmológicamente, esto suponía admitir dos principios, lo espiritual y lo material; figuradamente, la luz y la oscuridad, y moralmente, el bien y el mal. Si rastreamos los diversos dualismos que se han dado a lo largo de la historia, veremos que la mayoría afirma la existencia de dos sustancias o ámbitos esencialmente diferentes. El más célebre es quizá el de Platón: mundo sensible y mundo inteligible, que influye en los dualismos gnósticos y maniqueos. La pregunta se repetirá en el transcurso de la historia del pensamiento. Se trata de averiguar si el universo se encuentra regido por un único principio o es el espacio de confrontación (o convivencia) de dos principios irreductibles. A esta cuestión se añadirá otra: en el caso de haber un único principio, ¿es posible que se transforme hasta el punto de acabar convertido en su opuesto? Tras el Renacimiento, de tendencia monista, el dualismo revive en la Edad Moderna con Descartes y su concepción de las relaciones entre la mente y el cuerpo: *res cogitans* y *res extensa*, de amplia resonancia en el pensamiento contemporáneo. No obstante, el trato entre los dos principios puede ser muy variado. De manera general, el catálogo de relaciones puede organizarse en tres categorías: hostilidad, colaboración y complementariedad. Obsérvese la ausencia de la idea de jerarquía, que podría transformar el dualismo en monismo, como sostienen algunos neoplatónicos. El dualismo requiere que las sustancias o principios sean insubordinables[4].

El puruṣa no es un principio inteligible, ya que, como se ha dicho, la inteligencia es resultado de su asociación con la naturaleza. El espíritu no es inteligente, pero hace posible la inteligencia; no es observador, pero hace posible la observación. Es el agente que piensa y siente, es la voluntad de todo lo que quiere, la fuente de todas las funciones de la mente, el verdadero sujeto más allá del sentido del yo. Ese espíritu carece de los atributos (guṇa) de la naturaleza. Si estuviera dotado de ellos, la liberación no sería posible, y entonces la filosofía carecería de sentido. El espíritu puede incurrir en el error de creer que las sensaciones e impresiones le pertenecen. En consecuencia, experimenta la ilusión del placer o del dolor, de la dicha o la enfermedad. La liberación consiste en deshacer ese malentendido.

Vācaspati Miśra, comentando la estrofa 17 de la *Sāṃkhya kārikā*, ilustra el tipo de argumentos que justifican una conciencia sin atributos, inmutable y eterna, testigo de las transformaciones del mundo y, al mismo tiempo, sujeto que experimenta dichas transformaciones, aunque el sujeto empírico tenga la impresión de ser él quien las vive. La estrofa dice así:

> Dado que todas las cosas compuestas «son para otro», debe existir un reverso que atestigüe y experimente las transformaciones de todo aquello compuesto por tres atributos, y cuya inclinación sea la liberación.

Decir que todos los procesos de la mente derivan de la naturaleza supone adherirse al materialismo (a la usanza de la neurociencia moderna, que asocia los procesos conscientes a la actividad del cerebro). Para el sāṃkhya, las experiencias intelectuales, personales y mentales (buddhi, ahaṃkāra, manas), los sentimientos, ya sean de frustración o satisfacción, y, en general, todo aquello que hoy consideraríamos estrictamente privado, son simples reflejos sutiles de la distribución de los guṇa en los diferentes seres. Estos se hallan inmersos en la ilusión de que todas sus experiencias les pertenecen, les son propias, y el sāṃkhya se propone como remedio para deshacer tal entuerto.

El puruṣa se define como aquello que trasciende el dominio de la actividad trigúṇica, como su reverso mismo, y, paradójicamente, como el *motivo* que desencadena la evolución cósmica. Decimos «paradójicamente» porque el puruṣa se considera inmutable (es lo inmóvil que hace posible lo móvil, lo perenne que hace posible el cambio) y carece de intenciones. Quizá sea esta la hipótesis más formidable de la filosofía del sāṃkhya. ¿Cómo pudo aquello que carece de intenciones verse enredado en los laberintos de la materia y buscar, a partir de ellos, su postrera liberación? ¿En qué condiciones se efectúa dicho enredo si el puruṣa carece de contenido y no se ve afectado por ninguna de dichas transformaciones? O, en términos cosmogónicos, ¿cómo es posible que lo potencial (avyakta), el perfecto equilibrio de los guṇa, se tornara manifiesto al principio de cada ciclo cósmico?

Frente a la indiferencia de esta conciencia inmutable y sin contenido (mera luz blanca donde no son posibles las distinciones), incapaz de actividad y propósito, encontramos la facultad humana (y de otros seres) de percibir, sentir y advertir la existencia propia o la de los demás: *cittavṛtti*, 'la actividad de reconocer al otro' (incluido el yo cuando se contempla a sí mismo). Esta facultad sí está dotada de intenciones, al hallarse enredada en las redes del deseo. El puruṣa es cósmico y plural (después veremos cómo), mientras que *cittavṛtti* es privada y condicionada, pero capaz de reflejar la conciencia sin contenido del puruṣa, cuya presencia pasiva y testimonial es su reverso.

Liberación intelectual

Los textos establecen que mediante el ejercicio constante y riguroso de la meditación sobre estas verdades se obtiene la capacidad de distinguir el espíritu de la materia. De nuevo hay aquí un paralelismo con el budismo: en un fogonazo de optimismo, se sostiene que, aunque la inercia de la ignorancia es poderosa y tan vieja como el mundo, es posible apartarla por medio del conocimiento cabal.

> Pues la inclinación hacia la verdad es propia de la buddhi, como también afirman los budistas: ninguna contradicción puede alejar

del conocimiento perfecto de los objetos, pues tal es la *inclinación* de la inteligencia.

Se establece así una forma de conocimiento: «Yo no soy, nada me pertenece y no existo». «Yo no soy» excluye la posibilidad de la actividad del espíritu. Por tanto, todas las acciones, ya sean internas o externas (la determinación, el sentido de la identidad, la reflexión, la percepción, etcétera), quedan excluidas del espíritu. Así surge la idea de «yo no soy». «Yo» implica aquí empeño o diligencia, como en «yo me alimento» o «yo doy», algo que no puede concernir al espíritu por ser este inactivo. De ahí la idea de que «nada me pertenece», pues solo el que lleva a cabo la acción puede poseer algo.

Vyāsa, en su célebre comentario a los *Yogasūtra* de Patañjali, afirma, en un tono de marcado carácter budista, que es la ignorancia la que causa la existencia y que nadie nace sin ella. Dicha ignorancia es consecuencia del sentido del yo (asmitā), que asocia la percepción al sujeto de la percepción, cuando en realidad el sujeto de la experiencia es el puruṣa, que se sirve de la mente (hecha de materia sutil) para recrearse en la contemplación de la naturaleza. La mente se limita a ejercer de intermediaria en este proceso, pues tiene la facultad de participar simultáneamente del objeto percibido (prakṛti) y del sujeto perceptor (puruṣa). La mente participa de los dos mundos; es la única capaz de sintetizar la dualidad fundamental del cosmos[5].

Vācaspati Miśra concluye su tratado con una exaltación de la filosofía:

> En posesión de este saber, el espíritu, espectador puro, desocupado y serenísimo, contempla la naturaleza, que, bajo la fuerza del verdadero conocimiento, ha vuelto a su estado original

después de un período de prolífica actividad. «Ella ha sido vista por mí», dice el espíritu antes de retirarse. «He sido contemplada», dice la naturaleza, y cesa de actuar, no habiendo ya motivo para nuevas creaciones.

Y el comentarista hace una última puntualización: el conocimiento que el espíritu discierne de la naturaleza es, como se dijo, una modificación de la naturaleza misma, y el espíritu lo toma como si le perteneciera a él. Sin embargo, cuando se ha producido semejante conocimiento, la conexión entre espíritu y naturaleza cesa y, por tanto, el espíritu deja de sentir o percibir. El espíritu no es capaz por sí mismo de producir este discernimiento, que es propiedad de la naturaleza, una emanación de la inteligencia. Y el espíritu que lo ha obtenido carece de propósitos propios. La experiencia de la existencia y la emancipación de ella, el drama del mundo, siendo el propósito del espíritu, suministran el *motivo* de las operaciones de la naturaleza; pero cuando ya no son el propósito, dejan también de ser *motivos* de la actividad natural.

Finalmente, se explica qué ocurre cuando se ha producido el discernimiento liberador. El espíritu continúa *investido* en el cuerpo como la rueda del alfarero sigue girando por la fuerza de un impulso previo. La naturaleza ya ha cumplido su objetivo con relación al espíritu y deja de actuar, de modo que el espíritu queda liberado de los sufrimientos de la actividad gúṇica. Esta es la enseñanza del linaje del sāṃkhya, iniciado por Kapila y su discípulo Āsuri, y preservado por Pañcaśikṣa e Īśvarakṛṣṇa.

Un mundo plural

El sāṃkhya, como el budismo, es pluralista. Reconoce una multiplicidad de puruṣa, lo que contrasta con la tendencia al monismo de las corrientes dominantes del pensamiento brahmánico. Mientras que para el vedānta la materia es diversa y el espíritu que la anima único, para el sāṃkhya los espíritus son muchos y la materia una. En consonancia con las upaniṣad, el sāṃkhya postula una unidad superior que trasciende la contingencia de los fenómenos y sus transformaciones y, al mismo tiempo, sirve de justificación al cambio. Pero dicha unidad, a diferencia de la postulada en las upaniṣad, es plural. Un pluralismo metafísico que parecía respetar el legado de los sabios de la antigüedad, entre los que se contaban numerosos liberados. Si el puruṣa no fuera plural, la liberación de uno de ellos supondría el fin del mundo.

La *Sāṃkhya kārikā* plantea la cuestión en su estrofa 28. Se pregunta si el espíritu es uno y se manifiesta en todos los cuerpos, o muchos, siendo diferente en cada uno de estos; si se trata de un único testigo o si se encuentra de alguna manera diversificado en los innumerables seres. El asunto no es fácil de dilucidar si tenemos en cuenta que el puruṣa se ha definido como un espíritu sin atributos, carente de contenido, como mera luminosidad. Donde no hay contenido difícilmente se pueden establecer distinciones.

Las respuestas que da la propia tradición indican que detrás del pluralismo monádico del sāṃkhya podría verse la influencia del budismo. Vācaspati Miśra afirma que el «nacimiento» del espíritu se produce en la confluencia del cuerpo con los órganos de los sentidos, el sentido del yo, la intelección y la sensación, que en conjunto forman un compuesto de un carácter particular. Pero dicho «nacimiento» no implica modificación alguna del espíritu (inmutable por definición), como ocurre asimismo con la muerte del cuerpo físico, sino simplemente un deambular en la confusión (identificación con el yo, ausencia de distinción entre puruṣa y prakṛti) por los diferentes organismos derivados de la naturaleza primordial. Se concluye que el espíritu es diferente «en» los diferentes cuerpos (no en sí mismo, que es inmutable). Si el espíritu fuera el mismo en todos los seres, su actividad y sus esfuerzos serían equivalentes en todos ellos.

En defensa de la pluralidad se esgrime también la diversidad de los seres. En algunos predomina la contemplación; en otros, la actividad; en otros, la confusión. La distribución de estas tres cualidades en cada uno de ellos da cuenta de la infinita diversidad de los seres (del santo al enajenado, del gran Brahmā a la más insignificante brizna de hierba). El modo en que el espíritu «se encuentra» en ellos, como testigo y aliento, como sujeto de la experiencia, será por tanto diverso. De ahí que resulte razonable hablar de una pluralidad de espíritus cuando abordamos el mundo natural, aunque en la conciencia sin contenido no sean posibles dichas distinciones.

El origen del mundo

Llegamos por fin a uno de los puntos más controvertidos de esta filosofía: el motivo del cosmos. ¿Qué mueve las transformaciones que observamos en el mundo natural? ¿Cuál es su causa o razón? ¿Qué motiva cada ciclo cósmico? En la estrofa 31 de la *Sāṃkhya kārikā* se afirma que los órganos de la percepción llevan a cabo sus respectivas funciones debido a un impulso común. Dicho objetivo lo transmite el espíritu, que es el que empuja a los órganos a actuar. Los órganos de los sentidos hacen cada uno la guerra por su cuenta, son como soldados con diferentes armas (el oído oye pero no ve, etcétera), pero tienen un mismo objetivo, suministrado por el puruṣa, que no es otro que la liberación. El espíritu insta a la percepción a trabajar en esa dirección. Por eso se dice que el propósito de la sensibilidad y de las facultades cognitivas internas (inteligencia, sentido de identidad y mente) es un propósito ajeno, perteneciente a otro. La evolución del universo material se encuentra orientada hacia la liberación del espíritu. Pero, para que esto sea posible, el espíritu ha de conocer antes el mundo. De modo que nos hallamos ante la paradójica situación de un espíritu sin atributos, inmutable y eterno, cuya finalidad es, por un lado, experimentar la naturaleza y, por otro, liberarse de ella. Este doble propósito no incumbe únicamente al ámbito de la vida consciente, sino también al de la materia inconsciente; no atañe tanto a los órganos internos como a los externos, ni tanto al universo en cuanto todo como al organismo psicofísico que lo reproduce. Aunque, desde la perspectiva del sāṃkhya, ni siquiera lo que llamamos vida consciente es, en sentido estricto, consciente. La conciencia pertenece al puruṣa, que carece de «lugar» (no está ni fuera ni dentro del universo físico).

Todas las transformaciones del mundo natural tienen así una finalidad, una justificación teleológica: la liberación del espíritu. Pero la diversidad fenoménica es resultado de transformaciones espontáneas e inherentes a la naturaleza, y no de la actividad de un ser trascendente. Las transformaciones del mundo no las produce un Dios o un principio original (bráhman) como sostendrá el vedānta, ni carecen de causa como sostienen los escépticos, sino que son producto de la naturaleza en su enigmática asociación con el espíritu (pues la naturaleza no podría modificarse con la sola intervención de la inteligencia). Así como el alimento se transforma en comida y, una vez cocinado, se aparta del fuego, del mismo modo la naturaleza se transforma con el propósito de liberar al espíritu y, una vez que este se ha liberado, cesa de cambiar.

> El puruṣa precisa de la naturaleza para ser capaz de observar toda la diversidad de la creación, y la naturaleza precisa a su vez de la mirada del espíritu para ponerse en marcha y trabajar. Sin él, la naturaleza no encontraría su propósito, que es el de desplegarse y replegarse ante el espíritu[6].

Insistimos: la naturaleza es ciega, carece de objetivos, ni siente ni padece; toda su evolución es consecuencia de asumir un propósito ajeno, la liberación del espíritu. El espíritu no reside en la naturaleza (de hecho, en ningún lugar, pues carece de espacialidad), pero da sentido a sus transformaciones, como la leche que mana de la ubre de la vaca y alimenta al ternero para, una vez que este ha crecido, desaparecer. Así se manifiesta la naturaleza para la emancipación del espíritu.

Conclusiones

El sāṃkhya esboza una breve teodicea cuyos argumentos son muy similares a los que encontramos en las tradiciones budistas. Con ella intenta demostrar que la naturaleza se rige por sus propias leyes internas, sin que haya un creador del mundo ni nada que intervenga en su curso. Quienes postulan la existencia de un creador tienen dos posibilidades a la hora de justificar qué lo mueve: o el egoísmo o la benevolencia. Pero ninguna de las dos opciones parece plausible. La primera, porque un Ser supremo (o absolutamente necesario) no puede ser movido por deseo alguno; la segunda, porque antes de la creación no existen criaturas de las que compadecerse o sobre las que ejercer su bondad (de otro modo llegaríamos a un razonamiento circular: una creación debida a la compasión y una compasión debida a la creación). Con estos sencillos argumentos, los pensadores del sāṃkhya descartan la existencia de un creador y asumen una posición no teísta. Cabrían otras posibilidades, que quedan descartadas por los mismos razonamientos anteriores: que el creador del mundo fuera cruel (el sufrimiento de la vida es evidente) o bien un incompetente. Por último, tampoco es posible atribuir la creación a un agente ciego (no inteligente) como el karma. Los actos ciegos de la naturaleza no se deben ni al egoísmo ni a la benevolencia; su único motivo es la liberación del espíritu.

A diferencia de las concepciones de la ciencia moderna, para el sāṃkhya la inteligencia del universo no es el resultado final de una larga evolución de lo simple (el átomo de hidrógeno) a lo complejo (la materia orgánica), sino el fundamento mismo de dicha evolución. La inteligencia primordial es anterior a la capacidad de los entes de asumir o «hacer suyo» su discurrir evolutivo. Hay un principio inteligente previo a la constitución de las diversas identidades que participarán de él como se participa del carácter y de las afinidades de un linaje.

Esa inteligencia es, además, extremadamente sutil. El sāṃkhya se parece en este sentido a las cosmologías evolutivas modernas. Lo sutil (la radiación) se sitúa en el origen, y su evolución da paso a la materia tosca (los elementos pesados, esenciales para la constitución de la materia orgánica y sintetizados en los hornos estelares). Así es como se produce la transición de los tanmātra a los mahābhūta (véase el esquema de los componentes del mundo, en la pág. 210). De los elementos sutiles (sonido, contacto, forma o imagen, gusto y olor) se pasa a los elementos físicos (espacio, viento, fuego, agua y tierra). La percepción es ontológicamente superior a lo físico. Del sonido surge el espacio; del contacto, el viento; de la forma o imagen, el fuego; del gusto, el agua; y del olor, la tierra. Y es la aspereza de estos cinco grandes elementos lo que constituye la llamada realidad física, siendo la realidad empírica o experiencial aquella de la que participan los órganos internos. La distancia vuelve a crecer en este punto si consideramos que en el sāṃkhya los órganos internos incluyen la inteligencia primordial, una inteligencia inmanente que organiza los diferentes niveles del material cósmico. Las evoluciones del mundo natural serían inexplicables si no se desarrollaran ante la presencia del espíritu. Este espíritu comprende los incontables espíritus particulares, en sí mismos incapaces de actividad, que contemplan, desde una eternidad sin comienzo, las metamorfosis de la materia. No es que estos espíritus ejerzan una influencia sobre la materia (ello no sería posible), sino que, en virtud de su mera presencia, la naturaleza despliega sus infinitas capacidades de diversificación. El puruṣa es el punto de vista desde el cual el mundo y sus transformaciones se ofrecen como espectáculo. Indagar en esa enigmática relación es el desafío que propone esta antigua filosofía.

6. Pensamiento y sociedad

Etapas y formas de vida

Según la tradición brahmánica, cuatro son las etapas de la vida. La primera se consagra al estudio y al celibato. La segunda se dedica a la vida en familia, a su mantenimiento y protección. Ofrecer sacrificios en el fuego del hogar es la principal obligación del padre de familia. La tercera etapa se inicia con un gesto de desprendimiento: el individuo abandona el hogar y se retira al bosque para vivir como un ermitaño. La naturaleza es entonces su único refugio. La cuarta y última etapa supone la renuncia, más radical, de lo más preciado de la vida cotidiana: el ritual. Se prepara así la salida de este mundo.

Cada una de estas etapas, denominadas āśrama, se encuentra regida por una serie de normas de conducta (dharma) que, junto con las reglas de clase (varṇa), constituyen la esencia de la vida social hindú en la época clásica. Pero, en sus orígenes, estas cuatro etapas fueron simplemente formas de vida alternativas para aquel que deseara desenvolverse conforme al dharma. En general, los historiadores consideran que este sistema fue una estrategia inclusiva para incorporar a la vida civil de aldeas y ciudades a los monjes y a aquellos que habían renunciado a los deberes y prerrogativas sociales. La tensión entre la vida de los que se retiran al bosque y se consagran a la liberación espiritual, y la de los que permanecen en los centros urbanos, dedicados al placer, el negocio y la virtud (los tres fines de la vida social hindú), nunca termina de resolverse.

Patrick Olivelle ha escrito un estudio muy completo sobre este tema cuyas principales directrices seguiremos aquí[1]. La tesis principal es que el sistema de āśrama es una creación de la teología hindú, concretamente de la escuela mīmāṃsā, que se caracteriza por el estudio de los textos védicos. El término *āśrama* procede de la raíz sánscrita śram, que significa 'agotar' o 'consumar', pero que sustantivado también quiere decir 'trabajo' y 'esfuerzo'. De hecho, cuando Prajāpati creó el mundo, se esforzó (aśrāmyat) y se torturó (tapo 'tapyata). Por tanto, śram sería el esfuerzo y su consecuencia, el agotamiento. Como si discurrir por la vida consistiera en quemar etapas, lo que lo conecta con otro término importante, *tapas*: el ardor que acumula el renunciante mediante su ascetismo. De ahí que budistas, jainistas y ājīvika se llamen a sí mismos *śramaṇa* (renunciantes), palabra que también es posible aplicar al lugar o ermita donde estos viven.

Sin embargo, āśrama no se refería en sus orígenes a los renunciantes que llevaban una vida errante y mendicante en los bosques, sino a la vida del padre de familia y sacerdote brahmán que se dedicaba con ahínco religioso al cuidado y preservación del fuego sagrado. Por eso resulta paradójico que, con el tiempo, los renunciantes pasaran a ser aquellos que, renunciando al hogar, habían renunciado al cuidado del fuego sagrado. Con todo, el término también alude a ciertos brahmanes que residían con mujer e hijos en ermitas del bosque, en medio del ámbito salvaje, y, estos sí, mantenían y protegían el civilizado fuego sagrado, en torno al cual organizaban su vida religiosa, recitaban y realizaban ejercicios ascéticos, y al que arrojaban sus ofrendas. Según Olivelle, āśrama se refería en un principio a este tipo de brahmán, no a los heterodoxos budistas y jainistas que rompían con la vida civil, mucho antes de la instauración del modelo de las «etapas de la vida». De hecho, la historia y evolución de este modelo tiene mucho que ver con el trabajo y las interpretaciones de los filósofos de la mīmāṃsā. A lo largo de la historia hubo importantes objeciones y cambios en el sistema, pero los hermeneutas se encargaron de crear la imagen, tantas veces celebrada, de una India perenne, ajena al cambio y a las transformaciones históricas[2].

La teología del sacrificio védico se había basado desde antiguo en dos axiomas. El primero afirma que todo acto creativo es consecuencia de un sacrificio y que no hay creación sin este. El segundo, que los dioses obtienen la inmortalidad mediante el sacrificio. Los dioses fueron los primeros en descubrir la magia del sacrificio, sus inmensos poderes de creación y manipulación del mundo natural. Este hallazgo condujo a la concepción de los tres nacimientos del ser humano: el primero, de sus padres; el segundo, del sacrificio, y el tercero, de la pira funeraria.

La vida familiar

La etapa familiar es un aspecto esencial de la vida hindú. En la concepción védica, una persona no está del todo completa si no tiene un vástago fruto de la unión conyugal. El padre nace por segunda vez en su hijo. Y este lo reemplazará en las observancias rituales cuando él muera. La idea de que el hijo prolonga la vida del padre encuentra su expresión ritual en la ceremonia de transmisión que se describe en la *Kauṣītakī upaniṣad*: el hijo se acuesta sobre el padre de manera que cada uno de sus miembros entre en contacto con los de su progenitor, que transfiere todas sus facultades al hijo y, de algún modo, entra en él y se mantiene en el mundo una vez muerto.

Todo acto de creación se considera un acto de procreación. En sánscrito, el término para 'creación' y 'criatura' es el mismo: *praja*. De ahí el nombre del creador, Prajāpati. La procreación humana sigue el modelo primordial. En la *Gran upaniṣad del bosque* encontramos este tipo de asociaciones. La relación sexual se vincula al sacrificio del soma:

> La tierra es la esencia del ser, y el agua, la de la tierra. Las plantas son la esencia del agua; las flores, la de las plantas; los frutos, la de las flores. El hombre es la esencia de los frutos, y el semen es su esencia. Prajāpati pensó: «Debo dar al semen la base en la que aposentarse». Y creó a la mujer. Después de crearla, se unió a ella. Por eso el hombre se une a la mujer. Prajāpati usó la piedra alargada para moler el soma y la impregnó. La vulva de la mujer es el altar del sacrificio; su vello púbico, la hierba sacrificial; los labios mayores de la vulva, la prensa del soma; y los menores, el fuego que arde en su centro. El hombre que copula con esto en mente obtiene un mundo tan grande como el que

obra el sacrificio del soma y hace suyos los méritos de las mujeres con las que cohabita. La mujer, sin embargo, se apropia sin saberlo del mérito de quien la posee[3].

Pero hay indicios de estudiosos que renunciaron a formar una familia y viajaron en busca de maestros. Los términos *brahmacārin*, *vrātya* y *dīkṣita* hacen referencia a adultos dedicados al estudio, y no solo a los jóvenes que se inician en los veda en casa del maestro. Hay otras formas de vida que, una vez elegidas, podían ser para siempre. Abhinavagupta, por ejemplo, eligió ser estudiante de por vida, sin hacerse monje ni ingresar en ninguna congregación. Olivelle insiste en que las etapas de la vida neutralizan los nuevos movimientos religiosos y, de algún modo, los «brahmanizan». De hecho, el origen del sistema es brahmánico y no heterodoxo. En las upaniṣad emerge una nueva concepción simbólica y una nueva idea de la realidad y de lo que debe ser la dedicación religiosa, probablemente circunscritas a ambientes urbanos de brahmanes liberales (frente a los conservadores de las aldeas) que veían con buenos ojos la vida del estudioso célibe, así como la de eremitas y renunciantes. Es probable que una de las primeras formas de renuncia brahmánica fuera el sāṃkhya. En el *Mahābhārata*, a Kapila se lo representa como el más grande de los renunciantes y como defensor de esta forma de vida que corta los lazos con la sociedad civil para consagrarse al estudio.

Por supuesto, no todos los eremitas llevaban la misma forma de vida, y el alcance de su renuncia podía variar. Algunos se trasladaban con su familia al bosque y custodiaban allí el fuego sagrado; otros se alimentaban únicamente de raíces, frutos y hojas; algunos vivían solo del agua o del aire, y los más radicales, del éter. Manu distingue entre los eremitas a aquellos que se alimentan de comida cocinada o bien de lo que cocina el tiempo (fruta o verduras maduras); a los que usan piedras para moler y los que muelen con los dientes; a los que viven al día, sin almacenar alimento, y los que lo guardan por un mes, seis meses o un año. Estos eremitas no son necesariamente de edad avanzada, aunque se aconseja que los jóvenes no se hagan renunciantes, pues la vehemencia de sus impulsos les impediría cumplir con las exigencias ascéticas.

Curiosas son también las especificaciones sobre la vida de estudiante y la de cabeza de familia. Los estudiantes llamados *brahmā* pasan 48 años con su maestro, doce por cada uno de los veda, y toman esposa una vez que los dominan. Los gāyatra estudian tras su iniciación la estrofa sagrada durante tres noches en las que se abstienen de ingerir sal. El bṛhan es el perpetuo estudiante que no abandona a su maestro hasta que muere. El prājāpatya se consagra a su esposa y evita las de otros. Los cabezas de familia, llamados vārttāvṛtti, se dedican a la agricultura, el ganado o el comercio, y ofrendan sacrificios domésticos durante toda su vida. Los śālīnavṛtti también realizan sacrificios, pero no los ofician; estudian, pero no enseñan; dan, pero no reciben, y de este modo buscan el Sí mismo. Los yāyāvara ofrecen y ofician sacrificios, estudian y enseñan.

Los renunciantes

Los renunciantes se enfrentan a la mayor transformación de todas. La vida cotidiana del brahmán es fundamentalmente de índole ritual. Desde que son jóvenes, su jornada está marcada desde el amanecer hasta el ocaso por toda una serie de ritos que organizan el tiempo y las ocupaciones. La mayor renuncia es, pues, la de la vida ritual, el cordón sagrado, las fórmulas de los mantras y la celebración del rito. La propiedad se asocia asimismo a la ejecución del sacrificio, y el cabeza de familia es el encargado de celebrar los ritos cotidianos. La renuncia a la propiedad implica la renuncia ritual. Una vez que ha dado este paso, el sujeto ya no tiene necesidad de celebrar los dos ritos de pasaje fundamentales en la sociedad védica: la iniciación al estudio y el matrimonio. Hay renunciantes que mendigan su alimento; que llevan un único bastón o uno triple; que conservan el cordón sagrado y portan una vasija para el agua y una red de carga; que llevan taparrabos o van completamente desnudos, o que visten túnicas ocres y anaranjadas o blancas; que se levantan el pelo sobre la frente formando un copete o que se afeitan la cabeza; que pasan una noche en la aldea y cinco en la ciudad (o en un lugar donde se pueda tomar el baño sagrado); que hacen ayunos prolongados o de unos pocos días; que, aun estando cuerdos, actúan como enajenados.

Respecto a la mujer, en general ha tenido un estatus bajo en la tradición brahmánica, aunque no faltan testimonios antiguos de mujeres sabias que también se retiraron al bosque y llevaron una vida de renuncia. No deja de resultar curioso que la aparición de mujeres en este contexto sea más frecuente en la época antigua que en la medieval. El budismo y el jainismo son las primeras órdenes mendicantes que admitieron a las mujeres en su comunidad.

Los niveles de desprendimiento determinan las clases de renunciantes. Según cierta clasificación, los renunciantes turīyayīta usan la boca como una vaca, comen únicamente fruta y, si ingieren algo cocinado, lo hacen solo de tres hogares. No se cubren el cuerpo y este se comporta como el de un cadáver. Los avadhūta no se someten a ninguna restricción y obtienen su comida como la serpiente pitón, que espera a que aparezca su presa dondequiera que se encuentre; en su caso, aguardan a que alguien, sea de la casta que sea, se la traiga. Por encima de los turīyayīta y los avadhūta están los paramahaṃsa, cuyo desprendimiento del mundo es completo y que incluso renuncian al paraíso. Mientras los haṃsa aspiran al cielo de Brahmā, los paramahaṃsa renuncian a cualquier tipo de renacimiento, por auspicioso que sea, y de estado bienaventurado. No solo desisten de la familia y de todo compromiso con la sociedad civil, sino también de los elementos básicos del renunciante: el cuenco de comida, el bastón, el chal que cubre los hombros y el afeitado. Renuncian asimismo a cualquier deseo, aspiración, creencia u opinión.

En todo caso, el renunciante es considerado el paradigma de la persona sagrada. Las distintas clasificaciones y los diversos modos de conducta y vestimenta reflejan las diferencias ontológicas y de perspectiva filosófica, aunque una vez que esta se ha abandonado las diferencias dejan de ser significativas y se convierten en meras inercias de viejos hábitos (como las inclinaciones mentales). La persona más sagrada es aquella que tiene mayor capacidad de renuncia, que es capaz de renunciar a todo tipo de actividad física o mental, a cualquier opinión o punto de vista, a cualquier clase de juicio.

La vida de estudio

El pensamiento indio no puede entenderse sin la figura del pandit. A lo largo de la historia, la India ha sabido asegurarse de que los profesionales del trabajo intelectual contaran con las condiciones materiales necesarias para consagrarse por entero a sus investigaciones. El nombre genérico de 'pandit' (en sánscrito, *paṇḍita*; en hindi, *paṇḍit*) hace referencia al individuo que ejerce su profesión o domina una actividad intelectual mediante el empleo del sánscrito. Mientras que el brahmán se define por su nacimiento y sus deberes religiosos, el pandit lo hace por su formación intelectual. La gran mayoría de los brahmanes no son pandit, y hay pandit que no son brahmanes. Patañjali es el prototipo del pandit clásico, así como el pandit ideal. El estilo de vida del pandit ha sido transmitido durante siglos, sin interrupción, de maestro a discípulo. Los conocimientos que debe aprender el aspirante son: primero, la lengua; después, textos enteros, y, por último, la destreza en la gramática (vyākaraṇa), la exégesis (mīmāṃsā) y la lógica (nyāya). Los pandit priorizan la enseñanza oral, el contacto directo con el maestro, en detrimento del aislamiento de la lectura. La enorme dificultad y exigencia que entraña memorizar de oídas o prestar toda la atención a las palabras del maestro, en contraste con la facilidad para dejar de lado una lectura y retomarla más tarde, muestra que la enseñanza oral, desarrollada sin la ayuda de la escritura, produce una impresión psicológica más profunda. Hay maestros que tienen por una cuestión de honor no apoyarse en los libros. En el caso concreto de la transmisión de los veda, el documento escrito no suele considerarse apropiado. Hay un dicho que se mofa de la ciencia confiada a los libros: es como el dinero en el bolsillo de otro, que cuando se necesita no se tiene a mano.

En principio, el maestro queda a cargo del discípulo. Una ceremonia religiosa celebra el comienzo de los estudios y la estancia en casa del maestro. Supone un segundo nacimiento y se conoce como «nacimiento a bráhman». Los estamentos calificados para recibir este sacramento acostumbran a ser tres: brahmanes, chatrias y vaisias (que en conjunto constituyen los dvīja, 'dos veces nacidos'). El discípulo es llamado a partir de entonces brahmacārin (practicante del bráhman) y sigue una disciplina corporal, psicológica y moral, de castidad y ayuno. El discípulo vive con la familia del maestro durante varios años y en este período recibe una educación de carácter integral que incluye aspectos materiales, afectivos, sociales, intelectuales, morales y espirituales, y persigue una profunda transformación de la psique del estudiante.

La tradición contiene un sinfín de alusiones a residencias (āśrama) de grandes maestros: ermitas en un entorno natural silvestre donde se reúnen los discípulos. Ese ideal pervive en instituciones modernas como Santiniketan, en Bengala, fundada por Rabindranath Tagore, o incluso en universidades estatales de reciente creación. Documentos históricos prueban la existencia de āśrama de suma importancia durante el período medieval, como Nālandā, antiguo centro budista, el principal de la tradición mahāyāna, que alcanzó su esplendor alrededor de los siglos III y IV con la presencia de grandes filósofos como Nāgārjuna y su discípulo Asaṅga. Gracias al testimonio del peregrino chino Xuanzang (602- 664) sabemos que en Nālandā podían residir unas 10 000 personas, de las cuales 1500 eran maestros y el resto estudiantes. El programa comprendía el estudio de los tratados, las escrituras y los compendios de disciplina. Para aspirar al nivel de maestro se debía aprobar un duro examen de admisión y seguir un programa de estudios que duraba una quincena de años, de los quince a los treinta. Numerosos maestros visitaban el centro, donde se organizaban debates escolásticos sobre doctrinas filosóficas y religiosas.

Pero en el contexto de la sociedad hindú, la enseñanza, gratuita, se produce en la casa del maestro. El discípulo, como compensación, ayuda al maestro en las tareas domésticas y en ocasiones realiza actividades en beneficio de la comunidad, desde preparar la comida hasta ir al bosque a recoger leña, frutos o raíces. La tradición prescribe que el discípulo ha de obsequiar al maestro con un presente ritual (dakṣiṇā) al concluir sus estudios. El pandit puede convertirse entonces en cabeza de familia y ejercer una profesión. En caso de proseguir con el estudio, su subsistencia dependerá de la protección de un soberano o de alguna otra forma de mecenazgo. O bien puede hacer voto de celibato y continuar su ascesis educativa en una ermita o institución similar.

La función más importante del pandit es el recitado diario de los veda (svādhyāya), que en sí mismo es un ritual. El pandit no ejerce como sacerdote en los templos. Los sacerdotes de los templos pertenecen a grupos sociales que tienen el monopolio de dicha función. Un pandit, por su profundo conocimiento de los textos sagrados, está capacitado para aconsejar a los sacerdotes sobre asuntos diversos. Si el pandit es brahmán, puede desempeñar el papel de purohita, nombre genérico que recibe el ejecutante de los sacramentos celebrados en la casa de un mecenas. Los que han memorizado un veda pueden trabajar además como recitadores. Se piensa que la recitación védica tiene un poder purificador y santificante, y que a menudo acompaña la celebración de los ritos de pasaje o de las fiestas religiosas. El pandit también puede trabajar en la administración pública o asumir el cargo de panegirista en una corte, donde suele erigirse en el poeta oficial y encargarse de componer loas a las hazañas de su soberano. El panegírico regio es todo un género de la literatura sánscrita. La justicia necesita asimismo de pandit que conozcan a fondo los *Dharmaśāstra*.

La sociedad de castas

La sociedad de castas ha permitido que las distintas etnias y culturas indias convivan en espacios reducidos, ya sean urbanos o rurales, durante milenios, sin destruirse y sin apenas mezclarse. No deja de ser curioso que esta jerarquización de la sociedad haya contribuido a la preservación de las diversas formas de vida indias, sin ceder al impulso o la necesidad de que unas se asimilen a otras, o de que la mayoritaria acabe imponiéndose a las demás, como ocurre en el capitalismo global, que tiende a imponer su modo de vida al resto de los pueblos. Las castas han superado dos siglos de colonialismo y tres de modernidad. En la India de hoy es posible encontrar grupos humanos minoritarios y de hábitos extravagantes que no habrían sobrevivido sin ese celo en la observación de las costumbres tan característico del temperamento del subcontinente indio.

Desde los comienzos de la antropología se ha desarrollado una intensa querella entre historiadores y antropólogos. Los primeros acusan a los segundos de populistas, de creer a pie juntillas lo que explican los locales (narraciones trufadas de cuentas pendientes, aspiraciones frustradas o autoengaños). Los segundos acusan a los primeros de elitistas, de creer a pie juntillas lo que dicen los manuscritos y los restos arqueológicos, como si lo escrito en una piedra o en hojas de palma tuviera que ser necesariamente cierto, como si la visión de las élites fuera una descripción cabal de la sociedad en que vivían. ¿Por qué creer lo grabado en un monolito erigido por el emperador de turno? Los antropólogos ofrecen la fantasiosa visión de los dominados; los historiadores, el presuntuoso ideal de los dominadores. Esa es, de un modo muy abreviado, la querella entre las *stories from below* de la nueva antropología y la Historia clásica, mayúscula y catedralicia. Y en esa polaridad gravita la investigación actual sobre las castas, de la que Agustín Pániker ha ofrecido un análisis detallado y didáctico pese a tratarse de un asunto extremadamente complejo.

En la tradición hindú, la idea de una jerarquía de los seres deriva directamente del concepto de *karma*. Desde la perspectiva kármica, los hombres no nacen ni iguales ni libres. Vienen al mundo con toda una serie de disposiciones e inclinaciones, así como con cierta posición social y destrezas para realizar determinadas actividades. No todos pueden ser filósofos o músicos, ni curtidores o barberos. Podrían serlo si se lo propusieran, pero no serían felices y tampoco lograrían realizar con plenitud sus oficios. Dicho condicionamiento natural tiene una larga historia. La división del trabajo –que, como muestra Pániker, no es ya tan importante en la configuración de las castas como lo fue antaño– ha contribuido a ello durante más de dos milenios.

Para la ideología dominante, esa jerarquía siempre ha estado asociada a la pureza. Lo puro, lo que no está mezclado, ha fascinado a la inteligencia brahmánica desde que el mundo es mundo. Según el pensamiento filosófico de Occidente, la idea es seminal y se remonta al *nous* puro de Anaxágoras, el acto puro de Aristóteles y, ya en la modernidad, a la razón pura (sometida a crítica) de Kant. Lo puro gozó de prestigio tanto en la India como en Grecia, pero hoy tiene mala fama. Se prefiere lo híbrido, lo mestizo. Lo puro es antiguo: en la vida, el niño; en el mito, la pureza original, y en la evolución cósmica, el hidrógeno. El magnetismo de lo puro decanta sueños y pesadillas, desde la ciencia pura de los pitagóricos hasta las vírgenes del cielo islámico o la raza aria. Y, lógicamente, la adoración de lo puro es indicio de corrupción, de cierta inocencia perdida, de nostalgia erigida en altar.

Los órdenes de pureza son interminables. Cualquiera que haya presenciado la escrupulosa observación de la pureza ceremonial de un ritual brahmánico lo sabe. Y no solo ocurre con los rituales, sino también con la dieta. Hay alimentos oscuros, como la carne y el alcohol, que ofuscan la mente; alimentos inquietantes, como el ajo y el chile, cuya energía perturba la serenidad, y alimentos luminosos, como frutas, verduras y legumbres, cuya pureza resulta indispensable para la liberación. Pero, aunque las verduras sean más puras que la carne, ahí no acaban las distinciones. Las legumbres se consideran más puras que los tubérculos, lo cocinado con *ghi* (mantequilla clarificada) es preferible a lo hervido. El cordero es más puro que el pollo o el cerdo, y estos más que el buey. La muchacha es pura hasta la primera menstruación, momento en el cual deja de serlo para convertirse en auspiciosa. Distinción tras distinción, la sociedad india ha quedado ensimismada en la observación de los hábitos, y ese ensimismamiento ha contribuido a la preservación de las castas.

Qué es una casta

De todos los factores que configuran una casta, destacaremos tres. El más sólido y persistente es el de las reglas matrimoniales, de tendencia endogámica, que se encuentran imbricadas con el género, la herencia y la patriarquía. Un segundo factor es el oficio, la ocupación tradicional (hay castas de médicos, bardos, escribas, sacerdotes, barberos o ganaderos), más teórica que factual y cuya importancia es cada día menor. El tercero son los rasgos culturales: divinidades, ritos, templos, mitos, modos de vestir, reglas de comensalidad y dietas específicas que hacen de cada casta un grupo étnico y una comunidad cultural diferenciada. Pániker insiste en que la «etnicización» de la casta es hoy un factor más decisivo que la jerarquía, poniendo de relieve un principio de diferenciación de la sociedad quizá más plural y, al mismo tiempo, laberíntica que haya existido nunca. De ahí que el autor prefiera hablar de «sociedad de castas» antes que de «sistema de castas», pues no hay una jerarquía definida en todo el sistema. Esto se debe fundamentalmente a que la casta es un fenómeno local y contextual:

> Una casta es un universo de relaciones sociales y rasgos culturales siempre confinado a una aldea o comarca. Salvo las gigantescas macrocastas, la mayoría de ellas son específicas de una región. Por ende, las jerarquías son asimismo regionales. Solo en referencia a otras castas de la localidad puede percibirse el estatus[4].

La compleja sociedad de castas y su interminable laberinto no deberían analizarse mediante ideales modernos (igualitarismo, economicismo e individualismo). Conviene no caer en el eurocentrismo ni en el indocentrismo. El pensamiento actual ha tratado de sustituir los conceptos burgueses de *igualdad* y *libertad* por los poscoloniales de *agencia* y *género*. Pero para entender todo el sistema no bastan esos dos platillos de la balanza. Hace falta comprender los valores indios de espiritualidad y karma, evitando el juicio moral de la casta, que ha atado muchas vidas, pero también ha preservado las más precarias. La casta puede ser tanto una forma de opresión como una fuerza de transformación social. Si nos detenemos a analizar los márgenes del sistema (intocables –chandalas, dalits, harijanes–, adivasis –tribales– y castas no hindúes –jainistas, sijes, cristianas, judías, parsis y musulmanas–), lo primero que llama la atención es el error de asociar la casta con la religión hindú. También el de vincularla a la clase social: «La casta es una fuerza adaptativa; una forma de solidaridad y competencia capaz de acomodarse a un sinfín de contextos y absorber todo tipo de grupos y retener su identidad y particularismo», sostiene Pániker. En este sentido, las castas no son una reliquia, «ni se oponen a la modernidad ni son una lacra que haya que ir capeando», sino que han mostrado una extraordinaria capacidad de adaptación a la democracia moderna. Resulta de lo más llamativo cómo la casta puede ser reaccionaria y, al mismo tiempo, abrir vías de transformación social. Es un asunto religioso, heredero de jerarquías brahmánicas, y, también, un asunto civil. La política india de hoy se ha vuelto más casteísta, mientras la sociedad tiende al clasicismo propio del capitalismo global y las democracias parlamentarias.

¿Ha logrado el Estado indio armonizar los valores jerárquicos de la sociedad de castas con el igualitarismo e individualismo democráticos? Ciertamente no, pero el proceso iniciado desde la independencia del país para incluir en el sistema a los más desfavorecidos resulta fascinante. La sociedad india moderna ha desarrollado sistemas inclusivistas y de discriminación positiva para grupos históricamente desfavorecidos (en la representación parlamentaria, la administración, la educación y el crédito), logrando que grupos que siempre habían quedado fuera del juego del poder (como las OBC, o clases marginadas) puedan competir con las élites que históricamente han dominado el país. Toda una revolución desde la supuestamente reaccionaria casta.

7. La *Bhagavadgītā*

El evangelio hindú

La *Bhagavadgītā (El canto del bienaventurado)*, pese a su brevedad, es probablemente la obra más importante de la literatura india. Simple y a la vez profunda, es una emocionante síntesis de siglos de reflexión sobre la condición humana y el lugar del hombre en el cosmos. Forma parte del *Mahābhārata*, la gran epopeya india, y plantea las cuestiones fundamentales de la filosofía (la naturaleza de la materia, la conciencia y el alma) y de la práctica de la meditación.

Se ha dicho que la *Bhagavadgītā* es un evangelio del hinduismo. Sea como fuere, constituye la esencia de la sabiduría de la India. En sus estrofas han encontrado amparo y consejo incontables generaciones de indios, y, a raíz de su traducción en Europa (poco antes de la Revolución francesa), se ha convertido en una de las obras más importantes de la literatura universal. Humboldt, Tolstói, Huxley, Gandhi,

Emerson y Thoreau, entre otros, han expresado su admiración y entusiasmo por este poema filosófico compuesto en torno al siglo II a. e. c. El diálogo entre Kṛṣṇa y Arjuna, previo a la batalla de Kurukṣetra, decisiva para el destino de todo un pueblo, revela la siempre vigente lección de cómo vivir y actuar en el mundo. Ofrece pistas sobre el sentido de la vida y traza un mapa de senderos para los diversos temperamentos e inclinaciones del ser humano: el camino de la acción desinteresada, el del conocimiento y el de la entrega. El honor, la justicia y el destino comparten protagonismo con el amor y la amistad.

Un libro dentro de otro libro

Si hay algo que ha unificado a la India como civilización no es el sánscrito, reservado a una élite e indiferente a las tradiciones dravídicas del sur, ni la tradición védica que desembocará en el hinduismo, ni tampoco el clima o las costumbres, muy diversas a lo largo y ancho del subcontinente. Lo que ha conciliado a los innumerables pueblos, religiones y tradiciones del sur de Asia son dos epopeyas, a caballo entre el mito y la novela sentimental, que constituyen el hilo conductor de una manera de ver el mundo. Como se dijo en otro lugar, el hilo de una historia, la atadura del nudo y el desenlace, puede coser toda una civilización. Así ha ocurrido con el *Mahābhārata* y el *Rāmāyaṇa*. La gran mayoría de las etnias del sur de Asia, desde el Hindu Kush hasta Sri Lanka, han crecido escuchando historias de estas dos grandes obras épicas que se han contado durante siglos en los más diversos formatos. Ambas tienen la imaginación, a veces desbordada, como uno de sus grandes protagonistas. Una imaginación que nutrirá la vida interior del pueblo indio. Héroes, mitos y sueños que nunca han dejado de recrearse en novelas, poemas, piezas de teatro, películas y cómics.

El *Mahābhārata* es la historia del enfrentamiento entre los Kaurava y los Pāṇḍava en su pugna por ascender al trono de Kuru. El rey de los Pāṇḍava, Yudhiṣṭhira, que ambiciona convertirse en emperador, organiza un gran sacrificio al que convoca a los monarcas de todos los reinos. Como parte del ritual de coronación, Duryodhana, el mayor de los Kaurava, lo reta a una partida de dados, y Yudhiṣṭhira no solo pierde reino y palacio, sino también su propia libertad y la de su familia. Los Pāṇḍava deben abandonar el reino y cumplir un exilio de doce años en el bosque, donde vivirán unas aventuras que ocupan el grueso de la obra. Una vez satisfecha la pena, envían un mensaje a Duryodhana reclamando la mitad del reino. Sin embargo, este rehúsa y los Pāṇḍava se aprestan a la guerra. Ambas familias se desafían en la batalla de Kurukṣetra. El *Mahābhārata* narra la contienda y los destinos de los príncipes y sus sucesores, pero también recoge doctrinas filosóficas, enseñanzas religiosas y consejos para la vida según el dharma, así como consideraciones sobre el orden cósmico y moral que rige el universo hindú. Es en esta obra donde se inscribe la *Gītā*, que es un episodio relativamente breve de la narración, un libro dentro de otro libro.

La tradición atribuye la autoría del *Mahābhārata* a Vyāsa, aunque parece evidente que fue escrito en el transcurso de diversos períodos históricos. La mayor parte se compiló entre los siglos IV a. e. c. y III e. c., remontándose los fragmentos más antiguos al 400 a. e. c. Los hechos históricos a los que hace referencia se sitúan entre los siglos IX y VIII a. e. c. El texto recibió su forma final en la época clásica, en tiempos de la dinastía Gupta. Aunque no es lírico, se ha dicho que el *Mahābhārata* es el poema más extenso jamás escrito. Desde luego, es la obra más larga que se conoce. En su versión más extensa supera las 100 000 estrofas (śloka), que suponen más de 200 000 versos individuales (cada śloka es un pareado), a lo que hay que añadir vastos pasajes en prosa. El *Mahābhārata* es aproximadamente diez veces más extenso que la *Ilíada* y la *Odisea* juntas, y cuatro veces más que el *Rāmāyaṇa*. Algunos especialistas han comparado su importancia con la de la Biblia, las obras de Homero o el Corán. Para algunos hindúes constituye un quinto veda.

La *Gītā* es, como hemos dicho, un breve episodio del *Mahābhārata*. En concreto, narra el diálogo entre el príncipe Arjuna y su auriga y guía espiritual, el dios Kṛṣṇa, poco antes del inicio de la contienda que enfrentará a los Pāṇḍava y los Kaurava. El atribulado Arjuna, abatido por tener que enfrentarse a sus familiares y amigos, arroja el arco y renuncia a luchar.

> ¿Qué sentido tendría dar muerte a mis familiares y amigos? A ese precio no deseo la victoria ni el reino, la riqueza ni los placeres, ni siquiera la propia vida[1].

Busca entonces el consejo de Kṛṣṇa. La instrucción del dios constituye el meollo de la *Gītā*, un canto a lo divino insertado en un episodio cruento, donde se justifica la necesidad de actuar para preservar el orden social y cósmico. Arjuna ha de luchar para cumplir con su condición de guerrero, pero debe hacerlo de un modo particular que iremos esclareciendo a lo largo del capítulo. El diálogo recorre una amplia variedad de temas filosóficos y doctrinales, desde la metafísica hasta la ética más prosaica.

La obra y su época

Aunque en la India las cronologías son siempre controvertidas, el consenso entre los expertos es que la *Gītā* data del siglo II a. e. c. Sin embargo, es posible que la figura de Kṛṣṇa, mucho más antigua, estuviera asociada a la de otros dioses como Vāsudeva o Nārāyaṇa (El que descansa sobre las aguas) y que su culto se remonte a un personaje histórico, héroe o jefe de clan, que posteriormente sería deificado. En la época de composición de la obra ya se veneraba a Vasudeva-Kṛṣṇa como dios independiente, y en la *Gītā* se lo identifica hasta en tres ocasiones con Viṣṇu. Más tarde, en el siglo IV, la tradición devocional de los bhāgavata asimilará su culto al del joven pastor de Vṛndāvana Kṛṣṇa-Gopāla, cuyas hazañas y aventuras eróticas son recogidas en el *Harivaṃśa* y los purāṇa (*Bhāgavata* y *Viṣṇu*), libros sagrados de tradiciones devocionales y populares que llegan hasta nuestros días.

Nārāyaṇa es un dios antiguo que posiblemente no pertenece al panteón védico. A veces se lo identifica con la Persona primordial y cósmica (puruṣa). En el *Mahābhārata*, como en algunos compendios de mitología, aparece recostado sobre una gran serpiente que flota en un océano de leche. Es muy probable que en la figura de Viṣṇu se fundan mitologías de diferentes pueblos y divinidades de origen dispar. La tradición del pāñcarātra, asociada a Nārāyaṇa, tiene su origen en el sacrificio de las «cinco noches». En ella se dice que lo absoluto se manifiesta a través de una serie de emanaciones (vyūha) que recuerdan a Plotino y a los tattva del sāṃkhya. El nivel superior del universo es el de la pura creación, mientras que, por debajo, una creación subsidiaria conduce al mundo material.

Los comentarios

Como todo clásico, la *Gītā* admite diferentes niveles de lectura. Sus 650 versos, escritos en sánscrito clásico, han sido comentados durante dos mil años por pensadores de las diversas escuelas indias, aunque la mayoría lo ha hecho desde la perspectiva vaiṣṇava, que pone el acento en la devoción y sigue la orientación teísta de los bhāgavata. También se han realizado relecturas desde el vedānta, bajo la influencia de Śaṃkara, cuyo comentario es el más antiguo conocido. Siguiendo a Dasgupta y a otros autores, creemos que la lectura de la *Gītā* debe hacerse desde la filosofía y la cosmovisión sāṃkhya, aunque el talante universal de la obra permita otras interpretaciones. Al fin y al cabo, el propio texto integra diferentes cultos y formas de estar en el mundo: la devoción, las industrias y la filosofía.

Para Śaṃkara, el conocimiento es el único camino a la liberación. No hay alternativa: cumplir el deber es casi siempre condición necesaria, pero nunca suficiente. En su comentario a la *Gītā*, el filósofo es claro: atender a los preceptos religiosos (ofrendas, sacrificios, renuncias) y asumir las prescripciones morales no nos vuelve inmunes a la ignorancia; solo el conocimiento puede hacerlo. El mundo de las obligaciones y de los logros sigue siendo un mundo plural. A lo sumo, dichas actividades contribuirán a que el buen ciudadano purifique su mente y la prepare para el encuentro con la no dualidad, pero solo mediante el conocimiento podrá dar el salto a lo incondicionado. La postura de la *Gītā* a este respecto dista mucho de la de Śaṃkara (aunque pretenda convencernos de lo contrario). Dasgupta es claro:

> La cuestión de si la *Gītā* fue escrita bajo la influencia del vedānta no tiene respuesta a menos que sepamos qué se quiere decir aquí con *vedānta*. Si se refiere a la influencia de las upaniṣad, entonces debe aceptarse que la obra se nutre libremente de ellas, pero si por influencia del vedānta se entiende la de su filosofía, expuesta por Śaṃkara y sus seguidores, entonces puede asegurarse que la filosofía de la *Gītā* es bien diferente[2].

De hecho, la idea de la ilusión cósmica (māyā), central en el pensamiento de Śaṃkara, solo se menciona en tres ocasiones, y no siempre con el sentido que le atribuye el vedānta. Lo que mueve el mundo son los hilos de los guṇa; necio será el que se deje confundir por la ilusión que crean.

> El mundo entero se halla inmerso en estas tres impresiones, pero no es capaz de reconocerme, pues soy inmutable y estoy más allá de ellas. Estas tres cualidades constituyen la ilusión cósmica; solo quienes descansan en mí pueden disipar esa ilusión[3].

Más adelante se dirá que la divinidad reside en el corazón de los seres y los mueve con su magia (māyā), como los hilos un títere (no en vano Dios es la causa última de los guṇa), y que esa magia se asocia con el propio destino (dharma):

> Encadenado a tu destino, [...] este te empujará a hacer lo que ahora, en medio de la confusión, te resistes a hacer. La divinidad reside en el corazón de todos los seres, Arjuna, y su magia nos hace girar como figuras montadas en la noria de un aljibe[4].

A diferencia de Śaṃkara, la obra insiste en la necesidad de atender a los deberes de casta asignados por nacimiento. Incluso la divinidad misma, Kṛṣṇa, que carece de anhelos o deseos insatisfechos, cumple con su obligación y pone en marcha el mundo una y otra vez. Yāmuna, maestro de Rāmānuja, sostiene en su comentario que el objetivo principal de la obra es señalar la vía hacia el bien supremo, un camino que pasa por la devoción y el cumplimiento de los deberes de casta, el conocimiento y la continencia frente a los placeres. Rāmānuja invierte la ecuación y defiende que nadie puede transgredir su propio dharma y que la vía del deber (karmayoga) es superior a la del conocimiento (jñānayoga). Madhva sigue esta misma línea: solo se alcanza la divinidad mediante la devoción y el amor.

Sean cuales fueren las interpretaciones, la obra gira en torno a dos cuestiones fundamentales, ambas relacionadas con el karma, que es el factor que ata a la existencia. La primera es si la devoción es un tipo de acción, es decir, si genera karma, en cuyo caso, en vez de liberar, más bien ataría. La segunda es si la conciencia de la observación (saber que se ve o que se oye) también es un tipo de acción. Si no lo es, ¿ocurre dentro o fuera del mundo natural? El objetivo último es escapar de un mundo dominado por la ignorancia y la miseria, un mundo de seres sometidos a sus deseos, enredados en los hilos de la actividad gúṇica, que impiden reconocer el fundamento inmóvil y atento.

Se insiste en que hay que hacer lo que hay que hacer, seguir los preceptos de la tradición, aunque de un modo desprendido, sin comprometerse con los resultados. De hecho, ese es el argumento principal que esgrime Kṛṣṇa en su intento por convencer a Arjuna de que tome parte en la batalla. Preservar el orden social es un modo de preservar el orden cósmico, y hacerlo con desapego, dejando el fruto en manos de la divinidad (el verdadero sujeto de la experiencia), es identificarse con el conocimiento o, dicho en términos clásicos, reingresar en bráhman.

Las grandes preguntas

La alegoría es evidente desde el comienzo: el campo de batalla es el campo de la lucha por la existencia. ¿Cómo encauzar la propia vida? ¿Qué principios habrán de guiarla? Las cuestiones de siempre, que sobreviven a las sucesivas generaciones de los hombres. Quizá las emociones que suscitan las páginas de la *Gītā* sean eternas, pero sus lecturas e interpretaciones cambian a lo largo del espacio y del tiempo, conforme evolucionan los hombres, sus deseos y ambiciones.

Las cosas del mundo son pasajeras, nacen y mueren. Ese cambio supone algo inmutable (sin ese contraste el cambio no sería posible). La obra se pregunta qué tipo de relación debe establecer el hombre, cuya naturaleza es cambiante, con lo inmutable. No se trata de una pregunta banal, pues el cambio, sobre todo ese cambio radical de escenario que es la muerte, causa al individuo, celoso de preservar su identidad, ansiedad y miedo.

> Pues cierta es la muerte para el que nace y cierto el nacimiento para el que muere, no te aflijas ante lo inevitable. Lo invisible se despliega en lo visible, replegándose después en lo invisible[5].

Es entonces cuando la mente proyecta un ámbito estable y duradero donde no se produzcan los efectos indeseables del cambio. Entonces empieza a sospecharse que el hombre no es meramente un ser histórico, inscrito en una época particular, sino que algo de él vive fuera de la historia, fuera de la corriente del mundo, con sus constantes evoluciones y transformaciones. La enseñanza de Kṛṣṇa consiste en cómo profundizar en esa condición, en esa naturaleza eterna que vive en el interior de todas las cosas.

Cómo vivir a la vez dentro y fuera del tiempo: ese es el gran desafío que plantean estas estrofas. La atención a lo humano asume en ellas un lenguaje cotidiano: el tiempo que todo lo consume, la relación entre circunstancia y sufrimiento (probable aportación budista), la posibilidad de participar en lo eterno, el hacer sin quehacer (sin caer en los lazos que tiende el obrar). Un yoga que, al hilo de sensaciones y recuerdos, de tendencias y apegos, pretende mediante esos mismos materiales romper las ataduras que han creado para acceder a lo incondicionado. No corresponde aquí discutir esa posibilidad; el propio texto se ocupa de ello y propone una variedad de caminos que los sabios han recorrido desde siempre y que conducen todos a un mismo lugar. Uno es el de la devoción (bhakti), otro el de las industrias (karma) y el último el del conocimiento (jñāna), seguidos respectivamente por el devoto, el hombre de acción y el filósofo. La *Gītā* pondrá el énfasis en los dos primeros: no es prioritario adentrarse en las zonas sombrías de la mente y reducir a conceptos experiencia y circunstancia; basta con tener siempre presente a la divinidad en el sueño de los quehaceres cotidianos.

Dentro de esta propuesta general, la obra no juega a los enigmas ni recurre a la seducción de lo oculto. Todo lo que se dice tiene como trasfondo una cosmovisión, la de la filosofía del sāṃkhya, que hay que conocer para dilucidar algunos pasajes. Esa cosmovisión se amplía en ocasiones para hacer sitio a un teísmo devocional, pero siempre está ahí. Sea como fuere, el lector no iniciado podrá recrearse tanto en la devoción como en la ética del esfuerzo y el deber.

Las tres enseñanzas

Hay en la obra tres enseñanzas fundamentales: la primera respecto a nuestros deseos, la segunda respecto a nuestra naturaleza y la tercera respecto a nuestra situación. Las tres se encuentran por supuesto relacionadas. La primera nos dice que el ser humano tiene una naturaleza anhelante. Venimos al mundo cargados de deseos (con una maleta kármica) y, a lo largo de la vida, nuestras experiencias y vivencias generan nuevos deseos. Pues bien, una de las principales enseñanzas de la *Gītā* consiste en advertirnos que hemos de saber distanciarnos de nuestros propios deseos. Esto no quiere decir que tengamos que renunciar al mundo o abstenernos de desear, sino simplemente que debemos contemplar nuestros deseos como si fueran los de otro, someterlos a la ironía, no atarnos tanto a ellos, incluso tomárnoslos a risa. Arjuna debe luchar, pero viviendo esa lucha como si fuera otro el que empuñara las armas, viéndose a sí mismo en el campo de batalla desde fuera. Esta propuesta tiene una razón de ser que guarda relación con la siguiente enseñanza de la *Gītā*.

La segunda enseñanza nos dice que debemos diferenciar entre alma y espíritu. El alma es anhelante; el espíritu, no. El hombre no se reduce a su propia mente y sus propios deseos. Ese saberse otro que vigila al hombre que desea, que es uno mismo, ese desdoblamiento, es una de las experiencias fundamentales de las que habla la obra. Advertirlo es una de las claves para lograr la plena libertad. Esta distinción es probablemente la enseñanza metafísica más importante de la *Gītā*. Arjuna puede morir, pero su espíritu es inmortal. Si ese espíritu comporta o no una idea del yo, como ocurre en el caso del alma, está por dilucidar, y la obra se posicionará al respecto. Esta segunda enseñanza es el objetivo de todas las prácticas de la meditación.

La tercera enseñanza tiene que ver con nuestra situación en el mundo, en el cosmos. De un modo muy general, se podría sintetizar con la conocida sentencia de la fraseología castellana: «Todos los caminos llevan a Roma». Es decir, la vida del espíritu puede recorrer diferentes itinerarios, y es importante entender que pueden ser tan variados como las inclinaciones de cada persona. Está el camino del hombre de acción, el del aventurero, el guerrero o el empresario, que se llama karmayoga (en este contexto, *yoga* significa 'disciplina' o 'forma de vida'). Está el camino del pensador, el del pandit o el filósofo, que conduce al conocimiento y se denomina jñānayoga. Y, finalmente, está el camino, superior a los anteriores, de la devoción, conocido como bhaktiyoga. El individuo deberá elegir el que mejor se adecúe a su naturaleza, que no es sino resultado de las inclinaciones con las que vino al mundo y las que se ha forjado en la propia vida.

> Pero los seres de espíritu noble y sagaz, que participan de la naturaleza divina, elevan su mente hacia mí, me veneran y me reconocen como el origen inmutable de todo lo creado. Los hay firmemente consagrados a la devoción, fieles a sus votos, que me rinden en todo momento honra y reverencia. Los hay que me veneran entregándose al sacrificio del conocimiento, ya sea considerándome uno o varios, o bien reconociéndome en la incontable diversidad de las cosas. Y los hay que me veneran mediante el sacrificio y la acción. Yo soy el rito, soy el sacrificio, soy la libación a los antepasados, soy el soma y el mantra, soy la mantequilla clarificada, el fuego y el acto mismo de ofrecerlo[6].

Los tres caminos son pues legítimos, y la enseñanza de la *Gītā* en este sentido es esencialmente pluralista. No todos somos iguales ni todos tenemos las mismas necesidades espirituales. Por tanto, lo más razonable es que cada uno siga el camino más acorde con su propia naturaleza. Eso no quiere decir que uno no pueda cambiar y pasar de un camino a otro, pero la enseñanza fundamental estriba en que si uno sigue su dharma alcanzará finalmente el objetivo deseado, que no es otro que la liberación del espíritu.

El dharma es un orden cósmico, pero también un orden moral y social. En la India existe la creencia de que cada individuo nace con un dharma particular y que la fidelidad a ese dharma es condición necesaria para la vida plena. Implica unos deberes sociales que son asimismo cósmicos, pues están inscritos en nuestra personalidad (hoy diríamos que son parte de nuestro código genético). La única forma de estar bien en el mundo es seguir el propio dharma. Quien no lo haga, por muchos éxitos que coseche, acabará siendo un desgraciado.

Las dos naturalezas

El capítulo séptimo se abre afirmando que en todos los seres hay dos naturalezas:

> Mi naturaleza primordial es óctuple: inteligencia, sentido del yo, mente, aire, agua, fuego, tierra y espacio. Esta es mi naturaleza inferior, pero has de saber que existe otra naturaleza en mí, superior, que comprende el ámbito de las almas, y que gracias a ella se sostiene el pulso del universo. Todos los seres tienen su matriz en estas dos naturalezas[7].

El pasaje enumera ocho de las evoluciones de la naturaleza primordial (prakṛti) según la escuela sāṃkhya. Las dos naturalezas que residen en todos los seres son la conciencia o espíritu, y la naturaleza primordial. Y a continuación se dice que no existe nada más allá de estas dos naturalezas que constituyen la divinidad, y que todas las cosas están ensartadas en esa misma divinidad como perlas en un collar. El pasaje es elocuente:

> Soy el sabor del agua, el resplandor del sol y de la luna, el sonido que atraviesa el espacio. Soy la fragancia de la tierra y el fulgor del fuego. Soy la vida de las criaturas, la virilidad del hombre, el vigor del asceta. Soy la sílaba *om* de los veda[8].

Es decir, lo divino es tanto el mundo natural como la conciencia o espíritu que, desde fuera, lo contempla. Decimos «desde fuera» sin que esto implique un lugar, pues el espíritu como tal carece de lugar, no puede encontrarse en el espacio, como tampoco en el tiempo y la sucesión. Y lo divino no solo es el germen de todos los seres, sino también la sagacidad del inteligente, el vigor del guerrero o la rectitud del honesto.

> Todas las condiciones del ser, lúcidas, activas o ciegas [los tres guṇa del sāṃkhya], de mí proceden; aunque yo no estoy en ellas, sino que ellas están en mí. El mundo entero se halla inmerso en estas tres impresiones, pero no es capaz de reconocerme, pues soy inmutable y estoy más allá de ellas. Estas tres cualidades constituyen la ilusión cósmica; solo quienes descansan en mí pueden disipar esa ilusión, un hechizo engañoso que priva del entendimiento al miserable y lo lleva por el mal camino que conduce a la condición demoníaca[9].

Aquí aparece por primera vez el término *māyā*, uno de los ejes de la interpretación de Śaṃkara: lo que mueve el mundo son los hilos de los guṇa, y necio será el que se deje confundir por ellos. Una de las dos naturalezas es esencialmente creativa (prakṛti); la otra, conciencia pura y sin contenido. Esta última tiene como hábito la quietud, la observación atenta (por eso se la llama «el testigo»); la otra, el movimiento y la generación. Ambas son sustancias eternas (carecen de comienzo y no dependen de ninguna otra cosa para existir), pero es la naturaleza creadora la que otorga contenido a la conciencia original, por lo que más bien mantienen una relación de reciprocidad amorosa en vez de ajustarse a una jerarquía ontológica. Conciencia y creatividad se buscan, se requieren, prakṛti baila para puruṣa y los dos se recrean a sí mismos mediante un juego de seducciones. Se trata de un tema clásico en muchas culturas: el amor como origen del movimiento, como la fuerza que mueve el cosmos y las estrellas. Lo importante aquí es que ese magnetismo es el que sostiene e impulsa el mundo, un sostén e impulso del que se puede participar, cada cual según su posición en el cosmos. Mantener ese pulso es la tarea de Kṛṣṇa, que, sin desear nada, pone en marcha el mundo una y otra vez, como también lo es de los hombres y mujeres fieles al dharma.

Cómo vivir

En cada cosa que hagamos, la *Gītā* recomienda tener la mente puesta en el espíritu. Y con respecto a las consecuencias de nuestros actos, propugna ser ecuánime ante el éxito y el fracaso. Esa serenidad es el objetivo de la cultura mental que propone el texto. En esa línea se inscribe la admonición de Kṛṣṇa de esforzarse en el trabajo por el trabajo mismo, renunciando a sus frutos. El trabajo realizado con ansiedad para obtener ciertos resultados es inferior al trabajo desprendido. El dios aboga por la entrega y la distancia. Los que trabajan pensando en los frutos son miserables. La propuesta se asemeja al *wu-wei* del taoísmo. Quien sabe ver la inacción en la acción, y la acción en la inacción, es el más sabio entre los hombres.

Se trata de entender la verdadera naturaleza del querer y del actuar. La pregunta es quién es el sujeto real (no aparente) de nuestros empeños. Una cuestión de primer orden para el pensamiento hindú, siempre preocupado por la atadura del karma. Frente a quienes viven de sueños o recuerdos, la obra obliga a tomar partido. Eso sí, dicha implicación debe llevarse a cabo con absoluto desprendimiento: la finalidad contamina el acto. Lo que se le exige a Arjuna es asumido por Kṛṣṇa como principio de realidad. El propio dios pone en marcha el mundo una y otra vez sin tener ningún deseo o propósito. Se nos pide que nos comportemos como dioses. La cultura mental que defiende la *Gītā* es un modo de inscribir lo sagrado en lo profano. La naturaleza se conoce a sí misma en el sujeto (filósofo o yogui) que abraza esa cultura mental, que sabe distinguir entre la propia fuerza creadora de lo natural y el sujeto genuino de la experiencia, testigo inmutable de las creaciones del mundo natural.

Dicha actividad comprende tanto el acto reflejo o automático (el pulso o la respiración) como la acción volitiva motivada por la atracción o la repulsión (para obtener lo apetecible y evitar lo indeseable). Depende de factores como las creencias sobre lo útil o lo inútil, y la identificación del agente con la acción que realiza.

El sāṃkhya aporta aquí una perspectiva muy particular. Se dice que la experiencia de lo que vivimos no ocurre en el mundo natural de los guṇa, sino que pertenece al espíritu.

> Mientras que el ignorante, engañado por su ego, cree ser el sujeto de su experiencia, el sabio sabe que son las cualidades de la naturaleza primordial las que actúan. Quien ha penetrado en las categorías (del sāṃkhya) no cede al apego: sabe que el sujeto de la experiencia no es el que parece ser; las cualidades no pueden ser sujeto de otras cualidades[10].

Y más adelante:

> Aquel que ve que la naturaleza primordial es la que realiza toda actividad y que el ātman no actúa, ese realmente ve. [...]
> El ātman imperecedero carece de principio y es trascendente, pues existe más allá de la naturaleza gúṇica y primordial. Aunque está presente en el cuerpo, [...] ni actúa ni le afectan los

> accidentes corporales. Su presencia es discreta y sutil, como la del espacio que todo lo envuelve y al que no afecta lo que se ubica en él. Como un sol que iluminara el universo entero, así el testigo del campo alumbra todo el campo de la existencia [...]. Aquellos que son capaces de distinguir, a través del ojo de la sabiduría, entre el campo y el conocedor del campo, y son capaces de advertirlo, se liberan de los lazos de la naturaleza (de su condición de seres) y alcanzan lo más alto[11].

Es decir, el obrar y el querer ocurren en el ámbito del mundo natural (prakṛti). Creer que es uno el que hace lo que hace es efecto de la ignorancia y la fatuidad. El verdadero sujeto de nuestras acciones no es nuestro supuesto yo, sino el puruṣa original. Ese otro yo primigenio, el sujeto genuino de cuanto hacemos, se encuentra fuera del espacio natural, aunque parezca estar en él. El egoísmo y la estulticia consisten precisamente en creerse sujeto único de la propia actividad. El desaliento de Arjuna sirve de ejemplo. La inactividad es fisiológicamente imposible, pero sí podemos renunciar a los frutos de nuestras obras, actuar de modo desprendido, como el alfarero que modela cuidadosamente una vasija para luego deshacerse de ella. La única manera de escapar a la prisión gúṇica (versión antigua de la cárcel biológica moderna) consiste en consagrar la acción a la divinidad, lo que en términos del sāṃkhya equivale a discernir que es el otro yo el que, desde el origen, vive nuestro empeño, y que este adquiere la forma de una representación.

Hasta ese momento la tradición había venerado al que renuncia y se retira al bosque en busca de bráhman. Ahora se propone una alternativa a ese yoga del conocimiento: el yoga de la acción. Mediante las obras también es posible alcanzar la liberación. La condición es que la acción sea desinteresada. Octavio Paz glosó el vértigo de la propuesta:

> La doctrina de Kṛṣṇa es la de la acción no-acción, quiero decir, la del acto que no encadena al que lo ejecuta. Es imposible no conmoverse ante la doctrina de Kṛṣṇa. Pero me pregunto: ¿quién puede realizar un acto así? ¿Cómo y dónde? El héroe de la *Bhagavadgītā* es doblemente heroico: es un guerrero y es un santo, un hombre de acción y un filósofo quietista. Pues la acción que se predica solo puede cumplirse por una operación espiritual semejante a la liberación del asceta solitario: por una ruptura total de todos los lazos que nos unen al mundo y por la destrucción del yo y de la ilusión del tiempo. Imaginemos ese momento: Arjuna ve a Arjuna combatiendo y sabe que él es y no es ese Arjuna; el verdadero Arjuna no es el que combate ni el que se ve combatir, sino el otro, que no tiene nombre y que solo es. En ese mismo instante, el futuro se desvanece y el tiempo se disipa: Arjuna ya está libre de Arjuna. ¿Quién realiza el acto y cuándo? Todo sucede en un eterno ahora, sin antecedentes ni consecuentes, sin ayer ni mañana.

Paz acierta a pesar de no conocer a fondo la antropología del sāṃkhya. Aunque no es tanto la destrucción del yo que menciona el poeta como un desplazamiento del yo espacial y temporal al yo original, un salto hacia lo incondicionado (sueño eterno de la tradición hindú). La crítica de Paz tiene un sesgo budista: la acción se transmuta en «vertiginosa quietud», pero, aunque no encadena al héroe, tiene sus consecuencias. Bajo las flechas de Arjuna perecerán otros hombres.

> El desinterés sobrehumano que predica Kṛṣṇa tiene otra cara: la indiferencia frente al sufrimiento ajeno [...] no revela amor al prójimo. Arjuna no salva a nadie excepto a sí mismo [...], predica un desinterés sin filantropía[12].

La *Gītā* y el yoga

En *A History of Indian Philosophy*, Surendranath Dasgupta ofrece argumentos convincentes para afirmar que el autor de la *Gītā*, quienquiera que sea, no utiliza el término *yoga* en el sentido técnico establecido en los *Yogasūtra:* la cesación o destrucción de los estados mentales (citta-vṛtti-nirodha). La razón es sencilla: la obra de Patañjali es posterior a la composición de la *Gītā*. La palabra se usa aquí con muy diversos sentidos, no siempre conectados entre sí, pero el más frecuente es el de 'unión' (raíz *yuj-*), 'asociación' o 'comunión', que asimismo tiene la connotación negativa de restricción o separación de todo aquello que puede perturbar esa unión. A veces también se entiende como «camino» o «disciplina».

El término compuesto *karmayoga* tiene ese sentido: el compromiso respecto a los deberes prescritos con la mente puesta en el ātman (el otro yo). Una unión, la de la disciplina del yoga, que es más mental que física. De hecho, a la divinidad misma se la llama Yogeśvara, dios de la comunión. Esta unión suscita a su vez distancia o desafecto hacia todo aquello que podría perturbarla. Se establece así una ética de la moderación y de la liberación de los deseos.

> Cuando el yoga apacigua la mente y cesa la fantasía, cuando uno es capaz de verse a sí mismo desde fuera, entonces se puede experimentar un bienestar real y profundo que trasciende cualquier tipo de experiencia sensible. Una vivencia aprehendida por el intelecto y que, una vez conocida, ya no se pierde. Y ya no es concebible que adquiera nada mejor, ni es posible que el dolor, aun siendo cruel, lo perturbe. Este estado recibe el nombre de yoga y supone la liberación de las cadenas del sufrimiento. Un yugo al que uncirse y con el que ejercitarse sin desaliento[13].

Para llegar a ese estado hay que renunciar a la atadura que crea el objeto de percepción, que es donde radica la atracción. Aplacando con la disciplina mental el alboroto de los sentidos se logrará poco a poco la quietud.

> Con determinación se abismará la mente en el ātman y, ensimismada, abandonará todo pensamiento y distracción. Cada vez que la mente, de natural inquieta e inestable, se extravíe, la hará regresar al ātman. Pues una dicha sin par envuelve al yogui, cuya mente, serena, ha apaciguado toda solicitud y, libre de mácula, se ha convertido en bráhman[14].

Pueden verse aquí reminiscencias budistas relacionadas con la erradicación del sufrimiento. La entrega mental a lo divino tiene como requisito la renuncia a cualquier recompensa sobre lo hecho. Esa distancia respecto a los propios deseos es precisamente el yoga del «verdadero renunciante». Sin esa distancia no es posible la unión definitiva con lo divino. Pero ese desinterés tiene una contrapartida mundana: ha de compaginarse con los deberes sociales y rituales. Gracias a ello, la mente se libera de las expectativas levantadas por el propio interés y puede elevarse.

El itinerario escenifica la tensión de dos yoes: el ciudadano y el místico, el ilusorio y el original, el transitorio y el eterno. De ahí que el hombre pueda ser a un tiempo amigo y enemigo de sí mismo, según atienda a uno u otro. Solo cuando el yo eterno ha seducido al inferior es uno amigo de sí mismo. Aquel incapaz de dominar sus propias pasiones es enemigo de sí mismo, pues se encadena y hace imposible el vuelo de la liberación.

La enseñanza que Kṛṣṇa ofrece a Arjuna consiste en atender a los dos yoes. Mientras se hace lo que debe hacerse, la mente está centrada en lo eterno y no espera nada a cambio. Ese es el cumplimiento genuino del deber, que no ata, sino que libera, que permite estar en el mundo (cumpliendo con las exigencias del orden ritual, familiar y social) y al mismo tiempo fuera de él. Una conquista del Sí mismo eterno (paramātman) que procura la paz con uno mismo. He ahí la sabiduría: no la selva del anacoreta, sino un estar en el mundo pendiente de lo divino. Esa moderación y compromiso con el orden social es una de las señas de identidad de la obra. Uno no puede dejar de notar en este giro la influencia del budismo. Una vía media que rehúye los extremos y prefiere la moderada sobriedad al riguroso ascetismo.

> Dejad al yogui tranquilo en su retiro, solo y alejado del mundo, sin cargas ni ambiciones. Dejad que establezca su asiento en un sitio limpio, ni muy alto ni muy bajo, firme, cubierto de hierba kuśa, tela o piel de antílope. Una vez que esté allí sentado, inmóvil, con el cuerpo, el cuello y la cabeza erguidos, con la vista puesta en la punta de su nariz, sin mirar otra cosa, sereno y libre de temor, fiel a su voto de castidad, se concentrará en las sucesivas impresiones que lo asalten, frenando los movimientos de la fantasía, con su mente puesta en la percepción del testigo, entregada a mí. Así, con la mente absorta, alcanzará la serenidad suprema, más allá del nirvāṇa: la paz que reside en mí[15].

A continuación, el texto opta por una ética de la moderación y descarta los grandes excesos de las tradiciones ascéticas:

> Arjuna, el cultivo de la mente no es para quien come en exceso o no come en absoluto, ni para quien duerme en exceso o apenas duerme. Es para quien modera la alimentación y la diversión, los movimientos y las industrias, el sueño y la vigilia. Es

> para quien mantiene a raya el deseo de lucro y vive para el Ser. Quien así actúa se mantiene alejado del sufrimiento. Como la llama segura de una vela al abrigo de las corrientes de aire, así se yergue la mente en la contemplación[16].

El objetivo es otro. Lo que se propone aquí es la comunión continua del devoto con lo divino, asumiendo el destino que el nacimiento le ha otorgado. Esa es la nueva ciencia del sacrificio, la buena nueva, la entrega mental en la actividad cotidiana.

Trasfondos filosóficos

Aunque no sabemos si la palabra *sāṃkhya*, tal y como aparece en la *Gītā*, se refiere a una escuela filosófica ya consolidada, no hay duda de que la antigua tradición de pensamiento, que hace del magnetismo entre espíritu (puruṣa) y naturaleza (prakṛti) el fundamento del mundo, constituye el trasfondo filosófico de la obra. Y si bien la *Gītā* no es un tratado filosófico, sino un canto devocional, una línea de pensamiento recorre todas sus estrofas y mantiene cierto orden y coherencia entre los diferentes «actores», siendo los más importantes los siguientes: lo inmutable, lo eterno, lo inmanifiesto, la fuerza creadora, los hilos que mueven el mundo, la inteligencia y el sentido del yo. Cada una de estas entidades corresponde a uno de los tattva del sāṃkhya. No son, como sugieren algunos traductores, epítetos de una misma entidad, sino entidades bien diferenciadas. La novedad respecto al sāṃkhya es que todo el sistema se subsume en la figura de Kṛṣṇa, que deriva la perspectiva filosófica hacia lo devocional y proporciona estímulos visuales y afectivos con los que se pretende suscitar el fervor religioso. Es decir, el dios reúne los tattva del dualismo propio del sāṃkhya y los unifica en lo que podría llamarse un «monismo neutral». La realidad es esencialmente una, pero el mundo se comporta de modo dual. Y ello se debe a que fuera del mundo natural hay un testigo que es sujeto de sus experiencias. De ahí que Kṛṣṇa afirme que él mismo tiene dos yoes (como cada criatura, que es ilustración del propio mundo): un yo natural y creativo, constituido por los «tres hilos», y un yo fuera del mundo natural, observador, sujeto original que experimenta, sin inmutarse, cuanto ocurre en la vida. Los dos son eternos, pero sus eternidades son distintas. La que corresponde a la conciencia original (puruṣa) carece de contenido, es indiferente e inmutable. La otra, enamorada de las producciones del tiempo, es cálida y afectiva, y lo dota de contenido. Tanto puruṣa como prakṛti son sustancias, es decir, no necesitan de otro ser o cosa para existir y han existido desde siempre. Ser capaz de discernir y experimentar estos dos yoes, la vía filosófica, es la llave de la liberación.

> Quien distingue la conciencia original (puruṣa) de la naturaleza creadora (prakṛti) con sus cualidades respectivas (guṇa), ese no volverá a nacer, sea cual fuere el modo en el que haya vivido[17].

Richard Garbe también insistió en que la perspectiva del mundo natural que encontramos en la *Gītā* tiene su apoyo en el sāṃkhya. Numerosos estudiosos han considerado esta obra una evolución de las upaniṣad. Sarvepalli Radhakrishnan hacía referencia a ciertos términos como *kṣetra* y *kṣetrajñā* (el campo y el conocedor del campo), *akṣara* (lo imperecedero) o *bhakti* (la devoción) que a su juicio eran una evolución del concepto de *upāsana*. Algo parecido pensaba A. Barriedale Keith, para quien la *Gītā* fue originalmente una upaniṣad del estilo de la *Śvetāśvatara*, adaptada con posterioridad al culto de Kṛṣṇa. Según Paul Deussen, constituía una evolución tardía y algo degradada del monismo de las upaniṣad. Garbe se desmarcó de estas genealogías. Consideraba que su trasfondo filosófico debía buscarse en el sāṃkhya, siendo las influencias del vedānta secundarias y tardías, y no pertenecientes al poema original. Términos clave de esta tradición como *puruṣa*, *prakṛti*, *buddhi* o *ahaṃkāra*, así como la teoría de los guṇa, aparecen constantemente en la obra. Y, sin embargo, mientras el sāṃkhya elude deliberadamente la cuestión de la existencia de Dios, la *Gītā*, en su intento de sintetizar elementos heterogéneos, es un canto a la divinidad y a la superación de los dualismos. De ahí la posibilidad, admitida por el propio Garbe y por E. Washburn Hopkins, de que diversos autores hubieran intervenido en la obra durante su largo proceso de gestación. Según Garbe, la *Gītā* original se escribió en el siglo II a. e. c. como un opúsculo teísta basado en el sāṃkhya, mientras que posteriormente fue modificada y adaptada al monismo de las upaniṣad.

> Estas dos doctrinas, la teísta y la panteísta, se mezclan y prolongan de un modo más o menos inconexo. Y no es el caso que una de ellas sea considerada inferior y exotérica mientras la otra sea superior y esotérica. En ningún lugar se dice que el teísmo sea una propedéutica para el conocimiento de la realidad de la que es símbolo, ni que el panteísmo del vedānta sea la última realidad, sino que las dos doctrinas son tratadas como si en verdad no hubiera diferencia entre ellas, ya sea verbal o real[18].

Incluso hay ciertos pasajes que describen someramente el tipo de conocimiento filosófico al que conviene aspirar, el cual consiste básicamente en discernir y «vivir» la distinción entre naturaleza creadora y conciencia original:

> Hay quienes son capaces de contemplar el ātman mediante el ejercicio de la meditación; otros, a través del discernimiento filosófico; otros, por la consagración de sus obras. También los hay que, sin haberlo experimentado, han oído hablar de él y creen en él. Estos últimos, fieles devotos de lo aprendido, superan asimismo la muerte[19].

A esta última vía, la de la fe en lo escuchado (śruti) por los sabios de la antigüedad (ṛsi), se añaden las tres anteriores: la vía de la meditación (dhyāna), la del discernimiento filosófico (sāṃkhya) y la de la consagración de la actividad cotidiana (karmayoga). Sin embargo, en el ámbito de lo sagrado, la frialdad del sāṃkhya (más filosófico que religioso) cede ante el fervor de la devoción. Incluso se observa cierta indiferencia respecto al ritual védico, un rasgo muy propio del sāṃkhya y del budismo: «Cuando tu mente atraviese la maraña del error, hasta los libros sagrados te serán indiferentes»[20]. Aunque se dirá que, si la vía del discernimiento queda fuera de nuestro alcance, estas prácticas pueden servirnos de ayuda. Pero también se sostiene que del amor a Dios surge su conocimiento gracias a la gracia, sin necesidad de discernimiento filosófico alguno[21]. Una religión del amor que traspasa los límites de casta y de género:

> Yo soy el mismo para todas las criaturas, ninguna me es odiosa o querida, pero aquellos que comparten su amor conmigo habitan en mí, así como yo habito en ellos. Si el más despreciable

> de los criminales me honra con su devoción, deberá ser considerado justo, pues justa es su convicción. En verdad, [...] jamás se pierde el que me ama; por mucho que se haya descarriado, acabará encontrando una paz duradera. Pues los que se refugian en mí, [...] aunque su origen sea innoble, aunque sean mujeres, mercaderes o campesinos, acogiéndose a mí alcanzan la meta[22].

Y si al morir la mente se entrega a la divinidad, penetra en ella, pues «una persona siempre acaba por convertirse en aquello en lo que piensa»[23]. Como en otras confesiones, el momento de la muerte es decisivo, ya que es entonces cuando el alma del difunto asume la forma hacia la cual encamina su mente:

> Aquel que, en el momento de la muerte, con la mente serena y el aliento vital entre los ojos, fortalecido por la devoción y el cultivo mental, dirige su pensamiento al sabio primordial, al maestro, resplandeciente como el sol, inefable, sutil entre lo sutil, soporte del mundo, ese alcanza la divina conciencia original[24].

En un pasaje del tercer capítulo se afirma que los filósofos del sāṃkhya siguen la senda del discernimiento (jñānayoga), mientras que los yoguis siguen la del deber[25]. En otros lugares se dice que solo los necios piensan que el sāṃkhya y el yoga son caminos diferentes[26]. Y se insiste en que, sea cual sea el camino que se tome, el fruto es el mismo. Ese tono conciliador se mantiene a lo largo de toda la obra. Parece evidente, como sostienen Garbe y Dasgupta, que el redactor o los redactores de la *Gītā* conocían la filosofía de los guṇa y la doctrina del puruṣa original. La palabra *puruṣa* significa literalmente 'persona' y apunta al mito de la Persona primordial recogido en el *Puruṣasukta*, perteneciente al *Ṛgveda*. En la *Gītā* adopta diversos significados: puede ser la divinidad (puruṣottama) o la persona singular, sometida al cambio (kṣara) o inmutable (akṣara), pero también el yo supremo (uttamaḥ puruṣa), que se encuentra por encima o más allá del mundo gúṇico, el de los apegos y deseos, caracterizado por la miseria y la ilusión. La persona singular participa así de dos mundos: uno inmutable, que es el ámbito original, al que no afectan la miseria ni la tendencia natural al aprecio por las cosas, y otro mudable, el de la naturaleza, en donde la persona, constituida por el curso de sus recuerdos e impresiones, está a merced de lo que la atrae o repugna, expuesta a los venenos de la codicia, el odio y la necedad, que la hostigan con continuos temores y angustias.

El secreto

La pregunta, como hemos dicho, es qué relación se establece entre lo pasajero y lo eterno, entre el hombre y lo divino. En el noveno capítulo se abordan esas relaciones y el autor se cuestiona qué quiere decirse cuando se afirma que lo divino existe y no existe en el hombre. El texto ya ha reiterado anteriormente que la divinidad está en todo, que es la esencia y sostén del mundo. Kṛṣṇa es la luz del sol y de la luna, el coraje del valiente, el olor de la tierra y el brillo de la inteligencia[27]. Pero todo esto se refiere a la realidad de lo manifiesto, a la evolución cósmica, al mundo en marcha en el que vivimos, al poder creador de los guṇa. Sin embargo, lo divino es lo inmanifiesto (avyakta), en perfecto equilibrio antes del despliegue del mundo natural. Es también la bailarina que, entre bastidores, aguarda para entrar en escena. Pero es asimismo el espectador, la conciencia original que contempla la representación del mundo: una conciencia sin contenido, o cuyo contenido es lo que llamamos mundo. Esta es la triple naturaleza de la divinidad. Y, como en el sueño, uno es el espectador, el protagonista, el guionista y el escenógrafo de la obra.

> El mundo entero está permeado de mí. Todos los seres existen en mí, aunque no me haya manifestado y aunque no me encuentre en ellos. Ese es el misterio divino. Siendo fundamento y origen de todos los seres, mi ser no está contenido en ellos. Como el viento inaprensible, que sopla por doquier y llena el espacio, así, date cuenta, todos los seres moran en mí. Todas las criaturas regresan a mí cuando concluye un ciclo cósmico, y al inicio del siguiente las devuelvo. Descansando en mi naturaleza inferior, yo las creo una y otra vez sin que puedan oponerse. Y, de modo regular, mi actividad creadora hace renacer el mundo sin cesar[28].

El Dios de la *Gītā* es a la vez inmanente y trascendente. Aunque permea todas las cosas y todos los seres, las cosas y los seres no lo agotan. De ahí que se diga que existe y no existe en nosotros. Al final de cada ciclo cósmico, todos los seres se recogen en Él, y, al inicio del nuevo ciclo, la divinidad los «crea» o emana mediante el poder creativo de prakṛti. Pero hay algo en Dios que permanece ajeno a este proceso, lo trasciende y al mismo tiempo lo hace posible. Es la conciencia original, que no solo no se ve afectada por el despliegue y el repliegue cósmico, sino que es el «motivo» que propicia ese mundo en transformación y el sujeto paciente, real, que lo vive, que experimenta lo que allí ocurre. Por eso la experiencia consciente, en el hombre o en cualquier otro ser, es algo que se produce «en» el origen, un origen sin comienzo.

Se advierte aquí un antiguo mito. El *Puruṣasukta* del *Ṛgveda* describe cómo el desmembramiento de la Persona primordial (puruṣa) da lugar al mundo. Una cuarta parte de este ser primordial debió de difundirse en el cosmos y en los seres vivos, mientras las otras tres permanecían en un cielo imperecedero. La idea reaparece en la Chāndogya y en la *Maitrī upaniṣad*[29], también en la *Kaṭha*, donde en el capítulo 15 se dice que este universo es la eterna higuera sagrada cuyas raíces están en lo alto y cuyas ramas se hunden en la tierra (un motivo que encontraremos después en la cábala). Dios, como se ha dicho, es al mismo tiempo inmanente y trascendente. Su cara inmanente es el universo visible, emanación divina que se produce gracias al poder creador de los guṇa. Lo bueno y lo malo, lo moral y lo inmoral, están en él y de él proceden. Pero hay una cara trascendente (las raíces de lo alto) que se mantiene intacta e inmutable y que se encuentra más allá de los avatares del tiempo. Esa cosmología, que es al mismo tiempo una antropología, permite hablar de los dos yoes que hemos mencionado.

La visión trinitaria de lo divino no es la única «novedad» de la *Gītā*. Quizá sea este el texto más antiguo conservado en el que aparece la idea de la encarnación. La divinidad viene al mundo para restaurar el orden del dharma, que es de índole tanto social como cósmica. En este punto la obra rompe con todo el pensamiento anterior. Ninguna de las upaniṣad menciona nada semejante. En el cuarto capítulo, Kṛṣṇa dice que cuando el dharma decae, él mismo, que nunca ha nacido y es el origen de todas las criaturas, se hace criatura para restaurarlo y reconducir a los seres.

He aquí una de las manifestaciones más tempranas de la idea de la encarnación de lo divino, presente en tantas tradiciones religiosas. En la religión hindú, la encarnación atañe generalmente a Viṣṇu, cuyos diez avatares (daṣvatara) vienen al mundo en períodos críticos para restaurar el dharma. Los faraones del Antiguo Egipto se consideraban encarnaciones de los dioses solares Horus y Ra. En el budismo tibetano, un maestro espiritual puede reencarnarse después de la muerte con el fin de seguir rescatando a los seres. La encarnación de Cristo es la doctrina central del cristianismo: la divinidad se hace carne, asume la naturaleza humana en Jesucristo y resucita. Las corrientes dominantes del islam y el judaísmo rechazan de plano la idea de una encarnación divina, aunque es posible encontrar corrientes minoritarias que sí la contemplan.

En la divinidad todo cabe. No solo el mundo entero, con sus pasados y futuros, con sus posibilidades sin realizar, sino también todas las categorías aplicables a la propia divinidad.

> De mí emanan la inteligencia, el conocimiento, la certeza, la paciencia, la veracidad, el autodominio y la serenidad. También la dicha y el dolor, el nacimiento y la muerte, el coraje y el temor. La ecuanimidad, la mansedumbre y la alegría, la sobriedad y la generosidad, la gloria y el deshonor de mí proceden, así como los modos de conducta de las diversas formas de vida[30].

Ya hemos mencionado que la *Gītā* no es un tratado filosófico: no trata de probar o refutar nada, sino que opta por la celebración de la divinidad, certera a veces en el detalle, otras ostentosa. Borges decía que la India ya lo había pensado todo, y la *Gītā* es un ejemplo. Hay pasajes que se escoran hacia el panteísmo, otros son de un sesgo teísta y algunos incluso sugieren un deísmo filosófico que recuerda al de la Ilustración europea. No se recela de la incoherencia o la contradicción cuando se trata de celebrar lo divino. Su magnitud abarca lo trascendente y lo inmanente, el padre y la madre, el bien y el mal, la creación y la aniquilación. Kṛṣṇa se define a sí mismo de diversas formas: como el aliento eterno de todo lo viviente (jīvabhuta); como principio de atracción, digamos que a la manera de Empédocles; como la sustancia única que sostiene el mundo, lo que recuerda a Spinoza; líricamente, como el jugo de los frutos o el sabor de las cosechas. De él proceden no solo el conocimiento y la memoria, sino también el olvido y la enajenación. Y el bardo identifica a Kṛṣṇa con la lucidez del sabio, el coraje del héroe o la suerte de jugador, aunque sin olvidar su lado siniestro, pues será él quien recoja la cosecha de cuantas almas perezcan en la batalla, ya que a la postre es el tiempo que todo lo destruye.

Aunque la devoción es la principal protagonista de la *Gītā*, en sus estrofas queda espacio para el conocimiento. Y como el fuego consume la leña, el conocimiento reduce a cenizas el karma, y hasta el mayor de los pecadores podrá atravesar el océano de la existencia embarcado en el conocimiento. Pero se trata de un saber que deja en segundo plano los propios deseos y aspiraciones. De ahí que en ocasiones se intente conciliar el mundo de la acción (karmayoga) con el del conocimiento (jñānayoga). Pero ya hemos visto que hay una tercera vía: la de la entrega íntima al amor divino (bhaktiyoga). Y se prefiere este camino no solo por ser más accesible y cálido, sino porque aventaja a los demás. Aquí es donde la obra se distancia de las upaniṣad. Insiste en la importancia de mantener una relación personal con Dios, de dedicarle los quehaceres cotidianos con la mente puesta continuamente en Él. Cualquier otro empeño pasa a un segundo plano. Quien ama a Dios es amado por Él. Una mente ebria de Dios, que no deje nunca de recrearse en Él, que lo ame y reverencie, merecerá su amistad, confianza y benevolencia. Así, amén de obtener su gracia, hallará al Dios del amor. El camino de la devoción es el modo más eficaz de elevar el alma; no ha de hacer frente a las penalidades de la vida ascética ni requiere de complicadas abstracciones. Se trata de un amor que puede adquirir muy diversas formas (filial, paternal, fraternal e incluso conyugal) y que se manifiesta en el ritual, el canto y la danza.

> Miserable y fugaz es la existencia, oh Arjuna. Ámame. Impregna tu alma de mí, conságrame tus empeños, pensamientos y ritos: todo lo que hagas. Así te unirás a mí y seré para ti la última morada[31].

Se ha dicho que este giro hacia una religiosidad popular fue una estrategia brahmánica para contrarrestar el auge del budismo; también, que la *Gītā*, como el budismo, fue una reacción de la ideología kṣatriya frente a la hegemonía de los brahmanes. En cualquier caso, es evidente que el texto reorienta y renueva la vieja tradición védica. El camino de la devoción apenas se menciona en las upaniṣad, mientras que la *Gītā* abre la posibilidad de una relación íntima con la divinidad: sean cuales sean las dificultades, el devoto nada tiene que temer.

Un mundo de cualidades

Terminamos el capítulo con una breve reflexión. Para la filosofía de la *Gītā*, los seres no están hechos de átomos o de algún otro tipo de materia inerte, sino que son experiencia pura. El poso de recuerdos e inclinaciones dejado por las diversas experiencias que jalonan nuestras incontables vidas nos hace ser lo que somos. Memoria e impresión son los constituyentes del ser, como memoria y vibración es el universo en el que vivimos. Pero delante del escenario, fuera de campo, está el «testigo», un observador lúcido y atento. Ese espectador coincide con el lector que se acerca a las páginas de este libro sagrado. Ahí reside la magia circular de la obra. Y el espíritu es lo que mantiene el pulso del mundo sin que el desenlace pueda afectarle. Pero a los que leemos la obra, el desenlace sí nos afecta y, aunque no nos alcancen las flechas, nos alcanzan las emociones. Y es precisamente la perspectiva del lector-espectador la que permite dejarlas pasar como pasan las nubes y los pensamientos por el cielo de la mente. Se reconocen así los derechos que el espíritu trascendente tiene sobre el mundo de las representaciones.

El mundo, como el canto, es una representación. Una representación que no sería posible sin la presencia del espectador, el testigo discreto que asiste al despliegue y repliegue cósmico. El campo de batalla es el lugar donde se decide el destino de los seres, de ahí que la primera estrofa lo llame «campo del dharma». Y ese campo, en su generalidad hirviente, pertenece al mundo de la naturaleza primordial, una fuerza esencialmente creativa cuyos «tres hilos» mueven la existencia. El Canto mismo es expresión de estos dos aspectos o realidades. El más visible es el emocional: la exaltación devocional de los bhāgavata, que representa la naturaleza creadora de prakṛti, enamorada eterna de cuanto acontece en el tiempo. Pero tras ella hay otra entidad, más discreta y distante, menos emocional, que observa atentamente. Ese discreto convidado a la fiesta de la evolución es el puruṣa, lo que le falta al corazón para amar y asociarse y crear. Este segundo aspecto, menos evidente, es el que subyace a la celebración de lo divino, a las expresiones del fervor devocional y lírico.

La obra concluye con un guiño al espíritu de observación. El narrador, Saṃjaya, nos confiesa:

> Esto fue lo que pude oír de la fascinante conversación que mantuvieron Vāsudeva [Kṛṣṇa] y el magnánimo Pārtha [Arjuna]. Y todavía me embarga la emoción al recordarla. Por la gracia de Vyāsa, fui testigo del misterio supremo que Kṛṣṇa, el Señor del yoga, reveló al noble Arjuna. No hay vez que la rememore sin que me regocije, oh rey. Y cuando recuerdo la maravillosa transfiguración de Hari, mi corazón se estremece de nuevo. Convencido estoy de que, dondequiera que se encuentren Kṛṣṇa, el Señor de la disciplina, y el arquero Arjuna, allí estarán el buen consejo, la fortuna, la prosperidad y la victoria.

Esa es la genialidad del planteamiento de la obra. La literatura sāṃkhya comparaba la creatividad de la naturaleza con una bailarina que sale al escenario, realiza su baile y se retira discretamente dejando la escena vacía. El lector de la *Gītā* hace las veces de ese espectador (puruṣa) que observa la danza de la naturaleza (prakṛti). Pero el Canto lo es todo, el mundo y aquel que lo ve. El Canto es Kṛṣṇa. Por eso abarca e integra los dos aspectos en uno. Y, al hacerlo, incorpora también al lector. De ahí su interminable hechizo. Pues el Canto no es canto sin alguien que lo entone. Y en un mundo hecho todo él de percepción, quien lo escucha no es nuestro yo convencional, atado a las impresiones, sino ese otro yo, ajeno y original, que habita más allá de la naturaleza.

8. Los gramáticos

El enigma de la palabra

Es difícil decir qué es una palabra. Todavía hoy las palabras nos confunden. Hechizan y ciegan, revelan y ocultan. Quienes dominan las palabras dominan el mundo. Quizá esto se deba a que la palabra habita dos mundos, el físico y el mental. Es sonido y representación, es forma y significado. Pertenece tanto a lo material y sensible (que todos compartimos) como al ámbito inmaterial de los significados (que ya no compartimos tanto). Patañjali se planteó seriamente la cuestión y, ante esa doble naturaleza, abrió una tercera vía. Definió la palabra como *sphoṭa*: ni el sonido físico ni la representación mental, sino el lugar donde confluyen lo manifiesto y aquello que se manifiesta; es decir, la fuente de toda realidad y la realidad misma. De ahí que su naturaleza no pueda reducirse ni a materia ni a espíritu. Es la magia de la palabra, el poder sagrado de la lengua.

La civilización india se erigió sobre las palabras. De vibración y memoria está hecho este mundo antiguo, y para conservarlo tenemos en primer lugar al maestro, que es a su vez heredero de otros maestros, en una ininterrumpida tradición oral y memorística que se remonta a un pasado remoto. El maestro del habla, que en la India se llama *pandit*, es el que conserva esa vibración antigua, tanto interna como externa, pues la palabra resuena también en el interior. El pandit custodia la inflexión y la entonación de la voz. La extensa tradición a la que pertenece no ha sido eclipsada por la imprenta, el libro ni los ordenadores.

Las vibraciones sonoras (palabras recordadas), transmitidas oralmente de maestro a discípulo durante siglos, son custodiadas en la memoria viva de prestigiosas familias de brahmanes. Sus métodos de recitación, conservación y control constituyen un hito en la historia de la inteligencia. El perfeccionamiento de tales métodos llevó a la creación de once modalidades de recitación, siendo las más utilizadas las tres más antiguas. Se parte de la idea de que un mismo texto puede ser «interpretado», en sentido musical, de once maneras. Cada una de ellas se aprende de forma independiente, y, una vez que todas han sido memorizadas, compararlas permite detectar errores o alteraciones. No sabemos en qué época surgieron estos métodos, pero su éxito es indudable. Los textos sagrados se han transmitido de este modo a lo largo de tres milenios. Aunque actualmente la gran mayoría están publicados en libros o subidos a la red, siguen existiendo recitadores que los preservan en la experiencia viva y consciente. Un tesoro que nos permite asomarnos a un mundo antiguo que sigue vivo en la memoria de muchos.

La lengua sagrada

La lengua sánscrita tiene una antigüedad de más de tres mil años y una tradición literaria ininterrumpida comparable a la grecolatina. El latín y el griego clásicos, como la mayoría de las lenguas actuales de Europa, incluidas las eslavas, están relacionadas con el sánscrito. También con el antiguo persa y las lenguas iraníes. A pesar de sus divergencias históricas y culturales, el Viejo Mundo se encuentra unificado lingüísticamente, y desde Dublín hasta Calcuta se hablan lenguas de origen indoeuropeo.

Bajo la égida del sánscrito, los matemáticos indios inventaron el cero y el sistema decimal, y en ese idioma se compusieron los primeros tratados astronómicos y las primeras enciclopedias de medicina. La lógica, la jurisprudencia y la filosofía de la India antigua están escritas en sánscrito. Un idioma que funcionó como lengua franca en el subcontinente, como más tarde lo hizo el latín en la Europa medieval y moderna.

Los eruditos indios reflexionaron sobre su propia lengua desde una época muy temprana. Legendarios gramáticos como Pāṇini, Kātyāyana y Patañjali son celebrados por aquellos que se adentran en el universo de significados de la lengua sánscrita. Aunque sea posible distinguir el sánscrito védico del sánscrito clásico, ambos son resultado de la evolución de una misma lengua. Una lengua en la que, según la tradición, fueron «escuchados» los sagrados veda. Su historia se puede rastrear en la propia literatura védica. En el segundo milenio a. e. c., sucesivas oleadas de tribus arias se desplazan al subcontinente indio desde Asia Central, cruzando el macizo del Hindu Kush. Descienden a lo largo del río Indo y se instalan en el actual Punyab, la tierra de los siete ríos, como se dice en el *Ṛgveda*. La colonización se extiende hasta la cuenca del Ganges, donde se forman diversos reinos, entre los que destacan los de Kāśī o Vārāṇasī (Benarés), Kosalā (Avadh) y Magādha (Bihar). Las tribus arias seminómadas terminan por asentarse y establecerse en poblaciones agrícolas en torno a la fértil llanura gangética[1].

El corpus de textos en indoario antiguo que conforma la tradición védica incluye: (1) los cuatro veda, es decir, los himnos del *Ṛgveda*, los cantos del *Sāmaveda*, las fórmulas litúrgicas del *Yajurveda* y las oraciones y encantamientos del *Atharvaveda*; (2) los brāhmaṇa; (3) los āraṇyaka; (4) las ciencias auxiliares del veda, llamadas vedāṇga (fonética, gramática, ritual, etimología, métrica y astrología), a las que se añaden otros géneros como los itihāsa y los purāṇa (de carácter mitológico), y (5) las upaniṣad, que son denominadas vedānta por constituir el colofón de todo el ciclo védico[2]. Respecto al área geográfica, el *Ṛgveda* menciona la cuenca de los siete ríos: el Indo y sus cinco tributarios en el Punyab, así como el Sarasvatī, que constituye el centro de la cultura védica, siendo sus límites la región occidental de la planicie gangética y la porción oriental de Afganistán, territorio que se expandirá hacia el este con el surgimiento de nuevas escuelas.

La literatura védica distinguió desde antiguo las ciencias auxiliares (vedāṇga) de los sistemas filosóficos (darśana) que habrían de llevar al individuo a la liberación. Había ciencias especiales sobre el ritual, la astronomía, la fonética, la métrica, la etimología y la gramática que se consideraban imprescindibles para poder extraer el mensaje encriptado de los poetas que compusieron las colecciones de himnos. Estas ciencias eran medios para un fin, no un fin en sí mismas. Pero una de ellas gozó de tanto prestigio que se convirtió en una vía de conocimiento: la gramática (vyakarāṇa), que debidamente transitada podía conducir a la liberación.

La lengua y su transmisión

Como el griego o el latín, el sánscrito es una lengua de origen indoeuropeo. Pertenece al conjunto de lenguas «indoarias» que se desarrollaron en el subcontinente indio en el tercer milenio a. e. c. Ya en los himnos más antiguos se observa cierta distancia respecto a la lengua popular y cierto grado de conciencia lingüística. Hay juegos semánticos, fonéticos y etimológicos, y se tiene la sensación de que los compositores de estos poemas no eran meros bardos que se limitaban a repetir canciones aprendidas, sino que dominaban los diferentes recursos del lenguaje. Ese tesoro literario merecía conservarse, y su transmisión constituye uno de los hitos de la civilización india. En ausencia de escritura, la transmisión de estos textos se realizaba oralmente de maestro a discípulo. La memoria humana (que radica en el corazón) era el mejor archivo para esta sabiduría intemporal. Mientras que el libro se puede pisotear o arrojar al fuego, la enseñanza que alberga el corazón no se puede profanar. La recitación es un método de conservación, pero también de control y cuidado del organismo vivo del texto. Su perfeccionamiento condujo a la creación de once modalidades de recitación, como ya hemos apuntado[3].

Solo el *Ṛgveda* contiene alrededor de 10 000 estrofas y más de 150 000 palabras. Se requieren alrededor de dos años para aprender la recitación continua (saṃhitā) y una docena para las once modalidades. El estudiante debe empezar el aprendizaje a la edad de seis años, cuando su memoria tiene una mayor capacidad. Si la práctica resulta exitosa, puede convertirse en un oficio. El primer deber del recitador es asegurar la transmisión, encontrar a alguien a quien entregar el testigo. De ahí el valor religioso de la tarea. La recitación puede ejecutarse en el hogar o en el templo, con motivo de diversas festividades o en ritos de pasaje. Algunos de estos ritos gozan de patrocinadores, lo que permite que el recitador pueda ganarse la vida con su tarea[4].

Los grandes gramáticos

Desde una época muy temprana los pensadores indios reflexionaron sobre la naturaleza del lenguaje y su relación con el conocimiento. Probablemente la tradición védica sea la tradición lingüística más antigua que existe. De las seis ciencias auxiliares del veda, cuatro estaban dedicadas a la lengua (fonética, gramática, léxico y métrica) y las otras dos a la astronomía y al ritual. Además de su longevidad, otra de las características excepcionales del sánscrito es su estabilidad y vocación científica. Todas las ciencias de la antigüedad india se redactaron en sánscrito, destacando entre ellas la astronomía y la medicina. Pero no solo se codificaron los textos sagrados y científicos, sino también la propia lengua, algo de lo que se ocuparon los gramáticos.

Pāṇini

La más antigua de las gramáticas es la de Pāṇini. No hay consenso sobre la época en la que vivió, pero oscila entre dos o tres siglos alrededor del 500 a. e. c. Pāṇini compuso un formulario que sirve para formar palabras y oraciones a partir de ciertos elementos básicos. Se titula *Vyākaraṇasūtra (Formulario para la construcción [de palabras])* o *Aṣṭādhyāyī* (*Las ocho lecciones*, pues se divide en ocho capítulos). Comprende en torno a cuatro mil reglas, llamadas sūtra, precedidas por una lista de sonidos que se dividen en catorce grupos, y viene a ser al mismo tiempo un puzle y un programa informático. Recoge listas de material elemental y estrategias para combinar los elementos básicos: fonemas, raíces verbales, grupos de palabras que comparten algún rasgo gramatical y morfemas (sufijos) con cierto sentido y que se sitúan necesariamente después de las raíces o de los temas nominales. Se concibe como un metalenguaje, adaptado perfectamente a su fin y que persigue la máxima concisión, lo cual hace que sea fácil de memorizar y lo convierte en el primer caso de sistematización de una enseñanza técnica en la historia universal de las ciencias. Tanto por su carácter práctico como por su forma, no tiene parangón entre las gramáticas de estilo europeo. Sin embargo, su desempeño resulta impresionante, de ahí que sea desde hace dos mil quinientos años el manual de sánscrito más utilizado[5].

Pāṇini se sitúa en un período intermedio entre el védico y el sánscrito clásico. Se ha dicho con frecuencia que el sánscrito nunca fue una lengua viva, hablada por la sociedad civil, pero es innegable que Pāṇini empleaba en su día a día la lengua que analiza. Los usos idiomáticos que menciona son pruebas de un uso cotidiano de la lengua, no creaciones de un gramático. Respecto al lugar donde se hablaba, sabemos muy poco. Una tradición lo ubica en Śalātura (al norte de Attock, hoy Pakistán), pero Pāṇini refiere detalles dialectales de la región oriental del Punyab y de territorios que van de Cachemira a la desembocadura del Ganges[6].

La lengua de Pāṇini coexistió con las lenguas gangéticas y recibió su influencia. El célebre gramático se apropia de raíces de uso extranjero y las trata como propias, añadiéndoles sufijos y reglas morfofonémicas, modificando su conjugación. Tanto el indoario medio como el dravídico reaparecen así sanscritizados. Pāṇini muestra un idioma que suma a la herencia védica aspectos del indoario medio y del dravídico, todo ello vertido sobre el molde védico. Pāṇini representa al estrato de los especialistas y eruditos, y su lengua es más una lengua de clase que regional, la cual se disemina por un amplio territorio, seguramente porque la clase a la que pertenecía había extendido su influencia.

Una lengua «preparada»

El uso del término *saṃskṛta* (sánscrito) data del siglo V o el VI, una vez que el idioma hubo alcanzado el estatus de segunda lengua, aprendida con la ayuda de las gramáticas de Pāṇini y Patañjali, que se convierten en parte integral de la experiencia y la conciencia lingüísticas de sus usuarios. Para la tradición, *saṃskṛta* significa 'lengua construida' (mediante las leyes de formación de Pāṇini)[7]. La acepción habitual de la palabra es la de 'preparado', en el sentido culinario (varios elementos que concurren en la preparación de un plato). La lengua es saṃskṛta cuando está «preparada» por la gramática, cuando se acompaña de la conciencia de sus estructuras de formación y comprensión, tal y como fue codificada por Pāṇini y otros gramáticos. Cualquiera puede hablar su lengua materna sin una conciencia clara de las estructuras que le son propias. Hacerlo con dicha conciencia es una experiencia diferente. Ello la convierte en una lengua especialmente indicada para la actividad intelectual. Su capacidad para producir nuevos vocabularios técnicos y para sintetizarse en aras de una lógica interna explica que se tomara como vehículo de las ciencias durante milenios, sobre todo de las más desarrolladas en la antigüedad: las matemáticas, la medicina y la astronomía[8].

La escritura

Sabemos de la existencia de la escritura en la India por los pictogramas grabados en los sellos del valle del Indo durante el tercer milenio a. e. c.; con el tiempo, esta forma de escritura cayó en desuso, y las investigaciones modernas no han logrado descifrarla. Posteriormente, se tiene registro de dos tipos de escritura a partir de la época de Aśoka (s. III a. e. c.): kharoṣṭhī en el noroeste del subcontinente y brāhmī en el resto del territorio. La primera se utilizó únicamente para el indoario medio durante algunos siglos. La segunda tuvo mejor fortuna y, empleada en el transcurso de un largo período para representar varias lenguas, evolucionó y se diversificó. La brāhmī puede considerarse la madre de los tipos de escritura que se utilizan hoy en la India. El sánscrito se ha escrito tanto en brāhmī como en todos sus derivados, entre ellos, el devanagarī, que es el empleado actualmente.

Los documentos más antiguos escritos en sánscrito que conservamos son inscripciones de los primeros siglos de la era común, así como fragmentos de manuscritos de dramas budistas sobre hojas de palma, descubiertos en Asia Central y que se remontan a los siglos III o IV. Si tenemos en cuenta la datación de la literatura védica, la aparición relativamente tardía de documentos escritos confirma que la literatura védica y sánscrita antigua que nos ha llegado se transmitió oralmente durante siglos. La escritura no se utilizó para preservar los textos hasta principios de la era común, y hay que esperar a la época medieval para observar la producción masiva y regular de manuscritos. Los restos de escritura sánscrita de la antigüedad son generalmente inscripciones en piedra, en monumentos o estelas, en mapas sobre placas de cobre o en panegíricos de soberanos. Hay además manuscritos sobre hojas de palma, sobre corteza de abedul en Cachemira, sobre madera de agáloco en Bengala y Assam, y finalmente sobre papel a partir del siglo XI, cuando su uso es común en la India. En el sur, los escribas graban las letras sobre hojas de palma; en el norte, las trazan con cálamo y tinta tanto en hojas de palma como en otras superficies. Los tipos de escritura son muy variados en las diferentes regiones. Pero todos ellos siguen un sistema parecido, al que se llegó a partir del análisis fonético que los gramáticos antiguos hicieron del sánscrito. El sistema provee un signo para cada fonema; a su vez, cada signo tiene una sola pronunciación[9]. Hoy se conservan en la India y en Europa varios millones de manuscritos indios, la mayoría en sánscrito, en bibliotecas estatales y colecciones particulares, pero representan un frágil patrimonio debido a la precariedad del soporte.

Kātyāyana y Patañjali

Después de Pāṇini contamos con más documentos y resulta más sencillo seguir la historia del sánscrito. Dos nuevos gramáticos continúan su labor. Kātyāyana escribe un apéndice al *Vyākaraṇasūtra*, llamado vārttika, que consiste en una exposición que añade alguna enseñanza al sūtra, lo critica y corrige, o lo interpreta, exponiendo su alcance y modos de aplicación. Posteriormente, Patañjali redacta un comentario titulado *Vyākaraṇa bhāṣya*. El bhāṣya es un «discurso» sobre ambos, sūtra y vārttika. De manera deliberada, le dio forma de diálogo entre varios maestros que examinan las fórmulas y discuten su utilidad. Este comentario suele conocerse como *Vyākaraṇa mahābhāṣya* (literalmente, *El gran comentario sobre la formación [de palabras]*). El calificativo «gran» expresa su imponente extensión, así como su elevada calidad intelectual. No en vano se trata de una de las cumbres del pensamiento indio.

En relación con Pāṇini, lo más novedoso en Kātyāyana y, sobre todo, en Patañjali tiene que ver con la interpretación textual. Pāṇini había logrado una primera formalización de la expresión lingüística al utilizar y explotar al máximo las posibilidades naturales de expresión. Sus sucesores formalizaron la comprensión de la lengua. Un ejemplo de su procedimiento interpretativo es el siguiente: si en una oración el intérprete encuentra una fórmula aparentemente superficial, debe perseverar hasta encontrar la información que la legitime. La actitud de Patañjali respecto al formulario de Pāṇini es un ejemplar esfuerzo por comprender. Su premisa es que la enseñanza de su antecesor es perfecta, aunque cueste comprenderla.

De Pāṇini a Patañjali, el sánscrito se enriquece mediante préstamos. Kātyāyana suele situarse en la época de Aśoka, a mediados del siglo III a. e. c., y Patañjali en el siglo II o, menos frecuentemente, I a. e. c. La lengua sánscrita se desarrolla en medio de diversas formas de indo medio, que emergen de su condición de simples lenguas de uso común para convertirse en lenguas oficiales de estados organizados, o en lenguas literarias y religiosas. El sánscrito no se impone de manera inmediata. Tiene como rivales los prácritos que algunos reinos adoptan para sus edictos. Respecto a las lenguas literarias y religiosas, el budismo theravāda trata de fijar la palabra de su fundador en la lengua pāli, mientras que los jainistas lo hacen en el ardhamāgadhī. El sánscrito se erige en lengua oficial en las cortes y en otros ámbitos administrativos solo durante la era común, y nunca completamente. Entre los budistas logra imponerse en la vertiente mahāyāna; entre los jainistas, solo en su literatura extracanónica. A pesar de ello, aventaja con creces a sus rivales, que quedan reducidas al ámbito regional. Una razón de su éxito y su difusión a otras partes de Asia es su capacidad para incorporar préstamos de otras lenguas.

El sánscrito de Patañjali es todavía una lengua viva. Este gramático es el modelo del hablante perfecto del sánscrito. A los pandit de su época los llama śiṣṭa (educados) y dice de ellos que habitan Āryāvarta (nombre geográfico de la planicie indogangética). Constituyen una clase privilegiada, tanto económica como psicológicamente. Así es como los define: «Aquel que es brahmán, que cuenta con abundantes reservas de grano, que está libre de toda concupiscencia, que es desinteresado y ha logrado dominar todas las ciencias sin dificultad, solo a él se le puede considerar honorable y educado»[10].

La lengua sigue evolucionando y pierde un rasgo importante, el tono, lo que solo se puede explicar por la presencia de una primera lengua sin tonos y, por tanto, por el paso del sánscrito de lengua viva a lengua especializada, erudita y científica. Patañjali aún lo pronunciaba y enseñaba, pero después de él queda limitado a los textos védicos, memorizados conforme a los antiguos métodos de recitación. ¿Cuándo se produce este cambio tan profundo? Seguramente ocurre de forma paulatina durante los primeros siglos de la era común. No supone un declive, sino una estandarización del sánscrito. La tradición convirtió a los tres grandes gramáticos en una «trinidad de sabios» y se otorgó al más reciente, Patañjali, la máxima autoridad en caso de desacuerdo.

La relevancia que cobró el sánscrito entre los eruditos hizo que a menudo no fuera considerado como una lengua más, sino como «la» lengua. Y si su dominio podía llevar a una experiencia trascendente, entonces la gramática no solo era una ciencia auxiliar de los veda, sino una vía de conocimiento en sí misma. De hecho, la tradición hindú reconocerá a los grandes gramáticos de la escuela de Pāṇini como los fundadores de una escuela filosófica o darśana. Un sistema técnico con importantes consecuencias prácticas: la liberación.

Los sonidos del sánscrito son eternos. Con su vibración original se construyen las cosas del mundo, como veremos en detalle cuando hablemos de la escuela mīmāṃsā. Este aspecto eterno de la lengua sánscrita se traduce en el modo en que tanto Kātyāyana como Patañjali se refieren a ella, con el término *siddha*. Se trata de una lengua «perfecta» o «completa», que se recibe de los sabios del pasado como herencia inmemorial a la que no cabe añadir nada. En este sentido, para la mentalidad india, toda innovación (cualquier neologismo) supone una corrupción. Se llega así a la noción de la palabra sagrada como instrumento esencial del rito. Las fórmulas rituales se distinguen de las del habla común. Este tipo de lenguaje ritual y enigmático fue uno de los primeros objetos a los que se dio el nombre de bráhman. Y es a través del poder de la palabra como los pensadores indios llegan al concepto de *absoluto*. La palabra sagrada es mucho más que una simple herramienta: es una entidad exterior al hombre, que viene a él como una divinidad y le confiere fuerza y vitalidad. Ese poder singular de la palabra en el ámbito litúrgico recibe el nombre de *mantra*. Los gramáticos indios explican el término a partir de la raíz *matri-,* de la que derivan el sentido de 'palabra secreta'. En los textos tántricos se ofrece otra etimología, que puede parecer extravagante, a partir de dos raíces: *man-*, 'pensar', y *-trai*, 'proteger', que revelan la naturaleza espiritual y el poder salvífico del mantra. En la escuela śaiva-siddhānta, que veremos al final de este libro, el mantra se concibe como un ente espiritual situado en lo más alto de la escala del ser. Es un alma que se ha liberado del mundo de la transmigración y cuyo poder de conciencia es universal, como el de Śiva, lo que le confiere la responsabilidad de distribuir su gracia entre las almas no liberadas. Para cumplir con su tarea, este mensajero de la gracia divina asume un cuerpo cuya materia es la palabra. La idea de que solo hay mantras en sánscrito está muy extendida. En un contexto hinduista, se justifica en que únicamente esta lengua tiene el poder de hacer real la presencia de la divinidad. Solo el sánscrito ostenta la condición de lengua sagrada y de instrumento insustituible del ritual brahmánico (idea que rechazan budistas y jainistas). Además, por mucho que nos remontemos en el tiempo, no encontraremos su origen. La lengua sagrada es eterna.

9. El yoga

Patañjali y su obra

La tradición del yoga ha tenido un largo recorrido histórico y ha desarrollado numerosas variantes. En este capítulo nos ocuparemos tan solo de sus fuentes, los *Yogasūtra* o *Aforismos del Yoga* recogidos por Patañjali en los primeros siglos de la era común. La brevedad del estilo de Patañjali a menudo deja abierto el sentido de los aforismos, lo que multiplica las interpretaciones. Nos detendremos en algunas de ellas, ya clásicas, y en algunos comentarios. El más influyente fue el de Vyāsa, que se redactó un siglo después de la composición de la obra.

Los *Aforismos del Yoga* son más un manual de meditación que un catálogo de posturas. De hecho, el término que designa la postura física en el yoga (āsana) apenas se menciona. La obra se divide en cuatro capítulos. El primero y más importante está dedicado a la contemplación (samādhi); el segundo, a la práctica (sādhana); el tercero, a los poderes extraordinarios (vibhūti), y el cuarto (que podría no ser obra de Patañjali y haberse añadido posteriormente), de carácter misceláneo, al estado de aislamiento (kaivalya) del liberado. Como veremos, la influencia de la literatura budista en el texto de Patañjali es profunda y no siempre ha sido suficientemente reconocida. Muchos de sus términos proceden de los códigos monásticos que utilizaban los monjes budistas para su instrucción y que constituyen el llamado vināya, escrito en lengua pāli, especialmente de las secciones que abordan la práctica de la meditación y la observación de la vida mental. Louis de La Vallée Poussin, a principios del siglo XX, y Luis O. Gómez y Òscar Pujol, más recientemente, han insistido en la importancia de dicha influencia. Pujol llega a afirmar que los *Aforismos del Yoga* podrían incluirse en el abhidharma budista[1]. El yoga que se practica hoy en día es más físico que mental y se parece más al haṭhayoga del que hablan los textos medievales. Como ha mostrado Mark Singleton, el yoga moderno, basado en una serie de posturas del cuerpo, fue inventado en la India en el siglo XIX. El de Patañjali, por el contrario, se centra en la meticulosa observación de los procesos mentales, en la idea de que la mente se conoce meditando. A Patañjali, como observa Pujol, esa visión del yoga como ejercicio físico (no necesariamente ligado a la filosofía del sāṃkhya) le habría sorprendido mucho. Desde su perspectiva, las posturas físicas ocupan un lugar muy secundario y no son necesarias para quien tiene una mente tranquila y contemplativa.

Respecto al autor de los *Aforismos*, existen dos personajes literarios de importancia que atienden al nombre de Patañjali. Uno de ellos es el gramático del que nos hemos ocupado en el capítulo anterior, que situamos en torno al siglo II a. e. c.; el otro, el médico que escribió el manual de meditación *Yogasūtra*, cuya fecha establecida de composición se sitúa entre los siglos II y IV e. c., por lo que parece difícil que ambos sean la misma persona. El nombre de Patañjali (Al que se saluda con una reverencia) también podría ser un nombre genérico para autores de prestigio o que merecen la más alta consideración.

Los *Aforismos* son extremadamente sintéticos. Alrededor de 1200 palabras en dos centenares de aforismos repartidos en cuatro capítulos. Para algunos especialistas, el último capítulo es una adición posterior, quizá de Vyāsa (s. V), uno de sus comentaristas más importantes junto con Vācaspati Miśra (s. IX o X) y Vijñānabikṣu (s. XVI). El comentario de Vyāsa, el más antiguo y leído, lleva por título *Exposición del sāṃkhya* y posteriormente será comentado a su vez por Vācaspati Miśra. Los tres textos, como señala Pujol, nos ofrecen una visión cabal de lo que fue la antigua doctrina del yoga.

Trasfondos

En los aforismos de Patañjali hay un trasfondo filosófico, una ontología y una epistemología (sin olvidar la dimensión ética) que es necesario comprender para penetrar en la obra. Estos aspectos se enmarcan en el sāṃkhya, que ya hemos visto en un capítulo anterior, con sus dos principios eternos, espíritu y naturaleza, y su pluralismo ontológico. Muchos son los espíritus; una, la naturaleza primordial, hecha de las transformaciones incesantes de la actividad de los guṇa. El espíritu del sāṃkhya tiende a identificarse con un cuerpo y una mente. El objetivo del yoga será deshacer esa identificación para alcanzar la liberación del espíritu. Para que este universo creativo y en continua evolución se despliegue hace falta que sobre la naturaleza se pose la mirada del espíritu. El espíritu es el inmutable testigo que todo lo ve sin que nada le afecte. No hay pues estados elevados del espíritu (o de la conciencia), pues el espíritu carece de estados. La naturaleza, por el contrario, sí muta. En ese juego entre lo estático y lo dinámico se decide la existencia. La mente es una evolución de la naturaleza primordial, de ahí que sea material, aunque de una materia sutil. La identificación de la mente con el espíritu supone un error fundamental, pero, al mismo tiempo, hace posible el mundo, que en cierto sentido es la ilusión creada por esa confusión. El espíritu es inmaterial, pero la mente, incluso el alma, que es la combinación de la inteligencia, el sentido de la identidad y la mente, está hecha de la materia sutil de las impresiones. En la obra se analizan los cinco niveles de ese ámbito sutil que es la mente: (1) la mente dispersa y veleidosa (kṣipa), que es la habitual, propia del hombre de acción y dominada por el guṇa rajas; (2) la mente concentrada (vikṣipta), sujeta por el esfuerzo y la atención, en la que participan los tres guṇa; (3) la mente confusa (mūdha), embotada y somnolienta, en la que se impone el guṇa tamas; (4) la mente contemplativa (ekāgra), que a su vez se divide en cuatro niveles y que se encuentra dominada por la luz del guṇa sattva, y (5) la mente en suspenso o detenida (niruddha), un estado en el que cesan las actividades mentales. La mente, como la buena filosofía, es capaz de negarse a sí misma. Y quienes lo logran nos dicen que en ese estado se obra la desidentificación entre mente y espíritu.

La detención de los procesos mentales

La palabra *yoga*, en la obra de Patañjali, significa lo que significa en su sentido lato: 'yugo' y, por extensión metafórica, 'disciplina'. No hay todavía en ella el sentido de 'inmersión o unión con la divinidad'. El yoga es la técnica que conduce a la detención de los procesos mentales, fundamental para la experiencia humana porque propicia la separación de mente (que es parte de la naturaleza) y espíritu (o conciencia), con la consiguiente liberación de este.

¿Puede ser uno víctima de su propia mente? Todos en cierto sentido lo somos. La mente es veleidosa, inconstante, mudable. Nos arrastra con sus idas y venidas. Pero no solo eso. La mente puede ser peligrosa, incluso una amenaza para la vida. Paradójicamente, es capaz de jugarnos malas pasadas e ir en contra nuestra. En el estado de vigilia está asediada por el ruido, es decir, por el capricho y la dispersión. Un ruido en ocasiones ensordecedor (hoy llamado estrés) y que limita sus capacidades. Es necesaria entonces la técnica que propone Patañjali. Su objetivo es detener los procesos mentales, como se dice en el primer aforismo del *Yogasūtra*, que define la disciplina del yoga.

Patañjali hereda del budismo el concepto de *samādhi*. Un término técnico que se suele traducir como 'concentración' y que describe tres estadios del sendero óctuple budista: el esfuerzo, la atención y la concentración adecuados. El samādhi puede producirse en diversas circunstancias, según el método de meditación, pero siempre depende de cierto cultivo o entrenamiento mental que incluye maneras de procesar la percepción y manejar el intelecto. En las tradiciones budistas, el samādhi es el precursor de las más elevadas experiencias meditativas. Patañjali lo disecciona de modo parecido a como hacen los budistas. Distingue tres fases, no siempre bien diferenciadas: la concentración (dhāraṇā), la meditación (dhyāna) y la contemplación (samādhi). Menciona además dos tipos de samādhi. Uno de ellos es contemplativo, y en él la mente muestra un alto grado de lucidez y transparencia. Se suprimen su habitual inestabilidad e inquietud (comandada por el guṇa rajas) y su torpeza e ignorancia (de la que es responsable el guṇa tamas). Pero hay otro tipo de samādhi en el que la obstrucción de la actividad gúṇica es completa e incluso la luminosidad de sattva queda eclipsada. En ese estado ya no se producen nuevos procesos mentales (por muy luminosos y contemplativos que sean); la mente ya no oscurece o filtra la luminosidad del espíritu, sino que supone el logro más alto en la disciplina del yoga.

En los *Yogasūtra* la mente es una entidad material e inconsciente. La mente (manas) está compuesta por el intelecto (buddhi), el sentido del yo (ahaṃkāra), las inclinaciones latentes (vāsanā, saṃskāra) y la actividad sensorial o proyecciones externas (indriya). La idea de unas impresiones o inclinaciones latentes en la mente fue desarrollada a fondo por el budismo. Toda configuración psíquica tiene una predisposición o tendencia natural a cierto tipo de objetos o situaciones. No solo se incluyen aquí las voliciones, lo que nos gusta o repugna, sino también determinados mecanismos automáticos e imperceptibles de la mente. Esos residuos o efectos diferidos de nuestras acciones del pasado configuran nuestra vida mental, alrededor de la cual se erige la personalidad del individuo.

Pero la mente tiene también otra característica fundamental: es atravesada por la mirada del espíritu. Y todas esas inclinaciones y residuos obstaculizan dicha travesía. La mente, como la luna, brilla con luz reflejada. Los budistas la comparan con un diamante. Cuando la atraviesa la luz de la conciencia, una luz neutra y blanca, se llena de colores que representan la diversidad del mundo natural y las incontables experiencias por las que pasan los seres. Pero mientras que para los budistas la mente no se conserva al morir (sino que se proyecta en otro), para Vyāsa la mente conserva su identidad mudable a lo largo de las diversas reencarnaciones.

De la contemplación

Daremos ahora un repaso detallado a los principales aforismos del yoga siguiendo la edición de Òscar Pujol, que recoge los comentarios clásicos de la obra. Tras definir el propósito del yoga, que no es otro que la detención de los procesos mentales, se afirma que «el testigo se establece en su propia naturaleza». La idea que debemos comprender para entender esta frase es que en el acto de mirar no ve el que cree ver (el yo, la propia mente), sino el puruṣa (que no es nuestro yo ni nuestra mente). Es otro el que ve a través de nuestros ojos. En la *Maitrī upaniṣad* se utiliza una imagen para aclararlo: se dice que ese testigo está tanto en el sol como en nuestra mirada. Pues bien, tal cosa es como decir que el sol ve a través de nuestros ojos. Algo que en principio no es nuestro nos presta la luminosidad necesaria para ver. La luz que todo lo ilumina es el factor que permite la percepción misma, no solo la nuestra, sino la de todos los seres. El espíritu está en el sol y también en la mirada de la persona (por seguir con la correspondencia de las upaniṣad). Es decir, puede asumir su propia naturaleza (en el sol) o la forma de nuestra percepción, identificándose con nuestra mente. Pero la mente es en sí misma inconsciente; es el espíritu el que la «prende» y hace que asuma ciertas funciones como si fuera consciente, sin implicarse en el proceso ni verse afectado por este. Se emplea el símil del cristal de cuarzo que se acerca a la rosa: parece rojo como la flor, pero la rojez misma de esta en realidad no le afecta. O el de la luna reflejada en un estanque y cuya imagen tiembla con las ondulaciones del agua, mientras que la verdadera luna permanece inmutable.

Para entender la importancia práctica que todo esto tiene en nuestras vidas hay que entender primero el concepto de *kleśa*, clave en la filosofía moral budista. Puede significar 'turbación' o 'aflicción', además de 'mancha' o 'mácula', y cubre un amplio rango de estados afectivos y cognitivos, entre ellos, la percepción distorsionada, como las ideas del yo o de lo mío, y las actitudes negativas y los sentimientos nocivos, como el odio y la codicia. La mente puede liberarse de estas aflicciones que deforman la experiencia y la hacen desdichada; no solo de las actitudes y los sentimientos nocivos mencionados, sino también de aquellas turbaciones heredadas o que llevan consigo un padecimiento futuro. La mente tiene una parte activa y otra pasiva. El yoga se ocupa tanto de la parte activa, que trata de refrenar, como de la pasiva, heredada en forma de inercia kármica, de inclinaciones creadas en algún momento de nuestra experiencia. Los budistas representan estas turbaciones con las figuras del gallo (la codicia), la serpiente (el odio) y el cerdo (la estupidez), que son los tres grandes factores que mueven la rueda de la vida que renace y duele. Para la escuela madhyamaka, contemporánea de Patañjali, la vacuidad es el remedio que «desactiva» la influencia nociva de los kleśa. La disciplina del yoga también la contrarresta o debilita de manera efectiva.

En ese mecanismo se producen cinco procesos mentales: (1) el conocimiento válido, (2) el conocimiento erróneo, (3) la conceptualización, (4) el sueño y (5) la memoria. La ambición de la obra no es poca: detener estos cinco procesos, que son la parte activa de la vida de la mente, dominada por el guṇa rajas (el factor activo e inquieto), mientras que la parte pasiva está bajo la influencia del guṇa tamas (el factor latente, las inclinaciones acumuladas). El objetivo es purificar la mente y dejarla en manos del guṇa sattva (el factor luminoso), el elemento que puede hacerla transparente al puruṣa. La mente vive de la actividad de todos estos procesos, llamados vṛtti. Incluso la percepción y el conocimiento válido, la memoria de aquello que vale la pena recordar o el sueño luminoso deben, en cierto sentido, desarticularse. El yogui debe renunciar a ellos para apartar los obstáculos que oscurecen su mente e impiden la travesía del puruṣa.

Pero el conocimiento correcto puede ser al mismo tiempo un obstáculo. Se considera correcto si se lleva a cabo mediante medios válidos. Veremos la cuestión en detalle en el capítulo 13, cuando hablemos del nacimiento de la lógica, concretamente de la escuela nyāya. Por ahora basta con adelantar que el yoga admite tres medios válidos de conocimiento: percepción, inferencia y testimonio verbal, los mismos que el sāṃkhya. Otras escuelas como el nyāya añaden la comparación (que aquí se considera una mezcla de inferencia y testimonio verbal), mientras que los materialistas los limitan a la percepción. Algunas escuelas budistas solo admiten la percepción y la inferencia, aunque el budismo de Nāgārjuna rechazará la idea misma de unos «medios de conocimiento» al margen de los «objetos», sosteniendo que es innecesaria su distinción y contradictoria su conceptualización (la forma sensible no puede concebirse al margen del órgano que la percibe).

Del conocimiento falso también hay que desembarazarse. Las fantasías y las visiones deformadas de la realidad tienen un gran poder creativo. Los errores de percepción o conceptualización crean visiones distorsionadas que no solo confunden a la mente, sino que también la obstaculizan. Son un factor tan oscurecedor como el conocimiento correcto. Son ejemplos clásicos de errores de percepción la cuerda que se confunde con una serpiente o el poste lejano con un hombre. Pero hay otros tipos de errores, además de los del conocimiento: los del ego, los de las pasiones, los del odio, los del instinto de supervivencia o del miedo a morir.

Memoria, sueños, conceptos

Hay un mecanismo de la mente que concierne al filósofo: la creación de conceptos (vikalpa). Se trata de una función indispensable, pues no solo hace posible el pensamiento, sino también el lenguaje, la comunicación y las ciencias. Los conceptos ordenan el mundo y establecen clasificaciones útiles. Hay conceptos sin objeto, pero que sirven al conocimiento, y conceptos como *deseo* o *espacio* que también son ejemplos de vikalpa. No podemos concebir el deseo al margen de la persona que desea, tampoco el espacio al margen de sus cualidades. Y lo mismo puede decirse del agente y la acción que realiza, del fuego y el combustible. Uno y otro no se pueden entender de forma independiente. Es probable que esta idea sea un préstamo del budismo. Nāgārjuna hizo una severa crítica a la conceptualización en su célebre obra *Fundamentos de la vía media*, y no es descabellado pensar que el autor de los *Yogasūtra* conociera este trabajo.

El trabajo mental del yoga también se aplica a los sueños. El sueño, dice el aforismo décimo, es un fenómeno mental en el que se percibe lo ausente. Conviene distinguir el sueño con imágenes del sueño profundo (nidrā), en el que solo se percibe la oscuridad. Para Patañjali, hasta este último es una forma de actividad mental que puede ser reconocida al despertar. El sueño (svapnā) y la ilusión mágica (māyā) son las metáforas con las que Nāgārjuna describe la experiencia humana. Unas metáforas que, como veremos, tendrán un largo recorrido en la literatura filosófica y serán revividas por Śaṃkara. Hay sueños pesados y otros inquietantes, dominados respectivamente por tamas y por rajas. Al tratarse de un proceso mental más, el sueño debe detenerse para propiciar la contemplación yóguica y verse atravesado por la luminosidad del puruṣa.

La memoria, otro de los factores de la actividad mental, depende de la percepción durante el estado de vigilia. De hecho, es la reproducción fiel de aquello que vimos o escuchamos. Está asociada tanto a lo externo (el objeto de la percepción) como a lo interno (la asociación de ideas o imágenes). La memoria atañe también a «objetos» sin referentes externos, es decir, a la conceptualización misma.

Estrategias mentales

La inercia de la mente termina por oscurecerla. Reacciona a estímulos previos debido a experiencias que ni siquiera la mente recuerda. En este sentido, la mente es ciega. El desprendimiento es una de las estrategias para desarticular las inclinaciones ciegas de la mente y contrarrestar el interés por todo aquello que es externo a ella. Se trata de un factor importante, pues la mente, por su condición de mediadora, tiene la llave tanto para la liberación del espíritu como para la atadura a sus propias inercias. Es como un río que puede fluir tanto hacia lo incondicionado como hacia aquello que lo reduce y ata. Para lograr lo primero, hace falta estabilidad y calma mental, frenar las actividades habituales de la mente, invertir el flujo mental (por lo general, de dentro afuera) y redirigirlo a su propia observación. La mente, de forma natural, mira al exterior. El yoga la vuelve hacia dentro, hacia el examen de sus propios procesos e inercias.

Detener lo que la mente hace de manera espontánea requiere mucho tiempo y esfuerzo. La ecuanimidad es uno de los primeros frutos, aunque no el más importante. El desprendimiento sigue a la ecuanimidad. La mente contempla los objetos sin deseo de poseerlos, pero tampoco de rechazarlos. Renuncia a los placeres mundanos (riquezas, honores, alimento, sexo) por el placer más elevado de la contemplación. Sacrifica algo en aras de un bien mayor. Un desprendimiento que permite centrarse en las energías que dan vida a los objetos y no en los objetos mismos.

Hay un primer tipo de contemplación, conocida como *diferenciada*, que admite cuatro tipos de objetos: la de lo tangible, lo sutil, lo dichoso y lo referente al yo. Se centra la atención en el objeto y se percibe mentalmente con toda claridad y detalle. La contemplación de lo tangible (vitarka) puede centrarse en la respiración o en la imagen de un dios; la contemplación de lo sutil (vicāra), en elementos sutiles como el sonido o la forma; la contemplación de lo dichoso (sānanda), en la propia mente (en las imágenes que constantemente produce y encadena) o en la percepción misma, que se encuentra permeada por el guṇa sattva; y, por último, la contemplación del yo (asmitā), en el propio entendimiento (buddhi), que refleja la luz del puruṣa.

Hay un segundo tipo de contemplación que prescinde del objeto. Se limita a contemplar las inclinaciones latentes (saṃskāra), es decir, las huellas que dejó en la mente la experiencia pasada. Solo tras detener sus mecanismos de reproducción es posible realizar este tipo de contemplación carente de objeto. Cuando esta detención es completa (sarva-nirodha), la mente pierde su oscuridad inherente. Las inclinaciones latentes no se ven, pero producen efectos constantemente; son los hilos secretos que mueven nuestra actividad mental, por eso la mente se considera ilusoria o mágica. Este tipo de contemplación se da en los bastidores de la mente. Para alcanzarla hay que silenciar lo que ocurre en escena, detener los efectos, de ahí su dificultad. Tal logro meditativo puede ser resultado de la práctica constante del yoga o bien ser innato. En cualquier caso, requiere de la fe o confianza, la energía o vigor, la atención y el discernimiento, cuatro cualidades que corresponden a términos de profunda raigambre budista: śraddhā, vīrya, samādhi y prajñā respectivamente.

El benefactor

Hay otra estrategia que deriva de la confianza o fe en lo divino. Esa entrega (paraṇidhāna), aspecto fundamental en lo concerniente al mérito en el budismo mahāyāna, como veremos, es una vía legítima a la contemplación yóguica. Consiste en entregarse al Señor o Persona divina (Īśvara). Como apunta Pujol, ese dios no es aquí un tercer principio, al margen del espíritu original (puruṣa) y la naturaleza primordial (pakṛti), sino «un puruṣa especial, que no se ve afectado por las limitaciones que abruman a los otros puruṣa que se identifican con la materia». Un espíritu inmune a las aflicciones y al karma, y que nunca se ha identificado con la mente (siempre ha estado y estará liberado). La devoción es también una vía a la contemplación, idea que será desarrollada por la *Bhagavadgītā*. Esa divinidad es el guardián benevolente de todo conocimiento y toda sabiduría. En él reside la semilla de todo lo conocible (sarva-jñābījaṃ). No crea el mundo, pero lo comprende en su más íntima esencia, y otorga al devoto los beneficios de la contemplación. Todos los seres necesitan un maestro salvo él, que es maestro de maestros. La forma de representarlo es mediante el sonido puro, la sílaba *om*.

En este estadio de la cultura india, a la divinidad no se la dibuja o representa, sino que se la «pronuncia» mediante esta sílaba sagrada. La relación entre la divinidad y *om* es eterna (en absoluto convencional o arbitraria). Repetir el sonido *om* termina por conducir a la comprensión de su significado. La repetición incesante, de este mantra o de otros, es la verdadera entrega (paraṇidhāna) a lo divino. Recitar una y otra vez la sílaba *om* suscita la visión interior y aparta los obstáculos creados por la propia mente. Vyāsa afirma que el meditante puede entonces contemplar al dios (Īśvara) como un ser libre de las vicisitudes de la materia, de la contingencia y el sufrimiento. Pero las trabas que la mente pone a la contemplación no se reducen a las inclinaciones latentes y a la propia inercia mental. Hay otras igualmente paralizantes: la pereza, la distracción, la duda, los deseos, la negligencia y la confusión son algunas de ellas. También la enfermedad, que para Patañjali es un mal funcionamiento de la mente, de modo que cualquier dolencia puede curarse mediante el yoga adecuado. La inquietud mental tiene efectos en el cuerpo, y la salud, tanto mental como corporal, es imperativo ético del sabio.

Benevolencia, compasión, dicha y ecuanimidad

Concentrar la mente en un solo objeto es el modo de eliminar estos impedimentos. Una práctica que conlleva la paz mental y la serenidad. La mente se compara con un lago de aguas turbias que no dejan pasar la luz. Cuando las aguas se serenan y la arena se deposita en el fondo, el lago se torna transparente a la luminosidad del entendimiento. Pero no basta la meditación. Para alcanzar la serenidad mental también hacen falta ciertas actitudes sociales: cultivar la amistad, compadecerse de los que sufren, experimentar alegría ante la virtud e indiferencia ante el mal (no oponerse a él de manera directa). Las palabras utilizadas en este aforismo[2] son de clara tradición budista: maitrī (amistad), karuṇā (compasión o identificación afectiva), puṇya (mérito), duḥkha (sufrimiento), prasāda (contento o satisfacción mental). Además, se mencionan las cuatro actitudes sublimes de la mente (los brahmavihārā o moradas de Brahmā) que recoge el canon budista pāli: benevolencia, compasión o identificación afectiva, dicha y ecuanimidad. Lugares en los que la mente del sabio puede recogerse para, desde ahí, irradiar felicidad y bien al resto de los seres. Estos estados, llamados también *estados sin atadura*, se recomiendan en las prácticas de la escuela theravāda. El meditante comienza por desarrollar pensamientos benevolentes hacia una persona que le resulte indiferente, luego hacia un amigo, después hacia un enemigo y finalmente hacia todos los seres vivos, para, de este modo, infundir dichos pensamientos al universo entero. Posteriormente se hace lo mismo con relación al resto de los estados afectivos: la compasión, la dicha y la ecuanimidad. Vyāsa añade que con esta práctica la mente queda purificada y contenta, y alcanza la paz y la estabilidad.

Esa estabilidad, como apunta el siguiente aforismo, también se alcanza mediante el control de la respiración (prāṇāyāma), gracias al vínculo interno que existe entre esta y la mente: la mente agitada acelera la respiración, la respiración pausada desacelera la mente. Asimismo se alcanza mediante la concentración en la sensibilidad (los elementos sutiles del sāṃkhya): el sonido, la forma, el tacto, el gusto o el olor. Vyāsa sostiene que, concentrándose en la nariz, uno puede percibir la fragancia de lo divino. El gusto se concentra en la punta de la lengua; el sonido, en su raíz; el tacto, en su punto medio; y la forma, en el paladar. Una percepción sutil que solo puede suscitarse mediante la meditación.

También se puede meditar sobre la luz interior que alumbra todas las percepciones, reflejo de la luz del puruṣa en el entendimiento, que habita en lo profundo de cada ser e infunde la sensación de un centro autónomo y consciente (la ilusión del yo). O imaginar a aquellos sabios que están libres de las pasiones e identificarse con ellos, o prestar atención a algunos ensueños (svapnā) o imágenes oníricas auspiciosas, o a la estabilidad del sueño profundo (nidrā). Algunos lo interpretan como una llamada al sueño lúcido, a meditar a través de los ensueños[3]. Otra estrategia consiste en concentrar la mente en aquello que es del agrado de la propia mente, pues el contento facilita la concentración.

Los tres enfoques

La idea general es que la mente, puesto que carece de dimensiones, puede abarcar desde lo más ínfimo hasta lo más extenso, desde el átomo hasta la estrella. La mente es, además, como un diamante, ya que tiene la capacidad de adoptar el color del lugar donde se proyecta. Se trata de una vieja metáfora del sāṃkhya. El diamante asume el color de la rosa si está junto a ella, y lo hace sin adherirse a la flor, sin verse afectado por su rojez. En este punto llegamos a uno de los aforismos esenciales de esta primera parte del tratado[4]. La mente serena y estable puede asumir el «color» del objeto en el que se posa o al que se dirige. Ese «objeto» puede ser un objeto exterior a la mente, al sujeto que percibe o al acto mismo de percibir. Patañjali utiliza para ese estado de la mente el término budista *samāpatti*, literalmente 'encuentro' o 'coincidencia', que hace referencia a la aprehensión correcta de la percepción. Debe distinguirse de samādhi (contemplación), que es el estado que resulta de la absorción. Pero técnicamente samāpatti significa algo más. En el budismo theravāda es uno de los ocho jhāna (en sánscrito, dhyāna): la absorción plena de la mente en el objeto contemplado. Según la tradición budista, hay ocho de estos estados mentales, que se dividen en dos categorías. Lo veremos en detalle más adelante, cuando tratemos de la cosmología budista. Basta por ahora adelantar que los cuatro primeros pertenecen al mundo de las formas, ya sean sensibles o sutiles, y los otros cuatro a un ámbito inmaterial y carente de forma. Una vez que ha logrado una mayor concentración y paz interior, el meditante extingue en el cuarto dhyāna todas las sensaciones y alcanza un estado de ecuanimidad que le franquea el acceso a los cuatro estados que se encuentran más allá de las formas: el espacio infinito, la conciencia infinita, la nada y el estado más allá de la percepción. De acuerdo con la tradición budista, dicho estado confiere ciertos poderes extraordinarios y el conocimiento de las vidas pasadas. Pero esta experiencia no debe ser un fin en sí misma, sino una mera preparación en el camino al despertar. De hecho, esos estados tienen las tres características de todo lo existente: son pasajeros (anitya), insatisfactorios (duḥkha) y condicionados o vacíos (anātman). Su vivencia prepara la mente para la visión penetrante (vipaśyanā).

La mente puede coincidir con el objeto gracias a su plasticidad o, como decían antiguamente, a su transparencia. Pero en la percepción hay tres actores: el sujeto que percibe, el objeto percibido y la percepción misma. Los tres pueden ser el objeto de la meditación: podemos dirigir la mente al yo, al objeto o a la percepción misma. Esto ha dado lugar a las tres grandes tendencias filosóficas: el idealismo, que se dirige al sujeto que percibe, hipnotizado por la luminosidad del yo; el materialismo, que se dirige al objeto percibido, atraído por el magnetismo de lo exterior, y, por último, la fenomenología, o las filosofías de la percepción (budismo, Berkeley, Merleau-Ponty, Bergson), que se dirigen a la sensibilidad misma y están cautivadas por la dicha de la percepción. La plasticidad de la mente, su transparencia, consiste precisamente en que puede operar desde esas tres perspectivas (hipnosis, magnetismo o dicha). Y en esas tres formas de «absorción» o cultura mental se pueden dividir también las inteligencias humanas: ensimismadas en el yo, magnetizadas por los objetos (que sirven para olvidarse de uno mismo) o absortas en el hecho mismo de percibir.

Según Patañjali, si la meditación se centra en un objeto, se obtiene uno de los dos primeros tipos de contemplación, vitarka o vicāra, en función de si el objeto es sensible o sutil respectivamente. En el tercer tipo de contemplación, la dichosa (sānanda), que tiene un aroma a Berkeley, la meditación se centra en el hecho mismo de percibir. En el cuarto tipo, la meditación se centra en el sujeto de la percepción, en el entendimiento mismo (buddhi), cruce entre el espíritu y la naturaleza. Como apunta Pujol, «cuando la luz de la conciencia queda atrapada, por así decirlo, en el diamante limitado del intelecto, la conciencia de ser un punto luminoso diferenciado del resto constituye el sentido del yo o la egoidad (asmitā), que es también el "hacedor del yo" (aham-kāra)». Ese yo es el yo psicológico que se identifica (erróneamente) con el cuerpo y la mente, y olvida (he aquí la magia de la creación) que la mente es puro mecanismo inconsciente y que esa sensación de ser consciente de sí misma es préstamo de un espíritu que no está en ella.

Pero la cosa se complica. Las dos primeras absorciones (samāpatti), que se dirigen a lo sensible o a lo sutil, pueden a su vez subdividirse en conceptuales (vikalpa) o no conceptuales (avikalpa). Es decir, hay absorciones discursivas sensibles, discursivas sutiles y no discursivas. En la vida cotidiana tendemos a unificar la percepción de un elefante con la palabra para *elefante* y con la imagen mental del elefante. Pero las tres son completamente diferentes para el que medita.

Los últimos aforismos del primer capítulo se dedican a la memoria, las inclinaciones latentes y el discernimiento, con una terminología propia del budismo mahāyāna. La memoria, que en este caso se refiere a las inclinaciones latentes (saṃskāra), se purifica mediante la absorción no discursiva del objeto sensible, lo que conduce a una mejora de la atención. Curiosamente, en sánscrito *smṛti* significa tanto 'memoria' como 'atención'. Un exceso de memoria debilita la atención, pero una mente desmemoriada no podría comprender nada. Para observar el objeto en toda su pureza, hay que vaciarlo de su carga lingüística, de las adherencias conceptuales o morales que pueda tener. Con esta absorción, reservada a los grandes sabios, el meditante puede acceder a lo real, a la cosa en sí. Pero para percibirla hace falta el olvido, desembarazarse del fardo de la memoria.

Con la absorción no discursiva del objeto sensible se alcanza la trasparencia de la mente. Esta se deja entonces atravesar por la luminosidad sáttvica de la inteligencia cósmica (buddhi), que cosmológica y ontológicamente es anterior a la creación del individuo. La mente queda así liberada de rajas y tamas, y esa claridad le permite, según Vyāsa, discernir las fibras luminosas de lo real, el revés de la trama, los flujos energéticos que animan lo creado. El meditante ha llegado a la contemplación más alta y experimenta el discernimiento perfecto, la verdad plena del orden del mundo. Es importante recalcar que esa experiencia es una visión (un modo de percibir el mundo) y también un despertar. Algo que estaba inactivo (u oscurecido) pasa de repente a ser funcional. Esta visión va más allá del conocimiento verbal y de la lógica inferencial. Su objeto es particular, no universal. Cuando el meditante ve, no contempla objetos múltiples, sino uno solo, rodeado por el infinito. Al tratarse de una experiencia de la mente, dejará su rastro o huella (saṃskāra), pero esta tiene el poder de detener el resto de las inclinaciones latentes. En cierto sentido, es una inclinación capaz de anularse a sí misma y a las demás. De este modo se cumple (o se consuma, como diría Vasubandhu) la detención de todos los procesos mentales y surge un tipo de contemplación que ya no es semilla o germen de otra nueva. Cesa la funcionalidad de la mente, y paradójicamente lo hace con una última función, la de distinguir entre la propia mente y la conciencia.

La mente no puede percibirse a sí misma y al objeto simultáneamente, de ahí las distintas filosofías. Los bhūta o elementos materiales solo pueden ser objeto de la percepción, nunca sujetos. La mente es capaz de abarcarlo todo, pero no todo es mente (como sostiene Vasubandhu). Sin embargo, la mente, y esa es su singularidad, puede ser a la vez sujeto y objeto de la percepción. En el hombre común es sujeto de la percepción, en el yoga se convierte en objeto de la percepción. El meditante puede tomar como objeto de su percepción a la propia mente. Esta ambivalencia o plasticidad recuerda al *mundus imaginalis* de los sufíes. La mente estaría entonces en el *barzaj*, el ámbito intermedio entre lo inmaterial (puruṣa) y lo sensible y material (prakṛti), donde los espíritus se materializan y los cuerpos se espiritualizan.

La práctica

El segundo capítulo de los *Aforismos del Yoga* se inicia con el yoga de la acción, que exige cultivar el ascetismo y el estudio, y tener la mente puesta en la divinidad. Una actitud que fortalece las capacidades contemplativas y atenúa el efecto de las turbaciones (kleśa), entre las que destacan el sentido del yo, la pasión o la aversión, y el instinto de supervivencia. Lo que pone en marcha el mecanismo de reproducción de las turbaciones es la ignorancia. Patañjali muestra en este punto un marcado tono budista: «La ignorancia es ver como permanente lo que de hecho es transitorio, ver como placentero lo que de hecho es doloroso y ver el yo en lo que no es el yo»[5]. Tanto el sentido del yo como la pasión o la aversión y el instinto de supervivencia pueden ser erradicados mediante la meditación.

Se insiste de nuevo en la necesidad de separar la conciencia de la mente, el objetivo fundamental de la práctica del yoga. Ese logro pasa por eliminar todo aquello que turba y confunde a la mente, para lo que se prescribe el yoga óctuple (aṣṭaṅga-yoga)[6], pues la luminosidad (sattva) es una propiedad de la conciencia y no de la mente, que la oscurece y por eso hay que «detenerla». El yoga óctuple se ordena de lo sencillo a lo complejo del siguiente modo:

1. Restricciones (yama)
2. Prescripciones (niyama)
3. Posturas (āsana)
4. Control de la respiración (prāṇāyāna)
5. Recogimiento de los sentidos (pratyāhāra)
6. Concentración (dhāraṇā)

7. Meditación (dhyāna)
8. Contemplación (samādhi)

1. Las restricciones son cinco y toman como modelo las del budismo. Las tradiciones budistas reconocen diversos códigos o reglas de conducta y diversas teorías sobre su valor soteriológico y sus formas de ritualización. Pero el principio ético fundamental, el asumido por Patañjali, es el que se compone de cinco preceptos: no matar, incitar a matar o consentir que se mate a ningún ser vivo; no tomar lo que no se nos ha dado, no incitar a otro a robar ni consentir el robo; llevar una vida casta (para el laico conlleva la fidelidad y no desear la mujer ajena; para el religioso monástico, la castidad total); no pronunciar palabras falsas, ni incitar a otros a mentir ni consentir la mentira; no tomar bebidas embriagantes, no incitar a otros a tomarlas ni consentir que otro las tome. El budismo tiene además un código expandido que incluye varios principios de la conducta recta: los diez principios de la conducta saludable. Suelen dividirse en tres categorías: la conducta sana del cuerpo (los tres primeros preceptos mencionados), la conducta sana del habla (no pronunciar palabras falsas, ásperas, de oprobio o calumnia, tampoco frívolas) y la conducta sana del pensamiento (superar los estados mentales que nacen de la concupiscencia y los que nacen de la animadversión, así como superar las creencias falsas). Volviendo a Patañjali, sus cinco preceptos son universales e intemporales, y no están afectados por las limitaciones de casta ni las costumbres locales.

2. Las prescripciones son la pureza o castidad, el contentamiento (tomar lo necesario), el ascetismo, el estudio y la entrega al Señor (Īśvara) o meditación constante en Él.

Esa ética es tanto física como mental, y no se puede separar fácilmente de la generosidad y la aceptación paciente, cualidades que representan respectivamente las dimensiones altruista y cognitiva de la virtud. Ante el asedio de las malas intenciones se recomienda meditar en los contrarios (frío-calor, placer-dolor, etcétera). La castidad fortalece la energía, el contentamiento otorga la felicidad, el ascetismo permite obtener los ocho poderes extraordinarios (que pueden ser un obstáculo y una distracción para la contemplación, fin último de la práctica), el estudio proporciona la proximidad de la divinidad elegida y la meditación concede la visión interior.

3. La postura debe ser equilibrada y cómoda. Patañjali no se extiende sobre el asunto, aunque el comentario de Vyāsa menciona once posiciones del cuerpo para la práctica del yoga. Una vez encontrada una postura estable y confortable (la más conveniente para cada cual), el flujo mental se concentra en el objeto de meditación. El cuerpo se relaja y se siente el flujo de la respiración. La lógica de la secuencia óctuple puede entenderse así: una vida ética saludable, tanto desde un punto de vista mental como físico (yama); acatamiento de las prescripciones (niyama); adopción de una postura firme y cómoda (āsana); relajación, respiración profunda y tranquila (prāṇāyāna); recogimiento de los sentidos en la mente (pratyāhāra); concentración (dhāraṇā); meditación (dhyāna), y unión contemplativa (samādhi).

4. El control de la respiración consiste en la interrupción voluntaria de la inspiración y la espiración. Para Vyāsa se trata del mejor método para limpiar la mente de las turbaciones que la acechan y purificarla. La respiración se encuentra asociada a las emociones, por lo que ralentizar y controlar

el flujo respiratorio es el mejor modo de atar la mente, de sujetar ese caballo salvaje que va dando tumbos, de uncirlo con el yugo de la concentración. De hecho, el resultado inmediato del prāṇāyāna es la capacidad de la mente para concentrarse en un solo punto.

5. El recogimiento de los sentidos permite, cuando estos no entran en contacto con sus objetos (como ocurre en el sueño), reabsorberlos en su origen, que es la mente. Esa ausencia de percepción sensorial facilita la concentración de la mente.

6. La concentración o fijación de la mente en un punto es el primer paso para alcanzar la contemplación plena. Como ya hemos visto, la concentración puede dirigirse a objetos sensibles (un icono, un río, un árbol) o sutiles (un sonido, un color), o carecer de objeto.

7. La meditación es la experiencia prolongada de la concentración mental, que ha logrado eliminar la dispersión y se mantiene estable focalizada en un solo punto. Un estado que va transformando poco a poco la mente y calmando su estado habitual de agitación.

8. La contemplación se produce cuando esa misma meditación alcanza su objetivo, en el momento en que la mente tiene como único contenido el objeto de la meditación y, por así decirlo, se borra a sí misma. Patañjali utiliza la expresión «se vacía a sí misma» y dice que revela tan solo el objeto. El objeto de la contemplación ha hecho desaparecer no solo la mente, sino también el resto de las cosas. Todo queda absorbido en el objeto de la contemplación. Esa absorción perfecta se denomina samādhi. Una experiencia extática que difumina las distinciones entre sujeto y objeto, entre lo interior y lo exterior, y que además desvela la

verdadera naturaleza del objeto. En este punto hay una diferencia importante respecto al budismo. En las tradiciones budistas, samādhi hace referencia al esfuerzo, la atención y la concentración correctos (tres de los estadios del sendero óctuple), y se considera un precursor de las experiencias más elevadas de la meditación.

Los poderes

La mente tiene grandes poderes. Los desata la transformación de la propia mente mediante la meditación y los estados extáticos. Lo que estaba inactivo se convierte en funcional. Esos poderes son un logro extraordinario para el individuo común, pero un obstáculo (y una distracción) para la persona contemplativa.

La lista de poderes es extensa, desde la fuerza física hasta la capacidad de entender el lenguaje de los animales, pasando por la lectura de la mente de otro. El yogui puede desviar la luz y el sonido en torno suyo para no dejarse ver ni oír. Puede elevarse por los aires y vislumbrar la luz del corazón, tanto en las personas como en las estrellas. El conocimiento profundo del karma le permite conocer sus vidas pasadas, el momento de maduración de los actos y el instante de la propia muerte[7]. Asimismo, la empatía y la alegría propias del sabio lo hacen capaz de desactivar el odio y la enemistad que surjan a su alrededor, calmar el sufrimiento de los demás y no perder la serenidad ante las desgracias. Puede elevarse mentalmente hacia el sol y, desde ese umbral, conocer el resto de las moradas planetarias, la Luna y la Estrella Polar. De hecho, su luz interior puede iluminar el universo entero y fundirse con el intelecto cósmico, que es la primera emanación de la naturaleza primordial. Es capaz de ver lo muy pequeño y lo que se encuentra alejado en el tiempo o en el espacio, incluso escenas de otros planos de la realidad (objetos o perfumes celestiales)[8]. Pero estas visiones y apariciones, que serían una proeza para el común de los mortales, para el yogui son más bien un impedimento.

Otro poder consiste en la capacidad de cambiar de especie. La mente puede pasar de un cuerpo humano a uno divino, o a una serpiente, si así lo quiere el yogui. Su mente también puede crear cuerpos diferentes, como el dramaturgo sus personajes, y habitarlos todos. O crear otras mentes a partir de la suya propia. Sin perder su identidad, el yogui podrá disfrutar de los deseos con algunos de esos cuerpos, o someterlos a terribles austeridades, y finalmente recoger todo ello en su propia identidad. Esas mentes artificialmente creadas mediante el poder de la meditación (las cuales no dejan residuo kármico en su creador) pueden ser de cinco tipos según su origen: el nacimiento, la sustancia psicoactiva, la recitación de mantras, el ardor (tapas) o la contemplación (samādhi).

La conquista de los sentidos le permite entender que el ojo no es una puerta de luz, que la luz no viene de fuera sino de dentro, de la buddhi que habita en el interior de cada ser. La luz sale y vuelve a entrar por las puertas de la percepción. El sabio también conoce a fondo las energías sutiles que recorren su propio cuerpo, el círculo del ombligo y la profundidad de la garganta, las arterias corporales y los tres humores corporales, así como la cima de la coronilla. El aforismo correspondiente, ubicado en el tercer capítulo, incorpora parte del conocimiento médico de la época, el āyurveda o ciencia de la vida, recogido en el compendio de Caraka[9]. Desde la garganta, controlando la fricción de la respiración, el yogui puede eliminar el hambre y la sed. Con la tráquea obtiene la quietud mental y corporal, y con el resplandor de la coronilla, la visión de los sabios que lo precedieron. Vācaspati Miśra apunta que la coronilla es la «abertura de bráhman», la grieta o hendidura por la que escapa el alma en su camino hacia la libertad. Los seres realizados (siddha) tienen el poder de viajar con sus cuerpos sutiles desde la Tierra hasta las esferas celestes e incluso de entablar conversaciones con ellas. También están dotados de un conocimiento fulgurante que capta la luminosidad energética de los seres y su genio creador. Esta intuición permite conocer la profundidad de la mente gracias al corazón. El corazón, situado a la altura del pecho, es el lugar de encuentro entre el cuerpo y el espíritu, el punto de encaje de la conciencia y la materia. Además de un lugar privilegiado donde se inserta lo infinito en lo finito, el corazón es el órgano espiritual más luminoso del cuerpo. Un órgano sutil en forma de loto invertido que la meditación puede enderezar. Es sede de las emociones y de un conocimiento liberador desde el cual es posible trascender las inercias mecánicas de la mente que impulsan las de las inclinaciones o impresiones latentes (y escapar de ellas).

La percepción es el fenómeno en el que confluyen la conciencia y la mente. La primera es inmaterial y metafísica; la segunda, natural y sutil, hecha de viejas inclinaciones. La persona común no entiende esta distinción. Cree que la conciencia le pertenece, que forma parte de su personalidad, del yo. También cae en el error de pensar que la mente es consciente, cuando en realidad es un mecanismo en cierto sentido automático (actualización de inclinaciones latentes) pero muy sutil. El objetivo del yoga es deshacer estos dos malentendidos, separar la mente de la conciencia y aislar a esta última. La experiencia buscada es, en cierto sentido, mental y no mental. Es mental porque forma parte de la culminación de toda una serie de técnicas de la meditación, pero no lo es porque persigue la detención de los procesos mentales. La mente se deconstruye a sí misma (eliminando sus componentes de inquietud y oscuridad: rajas y tamas) para dejarse atravesar por la corriente luminosa del puruṣa.

El tiempo y el instante

La meditación sobre el tiempo es esencial para entender la visión del mundo del yoga. Solo el instante presente tiene existencia real. El presente es un regalo que conviene no desaprovechar. El resto del tiempo, pasado y futuro, es una construcción mental (otro préstamo del budismo). De hecho, el tiempo no «transcurre», solo nos permite constatar que las cosas cambian. El pasado es un fantasma; el porvenir, una ilusión para el optimista y un oscuro paisaje para el pesimista. Lo real lleva la marca del instante presente. Primero es atención, luego memoria. Como hemos visto, en sánscrito estas dos palabras se funden en una sola: *smṛti*. La mente nace y muere a cada instante. La idea procede del abhidharma budista y Patañjali la adopta sin dudarlo. Algunos ven en el instante presente la soledad o el trágico aislamiento; otros, la oportunidad y el vislumbre. Vyāsa, de un modo muy newtoniano, sostiene que lo que llamamos tiempo es la secuencia de los instantes (kṣana), que son su unidad mínima. Pero esa continuidad temporal no es real sino imaginaria. Lo que llamamos horas, días, semanas o meses no son más que una agrupación arbitraria de estados mentales. El tiempo es imaginario, aunque la mente inexperta lo considere real. El instante es lo único real, y en él está encapsulado todo el universo: es la configuración misma del universo en un momento dado.

El yogui es el maestro del instante. Conociendo el instante, puede conocerlo todo. El penúltimo aforismo del tercer capítulo de la obra menciona un conocimiento salvífico capaz de llevar al meditante a la otra orilla. Se trata de una experiencia espontánea que nace de la intuición. Se constata que tanto el pasado como el futuro se concentran en el instante presente. Entonces puede verse el universo entero, desde su origen hasta su disolución, de una ojeada. La mente entrenada es capaz de ver todo el océano en una gota de agua.

La culminación

La culminación del yoga es el aislamiento de la conciencia, algo de lo que trata el último capítulo de los *Aforismos*. Un fragmento misceláneo que probablemente no escribió Patañjali, sino que se añadió más tarde. El tercer capítulo ha concluido afirmando que con la purificación de la mente se logra aislar a la conciencia, comprender y experimentar que esta y la mente son cosas distintas. En ese estado, rajas y tamas quedan suprimidos y la mente es una entidad por entero sáttvica, diáfana, que se ha detenido tras perder su impulso inercial.

Entonces el yogui comprende que el puruṣa es inmutable y que se refleja en el entendimiento como la luna en las aguas de un estanque. Ese es el instante mágico, la revelación suprema. Un estado al que es posible llegar sin haber desarrollado los poderes mencionados anteriormente. De hecho, ese estado supremo puede alcanzarse sin ni siquiera practicar el yoga, ya que puede ser innato o propiciarse mediante la recitación de mantras o la ingestión de sustancias psicoactivas.

En la percepción está la clave. Suscita la experiencia sensible del puruṣa y puede propiciar la supuesta liberación de este. Decimos «supuesta» porque el puruṣa ya es libre. Lo único que hace el yogui es romper su identificación con el propio yo y con la mente, que, recordémoslo, es un órgano más de los sentidos. La mente logra su máxima claridad cuando se libera de la inquietud y la confusión (rajas y tamas). En este estado, la mente puede contemplarse a sí misma como si fuera algo exterior. Empieza entonces a desprenderse de sí misma, lo que indica que se está cerca del aislamiento de la conciencia (kaivalya), el fin último del yoga. La semilla de las percepciones pasadas queda así esterilizada y las saṃskāra (el mecanismo motor de los procesos mentales) no pueden volver a germinar. En su vuelo mágico a través de los diferentes niveles del ser, el meditante experimenta una última tentación, la confidencia y amistad de los dioses, que le abren las puertas del paraíso y le ofrecen ninfas, carrozas, elixires de la juventud, el árbol de los deseos cumplidos y el néctar de la inmortalidad. Si en vez de dejarse prender por el engreimiento ha cultivado el desprendimiento, sabrá pasar de largo y continuar su ascensión. La luz del yoga hace nimios incluso los poderes de los dioses.

Breve teoría de la mente

«Solo mente son los tres mundos». A partir de esta frase (perteneciente a un antiguo texto budista, el *Daśabhūmikasūtra*), Vasubandhu, monje de la región de Gandhāra (en la frontera entre Pakistán y Afganistán) educado en las escuelas sarvāstivāda y sautrāntika, funda la escuela mentalista del budismo, el yogācāra. El contacto de sus ideas con la filosofía del sāṃkhya aparece ilustrado en una antigua leyenda budista. El asceta Vindhyavāsa vive en una cueva junto a un estanque en cuyas aguas habita un nāga, una serpiente acuática que conoce a fondo la doctrina del sāṃkhya. El ermitaño solicita a la serpiente estudiar bajo su tutela. El maestro queda sorprendido por la sagacidad de su discípulo y, temiendo que lo supere, le advierte: «Cuando hayas comprendido todo el sistema, guárdate de hacer cambios en él». Pero Vindhyavāsa no puede resistirse e introduce algunas modificaciones que mejoran el sistema. El maestro, enfurecido, le prohíbe difundir sus logros, aunque accede a la petición de Vindhyavāsa de que la obra no sea destruida mientras su cuerpo se mantenga en pie. Con el conocimiento adquirido, Vindhyavāsa se vuelve arrogante y cruel. Convencido de que ninguna doctrina supera al sāṃkhya, se dirige a Ayodhyā para enfrentarse a los budistas. Hace sonar el tambor del debate y solicita en la corte que el derrotado en la contienda pague con su cabeza. En ese momento, el budista Vasubandhu se encuentra fuera del país y Vindhyavāsa se enfrenta a un viejo monje con las facultades mentales mermadas. El anciano pierde el debate y, aunque salva la vida por ser brahmán, es flagelado en reconocimiento de la superioridad del extranjero. Vindhyavāsa regresa ufano a su cueva e invoca la presencia de un espíritu femenino (yakṣa), al que ruega que al morir su cuerpo se convierta en roca para que, manteniéndose en pie, la filosofía del sāṃkhya no sea destruida. El eremita sella la cueva, se quita la vida y su cadáver queda petrificado y erguido. Cuando Vasubandhu regresa a Ayodhyā, no teniendo con quién debatir, compone el *Paramārthasaptati*, refutando todos y cada uno de los argumentos del sāṃkhya. El rey lo recompensa con grandes riquezas, que el filósofo dedica a la construcción de nuevos monasterios.

Para Vasubandhu, el mundo tiene una naturaleza mental y es la propia mente la que crea su atadura y sufrimiento. El budismo rechaza que haya una entidad individual detrás del flujo cambiante de las percepciones, es decir, el puruṣa, y que este sea el verdadero sujeto de la experiencia. Sin embargo, en un aforismo de tono muy budista se afirma que el sabio renuncia a la búsqueda de la identidad, de un yo[10]. Aunque esta búsqueda es el principio del conocimiento y el ignorante nunca se plantea quién ni de dónde viene, el sabio sabe que es en vano. Cuando el sabio alcanza la plenitud del saber, no se apega ni siquiera a ese conocimiento y es capaz de contemplar la «nube del dharma» (expresión de origen budista). En el budismo, esa nube indica la proximidad del despertar, que trae el agua de la virtud de la que se benefician todos los seres.

Es muy probable que Patañjali tomara su idea de la mente del budismo, pero la inscribe en la metafísica del sāṃkhya. Los padecimientos que experimentan los seres en el torrente de la existencia pueden neutralizarse mediante un trabajo sobre la propia mente. La mente es, sobre todo, inercia. Funciona actualizando inclinaciones latentes de dos tipos: las que producen los recuerdos y las turbaciones, formadas en experiencias previas, y las que causan que el karma, bueno o malo, dé sus frutos. Si esa fructificación del karma deriva en un renacimiento divino, se activan las impresiones latentes capaces de crear un cuerpo y una mente divinos, en lugar de aquellas que crearían un cuerpo animal o humano. Pero toda impresión latente (y aquí entra el mundo de fuera, la influencia externa o causa eficiente) tiene un estímulo que la activa y la pone en funcionamiento. Puede pasar mucho tiempo antes de que esto ocurra, pero acaba ocurriendo. Y entonces parece que la dicha o la desgracia sean caprichosas, cuando en realidad tienen una causa que no se alcanza a ver.

Hay aquí una (co)incidencia, un código común que vincula lo interno y lo externo, y que produce el nacimiento de las cosas. No estamos en un mundo meramente mental. En la tradición india, la mente no puede identificarse con el cerebro porque depende de algo que está fuera de este. La experiencia sensible se acopla y ordena con las inclinaciones, que son el registro de lo vivido, como los surcos de un disco, y hacen que la mente tome cierta dirección y entienda el mundo circundante desde una perspectiva particular. Esas huellas grabadas se han encargado de colorear, aromatizar o musicalizar la mente, dado que esta adquiere la cualidad de aquello que observa. Los recuerdos de lo vivido configuran nuestro modo de ver el mundo, pero lo que vimos o escuchamos no es solo recuerdo, también es inclinación. De ahí las prescripciones, la «moral» del yoga. Hay ciertos modos de vida que son incompatibles con las prácticas mentales que propone el sistema. Y lo más importante en relación con Vasubandhu y las filosofías idealistas es que esas impresiones latentes solo se activan si entran en contacto con el estímulo externo correspondiente. Ese entrelazamiento de lo interno y lo externo es el modo en que Patañjali entiende la naturaleza de la mente. Los objetos son como imanes que magnetizan la mente. La visión de una mujer atractiva o el olor del café pueden despertar un viejo deseo, por mucho tiempo que lleve dormido. La inclinación latente solo se activa cuando encuentra el estímulo adecuado. Es como la llave que encaja en una cerradura: ambas comparten un mismo código. Si quiere conocer los objetos, la mente debe adaptarse a su forma, pero entonces pierde la soberanía, está a merced de ellos, como si se viera arrastrada por un torbellino. Esas idas y venidas de la mente desembocan en frustración e insatisfacción. Vyāsa dirá que la mente es como la red del pescador, que está llena de nudos, pues se encuentra al servicio de viejos compromisos de su experiencia pasada.

Para el yoga, el mundo es real. La mente no entrenada es seducida por el espejismo creado por lo manifiesto (las cualidades o guṇa). No puede ver su mecanismo de reproducción. De ahí que para el yoga el mundo no sea māyā, sino una realidad con una lógica interna marcada por la actividad de los guṇa y los mecanismos de la mente. Además, las impresiones latentes no han tenido comienzo[11]. De modo que el mundo del deseo impregna la mente desde siempre. Pero que nunca haya comenzado no quiere decir que no pueda concluir. No es posible localizar su origen, pero sí propiciar su final, detener esa inercia de la mente que, a la postre, hace sufrir. Y para cumplir ese fin, Patañjali ofrece la doctrina del yoga, cuyo objetivo coincide, curiosamente, con la «consumación» de lo humano que propone la filosofía de Vasubandhu, como veremos más adelante.

Se podría preguntar cómo es posible que el espíritu se mantenga inmutable con toda la agitación gúṇica que despliega la evolución natural. La respuesta es que el espíritu no conoce directamente los objetos materiales, sino su representación en el entendimiento (buddhi). La luz del puruṣa se refleja en el principio intelectivo como la luna en el agua. La luna (puruṣa) no se inquieta cuando se agitan las aguas del entendimiento, aunque en su reflejo lo parezca. Esa es la única ilusión que reconoce el sistema del yoga. El puruṣa es un conocedor reflexivo, ve las cosas en el espejo del entendimiento. Además, la mente no brilla con luz propia, sino que refleja la luz del puruṣa como los planetas la del Sol. La mente es de hecho inconsciente: su conciencia, amén de refleja, es un préstamo del puruṣa. He ahí el sentido de la deuda (o el compromiso) entre el espíritu y la naturaleza. Esta se despliega para la recreación del espíritu, mientras que este comparte con ella el saberse ser.

Los realizados

El sabio que ha desarrollado poderes extraordinarios gracias al dominio y sublimación de los estados mentales es un *siddha*, que significa 'cumplido' o 'realizado'. Los siddha son especialmente importantes en Nepal y en el Tíbet, cuyas tradiciones recogen las gestas de 84 mahāsiddha que fundaron linajes tántricos todavía vigentes. Se caracterizan por la posesión de dos tipos de poderes, el primero relacionado con la realización de prodigios extraordinarios, el segundo con el logro del despertar perfecto. Gracias a estos poderes, dominan los elementos y las transformaciones de la materia, conocen cosas más allá del ámbito cognitivo del hombre común y son capaces de detener el curso del sol o de soportar el calor del hierro fundido. Pero tales poderes, según la tradición, no son un objetivo en sí mismos, sino la necesaria consecuencia del dominio de la mente. De hecho, pueden ser un obstáculo o una distracción para el despertar supremo. El propio Buda los critica y previene a los monjes de la tentación de utilizarlos. La tradición tántrica recoge dos itinerarios, la vía de la liberación (atimārga) y la vía de los poderes extraordinarios (mantramārga), suscitados por la meditación, la fe y la práctica del yoga. Según la tradición budista, entre estos poderes se cuentan los siguientes: la proyección de la mente, la creación de una réplica de ella, la invisibilidad, el vuelo libre, la capacidad de atravesar la tierra, la de andar sobre las aguas, la de tocar el sol o la luna y la de ascender a las esferas celestes.

Los siddha, hombres y mujeres, fueron figuras históricas. Sus enseñanzas se han conservado en las *Vidas de los 84 siddha* de Abhayadatta y en los *Siete linajes de instrucción* de Tāranātha. Algunos eran príncipes o nobles; otros, campesinos iletrados que se retiraron a los bosques y se consagraron a la meditación. Conocemos algunos de sus nombres (Saraha, Maitrīpa, Tilopa, Virūpa) y, en ciertos casos como el del bengalí Nāropā (1016-1100), contamos con minuciosas biografías. Interesados en hierbas medicinales y plantas mágicas, estos chamanes eran herederos de una antigua tradición de técnicas arcaicas del éxtasis. Unos se mostraban ante las gentes como lunáticos o enajenados, otros como ascetas errantes. Instruían a sus discípulos mediante canciones mágicas, muchas de las cuales, de origen indio, se preservan en el canon budista tibetano. Los siddha son santos realizados, maestros de la meditación que inspirarán a los adeptos y serán objeto de sus meditaciones.

10. Escépticos, materialistas y nihilistas

Vagabundos del dharma

En el siglo V a. e. c. se produjo una pequeña revolución. Jóvenes mendigos y nómadas, algunos de buenas familias, empezaron a proliferar en torno al valle del Ganges. Revivían una antigua tradición, la del bosque, que venía practicándose quizá desde tiempos de la cultura del valle del Indo. La datación mediante el carbono 14 no siempre da buenos resultados. Las curvas de calibración son planas en buena parte del primer milenio a. e. c., por lo que no es posible fechar con exactitud ciertos objetos. No obstante, los arqueólogos hablan de una «segunda urbanización» en el subcontinente, tras la del valle del Indo, en torno al siglo VI a. e. c. En las inmediaciones del fértil valle del Ganges se erigieron ciudades fortificadas como Ujjayinī (Ujjain), Kauśāmbi, Vārāṇasī (Benarés) y Rajagṛha (Rajgir). La concentración de personas en estos centros urbanos incentivó el desarrollo de la producción agrícola, y el modo de vida nómada y pastoril fue sustituido por el sedentario, lo que a su vez promovió el comercio y la fundación de pequeños estados o repúblicas con sede en una ciudad. Este período forma parte de la cultura de la Edad de Hierro que los arqueólogos indios han dado en llamar de la «cerámica gris pintada», ubicada en la llanura gangética (1300-300 a. e. c.), contemporánea de la cultura de la «cerámica negra y roja» del período védico, a la que sobreviviría. Allí nacieron los mahājanapada, unidades políticas y administrativas centradas en ciudades y gobernadas por un monarca y un consejo, o presididas por una asamblea republicana, quizá con ciertas influencias iranias. En todo caso, el término *janapada* es védico y hace referencia al territorio de una tribu o clan. Un sistema que desembocará en la formación del primer gran estado indio, el de Magādha, predecesor del primer gran imperio del subcontinente, el de los maurya.

El área donde surgieron estos grupos de ascetas errantes y mendicantes, budistas, jainistas y ājīvika fue el curso medio del Ganges. Una región que con el tiempo se convertiría en el reino de Magādha y donde se desarrollaron importantes centros urbanos como los ya mencionados de Vārāṇasī, Kauśāmbi y Rajagṛha, además de Śrāvastī, Vaiśali o Pāṭaliputra. La otra región reseñable a este respecto es la de Kuru-Pañcāla, río arriba, hacia el noroeste, desde Mathurā hasta el Punyab, que se asocia a los primeros textos védicos y al corazón de la tradición védica y brahmánica. La élite gobernante en este territorio pertenecía a los arios (ārya), una categoría más cultural que étnica o lingüística. Los brahmanes utilizaban el sánscrito védico en los sacrificios y rituales de consagración del poder real.

Las diferencias culturales entre el área de Kuru-Pañcāla y la del curso medio del Ganges pueden ayudarnos a entender cómo se desarrollaron las distintas escuelas de pensamiento. En la época del Buda histórico, Kuru-Pañcāla estaba más expuesta a la influencia irania (vía Gandhāra) y el poder sacerdotal legitimaba la figura del rey, que seguía el modelo del cakravartin o emperador universal, consagrado mediante el sacrificio del caballo. La cerámica encontrada en esa región no es muy diferente de la del valle del Indo. Un poco más al sur, en el reino de Avanti (cuya capital fue la actual Ujjain), se cultivaba mijo, cebada, lentejas y arroz, elementos básicos de la dieta india de hoy, y los restos arqueológicos no muestran influencias de las zonas arias del norte.

El viejo asombro

Aunque todo orden tiene algo mágico, tendemos a creer que es lo habitual al verlo con frecuencia a nuestro alrededor, en la sucesión de los días y las noches, en la regularidad de las estaciones y las mareas. La mente humana está acostumbrada al orden y lo vive con naturalidad, pero ¿de dónde surgió?, ¿es extensible a todo lo creado? El orden permite establecer correspondencias entre los fenómenos, como en el caso del viento y de la tormenta, o del huevo y del polluelo. Tales vínculos no por esperados dejan de ser asombrosos. De ahí que muy pronto aparezcan en la literatura las primeras dudas sobre la posibilidad de conocer algo. «No sé qué hago aquí; desconcertado y atado a una mente, deambulo», dice un célebre himno del *Ṛgveda*[1]. El juego entre lo tácito y lo explícito parece aludir a un lugar de observación: «Lo que es evidente para los hombres se les oculta a los dioses, y lo que es evidente para los dioses no lo ven los hombres», se lee en el *Tāṇḍya mahābrāhmaṇa*[2], en alusión a la relatividad de los sistemas de referencia y al hecho de que, en cierto sentido, la escala de observación crea el fenómeno. Hay quien ve el mundo como una unidad, pero aquello que lo sustancia y cohesiona puede tomar diferentes formas: el tiempo, el amor, el principio vital o el mismo bráhman.

Las perspectivas son innumerables, y no siempre es fácil elegir una. Unos dicen que el mundo fue creado, pero reconocen que no presenciaron tal espectáculo; otros, que existió siempre, algo que tampoco pueden probar. En la confesión de la propia ignorancia, tema central del *Nāsadīyasūkta* (uno de los más célebres himnos del *Ṛgveda*)[3], se aprecia cierta sabiduría, pero también humor y afán de búsqueda. Hay cosas que el hombre no puede saber, y ese es un principio fundamental del budismo. Ante ciertas cuestiones, el Buda recomienda a sus discípulos no meterse en líos. La eternidad del tiempo, el alcance del espacio, la identidad o diferencia entre el cuerpo y el alma, y el destino del despierto tras la muerte (los cuatro avyakṛtavastuni o preguntas sin respuesta del budismo) son cosas que nunca llegaremos a conocer, por lo que conviene no perder el tiempo en tales disquisiciones. Pero hay otras cuestiones que sí pueden saberse, y para ello se requieren medios válidos de conocimiento.

Ventajas de no hablar demasiado

La duda, el asombro o la perplejidad, se nos dice, son el origen del pensamiento, pero también los supuestos, lo que no se cuestiona y damos por sentado. Cuestionarlo todo es, desde antiguo, una forma de rebeldía intelectual y social. El *Ṛgveda* menciona a escépticos, inconformes, agnósticos y denostadores del veda. En tratados políticos y eróticos encontramos ecos de doctrinas materialistas, escépticas y epicúreas, defendidas por gentes que solo creen en lo que ven, y algunos ni siquiera eso. Gentes que desconfían del otro mundo y que consideran la riqueza y el placer el único fin de la existencia, aunque hubo escépticos de vida virtuosa y rigurosos ascetas que fueron materialistas.

Según Mādhava, los materialistas (cārvāka) sostenían que la percepción era el único medio válido de conocimiento. No admitían la inferencia ni el testimonio verbal (lo tácito), tampoco la analogía, en la que se apoyarían posteriormente los lógicos de la escuela nyāya. Sus motivos eran parecidos a los que aduciría, mucho después, el escéptico David Hume: no se puede confiar en la inferencia porque la concomitancia universal (vyāpti) en la que se sustenta (el ejemplo clásico del humo en la colina, del que se deduce la existencia de un incendio) no puede asegurarse. Hume lo diría de otro modo. Vemos que las cosas se suceden unas a otras (el día a la noche), pero nada nos permite tener la certeza de que siempre vaya a ser así, de que el orden vaya a mantenerse. La idea de la causalidad, como la del tiempo, es de naturaleza mental. ¿Acaso alguien ha visto alguna vez una relación causal? ¿Cómo es posible que del semen, que carece de forma, surjan los órganos de los sentidos y la percepción de las formas? La regularidad de ciertos acontecimientos nos induce a creer que seguirán ocurriendo en el futuro, pero eso es más una esperanza que una creencia fundamentada. No se puede inferir lo que no se ve de lo que se ve. Los críticos con los cārvāka alegaban que afirmar que toda inferencia es inválida supone ya realizar una inferencia. Sobre todo cuando uno se propone convencer a sus oponentes. ¿Cómo convencer a los demás sin el uso de la inferencia? Este enredo dialéctico decantaría una posición filosófica muy particular, de la que hablaremos cuando nos ocupemos del budismo: la de la escuela de Nāgārjuna, que no sostenía opinión alguna (y se limitaba a reducir al absurdo las opiniones de los demás). En general, para esta escuela budista, las opiniones no son sino la perturbación de personas dominadas por las pasiones. Una perspectiva que es afín a la de Patañjali, fundador del yoga.

Docta ignorancia

Hay un conocimiento engreído sin fundamento, propio de la falta de instrucción, y otro derivado de la instrucción excesiva, que fabrica ídolos. Entre los escépticos indios hubo algunos sabios que, como Sócrates, admitían no saber nada. Y, sin embargo, algo nos dice, en sus réplicas, en sus actitudes, que sí saben (y mucho). Al contrario de lo que generalmente se cree, lo opuesto del escepticismo no es la creencia, sino el dogmatismo (o el conocimiento tácito, lo que damos por sentado). Para creer hace falta que no todo esté claro. Y hay que tener el espíritu dispuesto. Hay una docta ignorancia que hizo célebre Nicolás de Cusa, pero se remonta a estos primeros escépticos de la India, contemporáneos de Pirrón y cuya tradición seguiría Nāgārjuna, que llevó el escepticismo filosófico a una de sus cumbres al afirmar que todas las opiniones son vacías, incluida la propia. Si no hay evidencia suficiente, mejor dedicarse a la vida sencilla, controlar la ira y la vanidad, moderar la concupiscencia y mantener a raya la codicia. Ello no implica, por supuesto, olvidar la filosofía ni dejar de entretenerse con ella, pero hay que hacerlo siempre con distancia irónica y socrática, con la disposición a cuestionar las propias opiniones e incluso a reírse de ellas. Esto no supone ningún tipo de actitud irracional. De hecho, hubo filósofos como Nāgārjuna que fueron expertos en lógica y aun así se dedicaron pacientemente a desarticular los principios de la propia lógica. Acudían a los debates con el único propósito de refutar las tesis de sus adversarios, siendo su pasión, en vez de alcanzar la victoria o el poder, descubrir el truco, la tramoya que sostiene la ilusión colectiva del pensamiento. No aportaban opiniones propias, sino que se limitaban a desmantelar las certezas de sus interlocutores, esas que se presentan como un triunfo de la lucidez y la voluntad cuando no son más que una añagaza para incautos.

Escéptico y *creyente* no son términos opuestos. El escéptico pone en tela de juicio que pueda descubrirse la razón necesaria y suficiente de las cosas, duda de una hipotética literalidad del mundo y prefiere el devaneo de las metáforas. Sin embargo, esa duda no es óbice para que crea lo que considere conveniente. El escéptico limita el alcance de la lógica y sugiere otro tipo de narración que no se apoye en sus principios fundamentales, el de identidad y el de no contradicción. El planteamiento escéptico no es en absoluto irracional. La identidad (A = A) es algo que no se da en la naturaleza. Las cosas viven en el tiempo, lo que les impide ser idénticas a sí mismas. El principio de no contradicción tampoco puede darse en la naturaleza, sobre todo en la vida emocional, que está llena de contradicciones. Si prescindimos de los principios de identidad y de no contradicción, podemos perfectamente relegar la lógica al ámbito de lo abstracto e irreal, sin menoscabo de la investigación empírica. El enemigo del escéptico no es el creyente, sino el dogmático, y toda ciencia, si quiere avanzar, debe necesariamente proceder de un modo dogmático.

¿Qué intenciones tiene el escéptico? O bien probar que no es posible ningún conocimiento, o bien reconocer que las pruebas son siempre insuficientes. En el primer caso estamos ante el «escepticismo académico», que surgió en la Academia platónica con Arcesilao y Carnéades. El segundo es el «escepticismo pirrónico», de mayor antigüedad, que se parece más al indio y llegó hasta nosotros a través de Sexto Empírico. En la India los escépticos fueron llamados *vitandines* (de *vitaṇḍā*, 'crítica destructiva'), por practicar un tipo de debate que se centraba en la refutación y terminaba siendo un modo indirecto de mostrar las limitaciones de lo discursivo (algo parecido a lo que haría después Wittgenstein). El fin de los escépticos académicos era mostrar que aquello que los dogmáticos decían conocer no podía conocerse con certeza, pues cualquier proposición contiene supuestos que van más allá de lo empírico, por lo que todo conocimiento es, a lo sumo, probable.

La idea general de estos escépticos fue que el silogismo no servía para fundar ninguna ciencia, sino para echarlas a perder. Las ciencias tienden a definir lo oscuro con algo más oscuro aún y solo sirven para apartar a los hombres de la contemplación. La demostración, en definitiva, es un sueño que se toma por la vigilia y oscurece los mecanismos de la propia mente. De modo que para estos ascetas, que seguían una ética rigurosa, lo mejor era no comprometerse con ningún tipo de juicio. Consideraban que la gente hablaba demasiado, unos convencidos de que hay algo que puede conocerse, otros empeñados en que nada puede conocerse. Los vitandines, en particular, ni siquiera se comprometían con sus propios argumentos, y su escepticismo se dirigía a las posibilidades de lo verbal. Esa tradición, que floreció en Alejandría y en la India del siglo III, resurgirá posteriormente entre los escritores musulmanes y judíos, como el persa Algazel y el tudelano Yehudah Halevi, culminará en Nicolás de Cusa y revivirá con el segundo Wittgenstein.

Buscadores

La época de Buda se caracteriza por una intensa búsqueda espiritual. En torno a las orillas del Ganges deambulan vagabundos, eremitas y ascetas que han renunciado a la vida civil para buscar el conocimiento en los bosques. El pensamiento empieza a romper los viejos moldes de la visión brahmánica y abre nuevos caminos. La religión védica, controlada por la clase sacerdotal, ha dejado de inspirar a la gente, y muchos jóvenes (y no tan jóvenes) se lanzan en pos de nuevas experiencias. Nace así una nueva clase de ascetas contemplativos que se han desprendido de las exigencias de la vida civil y familiar, y que, en general, vagan de aldea en aldea, mendigando la comida y sin otro techo que las copas de los árboles o la bóveda estrellada. Gracias a los ayunos, las meditaciones y las limosnas, logran mantenerse de un modo frugal. Algunos van completamente desnudos, otros cubiertos por hojas o por pieles de antílope. Erigen cabañas y ermitas en los lugares más remotos, en las profundidades del bosque, al lado de arroyos o en glaciares de alta montaña. Entre ellos hay holgazanes, enajenados, charlatanes y malhechores, pero la mayoría se consagra a una búsqueda sincera de la verdad. No pretenden huir del mundo, sino penetrar en la naturaleza de lo real. Cuando estos solitarios errantes se encuentran en su deambular con un semejante, comparten sus hallazgos y métodos de introspección. Unos permanecen solos y mueren alejados del mundo, otros congregan a discípulos y fundan escuelas filosóficas u órdenes mendicantes. Unos optan por clasificar los diversos elementos de lo real y establecer categorías, otros desconfían de lo discursivo y se limitan a profundizar en técnicas arcaicas para alcanzar el éxtasis. En los encuentros de sabios no tardan en tomar cuerpo nuevos sistemas simbólicos. Paulatinamente se elaboran nuevas metafísicas y antropologías que fundamenten y orienten esas nuevas formas de vida. Aunque las ideas y prácticas de estos grupos pueden ser muy diversas y contradictorias, en general confían en la liberación del sufrimiento y de las dolorosas cadenas de la existencia, y se orientan a ese fin. Muchas de esas disciplinas se inspiran en viejos procedimientos mágicos y fisiológicos que facilitan la concentración y permiten entrar en trance o adquirir ciertos poderes extraordinarios (como vimos en el capítulo anterior, dedicado al yoga).

Buda y Mahāvīra forman parte de esta nueva clase de buscadores. Al principio, Buda y sus discípulos no tienen una residencia fija y no permanecen demasiado tiempo en un mismo lugar. A veces, el propio Buda viaja solo; otras, con su discípulo Ānanda o en compañía de un pequeño grupo. Al caer la noche se resguardan en el umbral de un templo, en el cobertizo de algún alfarero o en la sala de asambleas de la aldea de turno. Los primeros monjes budistas llevan una vida errante no por el placer del viaje, sino para difundir la doctrina. Pero imitan la vida vagabunda y desprendida de los śramana que los han precedido. La antigua costumbre de retirarse al bosque cuando se aproximaba la vejez es ahora adoptada por los jóvenes. Surgen así nuevas doctrinas que toman distancia respecto al pensamiento védico. Dos de ellas, el budismo y el jainismo, componen una literatura sagrada, códigos monásticos y prácticas rituales. El budismo tendrá una extraordinaria difusión en Asia y se convertirá en una religión con vocación ecuménica. Pero hubo otras doctrinas que se quedaron por el camino, arrumbadas en el trastero de la historia, como el materialismo, el determinismo y el escepticismo. De ellas hablaremos a continuación.

Materialistas

El materialismo indio, también llamado lokāyata (filosofía del pueblo), cārvāka o bṛhaspatya (en referencia a su fundador, Bṛhaspati), es muy antiguo y ejerció una importante influencia en los pensamientos budista y jainista (con los que comparte su carácter heterodoxo y no teísta). Aunque se mantiene activo durante mucho tiempo, no tendrá el empuje de los sistemas ortodoxos de la filosofía hindú. Hay referencias a los materialistas en los compendios de medicina y, sobre todo, en los textos budistas y jainistas. No nos han llegado sus textos, solo alusiones a sus doctrinas y un escrito medieval del nihilista Jayarāśi. Ni siquiera sabemos si hubo algún tratado que expusiera las enseñanzas de esta escuela, aunque

Dasgupta, Garbe y Tucci lo consideraban probable. Disponemos de una exposición de su doctrina, con algo de detalle, en el *Compendio general de filosofía* atribuido a Mādhava.

En la literatura sánscrita, el término *lokāyata* ha sido utilizado con cierta displicencia e incluso desprecio. Hace referencia a la filosofía de la gente burda, iletrada. Los diccionarios modernos lo traducen como 'materialismo' y, en ocasiones, 'ateísmo', dando a entender que esta corriente solo cree en la existencia de lo material. En general, los materialistas negaban la existencia del ātman y de la vida en el más allá, y rechazaban la sacralidad de los veda, la doctrina del karma y el valor moral de las obras. También eran contrarios a la sociedad de castas, a las etapas vitales del brahmanismo y a sus ritos y ceremonias religiosas, en especial, a los sacrificios públicos.

El primer materialista del que tenemos noticia es Ajita Keśakambalin. El sobrenombre, *Keśakambalin*, «El del manto de cabello», alude a su costumbre de ir desnudo, cubierto tan solo por su gran melena. Ajita sostiene que el ser humano está formado por los cuatro elementos y que tras la muerte su componente de tierra regresa a la tierra; el de aire, al viento; el de fuego, al sol; y el de agua, al océano. Necio es predicar la virtud o la moralidad, pues al fallecer todo queda reducido a cenizas y nada hay más allá. Otros materialistas, como Pakudha Kaccāyana, añaden a estos cuatro elementos tres más: el dolor, el placer y un principio de la vida que se identifica con el cuerpo. Todos ellos carecen de principio y de final, no fueron creados y son indestructibles e infinitamente pequeños, por lo que el pensamiento de Pakudha entronca con el antiguo atomismo indio, en cuya tradición profundizará el sistema ortodoxo vaiśeṣika.

Se niega el valor de la oblación y la donación, así como el de cualquier otro acto de tipo religioso o ceremonial, y, de un modo general, el de sus frutos. Ajita funda una fraternidad de hombres que, como los epicúreos, se dedican a los placeres de una vida sencilla y a la búsqueda de la felicidad. No se debe dar la espalda a los placeres por miedo a que se conviertan con el tiempo en sufrimientos. Estos hay que aceptarlos como las espinas del pescado o la cáscara del trigo. Temer el disfrute es de necios. No ha quedado constancia de que estos primeros materialistas tuvieran una ética propia. Algunos son nihilistas epistemológicos: niegan la posibilidad misma del conocimiento.

Para los cārvāka, el testimonio védico carece de valor y sus enunciados resultan engañosos y están desprovistos de sentido. Son meros parloteos destinados a desconcertar y confundir a la gente. Estos nuevos eremitas se lanzaban a los bosques en busca de una experiencia genuina que trascendiera la educación brahmánica formal, la liturgia sacerdotal y el sacrificio. La postura de los materialistas respecto a la conciencia se parece a la que tiene hoy gran parte de la neurociencia moderna. El cārvāka no niega el fenómeno de la conciencia, solo rechaza que tenga una existencia independiente al margen del cuerpo. La conciencia es, en el mejor de los casos, una función del cuerpo y, en el peor, un epifenómeno, el tenue resplandor de la materia. Del cerebro emana la conciencia como del hígado la bilis. Eso que llamamos conciencia surge cuando se combinan los elementos físicos para formar el organismo. De ahí que lo divino o el alma inmortal sean meras ficciones, el producto imaginario de mentes febriles. Ningún más allá espera al hombre, la vida presente es la única que existe y para conducirse en ella conviene buscar el placer y evitar el dolor. Pūrṇa Kāśyapa (o, en pāli, Pūraṇa Kassapa), otro célebre ājīvika, enseñaba que obrar no da frutos, por muy meritorias que sean nuestras acciones. Las obras son en sí mismas amorales, carecen de valor desde el punto de vista ético.

Jayatilleke, en un exhaustivo estudio de los antecedentes epistemológicos del budismo[4], propone dividir a los materialistas en tres grupos: (1) los que consideran la percepción un medio válido de conocimiento; (2) los que admiten inferencias inductivas derivadas de la percepción, y (3) los que niegan la validez de todos los medios de conocimiento, incluida la percepción. A este último grupo pertenece Jayarāśi, del que hablaremos al final del capítulo. Los primeros creen en la existencia de la materia, mientras que los últimos niegan incluso esta posibilidad, de modo que en este sentido ni siquiera serían materialistas, sino que compartirían el escepticismo epistemológico de Nāgārjuna.

No cabe considerar que estos antiguos materialistas fueran parecidos a los positivistas modernos, pues lo que caracteriza a Comte y sus sucesores es la necesidad de depurar la filosofía de elementos especulativos y metafísicos, limitando su ámbito a los métodos experimentales de la ciencia. Ningún positivista pone en duda la validez de la percepción o la inferencia, como hacían estos antiguos pensadores. El materialismo puede ser pragmático o metafísico. En el primer caso asume el sentido común y afirma la existencia de la materia, de ahí que constituya una «filosofía del pueblo» (lokāyata). En el segundo se presta a ser blanco de las críticas de los escépticos, que sostienen que la existencia de la materia es indemostrable. Aunque hubo diferencias entre las diversas escuelas de materialistas, todas ellas coinciden en descartar la autoridad de los veda. En este punto suponen una ruptura radical (como el budismo y el jainismo) con la tradición brahmánica, no solo en lo que se refiere a la cosmovisión, sino también a la concepción de la vida humana, las reglas sociales o la práctica del sacrificio. Las upaniṣad, además de estar repletas de contradicciones, sostienen la existencia de un ātman que nadie ha visto. Un hombre puede desenvainar su espada para que otros la vean, pero no sacarse el ātman para mostrárselo a los demás. No hay manera de ver el ātman separado del cuerpo; por tanto, el ātman no existe. Los materialistas adoptan la postura de Berkeley de que lo único real es la percepción[5]. La inferencia resulta evidente, aunque para algunos no sea un medio válido de conocimiento. Lo sorprendente para la mentalidad moderna es que varios de estos materialistas sostuvieran la validez de la experiencia yóguica, aun negando las consecuencias de dicha experiencia. Algunos yoguis incluso eran nihilistas (nāstika) y podían alcanzar estados (dhyāna) sin forma (ārūpya) en los que la mente es diáfana y traslúcida, lo que permite gozar de una sensibilidad extraordinaria. Esa crítica del ātman por parte de los materialistas pudo haber tenido influencia en círculos budistas.

El determinismo de los ājīvika

Uno de los diálogos extensos más antiguos del budismo, *El fruto de la vida del eremita*, que forma parte del corpus del canon theravāda, expone las doctrinas de los seis maestros del error[6], cuya importancia estriba en que esbozan, por oposición, las doctrinas del budismo. Todos estos buscadores

(Buda, Mahāvīra, Gośāla) se ejercitaban en el ascetismo no por un deseo de mortificación o expiación, sino como un medio de acumular y transmitir energía psíquica. Y, aunque no prestaban atención a los dioses, compartían la creencia en estadios superiores al ser humano, en seres con capacidades espirituales que habitan otros planos de la existencia y que, de algún modo, pueden intervenir en el nuestro. Si bien algunos rechazaban la posibilidad de una naturaleza inmaterial, lo común era que lo inmaterial conviviese, de manera misteriosa y sutil, con lo material. En una de las antiguas upaniṣad, Naciketas pregunta a Yama, el dios de la muerte, qué ocurre cuando una persona fallece, a lo que Yama le responde que incluso los dioses albergan dudas al respecto. Cada una de estas escuelas tiene su propia versión del tránsito y lo más probable es que las diferentes posturas surgieran de conversaciones entre eremitas.

Uno de esos grupos del bosque es el de los ājīvika. Su fundador, Gośāla, era uno de los maestros más prestigiosos de su tiempo. Compañero de búsqueda del jainista Mahāvīra, era un asceta riguroso que, como los jainistas, iba completamente desnudo. Murió un poco antes que Buda, tras un enfrentamiento con su viejo amigo Mahāvīra. Sus seguidores terminaron por unirse a otros maestros como Pūrṇa Kāśyapa y Pakudha Kaccāyana para formar la orden de los ājīvika. El emperador Aśoka les regaló tierras y algunas cuevas, pero la escuela se dispersó y comenzó un largo declive hasta su desaparición en la época medieval. Cuanto sabemos de ellos quedó registrado en textos budistas y jainistas.

Gośāla llevaba, como otros ascetas peregrinos, un bastón (maskara), de ahí que sea llamado Gośāla Maskarīputra, «El que porta el bastón». Su doctrina deriva de una tradición de conocimiento prearia que cartografía, de modo sistemático, todas las formas de vida (geológica, botánica y zoológica) y de la materia. En este sistema, el átomo es el organismo vivo más elemental, que solo dispone del sentido del tacto (siente el peso y la presión). Toda mónada vital parte de ese estado y, a medida que crece, desarrolla un cuerpo con mayor sensibilidad. Primero adopta las formas vegetales, luego los estados inferiores de la vida animal y finalmente los estados superiores. Una vez que ha representado todos los papeles, alcanza automáticamente la liberación. El espectáculo es sombrío y, a la vez, de un mecanicismo preciso. Como en las corrientes dominantes de la ciencia moderna, no hay intervención divina ni libertad. La naturaleza sigue inexorablemente su curso y todo ser vivo debe recorrer de cabo a rabo todas las formas de vida para que el conjunto sea equitativo. No hay que explicar la existencia del mal, ya que es parte del camino, tampoco los esfuerzos de la voluntad. Lo curioso de esta doctrina es que la sostenían ascetas de conducta intachable. Su moral solo era efecto de haber recorrido un buen trecho del camino. Nuestras palabras y nuestros actos anuncian el estadio al que hemos llegado.

Gośāla consideraba que la mónada vital no podrá liberarse hasta que haya recorrido todas las posibles formas de existencia (84 000 en total). Hay que conocerlo todo y experimentarlo todo. Es decir, la liberación es un proceso automático que se cumple una vez que uno ha experimentado toda la gama de variedades del ser: gota de agua, matojo de hierba, moscardón, ser infernal, tigre, ciervo, higuera, hombre, mujer, titán y divinidad. Nada puede apresurar esa progresión espiritual, ni siquiera la firme voluntad de la renuncia o el estricto seguimiento de los votos. Ningún esfuerzo moral o ascético puede acortar la serie de los renacimientos.

Tanto budistas como jainistas consideran muy peligrosa la doctrina de Gośāla y no escatiman los ataques. Buda llega a declarar que no ha nacido persona más perniciosa para los dioses y para los hombres que Gośāla, y que su doctrina es como un vestido de cáñamo, que no solo es desagradable a la piel, sino que no protege del frío en invierno ni del calor en verano. En cierto sentido, el budismo se define por contraste con las doctrinas de Gośāla. Los ājīvika son, como los budistas, no teístas. Estrictos deterministas, creen en una fuerza impersonal que hace imposible enderezar el curso de las existencias. No hay libre albedrío y, por tanto, tampoco actos de los que sea responsable la propia persona, en oposición al budismo y el brahmanismo, para los cuales la libertad humana es un principio irrenunciable. Gośāla, además, rechaza la doctrina del karma, según la cual, pese a que el karma (positivo o negativo) determina las condiciones del nacimiento, durante la vida gozamos de libertad para enderezar las limitaciones que nos impone. Nada de lo que está vivo tiene la virtud o el poder de dirigir su destino: «Todo lo que respira, todos los seres, todo carece de voluntad y de fuerza». Los seres, guiados por la fuerza del destino y de la circunstancia, experimentan la dicha y el sufrimiento en función de su naturaleza. Y así como cuando la madeja es arrojada el hilo corre desenredándose, del mismo modo el sabio y el ignorante, circulando y transmigrando, pondrán fin al dolor.

La visión ājīvika es pavorosa. Tanto sabios como ignorantes deben completar ese interminable recorrido para acabar con el sufrimiento. Su medida no puede incrementarse ni acortarse, no hay posibilidad de quemar el karma o enderezarlo mediante la virtud. Sin embargo, a pesar de esa creencia, practican rigurosas austeridades al tiempo que sienten que la fuerza del destino los obliga a ello. El ciclo de las existencias no es eterno y carente de comienzo, sino que tiene principio y fin. Los seres se purifican no por sus actos, sino por esas idas y venidas de una existencia a otra. Las listas que ofrece son detalladas: hay cerca de un millón y medio de tipos de nacimiento, medio millar de tipos de actos, 3000 infiernos, 7 dioses, 700 sueños, 5000 eremitas. Hay 6 clases de eremitas asociados a los diferentes colores: (1) negro, aquellos con ocupaciones crueles o criminales; (2) azul, aquellos que viven de otros y creen en la eficacia de los sacrificios; (3) rojo, jainas; (4) verde, los discípulos laicos de los ājīvika; (5) blanco, los hombres y mujeres ājīvika; (6) blanco intenso, los líderes de esta escuela. Colores que luego heredará el jainismo.

Sañjaya y otros escépticos

Tantas visiones metafísicas, contradictorias entre sí, fomentan el escepticismo. Pero no hay un solo escepticismo, sino muchos, y se dividen en diversas escuelas. El *Brahmajālasūtra*, un antiguo texto budista, hace referencia a cuatro escuelas de escépticos, mientras que el *Sūtrakṛtāṇga* jainista menciona que a la sazón había 363 escuelas filosóficas diferentes. Una de ellas era la encabezada por Sañjaya Belaṭṭhiputta. Sañjaya pudo haber sido maestro de Sāriputra y Moggallāna, dos importantes discípulos budistas que después se unieron al grupo de Siddhārtha Gautama. Tenía por norma no afirmar ni negar nada. De hecho, esa negativa a pronunciarse sobre ciertas cuestiones acabará incorporándose a la doctrina budista (los cuatro avyakṛta-vastuni o preguntas sin respuesta). En el caso de Sañjaya, evitaba emitir juicios sobre la existencia más allá de la muerte, el surgimiento espontáneo de ciertas formas de vida y el fruto de las acciones. Sostenía que frente a las cuestiones fundamentales de la vida no era posible la certeza. Además, si hubiera declarado que esto o aquello era bueno o malo, habría sentido atracción o aversión por dichos objetos, una atadura que habría perturbado los estados de paz y serenidad que busca el eremita[7].

En el *Brahmajālasūtra* se dice que estos eremitas...

> ... sabios y versados en las discusiones y los debates, son capaces de hacer blanco en un pelo y desmontar con su inteligencia las diferentes opiniones filosóficas [...]. Y si alguien les preguntara si existe el otro mundo, o si la vida puede surgir espontáneamente, o si las obras maduran en frutos, o si el despierto existe tras la muerte, rehusarían contestar. Ante esas cuatro cuestiones, estos eremitas se escabullen como anguilas.

Declarar algo bueno o malo, como ya hemos dicho, suscita el deseo o la aversión, perturba la paz del sabio, lo expone a preguntas o críticas de otros y lo obliga a comprometerse en debates interminables (a adentrarse en la selva de las opiniones). Todo ello es un obstáculo para la paz mental. En cierto sentido, el budismo hereda esa aversión a la especulación metafísica, pero no hasta el punto de negar la causalidad moral, uno de los ejes de la doctrina, que acabará por convertirse en una de las más bellas expresiones del pensamiento indio.

Los contactos con materialistas y escépticos contribuirán a la configuración de una vía media entre los que niegan la existencia del mundo, el trasmundo y la moral (los nihilistas), y los que la afirman (los eternalistas).

Escepticismo epistemológico en el budismo

El *Abandono de la discusión* de Nāgārjuna, texto budista de carácter polémico, es un buen ejemplo de cómo el escepticismo epistemológico termina derivando en una crítica del dogmatismo filosófico (el establecimiento de ciertas categorías), pero sin impedir ni obstaculizar la creencia religiosa (más bien promoviéndola). La obra sirve además de crítica a las suposiciones lógicas y epistemológicas de aquellos que discrepan de la doctrina de la vacuidad (eje de la interpretación de Nāgārjuna del mundo), sin pretender, de manera un tanto irónica, demostrarla o probarla, pues el discurso que la pone de manifiesto se considera tan vacío como el resto de las cosas. El texto es un buen ejemplo de las dificultades que el concepto de *vacuidad* (a menudo malinterpretado) encontró entre sus contemporáneos (budistas y no budistas). El concepto central no es, sin embargo, la *vacuidad*, sino otro relacionado con ella, la *naturaleza propia* (sva-bhāva). Nāgārjuna establece una equivalencia entre la carencia de naturaleza propia de las cosas y su vacuidad. Podemos entender la naturaleza propia como una sustancia inherente a las cosas, el lugar donde reside su identidad, un componente característico, no dependiente de ninguna otra cosa. Nāgārjuna niega la validez de esa hipotética entidad (detrás de toda esa crítica está el concepto de ātman), pero lo hace de forma irónica, encubierta, asumiendo la propia vacuidad de lo que dice.

El *Abandono de la discusión* somete a crítica los cuatro medios de conocimiento válidos de la tradición lógica: la inferencia, la experiencia sensible, el testimonio verbal y la comparación. Se dice que la afirmación «todas las cosas carecen de naturaleza propia» no hace que las cosas carezcan de naturaleza propia, sino que simplemente pone de relieve su vacuidad. Esto permite asumir la vacuidad de su propia afirmación, que nada prueba, pues nada hay que probar, sin que ello invalide su eficacia comunicativa. De acuerdo con los lógicos del nyāya, la negación solo tenía sentido cuando lo negado era una entidad real, no algo ficticio. Nāgārjuna admite esta objeción y acepta provisionalmente dicho principio. Pero, al mismo tiempo, afirma que él no niega nada, pues nada hay que negar: siendo todas las cosas vacías, no hay una sola cosa que pueda negarse, ni siquiera la negación de la negación.

La dialéctica de Nāgārjuna aspira así a proporcionar un valor terapéutico. Su crítica del lenguaje (y su poder para crear entidades ficticias) se resuelve en un modo de ver el mundo, el pensamiento y el mismo lenguaje que favorece la experiencia del despertar. Si las cosas tuvieran naturaleza propia, el mundo se encontraría petrificado y no sería posible la transformación que conduce a la liberación. De modo que la propuesta de Nāgārjuna se presenta como una *no posición*, y en este sentido se considera inexpugnable. No es posible refutarla porque no pretende probar nada ni consiente en postular tesis alguna. La enunciación que pone de manifiesto la vacuidad de las cosas no duda en deconstruirse a sí misma y declararse tan vacía como las cosas mismas.

Nāgārjuna renuncia así a cualquier posicionamiento. Sin tesis alguna que demostrar, su tarea dialéctica se reduce a la desarticulación y reducción al absurdo de las tesis de sus interlocutores. La afirmación de Nāgārjuna no es una tesis que demostrar (pratijñā) sino una enunciación (vacana) que se distingue del silogismo y elude el estatus de proposición. Se renuncia a la posibilidad de la demostración, pero no a la utilidad de la enunciación misma, cumpliéndose de este modo el abandono de la discusión que anuncia el título de la obra.

Esa supuesta inmunidad frente a la refutación descansa en la negativa a hacer de la vacuidad un concepto. La vacuidad se presenta como un recurso, como una manera de mirar el mundo y una forma irónica de relacionarse con las ideas. Se renuncia al concepto, material de trabajo del filósofo, y al lenguaje de la lógica en beneficio de toda una serie de metáforas de la ilusión, más útiles y efectivas desde una perspectiva soteriológica. Para los lógicos, esta actitud carece de sentido. Huelga decir que la división que obra el concepto es arbitraria y quiebra el flujo del devenir. Los conceptos son un recurso indispensable del pensamiento, por lo que sería absurdo sostener que la corriente de los fenómenos no tiene sus sesgos y sus meandros, que la vida misma no asciende y declina en su curso. La tarea del filósofo consiste precisamente en señalar esos tránsitos en el continuo de los procesos. La inferencia (y, en general, toda lógica conceptual) es un error útil, indispensable e indisociable del pensamiento.

Nāgārjuna alega que el objeto de toda inferencia es un concepto artificial e inexistente. El árbol que vemos es siempre un árbol concreto y, por serlo, jamás podrá ser el objeto de una inferencia, que es el árbol genérico. Para el pensador budista, lo real es lo individual, lo que se presenta a la experiencia, lo que se da en un lugar del espacio y en un momento del tiempo. La lógica debe estar supeditada a la acción (a la ética), y la acción, superior a todo lo demás, es la que acerca al despertar. La lógica es un medio (entre otros) que sirve a ese fin.

En el caso budista, la lógica está supeditada a la erradicación del sufrimiento. Cada escuela defenderá su propia ortopraxis, pero todas priorizan la experiencia del despertar. Nāgārjuna, sin embargo, mantiene una posición ambigua respecto a esa otra experiencia que es la *experiencia de la lógica*, la cual ocurre en la mente del filósofo. Se la considera necesaria, pero solo en el sentido de que es un buen medio para lograr el silencio intelectual. Los budas, se dirá en el mahāyāna, no se apegan a las palabras, pero tampoco las temen. Que el sabio no se apegue a las palabras ni a los conceptos no significa que deba permanecer en silencio, sino que está libre de sus construcciones mentales asociadas. No temer a las palabras significa hacer el gesto que restituye el lenguaje a lo inexpresado.

En cualquier caso, en el pensamiento indio, el ser no se concibe sino en función del obrar, y en general la ética ha prevalecido sobre la ontología. De modo que un pensamiento que no lleve a la acción es de la misma índole que el hijo de una mujer estéril. El pensamiento es una fuente de energía para la vida y sus fines, y sin esa razón vital (o experiencial) deviene en enfermedad. Vicente Fatone expresó admirablemente ese sentir general indio:

> La verdad no es un hecho más en el mundo de los hechos: es un hecho distinto, que nos permite rebelarnos contra el mundo

de los hechos; y es, además, el hecho único que permite esa rebelión. La acción exitosa (dicen los budistas) depende del recto conocimiento; y la lógica, por ser la ciencia del recto conocimiento, es el fundamento de esa acción.

La lógica es la sierva de la acción, que a su vez es la fuerza motriz del cosmos. Nada más ajeno al platonismo, nada más alejado de la idea de la Ilustración de un universo regido por unas leyes que toca al hombre descubrir.

La ironía filosófica

Hay filosofías incapaces de negociar con las fuerzas corrosivas de la ironía. Para ellas, la medicina de la ironía se convierte en veneno. Sospechan que es incontrolable y que, una vez desatada, lo desbaratará todo. La crítica de Habermas a la modernidad es un eco de la impaciencia de Hegel ante la ironía de Schlegel, que a su vez replica una vieja querella que se podría remontar a la cicuta de Sócrates. Los partidarios de la ironía siempre han causado molestias:

> Para Hegel la ironía era una abominación y siempre hablaba de ella en tono peyorativo. Pronto renunció a la esperanza de salvar a los ironistas y pasó a tratarlos como incorregibles y empedernidos pecadores[8].

La ironía siempre ha sido un concepto elusivo, como lo fueron sus partidarios. Para hablar de la ironía ya hay que estar instalado en ella, pues, como la vacuidad de Nāgārjuna, no es un concepto, sino una actitud hacia el lenguaje y las ideas. Con la ironía pasa casi lo mismo que con la metáfora, de la que no es posible hablar sin utilizar ya metáforas. Nāgārjuna fue célebre por su dialéctica escurridiza, que se «escabullía como las anguilas» de la fuerza de las razones contrarias y desarrollaba una prudencia egoísta que la inmunizaba contra las ilusiones de la lógica. Al mismo tiempo, la ironía fue la herramienta perfecta para desmentir el lenguaje y, quizá, el único método para *decir* algunas verdades desmentidas.

La ironía nos enseña a aceptar las limitaciones de la realidad histórica y cultural, pero además nos permite situarnos por encima de ellas. La mirada irónica percibe la contingencia esencial de la historia, del pensamiento y del lenguaje, convirtiendo en extraña la realidad de lo sustancial, de lo que existe por sí mismo, de lo que carece de circunstancia. Su extrañamiento del mundo no se detiene en nada, ni siquiera en el propio yo, en la supuesta identidad, caballo de batalla del pensamiento budista. En su actitud de ignorante altanero («no tengo ideas propias, pero refutaré todas las opiniones»), Nāgārjuna busca la luz, la aclaración, en el discurso del otro, que sostiene dialécticamente durante el tiempo necesario para que el propio discurso caiga por su propio peso (para que se contradiga). Sabe que el error se desbarata solo, pero su tarea dialéctica consistirá en acelerar ese proceso, ponerlo en escena, *mostrarlo*, buscando, creando y reproduciendo una complicidad irónica.

Todo concepto o categoría (padārtha) implica un error. Cualquier concepto es una generalización, y generalizar es abstraer, olvidar diferencias (de modo que el conocimiento conceptual sería una suerte de olvido, lo contrario a la idea platónica según la cual conocer es recordar). Si todo concepto es un error, su equivocación es el precio que ha de pagar para constituirse en concepto. Al mismo tiempo, solo el concepto (y, de forma más general, las palabras) nos permite pensar. Pensar es identificar y, al hacerlo, errar. El pensamiento conceptual permite la comunicación. El concepto (la palabra) rompe nuestro aislamiento, combate nuestra soledad al precio (difícil de medir) de incurrir en el error. El lenguaje que hablamos y que aprendemos cada día está plagado de conceptos (en cierto sentido, cada palabra es un concepto), de modo que, configurados por ese lenguaje, nos equivocamos constantemente para no estar solos. La soledad del eremita en su cueva está asediada en todo momento por el error común del lenguaje, que lo liga a los demás, a la historia y a la cultura.

La ironía no desdeña el error necesario de la lógica, pero tampoco lo idolatra. Nāgārjuna no se opone a este o aquel fenómeno de la existencia, sino que para él toda existencia se vuelve extraña. De ahí que insista en negar tanto la existencia como la inexistencia de las cosas. Hay una voluntad de deshacerse del factor de la existencia. «¿Existe o no existe?» no es la pregunta que Nāgārjuna quiere contestar. Sus prácticas discursivas y dialécticas persiguen un extrañamiento del mundo, primero de los fenómenos, posteriormente del yo. Al hacerlo, al concebirse a sí mismo y a los fenómenos de manera irónica, logra elevarse por encima de su contingencia, hacer frente al *horror de la historia*.

Y se libera de su propia obra, teje un texto que se desarticula constantemente a sí mismo (la idea ya no es suya, deja de sostenerla), no tanto para ocultarse como para hacer que otros discursos se revelen. Por eso dicha ironía no podrá ser axioma o supuesto de una teoría, ni principio de nada, sino una actitud y una mirada; una manera de conducirse en el trato con las ideas que no pretende instruir (nada propone), sino solo poner al descubierto lo que en absoluto podría ser el caso. Esa negatividad irónica únicamente podría funcionar al abrigo de un orden (un orden lógico, un acertijo, un ajedrez) o de una confianza (en Buda, en la serenidad esencial de un mundo «nirvanizado»). Aquí es donde la ironía se distancia de la dialéctica socrática, pues aunque ambas reconocen la diferencia esencial entre preguntar para obtener una respuesta y preguntar para poner al descubierto (la diferencia entre *decir* y *mostrar* que tanto preocupaba a Wittgenstein), Nāgārjuna pone en práctica su ironía sobre un fondo de confianza. De ahí que su *efecto* tenga un componente teatral, fruto de la representación y de la dramatización; de ahí que, aunque se abandone la discusión, no se abandone la participación en el debate, concebido ahora como escenario donde se desarrolla la dramatización de la lógica y esta revela sus limitaciones.

Nihilistas

El término *nihilista* es relativamente reciente. Uno de los primeros en utilizarlo fue el filósofo escocés William Hamilton (1788-1856), aunque unos años antes Goethe ya había ofrecido en el *Fausto* una definición precisa: «El espíritu que siempre niega, pues todo lo que nace no vale más que para perecer, por eso sería mejor que nada surgiera». En filosofía, el nihilismo es la negación de una realidad sustancial. Para Hamilton, Hume era un nihilista. También Schopenhauer fue tildado de nihilista por considerar la vida humana como un péndulo que oscila entre el dolor del deseo y el dolor no menos intenso del aburrimiento; como «error», «paso en falso» o «expiación». En el contexto de la India no encontramos estas connotaciones gnósticas o existencialistas, y el nihilismo, si puede utilizarse esta palabra, está representado por las escuelas nāstika, que sostienen que nada se puede conocer y que no cuestionan su propio cuestionamiento. También podríamos llamarlos escépticos «ingenuos» o «radicales». Además de dicho nihilismo epistemológico, puede haber un nihilismo moral como el de Kāśyapa, que niega que haya principios morales válidos o útiles, y un nihilismo metafísico, que niega pura y simplemente que haya una «realidad». Un buen representante del pensamiento nihilista es Jayarāśi Bhaṭṭa, que vivió en torno al año 800 y es el autor de *El león que devora todas las categorías* (o, más libremente, *Contra todos los principios*). Este texto expone un escepticismo radical que no se cuestiona a sí mismo y que afirma la imposibilidad del conocimiento. Para ello muestra contradicciones inherentes a las diferentes posturas filosóficas y refuta también sus contrarias. La obra se hace eco de la de Nāgārjuna –que en cierto sentido fue un nihilista epistemológico, pero no moral ni metafísico– y es precursora de la de David Hume. Los editores del texto, descubierto recientemente, lo atribuyeron a la escuela cārvāka, pero esto es dudoso, pues los materialistas creían en la realidad de la materia, mientras que Jayarāśi va un paso más allá.

Somete a crítica los medios de conocimiento (percepción, inferencia y testimonio verbal) e intenta demostrar que ninguno de ellos es garantía de conocimiento. La inferencia se basa en el razonamiento inductivo, que no puede demostrarse mediante una concomitancia universal. El testimonio verbal requiere la fiabilidad del testigo, que debe establecerse mediante otro pramāṇa. Ni siquiera la percepción directa puede dar con la verdad, ya que es preciso que no sea errónea o ilusoria, lo que tampoco puede asegurarse. Ninguno de los medios de conocimiento es válido, de modo que nada se puede saber con certeza. Siendo imposible el conocimiento, tanto de lo natural como de lo sobrenatural, carece de sentido la especulación en torno a lo divino; lo más sensato es perseguir la felicidad en la vida presente. Jayarāśi rechaza como infundada incluso la realidad de la materia, pero considera razonable seguir la filosofía materialista porque esta representa el punto de vista del sentido común y puede servir de guía para conducirse en la vida.

11. El jainismo

Un mundo antiguo

El jainismo, una de las religiones más longevas del mundo, quizá la más antigua todavía viva, parte de una visión triste y dura de la realidad: el alma está sola frente al mundo y su liberación depende de su propio esfuerzo y perseverancia. Carece del apoyo de la gracia redentora o del mérito, como en el caso del budismo. La mónada espiritual (jīva) debe sacar fuerzas de sí misma. El alma tiene, además, una antigüedad pavorosa. Ha recorrido todas las formas de existencia, paraísos e infiernos, ha sido insecto y tigre, elefante e higuera, y su única salida del eterno ciclo de sufrimientos es la liberación. Los jīna o vencedores son quienes lo han conseguido. Esos gigantes del pasado han de ser tomados como modelo.

Dada esa situación de extrema dureza y soledad, la compasión e identificación afectiva con todas las formas de vida resulta esencial. También la devoción. Un rey jaina entró una vez en un templo, se inclinó ante la imagen de un santo y le asaltó la duda: ¿por qué inclinarse ante una estatua de piedra, que carece de vida y conciencia? Un sabio que oraba en una esquina le aclaró la duda: «La imagen del santo afecta a la mente. Si acerco un vidrio a una flor roja, el vidrio se tiñe de rojo. Del mismo modo, la mente se tiñe de aquello que ve y cambia en presencia de la imagen. Si la mente contempla al "desprendido" (nirgrantha), se tiñe de renuncia, mientras que si ve a una cortesana, le inquieta el deseo de posesión. Contemplar las cualidades nobles purifica la mente y la pone en camino hacia la bienaventuranza».

El jainismo está dominado por dos ideas estrechamente relacionadas, una metafísica y la otra ética. La primera se puede definir utilizando el término moderno de *perspectivismo*. Se trata de un pluralismo filosófico alérgico a cualquier clase de absolutismo metafísico. La segunda idea, exigente y difícil de cumplir para los que viven del alimento, es la no violencia (el jainismo es sin duda la religión más respetuosa con todas las formas de vida, por diminutas e insignificantes que sean). En torno a estas dos ideas fundamentales se articula una tradición con más de 2500 años de historia, netamente india y no muy extendida (tiene entre cuatro y cinco millones de practicantes), pero de notable influencia en el subcontinente, pues entre sus adeptos se cuentan muchas de las grandes fortunas del país.

La visión filosófica ocurre siempre desde un núcleo vital (jīva). No hay filosofía sin vida. La filosofía es una cualidad de lo vivo. Es más, el centro ontológico del universo se encuentra en cada ser vivo. Este es el motivo por el cual el jainismo respeta todas las formas de vida y asume un perspectivismo (anekāntavāda) que reconoce que la verdad nunca está de un solo lado. La verdad del insecto puede no coincidir con la del zorro, pero ambos tienen la suya propia. Negar o reducir una verdad a otra constituye un grave error (y es de una insolidaridad epistémica). La verdad se encuentra dondequiera que palpite lo vivo. No se trata de que esa verdad se acomode a las diferentes capacidades perceptivas y cognitivas (no es algo previo a la vida que haya de ajustarse a ella), sino que esa forma de ver y de comprender tiene su verdad y es ya verdad.

El jainismo es prevédico. No deriva de fuentes brahmánicas. Su cosmología y antropología son mucho más antiguas. La invasión aria, procedente de Asia Central, no se extendió por toda el área del Ganges, sino que dejó su huella en las regiones noroccidentales del subcontinente indio. La cultura védica, que se desarrolló en el Punyab, no dominó por completo la región del curso medio del Ganges. Heinrich Zimmer ha trazado en parte esta genealogía. El emperador Candragupta Maurya y Buda pertenecían al linaje de Ikṣvāku, el mítico antepasado de la dinastía solar de la que también formaba parte el héroe del *Rāmāyaṇa*, el gran Rāma. De hecho, *ikṣvāku* significa 'caña de azúcar' y hace referencia al totemismo vegetal del sur, no a las estepas de Asia Central. En algunas leyendas, Kṛṣṇa, el dios negro azulado, desafía a Indra, soberano del panteón védico.

Filosóficamente, el contraste entre el espíritu védico de las tribus arias de ganaderos de origen estepario y el espíritu gangético de los pueblos nativos de los llanos del Ganges[1], de piel más oscura, es más que evidente. Los primeros organizan su sociedad y su visión del mundo en torno al sacrificio. Los segundos lo hacen alrededor de la experiencia interior del desprendido (nirgrantha), de quien ha roto los compromisos sociales, económicos y familiares, y fundamenta su vida en la meditación y la no violencia. Los brahmanes, comprometidos con la articulación de la sociedad civil y la soberanía del reino, fueron los principales representantes del estilo védico. Los pueblos gangéticos, entre los que se desarrollaron el jainismo, el budismo y el sāṃkhya, conciben el mundo como una tensión esencial entre dos principios, no necesariamente antagónicos, que ya aparecen en las upaniṣad tardías: el soberano Sol, sostenedor de la vida, y ese otro sol que late en el interior de la persona. La necesidad de trascender la vida encarnada se convierte en el nuevo ideal, de ahí la distancia respecto a la visión védica. Pārśva y sus sucesores se liberaron de los deseos y temores para alzarse hasta un mundo situado más allá de las vicisitudes del tiempo. Lo mismo harán, con medios menos estrictos, Buda y sus seguidores. El ideal de liberación (mokṣa) va tomando forma. La síntesis entre el mundo védico y el gangético dará lugar a lo que hoy llamamos hinduismo.

El jainismo fue un factor decisivo en los orígenes del budismo, además de un interlocutor constante de esa tradición. Gautama Buda vivió con los nirgrantha y compartió con ellos su ascetismo, ejercitándose en la renuncia a través del ayuno, que es el eje alrededor del cual gira la práctica jainista. El budismo se define en gran medida por contraste con la doctrina de Pārśva, que en aquella época era ya antigua y minoritaria. Con el tiempo, Gautama se distanciará de esa vía y se centrará en los estados meditativos. Mientras que el jainismo es fundamentalmente privación (tapas), el budismo es sobre todo meditación (dhyāna) y mantiene una actitud moderada frente al ascetismo.

Los hacedores de vados

Según ciertos registros históricos, el jainismo fue fundado por Mahāvīra, contemporáneo de Buda, en torno al siglo VI a. e. c. Pero Mahāvīra no fue el primero, sino el último de una larga serie de «hacedores de vados» (tīrthaṅkara) que llevaban enseñándolo desde el origen de los tiempos. Se los llama así porque son los que ya cruzaron a la otra orilla y, con su presencia e instrucción, muestran a otros el camino. En las épocas de declive espiritual es especialmente necesaria la presencia en el mundo de los tīrthaṅkara. La tradición reconoce a veinticuatro de estos hacedores de vados. El primero de ellos, Ṛṣabha, fue un príncipe cuyo hijo dictó los veda a los brahmanes. Esa costumbre de proyectar la doctrina hacia el pasado (la India siempre sospecha de la novedad) será imitada por el budismo y también por la tradición devocional hindú, para la que el dios Viṣṇu desciende a la tierra para restablecer el dharma siempre que es necesario.

El tīrthaṅkara es pues quien abre una vía espiritual y muestra el camino a la liberación. La palabra es hermana de la latina *pontifex*, 'el que erige puentes (hacia lo incondicionado)'. El término sánscrito *tīrtha* puede significar, asimismo, 'paso', 'pasaje', 'camino', incluso 'escalera', 'talud' y 'terraplén'. De modo que esos «vados» no solo hacen referencia a los pasos de los ríos, sino también a las cumbres de las montañas o a los claros del bosque. Lugares santos desde los cuales es más accesible el tránsito a lo incondicionado. Hay vados en los que el río se detiene y el espíritu reposa, en los que el torrente impetuoso del saṃsāra se aquieta y parece quedar en suspenso. La palabra se utilizará también para designar destinos de peregrinación y órdenes ascéticas.

En el arte, los tīrthaṅkara muestran la sublime transparencia de un cuerpo purificado y simbolizan la victoria de lo trascendente sobre lo encarnado. Ponen de relieve hasta qué punto el efecto que el mundo externo produce en el sujeto depende de la naturaleza y pureza de la mente que lo percibe y siente. El aliento de los tīrthaṅkara, dice la tradición, es como el aroma de los lirios acuáticos, pues su hermoso cuerpo despide una fragancia maravillosa. No enferman ni transpiran, no producen las impurezas de la digestión. Su piel es traslúcida como el alabastro y su carne no huele a carne. Se desenvuelven con una calma anónima y no compartida, parecen seres aislados, inexpresivos, recogidos en el útero etéreo de lo incondicionado.

Antaño, los monjes jainistas iban completamente desnudos, «ataviados de cielo» (digambara), pero tras una reforma accedieron a «vestirse de blanco» (śvētāmbara). Los veinticuatro tīrthaṅkara llevan después del nombre el epíteto *nātha*, que significa 'señor', y cada uno tiene su propio símbolo. Estos símbolos representan sendas formas de existencia que las almas deben atravesar. El primer tīrthaṅkara, como ya hemos dicho, es Ṛṣabha, representado por un toro. Lo siguen Ajita, representado por un elefante; Śambhava, por un caballo, y Abhinandana, por un mono. Los símbolos de los demás son los siguientes: una garza, un loto rojo, una cruz gamada, la luna, un delfín, un signo en el pecho, un rinoceronte, un búfalo, un cerdo, un halcón, un rayo, un antílope, una cabra, un diagrama, una jarra, una tortuga, un loto azul, una caracola, una serpiente y un león. Los tīrthaṅkara más importantes para la devoción son el primero, Ṛṣabha, y los cuatro últimos: Nami (el loto azul), Ariṣṭanemi (la caracola), Pārśva (la serpiente) y Mahāvīra (el león).

Algunos de los tīrthaṅkara, a diferencia de los budas, pasaron en sus existencias previas por los infiernos. Un descuido al acometer el tránsito o el despertar de una traza violenta los llevó a probar el sabor del averno. La concepción jainista de la rueda de la vida guarda dos diferencias importantes respecto al budismo y el hinduismo. La primera es que cada alma (jīva) pasará por todas las posibles formas de existencia, una idea heredada de los ājīvika. La segunda es que entre los cuatro posibles destinos se incluye a las plantas. Los budistas también consideraron que las plantas pudieran tener conciencia, pero no suelen admitirlas entre los posibles destinos de la vida consciente. Los biólogos de hoy empiezan a reconocer muestras de inteligencia y sensibilidad en el mundo vegetal, algo que ya intuyeron los antiguos jainistas. La vida vegetal, junto con la animal, es uno de los cuatro destinos posibles. Los otros tres son las divinidades, los seres humanos y los seres infernales. Tales destinos vienen marcados por la ley del karma, que sostiene que la cualidad, intensidad y duración de cada obra dejan en el cuerpo sutil una inclinación o impresión latente. El conjunto de todas ellas crea las condiciones de la nueva forma de existencia. Nacimiento y muerte no son sino umbrales del interminable ciclo de las transmigraciones, que carece de origen, pero puede tener fin si se sigue el camino de los vencedores. Puesto que no existen fronteras insalvables entre las vidas divina, humana, animal o vegetal, todos los seres se encuentran hermanados y todas las formas vivientes interconectadas. Ciertas actitudes llevan de un destino a otro. Normalmente, la generosidad y la valentía propician un destino divino; la cobardía, uno animal; la crueldad y la violencia, uno infernal, y la moderación en la conducta ética y moral, uno humano. Cada cual es responsable del destino, siempre provisional, que asume. Puede decirse que todos los seres han sido reyes, orugas, higueras, tigres, dioses y demonios. Cada uno de estos destinos, además, lleva aparejada una sensibilidad (un número específico de órganos de los sentidos), lo que facilita o dificulta la penetración en el ámbito de lo real. El símbolo de la esvástica que podemos ver en los templos jainistas, con sus cuatro brazos acodados, representa los cuatro destinos posibles de la vida consciente.

Pārśva

Se dice que Pārśva-nātha (el Señor Pārśva), vigésimo tercero de la legendaria estirpe de los tīrthaṅkara, alcanzó la liberación 246 años antes que Mahāvīra. Es muy probable que se trate de una figura histórica que vivió en torno al siglo VIII a. e. c. (la época de Homero). Abandona la casa paterna a los treinta años para emprender la búsqueda de la liberación del espíritu. Su última encarnación, como la de Siddhārtha Gautama, sigue el modelo de las vidas de los santos renunciantes. Antes experimenta la dicha divina del décimo tercer cielo y, al llegar la hora de reingresar en el mundo humano, desciende a la matriz de la reina Vāmā. Su indiferencia hacia los placeres, las riquezas y los honores sorprende en palacio. Ni el noble trono ni los encantos femeninos hacen mella en él. Con irrevocable decisión, toma los votos del renunciante y se encamina al bosque. Cuando logra anular su karma, instruye a los demás como un liberado en vida hasta que, al cumplir cien años lunares, su mónada vital se separa de su cuerpo y se eleva al techo del universo.

Una de las leyendas sobre las vidas previas de Pārśva, quizá de origen zoroástrico, nos habla de un hermano que se hunde en la ciénaga del mal conforme él avanza en el camino hacia la luz. Después de incontables encuentros y desencuentros, el hermano se redime gracias a la acción salvífica del tīrthaṅkāra. Un elemento distintivo de la leyenda es que, en ese itinerario, el futuro liberado renace en los infiernos, algo que no ocurrirá en la tradición budista, donde los despiertos nunca hollan esos ámbitos de realidad. Hay una colina en Bihar, llamada Sameṭa-śikhara, que recuerda que fue allí donde el vigésimo tercer tīrthaṅkāra rompió los grilletes del karma y contempló la luz blanca y liberadora. Después partió para nunca regresar, como antes habían hecho otros de sus predecesores. A los numerosos templos que rodean la cumbre acuden cada año miles de peregrinos jainistas para rendir tributo a aquellos que mostraron el camino.

Mahāvīra

El último de los tīrthaṅkāra fue Vardhamāṇa, más conocido como Mahāvīra. No fue, como suele afirmarse, el fundador del jainismo, sino un influyente reformador. Los especialistas coinciden en que se trata de una figura histórica contemporánea de Buda. Su nacimiento es sorprendente, ya que es gestado en el útero de una mujer brahmán (según la tradición, los tīrthaṅkāra solo nacen en vientres de las castas nobles y guerreras). Cuando el gran Indra se percató, transfirió el feto al vientre de una chatria. Esa noche, la nueva madre tuvo catorce sueños y supo que iba a dar a luz a un ser único. Un sueño tapa a otro sueño, de modo que para no desbaratar el efecto auspicioso de estos catorce sueños, la mujer pasó el resto de la noche en vela. Mahāvīra, como los demás tīrthaṅkāra, experimentó cinco momentos auspiciosos en su vida: concepción, nacimiento, renuncia, despertar y muerte liberadora, que se corresponden con las principales festividades de la religión jainista.

El linaje de los tīrthaṅkara poco tiene que ver con el de los pastores védicos, valerosos jinetes del mundo sacrificial, que se desarrolla en torno al Punyab. Es un linaje gangético de una semimítica dinastía solar (a la que también pertenecen Rāma y el clan Hari, la familia de Kṛṣṇa), conformado por una antiquísima tradición de renunciantes. Mahāvīra tampoco es de ascendencia aria ni tiene parentesco con los esclarecidos. Su itinerario espiritual es extenso. En sus vidas previas recorre, como el resto de los tīrthaṅkara, incontables ámbitos de existencia en los que va plantando las semillas de la liberación. Es virtuoso jefe de aldea, divinidad celestial, hijo herético del emperador Bharata (nieto de Ṛṣabha, que profetizó que un descendiente suyo llegaría a tīrthaṅkāra). En esa época se llama Mārīcī, que significa 'espejismo' y 'partícula de polvo cuyo brillo flota en el aire'. Enseña la doctrina del sabio Kapila, *el Rojo*, que no es otra que la del sāṃkhya. Renace como héroe agresivo o vāsudeva (el jainismo también reconoce héroes gentiles) y se ve obligado a matar con violencia al titán, lo que lo llevará a renacer en el séptimo infierno. A veces es necesario visitar el abismo para darse cuenta de ciertas cosas. Su siguiente encarnación es como fiero león, y en su condición de rey de la selva tiene un vislumbre de lo que será su destino (de ahí que su emblema sea ese animal). En el momento en que acecha a un ciervo, se le acercan unos eremitas y recuerda al instante sus vidas pasadas, sus incontables muertes y renacimientos. Recuerda también haber escuchado la doctrina jainista. Entonces reconoce quién es y sella así su victoria futura sobre las vicisitudes del tiempo.

El Mahāvīra histórico nace en los alrededores de Vaiśālī, en el seno de una familia jainista devota de Pārśva, y permanece fiel a la tradición en la que ha visto la luz. Se casa con una joven elegida por sus padres, pero a los treinta años se queda huérfano y solicita permiso a su hermano mayor para hacerse renunciante e ingresar en la orden jainista. Se consagra durante doce años al ascetismo y, tras esa larga prueba, alcanza el estado de aislamiento (kevala) y la liberación. Vive en la tierra 42 años más, enseñando lo aprendido. No es el fundador de una nueva comunidad, sino su primer reformador. Aunque ha sido una y otra vez renovada, la religión jainista se considera eterna. Mahāvīra tuvo once discípulos e innumerables seguidores. Falleció pocos años antes que Buda.

Los desprendidos

Los budistas llaman a los jainistas por su nombre antiguo, *nirgrantha*, 'desprendidos', por no estar sometidos a ningún lazo o atadura. Los más conservadores van «ataviados de cielo» (digambara). El verdadero asceta no solo es insensible al hambre y a la sed, sino que tampoco se aferra a la propia vestimenta y anda completamente desnudo. Otros, adaptándose al contacto con la población laica, visten túnicas blancas (śvetāmbara).

Mientras que el budismo se centra en los estados de la mente (dhyāna), el eje de la ascesis jainista es el ayuno. El alimento, que fue motivo de especulación filosófica en el período védico, vuelve a ser fundamental, si bien de un modo negativo, en la búsqueda de conocimiento. La privación es el principio que rige la vida de Mahāvīra. Comienza ayunando dos días, pero alarga esta práctica hasta los ocho meses, aunque de manera parcial. Sin dejarse atrapar por la magia de la ascesis, no pretende adquirir poderes, sino penetrar en la naturaleza de lo real. La ascesis constituye una fuerza de purificación y de protección, no de transformación de la realidad para que se adapte a los propios deseos, lo que hubiera supuesto una contradicción. Pone atención y cuidado en las acciones de caminar, dormir, excretar, beber. Mantiene a raya el orgullo, la codicia y la ira para no dañar a ningún ser vivo. Tiene vocación de caminante. Para evitar acomodarse, no duerme más de una noche en una misma ciudad, ni más de cinco días en una misma aldea. Solo se permite fijar su residencia durante la estación de lluvias. Acabar con el espejismo del ego no es fácil, requiere de soledad y desprendimiento extremos. Los textos lo muestran imperturbable, alejado de la codicia de los hombres y de las rivalidades de los dioses, así como de la seducción de las féminas, viviendo entre animales salvajes y genios del bosque.

Dos principios: jīva y ajīva

Según el jainismo, el mundo está hecho de dos principios: las incontables mónadas vitales (jīva), que alientan todas las formas de vida, y la materia inerte (ajīva). Una cosmovisión que, como el sāṃkhya, hunde sus raíces en la India gangética y que poco tiene que ver con el espíritu védico. El conocimiento es, fundamentalmente, la capacidad de distinguir ambos principios, de separarlos y de quemar el karma que se adhiere al jīva con seis coloraciones. El pensamiento y la actividad del ser humano suelen acumular en la mónada vital nueva sustancia kármica que es el germen de la acción futura. De este modo, el jīva se ve atado a una cadena de semillas y frutos. Esa es la continua afluencia (āsrava) que experimenta el jīva a lo largo de su itinerario por los diferentes escenarios de la vida mientras va tejiendo la máscara de los distintos personajes que asume. Ya se trate de obras virtuosas o deplorables, la materia kármica tiñe la mónada y la colma de compromisos. Los jīva celestiales presentan colores claros y luminosos; los infernales, azules y oscuros. Los afortunados dioses habitan en un ambiente placentero, pero su dicha es provisional, pues también son seres en tránsito.

A diferencia del budismo y del hinduismo, para el jainismo el karma es de una materia sutil que se adhiere al alma (jīva) como el polvo a un cuerpo untado de aceite, reforzando su atadura al ciclo de la vida. Formamos parte de un cosmos que se concibe como un gigantesco organismo imperecedero animado por infinidad de mónadas vitales. En un sentido material, nuestro cuerpo es tan antiguo como el cuerpo del mundo. Los cuerpos nacen y mueren continuamente en una serie infinita, y entretanto las almas pasan sin cesar de un estado a otro. Se dice que los tīrthaṅkara son capaces de ver el constante flujo de las almas de una encarnación a otra, de un plano del ser al siguiente. La hermandad de todos los seres no es únicamente una cuestión de empatía. El «tú eres eso» de las upaniṣad es literal: todos los seres, en su infinito deambular por las diferentes formas de existencia, han sido planta y animal, divinidad y ser infernal. Esta situación esconde además un factor cognitivo: cualquiera que desee conocer la realidad debe haber pasado por todas las formas de existencia y haberlas experimentado por sí mismo.

Dentro de la categoría de lo inerte (ājiva) encontramos el tiempo, el movimiento, el reposo y la materia. La materia existe en seis grados de densidad: sutil-sutil (la sustancia invisible de los átomos), sutil (la sustancia del karma), sutil-tosca (sonidos como el del viento), tosca-sutil (visible, pero no asible: la claridad, la oscuridad o la sombra), tosca (visible y tangible, pero líquida como el agua) y tosca-tosca (objetos tangibles y visibles como la madera o el metal).

Las almas humanas o divinas (jīva) gozan de cinco sentidos, de la facultad pensante, de vitalidad y fuerza física, así como del poder de la palabra. Los animales que no nacen de un útero carecen de la facultad de pensar y son insensibles. El sāṃkhya añadirá cinco capacidades para la acción, la inteligencia intuitiva y el sentido del yo. Todo ello constituye un intento temprano y arcaico por parte del jainismo de establecer una serie de categorías filosóficas que se consolidarán en la época clásica. No es aventurado afirmar que el sāṃkhya, que también es un sistema muy antiguo, debe algunas de sus categorías a la doctrina de Pārśva. De hecho, la relación entre jīva y ajīva corre en paralelo a la de puruṣa y prakṛti.

El alma no es del tamaño de un pulgar, como afirman las upaniṣad, sino que ocupa todo el espacio del cuerpo que anima. La mónada vital se difunde por todo el organismo y se mezcla con las partículas de karma que se adhieren a ella. Puede haber almas fragantes o malolientes, agrias o dulces, brillantes o ennegrecidas. Solo los tīrthaṅkara conocen, gracias a la pureza cristalina de su mónada vital, el grado de contaminación, oscuridad o brillo de cada una. Solo ellos alcanzan a percibir los colores asociados al halo o «aura» que desprenden las personas. Quemar ese karma, extinguirlo con el fuego de la privación, es una de las obsesiones del jainismo.

La materia kármica, aunque muy sutil, tiene un aspecto sensible y proyecta seis colores: blanco, amarillo, rojo, gris, azul y negro. Se distribuyen en parejas y con el tiempo proporcionarán a los tres guṇa los elementos que según el sāṃkhya dinamizan las transformaciones del mundo natural. El blanco y el amarillo representan estados de relativa pureza y se asocian con el guṇa sattva; el rojo y el gris, con rajas, y el azul y el negro, con tamas. El blanco es el color de las almas desprendidas, imparciales y desapasionadas; el amarillo, el de las compasivas y altruistas; el rojo, el de las valerosas, honestas y magnánimas; el gris, el de las temerarias e irascibles; el azul, el de las depravadas y codiciosas, y el negro, el de las crueles y violentas. A través de la sensibilidad y de los estados mentales, el karma se adhiere al jīva y puede incrementar su condición oscura o luminosa. La virtud produce una atadura suave y agradable, como la de un lazo de seda; el vicio, una pesada y angustiosa, como la de una cadena. Sin embargo, puesto que a fin de cuentas tanto el vicio como la virtud son ataduras, las prácticas de privación de los jainistas, aunque estén destinadas a blanquear el alma mediante la virtud, no son suficientes y solo sirven de propedéutica. La liberación requiere la completa inactividad de pensamiento, palabra y acción, la muerte para todos los aspectos de la vida humana, ya sean dolorosos o placenteros.

El jīva es un tesoro oculto, un brillo oscurecido por la afluencia kármica. Todo ser vivo es una mónada espiritual y un mundo en sí mismo que recorre incontables formas de vida. Lleva una máscara y, aunque su identidad sea falsa, su asociación es real, como dice Agustín Pániker[2]. Si preguntamos por qué el espíritu está atrapado en la materia, se nos dice que debido a la afluencia de karma, que lo lastra y oscurece. El karma se infiltra en la mónada espiritual y erige un cuerpo sutil que la acompaña a lo largo de su peregrinaje por las diferentes formas de existencia. Esa asociación de jīva y ajīva es eterna y, en cierto sentido, funesta. Carece de comienzo como el propio universo, pero puede tener un final. En este punto, el jainismo es cosmológicamente asimétrico. El universo no ha tenido un comienzo, pero tendrá un final cuando todos los jīva se liberen.

Se nos dice que la esencia del mensaje jainista es la no violencia, pero eso no es todo. El desprendimiento es fundamental, pues toda posesión no solo es una carga, sino también una fuerza sombría que oscurece la visión del jīva. Ya sean materiales, emocionales o sociales, las posesiones no pueden preservarse sin dañar al resto de los seres.

El karma

Es probable que la doctrina del karma tenga su origen en las tradiciones eremíticas de los ascetas que se retiraban a los bosques de las orillas del Ganges. Ya hemos mencionado que la materia kármica se adhiere al jīva. Lo impregna y tiñe, y oscurece su visión. El karma es el vínculo entre jīva y ājīva, y el asceta debe cortarlo porque ofusca el entendimiento como el licor. Los devotos del jainismo son muy escrupulosos a la hora de clasificar los diferentes tipos de karma. Es el sistema de pensamiento indio que se ha ocupado con mayor detalle de este asunto. Ningún agente externo, ni siquiera la gracia, puede modificar las leyes del karma. En este aspecto, el jainismo es tan riguroso como Gośāla. Todo ser vivo es responsable de su situación en el mundo. Comprender el mecanismo del karma es fundamental para la progresión del espíritu. Ayuda a quemar karma, a deshacer lo que se ha hecho. El ayuno, por ejemplo, tiene la misma finalidad que la confesión para los cristianos: contrarrestar el impulso o la inercia de actos pasados. La compasión, el respeto, la generosidad y el cuidado hacia los otros jīva también suponen una atadura, pero más suave que la causada por la codicia y la violencia. Una vez que el acto se ha consumado, se archiva en la mente el mecanismo de su reproducción, que se activará cuando las condiciones sean propicias. La acción, que puede ser física, verbal o mental, es la responsable de la atadura del jīva. Sin embargo, la acción que se lleva a cabo con cierta distancia, a diferencia de la actividad pasional, no influye en el curso del renacer.

Umāsvāti (en quien nos detendremos más adelante) distingue cinco tipos de entrada del karma en el jīva: la falsa creencia; la falsa disciplina; la debilidad moral y falta de atención; la unión mental, corporal o verbal con las cosas mundanas, y, por último, las pasiones como el deseo o el odio, que son el elemento clave de la atadura kármica y que se manifiestan mediante la rabia, el orgullo, el engaño y la codicia. Un jīva afectado por todas esas actividades no puede alzar el vuelo, pues carga con un lastre que lo ata al sufrimiento y a su periódica renovación. Pero Umāsvāti, en un tono muy budista, nos dice que es la carga intencional de todos esos actos lo que ata al jīva. Una idea que se adapta a la vida seglar.

Otros pensadores, como Kundakunda, también han explicado las diferentes variedades de karma. Incluso hay un género literario específico, el de los *karmagrantha*, que sistematiza estas clasificaciones. Como en los medicamentos, la dosis kármica y su intensidad son decisivas. Hay partículas kármicas que surten efecto de inmediato, mientras que otras tardan unos segundos o casi una hora, y las hay que pueden permanecer latentes durante largos períodos. De modo muy general, hay dos tipos de karma, los destructivos y los neutrales. Los destructivos se subdividen a su vez en cuatro: los que velan la percepción, los que quitan energía, los que oscurecen el conocimiento y los que contaminan el cuerpo. Y entre los neutrales están los que determinan el tipo de cuerpo, los que establecen la situación social y familiar en la que se nace, los que rigen la experiencia del placer y el dolor, y los que fijan la longevidad. Pero la aritmética kármica no acaba ahí. Cada una de estas ocho categorías se subdivide en 148 variedades. Esa aritmética resulta indescifrable, por lo que nadie puede saber dónde y cómo renacerá de acuerdo a su karma. En el instante de la muerte, la configuración kármica y energética del jīva alza el vuelo en busca de su siguiente nacimiento. La altura alcanzada dependerá de su lastre. El proceso es instantáneo, no hay estado intermedio en el jainismo, tampoco atajos ni magia que puedan modificarlo: el jīva se sitúa en el único útero que corresponde a su cómputo kármico.

Ayuno, devoción y meditación

La privación, junto al culto rendido a los tīrthaṅkāra, es la práctica más habitual de los jainistas. Las restricciones, claro está, son más rigurosas para los monjes que para los laicos. De todas ellas, la más importante es el ayuno. El ayuno es la mejor forma de quemar karma y constituye una modalidad superior de práctica espiritual, por encima del culto en los templos y los hogares. Ya hemos visto que una de las características esenciales del pensamiento indio es su consideración del alimento como categoría filosófica. En Occidente la cuestión nutritiva ha estado, en general, filosóficamente descuidada. El problema del alimento (nos comemos unos a otros y juntos crecemos) es central en el pensamiento védico. El alimento es la gran comunión universal. Para el jainismo, la alimentación es la principal cadena de la atadura kármica. La comida erige nuestro cuerpo y es un factor que no goza de gran reputación. Si uno comiera con lágrimas en los ojos, como sugieren algunos textos jainistas, seguramente no tendría una buena digestión.

Los ayunos adoptan múltiples formas, desde no comer ni beber hasta una hora después de que el sol se haya levantado, hasta privación de alimento durante varios días cada siete, diez o quince años. Los ayunos son más frecuentes cuando la luna cambia de fase o en la época del monzón. Para el asceta, que solo come una vez al día, el ayuno es una forma de alimentarse. Favorece el desprendimiento, la ecuanimidad y, sobre todo, la pureza. En ocasiones, siguiendo el ejemplo de Ṛṣabha, los jainistas ayunan durante todo un año en días alternos. En el transcurso de estos ayunos apenas se duerme, se leen los textos sagrados y se pronuncian mantras.

El estudio de la literatura sagrada es otro aspecto importante de la devoción. Los jainistas fueron muy cuidadosos en la conservación de sus manuscritos, en general bellamente ilustrados. Fue una de las primeras tradiciones en promover las grandes bibliotecas y centros de estudio. La mayoría de los manuscritos indios más antiguos son jainistas.

La tradición meditativa, sin embargo, ha sido menos intensa que en el budismo o en el yoga. En el momento de la meditación, el laico se convierte en asceta. La práctica suele ser diaria y de una hora de duración (la hora india tradicional es de 48 minutos), e incluye recitaciones de himnos en honor a los jīna o la lectura de textos clásicos.

La devoción jainista carece de elementos eróticos. No hay un magnetismo entre el espíritu y la naturaleza, ni siquiera una periódica disolución y recreación del cosmos como en el budismo y el hinduismo. Tampoco hay un matrimonio cósmico, un padre Cielo y una madre Tierra y un Embrión de Oro cuya división da lugar al mundo que conocemos. El universo, eso sí, es como una gigantesca madre universal (a veces un hombre), pero sin consorte. Los seres humanos somos partículas de ese inmenso cuerpo, y el objetivo de los jīva (los átomos de vida que circulan por el organismo cósmico) es ascender hasta las partes superiores de ese cuerpo. Las personas están dotadas de energía y sensibilidad, del poder del razonamiento y de la palabra, y de una vitalidad que, bien administrada, puede alcanzar el centenar de años. La respiración, como el ayuno, ayuda a controlar la mente. Los átomos de fuego apenas viven, mientras que los de agua y los de viento pueden durar un instante o incontables años. Los animales pequeños, como gusanos, insectos o crustáceos, tienen una vida breve y una sensibilidad limitada. Las plantas y los árboles carecen de capacidad de movimiento, por lo que deben contentarse con un mismo paisaje a lo largo de toda su vida. La minuciosa descripción de las diferentes formas de vida establece una gran cadena del ser y una jerarquía de sensibilidades y capacidades motoras. Cuanto más desarrolladas sean estas, más posibilidades se tendrán de avanzar en el camino hacia el aislamiento del espíritu. Lo que nos dice la cultura jainista es que el mundo que heredó era ya antiguo y docto. Podemos fácilmente imaginar extensos manuales de clasificación botánica y zoológica, así como leyes inmutables. En todo ese mundo, el monje errante debe organizar su vida según una máxima fundamental: la no violencia. Ese es el gran legado de esta tradición.

La liberación

En nuestros días ya no hay hacedores de vados. Los tīrthaṅkara son cosa del pasado, pero es posible seguir la vía que ellos abrieron. En el jainismo no hay una condena del cuerpo, si bien todos los fieles aspiran a abandonarlo. El cuerpo debe mantenerse puro, pues se utiliza para vencer las pasiones y dominar la mente. Solo desde el cuerpo humano se puede lograr el aislamiento del espíritu. Cuando se quema la última sustancia kármica, ocurre la liberación, que es el estado de absoluta claridad de la mónada vital. Se descubre entonces el juego de las máscaras y se renuncia a asumir una nueva. Es posible hacerlo porque ya no quedan semillas kármicas por fructificar. Una idea ajena a la cultura védica, que nada sabe de la transmigración, del mundo regido por la ignorancia y el deseo, y de la perentoria necesidad de abandonarlo.

Los clanes nobles de los tiempos de Buda y Mahāvīra se distancian de esos ideales. Las enseñanzas pertenecen a todos y su transmisión no requiere ya de la lengua, perfecta y depurada, de los doctos. Ningún eremita de la época, ni Buda, ni Mahāvīra ni Gośāla, recurre al sánscrito. El enigma de la existencia tiene solución, y esta, de un modo muy gnóstico, consiste en restituir la mónada vital a su estado puro e ideal. Un estado que se define como el «aislamiento» (kaivalya) de la mónada, la búsqueda de lo incondicionado. Todos los seres están destinados a ello, y tal es la auténtica finalidad de la vida. Esta idea acabará penetrando en el pensamiento brahmánico e integrando la enseñanza de las upaniṣad. La actividad más digna es ahora la realización de un principio interior.

El jainismo sitúa ese objetivo en medio de un estricto materialismo mecanicista que rige las relaciones entre un jīva inmaterial y sus adherencias kármicas materiales, sin detenerse a explicar cómo lo material puede tener contacto con lo inmaterial. Los budistas seguirán otro camino, centrado en la intencionalidad y en cierta higiene mental. Pero para el jainismo la intención no es lo que cuenta. Si un monje ingiere carne sin darse cuenta, su jīva quedará de inmediato oscurecido por una afluencia oscura, como también ocurriría si sus pies aplastaran una criatura viva. El budismo pone el acento en los sentimientos y las intenciones: lo principal no es el hecho, sino la actitud con la que se afronta. Para el jainismo, lo importante es el hecho desnudo; en este sentido, es tan puritano como el calvinismo. El camino budista es una vía hacia el control mental, mientras que el jainista lo es hacia el control corporal. «¿Qué está haciendo ahora mi cuerpo?», se pregunta el asceta digambara; al monje budista, por el contrario, lo que le interesa es lo que hace su mente, de ahí que trate de desprenderse de cualquier idea fija que pueda atarla (hasta el extremo de que el mādhyamika no se aferra a ninguna clase de idea sobre la naturaleza de lo real, ni siquiera a la de Buda). Frente a dicha postura que evita toda opinión, el jainismo esgrime un dualismo que combina el materialismo craso con innumerables mónadas que animan lo material. El nítido cristal de la mónada se oscurece con la afluencia del material kármico, que no solo la colorea o tiñe, sino que la arrastra hacia abajo con su peso y no deja que ascienda, reteniéndola en una ubicación e impidiendo su evolución espiritual. Los tintes más oscuros (la violencia, la codicia y toda forma de agresividad) mantienen a la mónada en los sótanos del universo, en las mazmorras infernales o en los reinos animal o vegetal. Cuando el color de ese tinte moral se aclara, la mónada asciende. Los métodos para detener ese proceso son arcaicos y requieren el cese de la actividad humana común y un retraimiento ascético. Ese ascetismo, basado fundamentalmente en el ayuno, consume las semillas kármicas e impide que fructifiquen. De este modo quedan disueltos los lazos con todos los ámbitos de existencia. Ni siquiera la tentación de los paraísos desvía al monje de su objetivo, de su invencible negativa a colaborar con la voluntad de la naturaleza. Cuando la mónada logra desprenderse de todo ese karma acumulado y atraviesa los estrados correspondientes a los seis colores, alcanza el techo del mundo, que resplandece como una ingrávida burbuja inmaterial. Ya no hay persona, sino pura luminiscencia, suspendida más allá de la causalidad kármica y de todo lo condicionado. No los conmueven las plegarias y solo interviene en la vida de los hombres como modelo o arquetipo. Los tīrthaṅkara son aquellos que han conseguido despojarse de la personalidad para convertirse en pura luz. De ahí que, aunque tengan un nombre y la tradición no deje de contar sus hazañas, sean los que carecen de nombre, aislados de la ronda de los nombres y las formas, de todo el baile de máscaras presidido por el sufrimiento.

Pluralismo filosófico

Las enseñanzas filosóficas del jainismo, en un principio dispersas, variadas y no siempre coherentes, fueron organizadas por Umāsvāti (s. III). Este filósofo y pensador sistematizó una tradición de pensamiento con nueve siglos de antigüedad. Educado como brahmán, siguió los modelos de exposición de la literatura sánscrita y sacó al jainismo de su aislamiento. Es un pensador reconocido tanto por los digambara como por los śvetāmbara. Su lógica y epistemología se sofistican y entran en el debate público, frecuente en las cortes de los reinos hindúes del período clásico. Después vendrán otros pensadores como Kundakunda y Siddhasēna (s. V) que ampliarán la tradición intelectual hasta el siglo XIII, cuando empieza a declinar con la llegada de los musulmanes.

Se busca, como es habitual, un conocimiento liberador, pero que no se apoye en la fe o en la gracia, sino que dependa de la propia iniciativa y esfuerzo individual. El jainismo es una religión voluntarista. La liberación exige la purificación del propio jīva, y para ello hay que conocer su naturaleza y lugar en el cosmos. Hay cinco tipos de conocimiento:

(1) el que otorga la experiencia sensible y mental, incluyendo tanto la percepción como los recuerdos; (2) el que se deriva del razonamiento y las palabras; (3) el directo pero limitado del asceta avanzado; (4) el del pensamiento de los demás, y (5) el completo (kevala-jñāna), que conoce todas las sustancias y sus modificaciones. Los dos primeros son mediados, mientras que los otros tres son directos y no requieren mediación. Esa aprehensión directa es posible porque el jīva o espíritu, por su propia naturaleza, es conocimiento.

Para el jainismo, el mundo exterior al jīva es completamente real. Lo existente está formado por toda una serie de sustancias. Umāsvāti utiliza de forma intercambiable los términos *sustancia* (dravya), *existencia* (sat) y *realidad* (tattva). Las sustancias pueden ser de dos clases, animadas o inanimadas (materia, espacio, tiempo, movimiento y reposo). Tanto unas como otras son eternas y tienen una naturaleza propia. Son el sustrato de toda una serie de cualidades y modificaciones. No hay sustancia sin cualidad, como no hay cualidad sin sustancia. El universo es eterno y permanente, pero no estático, ya que se transforma según la adquisición o pérdida de cualidades. Esas modificaciones pueden ser virtualmente infinitas. No es posible captarlas todas, siempre hay que escoger un punto de vista, el del propio jīva. De modo que cualquier juicio que emitamos estará limitado a cierto ángulo sobre la realidad. Podrá ser válido para determinados intereses, pero nunca abarcar todo el ámbito de lo real. Esa condición general de los juicios se denomina anekāntavāda y constituye uno de los fundamentos de la filosofía jainista. Toda verdad es siempre parcial y se emite desde cierto ángulo de la realidad. En toda opinión hay una parte de verdad, pero no toda la verdad. Cualquier afirmación puede ser verdadera, pero solo bajo ciertas limitaciones. Hay tantos puntos de vista como jīva. Ello permite a los jainistas analizar otros sistemas filosóficos, reconocer sus verdades parciales y subordinarlos al propio.

Uno de los primeros compendios sánscritos que recogieron las diferentes filosofías indias fue el del jainista Haribhadra (s. VIII). El *Saḍdarśana samuccaya* expone las doctrinas del sāṃkhya, budismo, jainismo, vaiśeṣika, nyāya, mīmāṃsā y lokāyata (el vedānta no existía como escuela en aquella época). Para Haribhadra, cada uno de estos sistemas de pensamiento son correctos desde cierto punto de vista, pero epistemológicamente inferiores al jainista, que es el que sabe reconocer la parcialidad de todos ellos. Al mismo tiempo, este filósofo trata de reducir las diferencias. Considera equivalentes el nirvāṇa budista, el aislamiento (kaivalya) del espíritu del sāṃkhya-yoga, la liberación (mukti) de las upaniṣad y la emancipación jainista. Haciendo gala de ese talante de explicación, inclusión y conciliación, Haribhadra, en un tono muy moderno y actual, llega a equiparar las diferentes concepciones de lo divino, desde el dios personal (īśvāra) que fomenta la devoción hasta el vacío budista (śūnyatā) o la «madre» o naturaleza primordial (prakṛti) del sāṃkhya.

Esa flexibilidad y reconocimiento de las verdades parciales de otros sistemas tiene también un carácter ético. Fomenta, por así decir, la no violencia frente a las opiniones ajenas al propiciar el respeto y la conciliación. Es una manera de desactivar la agresividad de ciertas opiniones (una «no resistencia al mal», como diría Spinoza). Esta postura dará lugar al concepto de nayavāda, que podríamos traducir como la «lógica de los puntos de vista». De igual modo que en las causas aristotélicas (es probable que los gimnosofistas que encontraron los griegos en la expedición de Alejandro fueran jainistas), las cosas pueden analizarse en general desde siete puntos de vista (naya): (1) desde el sentido común; (2) desde el sentido práctico; (3) desde el sentido general; (4) desde el instante presente y particular; (5) desde el punto de vista gramatical, (6) desde el semántico, y (7) desde el etimológico. Cada uno de estos enfoques traza su particular espiral de conocimiento y es correcto en su propio ámbito, pero ninguno puede aspirar a ser correcto en todos. La tradición lo ejemplifica con la parábola budista del elefante y los ciegos, para quienes el animal será un pilar, una cuerda, un abanico o una serpiente según le toquen la pata, la cola, la oreja o la trompa respectivamente. Solo los tīrthaṅkara pueden ver el elefante al completo.

A esta doctrina se añade otra que, como la canción, podría llamarse la «doctrina del quizá» (syāt) y es un modo de suavizar el rigor de las propias afirmaciones. Para el jainista, la defensa de un punto de vista solo es admisible si va precedida de la expresión *en cierto sentido* o *quizá*. No se trata de un simple matiz epistemológico, sino que es una forma de cortesía con el interlocutor. Un modo menos violento o agresivo de exponer las ideas y, al mismo tiempo, un reconocimiento de la inmensa complejidad del universo en que vivimos. La validez de nuestra afirmación toma así un carácter provisional y parcial. Esta actitud de sano escepticismo, o distancia, debería asumirla cualquier ciencia honesta. Esta afinidad de los digambara con el escepticismo incluso pudo haber influido en Pirrón de Elea (s. IV a. e. c.), de acuerdo con la tesis de Edward Conze. Si fuera así, el jainismo habría dejado también su huella en las sólidas y duraderas tradiciones escépticas griegas. En todo caso, como apunta

Agustín Pániker, anekāntavāda, nayavāda y syādvāda «forman un conglomerado original del pensamiento jainista». Una visión relativista y pluralista que reconoce las limitaciones del conocimiento humano y según la cual el propio punto de vista jainista podría dejar de ser un punto de vista. Pero, como ocurre en el budismo madhyamaka, el perspectivismo epistemológico del jainista no renuncia a una ética, una cosmología y una práctica, que en absoluto son relativas, sino altamente beneficiosas para la liberación del espíritu.

Siddhasēna llega a sostener que los siete puntos de vista son solo categorías convencionales. Podría haber un número incalculable. Cualquiera que sea el número que establezcamos, el resultado será únicamente una verdad convencional. Pero hay una verdad según el sentido último que abarca todos los naya. Siddhasēna toma este recurso retórico del budista Nāgārjuna. La multiplicación de las categorías o puntos de vista conduce en definitiva a lo inefable, que se identifica con el silencio del sabio (libre de dogmatismos). No se da el paso, como hará Leibniz, de afirmar que hay tantos naya como seres vivos. Para el alemán, cada mónada vital era un punto de vista particular sobre el universo entero, de manera que podría decirse que el centro del universo se encuentra en cada ser vivo y que vivimos en un universo de incontables centros. De algún modo, esa es la postura a la que apunta la filosofía jainista.

Una reflexión final

El jainismo, que en general se tiene por ateo, debería considerarse más bien transteísta. Con ello Zimmer quiere decir que los tīrthaṅkara, que habitan el techo del universo, no pueden escuchar las plegarias de los fieles (algo que sí hacen los dioses habituales de la devoción hindú). No es posible sacarlos de su eterno aislamiento. El modelo o arquetipo del jainista ha salido del mundo, mientras que los dioses permanecen en él, con sus goces y desafíos, con sus placeres y rivalidades, siempre mirando de reojo a los ascetas que amenazan su poder. El tīrthaṅkara es un «aislado» (kevala) respecto a los reinos de la creación, un ideal incomprensible para el pensamiento védico. Los maestros jainistas, como apunta Zimmer, consideran que tanto el vicio como la virtud son ataduras. La condición humana es una «cáscara» que debe ser perforada y abandonada. Ninguno de los atractivos de la vida humana merece su aprobación, ni siquiera el entendimiento y la virtud, o la devoción. Por supuesto, hay un completo desinterés por las cuestiones sociales y políticas, por una posible mejora de la humanidad. Los vencedores (jīna) aspiran a un ámbito situado por encima no solo de lo humano, sino también de la naturaleza misma (en la que se incluyen las fuerzas divinas). Renuncian así a los fines legítimos de toda vida humana según la tradición hindú: la riqueza (artha), el placer (Kāma) y el deber (dharma). Nada de ello contenta al tīrthaṅkara. Los ideales humanos clásicos (la divinización del héroe, el santo o el artista; la exaltación de la amistad, el amor, el valor o la generosidad) están ausentes. Lo único que se valora es la capacidad de la persona para romper la cáscara del cuerpo y escapar de cualquier forma de existencia, incluida la de los paraísos. Una ambición desmedida y, al mismo tiempo, nihilista que fue abrazada sin ambages por estos expertos en las privaciones. Se respetan todas las formas de vida, pero no hay amor por la naturaleza. En cierto sentido, el jainismo recuerda al gnosticismo. El mundo natural es corrupto, está marcado por lo efímero y doloroso, y hay que escapar de él a toda costa. Ni siquiera la bienaventuranza celeste resulta atractiva para la visión jainista. Nada hay aquí del vitalismo védico ni de la confianza brahmánica en la eficacia del sacrificio. Nada de las ambiciones de los héroes o los dioses.

El budismo, que se formó en el caldo de cultivo de estos valores, adoptaría una vía media moral y pondría el énfasis en los estados meditativos (dhyāna). En nuestro mundo occidental, estas ideas, tenidas por extravagantes o heréticas, siempre fueron reprimidas. La idea de que la condición humana pueda superar la condición divina fue considerada una aberración, una grave injuria contra lo sagrado. Desde los griegos, el pensamiento de Occidente ha estado marcado por la «máscara» de la personalidad. La persona es sagrada e indestructible. El cristianismo postula su conservación *ad aeternum*. Pero la persona era en Grecia la máscara con la que el actor de la tragedia se cubría el rostro, aquello que caracterizaba un papel asumido temporalmente. La persona no era la esencia, sino lo que estaba detrás de esa máscara (el puruṣa, diría el sāṃkhya). Lo que la máscara de la personalidad oculta es la fuente, la fuerza vital anónima que carece de rostro. La liberación no consiste en identificarse con la personalidad o profundizar en ella. Eso supondría errar el tiro. Consiste en identificarse con la sustancia que todo lo penetra y siempre vive, en ahondar en el misterio de la unicidad del Ser. Para ello hay que dejar de lado la discriminación de lo personal, que libra su eterna batalla por la supervivencia, así como las despiadadas, a la par que miopes y estrechas, ambiciones del ego.

Ese espíritu que hay detrás de la máscara permanece anónimo. No le afectan los sufrimientos que puedan derivarse de lo que ocurre en escena, los dramas de la vida corriente, pues no se identifica con la máscara, con el personaje. Todo lo contrario a lo que sucedió con la metafísica cristiana. La tradición occidental no intenta liberarse de la persona, sino salvarla, preservarla a resguardo de la eternidad (una pretensión que, a poco que se medite en ella, tiene algo de monstruosa). La filosofía india hará hincapié en el principio anónimo que ocultan las vestiduras del individuo que representa su papel en el drama de la vida. Ese papel irá cambiando, como lo harán los decorados (las circunstancias); pasará por paraísos e infiernos, formas animales, vegetales o elementales. El principio, por el contrario, será siempre el mismo y nunca dejará de ser anónimo: sin contenido, dirá el sāṃkhya; vacío, dirán los budistas; aislado, dirán los jainistas. El actor tiene un cometido: representar sinceramente su papel, sin recordar los otros papeles que haya interpretado. Solo los budas y los jīna pueden recordarlos, solo ellos experimentan claramente el cansancio, la voluntad de vivir una y otra vez, el fastidioso compromiso de la vida repetida. Hay que ser ciego para seguir sometiéndose a los mismos hechizos, a las mismas seducciones. De ahí que se conviertan en heroicos desertores de la vida, de los enredos del deseo y la atadura del afán.

12. El budismo

Origen

La tradición budista se inicia como un rechazo a la ortodoxia védica. Sin embargo, su principal preocupación, la de cómo desembarazarse del sufrimiento y alcanzar una libertad plena, sigue siendo el problema central del pensamiento indio. El proverbio budista según el cual todo es doloroso y pasajero podría ser asumido sin objeciones por tradiciones como el sāṃkhya o el nyāya. Los budistas rechazaron la existencia de un puruṣa y un ātman, así como las formas extremas de ascetismo y la exhibición de prodigios por parte de brujos y chamanes. Asumieron sin cortapisas que hay cosas que el hombre no puede saber. La eternidad del espacio o del tiempo, la identidad o diferencia entre el cuerpo y el alma, así como el destino de Buda tras la muerte, son cosas que quedan veladas a la condición humana. Hablar demasiado sobre dichos temas se considera una pérdida de tiempo, y en cierto sentido se postula un ascetismo metafísico y un enfoque más bien práctico, centrado en la vida ética y contemplativa, que permita atisbar lo incondicionado. El budismo será una de las primeras tradiciones indias en relacionar el conocimiento no con la información o los datos de las diferentes ciencias, sino con una experiencia interior de tipo yóguico. Aunque Buda concedía gran importancia a la memoria (los dioses eran en el fondo seres desmemoriados, que habían olvidado sus existencias previas), el conocimiento no servía de mucho mientras no se pudiera experimentar, mientras no se hiciera, por así decirlo, realidad sentida y percibida.

En algunos pasajes de la literatura canónica antigua, como en el *Dīgha nikāya*, se habla de cómo crear, a partir del propio cuerpo físico, un cuerpo espiritual hecho de mente. El monje, tras haber elegido un sitio solitario para su meditación, debe tomar conciencia de toda su actividad fisiológica, que hasta el momento se producía de manera automática, y concentrarse en la respiración. Este proceso no es un simple prāṇāyāma (control de la respiración), sino una meditación sobre las verdades búdicas y un modo de experimentar la irrealidad de la materia. No se trata de buscar el alma cósmica o a Dios, sino de experimentar, mediante la atención plena, nuestra realidad fenoménica y pasajera, nuestra mutua dependencia y vacuidad, así como la necesidad de desarrollar estados de identificación afectiva con todos los seres vivos. Todo ello se logra a través de una serie de etapas meditativas de las que hablaremos más adelante. Primero tenemos que ocuparnos del modo en que la tradición budista entendía la vida o, más en general, las diferentes formas de existencia.

La existencia

La vida, para el budismo, es un torrente impulsado por el deseo y la ignorancia. El torbellino de la existencia (saṃsāra) supone ser arrastrado sin rumbo ni propósito por una corriente de inquietud y ansiedad. Según la imaginación budista, se puede existir de muchas maneras, y las diferentes formas de vida pueden alcanzar lugares y momentos que se nos antojarían fantásticos. Así, el lector existe ahora como ser humano, pero tiene una historia pasada en la que quizá no fue humano, sino un dios, una criatura del abismo, un animal o un fantasma, y seguramente habrá de seguir vagando por los diferentes ámbitos de existencia hasta lograr su liberación.

La vida tiene además una dimensión cósmica. El cosmos no es simplemente el espacio que ocupan los seres: son los propios seres, con sus acciones, los que configuran sus propios mundos, sus diferentes ámbitos del nacer y del morir. El saṃsāra se divide así en cinco ámbitos en los cuales los seres renacen de acuerdo con la calidad moral de sus acciones (su karma). Los seres viajan a través de estos mundos, cada uno correspondiente a cierto modo de existencia, rumbo al destino, siempre provisional, al que los envían sus propios actos.

Existen cinco formas de renacer, y todas, de una manera u otra, acarrean dolor. Los seres de los infiernos, los animales y los fantasmas tienen un destino desgraciado: ámbitos en los que no se puede ver a los budas ni escuchar su doctrina. Los ámbitos de las otras dos formas de renacer son el reino de los hombres y los paraísos, donde sí se tiene acceso a la enseñanza budista y es posible alcanzar ciertos estados de dicha. A los dioses, sin embargo, puesto que gozan de los placeres celestiales, la enseñanza budista sobre la naturaleza dolorosa de la existencia les parece un sinsentido, y la liberación, innecesaria.

La iconografía budista describe los reinos del renacer en la «rueda de la vida». Dice la leyenda que el mismo Buda se la enseñó a sus discípulos cuando le pidieron un método sencillo para transmitir su doctrina. El mapa de las existencias lo sostiene un monstruo que representa el tiempo, que todo lo consume, a veces asociado a la muerte. Esto remite a una idea recurrente en el budismo: la vida en manos del tiempo. En la rueda se representan en cinco segmentos los diferentes destinos. Y en el borde, rodeando estos segmentos, figuran doce momentos del proceso del renacer, conocidos como los *doce eslabones del origen condicionado* (pratītyasamutpāda), que es el modo en que los budistas entienden la causalidad. Por último, en el centro de la rueda se encuentran las tres turbaciones que la hacen girar: la codicia (el gallo), el odio (la serpiente) y la necedad (el cerdo).

El origen condicionado

Pero el verdadero motor de la existencia es la ignorancia, a la que se enfrentarán el yoga y las técnicas de meditación del budismo. La ignorancia es lo que ata al individuo al ciclo de la vida, una ceguera que lo enreda en la existencia y le impide atisbar la posibilidad de la liberación. No se trata tan solo de una falta de discernimiento, sino más bien de una carencia fundamental de juicio que fortalece el apego a los objetos de la sensibilidad, a los estados de placer y sufrimiento, y el deseo de querer ser esto o aquello. Ese autoengaño se manifiesta como obcecación, concupiscencia y animadversión, las tres raíces de todo lo nocivo, que alimentan el renacer y el sufrimiento innato reforzando la idea del yo y lo mío. En las imágenes de la rueda de la vida, la *ignorancia*, el primero de los doce factores de la cadena del renacer, se representa con un hombre ciego. Le sigue el condicionante de los actos y sus consecuencias, el conjunto de las *inclinaciones* mentales (saṃskāra), que se representan mediante un alfarero que con su rueda va dando forma a jarras que son las vidas humanas. Ambos factores, la ignorancia y las inclinaciones, los arrastramos de existencias pasadas y generan la *conciencia del ser* (vijñāna). Con esta se inicia la nueva vida humana, representada por un mono, pues de la mezcla de los tres primeros factores (ignorancia, inclinaciones y conciencia) resulta un animal curioso, inquieto e indómito.

El cuarto factor de la cadena de condicionamientos mutuos que ata todas las formas de existencia es el *organismo psicofísico*. Se representa con dos hombres a bordo de un bote (el cuerpo y la mente) que no saben navegar solos, sino que dependen el uno del otro. Esta persona –nueva porque supone una nueva vida y un nuevo yo, pero antigua si se considera que lleva consigo el condicionamiento de innumerables vidas pasadas– se proyecta en el exterior mediante los *seis sentidos* (los cinco habituales más la mente), que se representan mediante una casa con seis ventanas. Los sentidos permiten el sexto eslabón de la cadena, el contacto con el mundo exterior e interior, simbolizado por una pareja que se acaricia. El *contacto* da lugar a la *sensación*, que se representa con una flecha clavada en el ojo de un hombre. Las sensaciones conducen irremisiblemente a una sed difícil de saciar. Esta nos impulsa a buscar codiciosamente nuevas sensaciones que nunca nos satisfacen. En su representación, la *sed* es uno o varios hombres entregados a la bebida. La sed induce el *apego* a nuevas experiencias, el noveno factor, simbolizado por un mono que extiende las manos hacia una fruta.

Todos los factores mencionados son la base, en esta vida, de la siguiente *existencia*, identificada con una mujer embarazada. Comienza así una nueva vida, un nuevo *nacimiento*, indicado por una mujer dando a luz a una criatura. Y esto conduce inevitablemente a una nueva *vejez y muerte*. Su símbolo es un anciano decrépito o un hombre que lleva un cadáver al cementerio. Este encadenamiento es, al mismo tiempo, la base de la experiencia y la experiencia misma de la acumulación de sufrimiento enraizada en el apego al yo y a lo mío.

El sufrimiento

El sufrimiento es inherente a la existencia. Nacer, vivir, envejecer y morir causa dolor, en cualquiera de los destinos descritos. Pero hay un sufrimiento mental que podemos evitar, algo de lo que se ocuparán las técnicas de meditación budistas. El dolor no se encuentra disociado del deseo y la frustración de no obtener lo que anhelamos, pero la existencia misma, aunque sea apacible, se caracteriza por el sufrimiento. De hecho, toda forma de existencia tiene tres rasgos: es pasajera, insustancial y dolorosa.

La realidad del dolor es la primera de las cuatro nobles verdades que la tradición atribuye a Buda. Aparecen en la mayoría de las tradiciones budistas y constituyen uno de los pilares de la doctrina. Fueron predicadas por Śākyamuni en su primera enseñanza, cerca de Benarés, alrededor del siglo VI a. e. c. La primera noble verdad afirma la existencia del sufrimiento en toda forma de vida. La segunda identifica su causa, que es la sed. La tercera sostiene que es posible extinguir esa sed y, por tanto, el dolor. Y la cuarta expone la vía que conduce al fin del sufrimiento. De ahí que la tradición considere a Buda el más experto de los doctores, y la doctrina, una terapia prescrita por el más sabio de los médicos.

Los textos distinguen tres clases de sufrimiento: el sufrimiento inevitable, asociado a una herida o enfermedad, o bien a la pérdida de un ser querido; el sufrimiento ante el cambio, que padecemos cuando cambia el objeto de nuestro deseo o cuando imaginamos la futura decadencia de las cosas, y, por último, el sufrimiento inherente a la imposibilidad misma de satisfacer el deseo. En este último caso, se trata de una forma sutil de dolor que solo los sabios son capaces de reconocer, pues carece de objeto o explicación. Los seres humanos, como todas las cosas compuestas, tienen una tendencia natural al sufrimiento, ya que todo lo compuesto es pasajero y algún día se descompondrá. El despertar es el único medio de escapar al dolor, y las técnicas del yoga budista se orientarán a alcanzarlo.

El deseo y el karma

La condición humana es fruto del deseo y, al mismo tiempo, su causa. Querer ser, hacer o lograr algo es un asunto fundamentalmente humano. Aunque la literatura budista habla de otros destinos del renacer (animales, fantasmas, dioses o seres infernales), el del ser humano es el paradigma de la intención y la acción responsable, y ocupa un lugar privilegiado en el ámbito de la existencia. La persona es una oportunidad excepcional de aspirar al despertar. Los dioses viven demasiado felices en sus paraísos como para querer abandonarlos, mientras que los seres infernales están cegados por el dolor, los animales por la estulticia y los fantasmas por el hambre. De todos los destinos, el del ser humano es el que presenta las mejores condiciones para, mediante el discernimiento y la cultura mental y ética, acceder al despertar. Paradójicamente, la persona desea la libertad porque antes deseó aquello que la somete a la inercia de la existencia. Y solo podrá escapar si transforma el deseo sustituyendo la posesión del objeto por su contemplación.

Para el budismo, el universo es un mecanismo que se ajusta a sí mismo mediante la ley del karma. Todo acto tiene sus consecuencias, y la suma de las acciones de todos los seres es lo que configura la estructura y el funcionamiento del cosmos. De modo que el universo es una realidad de textura más moral que física, cuyos elementos constitutivos no son tanto las cosas, sino las acciones de los seres que lo habitan y sus efectos. El conjunto de los actos realizados por todos los seres vivos hasta el presente configura el cosmos y al ser humano. Dado que detrás de cada una de esas acciones hay un deseo o una intención, el universo puede verse como la consecuencia de la actividad asociada al deseo y a las intenciones de los seres conscientes. No se rige por leyes físicas abstractas, sino por la generosidad de un héroe, la codicia de un rey, la mezquindad de un demonio o la meditación de un yogui. En su posición más extrema, el budismo mahāyāna llegará a afirmar que el mundo material es una mera ilusión mágica, un castillo de naipes creado por el deseo y sus intenciones. Un mundo que puede descomponerse y en cierto sentido desarticularse mediante las técnicas de la cultura mental que propone la tradición.

El término *karma* remite a toda actividad mental, verbal o corporal de un ser vivo, y a sus consecuencias en la vida presente o futura. Es el encadenamiento de causas y efectos que mantiene el vínculo entre el acto y sus consecuencias. Por tanto, el karma es el obrar mismo y sus consecuencias, y la integración de todas estas en la causalidad moral. Se trata de la infalible memoria de nuestras acciones. Rige también la mente, pues tanto las intenciones como los propósitos o anhelos dejan su sello kármico. La mayoría de los seres, cegados por el deseo y arrastrados por inclinaciones forjadas en el pasado, están sometidos a esta ley que los ata al torbellino de las existencias. «Las criaturas nacen del vientre de sus propias acciones», dice un antiguo proverbio.

El karma es un elemento esencial no solo de las teorías morales de la India, sino también de las creencias populares. Si un individuo nace tullido, deforme o enfermo, su estado se atribuye al karma acumulado en existencias previas. La persona, aun sin ser consciente de ello, es responsable de su propia dolencia. Una idea que llenaría de horror la imaginación occidental. Según la ley del karma, cada individuo ha moldeado y, en cierto sentido, creado las limitaciones de su propio carácter. Pero es posible refrenar esa actualización del pasado, y amortiguar así los rigores del determinismo kármico, mediante la cultura mental. En general, los budistas aspiran a producir y acumular buen karma, ya sea en aras de un mejor renacimiento o para avanzar en el camino al despertar. Algunos comentaristas rechazaron la acusación de determinismo argumentando que el karma solo determina el tipo de nacimiento, no el proceder de la persona. Desde esta perspectiva, el karma solo condicionaría el tipo de entorno en el que se renace, y no el desarrollo y la maduración de la persona en dicho entorno. Cada cual tiene la libertad y la responsabilidad de rehacer su karma, es decir, de obrar de cierta manera para neutralizar los efectos nocivos del pasado y encauzar la propia vida hacia el despertar.

Las turbaciones

Destruir los errores no es destruir las pasiones. Las raíces del mal son las turbaciones (kleśa), de las que nos ocupamos en el capítulo 9, dedicado al yoga[1]. Sus tres elementos constitutivos fundamentales son los siguientes: (1) la apetencia (lobha), es decir, la concupiscencia, la atracción y la posesión del objeto del deseo, que se neutraliza con la práctica de la generosidad; (2) la animadversión (dvesa), es decir, el aborrecimiento, el odio, la antipatía y el desprecio hacia todo lo que se opone a nuestra voluntad o satisfacción, que se supera mediante el cultivo de la bondad, y (3) la obcecación (moha), es decir, la ofuscación y la confusión más que la simple ignorancia, que expresa la falta de correspondencia entre una acción o un pensamiento y la realidad, o la falta de rumbo de pensamientos, sentimientos y acciones, y que se vence mediante el discernimiento y la ecuanimidad.

Según la tradición, la extinción tanto del karma como de las kleśa es lo que conduce al despertar. Sin embargo, la tradición filosófica y escolástica tiende a subrayar otro aspecto de la lucha contra las turbaciones. Todo el universo de confusión y dolor que producen se puede superar si se las arranca de raíz, y su raíz reside en el error fundamental que nos hace ver que el yo y lo mío son reales, sustanciales y valiosos. El entendimiento cabal de que no existe un yo sustancial es el remedio para lograr la liberación del renacer. Esta idea de una visión liberadora llegó a generalizarse, especialmente en el mahāyāna, que niega que las cosas posean una realidad sustancial o una naturaleza propia. Se trata en definitiva de la vacuidad, y el ejercicio de la vacuidad (śūnyatā) como modo de estar en el mundo es otra manera de hablar de la visión liberadora que nos lleva más allá de la causalidad kármica.

La vía media

Nāgārjuna

Nāgārjuna es quizá el pensador más importante de la historia del budismo. Fue un escritor prolífico y un filósofo que participó de las costumbres y preceptos de la vida monástica. Con su escuela de la vía media comienza uno de los períodos más fértiles del budismo, y su idea de la vacuidad como eje central del pensamiento budista llegará a todos los rincones de Asia. La referencia más antigua sobre la figura de Nāgārjuna procede de China y data del siglo IV. Se encuentra en un texto vertido por el más célebre de los traductores budistas, Kumārajīva. Como ocurre en otras biografías chinas y tibetanas, sitúa su nacimiento en el seno de una familia de brahmanes del sur de la India. Las hagiografías muestran a un joven de extraordinaria inteligencia que, junto con unos amigos, utiliza el poder de hacerse invisible para entrar por la noche en palacio y seducir a las cortesanas. Descubiertos por la guardia real, los amigos mueren, pero Nāgārjuna logra escapar. La experiencia lo conmueve profundamente y comprende que el deseo es la raíz de todo sufrimiento. Decide entonces convertirse en monje. Otras hagiografías destacan su perspicacia intelectual y su capacidad para percibir la verdad más profunda. Llegó a dominar el canon budista de las Tres Cestas (Tripiṭaka), conocido también como *canon pāli*, en noventa días, pero, insatisfecho, se convirtió al mahāyāna y alcanzó una honda comprensión de su doctrina, que difundió por toda la India. Derrotó en numerosos debates filosóficos y escolásticos a oponentes de las doctrinas más diversas. Fundó su propia escuela, con un estilo propio de pensar y nuevas reglas. Un bodhisattva en forma de serpiente lo vio descarriado y, compadeciéndose de él, lo llevó a su reino submarino y le enseñó los *Vaipulyasūtra (Los textos que todo lo abarcan)*. Los aprendió en poco tiempo y alcanzó una serenidad infinita al comprender la unidad de todos los sūtra. Tras su muerte fue venerado como un Buda y se levantaron ermitas en su honor en lugares santos de la India.

Aunque es evidente que estas leyendas están escritas desde la devoción y la admiración, sirven para ilustrar la personalidad del filósofo. Muestran de manera ejemplar cómo la tradición imaginó y ensalzó al pensador budista, cómo construyó su leyenda y qué materiales fueron empleados en dicha arquitectura. La leyenda de Nāgārjuna es rica en versiones, mientras que sus datos biográficos son escasos. De lo que pudo ser su vida apenas sabemos nada. Para hacernos una idea cabal de quién fue, lo mejor es estudiar cuidadosamente sus obras. Podemos situar su nacimiento en el sur de la India, cerca de Amarāvatī, entre los años 150 y 250. Se le atribuye la fundación de la escuela de la vía media (madhyamaka), una de las corrientes filosóficas más importantes del budismo. El impacto de sus ideas en la tradición posterior será enorme. Encontramos comentarios y referencias a sus obras en la literatura filosófica de la India, el Tíbet, China, Corea y Japón a lo largo de casi dos milenios. Muchas sectas y escuelas del budismo no solo han incorporado aspectos de la enseñanza de Nāgārjuna, sino que lo han incluido en sus genealogías, buscando algún tipo de filiación con su figura o considerándolo uno de sus patriarcas. Sus trabajos siguen estudiándose en monasterios y universidades de todo el mundo, y, como veremos, han dejado su impronta en otras corrientes de pensamiento ajenas al budismo, como el vedānta advaita.

En su calidad de miembro de la orden budista, Nāgārjuna fue probablemente educado en el abhidharma de la escuela sarvāstivāda e instruido en la lógica y la filosofía budistas. Debió de aprender los métodos dialécticos para la defensa y refutación de las posiciones filosóficas que tradicionalmente se discutían en monasterios, foros públicos y cortes reales. La lengua utilizada para los debates y la composición de tratados era el sánscrito.

La tradición sitúa posteriormente a Nāgārjuna en el valle del Ganges, como rector y abad de la Universidad de Nālandā. Es probable, sin embargo, que el florecimiento de esta institución budista fuera más tardío. La Universidad de Nālandā se convirtió en uno de los mayores centros de conocimiento del mundo civilizado y albergó una de las mejores bibliotecas de toda Asia. Según el testimonio de peregrinos chinos, allí vivieron hasta 10 000 monjes, que estudiaban lógica, matemáticas, medicina y botánica, entre otras ciencias.

El interés de Kumārajīva, a principios del siglo V, por traducir sus obras al chino muestra que sus trabajos eran estudiados por otros monjes en la zona prehimaláyica de Gandhāra (hoy, sur de Afganistán). Gandhāra fue uno de los centros de arte y cultura budistas más relevantes de la época y un lugar de paso de las caravanas de comerciantes que viajaban de la India a Asia Central (a menudo utilizadas por los misioneros budistas). Los numerosos monasterios que poblaban sus colinas permiten inferir un profundo arraigo del budismo en su población. En Gandhāra aparecerán, durante el siglo II, los primeros iconos del Buda y florecerá un arte de influencia griega.

La filosofía de la vacuidad

La filosofía de la vacuidad o vía media es la gran aportación de Nāgārjuna al pensamiento budista. Aparece desarrollada en la que se considera su gran obra: los *Fundamentos de la vía media*[2]. Relativamente breve, está compuesta por veintisiete capítulos y 447 estrofas ajustadas en sílabas y acentos. Se trata de una forma de escritura de rasgos sincopados cuyas elegancia y concisión facilitan la recitación y la memorización. Y era el modo clásico de escribir textos filosóficos en la India antigua. Este tipo de conocimiento se transmitía oralmente, vivía en la memoria de los monjes, no en las páginas de un libro. En aquella época, escribir era considerado un trabajo inferior, destinado a contables y burócratas. La memoria era el recipiente idóneo para los asuntos del pensamiento.

En la obra, de carácter polémico, se refutan muchas de las teorías filosóficas de su tiempo, tanto de la tradición budista como de otras corrientes. Algunos capítulos abordan los grandes temas de la metafísica: la causalidad, el movimiento, la percepción, el agente y la acción, lo aparente y lo real, la esencia y la característica, la diferencia y la simultaneidad, el espacio y el tiempo. Otros se ocupan de temas más específicamente hindúes o budistas, como los factores de la personalidad (skandha), el fuego y el combustible, el deseo, el sufrimiento, el Tathāgata (Buda), el karma, la condicionalidad de los dharma, las inclinaciones mentales (saṃskāra), las turbaciones, las nobles verdades, el nirvāṇa y las posturas filosóficas.

Un relato tradicional sobre las vidas anteriores de Buda ilustra el propósito de la obra. Los habitantes de la ciudad de Vaiśālī, no lejos del Ganges, dedicaban la mayor parte del tiempo a la argumentación lógica y filosófica. Regularmente se celebraban torneos de debates cuyos contendientes se enfrascaban en interminables disputas. Las técnicas de defensa y ataque se entrenaban en gimnasios dialécticos. Al igual que había ciudades célebres por sus herreros o por sus curtidores, Vaiśālī fue la ciudad de los filósofos, a la que acudían expertos de la argumentación desde todos los rincones de la India. Un día llegó un joven jaina que era capaz de sostener quinientas doctrinas diferentes. Los oyentes elegían una cualquiera y él la defendía frente a expertos contendientes. Unos días más tarde apareció en la ciudad una mujer que podía sostener otras tantas doctrinas. Los organizadores del torneo decidieron celebrar un debate entre ambos. La disputa fue equilibrada y los dos contendientes mostraron un valor parecido. Los ancianos del lugar pensaron: «Si tuvieran un hijo, cuando creciera sería muy inteligente». Y concertaron su boda. Con el tiempo nacieron cuatro niñas y un niño que, una vez que tuvieron uso de razón, aprendieron a defender mil doctrinas, la mitad heredadas del padre y la otra mitad de la madre. Y recibieron este consejo de sus progenitores: «Cuando un hombre o una mujer logre refutar vuestros argumentos, si vive en el mundo, casaos con él o ella. Pero si quien os refuta es un renunciante, renunciad con él o ella». Al final de la historia, quien consigue refutar a los jóvenes no es un jaina ni un laico, sino un monje budista llamado Śāriputra. Y todos ellos solicitan ser admitidos en la orden budista.

La suspensión del juicio que defiende Nāgārjuna, como veremos, aspira al ingreso en la vida contemplativa. Pero, como pone de manifiesto Śāriputra, para alcanzar tal objetivo no basta con callar. Hay que argumentar y ganar el debate, y, una vez obtenida la victoria, alejarse del ágora de las interminables disputas. En cierto sentido, Nāgārjuna encarna la vieja aspiración que esta antigua historia esconde.

La idea central de la obra de Nāgārjuna es que todos los objetos y conceptos, incluidos los dharma, como el *espacio* y el *tiempo*, carecen de una naturaleza propia, es decir, son entidades vacías. Sean del tipo que sean (dioses, personas, plantas, piedras, gusanos, ideas, emociones, palabras), son realidades abiertas e incompletas. Considerando que todas las cosas son entidades vacías, el pensamiento o discurso que ponga de manifiesto dicha consideración será igualmente vacío. Por tanto, Nāgārjuna se abstendrá de asumir una posición dogmática o especulativa que derive de una disyuntiva conceptual (existencia-inexistencia, condicionado-incondicionado, identidad-diferencia). Con esta actitud se pretende poner fin a las conjeturas, que son obstáculos en el camino al despertar.

Aunque la escuela de Nāgārjuna presumía de no sostener ninguna opinión o visión filosófica particular, no dejó de proclamar la que a su juicio era la «verdadera» enseñanza de Buda. Un ejemplo es su teoría de las dos verdades, que distingue una verdad convencional de otra según el sentido último, solo accesible a los sabios y que trasciende la primera, si bien encuentra en ella su apoyo. La idea de las dos verdades no era nueva; la novedad residía en el modo de interpretarla. En el abhidharma, la verdad convencional se expresaba en términos de «personas» y «cosas», mientras que la verdad última lo hacía en función de los dharma o factores de existencia. Nāgārjuna extiende el nivel convencional a este «lenguaje dharma» e incluso a la enseñanza del propio Buda, situando la verdad última en una *posición* que trasciende lo convencional (sea del tipo que sea), pero que al mismo tiempo descansa en ello (con lo que establece una relación de dependencia). Evita así hacer afirmación alguna con respecto al primer nivel de verdad, el de la discusión convencional, y se limita a probar que cualquier posición en ella implica una falacia *(reductio ad absurdum)*. Su propuesta no es, por tanto, una teoría o un sistema del mundo, sino un método y una actitud ante lo discursivo. La obra utiliza, pues, como herramienta de refutación, la reducción al absurdo: desarrolla los argumentos de una teoría a partir de sus premisas hasta que estas se contradicen o se llega a una regresión infinita.

En su discurso, Nāgārjuna evita hablar de lo que «existe» y de lo que «no existe», situando la experiencia en un lugar intermedio, en una vía media que no se compromete ni con la existencia ni con la inexistencia. De ahí que se diga que toda experiencia humana es como una ilusión, un sueño o un reflejo. Las imágenes reflejadas ni «son» completamente reales ni, en su condición de reflejo, carecen por entero de «ser». La experiencia humana se traslada al otro lado del espejo, a un estado que no es del todo real, pero que tampoco está desprovisto de cierta realidad. Se parece a las ilusiones mágicas (māyā) y es consecuencia de la capacidad de la mente para construir y proyectar mundos interiores. Pero ese esfuerzo intelectual deconstructivo debe ser compensado por un esfuerzo emocional asociativo (la compasión hacia todos los seres). Sin esa asociación no se puede entender el proyecto filosófico de Nāgārjuna.

La crítica de la identidad

Una de las ideas más originales de Nāgārjuna es su crítica de la identidad, que dirige a la escuela sarvāstivāda, en la que seguramente fue educado. Para esta corriente, la realidad estaba formada por ciertos elementos llamados *dharma,* que surgían y desaparecerían al instante, pero que eran los verdaderos constituyentes de lo real. Así, una persona, un animal y una planta estaban hechos de estos elementos, siendo estas tres clases de seres lo único real. Nāgārjuna extendió su crítica a la noción misma de identidad. En el mundo, nos dice el filósofo budista, no existen dos cosas iguales, o mejor, nada es idéntico a otra cosa. La identidad es, por tanto, imposible. A = A es una falacia. Si en el mundo no hay dos cosas iguales, ya sean guisantes o clavos, mucho más difícil será encontrar dos seres vivos iguales. Al vivir en el tiempo, los seres vivos no son ni siquiera idénticos a sí mismos.

El pensamiento del abhidharma, como el de los materialistas cārvāka o el de la escuela vaiśeṣika, se dejó llevar por una metáfora arquitectónica y buscó la identidad descomponiendo la materia. Pensó que, si se descomponían las cosas en sus elementos fundamentales, sería posible dar con los ladrillos de lo real, todos simples e iguales. Si el único lugar que nos quedaba donde buscar la identidad, el más sencillo y elemental, que no está compuesto por ninguna otra cosa (lo asaṃskṛta, como diría la lógica del abhidharma), lo encontramos vacío, si no hay nada idéntico a otra cosa, entonces el axioma fundacional de la lógica, el de la identidad, es extraño al mundo y solo tiene sentido en el universo del lenguaje, del acuerdo común (vyavahāra).

Si las palabras dan por supuesta una identidad que no se puede encontrar en ninguna parte, su ejercicio y manipulación consistirá en abstraer las diferencias de lo particular, en olvidarlas, para atender a lo general. La lógica, el esfuerzo por ordenar el mundo y organizar la experiencia, por pensarlo, no es posible sin esa abstracción, sin ese olvido de las diferencias, que implica la actividad de la conceptualización (vikalpa). Pero reconocer este hecho no debería dispensarnos de buscar nuevas identidades, aunque todas ellas sean ficticias, puras entelequias, resultado de la confusión que producen en nosotros las palabras (un fenómeno llamado *prapañca*), y caer una y otra vez en la tentación de la abstracción, ese mundo donde los círculos son todos iguales, cuyos perímetros obedecen a una misma ley y cuyas tangentes los tocan en un solo punto idéntico a sí mismo. Nāgārjuna advierte que ceder a esa tentación es la única opción que tenemos si no queremos renunciar al pensamiento. Pero asume el compromiso de la lógica con un nuevo talante, con un espíritu que, desde Sócrates, se llama *ironía* y permite a la filosofía parodiarse a sí misma. La quimera de la identidad es la que hace posible la quimera del pensamiento. Para Nāgārjuna, vivimos en un mundo carente de sustancias, esas entidades que se bastan a sí mismas para existir. Todo depende de todo, y esta contingencia esencial de las cosas tiene como consecuencia no solo la ironía sobre el propio discurso, sino también la identificación afectiva, la solidaridad (karuṇā), eje de la práctica moral del budista.

El mundo de Nāgārjuna está dominado por la circunstancia. Todas las cosas, incluidos el yo, las propias ideas del filósofo y su propia obra, son circunstanciales, lo que las sitúa en una vía media entre la existencia autónoma y autosuficiente, y la inexistencia completa. El yo, el libro, las ideas, por ser circunstanciales, son cosas vacías. Pero eso no quiere decir que no existan en absoluto. Negar la vacuidad supone un grave error, pero hipostasiarla, hacer de ella un absoluto, supone uno todavía mayor. El yo, el libro, las ideas carecen de naturaleza propia, pero gozan de una realidad convencional, sin cuyo sentido no sería posible alcanzar el sentido último, ese que da acceso al despertar.

La propuesta doctrinal

Nāgārjuna no es un escéptico moral. Define su propuesta en el séptimo capítulo de su obra:

> La doctrina consiste en la mente que se controla a sí misma y en la benevolencia (maitrī) que protege a los demás. Esta es la semilla de un fruto que recogerás en esta vida o en las próximas.

La doctrina del vacío no solo rebate el lenguaje escolástico del abhidharma, sino que además conduce al rechazo de todas las opiniones. Cualquier opinión o creencia es una mera conjetura alimentada por ciertos hábitos mentales de diferenciación y distinción de una realidad que es serena y está vacía (aquí se acerca, como veremos, a Patañjali). En la última estrofa de su gran obra revela su intención y la identifica con la del propio Gautama Buda, que, «colmado de compasión, enseñó la verdadera doctrina que conduce al abandono de todas las opiniones». El término para 'opinión', *dṛṣṭi*, puede significar 'punto de vista', 'creencia' o 'conjetura'. Pero en el budismo suele aludir a la falsa creencia. Las listas de opiniones erróneas difieren de una escuela a otra, pero la mayoría coincide en que la marea de las opiniones puede inundar la mente del individuo y convertirse en un yugo o una cadena. El *Abhidharmakośabhāṣya*, de Vasubandhu, por ejemplo, enumera cinco tipos de falsas opiniones: (1) creer en el ātman o en un yo (hacer uno de lo que es múltiple); (2) creer en la eternidad o en la aniquilación del yo; (3) negar el sufrimiento (la más falsa de las opiniones); (4) considerar bueno lo que en verdad es despreciable, y (5) tomar por una causa lo que no lo es. Pero en Nāgārjuna la lista de las falsas opiniones se extiende a las opiniones en general, en nombre de los budas: «Los victoriosos han anunciado que la vacuidad es el abandono de todas las opiniones, y aquellos que hacen de la vacuidad una creencia u opinión son incurables». Toda opinión o todo punto de vista es una mera conjetura que acaba por convertirse en un obstáculo en el camino hacia el despertar. La elucubración impide ver al Tathāgata. Para Nāgārjuna, ver el mundo como algo vacío no es una creencia ni una opinión, sino un medio útil para el logro del despertar. De ahí que no dude en afirmar que «Buda no enseñó nada» y que lo más saludable es apaciguar toda especulación[3].

El último capítulo de la obra se dedica a dos experiencias fundamentales: el recuerdo y la esperanza. La idea de que uno no existía en el pasado no es acertada, pero tampoco lo es decir que uno sí existió en el pasado, pues lo que uno fue en el pasado no es lo que es ahora. El recuerdo sirve para ilustrar una de las ideas fundamentales de Nāgārjuna: nuestro yo del pasado, aquel que fuimos, ni existe ni no existe. Es una experiencia mental, una imagen en el recuerdo (y esa es la naturaleza de todas las cosas). No somos aquel que fuimos, por mucho que nos empeñemos, pero tampoco ese recuerdo es del todo inexistente. Por tanto, resulta incoherente decir: «Yo existí en el pasado o yo existiré en el futuro». Algo que se puede extender al presente, pues el límite que lo perfila es ilocalizable. Es en este sentido en el que el sujeto y todas las cosas son entidades vacías: ni existen (carecen de naturaleza propia) ni no existen (tienen una realidad convencional). Si el sujeto ni existe ni no existe, ¿qué opiniones podría sostener o rechazar?[4]

Esta condición vacía de todos los seres y fenómenos es compartida por el nirvāṇa. De este también cabe negar tanto su existencia real como su inexistencia completa. El nirvāṇa no existe (pues la existencia lleva implícitas la vejez y la muerte), pero tampoco es inexistente. Solo admite una formulación paradójica: es aquello que ni se obtiene ni se abandona, ni permanece ni se destruye, ni surge ni cesa[5]. Pero esa no existencia y no inexistencia del nirvāṇa es la de todas las cosas y todos los seres. Esta es la indeterminación que permite la retórica de Nāgārjuna. Nunca sabremos si el mismo Buda, cuando predicaba su enseñanza por los alrededores de Benarés, existía o no existía; tampoco si después de su cesación (de su muerte) existe o no existe. De ahí que podamos decir que no hay diferencia alguna entre el mundo del renacer y del sufrir, y el mundo sereno del nirvāṇa; que la cima del nirvāṇa es la cima del saṃsāra[6]. Este mundo tiene como naturaleza propia la misma que Buda; la ausencia de naturaleza propia del mundo es la misma que la de Buda[7]. Toda esta doctrina, que se identifica con la enseñanza genuina de Buda, se basa en dos verdades, la verdad convencional y la verdad última, y «quienes no comprenden la diferencia entre ambas no comprenden la verdad profunda que habita en ella». Pero esa verdad última no se puede llamar *absoluta*, pues descansa en lo convencional, y si no se alcanza el sentido último no se entra en el nirvāṇa[8].

De ahí la dificultad. La doctrina de la vacuidad arruinará al necio que no la entienda, como si agarrara una serpiente por la cola o pronunciara un conjuro sin dominarlo. Por eso el propio Buda se resistía a enseñarla. Obsesionarse con la vacuidad, convertirla en un absoluto, es malinterpretar el espíritu mismo de la vacuidad. Pues la vacuidad es el origen condicionado, que no se diferencia de la dependencia mutua que tienen todas las cosas. El cese del dolor no sería posible si tuviera una naturaleza propia, y por tanto las nobles verdades y el camino tampoco serían posibles, y uno no podría llegar a Buda. Aquel que ve el origen como algo dependiente de todas las cosas ve el dolor, su nacer y su perecer, y, viéndolos, entra en la vía. Entender la vacuidad como una mera designación convencional supone empezar a recorrer la vía media[9].

La magia de la enseñanza

La enseñanza de los budas estriba en que todo es verdad y nada es verdad, en que todo es verdad y mentira, y en que nada es verdad o mentira. La realidad que conocen los budas es serena y no una creación de la confusión mental. Esa realidad está más allá de toda distinción (vikalpa) y discriminación[10]. Esta es la ambrosía de la enseñanza de los budas, protectores del mundo, lo que no es uno ni múltiple, lo que ni se destruye ni es eterno[11]. El fragmento apuesta por una experiencia no dual e inefable.

Cuando se pregunta cómo es posible que exista el fruto de la acción, se recurre a la metáfora de la ilusión mágica. Es como si un mago creara una réplica de sí mismo y esa imagen ilusoria, a su vez, creara otra. El agente es una ilusión; la acción, una ilusión producida por otra ilusión. De este modo, las turbaciones, el karma y los seres con sus comportamientos son como castillos en el aire (la ciudad de los gandharva), como un espejismo o un sueño[12]. Así lo ha explicado Buda: el mundo, con sus idas y venidas, con sus eternas transformaciones, con el surgimiento y el cese continuos de las cosas, debe entenderse como un sueño o como una ilusión mágica[13]. Nāgārjuna ofrece aquí la que será la metáfora favorita del vedānta advaita, la del mundo como ilusión (māyā), que no se encuentra ni en las upaniṣad ni en la *Bhagavadgītā*, como pretendía Śaṃkara. Pero sería mejor decir que se trata de la metáfora del mundo como episodio mental. Tanto el sueño como la ilusión del mago son episodios que ocurren en nuestra mente, como el pasado o el futuro de la vida del hombre. Después se utilizará una nueva metáfora, la del espejo (pratibimba)[14]. Los fenómenos se proyectan en el espejo de la mente, y aquello que se refleja (como la luna en las aguas del estanque) no se ve afectado por la inquietud o turbación que la mente pueda estar experimentando. Si nos remitimos a los recuerdos, enseguida comprobamos que lo vivido es un episodio mental que puede ser manipulado por la propia mente, por su imaginación e intereses, o por las obsesiones que la acechen. Y lo mismo cabe decir de lo que ocurrirá, de lo que el hombre proyecta para el futuro. Pues bien, Nāgārjuna extiende esta condición al presente. La metáfora de la ilusión mágica sirve también para asegurar la vigencia de las prácticas budistas, pues sin el fruto de la acción, el camino budista no conduciría a la liberación ni al cielo[15].

Nāgārjuna socava las distinciones que produce el lenguaje, y afirma que quienes enseñan la identidad o la diferencia del yo, o de cualquier otra cosa, no entienden la enseñanza de Buda. No solo el saṃsāra carece de límites, sino cualquier cosa. Es decir, ya hablemos de sujeto o experiencia, de sustancia o cualidad, de causa o efecto, siempre suponemos que una es el inicio o el final de la otra, pero ninguna entidad tiene límite alguno, ni anterior ni posterior. Parece postularse una indeterminación en las cosas. Pero esa carencia de una naturaleza propia del mundo, esa indefinición, se asocia con la carencia de una naturaleza propia del mismo Buda[16].

El yoga budista

Vasubandhu

Desde la perspectiva de la praxis budista, para acceder al meollo de la realidad no hace falta destriparla; basta con ejercitar la propia mente, que, por así decir, funciona como su fuente de alimentación. Vamos a hablar de un filósofo, probablemente contemporáneo de Patañjali, que creó una escuela que se puede englobar en el «yoga budista». Se trata de Vasubandhu, compilador de una de las obras enciclopédicas más influyentes de ese período, el *Abhidharmakośabhāṣya*, y de toda una serie de textos breves que servirán de fundamento a la doctrina de «solo la mente» (citta-mātra). Vasubandhu procedía de Gandhāra y vivió en torno al siglo IV. Fue educado en la escuela sarvāstivāda de Cachemira, cuyas enseñanzas compendió y más tarde sometería a crítica[17]. Vasubandhu concibe el universo de la persona común como un tejido articulado por el poder de la imaginación. Lo que llamamos *mundo real* es de hecho un mundo de representaciones. Los budistas sostenían, como más tarde William Blake, que la imaginación no es un estado accesible para la persona, sino la condición misma de su modo de existir, la cual puede transformarse en libertad.

La idea que Vasubandhu tiene de la mente no se corresponde con lo que en general se entiende por esta[18]. En primer lugar, se suele considerar que la mente pertenece a un yo y, en segundo lugar, que su función principal es la de captar objetos externos con la ayuda de los sentidos. Para Vasubandhu, estos dos supuestos falsean la naturaleza de la mente, que consiste precisamente en la ausencia de la dualidad sujeto/objeto. La mente no está ni aquí ni allá, no pertenece a este ni a aquel sujeto, no está ni fuera ni dentro. El acto cognitivo es lo único real. La escuela yogācāra sostendrá que «todo es mente» y describirá el mundo de la experiencia como una serie continua de eventos cognitivos que dejan tras de sí ciertas trazas o huellas, denominadas con el tecnicismo de *impresión residual* (vāsanā), que se conservan en estado latente hasta que las condiciones son propicias para su actualización.

Vasubandhu hace uso del concepto de *impresión residual* en las *Veinte estrofas*, como posteriormente expondrá con detalle el budista Dignāga en su *Investigación sobre el fundamento del conocimiento*. La palabra *vāsanā* significa 'impregnación', se suele asociar a perfumes y olores, y hace referencia a la marca que una cosa imprime en otra. Toda experiencia deja en la mente una impronta o huella, que a veces se llama también *semilla* (bīja), de la que surgirá la acción futura. La mente está atrapada en la red de las vāsanā, cuyos mecanismos de reproducción configuran la vida mental, que es la vida real. Pero esa experiencia propiciada por las vāsanā, que pertenece al mundo de la representación, carece de un correlato real exterior a la mente. De modo que puede decirse que ella misma alberga, en estado latente, la naturaleza de la representación que produce. Así como el sueño reactiva las impresiones de la vigilia al producir su espectro de imágenes, así la vāsanā surge de la impronta de otra vāsanā anterior (que puede remontarse a vidas previas) y hace posible esa representación que llamamos *experiencia*.

Vasubandhu se hace eco de una frase del clásico budista *Daśabhūmikasūtra*: «Solo mente, oh monjes, son los tres mundos». Para el filósofo de Gandhāra, cada corriente mental, dotada de su propio mecanismo de reproducción, proviene de un origen sin comienzo. Es lo que asociamos convencionalmente a cada individuo. El conjunto de estas representaciones se perpetúa siguiendo las leyes estrictas de aparición y desaparición que marcan, por un lado, la dinámica interna de las vāsanā y, por el otro, la influencia de otras corrientes (de otros seres) asociadas a flujos de actos cognitivos. El planteamiento mismo descarta la posibilidad de que la mente sea un tipo de «entidad» que conoce algo distinto de ella misma, y también que constituya una suerte de espíritu eterno y permanente. La mente no es sino la serie de representaciones y actos cognitivos que resultan de la actualización de las vāsanā. Todas estas ideas, que llevan siglos fermentando en la tradición budista, tendrán una influencia decisiva en la idea de la mente de Patañjali.

Conocer (vijñāna)

El término sánscrito *vijñāna*, que aparece ya en las primeras upaniṣad (en torno a la época de Buda), ha tenido un largo recorrido en la historia del pensamiento budista. Pero es en el yogācāra donde adquiere relevancia filosófica, para extenderse posteriormente a gran parte de Asia. Desde el punto de vista etimológico, la palabra está compuesta por el prefijo intensivo *vi* y por el sustantivo de acción *jñāna* (raíz *jñā-*), y denota el acto y las consecuencias de conocer algo o cobrar conciencia de ello, de entenderlo cabalmente. Es el conocimiento superior, la conciencia plena o el conocer el propio conocer. En la literatura nikāya, el concepto tiene un amplio abanico de significados. Así, es la capacidad de aprehender los fenómenos mediante un conocimiento que distingue y esclarece, pero también es la conciencia que el individuo tiene de su propia existencia y mediante la cual construye su identidad (ficticia, según el budismo). Es, además, el factor que origina la vida del individuo, según la teoría del origen condicionado (pratītyasamutpāda), constituyendo el tercer eslabón en la cadena del renacer y el principio de la nueva vida, el instante en que el feto cobra conciencia de sí. Es en ese preciso momento cuando la ignorancia fundamental (avidyā) se transmite o se hereda de una vida pasada a la presente (función que realiza precisamente el vijñāna). Estos primeros instantes de conciencia determinarán los rasgos físicos y psicológicos (nāmarūpa) del *nuevo* ser. En este sentido, el vijñāna se asocia a la figura mitológica del gandharva, que es el encargado de recoger la «conciencia» del difunto y salir a la búsqueda de una matriz en la que depositarla en el momento del acto amoroso.

El vijñāna es, además, uno de los cinco componentes de la personalidad psicofísica, mediante los cuales los budistas explican la hechura del individuo. Representa los aspectos de la subjetividad que quedan en la persona después de desgajar los otros cuatro: (1) el cuerpo y las sensaciones corporales (rūpa); (2) las sensaciones psíquicas y las emociones (vedanā); (3) los conceptos y las ideas (saṃjñā), y (4) los rasgos, las destrezas y los defectos (saṃskāra), es decir, el conjunto de las facultades de captación, apercepción y conciencia. El vijñāna es el ápice de la sensibilidad perceptiva, la conciencia que se tiene de los estados mentales y de la percepción misma. Al colocarlo en el centro de su sistema, Vasubandhu está considerando que la percepción de los estados mentales es el eje vertebrador de lo real. Según el budismo del abhidharma, los cinco componentes de la personalidad eran pasajeros e interdependientes: cada uno surgía condicionado por el resto, duraba un breve instante y desaparecía para dar paso a otro en su lugar. De este modo se justificaba la insustancialidad del yo (anātman), uno de los conceptos fundamentales del budismo. En el yoga budista de Vasubandhu, además de su sentido psicológico, el vijñāna tiene uno epistemológico y otro metafísico. Desde un punto de vista epistemológico, la conciencia funciona como «sujeto» del conocimiento. Un sujeto que no es sino la serie ininterrumpida de los actos cognitivos y que tiene por objeto lo sensitivo y lo cognitivo. Esa relación se convierte en el nuevo «sujeto», del que se ocuparán las técnicas de la meditación. Desde un punto de vista metafísico, el vijñāna es una realidad previa a toda esfera psicológica o epistemológica, pues para que estas sean posibles se requieren las nociones de *espacio* y *tiempo*. Según esta perspectiva, Vasubandhu no concibe el vijñāna como una «cosa» más entre el resto de las «cosas», sino como el conjunto de todas las relaciones intencionales (representaciones, juicios, afectos), caracterizadas por su «dirección», un ámbito de funciones o un foco de actividades.

La escuela budista del yoga estuvo siempre más interesada en averiguar si existen fantasmas que nublan la inteligencia e impiden la percepción de la verdad, que en salvar un supuesto mundo exterior a la propia mente. Como Nāgārjuna, Vasubandhu utiliza una de las metáforas favoritas del mahāyāna, la de la ilusión mágica. El espectador, inducido por el mago, crea en su mente una imagen que carece de contenido real. Del mismo modo, la mente humana, inducida por el mecanismo de actualización de las vāsanā, cree ser un sujeto autónomo que observa una exterioridad cuando de hecho la está proyectando ella misma.

Estas disquisiciones plantean la cuestión de la naturaleza de la percepción. Para la tradición filosófica, la percepción consistía en dos momentos. En el primero, el órgano sensorial entra en contacto con su objeto y produce una sensación en la que todavía no interviene la mente. Es la «sensación pura» (nirvikalpa), pues carece de toda conceptualización respecto al nombre, al género o a la cualidad del objeto que percibe. Este tipo de percepción es, según Patañjali[19], la que experimentan el recién nacido o el yogui inmerso en la meditación profunda. En el segundo momento interviene la mente, que sitúa al objeto asignándole un nombre (si lo tiene), un color, una clasificación, etcétera. Este instante es el que constituye la percepción propiamente dicha, de modo que el dato sensorial puro queda impregnado de las conceptualizaciones de la mente (savikalpa). Pues bien, Vasubandhu niega la posibilidad lógica del primer momento, el de la sensación pura. Si el nirvikalpa es refractario a la conceptualización, carece de sentido postularlo para explicar la percepción. Y si es inexistente, entonces carece de sentido hablar de una realidad al margen de la percepción y la imaginación, pues en el mismo instante en que nos referimos a ella, se encuentra ya impregnada de procesos mentales y de lenguaje. Conocer el supuesto mundo externo a la mente es conocerlo en este segundo estadio, que es ya un conocimiento mental. Postular un mundo al margen de la mente supone un contrasentido.

A estos argumentos se puede añadir el siguiente: considerar una entidad exterior desprovista de cualidades es ilícito, pues si de verdad existiera sería inaccesible a la mente. Lo que Vasubandhu parece proponer es que ninguna ciencia, salvo la de la meditación yogācāra, puede franquearnos el paso a un espacio en el que contemplar nuestros propios pensamientos y sus relaciones con una realidad exterior. Se cuestiona así la existencia de algún tipo de discontinuidad metafísica entre la mente y los objetos que percibe. Esta distinción (origen de muchos de los grandes problemas de la filosofía) está implícita en la vieja querella entre el realismo de varias escuelas hinduistas y budistas (nyāya, mīmāṃsā, sāṃkhya y sarvāstivāda), que intentan salvar el mundo exterior a la mente, y el fenomenalismo del yogācāra, con hondas raíces en el abhidharma, que establece una «teoría de la apariencia»[20].

Es la experiencia de la meditación, y no este o aquel argumento, la que justifica dicha teoría de la apariencia. Es bien sabido que hay una contradicción interna en los argumentos que desprecian toda percepción sensible, dado que se fundan en el incomprobable supuesto de que todo es falible, y para que esto sea posible es necesario que algo no lo sea. La falsedad solo es posible si existe la verdad. La cuestión es saber si puede establecerse un criterio no sensible para afirmar lo inadecuado de las percepciones sensibles. Para solucionar este problema, los filósofos europeos del siglo XVII distinguieron entre cualidades primarias y secundarias, mientras que la escuela yogācāra recurrió a la experiencia de la meditación. Kant profundizó en la distinción mencionada mediante un ardid parecido: la verdad o ilusión no se encuentra en los objetos, sino en los juicios que nos formamos de ellos, de ahí la afirmación de que los sentidos no pueden equivocarse, pues no tienen la capacidad de juzgar, algo de lo que se ocupa la mente. Hay aquí un punto de contacto con el budismo de la escuela de «solo la mente» (citta-mātra).

El almacén de las impresiones

Para los pensadores yogācāra, el mundo era una representación concebida en los bastidores del teatro de la conciencia.

El mundo está constituido por impresiones y, en su existencia aparente, las cosas no son propiamente «objetos», sino un amasijo de actos cognitivos. El universo natural no tiene como fundamento un espíritu eterno, sino un depósito de conciencia (ālayavijñāna): el conjunto de todas las impresiones del vivir consciente. Este almacén sirve de argamasa para la cohesión de los fragmentos dispersos del mundo, de las diferentes percepciones de los seres, y, en cierto sentido, es un precursor del concepto moderno de *inconsciente*[21].

A diferencia del budismo de la escuela de Nāgārjuna, que no desarrolló una teoría de la apariencia y se limitó a una dialéctica de desarticulación de las tesis de sus oponentes, Vasubandhu llevó a cabo uno de los primeros intentos de elaborar un fenomenalismo que explicara los mecanismos de la apariencia del mundo. Si cada acción crea su propio patrón para las acciones futuras, esas «semillas» habrán de depositarse en un «almacén» (metafórico) donde permanecerán en estado latente hasta que se den las condiciones para su maduración, establecidas por la ley del surgimiento condicionado (pratītyasamutpāda), que es la que determina la temporalidad de los sucesos. La actualización de esas semillas da lugar a la «manifestación» del mundo. En este sentido, el ālayavijñāna garantiza la continuidad kármica y se concibe como una entidad metafísica (no se encuentra en ningún lugar del espacio ni en ningún instante del tiempo) de naturaleza «instantánea». Podríamos verlo como una memoria infinita que guarda todas y cada una de las impresiones que pueden experimentar los seres, y que asegura el vínculo causal entre ellas.

Pero la propia escuela no siempre estuvo de acuerdo sobre el papel que había de jugar, en el imaginario budista, este almacén de las impresiones que a su vez es un receptáculo de la potencialidad kármica. En todo caso, el poder creador de lo mental era posible gracias a ese «lugar» en el que quedaban almacenadas las impresiones y que servía de manantial de toda idea o representación. Fiel al énfasis que el budismo ponía en la fugacidad de todas las cosas, el ālayavijñāna surge y desaparece a cada instante y solo puede ser conocido por los budas.

Si el individuo es un conjunto de actos cognitivos que surgen de este depósito para luego ser absorbidos por él, entonces el ālayavijñāna, como observó Zimmer, sería para los budistas lo que el bráhman indiferenciado fue para el pensamiento védico: el manantial del que todo nace y al que todo acaba regresando[22]. Algunos textos incluso lo asociarán a la realidad última (tathātā), aunque no faltarán quienes adviertan en este depósito una nueva versión del sustancialismo, ajeno a la fenomenología budista.

Según Dharmapāla, uno de los discípulos de Dignāga en la Universidad de Nālandā, cuando la mente se vuelve sobre sí misma, puede caer en el error de atribuir al ālayavijñāna una existencia al margen de las semillas que almacena, proyectando sobre este depósito los atributos de la permanencia y la unidad. La persona común, a diferencia de los budas, nunca llegará a comprender plenamente su funcionamiento. Pero lo que resulta imprescindible saber es que lo que solemos llamar *yo* no es sino una porción del ālayavijñāna que corresponde a las semillas kármicas dejadas por un determinado sujeto tal y como lo experimenta la mente (manas). Lo que llamamos *objeto*, sin embargo, se reduce a una mera sensación de exterioridad, sin que pueda decirse si existe o no al margen de los actos cognitivos. Dharmapāla sugiere que, desde la perspectiva del despertar, tanto el sujeto o yo, como el objeto o cosa que aquel conoce, son reificaciones del mismo acto de conocer en las que la convencionalidad del lenguaje y su capacidad para formar conceptos desempeñan un papel fundamental. Se trata de uno de los procesos mentales (cittavṛtti) que, según el yoga de Patañjali, conviene detener.

La imaginación

Las filosofías idealistas han concedido una gran importancia a la imaginación, y no solo en el ámbito mental, sino también en los de la epistemología y la metafísica. En el caso de Vasubandhu, la imaginación y la vida mental son el fundamento de la experiencia humana. Por descontado, esto no es nuevo en la historia del pensamiento. Ya Aristóteles reconocía el papel de la imaginación en la regulación de la vida, dada su vinculación con el deseo. La potencia apetitiva presupone en los animales la imaginación. La fantasía les permite dirigir sus pasos a lo deseado, representado previamente como apetecible. Los tebeos lo expresan muy bien: el perro se imagina un filete y corre a los pies de su amo. Posteriormente, Aristóteles llegará a decir que sin imaginación, sin algún tipo de representación mental (phantasmata), el pensamiento no es posible.

En el contexto del budismo yogācāra, el término *parikalpa* suele traducirse como 'imaginación', 'representación' e incluso 'espectáculo'. Designa, de manera general, las distintas formas que asumen las apariciones. Además, guarda relación con el acto de figurarse algo, de hacer que aparezca en la mente una idea o una imagen, y, de manera específica, con la actividad mediante la cual la mente produce imágenes, ya sea en el sueño o en la vigilia. A esas capacidades se suma la de combinar representaciones. La imaginación no se limita a (re)presentar lo aprehendido, sino que, como potencia combinatoria, sirve a la formación de ideas, reordenando sus aprehensiones de diferentes maneras y produciendo así «nuevos» eventos cognitivos: descubrimientos y proyectos. La imaginación proyecta la rueda y el reloj, pero también el miedo y la esperanza. Ahí radica su fuerza transformadora.

La imaginación, en el pensamiento indio, responde a una inercia kármica de cuyo funcionamiento da cuenta la teoría de las vāsanā. Al ser una facultad que propicia la aparición de «imágenes», parikalpa se opone a la «realidad» de las cosas mismas. Se distingue de la percepción y del razonamiento, aunque sin ellas no sería posible. Y puesto que es la capacidad de invocar imágenes, depende de la memoria, que es la que hace posible la (re)presentación (combinación de elementos previamente sensibles). La memoria es la que trae esos materiales a la conciencia (o a la inconsciencia, en el caso del sueño); sin ella, nada podría imaginarse. Pero la imaginación es más que una mera sustitución. De hecho, es útil para el razonamiento, pues también es premonición, anticipación de posibles escenarios de lo real. Así pues, hace las veces de sexto sentido que combina la intuición y las experiencias vividas. La síntesis de la imaginación da pie al conocimiento. Algo no muy alejado de la idea de Hume de que «la imaginación manda sobre todas las ideas».

La imaginación tiene además sus propias costumbres. Hay cosas que se imaginan recurrentemente, como prueban las fábulas y los sueños (la presencia del arquetipo). Vasubandhu advierte que la reproducción que obra la imaginación permite que las apariencias vuelvan a presentarse, actualizadas por viejas vāsanā. Esas imágenes no surgen de la nada, sino que tienen su origen en antiguas representaciones que dejan en la mente un rastro o aroma que prepara las imágenes futuras. La imaginación puede convertirse en un círculo vicioso (de hecho, es lo habitual) del que solo es posible salir mediante las técnicas de la cultura mental que propone la meditación yogācāra.

Un último apunte al respecto. Toda imagen es también negación, cedazo, fragmentación del mundo desde cierto punto de vista. Esta es la razón por la que el uso de imágenes es tan frecuente en la meditación budista. Para Vasubandhu, la mente es la gran maestra en el arte de las figuraciones, y el propósito de la meditación es transformar esa capacidad en una experiencia que cumpla con la condición humana, que la realice plenamente. Una experiencia que supone la «consumación del mundo». La forma de llevarla a cabo tiene un marco teórico: las «tres naturalezas».

Las tres naturalezas

La teoría de las tres naturalezas de Vasubandhu no compartimenta el mundo en tres ámbitos de realidad. El mundo no se encuentra dividido, es uno y el mismo en todo momento. Ese es el mundo que interesa al filósofo, no uno que esté fuera o más allá de este en el que nacemos y morimos (sin que ello signifique que nacimiento y muerte acotan el mundo). Como budista, Vasubandhu acepta diferentes ámbitos de existencia (la vida humana, la vida animal, la vida celestial o infernal), pero todos ellos pertenecen a un único mundo.

Las tres naturalezas constituyen tres maneras de experimentar el mundo y de describirlo: la primera, mediante la imaginación, asociada a la falsedad y al apego a las propias experiencias; la segunda, mediante la dependencia de unas cosas respecto de otras, condición de todo lo existente (paratantra)[23]; la tercera, que es la más difícil de aprender, mediante la consumación de lo fenoménico (pariniśpanna), como si se tratara de ejecutar el contrato de la existencia o darle cumplimiento[24]. Esta tercera naturaleza supone un punto de vista, el del yogui, en el que las figuraciones de la imaginación han desaparecido por completo, en el que sus ilusiones han dejado de operar, y en este sentido se opone al primer modo de experimentar el mundo.

El hombre corriente vive a merced de su propia imaginación, que es la base de sus deseos, de sus afanes ilusorios. En un segundo estadio está el filósofo, que conoce la dependencia mutua de todas las cosas y su falta de naturaleza propia (es decir, su vacuidad). Sin embargo, esto no es suficiente para Vasubandhu. Hace falta dar un paso más, el de la consumación de lo fenoménico mediante la práctica yóguica. No se trata, por supuesto, de «otro mundo», sino de ese mismo mundo tal y como lo experimenta aquel que ha logrado convertir en discernimiento sereno y empático la serie de los actos cognitivos que lo constituyen.

El mundo no es un estercolero, tampoco un paraíso, no está ni contaminado ni purificado, sino que es neutral. Sin embargo, cuando la persona común se desenvuelve en él, su experiencia se ve afectada por la imaginación, y entonces el mundo se manifiesta de un modo engañoso, onírico o ilusorio. El intelecto proyecta sobre el único mundo neutral toda una serie de discriminaciones que trazan el mapa del deseo, de lo apetecible y lo aborrecible, desencadenando así el apego por «cosas» que en realidad son proyecciones de la imaginación. Y el mundo, en sí mismo indiferente, queda marcado por la inercia kármica de lo cognitivo y hace pasar por real algo que no lo es, lo que da lugar a todas las formas posibles de la desdicha. El concierto de todas las acciones de los seres es como una gran obra dramática en la que se asignan líneas sucesivas a diferentes personajes. La muerte es la cópula o engarce que, una vez finalizado un parlamento, da pie al siguiente. Solo los despiertos pueden leer y entender el texto completo. El recién nacido es presa de todo tipo de ansiedades relativas a la nutrición y la respiración; los sueños y las punzadas interiores le hacen agitar los brazos. Lucha contra gigantes en su anhelo de satisfacer pasiones latentes. Sus impresiones dejarán una simiente tras otra que, en el momento propicio, serán reactivadas en sucesivos actos de pensamiento o acción que son una amalgama de algo que está dentro y algo que está fuera: en términos aristotélicos, de la causa formal y la causa eficiente; en términos budistas, de las inclinaciones (saṃskāra, vāsanā) y las circunstancias (pratītyasamutpāda).

En esa ductilidad respira la vida, que está sometida, por un lado, a las huellas del pasado (que fructifican en la mente); por el otro, a las circunstancias de la experiencia presente, que es el terreno en el que se vislumbra una posible libertad. Cada nuevo hábito de la mente puede enraizarse en el organismo, de modo que la causa eficiente se transforme en causa formal, y en ese flujo entre ambas se hace sitio a la causa final, que conduce a los seres a la madurez (el budismo lo llama *despertar*). Sabios son aquellos que, mediante el entrenamiento mental, logran eliminar las proyecciones y se liberan de las imaginaciones del ego y de sus apegos, restituyendo el mundo a su naturaleza. Un mundo que no se encuentra fuera de este, sino que es el mismo, pero purificado. Es entonces cuando saṃsāra es nirvāṇa.

La persona común debe responder a las exigencias de todo un caudal de compromisos adquiridos. El despertar anuncia la posibilidad de desenmarañar la causa eficiente y la causa formal, para transformar las cargas acumuladas y la circunstancia presente en un estado liberado de esas inercias inconscientes. La vida no comienza sin obligaciones y no se puede dirimir sin arriesgar capital. El ignorante y el despierto habitan un único mundo, pero lo experimentan de manera diferente. El traslado de un tipo de experiencia a otro, lo que Nagao denomina *convertibilidad*, es posible gracias a la ley que establece la mutua dependencia de todas las cosas. Las relaciones entre las tres naturalezas son posibles precisamente gracias a pratītyasamutpāda, que propicia la transformación de un mundo imaginado en un mundo «consumado». La naturaleza dependiente permite saltar de un tipo de experiencia a otro y «cruzar a la otra orilla»[25].

La transferencia de mérito

¿Cuál es el modo de enlazar el discernimiento del pensador con la empatía del santo? Los filósofos del yogācāra, siguiendo a Nāgārjuna, consideran complementarias ambas experiencias en virtud de la transferencia de mérito, una práctica asociada al voto del bodhisattva y al pensamiento del despertar (bodhicitta). El pensamiento del despertar equivale al concepto hindú de *prasāda* y al cristiano de *gracia*. Representa el misterio de la presencia de lo sagrado en los seres profanos, y la idea de la perfección en los seres imperfectos. La liberación es algo que también se proyecta e imagina.

La transferencia de mérito, el voto del bodhisattva y el pensamiento del despertar son fundamentales en la historia social y ritual del budismo mahāyāna. Con ellos se entretejen liturgia, pensamiento y ética. Han contribuido a cohesionar las distintas tradiciones rituales y sociales, mediando entre la idiosincrasia ritual y la especulación metafísica, entre lo que los hombres pueden hacer y una realidad inefable y liberada.

Ese vínculo tiene una consecuencia cosmológica. El universo se concibe como una onda de conciencia, como la integral de las ondas mentales de los seres que lo habitan. La salud del mundo dependerá de la salud mental de los individuos que lo modelan y constituyen. Si esa realidad convencional llamada *mundo* está conformada por las experiencias mentales de las diferentes conciencias, la meditación y el cultivo de la mente jugarán un papel esencial en su estado. El universo puede estar deprimido, eufórico o sereno. Que alcance la serenidad es tarea del bodhisattva, que debe aunar solidaridad (para hacer el universo más habitable) y discernimiento (para configurarlo de acuerdo con su naturaleza vacía). Así, el discernimiento (prajñā) y la empatía (karuṇā) son las dos alas que permiten el vuelo del bodhisattva. El discernimiento es liberador y excéntrico; la empatía, concéntrica y solidaria. Ambos son indispensables para burlar la estricta vigilancia del karma. El movimiento ascendente se asocia con la vacuidad; el descendente, con la empatía.

La meditación

En un contexto budista, la palabra sánscrita *dhyāna* se traduce como 'meditación'. Se trata de un cambio intencional de la conciencia y la atención, realizado en silencio y con el cuerpo en posición estática, la mayoría de las veces sentado y con las piernas cruzadas. En la India, la práctica de la meditación se asocia desde antiguo con la sabiduría, la serenidad y los poderes extraordinarios (tanto físicos como mentales).

El objetivo de la meditación budista es lograr un estado de profunda calma y concentración (*samādhi*, término utilizado después por Patañjali, como veremos) que sirve de fundamento a una visión penetrante (vipaśyanā) capaz de diferenciar lo real de lo irreal y desatar ciertos poderes. La mente «concentrada, pura, traslúcida, inmaculada, flexible, libre de problemas y confusión» puede obrar prodigios. «Del propio cuerpo puede surgir otro con la forma y los miembros del cuerpo físico, pero que está hecho de mente. Y es posible obtener ciertos poderes, hacerse invisible, convertir el propio cuerpo en muchos o, habiéndose convertido en muchos, volver a ser uno»[26]. No hace falta creer en estos prodigios para comprender el mensaje fundamental: la mente concentrada puede alcanzar niveles extraordinarios de conocimiento y poder; no solo es capaz de conocer la verdadera naturaleza del sufrimiento y su origen, sino también el modo de erradicarlo. Este fruto cognitivo de la meditación se considera más valioso que los poderes anteriormente citados, los cuales son a la postre una vanidad más del yo y, por tanto, una atadura.

El yoga y el cuerpo

Las posturas que adopta el yoga imitan las del propio Buda sentado con las piernas cruzadas en la posición del loto. El acto de meditar es, por así decir, una forma de representar el objetivo de la meditación: convertirse en un buda. Se aconseja sentarse en un lugar blando y confortable, y adoptar la postura de las piernas cruzadas, que es la del buda Vairocana. Kamalaśīla nos ofrece los detalles: los ojos, ni abiertos ni cerrados y dirigidos a la punta de la nariz; el cuerpo, erguido, ni repantigado ni rígido; la atención, hacia dentro; los hombros, a la misma altura; la cabeza, recta, sin doblar el cuello ni adelante, ni atrás ni a un lado; la nariz, alineada con el ombligo; los dientes y los labios, entornados; la lengua, apoyada en la encía interior de los dientes superiores; la respiración, inaudible, ni honda ni rápida, sino reposada.

Pero hay otras posibilidades: la meditación mientras se camina, por ejemplo, que refleja el paso y el porte de un despierto. En ocasiones se prescribe a los monjes que duerman en la posición de Buda en el parinirvāṇa mientras permanecen atentos a la muerte y a la liberación. Las tradiciones tántricas establecen correspondencias entre cuerpo y mente asociando los diversos estadios o experiencias de la meditación a diferentes partes del cuerpo. Según el modelo tántrico, hay varios centros nerviosos y espirituales (chakras) que regulan la conexión entre la experiencia meditativa y la experiencia corporal. Se localizan a lo largo de la columna vertebral, por la que se extienden los dos conductos de la energía espiritual. Durante la meditación, esta energía, que se concibe como un fluido, es llevada hacia arriba y se concentra en cada uno de los chakras, desde la zona más baja de los genitales o el esfínter hasta el área del plexo solar, el corazón, la laringe, los ojos y la coronilla. La acumulación de energía en el chakra superior supone generalmente la culminación del proceso, aunque cada chakra tiene un valor espiritual particular.

Una de las formas clásicas de la meditación budista estriba en sentarse junto a un cadáver para tomar conciencia de la propia mortalidad, de la fragilidad y fugacidad del cuerpo y de la imposibilidad de encontrar un yo permanente. Esta forma de meditación se conoce como el *cultivo de lo impuro*, y con ella se pretende comprender que el cuerpo vivo comparte la naturaleza del cadáver. Una costumbre que subsiste en algunos países de filiación theravāda.

La meditación se concibe como una combinación de dos ejercicios: el propio dhyāna, que consiste en una serie de técnicas para lograr la calma (śamatha) y la concentración (samādhi), y que es una fuente de poder, pero por sí mismo no conduce a la liberación; y el ejercicio de la facultad del conocimiento (jñāna) mediante la perspectiva adecuada (darśana), que incluye la práctica de la calma, la observación penetrante (vipaśyanā) y el cultivo del discernimiento (prajñā). Según muchas teorías sobre la meditación, ambos aspectos son necesarios para el logro del despertar, si bien la observación penetrante es el único componente por entero budista.

La atención plena

Tradicionalmente, hay cuatro objetos de meditación: el propio cuerpo, las sensaciones corporales, la mente (la corriente de pensamientos) y las verdades de la doctrina. El recogimiento de la atención abarca todo un espectro de estados mentales que la tradición llama *memoria* (smṛti, 'traer a la mente'). La atención plena la componen tres prácticas relacionadas: vigilar el comportamiento y la conducta; traer a la mente (recordar) y mantener en ella (retener) un objeto de meditación prescrito, y, por último, dirigir constantemente la atención a dicho objeto y hacerlo consciente. Ese objeto pueden ser los procesos mismos de la mente del que medita o su propio cuerpo.

El primer uso es el que mejor encaja en la regla monástica. Consiste en ser en todo momento consciente de la conducta y la postura corporales, el tono de la voz, la mirada, etcétera, con el objetivo de dominar la mente y el cuerpo, el pensamiento y los sentidos. El segundo uso, el de recordar y retener objetos prescritos para la meditación, se basa en evocar ideas, imágenes y estados afectivos. Por ejemplo, se pide al meditante que traiga a la mente uno de los siguientes objetos ideales: Buda, su enseñanza, la comunidad monástica o alguna virtud moral, como la generosidad o la compasión.

Una de estas prácticas estriba en el «establecimiento en las sublimes moradas» (brahmavihāra) o en el logro de «estados sin atadura». Cuatro de tales estados son la benevolencia, la compasión, la alegría y la ecuanimidad. En una de sus formas más comunes (recomendada por el theravāda), el adepto desarrolla pensamientos de benevolencia hacia una persona que le resulte indiferente, luego hacia un amigo, después hacia un enemigo y, por último, hacia todos los seres vivos y al universo entero.

Samādhi y vipaśyanā

El término *samādhi* puede traducirse como 'concentración serena', y *vipaśyanā*, como 'visión penetrante'. Ambas técnicas, según los textos clásicos, favorecen que el cuerpo y la mente se vuelvan dúctiles y maleables, serenos y concentrados, y son la base de la cultura mental. En las tradiciones budistas, el samādhi se considera una práctica preparatoria y no un fin en sí mismo, siendo la meta más elevada la visión penetrante (que conduce a la liberación del sufrimiento y del ciclo de renacimiento y muerte).

La visión penetrante no es un simple mirar o ver, sino un adentrarse en la naturaleza de la realidad. En ocasiones se acepta que la visión penetrante pueda darse sin la concentración serena, pero en general se subraya la necesidad de aunarlas. Esa complementariedad se justifica diciendo que serenar la mente permite una visión penetrante y clara, y que los objetos utilizados como base de dicha serenidad pueden usarse también como objetos de investigación de la visión penetrante. Por otro lado, el objetivo de la visión penetrante es el discernimiento o la comprensión nítida (prajñā), que nunca se alcanzaría sin el cultivo de la perfecta calma y concentración.

Algunos pensadores del mahāyāna criticaron la obsesión con la impureza y la suciedad del cuerpo, insistiendo en su vacuidad y tratando de desplazar la cuestión del ámbito ritual al filosófico. De la idea de lo sagrado (obsesionada con lo puro y lo impuro) se pasa a la idea de lo condicionado, de carácter más epistémico. La meditación clásica, consistente en observar la propia mente y basada en cierta higiene mental, en la distinción entre estados mentales saludables y perjudiciales, cambió con el mahāyāna. El discípulo tendía a preguntarse si sus propios pensamientos (ya fueran buenos o malos) estaban en algún lugar: «¿De dónde vienen, adónde van, dónde están? ¿Dentro o fuera de mí? ¿O en un lugar intermedio?».

En el *Bodhicaryāvatāra* de Śāntideva se describe una meditación compleja sobre la compasión y la ausencia del yo que en el Tíbet se convertiría en clásica. Consta de dos partes: la identificación del yo con los otros y la revisión de los roles entre el yo y los otros. En la primera se exploran los límites del yo y las suposiciones que nos hacen establecer dichos límites; por ejemplo, se reflexiona sobre el hecho de que el sufrimiento sea el mismo en todos los seres, de ahí que nuestro impulso natural de evitarlo cobre más sentido si se concibe como el deseo de proteger a todos los seres vivos que como el deseo egoísta de protegernos a nosotros a expensas de los demás. En la segunda parte, Śāntideva imagina a otra persona menos afortunada que él y asume su papel. Ese otro lo observa con envidia, reprochándole el orgullo y la falta de sensibilidad del que mira a los demás por encima del hombro, en vez de hacerlo como la única razón de su existencia. Pues solo los que sufren justifican la vida del que recorre la vía budista, cuyo fin es servir a los demás. Los budistas suelen apelar a la experiencia de la meditación como justificación y fundamento de sus creencias y prácticas, al margen de su voluntad o capacidad para llevarla a cabo. Pero también es cierto que muchos budistas entienden la meditación como un valor en sí mismo, como un ideal difícil de realizar, demasiado complejo para el común de los mortales, pero que representa el mayor logro que puede alcanzar el esfuerzo humano.

El cosmos budista

Para el budismo, el universo es indisociable de la vida mental de aquellos que lo habitan. Su distribución en el espacio y su evolución en el tiempo no se articulan mediante fuerzas impersonales y concéntricas (como la gravedad), sino en virtud de las libertades de la vida consciente. Así pues, los destinos individuales de los seres no están a merced del destino del universo (este no prepara las condiciones para su aparición ni garantiza su supervivencia), sino que son las acciones de los seres y sus estados mentales asociados los que trazan el mapa y el calendario cósmicos.

El abanico de las experiencias conscientes, de lo tosco a lo sutil, de lo instintivo a lo cultivado, configura tanto el espacio de la cosmografía como el tiempo y la periodicidad de los ciclos de despliegue y repliegue del cosmos. Los textos no son del todo claros a la hora de establecer el paralelismo entre mente y universo. No dicen si este paralelismo debe entenderse de manera literal o metafórica. La mente funciona a veces como metáfora del cosmos, pero en ocasiones ocurre lo contrario.

Los primeros esbozos de una cosmología aparecen en las escuelas sarvāstivāda y theravāda, fundamentalmente en el *Abhidharmakośabhāṣya*, de Vasubandhu, y en el *Visuddhimagga*, de Buddhaghoṣa[27]. Puesto que ningún sūtra individual ofrece una descripción cosmológica completa, estas dos obras sistematizan las diversas referencias a otros mundos y a otras formas de la existencia registradas en los diálogos budistas. El cosmos está compuesto por un número incalculable de universos, pero todos ellos comparten una estructura similar, organizada verticalmente en tres niveles o ámbitos cósmicos (dhātu), cada uno de los cuales comprende diversos planos de existencia. Esos ámbitos estratificados corresponden a los diferentes estados mentales, que llevan aparejados diferentes morfologías y modos de ser. Estos «planos» no se entienden como localizaciones en sentido estricto, sino más bien como temperamentos o estados de ánimo. De manera que cada uno de ellos se crea cuando un ser renace en él, y, en general, su existencia no se considera al margen de la percepción de aquellos que lo habitan. Aunque los textos mantendrán cierta ambigüedad respecto a este punto, puede afirmarse que el universo budista carece de mundos deshabitados, es decir, de lugares sin ningún tipo de percepción. Esto tiene como consecuencia que la separación física de los seres esté subordinada a las diferencias de sus estados mentales: los animales y los humanos comparten un mismo mundo físico, pero sus esfuerzos, intenciones y voluntades pertenecen a «planos» diferentes.

Esos tres grandes niveles o ámbitos estratificados son: el sensual o del deseo (kāmadhātu), el de la materia sutil (rūpadhātu) y el de lo inmaterial (ārūpyadhātu). Cada uno se subdivide en diversos planos, hasta completar 31 (el nirvāṇa sería el número 32, cifra importante en el budismo: 32 son las marcas del despierto y las partes del cuerpo). El ámbito del deseo incluye a hombres, animales, criaturas infernales y seis clases de dioses. Los seres del ámbito de la materia sutil (Brahmā) no son deidades en el sentido clásico, pues, a diferencia de los dioses de kāmadhātu, apenas interaccionan con los seres humanos ni se implican en sus asuntos.

Ámbitos cósmicos (dhātu)	Niveles de existencia (bhūmi)	Estados mentales (citta)
Inmaterial (ārūpyadhātu)	Ni ideación ni no ideación (naivasaṃjñānāsaṃjña), ámbito de la nada (ākiṃcanya), ámbito de infinita conciencia (vijñāna anantya), ámbito del espacio infinito (ākāśā anantya)	Cuarto dhyāna
Materia sutil (rūpadhātu)	Cinco moradas puras (suddhāvāsa): suprema (akaniṣṭha), clarividente (sudarśana), apacible (sudrśa), serena (atapa), permanente (avṛha)	
	Seres inconscientes (asañña-satta), inmenso fruto (bṛhatphala)	
	Ámbito subha-kiṇha: belleza (subha-kiṇha), ilimitada belleza (appamāṇa-subha), limitada belleza (paritta-subha)	Tercer dhyāna
	Ámbito ābhāsvara: esplendorosos (ābhāsvara), esplendor ilimitado (apramānābha), esplendor limitado (parīttābha)	Segundo dhyāna
	Ámbito de brahmā: el grande (mahābrahma), consejeros (brahmāpurohita) y séquito (brahmakāyika)	Primer dhyāna
Sensual (kāmadhātu)	Seis paraísos sensibles (deva), deleitados con la creación ajena (paranirmitavaśavartin), deleitados con su propia creación (nirmāṇarati), dichosos (tuṣita), ámbito de Māra, los 33 (trāyastriṃśa), los cuatro grandes reyes (caturmahārājakāyika)	Ocho estados dominados por el desapego, la generosidad y la virtud
	Condición humana (manusya)	
	Cuatro condiciones nefastas: resentida (asura), insatisfecha (preta), instintiva (tiryagyoni) y tormentosa (naraka)	Doce estados dominados por el odio, la confusión y el deseo ciego

Por tratarse de un ámbito inmaterial, ārūpyadhātu no ocupa lugar en el espacio. Los «seres» que lo habitan carecen de forma y localización, pero no son eternos, sino que comparten la fugacidad de todo lo existente. Los bodhisattva evitan renacer en ārūpyadhātu porque prefieren regresar al calor de lo sensible para cumplir con su labor de rescate.

La cuestión cosmológica

El primer diálogo del *Dīgha nikāya* enumera las creencias falsas y desaconsejables relacionadas con la predicción del futuro: los vaticinios mediante el análisis de los sueños, de las líneas de la mano, de las roeduras de los ratones o de diversos tipos de oblaciones en el fuego (arroz, manteca, aceite); también la ciencia de los hechizos, de las serpientes y de los pájaros, así como la predicción de la longevidad. Todas estas prácticas se consideran bajas artes, medios de vida equivocados, formas ruines de ganarse el sustento a costa de ingenuos y sentimentales. Se alude asimismo a aquellos que ven signos por doquier (en los rasgos de la cara, en las piedras preciosas o en las vestiduras, en las flechas, en los animales de carga, en los caballos, en el ganado o en las mujeres) y con ellos hacen sus predicciones y dan forma a sus oráculos. Entre esas bajas artes se cuentan el vaticinio de eclipses y tempestades, caídas de meteoros y temblores de tierra, incendios cósmicos y desviaciones del curso natural de las estrellas. En general, se critica a aquellos que, por medio de su energía interna y de una perfecta atención introspectiva, recuerdan sus existencias anteriores a través de las innumerables eras del mundo y concluyen que el universo es eterno en el tiempo e infinito en el espacio. Y se aconseja al monje que no se ocupe de estos asuntos, pues son propios de mentes dominadas por el deseo. Buda es reacio a debatir cuestiones de naturaleza cosmológica. Considera que son infructuosas y que desvían la atención de los monjes de lo fundamental. Dichas especulaciones obstaculizan la erradicación de la ignorancia y del deseo ciego, principal objetivo de la vida mental del monje.

La extensión espacial y temporal del universo se plantea también en el *Diálogo breve con Mālunkya (Cūlamālunkyasutta)*, donde un eremita impaciente por que Buda le aclare esta y otras cuestiones acude a interrogarlo en los alrededores de Śrāvastī[28]. Buda elude la cuestión por no ser provechosa para erradicar el sufrimiento (el propósito de la enseñanza) y por no conducir a la serenidad, el desapego y la ecuanimidad. La naturaleza del espacio y del tiempo no es una cuestión prioritaria, como ilustra la alegoría del hombre que, herido por una flecha envenenada, se resiste a dejarse curar hasta que conozca la identidad del arquero. Vano es preguntarse por la finitud o infinitud del universo, por los límites del espacio o del tiempo. Estas especulaciones alejan al monje del verdadero propósito de la doctrina: los estados de la mente respecto al sufrimiento propio y ajeno. Todo ello es testimonio de la actitud anticosmológica del budismo temprano. Sin embargo, esta tendencia antigua no se mantendrá en la escolástica posterior, y, con el paso del tiempo, se desarrollarán sistemas que explicarán el universo en función de su estructura espacial y temporal. Muchas de estas concepciones se encuentran ya en el período védico y serán incorporadas y adaptadas por la tradición. En la literatura del abhidharma sarvāstivāda descubrimos ya los primeros intentos de sistematizar estas ideas y de trazar un mapa del tiempo.

Su influencia se extenderá desde el norte de la India hasta las tradiciones mahāyāna del Tíbet y de Asia Oriental, mientras que el abhidharma theravāda predominará en el sur de la India (Sri Lanka) y en el Sudeste Asiático. Aunque existen diferencias menores entre una y otra tradición, las cosmologías del abhidharma comparten, en general, cinco premisas:

1. El universo siempre ha existido y existirá. Carece de límites temporales, por lo que se obvia la figura del creador y la elaboración de una cosmogonía.
2. El universo tampoco tiene límites espaciales.
3. La ley de la causalidad (que va más allá del ámbito material) rige el cosmos. Se expresa mediante el *dictum* «dado esto, ocurre aquello» (asmin sati, idam bhavati) y, referida a los seres conscientes, mediante la doctrina del origen condicionado.
4. La fuerza gravitante de las acciones de los seres (toda acción lleva asociado un estado mental) configura la estructura espacial y temporal del universo.
5. El universo se estructura jerárquicamente en diferentes ámbitos de existencia. Dichos ámbitos están asociados a un modo de proceder adquirido por la repetición de actos, tendencias instintivas e inclinaciones. Todos ellos constituyen estados mentales dominantes (aunque no exclusivos) de cada ámbito.

Identidad y transformación

En la sucesión temporal y espacial, en su duración y movimiento, los seres ofrecen diferentes versiones de sí mismos. Y ese estar en el mundo es propio de una acción (karma) que no solo limita, sino que identifica. En su devenir, los seres se transmutan y se rehacen, y únicamente lo actuado podrá cambiar el nombre de las cosas, su identidad. Ese es el drama en el que surge la tradición budista. El sujeto se define como una unidad particular de actos dentro de un proceso continuo de percepción cognitiva (vijñāna-saṃtāna) que recorre diversas formas de existencia y en el que los seres se transforman unos en otros, según ganen o pierdan inteligencia o estupidez.

El tejido del espacio-tiempo es suplantado por una matriz en cuyo molde los seres nacen de sus propias acciones. La identidad, el deseo de perfilar del pintor, del científico, del bodhisattva, es acto puro. Y como todo acto lleva un estado mental asociado, el conjunto de los estados mentales que conforman el temperamento o personalidad (en el caso del bodhisattva, una vocación o inclinación hacia el despertar) estará vinculado a los diferentes ámbitos de existencia. De ahí que las historias populares sobre los deva que pueblan la literatura de los nikāya puedan entenderse en términos de estados mentales. La batalla que libra Siddhārta contra el Señor de la muerte (Māra) bajo el árbol del despertar se torna en metáfora de una carrera de obstáculos para superar ciertos estados mentales que impiden la obtención del primer dhyāna, más allá del mundo del deseo sensual, que es el ámbito regido por Māra.

La variedad y riqueza de la experiencia humana, que comprende desde los dolores más abyectos hasta las afinidades más sublimes, sitúa al hombre en una posición privilegiada en todo este entramado. Dentro de las capacidades para la acción, la tradición budista establece una jerarquía de los seres en función de su sensibilidad que sirve de teodolito para clasificar las complejidades de lo vivo: larvas que solo disponen del sentido del gusto, gusanos que únicamente perciben sensaciones táctiles, peces que oyen pero no huelen, espíritus que solo ven lo invisible, seres que reflexionan sobre el universo... Cuanto mayor es el número de sentidos, más capaces son los seres de conocer la naturaleza del mundo. Cuando esta sensibilidad se refina, el ser humano tiene acceso a ámbitos más allá de la forma. La sublimación de la sensibilidad se convierte, paradójicamente, en el puente para la superación de lo sensible.

El mapa del cosmos es, para el budismo, un minucioso informe de todas las experiencias posibles (de todos los estados mentales) que deberán vivir los seres en su deambular (errático o intencional) por la existencia. El espacio y sus ámbitos de vida son una creación del temperamento de los seres que los habitan. Hay aquí un cambio radical de perspectiva: el ser no habita el espacio, sino que es el espacio el que habita al ser. El espacio ya no es una categoría preconceptual que sirve de escenario para el drama de la vida humana, sino que resulta de una creación mental, de un temperamento que se crea un hueco en el que habitar.

Conciencia en continuidad

La onda de gravedad que mantiene el pulso del mundo, la diversidad del universo material y espiritual, no es en modo alguno resultado del azar, sino que tiene una causa. Al inicio de cada ciclo, el universo se recrea, y lo que de nuevo pone en marcha el mundo es la fuerza del karma, la integral de todas las acciones de los seres conscientes. La célebre fórmula «la diversidad del mundo procede de la acción», citada por Vasubandhu en el *Abhidharmakośabhāsya*, sirve de justificación al sentido y configuración del cosmos[29]. Dicha fórmula contiene, como afirma Louis de La Vallée-Poussin, el alfa y el omega de lo que el monje debe saber acerca del mundo[30]. Se trata de uno de los pilares en los que se apoya la tradición, cuya dimensión no es exclusivamente moral, sino también cosmológica: el mundo material está organizado de acuerdo con la retribución de los actos conscientes y con los ambientes en los que predominan determinadas actitudes y hábitos mentales.

La continuidad de la conciencia se sustenta en el concepto de *karma*: la creencia de que todo acto tiene su retribución, en esta vida o en las subsiguientes. Conforme a esta doctrina, los seres forjan su destino mediante las acciones que llevan a cabo y sus estados mentales asociados. El budismo reivindicó la doctrina del karma como propia. En numerosos pasajes de la literatura canónica, Buda instruye a los brahmanes sobre el alcance y la profundidad del karma, a pesar de tratarse de una creencia compartida con las otras dos grandes religiones de origen indio: el brahmanismo y el jainismo.

Dado que el budismo es una crítica de la noción brahmánica de *ātman*, cabe preguntarse quién hereda el karma en una vida subsiguiente y cómo se produce la transición entre una existencia y otra. Para responder a la primera pregunta, los textos ofrecen una analogía. Después de un tiempo, la leche fresca se convierte en cuajada; posteriormente, en mantequilla, y, si se extrae el agua, en mantequilla clarificada. Y del mismo modo que no hay leche fresca en la mantequilla clarificada, tampoco encontraremos un ātman que pase de un estado a otro. En efecto, lo que se da es una reanudación, una concatenación causal de dos procesos vitales en la que no se preserva la individualidad o el yo, pero sí la continuidad. Para el budismo, toda identidad es caminera y, escatológicamente, transitiva.

Respecto a la segunda cuestión, el nacimiento de un nuevo ser (la formación del cuerpo a partir del embrión) se explica en términos kármicos. La fuerza interna que impulsa el crecimiento del organismo es consecuencia de acciones pasadas y adopta la forma de impresiones y predisposiciones que guiarán su desarrollo biológico (lo que hoy día llamaríamos *código genético*). Dichas impresiones y predisposiciones crean un cuerpo para realizar todo su potencial. Como prueba de esta afirmación, se dirá que el bebé ya sabe muchas cosas antes de nacer, como la satisfacción y el temor, o la necesidad de alimentarse del pecho de la madre, y está familiarizado con las emociones típicamente humanas. Al mismo tiempo, esa acumulación de impresiones y predisposiciones que impulsan al ser vivo, y que se hallan en estado latente en el interior del organismo, sirven para explicar la diversidad de los seres, sus diferentes formas y capacidades, y las condiciones particulares que rodean su crecimiento y desarrollo. Se habla de un enlace en el renacer: en el proceso del «remorir», el último estado consciente, condicionado por el karma e impulsado por el deseo y la ignorancia, se dirige al vientre en el que habrá de renacer. Para explicarlo, los textos utilizan la metáfora del sonido y su eco, así como la del sello y su estampado.

Con la negación del ātman, el budismo corría el riesgo de caer en el nihilismo. Algunos pasajes de su literatura dan cuenta de tal inquietud. Mantener la existencia del yo supone aceptar la permanencia, lo cual entraría en contradicción con un principio fundamental del budismo: la impermanencia de todo lo existente. Pero decir que no hay un yo sería como alinearse con aquellos que no reconocen ningún valor moral inherente a la vida, y el budismo dista de abrazar dicha concepción. Este hecho encontrará justificación en cierta ambigüedad retórica: se sostendrá que quien realiza una acción no es el que experimenta sus consecuencias, pero tampoco alguien completamente distinto. El ser (esencialmente transitivo) que renace y experimenta el fruto de los actos del pasado no es ni idéntico ni diferente a quien los realizó. Para resolver esta ambigüedad se recurre al «origen condicionado», al que ya hemos aludido. Este término se refiere a que la existencia de cualquier cosa o fenómeno se origina a partir de otras cosas o fenómenos y depende de estos, los cuales, aunque puedan considerarse causa del hecho producido, a su vez son resultado de otras causas y condiciones. De acuerdo con la visión budista, el origen condicionado describe las cosas como una concatenación de causas repetidas indefinidamente.

Espacio temperamental

En sus primeras especulaciones cosmológicas, el abhidharma no contempla la posibilidad de un espacio despoblado. El abanico de las experiencias posibles de los seres conscientes establece la arquitectura del cosmos, que se entiende como la «espacialización» de ámbitos del renacer consciente. Al mismo tiempo, estos ámbitos definen las condiciones de la experiencia de los seres que renacen en ellos. En el nivel más bajo se sitúan los seres tormentosos o de los abismos (naraka), los sometidos al instinto (tiryagyoni), los espíritus hambrientos o insatisfechos (preta) y una clase especial de dioses resentidos (asura). Estos tres grupos están dotados de una conciencia sensible que se ciñe a los objetos que tienen a su disposición. Viven por lo general en espacios clausurados y oscuros que marcan los límites de su propia experiencia, restringida a los mecanismos del deseo ciego. Por encima de ellos, se encuentran los hombres y ciertas clases de dioses (deva), que experimentan asimismo una conciencia sensible, desmemoriada y contemplativa.

El budismo carece de la noción de un *paraíso eterno*. Sus «paraísos» son más bien estados de conciencia ordenados jerárquicamente. Comprenden seis niveles en el ámbito del deseo y diversos niveles en el de la materia sutil. Se subraya de nuevo la idea de que son las acciones conscientes las que configuran los ámbitos cósmicos. En los paraísos, el deseo sensual resulta placentero y es consecuencia de los méritos de una vida anterior, sobre todo de la generosidad y la buena conducta. Por otro lado, la existencia entre los Brahmā (en el ámbito de la materia sutil) es resultado del cultivo de estados mentales asociados a la serenidad y a la contemplación.

En determinadas circunstancias, se puede experimentar mediante la meditación el ámbito de la materia sutil, e incluso el ámbito inmaterial. De entre todas las posibilidades de existencia, destaca la versatilidad de la condición humana, capaz de sobrellevar con dignidad los dolores más abyectos y de desarrollar habilidades mentales para alcanzar ámbitos de completa serenidad.

Los tres mundos

El mundo sensible se denomina *kāmadhātu*, pues está hecho de «deseos» (kāma). Incluye cinco ámbitos del renacer: abismal, fantasmagórico, animal, humano y divino. Hay seis paraísos sensibles y ocho abismos, y el ámbito humano se subdivide en cuatro continentes. Es el mundo que todos conocemos; la novedad estriba en que el budismo incluye algunos paraísos e infiernos. Está gobernado por el afán y el deseo, por el imperioso apetito de alimento y satisfacción sexual. Recordando que el budismo tuvo su origen en las tradiciones ascéticas, se cita a Śāriputra: «Las cosas buenas de este mundo no son kāma; en los humanos, kāma es el deseo que nutre la imaginación. Poca importancia tienen los objetos del deseo: el sabio es indiferente a ellos»[31].

El mundo sutil se denomina *rūpadhātu*. El término *rūpa* generalmente hace referencia a la materia que se manifiesta a los sentidos. En las teorías budistas sobre la identidad personal, el primer factor del carácter (skandha) es nāmarūpa, el organismo psicofísico (*nāma* alude al complejo psíquico que está constituido por la percepción –saṃjñā–, la sensación –vedanā–, las inclinaciones –saṃskāra– y la apercepción –vijñāna–). Pero, en este contexto, *rūpa* se refiere al segundo de los tres niveles que configuran tanto el cosmos como la experiencia mental. El nombre compuesto *rūpadhātu* puede traducirse como 'mundo de la materia sutil'. Este nivel consta de diecisiete ámbitos (bhūmi) cuyo material se asocia a los diferentes estadios de la meditación (dhyāna)[32], de ahí que tales ámbitos puedan experimentarse tanto renaciendo en ellos como mediante el cultivo mental. Se habla de «materia sutil» por su naturaleza serena y contemplativa, tanto en los ámbitos cósmicos como en sus estados mentales asociados (dhyāna). En rūpadhātu, las actividades sexuales, táctiles, olfativas y gustativas han desaparecido, así como cualquier tipo de dolor físico (aunque no ciertas inquietudes o insatisfacciones debidas a la fugacidad de la experiencia), restando operativos únicamente lo auditivo y lo visual.

La naturaleza y el alcance de los estados de la mente, el trance o la absorción meditativa, se denominan *dhyāna*. La tradición distingue cuatro estados de esta clase. Los tres primeros forman parte del ámbito de la materia sutil, mientras que el cuarto puede pertenecer tanto a este como al inmaterial, que es puro entendimiento (ārūpyadhātu)[33]. Los dhyāna tienen como prerrequisito la concentración (śamatha), y en ellos toda actividad sensorial queda en suspenso, mientras que la de la mente se va atenuando poco a poco. Así, en el primer dhyāna se dan todavía la conceptualización y la reflexión, que en el segundo ya han desaparecido. En el cuarto dhyāna se adquiere el conocimiento de las vidas previas y ciertos poderes extraordinarios, y queda extinguida toda sensación. Se logra una ecuanimidad que da acceso a los estados del mundo inmaterial. La experiencia de los dhyāna no constituye un fin en sí mismo, sino solo un medio para alcanzar el despertar. Todos ellos son estados pasajeros y condicionados, y por tanto insatisfactorios. No suponen una transformación mental definitiva, puesto que una vez que se sale de ellos, la mente recobra las inercias que tenía antes. La asociación entre estados de la mente (citta) y ámbitos cósmicos (bhūmi) permite experimentar estos ámbitos en largos períodos, cuando se renace en ellos o mediante los vislumbres pasajeros de la meditación. Los estados de la mente pueden entenderse como estados de paramnesia, pues todos los seres ya han recorrido los diversos ámbitos en numerosas ocasiones[34]. Dicha vinculación es lo que explica que un mismo término, *bhūmi*, designe tanto los diferentes niveles de evolución espiritual del individuo como los distintos lugares del espacio cósmico. La jerarquía cosmográfica corre en paralelo a la jerarquía de la experiencia mental. El viaje de la conciencia puede entenderse como un viaje cósmico cuyo desplazamiento es posible gracias al cultivo de la mente.

El mundo inmaterial (ārūpyadhātu) es el tercero y más elevado de los mundos. No es un lugar en el espacio, sino un momento en el tiempo[35]. No es lícito hablar aquí en términos espaciales, pues los dharma inmateriales no ocupan lugar. Y, sin embargo, este estado de la mente tiene cuatro formas de existencia. En este contexto, *existencia* se refiere a la aparición de los skandha (proyectados por el karma) en un nuevo ámbito. «Si los estados mentales tienen como soporte la materia (rūpa), ¿cuál será el soporte de la serie de estados mentales (que constituyen los seres) en ārūpyadhātu?», pregunta Vasubandhu. La respuesta que ofrece en la siguiente estrofa no carece de hermetismo: adjudica el soporte al *género* y a las *facultades vitales*[36]. En un comentario, añade que los seres de ārūpyadhātu encuentran soporte en dos dharma disociados de la mente: género (o clase) y facultad vital[37]. El primero, que hace referencia a la noción de *participación*, designa aquello que produce la semejanza entre los seres vivos. Sin embargo, en el ámbito de las ideas y de las expresiones, también guarda relación con lo genérico, con aquello que se aplica a diferentes entidades. Las resonancias platónicas son más que evidentes.

En el mundo material esto no sería posible, porque estos dos dharma carecen de la fuerza necesaria para mantener, por sí solos, la existencia. Pero en el mundo inmaterial sí es posible que subsista la idea o género (como una suerte de arquetipo), y que la vida, a su vez, mantenga la idea. En el mundo inmaterial, el género o la idea y la facultad vital se mantienen mutuamente.

Otras escuelas, como la sautrāntika, no admiten la existencia de este dharma genérico. A la pregunta de cómo es posible que la serie de los estados mentales carezca de un soporte, se dice que es proyectada por una determinada causa. Si dicha causa no está libre del apego por la materia, la serie reaparecerá en el mundo material y encontrará soporte en la materia. En caso contrario, la mente (considerada una serie de estados mentales) existirá sin relación con la materia. Al margen de cómo puede justificarse un mundo mental sin un soporte material, lo significativo desde la perspectiva cosmológica es la hipótesis misma de un ámbito inmaterial. A ese ámbito, como veremos, quedará reducido el universo cuando se repliegue.

Vasubandhu sugiere que estos tres ámbitos forman tres niveles o «capas», tanto en la jerarquía cósmica como en la evolución de las mentes, pero que se encuentran de alguna manera entretejidos. El filósofo cuestiona si deberían considerarse «integrales a un dhātu», es decir, pertenecientes al dominio de ese dhātu, a todos los dharma que se producen en él. Y concluye aceptando la posibilidad de que algunos dharma producidos en kāmadhātu formen parte de la esfera de rūpadhātu o de ārūpyadhātu, debido a los logros de la concentración mental. En el libro octavo se añade que estos estados (dhyāna) siguen siempre un recorrido ascendente (no descendente), pues de otro modo carecerían de utilidad. Es decir, los dhyāna de otras esferas se producen siempre en estados de conciencia que pertenecen a esferas inferiores[38]. Por tanto, no todos los dharma producidos en un dhātu tienen el anhelo o las cualidades propias de ese ámbito. El anhelo característico de kāmadhātu es el de los seres absorbidos por su ambiente y por el deseo de lo que su mundo les ofrece. Lo mismo cabe decir de los otros dos ámbitos, aunque ello no significa que no puedan producir ciertos dharma pertenecientes a estadios superiores (del cosmos o de la mente).

Algunos textos conciben estos ámbitos en capas horizontales, otros los describen esféricos, extendiéndose en ocasiones hacia el cénit y el nadir, en una sucesión infinita de capas esféricas que constituyen los innumerables universos (cada uno de ellos, con los tres mundos mencionados). El mundo inmaterial no se considera parte de esta estructura, pues, como se ha dicho, no es un ámbito espacial.

Aunque cada una de las capas mencionadas pertenece a un universo concreto, quienquiera que se desprenda de un kāmadhātu particular se desprende al mismo tiempo de todos los mundos del deseo de todos los universos, y lo mismo puede decirse de los otros dhātu. Sin embargo, los poderes extraordinarios obtenidos mediante el primer dhyāna se limitan al mundo en el que se producen.

De nuevo es necesario recurrir a la escala de los bhūmi:

<table>
<tr><th colspan="2">Ámbitos cósmicos (dhātu)</th><th>Estados mentales (citta)</th></tr>
<tr><td>Inmaterial
(ārūpyadhātu)</td><td>naivasaṃjñānāsaṃjña
ākiṃcanya
vijñāna anantya
ākāśā anantya</td><td rowspan="3">Cuarto dhyāna</td></tr>
<tr><td rowspan="5">Materia sutil
(rūpadhātu)
(brahmās)</td><td>akaniṣṭha
sudarśana
sudrśa
avṛha</td></tr>
<tr><td>asañña-satta
bṛhatphala</td></tr>
<tr><td>subha-kiṇha
appamāṇa-subha
paritta-subha</td><td>Tercer dhyāna</td></tr>
<tr><td>ābhāsvara
apramānābha
parīttābha</td><td>Segundo dhyāna</td></tr>
<tr><td>mahābrahma
brahmāpurohita
brahmakāyika</td><td>Primer dhyāna</td></tr>
<tr><td rowspan="3">Sensual
(kāmadhātu)</td><td>paranirmitavaśavartin
nirmāṇarati
tuṣita, yāma, trāyastriṃśa
caturmahārājakāyika</td><td rowspan="2">Estados dominados por el desapego, la generosidad y la virtud</td></tr>
<tr><td>manusya</td></tr>
<tr><td>asura, preta tiryagyoni,
naraka</td><td>Estados dominados por el odio, la confusión y el deseo ciego</td></tr>
</table>

Los ciclos cósmicos

El universo se expande y se contrae periódicamente. Buddhaghoṣa describe estos dos procesos en los universos que forman el «sistema de mundos». En cada uno de ellos se distinguen 31 ámbitos de existencia. Como los estados de ánimo, cuya naturaleza se caracteriza por la impermanencia, los ámbitos cósmicos tampoco gozan de una estabilidad definitiva, aunque abarquen períodos incomparablemente más extensos. El espacio cósmico o mundo receptáculo experimenta ciclos recurrentes de repliegue o contracción desencadenados por los elementos fuego, agua y aire[39], que reducen los mundos de abajo arriba, es decir, parten de los ámbitos de existencia más elementales y proceden sucesivamente hacia los más desarrollados. Estas contracciones tienen sus límites. El fuego puede arrasar todos los ámbitos de existencia que quedan por debajo del *flujo radiante*; el agua tiene su límite en el ámbito de la *completa belleza*, y el viento, en el inmenso *fruto*. De dicha destrucción periódica no están exentos los campos de Buda[40]. El fuego destruye en primer lugar el ámbito de los destinos nefastos, el de los animales, el de los manes, el de los humanos y el de los dioses sensuales, para alcanzar el primer ámbito de la materia sutil, el de las divinidades llamadas Brahmā, correspondiente al primer dhyāna, donde se detiene. Los ámbitos superiores, los del segundo dhyāna, serán destruidos por el agua, mientras que los asociados al tercer dhyāna lo serán por el viento. Únicamente los ámbitos correspondientes al cuarto dhyāna (siete de ellos pertenecientes al mundo de la materia sutil y cuatro al mundo inmaterial) no se ven afectados por este repliegue cósmico. Tanto Buddhaghoṣa como Vasubandhu describen detalladamente la secuencia y frecuencia de dicho repliegue cósmico por parte de los elementos[41]. Tras siete ciclos de destrucción mediante el fuego, se produce uno mediante el agua, lo que sugiere que la contracción cósmica no siempre tiene el mismo alcance.

<table>
<tr><th>Ámbitos cósmicos (dhātu)</th><th>31 niveles de existencia (bhūmi)</th><th colspan="3">Ciclos cósmicos</th></tr>
<tr><td>Inmaterial (ārūpyadhātu)</td><td>naivasaṃjñānāsaṃjña
ākiṃcanya
vijñāna anantya
ākāśā anantya</td><td colspan="3"></td></tr>
<tr><td rowspan="5">Materia sutil (rūpadhātu)</td><td>akaniṣṭha
sudarśana
sudrśa
avṛha</td><td colspan="3"></td></tr>
<tr><td>asañña-satta
bṛhatphala</td><td colspan="3"></td></tr>
<tr><td>subha-kiṇha
appamāṇa-subha
paritta-subha</td><td colspan="2"></td><td rowspan="6">Viento</td></tr>
<tr><td>ābhāsvara
apramānābha
parīttābha</td><td></td><td rowspan="5">Agua</td></tr>
<tr><td>mahābrahma
brahmāpurohita
brahmakāyika</td><td rowspan="4">Fuego</td></tr>
<tr><td rowspan="3">Sensual (kāmadhātu)</td><td>paranirmitavaśavartin
nirmāṇarati
tuṣita, yāma, trāyastriṃśa
caturmahārājakāyika</td></tr>
<tr><td>manusya</td></tr>
<tr><td>asura, preta
tiryagyoni, naraka</td></tr>
</table>

¿Qué ocurre con los seres de los ámbitos que son objeto del repliegue cósmico? Hay consenso en que estos no pueden desvanecerse del saṃsāra, pero la escolástica del norte y la del sur no se ponen de acuerdo en cuál es su destino. Para Vasubandhu, renacen en ámbitos equivalentes de otros universos que no se encuentran en proceso de contracción, lo que preserva la ley del karma[42]. Para Buddhaghoṣa, estos seres renacen en el mundo de la materia sutil, concretamente en el ámbito de la *radiación fluida*, en virtud de un remanente de karma positivo. Yaśomitra sugiere en su comentario que cuando se inicia el repliegue del universo, los seres de los ámbitos de existencia inferiores entran en el segundo dhyāna gracias a una traza mental latente. Se subraya así que todos los seres han pasado en algún momento por el ámbito de la materia sutil y que la contracción cósmica se encarga de actualizar este hecho[43].

En los períodos de repliegue, los seres producen con más facilidad los estados mentales (dhyāna) asociados a los ámbitos superiores: la reducción del espacio cósmico contribuye a desarrollar los factores que propician dichas transformaciones[44]. Cuando el cosmos inicia su repliegue mediante el fuego, desaparecen el mundo sensible y los ámbitos asociados al primer dhyāna; cuando entra en juego el agua, desaparecen los ámbitos asociados al segundo dhyāna; cuando aparece el viento, son los ámbitos del tercer dhyāna los que se extinguen[45]. Así, durante el repliegue del cosmos, los seres se ven impelidos a renacer en ámbitos protegidos del proceso de disolución, y producen estados meditativos que los llevan a los ámbitos asociados al segundo, tercer y cuarto dhyāna.

Algo similar ocurre con la contracción del cosmos debida al agua y al viento, que alcanza cimas más elevadas en los niveles de conciencia. Mediante el agua se repliegan los ámbitos correspondientes al segundo dhyāna. Los ámbitos superiores a este, asociados al cuarto dhyāna (las moradas puras y los cuatro estados inmateriales), no se repliegan, sino que constituyen el universo latente cuando todo ha desaparecido. Podemos inferir que es en estos estados donde se custodian las diversas potencialidades de los seres, cuyos itinerarios kármicos sobreviven a las transformaciones cíclicas del cosmos. Dicha identidad kármica se hará efectiva en la era de despliegue o expansión, tras haber quedado en suspenso durante el período de transición entre el repliegue del cosmos y su posterior despliegue. El funcionamiento descrito aquí para nuestro universo es extensible a otros universos, cuyo número es inimaginable.

El relato del *Mahāvastu*

El *Mahāvastu (La gran gesta)*, un texto de transición entre el budismo nikāya y el mahāyāna, dedica uno de sus capítulos a la «génesis del mundo». Aunque constituye un género narrativo, en absoluto cosmogónico y técnico como los tratados que hemos venido mencionando, presenta algunos de los elementos clave de la idea del cosmos forjada en las tradiciones budistas a principios de la era común:

> Llega un momento, oh monjes, después de un largo período, en que el universo inicia su repliegue. Y durante esa fase los seres renacen mayoritariamente en el ámbito ābhāsvara. Cuando, tras otro largo período, se reinicia el despliegue del cosmos, los seres, en virtud de su karma, dejan ābhāsvara y renacen en nuestro mundo. Estos seres tienen una luminosidad propia y están hechos de mente. Se mueven sin impedimentos a través del espacio, disfrutan de un estado de dicha y se alimentan de su propia alegría. El Sol y la Luna todavía no han surgido, tampoco las estrellas ni las constelaciones. No hay ni día ni noche, ni estaciones ni años.
>
> Entonces surge la Tierra como un gran lago de agua refrescante en color y sabor, dulce como la miel de abeja, que se extiende a semejanza de un lago de leche. Los seres de luz se sienten

> atraídos por su aspecto, aroma y sabor. Se acercan a ella con la intención de probar su esencia. Primero degustan la ambrosía a pequeños sorbos, como si fueran pájaros, pero terminan trasegándola como si se tratara de una bebida vulgar.
>
> Dichos seres atraen a otros, y al final son multitud. Y sus cuerpos se despojan gradualmente de su naturaleza mental y luminosa, pierden ligereza y se vuelven ásperos y pesados. Olvidan cómo alimentarse de la dicha y el contento, pierden el don de la ubicuidad y la luminosidad interna. Y lo que antes era luz propia, ahora es luz reflejada.
>
> Cuando los seres han perdido estas cualidades, surgen el Sol, la Luna y las estrellas. Y, con ellas, las constelaciones, los días y las noches, la estación de lluvias y la estación seca. Los seres viven largo tiempo nutriéndose de la ambrosía de la Tierra y su alimento da forma a su apariencia. Los que comen mucho se intoxican y se vuelven desagradables y groseros, mientras que los moderados se tornan bellos y atractivos. Y de esa desigualdad nacen la envidia y la burla, la vanidad y la presunción.
>
> Con el tiempo, se agota la ambrosía y una excrecencia surge en la superficie de la Tierra. Tiene aspecto de miel de abeja, y de ella se alimentan los seres, que añoran los gloriosos tiempos en los que podían disfrutar de la ambrosía. En esa prominencia del terreno crece una enredadera de la que brotan granos de arroz, fragantes, sin polvo ni cascarilla, maduros y esponjosos. Y el arroz va configurando la naturaleza de los seres que se alimentan de él. Y de la partición de la tierra para el cultivo de arroz surgen la asamblea de ancianos, la propiedad y el reino.

Dado que los ciclos cósmicos son incontables, se supone que todos los seres han renacido en alguna ocasión entre los «esplendorosos» (ābhāsvara), estados de materia sutil plenos de dicha y amor, para pasar después a los ámbitos del cuarto dhyāna, aquellos que quedan a salvo del repliegue desencadenado por el fuego, el agua y el viento. De aquí a la concepción mahāyāna según la cual todos los seres portan de modo innato la semilla del despertar (el embrión del

Tathāgata), no hay más que un paso. Los estados mencionados se consideran muy próximos al despertar.

El mapa de la mente

El budismo subraya la idea de que el universo es un complejo itinerario de estados de ánimo y, en cierto sentido, un mapa de la mente. La cosmología no se organiza exclusivamente en torno a lo sensible (la bóveda estrellada, digamos), sino también en torno a los diversos estados de la experiencia mental. El ojo solo percibe lo visible; el oído, lo audible; y nada saben el uno del otro, mientras que la mente aprehende tanto su objeto, la conciencia, como los objetos de los cinco sentidos y los sentidos mismos. En la visión budista, el espacio no es una categoría al margen de alguien que lo perciba. Considerar la existencia de un espacio vacío de percepción supone una contradicción en los términos. Curiosamente, la tradición que hizo del vacío una categoría filosófica descartó la posibilidad de que el espacio pudiera existir al margen de la percepción, es decir, de los seres que lo habitan, ya sean corrientes mentales toscas y sensibles (kāmadhātu), sutiles (rūpadhātu) o inmateriales (ārūpyadhātu). Al depender de los estados de la mente, el espacio pierde su indiferencia y se atempera, se dota de «inclinaciones» y sus rincones se convierten en «ambientes». Y la curvatura del espacio, su gravedad, depende de las miradas que lo crean. Así, hay espacios inquietos y serenos, oscuros y luminosos, de sufrimiento y de dicha.

El universo no tiene un origen, pero se repliega y despliega cíclicamente. Cada ciclo se compone de cuatro fases. En la fase de expansión se produce una diversificación unida a una sucesiva degradación en la experiencia de los seres. En la fase de contracción, el universo comienza a recogerse desde abajo, desde los niveles inferiores de conciencia hasta los más elevados, que son los últimos en reabsorberse. Desde esta perspectiva, si consideramos lo que ocurre en un único ciclo de despliegue-repliegue, puede decirse que son los estados de conciencia que han logrado liberarse de la atadura de la materia (el mundo inmaterial) los que permanecen como universo embrionario cuando este se encuentra en su ciclo de «suspensión», y es a partir de ellos, al reiniciarse el despliegue cósmico, como se forman el mundo de la materia sutil (o de la sensibilidad refinada) y, posteriormente, el mundo de la sensibilidad tosca en el que habitamos. Según esta narrativa, la conciencia, o mejor, los estados de conciencia, crean el receptáculo para lo sensible. La mente se crea un cuerpo. Pero si nos situamos en el inicio del proceso de repliegue, dicha narrativa puede invertirse: lo que era efecto se convierte ahora en causa. Y el repliegue de lo sensible y de lo material da paso a un mundo imperceptible que carece de forma, pero no de entendimiento, y en el que los estados de conciencia subsisten al margen de lo material.

13. Atomistas y lógicos

La escuela vaiśeṣika

La tradición vaiśeṣika es muy antigua. Los primeros textos budistas y jainistas contienen alusiones a su filosofía. La primera versión conocida de la teoría atómica se la debemos a Kaṇāda, cuya figura se asocia a la nocturnidad. Conocido también como «El que come grano», la leyenda dice que de día meditaba en el bosque y por la noche se dedicaba a vagabundear y a colarse en los molinos para alimentarse de grano. Se lo llama asimismo Ulūka, que significa 'lechuza', pues por las noches salía en busca de comida como un ave nocturna. En uno de los diálogos budistas se reproduce una discusión entre un budista y un adepto del vaiśeṣika. El primero compara a Buda con el sol y al vaiśeṣika con una lechuza. Según los comentaristas jainistas, a Kaṇāda se le apareció la divinidad en forma de lechuza y lo instruyó en la doctrina de las categorías.

En oposición a la filosofía de la mente, el vaiśeṣika hace gala de un pluralismo realista. El universo consiste en una pluralidad de realidades externas que existen al margen de la mente que las contempla. El mundo de fuera está constituido por objetos, cada uno de los cuales presenta una disposición particular de átomos. El pensamiento no afecta a la existencia de dichos objetos, que se vinculan unos a otros externamente.

El vaiśeṣika adopta la teoría del conocimiento de la escuela nyāya, pero antes de su fusión con esta, reconocía como medios válidos de conocimiento la percepción y la inferencia (la comparación y el testimonio verbal se consideran formas de la inferencia). Pero lo que distingue al vaiśeṣika de otras escuelas indias es su teoría de las categorías.

Las categorías

Una categoría es aquello que puede conocerse. Este conocimiento ha de ser válido y enunciable. De ahí la etimología del término *categoría* (padārtha): «el sentido (artha) de la palabra (pada)». En el sistema original vaiśeṣika, las categorías son seis, a las que posteriormente (quizá por influencia budista) se añade una séptima, la no existencia (abhāva). Esas categorías son las siguientes:

1. Sustancia (dravya)
2. Cualidad (guṇa)
3. Actividad (karma)
4. Generalidad (sāmānya)
5. Particularidad (viveśa)

6. Inherencia (samavāya)
7. No existencia (abhāva)

1. La sustancia es la categoría principal e incluye tanto lo vivo como lo inerte. Es el sustrato de las dos categorías posteriores, la cualidad y la actividad, que transforma las cosas. Existen nueve clases de sustancias. Cuatro son materiales: la tierra, el fuego, el aire y el agua; y cinco intangibles: el espacio, el tiempo, la dirección, la mente y el ātman. En su aspecto material, las cosas del mundo están hechas de átomos: un árbol, un lago o una montaña son colecciones de estas partículas elementales (paramāṇu). Cuando las cosas se destruyen, los átomos que las componen se dispersan, pero continúan existiendo. El átomo es un objeto eterno.

Los átomos de tierra, agua, fuego y aire tienen las cualidades del olor, el sabor, el color y el tacto, respectivamente. Estas cuatro sustancias materiales, que son innumerables, tienen dos formas de existencia: infinitesimal y eterna. Es decir, existen como singularidades (puntos sin dimensión) eternas (arquetipos), pero también de forma pasajera cuando son parte de la evolución cósmica. Como producto de la evolución, pueden clasificarse en cuerpo, sensibilidad y masa. El cuerpo es el medio a través del cual el ātman experimenta el mundo natural, así como un instrumento para la actividad. La sensibilidad participa de esa mediación que permite al ātman tener experiencias. Y la masa inerte, por último, es el objeto de dicha experiencia. La prueba de la existencia de un elemento irreductible como el átomo es la regresión que supondría una materia infinitamente divisible. Todos los productos materiales de la evolución están formados por una combinación de átomos, que constituyen la causa material del mundo físico.

Por otro lado, las sustancias intangibles, como el espacio, el tiempo o el ātman, aunque sean ubicuas y eternas, no están hechas de átomos. El tiempo es la causa instrumental de la prioridad, la posterioridad y la simultaneidad, de la rapidez y la lentitud. La mente es el instrumento de la experiencia. Es también infinitesimal y eterna, y caracteriza a cada ātman. Tiene un carácter ambivalente, de ahí su importancia: forma parte de la sensibilidad y de las percepciones internas.

El ātman, que no hay que confundir con el alma, es una sustancia omnipresente y eterna, pero limitada por el organismo psicofísico al que está asociada. Existe al margen del cuerpo, la sensibilidad y la mente, y se diferencia de los tres, pero ninguno de estos podría darse sin su presencia. Tiene un carácter ambivalente: es uno, pero también múltiple; es individual, pero también la divinidad suprema. Lleva en sí la tensión esencial entre el todo y las partes, entre lo colectivo y lo individual. El ātman existe por sí mismo y es centro único de la experiencia. Todas las experiencias le pertenecen, y gracias a su presencia es posible la sensibilidad. Es la base y el fundamento de toda actividad mental, del conocimiento, el deseo, la aversión, la voluntad, el placer, el dolor, el mérito y el demérito. Estos atributos son accidentales, pues no siempre están presentes en el ātman. Cuando se ha liberado, o en su condición original, el ātman (como el puruṣa del sāṃkhya) carece de atributos, incluida la conciencia (entendida como conciencia de algo). Cada ātman está asociado a una mente, a través de la cual experimenta la vida y las sucesivas transmigraciones hasta el momento de su liberación. Por eso los ātman son múltiples, y la experiencia y el recorrido de cada uno de ellos es, en cierto sentido, inconmensurable e inalienable. La mente puede alienarse, no así el ātman.

No tiene sentido probar la existencia del ātman. Es algo que cada uno experimenta en su día a día y que damos por supuesto cuando decimos, por ejemplo, «soy feliz» o «me siento desdichado». Puede inferirse entonces de los demás, cuando los vemos conducirse por la vida. Vātsyāyana afirma que el ātman puede percibirse en el trance yóguico.

2. La cualidad es aquello que tiene la sustancia como sustrato y necesita de ella para existir. De ahí que sea causa no inherente de las cosas, dado que determina su naturaleza y su carácter, pero no su existencia. Hay cualidades mentales y cualidades materiales. Se apoyan en la sustancia de diversas maneras: una sustancia / una cualidad; una sustancia / muchas cualidades; muchas sustancias / una cualidad, y muchas sustancias / muchas cualidades. Hay veinticuatro cualidades: color, sabor, olor, tacto, sonido, número, tamaño, separación, conjunción, disyunción, lejanía, cercanía, cognición, placer, dolor, deseo, aversión, esfuerzo, peso, fluidez, viscosidad, inclinación, mérito, demérito.

3. La actividad o karma es otra de las categorías del mundo natural. Puede ser de cinco clases: ascensión, descenso, contracción, expansión y desplazamiento. La actividad es una propiedad inherente a la sustancia, pero mientras que la cualidad es pasiva, la actividad es dinámica y es la causa directa e inmediata de la asociación o la separación de las cosas. En los inicios de la tradición, se consideraba una fuerza oculta y retributiva, papel que posteriormente asumirá la divinidad como motor inmóvil. A semejanza de la sustancia y la cualidad, la actividad es objetivamente real y existente, a diferencia de las tres categorías restantes, que simplemente subsisten.

4. La generalidad o el género es el rasgo o la propiedad que comparten todos los elementos de una misma clase. Mientras que los objetos individuales son numerosos, nacen y desaparecen, el género permanece, es uno y eterno. Los hombres nacen y mueren, pero la humanidad es eterna y tiene una realidad propia como arquetipo, independiente de los particulares, al modo de las Ideas platónicas.

5. La particularidad o individualidad es aquello que distingue a un individuo de otro y que permite atisbar el contorno de las cosas. Es un factor importante para el vaiśeṣika, ya que fundamenta su pluralismo. Por ejemplo, dos átomos de agua pueden ser semejantes en todos los aspectos, pero si son dos, debe haber necesariamente una característica que los distinga. Las distinciones son infinitas, como infinitas son las sustancias eternas, materiales e intangibles.

6. La inherencia o inseparabilidad es un tipo de vínculo esencial entre elementos inseparables que no pueden existir el uno sin el otro. Hay cinco clases de inherencia: sustancia/cualidad, particular/general, eterno/temporal, todo/partes. No debe confundirse con la cualidad de la conjunción, que es un vínculo temporal entre dos sustancias que podrían existir separadas.

7. La no existencia, por último, es la negación de algo en cierto lugar o momento. Hay cuatro clases de no existencia: la no existencia anterior (cuando un producto –una vasija, por ejemplo– todavía no ha sido fabricado); la no existencia por aniquilación (cuando algo es destruido); la no existencia recíproca (cuando A no es B), y la no existencia absoluta (por ejemplo, cuando en la habitación no hay un gato).

Los átomos

Las cosas compuestas se pueden dividir en partes hasta cierto límite. Ese límite de lo divisible es el átomo (paramāṇu). Las cuatro sustancias materiales (tierra, agua, fuego y aire) son divisibles en átomos. La diversidad de las cosas se debe precisamente a las variaciones en la combinación de estas partículas elementales. Las cuatro clases de átomos difieren en sus cualidades. Pero esos átomos, y por eso estamos ante una metafísica, son como puntos, carecen de dimensión, no tienen un adentro frente a un afuera. Las cosas que llenan el espacio se forman en virtud de cierto número y cierta disposición de átomos no espaciales. Dos átomos constituyen una díada; tres díadas, una tríada. Las diversas cosas del mundo se componen de agrupaciones de tríadas. Los átomos son eternos y no se destruyen, pero sí sus configuraciones particulares (los objetos del mundo material), que desaparecen diseminando sus átomos.

Respecto a la causalidad, el vaiśeṣika sostiene, a diferencia del sāṃkhya, que el efecto no está contenido en la causa (algo nuevo aparece en el universo). Distinguen tres tipos de causas que recuerdan a las cuatro aristotélicas: la causa inherente, la causa no inherente y la causa eficiente.

El ātman y lo divino

Ya hemos mencionado que el ātman no es una sustancia material, sino intangible. No puede percibirse, pero su existencia se infiere de los textos védicos. La conciencia, una de sus propiedades, no puede atribuirse al cuerpo físico, a la sensibilidad ni a la mente. La materia no puede ser consciente, al contrario que el ātman. Hay, pues, una diferencia jerárquica entre las sustancias materiales y las intangibles, como el ātman. La conciencia, sin embargo, no es una característica esencial del ātman, sino una propiedad accidental. El ātman liberado carece incluso de conciencia. Podría decirse que es una conciencia sin contenido.

El ātman es por naturaleza ubicuo y eterno, pero se ve implicado (las razones no quedan muy claras) en los entresijos de la existencia y el renacer. El cuerpo físico solo perdura durante un período de vida, mientras que el ātman subsiste, pues su naturaleza es eterna e inmaterial. Advertir tal cosa supone el logro de la liberación, un estado en el que ya no se dan el placer ni el dolor.

Según la tradición, el fundador de la escuela vaiśeṣika era devoto del śivaísmo. El *Saptapadārthi*, la obra que expone las siete categorías del sistema, empieza con una invocación a Śiva. Él es la causa eficiente de la creación del mundo manifiesto. Y, aunque pertenece a la clase de los ātman, es omnisciente y goza de un inmenso poder. Bajo su supervisión y gracia, los ātman progresan y alcanzan la liberación. «Śambhu (Śiva) es la causa del mundo, y el medio para cruzar el océano de las existencias, y el maestro de todas las ciencias».

El nacimiento de la lógica

La escuela nyāya de lógica

El método lógico (nyāya) era para Vātsyāyana la «luz de todas las ciencias». En un himno del *Ṛgveda* dedicado a la

Aurora[1], aparece ya la idea de un orden cósmico que todo lo regula. El poeta muestra su asombro ante la marcha ordenada de los fenómenos. Nace el día y, con la llegada de la Aurora, el orden natural se manifiesta. La Aurora y la Noche avanzan alternando sus colores. No se entrechocan ni se retrasan. Ella, nacida del orden, es a su vez su protectora. Eternamente joven e inmortal, se desplaza de acuerdo con sus propias leyes.

La filosofía nyāya representa la posición del «realismo lógico». Acepta una verdad del sentido común: la existencia de una realidad «ahí fuera», que existe al margen de la mente. Pero el nyāya es, sobre todo, la investigación en los métodos de argumentación; de hecho, el propio término significa también 'argumento'. De ahí la frase de Vātsyāyana: el razonamiento es lo que hace posible todas las ciencias. Y el nyāya se dedicará a perfeccionarlo, a establecer los métodos del discurso razonado, también llamado *tarka*.

Las doctrinas esenciales del nyāya se recogen en el texto fundacional de la escuela, los *Nyāyasūtra (Diálogos de lógica)*, de Gautama (*ca.* s. II). La obra consta de cinco libros y su primer comentario conocido es el de Vātsyāyana (s. IV). Gautama también es llamado Akṣapāda por una antigua leyenda. Absorto en sus cavilaciones, un día caminaba mirando al cielo y cayó en un pozo. Fue rescatado con grandes dificultades y la divinidad le concedió ojos (akṣa) en los pies (pada), para que no se repitiera el accidente. Otra leyenda lo muestra como a los peripatéticos, caminando mientras mira al suelo, por lo que sería «aquel que tiene los ojos en los pies». El comentario de Vātsyāyana será objeto de las críticas del budista Dignāga, para quien lo real tiene la cualidad de lo mental, y postular una realidad extramental sin nadie que la perciba resulta un contrasentido. Otros brillantes comentadores de Gauḍapāda fueron Uddyotakara (*ca.* 650), Vācaspati (*ca.* 840) y Udayana (*ca.* 984).

El nyāya es sobre todo una teoría del conocimiento centrada en cómo conocemos y qué podemos conocer. A diferencia del escepticismo epistemológico que prolifera entre materialistas, budistas y ājīvika, para el nyāya el conocimiento es factible. Para ello, lo primero que hay que hacer es establecer, como hizo Aristóteles, una serie de categorías. Cuatro son los factores que intervienen en la experiencia del conocimiento: el sujeto que conoce (pramātā), el objeto de conocimiento (prameya), los medios de conocimiento (pramāṇa) y el conocimiento válido resultante (pramā). Con su optimismo natural, la escuela afirma que no hay nada que no pueda ser iluminado por la luz del razonamiento. Los objetos primarios del conocimiento son los objetos, pero cuando se medita sobre ellos, puede también conocerse el conocimiento mismo y al conocedor.

Lógica y metafísica

En un principio, el nyāya y el vaiśeṣika eran dos sistemas de pensamiento con distintos orígenes y que no compartían intereses. El nyāya surgió de la práctica y la sistematización de los debates públicos (algunos de ellos contra los budistas), lo que llevaría a la depuración y al refinamiento de la argumentación filosófica. El texto fundacional del vaiśeṣika, atribuido a Kaṇāda, aparece ya en los compendios médicos del āyurveda, concretamente en el más antiguo de todos, la *Caraka saṃhitā*. Las afinidades metodológicas y los presupuestos filosóficos propiciaron la fusión de ambas escuelas. Se inició en la época de Udayana y será consolidada por Gaṅgeśa de Mithilā, en el siglo XII, con la fundación del nuevo nyāya (navya-nyāya). Lo que había sido una tradición epistemológica y realista (el nyāya) adquiere una metafísica atomista y pluralista (el vaiśeṣika). El término *vaiśeṣika* deriva de *viveśa*, que significa 'diferencia' y hace referencia a un sistema analítico que intenta solucionar las cuestiones filosóficas estableciendo diferencias entre las cosas. Una idea fundamental del vaiśeṣika es la particularidad o especificidad (viveśa) de cada átomo, lo que permite distinguir una sustancia de otra. En esta filosofía, la idea de Dios no es parte integrante del sistema, y el orden cósmico se explica por la fuerza de los hechos. La felicidad se obtiene mediante la fidelidad al dharma, que es el orden cósmico y moral, y el factor que decanta tanto la prosperidad como la liberación.

El nyāya acaba haciendo suya la visión atomística del vaiśeṣika, mientras que este asume la lógica de aquel. La relación del nyāya-vaiśeṣika con la tradición védica es diferente a la de los demás sistemas. Digamos que surgió de manera independiente y tomó cierta distancia respecto a la corriente especulativa que emana de los himnos védicos, las upaniṣad y la mitología. La nueva escuela tenía un espíritu cercano al del empirismo científico, más interesado en la realidad externa que en los mundos interiores y el orden sacrificial.

En el nyāya, la mente se concibe como un órgano sensorial. La mente es la que capta las sensaciones de placer y dolor. De acuerdo con el nyāya-vaiśeṣika, todo lo que podemos conocer del mundo encaja en tres grupos: sustratos (dharmin), cualidades (dharma) y relaciones (sambandha), los cuales determinan las transformaciones del mundo natural. Todos los hechos o cosas, por ínfimos o complejos que puedan llegar a ser, y ya sean materiales o espirituales, están compuestos por sustratos, cualidades y relaciones.

Algunos sanscritistas alemanes han apuntado a una posible influencia de Aristóteles (m. 322 a. e. c.) en la filosofía vaiśeṣika, a causa de la expedición de Alejandro Magno a la India o, posteriormente, por contactos en Persia. Nada de esto puede probarse, pero no deja de ser una cuestión importante. Según otra tradición, Kaṇāda recibió la enseñanza directamente del dios Śiva, que se le apareció en forma de lechuza (ave nocturna de ojos grandes y brillantes, caracterizada por su capacidad de observación), de ahí que al vaiśeṣika se lo llame *filosofía de la lechuza.*

Los debates públicos

Los príncipes y soberanos de la India antigua tenían la costumbre de congregar periódicamente a pensadores y ascetas de diferentes escuelas para discutir cuestiones relativas al dharma y a la filosofía. Las crónicas detallan algunos de los asuntos que se debatían en estos torneos, que eran un espectáculo cortesano abierto al público: la identidad o diferencia entre el cuerpo y el alma, la vida después de la muerte, el sentido de la existencia, las reglas de comportamiento y cuestiones sobre la conducta y el modo más eficaz de alcanzar la liberación del espíritu. Aunque los debates tenían un carácter más metafísico que político, su resultado afectaba a las condiciones de vida de las escuelas en litigio, que tenían la posibilidad de granjearse el favor del rey. Fue así como el arte de la persuasión cobró una gran relevancia social y política.

Los criterios y las reglas para determinar el ganador del debate fueron evolucionando, y la práctica misma contribuyó al perfeccionamiento de los métodos formales de inferencia e impulsó el desarrollo de la lógica. Así, el análisis del nacimiento de la lógica en la India pasa por el estudio de las reglas de dichos debates, entre ellas las condiciones bajo las cuales un argumento se consideraba probado o uno de los participantes perdía. Según las crónicas, los jueces debían ser neutrales y rápidos en advertir si alguno de los contendientes violaba las reglas de juego, lo que inmediatamente otorgaba la victoria a su adversario.

Numerosas escuelas de pensamiento participaban en estos torneos: atomismo, materialismo, budismo, jainismo, sāṃkhya y nyāya. Algunas de ellas disponían de manuales para adiestrar a sus discípulos. Los estudiantes se familiarizaban con los diversos tipos de razonamientos, falacias y argumentos circulares, y aprendían a identificar rápidamente pseudorrazones y falsos ejemplos. Los tratados de adiestramiento clasificaban minuciosamente las contradicciones y los sofismas que podían determinar, si eran identificados enseguida, la derrota del adversario, o los trucos y estrategias retóricas que permitían ganar tiempo o despistar al oponente.

Las palabras sánscritas para la discusión lógica son *kathā* y *vāda*. Según la escuela lógica del nyāya, los diferentes tipos de debate se podrían agrupar en tres grandes categorías: diálogos amistosos y honestos, en los que las razones están justificadas; hostiles, en los que se admiten métodos deshonestos, trucos y otras artimañas, y aquellos en los que una de las partes solo pretende refutar a la otra, sin intención de establecer o probar tesis alguna[2].

El debate honesto entre maestro y discípulo se denomina *vāda*, aunque en el compendio médico de Caraka se opta por el término *sandhāya*. Se trata, más que de un debate, de una instrucción amistosa y cordial. Ambos participantes tienen el propósito de establecer una verdad, que adquiere la forma de una proposición (pratijñā) que ha de ser probada o rechazada. El diálogo presenta una tesis y su antítesis, como cuando se atribuyen a un mismo objeto dos cualidades contradictorias (por ejemplo, «el sonido es eterno» frente a «el sonido es caduco»). La tesis deberá probarse mediante pruebas y razonamientos (tarka). Ambas partes formulan su argumento apoyándose en un silogismo de cinco miembros, y la tesis probada no debe contradecir ni los supuestos ni ningún otro principio evidente o de sentido común. En este tipo de debates, el participante que no es capaz de probar su proposición no es censurado ni humillado. No hay vencedor ni vencido, solo una marcha dialogante y jerarquizada (a veces autoritaria) hacia la verdad.

El segundo tipo de debate, denominado *jalpa*, se parece más a un altercado dialéctico que a una conversación amistosa. Lo importante era alzarse con la victoria a toda costa, no la verdad. Normalmente se celebraba entre representantes de escuelas filosóficas rivales y se permitían toda clase de trucos y ardides para confundir al adversario: falsas paridades, pseudorrazones, objeciones banales para ganar tiempo, recursos retóricos, sofismas, etcétera. Si alguno de los contendientes identificaba estos golpes bajos y lograba hacérselos ver a los jueces, estos podían dar por concluido el debate y castigar al infractor con la derrota. De modo que la simpatía o el recelo de los jueces hacia los contendientes podían resultar decisivos.

Los *Nyāyasūtra* recogen veintidós situaciones que daban por concluido un debate (nigrahasthāna), aunque otras fuentes, como el compendio de Caraka o algunos manuales budistas y jainistas, contemplan un número diferente. En este tipo de debates, la razón bien fundada no aseguraba la victoria. Eran frecuentes las estrategias de intimidación, como el uso de abstrusos tecnicismos o la referencia a textos con los que el oponente no estaba familiarizado. El nerviosismo o la precipitación también podían jugar malas pasadas a los contendientes. La teatralidad desempeñaba asimismo un importante papel. Udayana apunta que cualquier atisbo de confusión o de aturdimiento se traducía de inmediato en una derrota. En cambio, en un debate presidido por jueces incompetentes, un sofisma que destilara autoridad y simulara inteligencia podía vencer a un argumento perfectamente válido, pero expresado en tono dubitativo.

El tercer tipo de contienda dialéctica, la favorita para la escuela budista de Nāgārjuna, es el «debate de refutación» o «crítica destructiva» (vitaṇḍā). El propósito es mostrar las inconsistencias lógicas del oponente sin establecer ninguna tesis propia. Una de las partes defendía un argumento, mientras que la otra se limitaba a refutarlo. La impugnación de una tesis no comprometía a aceptar la tesis contraria. Este tipo de discusión la utilizaban, además de los mādhyamika budistas, los materialistas y escépticos (cārvāka) y algunos seguidores del vedānta. El término sánscrito *vitaṇḍā*, cuando se refiere a una réplica en una argumentación o en un debate, tiene dos aspectos, uno negativo y otro positivo. El negativo se puede traducir como 'capcioso' y alude a aquello que arranca en el contrincante una respuesta comprometedora o que favorece el propósito de quien ha lanzado el ataque. En su aspecto positivo, significa 'argumentación negativa' y tiene visos de burla fina y disimulada con la que, como ocurre con la ironía, se da a entender algo diferente a lo que se dice. Es precisamente esa distinción entre el decir y el mostrar lo que permite calificar a los vitandines como «ironistas». Sin embargo, desde la perspectiva de la escuela nyāya, el debate vitaṇḍā era una subcategoría de jalpa, el altercado dialéctico y tramposo que solo persigue la victoria, aunque algunos pensadores como Nāgārjuna o Śrī Harṣa defenderán su legitimidad.

Nos encontramos, pues, con tres modos de aproximación a la verdad. Uno busca razones justificadas; otro, la victoria, y el último, la falsedad. En el primero (vāda), la verdad exige colaboración y confianza; en cierto sentido, un acuerdo convencional sobre toda una serie de supuestos. En el segundo (jalpa), la verdad requiere de la ambición de la victoria, y se permiten el juego sucio y la falta de escrúpulos. El primero expresa el poder de la verdad; el segundo, la verdad del poder. En el tercero (vitaṇḍā), la búsqueda de la verdad exige encontrar lo falso. Representa el escepticismo respecto a las posibilidades de lo verbal. La clasificación misma de los tipos de debate plantea ya numerosas cuestiones. En todo caso, aunque los textos canónicos de la lógica nyāya establecen que los debates se dividían en estas tres modalidades, es muy probable que se produjeran injerencias entre ellas.

Si hay una verdad y una razón justificada, ¿por qué utilizar falacias o pseudorrazones? Los propios textos de lógica se plantean esta pregunta. Si el argumento del oponente adolece de algún defecto, bastaría con señalarlo. Y si no es así, bastaría con aceptarlo y reconocer su verdad. Quien confía en las posibilidades de lo discursivo no debería servirse de métodos ilegítimos para lograr la victoria, pues la victoria es la verdad misma. Las reglas de la lógica (indistinguibles de las del debate) hacen esto posible. Al margen de respuestas un tanto crípticas (como «la verdad es un brote tierno que debe protegerse con las espinas de la dialéctica, sea fraudulenta o legítima»), los pensadores del nyāya justificaban el conocimiento de los otros modos de discusión aduciendo que la razón verdadera podía en ocasiones no estar al alcance de quien debatía, atenazado a menudo por los nervios. Ante semejante crisis, debía recurrir a ciertos trucos para salir del paso. Si su oponente carecía de pericia para desenmascarar sus falacias, el naiyāyika ganaba algo de tiempo que le permitía dar con la razón justa. Incluso podía llegar a vencer sin haberla hallado, quedando protegida la semilla del verdadero conocimiento.

Otro argumento que justificaba la adquisición de la destreza en artimañas y trucos, propuesto por Uddyotakara, es que brindaba al naiyāyika la posibilidad de reconocerlos en el discurso de su adversario y, si lograba identificarlos ante el jurado, proclamarse vencedor. También podían utilizarse a la desesperada cuando la derrota era inminente, pues estos trucos sembraban la duda en el oponente. La retórica, según la escuela del nyāya, no alcanza la verdad de la lógica, pero puede protegerla.

Otras escuelas, como el madhyamaka o el vedānta, verán con ironía esta verdad de la lógica. Aducirán que no es sino el resultado de un acuerdo, siempre provisional, entre los hombres, concretamente entre aquellos que establecen las reglas y directrices para determinar el resultado de los debates, aquellos que los convocan y los contendientes.

La argumentación negativa

La argumentación negativa no debería confundirse con el escepticismo. Esta forma del debate unió al mādhyamika (budista) con el materialista (cārvāka) y, más tarde, con algunos filósofos del vedānta (hinduistas). Se basa en una desconfianza fundamental hacia el lenguaje y en el reconocimiento de su capacidad tanto para revelar como para confundir. Se establece la verdad mediante una vía negativa que aparta el velo del error (el velo del lenguaje) huyendo de la literalidad para que la verdad se manifieste desprovista de palabras. Pero, al mismo tiempo, se reconoce la necesidad de las palabras para producir ese efecto.

Algunos pensadores, como Nāgārjuna, entendieron que las palabras pueden enredarnos y desarrollaron un fino olfato para detectar las contradicciones en las que incurren. Paradójicamente, su actitud fue decisiva para el desarrollo de la lógica, que hubo de combatir sus argumentos. La vía negativa pretendía acotar la verdad, clausurar los desvíos que nos alejan de ella. Si bien adoptó cierto escepticismo respecto a las posibilidades de lo discursivo, sus defensores no creían que no existiera una verdad, sino que las palabras no podían dar cuenta de ella. Según esta postura, que podría denominarse *dialéctica de lo inefable*, las palabras, si bien son incapaces de localizar la verdad, sí pueden facilitar una intuición no verbal de ella. Como si la negación pudiera parcelar la verdad, ubicarla, señalando dónde no hay que buscarla. Así pues, la actividad del razonamiento, que aquí adquiere la forma de un desmentir o un refutar, sirve de vehículo («escalera» o «balsa» fueron las metáforas budistas) para alcanzar ese lugar donde es posible intuir la verdad.

Un texto clásico del budismo, el *Diálogo con Vimalakīrti*, da cuenta de dicha actitud. Los budas no se apegan a las palabras, pero tampoco les tienen miedo. Que el sabio no se apegue a las palabras no significa que deba permanecer en silencio, sino que está libre de las construcciones mentales asociadas. No temer a las palabras significa lograr que estas se abran al silencio, poner en escena el gesto que restituya el lenguaje a lo inefable. Esa idea se asocia a otra frecuente en el budismo mahāyāna: la de que Buda no pronunció palabra alguna durante su ministerio. Los filósofos de la escuela de Nāgārjuna propusieron la carencia de puntos de vista como el único punto de vista que expresaba el significado del despertar.

Si la argumentación negativa la desarrollaron filósofos que pertenecían a tradiciones espirituales en las que se aceptaba todo un conjunto de creencias, entonces, como apuntó el naiyāyika Sānātani, habría que distinguir cuatro tipos de debate (en lugar de los tres habituales que menciona la literatura canónica): vāda, vāda-vitaṇḍā, jalpa y jalpa-vitaṇḍā. La vieja taxonomía del nyāya necesita redefinirse, como la misma palabra *vitaṇḍā*, que deja de considerarse despectiva. El nombre de Sānātani aparece en un trabajo de Udayana (975-1050) titulado *Tātparyapariśuddhi*. Probablemente fue el autor de un comentario al capítulo quinto de los *Nyāyasūtra*[3]. De los cuatro tipos de debate propuestos por Sānātani, vāda y vāda-vitaṇḍā serían protocolos de una sincera búsqueda de la verdad (por ambas partes, al margen del acuerdo sobre la cuestión de si esa verdad podía expresarse mediante palabras o argumentos), mientras que jalpa y jalpa-vitaṇḍā solo perseguirían el prestigio y la influencia. En los dos primeros hay una voluntad de saber, aunque en el caso del vitandín ese saber no sea discursivo; en los segundos, una voluntad de poder. Es un asunto importante que anticipa un problema de nuestro tiempo, apuntado por Nietzsche y desarrollado por Foucault: la relación entre conocimiento y poder.

La reducción al absurdo

Una de las formas habituales de llevar a cabo la argumentación negativa era la reducción al absurdo (prasaṇga). El método consiste en asumir provisionalmente los supuestos o axiomas del adversario y desarrollarlos siguiendo la lógica del oponente, mediante el uso de inferencias, ejemplos pertinentes y otros medios válidos de conocimiento, hasta alcanzar una proposición que contradiga tales supuestos. Un trabajo dialéctico que desconfía de las posibilidades «positivas» del razonamiento y cuyo objetivo final es el absurdo. Se ha dicho con frecuencia que el sentido es algo construido; pues bien, en este caso, el absurdo también lo sería. Ambos requieren de la lógica.

La reducción al absurdo, muy utilizada en el análisis matemático, ha sido una estrategia recurrente en filosofía, pero hay algunas diferencias entre el proceder del matemático y el del prasaṇgika. El matemático, para probar la igualdad de una ecuación, supone lo contrario, transforma la igualdad en desigualdad y la desarrolla hasta dar con una contradicción. Una vez encontrada, se considera probada la igualdad primera. Para el prasaṇgika, sin embargo, este procedimiento no sería válido. Probar que algo es lógicamente contradictorio no implica que su contrario sea cierto. Reducir al absurdo una creencia puede suponer simplemente el rechazo mismo de los términos en los cuales se basa dicha creencia (en términos de la lógica, el «rechazo de los axiomas»). Reducir al absurdo la idea de que el universo es una creación divina no implica que no fuera creado, pues podría haber sido obra de un demiurgo o producto de cualquier otra situación.

Estas estrategias pueden considerarse como una labor de desbrozo. La reducción al absurdo y la argumentación negativa no pueden decirnos qué es el mundo o cuál es la verdad, pero sí preparar el camino para que esa verdad se manifieste por sí misma. Como si para escuchar la música de la verdad hubiera que silenciar el susurro del lenguaje. Es bien conocida la incapacidad de las palabras para dar cuenta de algunas de nuestras vivencias cotidianas. Wittgenstein propone que tratemos de describir el sonido de un clarinete; Chesterton, los colores de una selva otoñal. Pero esa torpeza del lenguaje se confunde a menudo con la futilidad de las palabras o de la lógica, en aras, por lo general, de una experiencia más allá del lenguaje, como si esa misma experiencia fuera algo extraordinario. ¿Existe acaso algún tipo de experiencia que no esté más allá del lenguaje? Lo que puede enseñarnos este uso particular de la lógica es precisamente que el razonamiento puede servir muy bien de base a la intuición de la *negatividad* del lenguaje, un tema importante en la filosofía moderna y que los gramáticos indios abordaron mediante el concepto de *apoha*.

La ocurrencia de un error lógico en el debate, de una falacia o una contradicción, suponía la derrota instantánea si era detectada por el oponente o por el juez. Sin embargo, un error que pasa desapercibido es tan bueno como una verdadera razón. La idea es que para hablar de *razón* (y distinguirla de *falacia*) debemos movernos dentro de un orden, en este caso el que establecen las reglas del debate y sus testigos, pero cuando hablamos del razonamiento y del lenguaje, ese orden no está nunca cerrado (las conversaciones y los debates siguen produciéndose, pues la lengua está viva). Uno puede tener *razón*, digamos, en un sudoku, donde la inteligencia trabaja sobre un orden cerrado subyacente en el que hay aciertos y errores. Si pensamos en un juego como el ajedrez, localizar el acierto y el error resulta ya más complicado, pues un movimiento determinado será un acierto o un error en función de cómo se desarrolle la partida. La razón se decidirá cuando la partida haya concluido, cuando Aquiles haya alcanzado por fin a la tortuga, cosa *a priori* imposible. Lo mismo sucede en los debates que dan nacimiento a la lógica, y algo parecido en la historia, que quita la razón a unos para otorgársela a otros que en vida nunca la tuvieron.

La historia de las ideas nos muestra cómo el rechazo de ciertos vocabularios ha ido configurando los diferentes escenarios en la batalla por el estatuto de lo verdadero. Pero toda crítica del lenguaje, hoy lo sabemos bien, lo es de *cierto* lenguaje. No importa que se presente a sí misma como una crítica del lenguaje en su totalidad: siempre acaba proponiendo un vocabulario que desbanca al anterior. Los proponentes de la vía negativa criticaron el lenguaje de la lógica para sustituirlo por toda una serie de metáforas sobre la ilusión de la lógica y del propio lenguaje, pero hay un aspecto que dice mucho de la originalidad de esta propuesta: tuvieron una conciencia muy clara de que, al heredar el lenguaje, heredamos las incontables palabras pronunciadas por los hombres, razonables o insensatas, filosóficas o poéticas;

palabras que dieron cuerpo a un sentido que recae sobre nosotros y hemos de llevar a cuestas, y que conduce nuestra ceguera y dirige nuestra inteligencia.

En todo discurso sobre la *verdad* se reconoce la servidumbre a estructuras lingüísticas, históricas y culturales: el lenguaje (en este caso, el sánscrito), el uso de ciertos procedimientos y vocabularios siempre amenazados por su fecha de caducidad, las distinciones anticuadas o innovadoras, etcétera. La argumentación negativa pone de manifiesto que la misma práctica del debate es un efecto de lo convencional, del acuerdo mutuo; en definitiva, de un lenguaje siempre provisional. La autoridad de la lógica no descansa, pues, en una conexión privilegiada con los hechos del mundo, sino que es un efecto más de lo social, del lenguaje y de la capacidad de llegar a acuerdos.

El sentido de lo que decimos reside en los supuestos. Por eso a veces no nos entendemos. Entenderse es compartir lo tácito; si no, se hablan lenguajes diferentes. De modo que el sentido está siempre en un afuera, nunca completamente expuesto. Así, toda pretensión de soberanía de lo explícito, el argumento *(de)mostrado* en el debate, oculta la realidad del sentido que presume: las reglas y los acuerdos provisionales que lo hacen posible. La risa es un buen ejemplo de cómo el sentido habita lo tácito. Vayamos al cine en la India y observemos las reacciones del público y la nuestra. Comprobaremos enseguida que cuando los otros estallan en carcajadas, nosotros enmudecemos, y viceversa. No importa que la película sea asiática o europea, tarde o temprano la falta de sintonía será evidente. Lo explícito, lo que vemos en la pantalla, tiene sentidos diferentes a causa de lo que no se ve, de lo implícito.

Si el sentido no puede reducirse a lo explícito, la vía negativa contrarresta la tendencia general (y dominante) del pensamiento a ocultar aquello que le sirve de base, una de sus estrategias para preservar su autoridad. La lógica habla y se desarrolla como si no se sustentara en axiomas, manteniéndolos fuera de la discusión. Si en la lengua viva el sentido de lo dicho depende siempre de los hablantes, la tarea de la argumentación negativa consistirá en sacarlo a la luz sin fosilizarlo mediante el concepto.

Es el curso mismo de la conversación (o de la batalla dialéctica) el que va creando el terreno sobre el que se mueven los hablantes. Esto explicaría por qué los prasaṇgika, sin pretender probar nada, se empeñaron en no ser excluidos de ágora del debate. Se convirtieron en representantes de una escuela cuyo manifiesto ignoraban, con un estilo que rehuía la certeza y promovía el asombro mediante la práctica social de la lógica.

El prasaṇgika solo pretende mostrar, rehusando demostrar. Se ve a sí mismo como alguien que se dedica pacientemente a la refutación en la creencia de que el lenguaje, en su soberanía negativa, tendrá el poder de hacer aparecer el cuerpo visible y eterno de la verdad a quien sepa escuchar su silencio.

Es un efecto natural del lenguaje el que en las disciplinas científicas encontremos conflictos entre vocabularios. Si nos iniciamos, por ejemplo, en el estudio físico de la materia, nos veremos obligados a familiarizarnos con todo un vocabulario heredado de esa tradición de conocimiento: *átomos*, *campos magnéticos*, *partículas elementales*, *campos de fuerza*, *ondas de probabilidad*, *números cuánticos*, etcétera. Y estas palabras nos ayudarán a crear un universo de significado (relaciones) en el que habiten todas estas entidades (identidades). Hablar de la materia es hablar en dichos términos. Si, en cambio, nos iniciamos en el estudio de la vida, de nuevo nos encontraremos con un vocabulario específico heredado de la tradición: *células*, *proteínas*, *nutrientes*, *neurotransmisores*, *genes*, *ADN*, etcétera. Y, como antes, estas palabras nos ayudarán a crear un universo de significado (relaciones) en el que habiten todas estas entidades (identidades). Hablar de la vida es hablar en dichos términos. Lo mismo podría decirse de las palabras que entraña el estudio de la mente mediante el psicoanálisis: *neurosis*, *paranoias*, *pulsiones negativas*, *placebos*, *frustraciones*, etcétera. Hablar de la mente es hablar en dichos términos.

Sin embargo, cuando nos disponemos a elaborar un discurso sobre la materia, la vida y la mente, ocurre que los respectivos vocabularios de los que disponemos son inconmensurables entre sí. Podemos hablar de las proteínas de la célula, pero no es lícito que lo hagamos de la función de ondas de las partículas que componen la célula, ni de la neurosis que esta pueda sufrir. (Y si lo hacemos, nuestro discurso ya no es científico, sino poético). De modo que las diferentes disciplinas de conocimiento establecen las condiciones para un solipsismo epistémico y entablan un diálogo de sordos. Hay aquí una falta de entendimiento, se necesita un traductor. Estas disciplinas, incomunicadas e insensibles a lo que dicen las otras ciencias, avanzan como si la neurosis no tuviera que ver con la vida y las células no fueran materia.

Quienes propusieron la argumentación negativa y la reducción al absurdo no eran gente poco razonable que despreciara la lógica. Comprendieron bien, en su insumisión (la cual no impedía una práctica continua de la lógica), que entre los pliegues del pensamiento se puede advertir un sesgo poético, que no hay nada tan filosófico como las limitaciones de la filosofía.

Los medios de conocimiento

Una vez mostrada la deconstrucción, veamos el edificio. La primera y principal distinción que establece la lógica del nyāya concierne a los medios de conocimiento (pramāṇa) y a los objetos cognoscibles o de estudio (prameya). Obviamente, los medios de conocimiento limitan el campo de lo conocido. La mayoría de los lógicos reconocían cuatro: la inferencia; la comparación; la percepción, que nos permite un contacto sensible con una realidad que parece existir ahí fuera, al margen de nuestros procesos mentales, y el testimonio fiable. Algunas escuelas escépticas del budismo no reconocen ninguno de estos medios de conocimiento. Es el caso de la escuela madhyamaka, para la que no son fiables porque se encuentran ya comprometidos con sus prameya (a los que Nāgārjuna sometió a una extensa crítica en *Abandono de la discusión*). Otras escuelas, como la de Dignāga, solo reconocen los tres primeros. El debate sobre los medios válidos de conocimiento es un episodio fascinante de la historia del pensamiento indio.

Los objetos de conocimiento (prameya), por otra parte, pueden ser de muy diversa índole: el ātman, el cuerpo (aquello que posee un ritmo propio), los sentidos (que derivan de los cinco elementos), los objetos de los sentidos, la inteligencia cósmica, la mente, el renacimiento, el placer, el dolor y la libertad (mokṣa).

La inferencia, el primer medio válido de conocimiento, es uno de los factores más importantes en la construcción de un razonamiento preciso. El tecnicismo sánscrito, *anumāna*, hace referencia al silogismo de cinco o de tres miembros, generalmente de tipo inductivo. Casi todas las escuelas filosóficas lo consideran un medio válido de conocimiento, salvo los budistas mādhyamika, los escépticos (cārvāka), los materialistas y algunos advaita como Śrī Harṣa, para quienes es solo una propedéutica. Se acostumbra a distinguir de la implicación (arthāpatti) y de la analogía (upāmana), que algunas escuelas consideran un medio de conocimiento independiente. Los miembros de la inferencia son cinco: la proposición que se pretende demostrar (pratijñā), la razón (hetu), los ejemplos positivos o negativos (udāharaṇa), la corroboración mediante el ejemplo (upanaya) y la conclusión probada (nigamana).

Hay un factor decisivo para la validez de una inferencia: la concomitancia invariable (vyāpti). Se trata de una condición necesaria: debe existir una concomitancia invariable entre la propiedad atribuida y la causa asociada a ella. Los textos la definen como la coexistencia invariable o necesaria de dos objetos, por ejemplo, del humo y el fuego. Allí donde observemos el humo habrá fuego, porque entre ambos existe una concomitancia o coexistencia necesaria. El humo no puede existir sin el fuego, aunque este sí puede existir sin aquel, como en el caso de un hierro candente. La definición formal de este término, uno de los temas más complejos de la lógica india, ha suscitado innumerables polémicas y tratados.

Respecto a la comparación, el segundo medio válido de conocimiento, tiene muchas denominaciones, algunas de las cuales se aproximan al español *metáfora* (upamā, rūpaka, vyañjanā, upalakṣaṇa, dhvani). El término sánscrito *upamā* significa 'comparación, semblanza, similitud', y de él deriva *upamāna*, que es uno de los pramāṇa y, según los textos, proporciona el conocimiento de la relación entre un nombre (saṃjñā) y la cosa nombrada (saṃjñin). El *Diccionario sánscrito-español* de Òscar Pujol lo ilustra con el siguiente ejemplo. Un hombre que vive en la ciudad visita un bosque y se encuentra a un guarda forestal que le dice que el *gavaya* es un animal salvaje parecido a la vaca. El hombre se interna en el bosque y ve un animal que se parece a una vaca, y dice para sí: «He ahí un *gavaya*». Ese es el conocimiento analógico (upamiti). Se requieren dos eventos cognitivos para que se produzca la upamiti: aquí, el reconocimiento de la semblanza de los dos animales y el recuerdo de lo que dijo el guarda forestal.

El término *rūpaka* significa 'figurativo, metafórico, que tiene la forma o apariencia de otra cosa'. En retórica, equivale a la metáfora como figura de estilo. En el arte dramático, significa 'obra de teatro'. En cuanto a *vyañjanā*, tiene como campo semántico la alusión, la sugestión, la resonancia semántica y la connotación. En la literatura de los tratados (śāstra), *upalakṣaṇa* significa 'implicación, inclusión', y se puede entender como una forma de sinécdoque: representa la capacidad que tiene una palabra de expresar, al mismo tiempo, su propio significado y otro diferente. Los tratados de retórica denominan *dhvani* al significado sugerido, a la resonancia semántica y a la alusión. En el arte poético, esta palabra se utiliza para designar el poema sugerente, en cuyos versos predomina el significado implícito. La tradición sánscrita, enamorada del hermetismo, considera estos poemas los más excelsos.

La percepción (pratykṣa), el tercer medio válido de conocimiento, hace referencia a la extracción y al uso de información de nuestro entorno y de nuestro propio cuerpo mediante los sentidos externos y los internos, el entendimiento, el sentido de la identidad y la mente. La percepción capta objetos o hechos, como, por ejemplo, un mono sobre un árbol o un asceta en una colina, pero no requiere que sean reconocidos. El mono puede ser en realidad una liana; el asceta, un poste. Ver objetos o hechos puede ser una actividad no epistémica, que no implique conocimiento. La percepción de cosas es menos exigente que la percepción de hechos. La percepción ocurre en el espacio y el tiempo, pero también puede darse en las visiones de la meditación o en los sueños. En esta idea insistirán los budistas de la escuela de Vasubandhu. La percepción puede prescindir del objeto real. Subrayarán además que no vemos siempre las mismas cosas y que la percepción no es sino el conocimiento de un momento determinado en una situación concreta. No vemos las mismas cosas que veían los antiguos, tampoco utilizamos las mismas metáforas o analogías, no leemos del mismo modo los textos ni nos resultan significativas las mismas inferencias.

El testimonio fiable o de autoridad es el cuarto medio válido de conocimiento. Se denomina *śabda* e incluye tanto la simple comunicación verbal de un maestro como cada uno de los textos que constituyen la tradición de comentarios autorizados de una obra canónica. Dicho testimonio informa de cosas que uno puede experimentar por sí mismo, pero también de las que están fuera del alcance de la experiencia personal. Muchos de nuestros conocimientos proceden de este medio. Cosas escuchadas en las instituciones docentes, impartidas por profesores con las competencias necesarias para la enseñanza. Lo que sabemos de oídas representa más de un 80 por ciento de nuestros conocimientos. Tanto hoy como en la antigüedad, la transmisión es un factor esencial del conocimiento. Hay dos tipos de testimonio fiable: el védico y el secular. El primero es infalible, mientras que el segundo es válido siempre y cuando sea emitido por una persona digna de confianza.

Un mundo real y plural

El nyāya sostiene la idea de la verdad como correspondencia. El conocimiento es verdadero (pramā) cuando concuerda o se corresponde con la naturaleza de su objeto. El término *pramā* hace referencia al conocimiento de la naturaleza real de las cosas. Por ejemplo, reconocer una pieza de plata que se encuentre delante de nosotros como hecha de plata es una experiencia verdadera de conocimiento. Ese juicio será verdadero si las propiedades reconocidas («de plata») coinciden con la naturaleza del objeto. En el acto mismo de conocer, el sujeto que conoce y el objeto conocido están relacionados externamente. En eso consiste la visión «realista» del nyāya. La existencia de los hechos es indiferente a nuestro conocimiento. El objeto de conocimiento se encuentra fuera de la mente y es independiente de esta. En el proceso del conocimiento es la mente la que debe conformarse al objeto, y no a la inversa. La cognición es una propiedad del yo, mientras que el objeto es público y lo pueden conocer diversas personas. Esta concepción del conocimiento se opone por completo a la visión del budismo yogācāra, defendida por Vasubandhu y Dignāga, según la cual no hay una realidad al margen de la mente. El enfrentamiento entre estas dos escuelas mediante toda una serie de obras escritas es uno de los episodios más significativos de la historia del pensamiento hindú. Los yogācāra afirmaban que, así como los objetos del sueño son irreales, las cosas de la vigilia también lo son. El nyāya sostenía lo contrario. Si la no aprehensión de un objeto es la razón para inferir su no existencia, entonces su aprehensión debe bastar para concluir que existe. De hecho, lo que vemos en sueños es inducido por lo que vemos durante la vigilia.

Para el nyāya, el mundo es una realidad al margen del observador. Las cosas no son impresiones o ideas, sino que tenemos impresiones o ideas de las cosas, y estas serán correctas si se adecúan a la naturaleza de las cosas mismas e incorrectas si no es así. Pero el realismo del nyāya no es tan ingenuo como parece. Los pensadores de esta escuela eran muy conscientes de que no podemos salir de nuestro conocimiento y verlo desde fuera para saber si se corresponde con la realidad. Por tanto, no puede haber una prueba directa de la correspondencia entre una cosa y su idea. La prueba reside en la práctica. Si ponemos en práctica ese conocimiento y tenemos éxito, entonces se trata de un conocimiento verdadero. Pero si confundimos el nácar con la plata, al tratarlo como tal nos encontraremos con que no responde a la naturaleza de la plata y entonces estaremos ante un conocimiento falso. No hay, pues, ninguna razón para rechazar la visión del sentido común, la de un mundo plural que es independiente de quien lo observa.

Otra interesante querella es la que mantuvo el nyāya con los materialistas (cārvāka) en torno a la existencia del ātman.

El ātman no puede ser reducido a la categoría de epifenómeno, es decir, de un fenómeno accesorio sin apenas influencia. Para el nyāya, el ātman también responde al sentido común. Consiste en una sustancia inmaterial que posee sus propios atributos y es capaz de experimentar el placer, el dolor y la voluntad. Estas tres cualidades no pueden atribuirse a las cosas materiales, sino a un ámbito inmaterial que es el del ātman o Sí mismo. De hecho, cuando experimentamos las cogniciones como propias, estamos experimentando la permanencia y continuidad del ātman. Cuando viene a la vida, el niño trae numerosas inclinaciones que le son propias y que proceden de sus vidas pasadas. Además, no se ha observado que el ātman nazca o sea producto de algo, ni que se aloje en alguna parte del cuerpo o se mueva con él, por lo que se debe considerar eterno y carente de localización espacial. Para el nyāya, el ātman es ubicuo y eterno, y hay un número infinito de ellos.

¿Dónde se sitúa entonces lo divino? El nyāya sostiene que lo divino es el ātman supremo (paramātman), que, como el ātman particular, es ubicuo y eterno. Udayana, para justificar su existencia, recurre de un modo muy aristotélico a la causalidad. No puede haber efecto sin causa. Si vemos una vasija, deducimos de su existencia una inteligencia que la ha concebido y fabricado. Lo mismo ocurre con el mundo natural que vemos a nuestro alrededor. Las cosas que constituyen el mundo están hechas de átomos, pero su creación y su mantenimiento necesitan de un agente divino, que es el responsable de la asociación de los átomos y de su posterior separación. Las luminosas estrellas y los planetas que giran armónicamente en sus órbitas mantienen su trayectoria precisamente por la presencia de este agente divino (algo parecido pensaba Newton, que atribuía a Dios la fuerza de la gravedad). Pero no solo la creación necesita de Dios, sino también la destrucción y la disolución del mundo. Según Udayana, la relación entre una palabra y su significado es igualmente un asunto divino que se decide al principio de la creación. Lo mismo cabe decir de las enseñanzas reveladas en los veda. Śiva es el creador del universo y también la fuerza que obra su disolución; una divinidad ubicua, eterna y omnisciente.

Las categorías del nyāya

El nyāya hereda del vaiśeṣika la confianza en la necesidad de establecer una serie de categorías que aseguren y ordenen el conocimiento. Pero en el caso del nyāya, al no tratarse de una metafísica, sino de una epistemología, esas categorías se encuentran todas ellas relacionadas con la teoría del conocimiento y, sobre todo, con los métodos de la argumentación y el razonamiento. Dichas categorías, dieciséis en total, encabezan los capítulos de los *Nyāyasūtra*, de modo que tienen las características propias de un manual de lógica y dialéctica. Un manual sobre el «arte de probar»[4].

Las dieciséis categorías son las siguientes: (1) los medios válidos de conocimiento (pramāṇa); (2) los objetos de conocimiento válido (prameya); (3) la duda (saṃśaya); (4) la intención (prayojana); (5) los ejemplos (dṛṣṭānta); (6) las conclusiones establecidas (siddhānta); (7) los miembros del silogismo (avayava); (8) el razonamiento o argumentación (tarka); (9) el conocimiento concluyente (nirṇaya); (10) el debate honesto y amistoso (vāda); (11) la dialéctica que persigue la victoria (jalpa); (12) la argumentación negativa (vitaṇḍā); (13) los sofismas (hetvābhāsa); (14) la tergiversación (chala); (15) la réplica ilegítima (jāti), y (16) el punto de derrota (nigrahasthāna).

De la primera y la segunda categorías ya nos hemos ocupado. Expondremos las restantes.

Por lo que respecta a la tercera categoría, la *duda*, el término *saṃśaya* también puede significar 'dilema, interrogante', 'indeterminación', 'riesgo' y 'dificultad'. Se asocia a la percepción de propiedades contradictorias en un mismo objeto. Vātsyāyana advierte que, en determinadas circunstancias, la duda puede ser significativa, estimular nuevas inquisiciones y fomentar la atención a las fuentes del conocimiento. La duda es un acicate para el uso del razonamiento tarka.

En cuanto a la cuarta categoría, la *intención*, el término *prayojana* puede significar también 'propósito'. Para la teoría del conocimiento del nyāya, no hay lógica desprovista de propósitos (la exactitud depende de nuestros intereses). Las razones conllevan intenciones, y viceversa. Esa palabra se refiere, en general, a aquello que nos mueve a actuar. Todos los seres y todas sus acciones, así como todas las ciencias, explica Vātsyāyana, participan de esta categoría.

La quinta categoría son los *ejemplos* (dṛṣṭānta), de los que hablamos cuando abordamos la comparación como medio válido de conocimiento.

La sexta categoría, las *conclusiones establecidas* (siddhānta), son el conjunto de las suposiciones aceptadas por una tradición de pensamiento. Los pensadores nyāya eran muy conscientes de que, a la hora de pensar, nunca se parte de cero. Estas suposiciones se clasifican en cuatro tipos: las aceptadas por todas las escuelas de pensamiento; las aceptadas por unas y rechazadas por otras; las que, aun siendo aceptadas, llegan a otras conclusiones, y las que solo son aceptadas provisionalmente para poder entrar en debate (como en el caso de quienes practican la argumentación negativa).

La séptima es la formada por los *miembros del silogismo* (avayava), que son cinco y que ya hemos abordado en nuestro análisis de la inferencia como medio válido de conocimiento:

1. El enunciado que se debe probar (pratijñā): «Hay fuego en la colina».
2. La razón (hetu): «Porque hay humo».
3. La proposición universal junto con un ejemplo (udāharaṇa): «Siempre que hay humo hay fuego, como en la colina».
4. La aplicación (upanaya): «En la colina hay humo, que invariablemente (vyāpti) acompaña al fuego».
5. La conclusión (nigamana). «Por consiguiente, en la colina hay fuego».

La octava categoría es el *razonamiento o argumentación*. El término correspondiente, *tarka*, también significa 'suposición, conjetura'. Como concepto de la lógica, es el medio para afrontar lo desconocido y lo que parece socavar nuestro sentido del orden (por ejemplo, lo prodigioso y lo inesperado, como las guerras, las costumbres extravagantes, las desgracias personales y las catástrofes naturales). Nuestra necesidad de un orden nos viene dada por el orden social en el que vivimos, y la naturaleza y la historia no siempre siguen ese orden. La actividad de tarka será el esfuerzo por crear un orden, por descubrirlo, construirlo o establecerlo, pero no necesariamente con el rigor de la inferencia válida de los cinco miembros.

La novena categoría es el *conocimiento concluyente* (nirṇaya). Consiste en determinar la naturaleza de una cosa después de haber considerado sus pros y sus contras. Es el fruto de los medios válidos de conocimiento, de ahí que *nirṇaya* signifique 'resolución, decisión'.

De la décima, undécima y decimosegunda categorías ya nos hemos ocupado al referirnos a la práctica de los debates en la India antigua.

La decimotercera categoría es la de los *sofismas*. El término correspondiente, *hetvābhāsa*, significa 'falsas razones': las razones (hetu) que parecen válidas, pero en realidad no lo son. Los *Nyāyasūtra* enumeran cinco tipos de sofismas: erráticos (savyabhicāra), contradictorios (viruddha), tautológicos (prakaraṇasama), improbados (sādhyasama) e inoportunos (kālātīta). El errático es aquel que puede llevar a conclusiones muy diversas; el contradictorio, aquel cuya conclusión se opone a la premisa que se deseaba probar; el tautológico, aquel que repite de otra manera la tesis que se pretendía demostrar; el improbado, aquel en el que la razón misma es la que requiere ser probada, y, por último, el inoportuno, que estriba en una falsa analogía que no guarda relación con el problema que se discute.

La decimocuarta categoría se refiere a la *tergiversación* (chala), a la argucia que consiste en distorsionar la afirmación del oponente. Se trata de un recurso utilizado para irritar o desorientar al adversario dialéctico. Una de sus formas es la de tomar por metáfora lo que pretendía ser literal, o a la inversa. Puede considerarse una modalidad de ironía proyectiva. Por ejemplo, si alguien dice: «Cuando se tiene un hijo, se acaba la pareja», se le puede replicar del siguiente modo: «Evidentemente, pues pasáis de ser dos a ser tres». Se entiende *pareja* literalmente cuando pretendía ser una metáfora de la «vida amorosa». La ironía, mediante la cual se dice lo contrario de lo que se significa, suele ser exclusiva del yo, mientras que en este caso se atribuye al tú. Esta práctica muestra que es el lenguaje el que se expresa a través de nosotros, y no nosotros a través del lenguaje. Se pone de manifiesto que el lenguaje tiene una vida propia que le permite reírse maliciosamente de nuestras intenciones, oponiendo a la seriedad de estas su naturaleza lúdica.

La decimoquinta categoría es la *réplica ilegítima* (jāti), que consiste en presentar objeciones basadas en semejanzas y diferencias irrelevantes para la causa. El término *jāti* significa también 'futilidad'. Puede adquirir diversas formas, como sacar conclusiones equivocadas o formular preguntas no pertinentes de acuerdo con la naturaleza del debate. Se pueden llevar a cabo de manera intencional (con el propósito de irritar al contrincante) o por ignorancia. Tanto los jueces como los participantes deben conocerla en profundidad, pues su detección (por parte de los propios jueces o de uno de los contrincantes) supone la derrota del que ha incurrido en ella. Los manuales de entrenamiento incluían pormenorizadas listas de jāti.

La decimosexta y última categoría, el *punto de derrota* (nigrahasthāna), es el lance de la contienda mediante el cual uno de los contrincantes queda acorralado (por no tener respuesta o por haber caído en una contradicción o en un argumento redundante o circular), lo que pone término al debate y determina el ganador. Lo podemos entender como el jaque mate en el ajedrez.

14. La filosofía del lenguaje

El poder de la palabra

La idea del origen del mundo como vibración sonora es uno de los fundamentos del pensamiento védico. El *Ṛgveda* dedica algunos himnos a la palabra original, el más célebre de los cuales es el 125 del libro décimo. Allí se dice que todos los seres residen en la palabra, aunque pocos alcanzan a saberlo. Y se añade que los sabios encuentran en ella su luz y alimento. «A mis amados hago poderosos, y doy sabiduría al perspicaz». La palabra crea contradicciones, pero estas solo confunden a los hombres desatentos. Ha nacido pura en las aguas primordiales y, desde ellas, ha llegado al seno de cuanto alienta y está vivo. Palabra y vida son una misma cosa. La palabra tiene además una dimensión cósmica, pues está entrelazada con la estructura misma del universo: «He penetrado en el espacio azul y rodeado la Tierra, he puesto al Padre en la cúspide misma del mundo». Y el himno concluye del siguiente modo:

Ululo, como el viento, en toda forma.
Designo cada tiempo y su lugar,
de toda vida y soplo me hago dueña,
en el cielo, en la tierra y más allá.
¡Quién sabe adónde llega mi grandeza!

Desde la perspectiva védica, la palabra (vāc) es energía creadora (Śakti), a la par que voz y grafía. Pero su cualidad sonora es la que la convierte en fuerza que impulsa y sostiene el universo, dado que es eco de la vibración original, cuya difusión crea gradualmente las cosas de este mundo, mientras que la grafía es cadáver o sedimento de aquella vibración creadora. Todo lo que está vivo posee una vibración interna que rememora aquel origen. Y los sabios son los que, expectantes, salen en busca de esa vibración fósil que yace en todo lo vivo, pues están convencidos de que es posible sentirla.

En la tradición védica, las metáforas visuales y los matices de la luz son inferiores al sonido. La palabra original crea el oído que la escucha y la imagen que suscita. La creación surge de esa vibración y en ella será reabsorbida. Un camino de ida y vuelta. Por eso el acto creativo es, sobre todo, voz sonora, y la entonación deviene la ciencia suprema. Cuando el sacerdote entona el Canto Alto, reproduce ese gesto original, y la palabra es a un tiempo la conciencia, el aliento vital y la energía que recorre el mundo natural. Todo su itinerario, toda su evolución, es de índole humana y cósmica. Ocurre en el seno mismo de la criatura y en el paisaje que la rodea. De ahí que ambos, criatura y paisaje, puedan sintonizar y armonizarse.

La energía que se mueve en el interior del cuerpo humano (kuṇḍalinī), que las prácticas del yoga y del tantra intentan despertar, es también una energía fónica. Los fonemas del sánscrito, la lengua sagrada, junto con su gramática, estructuran el mundo y son el umbral de la liberación. La gramática no solo es una visión del mundo, sino también una vía de liberación. Mediante la dicción de los mantras o de las fórmulas sagradas es posible abrirse camino en el intrincado mundo de las transformaciones, asediado por la fugacidad y las continuas pérdidas. La palabra sagrada permite, en cierto sentido, adoptar el punto de vista de la eternidad, en la que la forma y el significado estaban unidos. Aquella palabra original, absoluta, ha evolucionado hasta convertirse en palabra humana, convencional, cuya forma y cuyo significado se encuentran disociados. Desandar el camino recorrido por la palabra, el de la evolución cósmica, es tarea del sabio. La palabra no solo es un medio válido de conocimiento, sino que constituye un modo certero de aproximación a lo real. Su entonación es uno de los asideros, junto con la respiración, para controlar la mente, que se compara con un elefante salvaje, poderoso y temible, cuyo ímpetu puede acabar con la propia vida[1].

El término que hace referencia a la «forma» de la palabra es el sustantivo neutro *bráhman*, que denota un aspecto fundamental de lo verbal: la fórmula ritual. Esta palabra, en manos del poeta, está sujeta a estrictas reglas de eufonía. La palabra *bráhman* es la más misteriosa y críptica, el enigma, la llave que abre todas las puertas. Una palabra inmortal, como el sonido con el que se manifiesta. El acto de nombrar y el acto de ser son, en el origen, la misma cosa. Dar un nombre, en el pensamiento mítico, es dar el ser. El *Ṛgveda* dedica un himno a Bṛhaspati, el Señor de la plegaria[2]. Cuando este emitió la palabra primera, las cosas recibieron sus nombres y se reveló en ellas lo más puro. Con el tiempo, los sabios abrieron sus oídos a esa palabra original y la depuraron como se criba el grano, y en su lenguaje se imprimió la belleza. Esa palabra resonó entonces, como en un concierto, en el interior de los sabios. Gracias a esa música ha llegado hasta nosotros. «A esos poetas la palabra les abre el cuerpo, como la mujer abre el suyo a su amante».

La palabra es el amigo fiel, y quien la escucha aprende el camino del rito. Cuando un grupo de brahmanes ofician juntos, el aliento de sus voces da su fruto, mientras que los que no saben acoger la palabra son incapaces de crear. Otro himno relata lo que sucedió después[3]. El orden cósmico (ṛta) y la verdad (satya) nacieron del ardor llameante (tapas). De ellos surgieron la noche y el océano ondulante del espacio. Del espacio nacieron el tiempo y el año, con sus días y sus noches. Después vinieron el sol, la luna y las estrellas, el firmamento y el reino de la luz. La luz está presente en la creación original, pero es efecto del sonido[4].

El principio activo de la creación es una vibración sonora. De ahí que algunos pasajes identifiquen a bráhman con Vāc, diosa de la palabra. Se trata de una energía creativa, femenina, brillante e intuitiva. El péndulo de las filiaciones no deja de oscilar, por eso el juego de las identificaciones no siempre permite establecer una jerarquía clara. Bṛhaspati aparece como un antiguo soberano que mora en el interior de las cosas, pero siempre hay una porción de la creación que permanece inexpresada. Prajāpati, padre de las criaturas, se une a Vāc (Palabra) para hacer surgir la creación. A veces, él es su energía y poder interno; ella, el río de la elocuencia, la mejor de las madres.

La sílaba primera

Hay una sílaba mágica y primera: *om*. Hace referencia a lo imperecedero (akṣara) y, al mismo tiempo, a la sílaba ceñida a la métrica del verso, un sonido eterno cuya pronunciación permite ascender al mundo de los dioses. Según la etimología tradicional, *na kṣarati* es aquello que no es efímero, sino eterno. Ya en el *Ṛgveda* aparece el término *akṣara* asociado a la palabra sagrada. El rastro que ha dejado esa palabra original es el mundo manifiesto. En este punto, el pensamiento védico exhibe un decidido humanismo. La palabra, y no el hombre, el metro ni el minuto, es la verdadera medida de todas las cosas.

Posteriormente, en las upaniṣad, la importancia de la sílaba *om* es ya incuestionable. «Como hojas ensartadas en un alfiler, así se hallan todas las palabras en *om*», dice la *Chāndogya*, y la *Maitrī* concluye del siguiente modo: «La sílaba *om* es la forma del éter que habita en el espacio. A partir de ella emerge y se erige el culto de bráhman, en ella se sustenta y alienta». *Om* es el origen del mundo, el estallido original y la morada de los dioses. Por eso se dice que el sonido es eterno (uno de los principios fundamentales del pensamiento védico) y que las sílabas son los átomos del mundo. Pero, entre ellas, la primera es *om*, la sílaba eterna (akṣara) y, paradójicamente, la expresión del bráhman inexpresable, la manifestación de lo inmanifiesto. En *om* radica la unidad y el poder sagrado del mundo, el canto al unísono de la creación. En ella converge toda la creación, los tres mundos. Estos son la expresión del sonido primordial, al que incluso los dioses deben su existencia. Todas las energías y todos los poderes del mundo se concentran en la sílaba *om*. Por eso el adepto, cuando la pronuncia, vibra al unísono con el cosmos. Pues el hombre (el cuerpo y la mente) es también un universo, y la sílaba es su origen. En ella se afirman las aguas; en las aguas, la tierra, y en la tierra, los mundos. Los tres mundos están entrelazados, cosidos por la sílaba sagrada, cuya primera manifestación es el espacio (ākāśā), que es el despliegue de su impulso original.

La sílaba sagrada puede reconocerse en el ritmo de la respiración y en el calor que desprende, «como el humo ascendente o el árbol que despliega sus ramas». Así reverdece quien medita y cultiva ese calor interno. La misma Chāndogya se inicia con una reflexión sobre esta sílaba, símbolo y origen del Canto Alto. La melodía del canto, que es la esencia última del habla, del agua, de la tierra y de cuanto vive en ella, tiene su origen en *om*. En esa sílaba se funda la triple ciencia védica, y el rito solo es eficaz si se respetan esas filiaciones.

Cuando el sol se eleva en el horizonte, se dice más adelante, canta para las criaturas, disipando la oscuridad y el temor. Quien sabe esto está libre de miedos y de sombras, pues el aliento vital que sostiene la vida y el sol allá en lo alto son una misma realidad. Si el sol es cálido, el aliento vital también lo es. Por eso se venera a ambos. La inspiración y la expiración son el canto que se funda en la sílaba sagrada. El individuo puede refugiarse en el canto, en el poeta que compuso sus versos o en el dios al que van dirigidos (en el tono, en las palabras o en su destino).

> Hubo un tiempo en el que los dioses, temerosos de la muerte, se refugiaron en el conocimiento triple. Se escudaron en el metro de los versos, por eso sus estrofas se llaman *chanda* [de la raíz sánscrita *chad*, 'cubrir']. La muerte los sorprendió allí, como a pez en el agua, agazapados tras los versos, las melodías y las fórmulas

> mágicas. Al verse descubiertos, se alzaron sobre las estrofas, su música y sus encantamientos, y penetraron en la entraña del sonido. De ahí que al final de un verso, una melodía o una frase, se diga *om*. Una sílaba rotunda e inmortal. Penetrando en ella los dioses conjuraron sus miedos. Quien la pronuncia, consciente y sin temor, comparte la inmortalidad con los dioses que habitan en ella[5].

El canto y las palabras que lo componen son una protección, pero más seguro es el refugio en *om*, la entraña misma del sonido.

La *Māṇḍūkya upaniṣad* asocia los tres fonemas que componen la sílaba *om* (/a/,/u/,/m/) con los tres mundos y con los tres estados de conciencia: vigilia, sueño y sueño profundo. A ellos se añade un cuarto, inefable e impensable, mokṣa[6]. La sílaba sirve de puente entre este mundo y otros ámbitos de existencia. La contemplación auditiva desempeña desde muy antiguo un papel importante en las técnicas meditativas indias. Tanto el control de la respiración como la pronunciación y audición de la sílaba *om* son una vía de acceso a bráhman. Uno es ātman, que experimenta los estados de conciencia de la vigilia, el sueño y el sueño profundo, pero para alcanzar la liberación es preciso trascenderlos. Hay una secreta unidad en todas las cosas; la aparente multiplicidad y diversidad del mundo es solo una ilusión creada por la mente poco evolucionada.

El luminoso sonido de la palabra

La afinidad entre bráhman y el lenguaje sagrado confirió a la pronunciación de las sílabas un carácter teúrgico, y las letras del alfabeto sánscrito pasaron a personificar diferentes aspectos del cosmos. Algunos himnos védicos conciben el universo primordial como puro sonido. Antes de la luz y la materia, el sonido habitaba y configuraba el espacio, se hacía sitio. El sonido es precursor de la luz; la música es madre de la astronomía y la biología. Estamos hechos de armonías, por eso la música nos conmueve. ¿No habría de ser entonces oral esta tradición de pensamiento? ¿No habría de descansar en dicha transmisión sonora la esencia de su entendimiento del mundo? El habla o la palabra (vāc) no es un mero principio de inteligibilidad, sino el proceso mediante el cual el mundo se hace inteligible (en este sentido, es un pariente cercano del logos griego). Y se dirá que vāc es al mismo tiempo el hablante, la palabra, lo nombrado y el receptor del significado, además de la herramienta indispensable para conocer los textos de la tradición, los antiguos relatos y ritos y las diferentes ciencias. Sin ella no podría distinguirse el bien del mal, lo verdadero de lo falso, lo justo de lo injusto[7].

El habla es una diosa que hace sabios a los hombres. A través de la sílaba *om* se establece la vía entre el Uno (bráhman) y el individuo (que vive en la diversidad del mundo). Del mismo modo que todas las hojas de una planta se juntan en el tallo, todos los sonidos, todas las palabras, se funden en esta sílaba sagrada. El término vāc hace referencia a la palabra original, de ahí que pueda ser al mismo tiempo el hablante, la palabra que nombra, su significado, el objeto nombrado y el receptor del significado. La *Kena upaniṣad* empieza con varias preguntas:

> ¿Quién eleva la mente que alza el vuelo?
> ¿Quién al primer suspiro infunde aliento?
> Las palabras del día, ¿de quién brotan?

Y al comienzo de la *Chāndogya* se añade:

> El habla es la esencia del hombre, el verso [védico] es la esencia del habla [...]. El habla y el aliento vital forman una pareja de cuya unión amorosa nace la sílaba *om*, que satisface a ambos.

La intuición de que el habla tiene una naturaleza divina se fundamenta en su capacidad de habitar dos mundos, el físico y el mental. La palabra es sonido y representación, es forma y significado. Patañjali se planteó la cuestión de esa doble naturaleza y optó por una tercera vía que llamó *sphoṭa*. La palabra no era ni su sonido físico ni su representación mental, sino el lugar en el que confluyen lo manifiesto y aquello que se manifiesta, es decir, la fuente de toda realidad. De ahí que su naturaleza no pueda reducirse ni a materia ni a espíritu. La idea fue desarrollada por Bhartṛhari, que, a la manera de un cabalista, concedió a la palabra un estatus superior al de bráhman, el principio absoluto. Hizo de ella la realidad fundamental al colocarla por encima de la conciencia pura. La palabra es la realidad primera. «De ella emana la manifestación universal en forma de significado». La vieja querella entre el sonido y el sentido, entre la forma y el significado, se resolvía de modo artístico en favor del sonido y la forma. Los poetas suscribirían esta elección: la forma permanece fiel a sí misma, mientras que el significado cambia con los tiempos. Por supuesto, no todas las tradiciones admitirán esta supremacía (para el sāṃkhya y para el vedānta, la palabra seguirá siendo una realidad secundaria respecto a la conciencia), pero el ejemplo ilustra el grado de sofisticación que alcanzó la especulación india en torno al lenguaje.

Ya hemos visto que, desde la perspectiva de la tradición, los sonidos de los veda son eternos y tienen un valor salvífico. Son el vehículo que permite el contacto con lo divino. Un valioso tesoro de aquello que en su día fue «escuchado» (śruti), que no permite la innovación. Sabemos que transcurrió mucho tiempo hasta que el sánscrito se convirtió en una lengua escrita. Aparte de los pictogramas descubiertos en el valle del Indo (tercer milenio a. e. c.), los registros más antiguos de escritura, en kharoṣṭhī y brahmī, se remontan a la época de Aśoka (s. III a. e. c.)[8]. Si aceptamos la antigüedad del corpus védico, esta aparición tardía de la escritura y la ausencia de menciones a ella en una tradición filológica tan desarrollada sugieren que los textos se transmitieron oralmente durante siglos (la producción de manuscritos en hojas de palma o en corteza de abedul es ya un fenómeno medieval, y el papel solo se utilizará con la llegada de los mogoles).

La palabra existe siempre de antemano, fue creada por los dioses; es tarea del hombre recibirla en toda su dignidad. «Que esa palabra complaciente, dadora de savia y vitalidad, venga a nosotros», dice el *Ṛgveda*. Honrarla supone escucharla de boca del maestro, no a través de libros o manuscritos. El vehículo que la transmite ha de estar vivo.

Los gramáticos, como vimos en el capítulo 8, llegaron a concebir el estudio del lenguaje como una vía hacia la liberación. Bhartṛhari no duda en afirmar:

> La gramática es la puerta a la liberación y purifica todas las ciencias al proyectar su luz sobre ellas. [...] Es el primer peldaño en la escalera que conduce a la realización de todas las potencias. Es el sendero supremo, sin escalas, entre los aspirantes a la liberación.

Él y sus sucesores conciben la gramática como el estudio de la trinidad compuesta por Pāṇini, Kātyāyana y Patañjali, y el sánscrito, como una lengua purificadora y redentora.

Bhartṛhari

Bhartṛhari es el gran filósofo del lenguaje de la época clásica. Vivió en el siglo V, al abrigo de la corte de la dinastía Gupta, en uno de los momentos más esplendorosos de la historia artística y política del subcontinente indio. La tradición le atribuye dos obras capitales. La primera de ellas, *Palabras de una frase (Vākyapadīya)*, dedicada a la gramática y a la lingüística, es un texto fundamental de la filología sánscrita. Analiza la naturaleza de los fonemas, de las palabras y de las oraciones, y expone en detalle la teoría de sphoṭa, de la que hablaremos a continuación. La obra discute también algunos problemas lingüísticos, como la paradoja del mentiroso o la de lo innombrable (o «insignificable»), que con el tiempo acabará llamándose la *paradoja de* Bhartṛhari. La segunda obra que se le atribuye, *Los trescientos versos (Śatakatraya)*, es un extenso poema en tres capítulos, de un centenar de versos cada uno, escritos en estilos diferentes y con un modelo particular de sugestión. Ambas obras, la gramática y la poética, influirán durante largo tiempo en el pensamiento indio.

Aunque, según la crónica de un peregrino chino, Bhartṛhari era budista, y sus textos se estudiaban en la Universidad de Nālandā, su postura filosófica se enmarca en la escuela de los gramáticos (vyākaraṇa), que asume el realismo de la escuela lógica del nyāya y se aleja de la fenomenología de budistas como Dignāga. La visión de Bhartṛhari sobre el lenguaje pertenece a la tradición de los gramáticos que lo precedieron, como Pāṇini y Patañjali, pero, en cierto sentido, radicaliza las posturas de estos.

Bhartṛhari emplea sobre todo el término *śabda* para hablar de la esencia de la palabra (que a grandes rasgos no difiere del concepto de *sphoṭa* de Patañjali). Se trata de algo que no es ni materia ni espíritu, y Bhartṛhari le concede el estatus más elevado, el de principio absoluto (bráhman). Su gran obra se inicia del siguiente modo:

> En su esencia, la palabra es el bráhman eterno, sin comienzo ni fin. De ella emana la manifestación universal en forma de significado[9].

El pasaje afirma, por un lado, que en su esencia la palabra es real, y, por otro, que es la realidad fundamental, designada con el término *bráhman*. Ahora bien, con *bráhman* se designa la realidad en su nivel último, lo absoluto, la conciencia pura concebida como sujeto más allá de todo objeto. A todo ello se añade la afirmación de la primacía de la palabra (el sonido) sobre el significado. La palabra es la realidad primera, sin comienzo ni fin, mientras que el significado, es decir, el conocimiento, emana de ella y cambia con el paso del tiempo. Conocemos otras doctrinas indias en las que el universo emana del conocimiento. En el vedānta y en algunas escuelas tántricas, la palabra es una realidad secundaria respecto a la conciencia; se la llama *śabda-bráhman* ('palabra-bráhman' o 'palabra eterna o del absoluto') y ocupa una posición inferior respecto al bráhman original, definido como conciencia. Para Bhartṛhari, sin embargo, la palabra tiene el estatus supremo del bráhman absoluto, y la conciencia no es más que su emanación.

El estallido del significado

Un elemento clave de esa concepción es *sphoṭa*. Patañjali utilizaba este término para denotar el sonido lingüístico universal, en oposición al sonido particular (dhvani), que puede ser largo o corto, o variar en el timbre. La noción de *sphoṭa* se asemeja a la de *fonema* en la lingüística moderna: unidad fonológica que no puede descomponerse en unidades menores y que es capaz de producir significados. Pero Bhartṛhari la aplica a cada elemento del enunciado: a la letra o sílaba (varṇa), a la palabra (pada) y a la oración (vākya). Para crear el invariante lingüístico, argumenta, estos elementos deben ser tratados como un todo, como entidades completas e independientes (varṇa-sphoṭa, pada-sphoṭa y vākya-sphoṭa, respectivamente). Por ejemplo, un mismo sonido del habla (varṇa) puede tener diferentes propiedades según el contexto, de modo que no es posible discernir su significado hasta que se escuche la palabra completa.

La teoría del significado de Bhartṛhari no se basa en el fonema ni en la palabra, sino en la oración. El significado de un enunciado solo se conoce tras haber escuchado la oración completa (vākya-sphoṭa). La oración como elemento significativo no está compuesta por palabras significativas en sí mismas. Estas no son elementos atómicos o individuales (con significado propio), sino que cobran su significado en la oración. De ahí que una palabra pueda tener diferentes significados en diferentes oraciones. La idea se basa en el modo en que adquirimos el lenguaje. Un niño que escuche a un adulto decir «trae el caballo» y posteriormente vea al mozo traer un caballo, puede aprender que la unidad *caballo* se refiere al animal. Pero no puede atribuir un significado a la palabra hasta que ha escuchado la frase completa. Captamos el significado de la oración como un todo, y entonces deducimos el significado de las palabras que la componen.

El término sánscrito *sphoṭa* deriva etimológicamente de la raíz *sphuṭ*, 'estallar'. Patañjali lo utiliza en su sentido lingüístico técnico, en referencia a la «explosión» del significado o de la idea en la mente a medida que se pronuncia el lenguaje[10]. Se trata de una cualidad esencial del habla. El elemento acústico (dhvani) puede ser largo o corto, alto o suave, pero el sphoṭa no se ve afectado por las diferencias individuales de los emisores. Un solo fonema (varṇa), como /k/, /p/ o /a/, es una simple abstracción, cuya naturaleza se distingue de lo que se produce al pronunciar una palabra o una frase (en las que «estalla» el significado). El habla, en este sentido, es un detonante mental, una fulguración. A la concepción tradicional del sonido como algo eterno, se añade ahora ese «estallido» del significado, que asimismo es una cualidad eterna del habla.

En *Vākyapadīya*, el término *sphoṭa* adquiere un matiz singular, aunque no existe un acuerdo sobre lo que Bhartṛhari quería decir exactamente. En ocasiones se acentúa su indivisibilidad (el significado se «añade» a la palabra o a la frase, pero no es visible ni localizable), y otras veces se afirma que opera a distintos niveles (el físico y el mental). Sea como fuere, Bhartṛhari sostiene que el «estallido» es una cualidad universal del lenguaje, de la palabra y de la oración, pero no del fonema (salvo, quizá, en la sílaba sagrada)[11].

Bhartṛhari extiende este fenómeno lingüístico al ámbito metafísico. El estallido del significado es una capacidad lingüística humana en la que se revela la conciencia. De hecho, la realidad última se puede expresar con el lenguaje: es la palabra eterna o del absoluto (śabda-bráhman). Según algunos investigadores, como Arthur B. Keith, el *Vākyapadīya* considera *sphoṭa* una especie de fulguración mística. Un «destello» que tiene las características de una revelación instantánea.

Tres niveles de significado

Bhartṛhari analiza el estallido del significado (sphoṭa) de Patañjali a tres niveles: en la sílaba (varṇa-sphoṭa), en la palabra (pada-sphoṭa) y en la frase (vākya sphoṭa). Frente al sonido (nāda), que está secuenciado y es por tanto divisible, el estallido del significado es una unidad indivisible. Ese estallido es la raíz causal, la intención que hay detrás de un enunciado. Sin embargo, el estallido surge en el oyente: la pronunciación del sonido le induce un estado mental, un destello (pratibhā) de reconocimiento o intuición. Pero esto ocurre sobre todo al nivel de vākya-sphoṭa, en el que la oración es pensada (por el hablante) y captada (por el oyente) como un todo.

Estudiosos como Bimal K. Matilal han señalado que, para Bhartṛhari, el proceso mismo de pensar involucra vibraciones. De modo que el pensamiento tendría ciertas características sonoras[12]. Sus mecanismos son los mismos que los del lenguaje. Es más, Bhartṛhari parece sostener que el pensamiento no es posible sin el lenguaje. Lo que lleva a una especie de relativismo lingüístico, en línea con la hipótesis de

Sapir-Whorf, que afirma que la estructura de una lengua determina la visión del mundo y la cognición de sus hablantes. El «estallido del significado» sería el portador del «espíritu», la vibración primordial que puede escucharse aquí y ahora, el genio de la lengua[13].

Es posible plantear la relación entre el sonido y el estallido del significado (nāda-sphoṭa) como la que se establece entre significante y significado (vācaka-vācya). Para gramáticos como Kātyāyana, así como para la mīmāṃsā, esta relación es eterna, mientras que para el nyāya o el sāṃkhya se trata de una relación convencional. Sin embargo, en Bhartṛhari esa polaridad se abandona en favor de una visión más holística: no hay un significado independiente del significante, sino que el significado es inherente a la palabra, al sphoṭa mismo. La palabra es sonido y fulguración, una experiencia indivisible de lo visto (sphoṭa) y lo escuchado (nāda).

La esencia del habla

Cuando los gramáticos indios se preguntan por la naturaleza del lenguaje, la respuesta es unánime: la esencia del habla es la eclosión o el estallido del significado (sphoṭa). Viene al caso la siguiente cita de Paul Valéry:

> Les hablo, y si han entendido mis palabras, esas mismas palabras están abolidas. Si han entendido, eso quiere decir que esas palabras han desaparecido de sus mentes, han sido sustituidas por una contrapartida, por imágenes, relaciones, impulsiones, y ustedes poseerán entonces con qué retransmitir esas ideas y esas imágenes a un lenguaje que puede ser muy diferente. *Comprender* consiste en la sustitución más o menos rápida de un sistema

> de sonidos, de duraciones y de signos por una cosa muy distinta, que es en suma una modificación o una reorganización interior de la persona a la que se habla[14].

La lengua nos transforma interiormente, y el significado que se suscita con el habla no es el habla misma, sino un añadido que provoca una «reorganización interior». Ese significado es revelado mediante una serie de sonidos o, en el caso de la lectura, de letras, pero lo escuchado o lo visto no constituye la esencia del lenguaje, sino que sirve para suscitar la eclosión del significado, para transportarlo al verdadero agente, que es el que escucha o lee.

Esta idea fue formulada de diversas formas a lo largo de la tradición. La eclosión del significado puede ocurrir al pronunciar o leer una palabra o una frase. En el caso de un solo fonema, salvo que este constituya una palabra, no ocurre esa eclosión. Los sonidos audibles son el medio por el cual el significado se revela o se hace público. Esta teoría implica que el lenguaje es aquello que los fonemas manifiestan o hacen público a otra persona, no los sonidos en sí mismos.

Bhartṛhari establece una asociación entre bráhman y sphoṭa que constituye un enigma. Desde la perspectiva del gramático, bráhman sería la eclosión del significado. Al igual que brota una flor o el universo, el significado brota de las palabras. Ahí reside la magia de la palabra (por eso utiliza el término *śabda*, 'habla', 'palabra' o 'sonido', como sinónimo de *sphoṭa*). Pero no se refiere a los sonidos, al aspecto manifiesto de la palabra, sino a aquello que suscita, a su capacidad evocadora y significativa, a las «reorganizaciones interiores». Esa es la razón por la que los que escucharon a Yājñavalkya, Parśa o Buda decidieron cambiar de vida.

Diferencias con Patañjali y con otras escuelas

La teoría de sphoṭa, tal y como la formula Bhartṛhari, no era conocida por Patañjali (que cita a un gramático de nombre Sphoṭayana)[15]. Patañjali identifica *sphoṭa* con lo que permanece constante en el habla, con el fonema (la unidad sonora), ya se pronuncie alto o bajo, largo o corto. Sostiene que puede ser tanto un sonido o una letra como una sucesión de sonidos o letras (las partes constitutivas que producen el significado), no la eclosión misma del significado, que para Bhartṛhari es un todo indivisible e inasible.

Patañjali da un ejemplo para ilustrar la diferencia entre el sonido y el sphoṭa. Cuando se toca el tambor, su sonido tiene una cualidad definida, esencial, pero puede viajar veinte, treinta o cuarenta metros en función de la intensidad del golpeo. El sphoṭa sería esa cualidad fija del sonido. Lo mismo sucede con las letras, que tienen una naturaleza permanente, pero cuya pronunciación puede variar en función del hablante. Es decir, el sphoṭa es para Patañjali el átomo lingüístico, el ladrillo con el que se construye el edificio del habla. Una definición que pudo tomar prestada de un gramático anterior, Vyādi (contemporáneo de Pāṇini), que distinguió entre «sonido original» y «sonido transformado», siendo el primero la esencia eterna del lenguaje, y el segundo, el modo en que lo pronuncian los hablantes. Una idea asumida por los adeptos de la escuela mīmāṃsā, que, como los cabalistas, consideraban que las letras o unidades sonoras (varṇa) son permanentes, y que hay que distinguirlas del modo en el que se pronuncian en cada época o lugar.

Se reedita así una vieja idea védica, la de la vibración primordial. Tanto el nyāya como la mīmāṃsā definen la palabra como un agregado de letras o sonidos. Y comparten una teoría similar sobre el significado, que es transmitido por el último sonido o letra con la ayuda de las impresiones producidas en la mente por la emisión de las letras o los sonidos precedentes a medida que se pronuncian; sin inferir y recordar esas huellas del pasado no es posible que se produzca el significado. Sin embargo, para la mīmāṃsā, las letras o los sonidos son entidades permanentes que no es posible producir ni destruir, mientras que el nyāya considera que se trata de realidades momentáneas, que desaparecen una vez concluido el instante de su pronunciación.

De este modo, un conjunto de factores puede hacer que una entidad permanente que reside implícitamente en las entidades físicas se vuelva explícita y sea accesible para la percepción. Cuando estos factores dejan de operar, la entidad retoma su condición implícita. Como apunta Matilal, en lugar de decir «el sonido se produce», habría que decir «el sonido se manifiesta»[16].

La relación entre la palabra y el significado es para el nyāya una convención humana, mientras que para la mīmāṃsā nos viene dada, es natural y no ha sido creada por ninguna persona (ni siquiera por Dios, que según esta última escuela no existe). La historia de la cultura y del idioma «descubre» el lenguaje, no lo crea. Esta idea, por supuesto, está impregnada del pensamiento de los gramáticos. En su comentario a la gramática de Pāṇini, Kātyāyana afirma que tanto la palabra como el significado y su relación son naturales e increados. Pero la mīmāṃsā, a diferencia de los gramáticos posteriores, no acepta que la palabra o la oración sean una unidad indivisible ajena a una secuencia temporal. Contraria a la doctrina de sphoṭa, sostiene que las palabras y las oraciones son entidades compuestas (no totalidades), formadas por letras o sonidos. Pero, como ya hemos dicho, está de acuerdo con el nyāya en que el significado se transmite mediante el último sonido o la última letra con la ayuda de las impresiones producidas en la mente por los sonidos o las letras precedentes.

Mediante el habla se piensa, mediante el pensamiento se habla

Para Bhartṛhari, el sustrato fundamental del habla no es el sonido, sino la eclosión el significado. El lenguaje no es el vehículo del significado, sino el significado mismo, su eclosión e influencia en los hablantes. Tampoco es el vehículo del pensamiento. «El pensamiento ancla el lenguaje, y el lenguaje ancla el pensamiento», dice Matilal. Mediante el habla se piensa, mediante el pensamiento se habla. El pensamiento «vibra» a través del lenguaje. Desde esta perspectiva, no hay una diferencia esencial entre una unidad lingüística y su significado o el pensamiento que transmite. La eclosión del significado se refiere a esa cualidad del lenguaje como totalidad.

Para Bhartṛhari, la nāda (la secuencia de sonidos) manifiesta el sphoṭa, y este transmite el significado. El sphoṭa es una unidad indivisible, una totalidad, conectada con la destreza del hablante. El significado, indispensable para la comunicación, no puede hacerse llegar sin la secuencia de sonidos. La nāda es el factor que hace explícito lo implícito, el significado. Algunos piensan que el sphoṭa tiene partes, como las tiene la secuencia de sonidos, pero es una falsa impresión.

Bhartṛhari pone un ejemplo clásico, el de la luna reflejada en el agua, que parece temblar y deshacerse, pero en realidad es una unidad. Del mismo modo, el sphoṭa se refleja en el estanque del habla. La oración pronunciada hace explícita la unidad lingüística, el sphoṭa del hablante. Y se despierta un sphoṭa en el oyente (se produce una eclosión del significado), que es lo que llamamos comprensión. Para Bhartṛhari, el habla (śabda), el significado (artha) y el pensamiento (manas) constituyen una unidad indiferenciada en su estado potencial (o preverbal). Antes del enunciado, el lenguaje, junto con todo aquello que transmite o significa, es como el huevo de un pavo real, que contiene todos los colores del ave en potencia. Ocurre lo mismo con el yo del hablante o del oyente que conoce un idioma. Todas las posibilidades de diferenciación de los elementos lingüísticos y sus significados existen potencialmente en él, y en esa etapa el lenguaje coincide con el pensamiento. Bhartṛhari llega a afirmar que la naturaleza del yo no es más que la naturaleza del lenguaje-pensamiento. Este estado de identidad completa entre el lenguaje y el pensamiento se llama *pāsyantī*. Antes de la articulación propiamente dicha del sonido, hay una etapa intermedia (madhyamā vāk) en la que el lenguaje y el pensamiento siguen siendo uno, pero el hablante puede verlos como diferenciados. Digamos que reconoce la parte que está a punto de verbalizar (nāda), para sí mismo o para otro, como distinta y separable del significado o del pensamiento. Esta distinción, que diferencia la nāda del sphoṭa, es lo que lo impulsa a hablar. Bhartṛhari considera, por tanto, tres fases en el fenómeno del habla: en la primera (la fase pāsyantī, no verbal), el lenguaje es idéntico al pensamiento; en la segunda (la fase intermedia, preverbal), el hablante puede distinguir el lenguaje del pensamiento, y, por último, en la tercera (la fase propiamente verbal), el sonido de la oración produce en el oyente la eclosión del significado.

Como apunta Matilal, la filosofía del lenguaje de Bhartṛhari se resuelve en una metafísica monista e idealista. Postula una trascendental palabra-esencia (śabda-tattva) como primer principio universal e identifica su doctrina del sphoṭa con la realidad última (śabda-bráhman). Una persona autorrealizada es aquella que alcanza la unidad con la palabra original, con la palabra primera cuya vibración dio lugar al mundo. No hay pensamiento sin lenguaje, no hay conocimiento sin palabras. La conciencia vibra a través de las palabras, y esa conciencia vibrante es la que nos impulsa a actuar. El lenguaje suministra el sustrato de los afanes, de todo deseo o ambición. Lenguaje y significado no son dos realidades separadas (de modo que una transmita la otra), sino, en el fondo, las dos caras de una misma moneda. La eclosión del significado es el símbolo en el que el sonido y el significado se hacen uno. Para entender a los demás y comunicarnos, separamos el sonido del sentido, cuando de hecho son inseparables. Algo fundamental para el entendimiento mutuo, pero que intuitivamente sabemos que es falso.

15. La ciencia ritual

La idea del poder creador de la palabra será desarrollada posteriormente y encontrará su máximo refinamiento en el śivaísmo de Cachemira, que veremos al final del libro. La vibración luminosa que ha dado lugar al mundo se describe como una intensa radiación y una conciencia pura que, conforme evoluciona, sedimenta en la materia. Las cosas del mundo son condensaciones de ese sonido primordial, de la vibración primera de la conciencia. Esa energía fónica se divide a sí misma en tres (bindu, nāda y bīja) y asume la forma de la kuṇḍalinī. A partir de ella surgen los fonemas, el habla, los dioses, los elementos y el mundo sensible. La escuela de Cachemira hablará de cuatro estadios en esta evolución. No entraremos aquí en los detalles de esta cosmología, pero la idea central es que la palabra es la medida del mundo. Todavía no hemos llegado a las concepciones modernas de la medida, en las que el metro y el segundo se convierten en la regla del espacio-tiempo. La vibración luminosa original, pura energía sonora, extremadamente sutil, da paso a la manifestación del mundo. Las cosas del mundo –no solo los seres conscientes, sino también las plantas y los minerales, así como cualquier cosa, por nimia que sea, que se manifieste en el cosmos– provienen del luminoso sonido de la palabra. No estamos ante un logos ordenador; el asunto de la creación tiene aquí un fuerte componente mágico y energético, musical si se quiere. Por eso es posible la sintonía: resonar con el otro y con el mundo, gozar del erotismo de la transmisión de conocimiento, componer entre maestro y discípulo una melodía armoniosa. Además, ese magnetismo natural hace que las cosas, si son capaces de compartir o armonizar, se asocien unas con otras en una causa común y generadora.

La cualidad sonora de lo manifiesto es la principal contribución de la cultura india a las civilizaciones del mundo. Es posible que los pitagóricos se inspiraran en ella, aunque no podemos saberlo con certeza. La palabra sagrada se convierte con el tiempo en la síntesis de la diversidad inmensa de lo creado, en su píldora dorada. Es a la vez material e inmaterial (o de una materialidad tan sutil que admite esta última calificación). Se puede escuchar, pero no asir. Vuela como el viento y alcanza todos los rincones del mundo. Puede manifestarse en la orden del soberano, en la oración del devoto y en el concepto del filósofo, pero también, muda, en el resto de las cosas: en el sonido del viento y en el crecimiento de la planta, en el fruto del árbol y en la esperanza del desdichado.

Rito y hermenéutica

La mīmāṃsā es, junto al vedānta, la escuela védica por excelencia. Las otras cuatro escuelas ortodoxas, cuyo origen probablemente no sea védico, no fueron antivédicas (a diferencia del budismo y del jainismo), pero elaboraron sus ideas sin recurrir a los textos védicos como fuentes de autoridad. Ninguna metafísica puede ignorar la experiencia directa de la mente. Edificar una metafísica en torno a la distinción entre sustancia y cualidad, como hizo el nyāya, aunque parezca fundamentarse en el sentido común, resulta insatisfactorio para los pensadores de la mīmāṃsā. Sus valedores ponen en el centro una idea que replicará Śaṃkara: la autorrevelación del pensamiento, es decir, el conocimiento que se conoce a sí mismo.

El texto fundacional de la escuela mīmāṃsā fue escrito por Jaimini y comentado por Śābara. Pero los encargados de erigir el sistema fueron Prabhākara (s. VII) y Kumārila Bhāṭṭa (s. VIII). Ambos darán nombre a las dos grandes corrientes de la mīmāṃsā, que difieren en el motivo que impulsa a la persona a seguir las prescripciones védicas. Para Bhāṭṭa, es el deseo de obtener placer y evitar el dolor. Prabhākara, por el contrario, sostiene que los veda son demasiado grandes para depender del deseo humano. Su mandato es impenetrable y poco tiene que ver con nuestros empeños. El único motivo para obedecerlos es la reverencia ante su grandeza.

La infatigable conversación entre ambas escuelas, así como las querellas con otras doctrinas filosóficas, tanto ortodoxas como heterodoxas, convertirá a esta «ciencia ritual» de la mīmāṃsā en un sistema filosófico propio que abordará problemas lingüísticos y metafísicos ajenos al rito. En la medida en que la mīmāṃsā se dedica a investigar el significado del significado, deviene una escuela filosófica que analiza los medios de conocimiento y establece categorías, siguiendo el modelo del nyāya-vaiśeṣika.

La mīmāṃsā, al ocuparse del problema de la interpretación, terminará por fundamentar otras investigaciones científicas. Desarrolla complejos mecanismos para establecer el significado de los textos y las prescripciones rituales. Rechaza la idea, generalizada en el pensamiento indio, de una periódica disolución y recreación del cosmos. El mundo nunca fue distinto de como es ahora, y su proceso de transformación es perpetuo e ininterrumpido. No hay necesidad de postular un Dios creador ni una divinidad que sueñe el universo o que duerma profundamente en los períodos de disolución cósmica. Tampoco se requiere un Dios como origen de los veda, pues estos son eternos y no han sido compuestos por ningún ser, ya sea humano o divino.

La tradición védica desarrolló un complejo sistema sacrificial y los rituales fueron evolucionando y se hicieron cada vez más complejos, lo que dio lugar a un nuevo género literario que recogía las nuevas reglas y especificaciones. De esas necesidades hermenéuticas nació la escuela *mīmāṃsā*, palabra que significa 'investigación, indagación' y cuya ciencia consiste en consolidar la autoridad de los textos védicos y descifrar sus enseñanzas rituales.

Los *Pūrvamīmāṃsāsūtra* (*ca.* 300-200 a. e. c.) se cuentan entre los textos hindúes más antiguos. Según la tradición, su redactor, el sabio Jaimini, fue discípulo de Vyāsa, el legendario autor del *Mahābhārata*. Se trata de una extensa obra dividida en doce capítulos que contiene cerca de un millar de «cuestiones hermenéuticas» (adhikaraṇa). Para cada una de ellas, se toma una oración védica como materia de investigación y se plantea una duda sobre su significado. A continuación, se explica su significado aparente y se refuta. Por último, se establece su significado correcto. Con toda esta investigación hermenéutica se pretende probar la absoluta validez de los testimonios que alberga la literatura védica. Se parte de la idea de que todo lo que recogen sus textos es cierto (por ser una verdad eterna) y se inicia un minucioso proceso de ratificación. Pero, como veremos, la escuela mīmāṃsā es mucho más que una mera ciencia escolástica y sacerdotal, pues no solo se ocupa de aclarar los aspectos rituales de la literatura sagrada, sino que, a base de préstamos de otras tradiciones, también desarrollará su propia metafísica.

La palabra revelada

Para la escuela mīmāṃsā, el medio de conocimiento por excelencia es la palabra. Concretamente, el testimonio verbal (śabda) que transmitieron desde la antigüedad los sabios védicos. La supremacía de los veda es el dogma incuestionable de esta escuela, pero mientras que para otras corrientes los veda son una revelación divina, para la mīmāṃsā son eternos y ni siquiera fueron escuchados o copiados (a dictado de una revelación), pues carecen de comienzo y de final. La autoridad de los veda no deriva de ningún dios, tampoco de los sabios del pasado. Las palabras que contienen se validan a sí mismas, y el esfuerzo hermenéutico de la mīmāṃsā consistirá en probarlo. Sus máximas contienen además las instrucciones precisas para celebrar el sacrificio de forma correcta. Todo lo que se dice en los veda es verdad; lo que hay que dilucidar es cómo interpretarlo. Para ello hay que entender a fondo la naturaleza del lenguaje, su poder denotativo y metafórico, sus mensajes ocultos, la influencia de lo tácito y otros aspectos de lo que hoy llamaríamos *filosofía del lenguaje*.

Los veda constituyen el texto absoluto. Esa es la premisa esencial del sistema mīmāṃsā. Sostener su infalibilidad tiene una consecuencia importante: la lengua védica deja de ser una lengua histórica y convencional, con sus diversos avatares y transformaciones, para erigirse en la emanación misma del Ser en el sonido. De ahí el poder de los mantras para «tocar» los resortes de la realidad. De ese vínculo sonoro deriva la eficacia del sacrificio, y no de la intervención divina. La idea de Dios se vuelve prescindible. «La escuela mīmāṃsā –escribe Richard Garbe– no reconoce la existencia de Dios. Ello no impide, lo mismo que en el sāṃkhya y otros sistemas, la creencia en los seres sobrenaturales de la religión popular hindú»[1].

La palabra permite conocer cosas que no están al alcance de la percepción. Ese conocimiento se produce mediante la comprensión de oraciones significativas y de las palabras que las integran. Estas oraciones pueden ser de dos tipos: las pronunciadas por personas comunes y las que pertenecen a los veda. En el primer caso, son un medio válido de conocimiento si la persona es digna de confianza. Es evidente que conocemos ya los significados de las palabras, pero los significados de las oraciones implican un conocimiento de las relaciones entre las palabras que no es accesible a ningún otro medio de conocimiento. De ahí la importancia de la experiencia lingüística como medio de conocimiento.

Otro supuesto básico de esta escuela es que existe una relación eterna entre la palabra y su significado. Los fonemas que constituyen la palabra son indivisibles (son los átomos del lenguaje), omnipresentes y eternos. Una letra (varṇa) es un sonido eterno que debe distinguirse de su forma de emisión (dhvani), que cambia en función de los pueblos, las épocas y los lugares. La palabra, al ser un conjunto de letras, es también eterna, y la relación con su significado no obedece a la convención humana ni a la historia de la lengua, sino que es también eterna.

El resto de la literatura no comparte la condición eterna de los veda, cuya doctrina se apoya en tres supuestos:

1. El sonido es eterno, y, por tanto, toda palabra lo es. La palabra está latente en todas partes y al pronunciarla simplemente se manifiesta. La palabra, por muy nueva que sea, nunca es creada por primera vez.
2. La atadura entre el sonido y el sentido, entre la palabra y su significado, es eterna. Esta asociación no se debe a ningún tipo de acuerdo humano ni a un proceso histórico.
3. Lo que designan las palabras tiene más que ver con lo trascendente que con los objetos concretos. Las palabras están por encima, o al lado, de las cosas individuales y tienen una realidad propia y objetiva.

Prabhākara

Prabhākara es el filósofo más brillante de la escuela mīmāṃsā. Nació y vivió en Kerala, al sur de la India, en torno al siglo VI. Conocemos la fecha porque en una de sus obras cita al gramático Bhartṛhari (que residió en la corte de los Gupta en el siglo IV o V) y al poeta Bhāravi (ss. V-VI). Su comentario al bhāṣya de Śābara (la exégesis más antigua de los sūtra de Jaimini) condujo a la formación, dentro de la tradición mīmāṃsā, de la escuela que lleva su nombre, la cual desarrolló un sistema filosófico en paralelo a su escuela rival, la de Kumārila Bhāṭṭa. Este defendía el teísmo y acusó a Prabhākara de no teísta, considerándolo parte de la tradición popular y del pensamiento lokāyata, exponente del materialismo indio. Sin embargo, el sistema de Prabhākara niega la existencia inferencial de Dios propuesta por el nyāya (al modo de Aristóteles), pero no a Dios mismo. De las dos escuelas principales de la pūrvamīmāṃsā, la de Bhāṭṭa ha suscitado más atención que la de Prabhākara. El estudio de las obras de este último ha sido descuidado durante mucho tiempo. Gracias al trabajo de Gangānātha Jhā y, más recientemente, de Bimal Krishna Matilal, la escuela de Prabhākara ha recibido por fin la atención que merece. Según la tradición, Prabhākara fue discípulo de Kumārila, algo que han puesto en duda algunos especialistas, entre ellos Jhā, por considerar que su escuela es más antigua y se encuentra más cerca del espíritu original de la mīmāṃsā, más fiel al bhāṣya de Śābara que Kumārila. Hiriyanna coincide con Jhā en que la enseñanza genuina de la mīmāṃsā se conserva mejor en las obras de Prabhākara que en las de Kumārila. Sea como fuere, Prabhākara fue un pensador más original que Kumārila y será recordado como el autor de una singular teoría del conocimiento conocida como *teoría de la triple percepción* (triputīpratyakṣavāda) y de una teoría del error (akhyātivāda o vivekākhyātivāda).

De un modo general, la mīmāṃsā asume el realismo del nyāyavaiśeṣika. Así, el mundo exterior no es ninguna quimera. El conocimiento, que es el eje del mundo, no puede flotar en la nada; necesita apoyarse en los hechos. El mundo es real e independiente de las mentes que lo perciben. La mente no crea su objeto, solo lo descubre. Para la escuela de

Prabhākara, las categorías son ocho: (1) sustancia (dravya); (2) cualidad (guṇa); (3) acción (karma); (4) naturaleza o generalidad (sāmānya); (5) inherencia (paratantratā); (6) potencia (śakti); (7) similitud (sādṛśya), y (8) número (sāṃkhya). (Las cinco primeras se conciben al modo del nyāya). Para la escuela de Bhāṭṭa, son solo cinco: las cuatro primeras que acabamos de mencionar y la categoría negativa de la inexistencia, cuya idea esencial es la identidad en la diferencia; la sexta y la octava (la potencia y el número) se consideran cualidades.

La *naturaleza* o *generalidad* puede percibirse y existe plenamente en cada individuo, pero no al margen como los arquetipos platónicos. La *inherencia*, que puede darse en lo perecedero, es la relación de complementariedad que se da entre ciertas categorías, como lo universal y lo particular. La *potencia*, que es eterna en lo que es eterno, pero que puede ser efímera, es el poder que existe entre las sustancias, las cualidades, las acciones y las naturalezas. La *similitud* debe distinguirse de la naturaleza o generalidad. No solo los individuos pueden ser similares, sino también las naturalezas. Esa similitud no es algo que pueda captarse mediante la percepción, sino mediante la inferencia, la comparación o el testimonio verbal. El *número*, que para el nyāya es una cualidad, constituye aquí una categoría por sí mismo.

Los veda enseñan a vivir según el dharma, ley al mismo tiempo cósmica y humana, lo que implica un conjunto de prescripciones y prohibiciones. Su moral no es humana o convencional, sino una ley eterna. Los ritos que la fundamentan pertenecen al ámbito sobrenatural. Los veda tienen además pasajes que no son prescriptivos o normativos, sino que se ocupan de cuestiones metafísicas, como la naturaleza del ātman. Pero dichos pasajes deben interpretarse en función de lo prescriptivo y sacrificial, del hacer humano, tanto en la vida cotidiana como en la celebración del rito[2].

La irrelevancia de Dios

La mīmāṃsā no reconoce la existencia de Dios como creador y destructor del mundo. Aduce que no hay razón alguna para suponer que el universo tuvo un comienzo en el tiempo o que Dios lo creó. Todos los días nacen animales y personas por la unión de sus padres sin la operación de ningún dios. Tampoco es necesaria una figura que supervise el cumplimiento del dharma. Además, no puede haber ningún motivo para crear el mundo, ya sea misericordioso o cruel. ¿Cómo sería posible la misericordia o la crueldad cuando todavía no existían los seres? Si hubiera un creador, el propio creador necesitaría un creador para crearlo. Sin creación, carece de sentido un fin de los tiempos o una disolución del mundo. Por tanto, resulta irrelevante la existencia o no existencia de Dios. Lo importante es la realización del rito. Los dioses solo son dativos gramaticales: los destinatarios, reales o ilusorios, de la ofrenda. Pero el hecho decisivo es ofrendar. Hay un nexo oculto que une el sacrificio a su fruto: la potencia invisible denominada *apūrva*. Se crea una fuerza que antes no existía. Esa potencia pervive en el alma de quien ejecuta el sacrificio hasta que recibe su fruto.

Para la mīmāṃsā, el ātman es una sustancia distinta del cuerpo físico, de los sentidos y de la mente. Es eterna y el agente de todas las acciones (como el puruṣa en el sāṃkhya). No hay que confundirlo con el yo. Es el sujeto que experimenta las vivencias que cree experimentar el ego, el que goza de los frutos de la virtud y se libera del karma. Hay un ātman en cada cuerpo, por lo que existe una pluralidad de esta sustancia. Aunque es posible que en un principio la mīmāṃsā concibiera como meta humana el paraíso, posteriormente asumirá la meta común de los sistemas ortodoxos: la liberación (mokṣa). En este sentido, los ritos que generan mérito hay que evitarlos, para centrarse únicamente en los que liberan.

El brazo invisible de las palabras

Entre los lingüistas indios, la principal controversia en torno al significado fue si la oración podía ser divisible semánticamente o bien era una unidad indivisible. Esta última tesis es la de Prabhākara, mientras que la primera la sostenía la escuela de Kumārila Bhāṭṭa.

Una de las ideas esenciales de Prabhākara es que las palabras no designan directamente el significado. Cualquier significado se debe a su conexión con otras palabras. Aprendemos el significado de una palabra teniendo en cuenta el contexto de la oración. El significado no es compositivo o atómico, sino relacional. La visión puramente compositiva del significado, mantenida por los miembros de la escuela de Kumārila Bhāṭṭa, incurre en una engañosa alegoría arquitectónica. Según Prabhākara, el significado no se construye desde abajo, tampoco desde arriba, sino yendo de las partes al todo y del todo a las partes, recorriendo el círculo hermenéutico completo. Para Bhāṭṭa, por el contrario, las palabras son objetos independientes y completos, y el significado de una oración se capta solo después de haber comprendido los significados de las palabras individuales.

Ambas posturas apelan al aprendizaje del lenguaje, que se produce mediante la adquisición progresiva del significado de palabras individuales en contextos específicos y como parte de frases. Seguimos a continuación la explicación de Matilal[3]. El niño atiende a las palabras y frases, pero también a la reacción que suscitan en los adultos. Para Bhāṭṭa, las palabras individuales tienen un poder denotativo que transmite el significado de objetos aislados, acciones, cualidades y relaciones. De cualquier oración podemos inferir su significado siguiendo el patrón sintáctico de manejar los significados individuales y construir con ellos un todo. Prabhākara no está de acuerdo. Los significados de las palabras individuales dependen del contexto de la oración, y, por tanto, de palabras que están conectadas sintácticamente con otras palabras aprendemos sus significados junto con posibles conexiones (semánticas) con otros significados. El poder denotativo de una palabra no nos proporciona simplemente el objeto, la acción, la calidad o la relación, sino también la posible conexión de cada elemento con otros. De ahí que, cuando se nos presenta una oración, no perdamos el tiempo calculando primero los significados de las palabras individuales y su sintaxis, sino que inmediatamente captamos el significado como un todo. Esto explica nuestra capacidad de interpretar combinaciones de palabras nunca antes oídas, como cuando escuchamos un poema por primera vez.

En la disputa entre el «principio de la composición» de Bhāṭṭa y el «principio del contexto» de Prabhākara, este último aduce que la capacidad designativa de la palabra se dilata y se extiende a relaciones más poderosas. Hay un poder metafórico en la palabra que la emparenta con muchas otras, más allá de su significado lato. La palabra «significa» también esa relación que lleva potencialmente inscrita. La visión atomista de Bhāṭṭa es ilegítima por la sencilla razón de que una palabra aislada es una abstracción que carece de sentido. La postura de Prabhākara está en sintonía con la afirmación de Wittgenstein de que el significado de una palabra es el uso que tiene en el habla. La motivación del filósofo austríaco era alejarse de la idea de que nuestra discusión sobre el significado de la palabra trata sobre el objeto que esta representa o sobre la entidad con la que está correlacionada. La principal preocupación de Prabhākara fue explicar cómo los significados de las palabras que constituyen una oración en un contexto dado, si se encuentran aislados, podrían vincularse entre sí para formar una unidad. De hecho, Prabhākara concibe las palabras como si tuvieran brazos invisibles con los que abrazan a otras palabras (o las rechazan). La palabra en sí misma, aislada, no existe.

La querella entre estas dos subescuelas de la mīmāṃsā se prolongó durante varios siglos. Los argumentos y las réplicas se volvieron cada vez más sutiles y técnicos, y los defensores de la postura de Prabhākara acabaron reconociendo que el oyente puede recordar muy bien el significado aislado de una palabra (desprovista de sus supuestos vínculos o brazos) tan pronto como la oye[4].

El entramado de la percepción

Prabhākara sostiene que el yo, en cuanto conoce, nunca se conoce a sí mismo al margen de lo conocido. Tanto el sujeto como el objeto tienen su razón de ser, su fundamento, en el acto de conocer (en la percepción misma). Esta es quizá la idea más importante de la visión de Prabhākara. Tampoco puede conocerse el objeto sin que el conocedor entre en contacto con él. Tanto el yo como el objeto brillan bajo la luz del conocimiento. Todo acto de percepción es una trinidad indivisible (tripuṭī-pratyakṣa). Pero sus tres elementos no están en pie de igualdad. El objeto y el yo son satélites del conocimiento, el único que brilla con luz propia. No es el alma la que se ilumina a sí misma, sino que su luz es reflejo de la del conocimiento. «Conócete a ti mismo», dice Prabhākara, pero a través de los objetos, pues no hay otro modo de hacerlo. Estamos sometidos a un entramado de percepciones.

Para ilustrar esta situación, Prabhākara pone el contraejemplo del caminante. La acción de caminar descansa en el caminante. En este caso, el agente es el yo. Pero no ocurre lo mismo con el conocimiento. Cuando el yo conoce algo, el agente no es el yo, sino el conocimiento mismo. La cognición no es el ātman, aunque el ātman se manifiesta en la cognición como su sustrato y aparece como el elemento cognitivo «yo», que es inseparable de todas las cogniciones. Por eso en el sueño profundo, cuando no se conoce ningún objeto, tampoco se conoce el yo.

Todo conocimiento es verdadero

En todo conocimiento confluyen, en un mismo instante, el sujeto, el objeto y el propio conocimiento. No importa que ese acto cognitivo sea una percepción o una inferencia; en todos los casos, revela tanto al sujeto como al objeto. Suprimir uno de los miembros de la ecuación supone no calibrar en su justa medida el alcance del conocimiento, que tiene la capacidad de iluminarse a sí mismo y al resto de las cosas. La clasificación de los medios válidos de conocimiento en percepción, inferencia, comparación y testimonio verbal (los cuatro que acepta la tradición lógica) establece la relación del sujeto con aquello que conoce, pero el sujeto no tiene por sí mismo un poder iluminador o revelador, sino que es el conocimiento el que está dotado de esa luminosidad. Es el conocimiento el que revela tanto al sujeto como al objeto.

Como afirma Dasgupta, Prabhākara establece una sutil distinción entre la perceptibilidad misma y el objeto de conocimiento[5]. Las cosas solo se aprehenden mediante la percepción, mientras que la inferencia simplemente señala al objeto, sin aprehenderlo (del suelo mojado del amanecer inferimos la lluvia nocturna, que no hemos visto). La cognición misma, la experiencia de conocer, no puede captarse mediante ninguna otra cognición (un dilema parecido al planteado por Nāgārjuna)[6]. La inferencia indica la presencia o existencia de conocimiento, pero no sabe nada de la cognición en sí (la lógica es una experiencia indirecta o de segundo grado). Kumārila Bhāṭṭa coincide en este punto con Prabhākara: la percepción misma nunca es objeto de otra percepción y siempre concluye en la aprehensión misma del objeto. Toda percepción implica una relación entre el sujeto y lo percibido en la que el perceptor es el agente activo que capta el objeto; ese fenómeno es lo que llamamos *cognición*. Según Prabhākara, sin embargo, el verdadero sujeto activo es el conocimiento, que al manifestarse ilumina con su luz tanto al conocedor como a lo conocido.

Esa es la razón, en última instancia, por la que, a juicio de Prabhākara, el error no corrompe nuestras cogniciones, que son siempre válidas. La distinción entre verdad y error solo es pertinente en función de su utilidad para la vida. Lo útil es lo verdadero; lo falso, lo inútil. En la escuela de Bhāṭṭa, por su parte, la utilidad o inutilidad de las cogniciones es consecuencia de si existe o no un error lógico en ellas. En la aventura del conocimiento hay siempre tres protagonistas: sujeto, objeto y conocimiento. Solo el último, el conocimiento, «se ilumina a sí mismo». El conocimiento «se prueba a sí mismo» (svataḥ-prāmāṇya). En la visión de Prabhākara, es la luz del conocimiento la que pone de manifiesto tanto al sujeto como al objeto, los cuales carecen de luz propia y solo reciben la reflejada del conocimiento. Esta es la idea central de la filosofía de Prabhākara, que tanto juego dará a Śaṃkara. Los filósofos de esta escuela parecen decir, como Leibniz, que cualquier conocimiento es verdadero (en sí mismo), aunque pueda conducir a decepciones. El agua del espejismo no sacia la sed, pero la visión del oasis es, en sí misma, una experiencia cierta. En el acto de conocer se da una revelación triple: el conocimiento se ilumina a sí mismo e ilumina al sujeto y al objeto. La visión de Kumārila difiere ligeramente. El sujeto no es del todo inerte o no iluminado, sino que es una combinación de inercia ciega y conocimiento.

Diferencias con otras escuelas

La diferencia principal entre el nyāya y la mīmāṃsā es que esta pretende demostrar que el veda es válido en sí mismo y que su validez no descansa en Dios. Para ello, es necesario establecer la autovalidez del conocimiento. Su doctrina, como afirma Dasgupta, es la piedra angular sobre la que descansa la filosofía mīmāṃsā, según la cual todo acto cognitivo, excepto la memoria o el recuerdo (smṛti), es válido en sí mismo. Tanto la conciencia como la atención certifican su propia verdad[7]. No dependen de ninguna otra cosa, de ningún otro conocimiento. Es natural que el sentido común proteste ante semejante optimismo: si todo conocimiento certificara su propia validez, no habría conocimientos erróneos o ilusorios, y al no existir el error, tampoco existiría el conocimiento verdadero. La escuela mīmāṃsā responde que no se trata aquí de los contenidos del conocimiento, ni siquiera del sujeto del conocimiento. Lo que se valida por sí mismo es la conciencia y la atención que ponemos en cada acto cognitivo. Sin ellas no sería posible ningún tipo de conocimiento. La percepción de un espejismo se considera inválida porque, llegados al lugar, no podemos beber. La validez o verdad del conocimiento es, por tanto, el logro de nuestras expectativas. Pero la experiencia misma de la visión del oasis es cierta y se valida a sí misma. De ahí que sean la conciencia y la atención las que iluminan tanto al sujeto como al objeto de conocimiento. El sentido común nos dice que todo conocimiento se da en ciertas circunstancias, las cuales pueden favorecerlo (el uso de un imán, digamos) o entorpecerlo (el uso de un encantamiento). Lo que aquí se dice es que las denominadas *circunstancias* son posibles gracias al conocimiento (conciencia y atención) que ilumina y hace posible el imán y el encantamiento. No se trata de que el conocimiento dependa de una serie de causas y circunstancias, sino de que las causas y circunstancias dependen del conocimiento.

La escuela nyāya representa en este debate el sentido común. Supone que el conocimiento se genera debido a ciertas circunstancias objetivas (el uso de determinados instrumentos) y que puede probarse y contrastarse con los hechos. Pero esa teoría del conocimiento es simplemente una hipótesis. No se puede decir que el conocimiento sea resultado de un conjunto de causas y condiciones. Lo que llamamos *causas y condiciones* es creación del conocimiento. Y el razonamiento nyāya hace pasar por conclusión lo que es una mera hipótesis. Que un mundo objetivo, ahí fuera, genere conocimiento en nosotros es solo una hipótesis imposible de demostrar experimentalmente (implica un razonamiento circular). En este sentido, la escuela mīmāṃsā se acerca al escepticismo epistemológico de Nāgārjuna. Hay una relación de dependencia entre los medios de conocimiento y los objetos, y es una falacia considerar que uno de los dos factores es lógica o epistemológicamente anterior o superior al otro. Lo único que podemos admitir es esa dependencia mutua[8], no una relación causal.

La soberanía del conocimiento

Para la mīmāṃsā, la prerrogativa suprema del conocimiento (conciencia y atención) es que revela todas las demás cosas (incluso al sujeto que lo ejerce). No es un fenómeno como cualquier otro. Cuando decimos que se ha producido un conocimiento en nosotros debido a las circunstancias (hemos tenido ocasión de utilizar un telescopio y ver los cráteres de la Luna, por ejemplo), adoptamos un punto de vista ilegítimo e injustificado. No hay nada que demuestre que un fenómeno exterior haya generado en nosotros conocimiento. El conocimiento no es como el resto de los fenómenos, está por encima, los interpreta e ilumina a todos. Las cosas en sí mismas no pueden tener validez o carecer de ella; la validez se aplica solo al conocimiento. Y el conocimiento es siempre válido. Lo que llamamos *acuerdo con los hechos* no es más que un acuerdo de un conocimiento previo con un conocimiento posterior. Los hechos objetivos nunca nos llegan directamente, sino que siempre adquieren la forma de algún tipo de conocimiento, y no tienen otra certeza que la que les otorga el conocimiento.

No es posible advertir ningún hecho antes de que sea revelado por el conocimiento. Nunca percibimos que el conocimiento dependa de los hechos objetivos, porque estos siempre dependen del conocimiento para que podamos advertirlos. Esa es la soberanía del conocimiento. Por eso puede decirse que el conocimiento es la única sustancia, lo único que no depende de ninguna otra cosa para existir, mientras que tanto el sujeto como el objeto dependen de este. Por tanto, el conocimiento es independiente no solo de cualquier otra cosa, sino también de su propia actividad.

La mente en blanco no existe. Siempre hay algún tipo de conocimiento, y este nos lleva en una dirección o en otra. No hay indecisión en la mente cuando surge el conocimiento (aunque solo reconozca su propia ignorancia), por eso el conocimiento entraña la certeza de su revelación, presencia y acción. En el caso de la percepción ilusoria, esta surge cuando se contrasta con otras cogniciones que indican que nuestro conocimiento original no era válido. Así, aunque la invalidez de un conocimiento se nos antoje posterior y, de acuerdo con ella, rechacemos el conocimiento anterior, el conocimiento que se nos reveló por primera vez entrañaba la certeza que nos impulsó a trabajar en la dirección que marcaba. Siempre que se trabaja de acuerdo con un conocimiento, se tiene la convicción de que es válido. Esto es lo que se quiere decir cuando se afirma que la validez del conocimiento aparece en cuanto surge, aunque su invalidez pueda derivarse de alguna experiencia posterior. Todo el conocimiento, excepto la memoria, se considera válido por sí mismo, a menos que se invalide más adelante. La memoria queda excluida porque los recuerdos dependen de una experiencia previa y de las impresiones latentes que dejaron, por lo que no es posible que surjan por sí solos. La atención y la conciencia, en cierto sentido una misma cosa, son el fundamento de cuanto podemos saber.

16. La síntesis del vedānta

Para el vedānta, el cosmos es irreal; lo único real es el ātman. Los seres, las cosas y los fenómenos son ilusorios, un efecto magnífico de la ignorancia. Confundir lo real con lo irreal es un error común, como lo es confundir el ātman con el ego. Los egos son muchos, el ātman es uno. La ilusión del mundo se burla constantemente de los afanes del ego, de sus pensamientos e intuiciones. El ātman no solo es lo único real, sino también el núcleo perenne de todo lo vivo, la fuerza divina que permea el cosmos y habita en todas las criaturas. Aunque los seres vivos son innumerables, hay un solo actor, el Sí mismo. El ātman está más allá de los dioses, más allá incluso del supuesto creador de este universo. Es el imperturbable testigo que hay detrás de las innumerables máscaras de lo creado. Está presente en el sacrificador, en la víctima y en el propio sacrificio. Es el acto de la oblación, la ofrenda y el fuego en el que esta se consume. Es el comedor y lo comido. Curiosamente, la visión más radical, la más extraña al sentido común, fue la que acabó predominando en la filosofía hindú. Fundamentalmente, se debe a que los tutores de los primeros investigadores europeos que estudiaron los textos sánscritos eran en su mayoría pandit adeptos al vedānta.

El ātman no solo se define negativamente, «no es esto, no es aquello» (neti, neti), sino que en ciertos pasajes de las upaniṣad se identifica con la luz del mundo[1]. En otras partes se describe positivamente como «la mente, la palabra y el aliento vital»[2]. Estas tres potencias, como dice la *Bṛhat*, remiten a los tres mundos: la palabra es la tierra; la mente, el aire, y el aliento vital, el firmamento. ¿Qué tienen en común estos tres elementos? Que hacen posible la conciencia, el sentir del cuerpo vivo. La mente, la palabra y el aliento vital (respiración) son el fundamento de la vida interior, de la actividad mental del individuo, que hace que se sienta presente en el mundo y reconozca lo que le rodea. La noción del *reconocimiento* será importante no solo en el vedānta, sino también en el posterior sistema de Abhinavagupta, principal exponente del śivaísmo de Cachemira (del que hablaremos al final del libro).

El ātman habita en el individuo, es el fundamento de su vida consciente, pero trasciende el cuerpo físico y el cuerpo sutil. Trasciende la propia mente. Carece de órganos sensibles mediante los cuales experimentar el mundo, y, sin embargo, es el fundamento de cualquier tipo de experiencia, desde la más banal hasta la extática. Por ser inmaterial, carece de ojos, oídos y tacto, pero el cuerpo es su vehículo, su morada provisional. En el ātman se asientan la criatura fenoménica y su personalidad, que, como veremos, es solo una máscara.

El individuo vive en el presente, recuerda el pasado, se preocupa por el futuro. Para el ātman, esos tres tiempos se reducen a uno, o, más bien, no hay tiempo. Aunque es el verdadero actor de todos los actos, es un actor intemporal. Despreocupado y desinteresado, vive con distancia su propia actividad, las alegrías y las penas que se derivan de ella. El vedānta recoge en este punto una de las ideas centrales de la*Bhagavadgītā*. El ātman es a la vez lo más próximo y lo más distante, lo más íntimo y lo más indiferente. No le afecta el fruto de los actos. Carece de nombre, por eso es la anónima esencia de cuanto respira. Lo que para el hombre común constituye la realidad de la vida, la cruda o apacible realidad, para el ātman son simplemente nombres. Cualesquiera que sean las formas que adopte, siempre se muestra indiferente a ellas. De ahí la afirmación de que, en ese vehículo o esa morada que llamamos *individuo*, el ātman se encuentra en una situación particular, cubierto y oscurecido por una serie de envolturas que lo atan y, aparentemente, le impiden liberarse.

De acuerdo con la visión védica, el universo es un sacrificio perpetuo, un cuerpo vivo que se inmola a sí mismo y se autoconsume. Entre las formas asumidas por la fuerza divina del ātman, se cuentan no solo el sacrificante y su víctima, sino también los dioses que reciben el sacrificio. Todos ellos no son más que ropajes del ātman, envolturas más o menos gruesas de ese único principio anónimo, de esa única realidad. Todo lo demás es el fantasmagórico producto de la ignorancia (avidyā), uno de los conceptos fundamentales del vedānta, que heredará el budismo.

Gauḍapāda

Antes de Gauḍapāda, los maestros del vedānta advaita, que sostenían que la realidad es una y que el mundo de la dualidad es ilusorio, eran seres divinos o semidivinos. Con Gauḍapāda se inicia el linaje de los maestros humanos, una sucesión de monjes que dejarán una profunda huella en el pensamiento indio. Su comentario a la *Māṇḍūkya upaniṣad* es la primera y principal obra de esta escuela. Un texto que, como veremos, mantiene una estrecha relación con el pensamiento budista. Uno de los historiadores más importantes de la filosofía india, Surendranath Dasgupta, llega a afirmar que, para Gauḍapāda, las enseñanzas fundamentales de las upaniṣad coinciden con las de Buda (al menos, en lo que se refiere a la upaniṣad que estudió y comentó en detalle, la *Māṇḍūkya*). Según la tradición y el propio Śaṃkara, Gauḍapāda fue maestro de Govinda de Cachemira (que se convirtió en su discípulo cuando lo encontró a orillas del río Narmada mientras viajaba al sur), maestro a su vez de Śaṃkara. Podemos suponer que escribió su obra en torno al siglo V o principios del VI, poco después de la aparición de los grandes pensadores budistas del mahāyāna, como Nāgārjuna, Aśvaghoṣa y Vasubandhu. Sea como fuere, hay una conexión interesante (un tono común) entre su filosofía y la de Nāgārjuna (también la de Asaṅga). Gauḍapāda se consagró con ardor a la meditación en una gruta perdida del Himalaya y regresó para contar lo que había descubierto. Su nombre tal vez se deba a su pertenencia a la etnia de los gauda, establecida a orillas del río Hirarāvāti, al norte de Bengala.

El Uno sin segundo, la adorada unidad de lo real, es uno de los temas recurrentes del vedānta advaita. La confusión respecto a la naturaleza de la realidad se pone de manifiesto con la distinción entre expresiones como *eva* (solo, único) e *iva* (como si): es lo primero, pero parece lo segundo. El ser se denomina *bráhman* y es lo único real, mientras que el mundo de la diversidad es una apariencia ilusoria. Eso es lo que se dice en la principal obra de Gauḍapāda, la *Māṇḍūkya kārikā*, también conocida como *Gauḍapāda kārikā*, una concisa explicación versificada de las doce estrofas de la *Māṇḍūkya upaniṣad*. Consta de 215 estrofas dispuestas en cuatro capítulos. Solo el primero es de hecho un comentario a la upaniṣad, siendo los otros tres un breve tratado sobre la irrealidad del mundo fenoménico y la unidad de todas las cosas. En el primer capítulo se analizan las cuatro manifestaciones del ātman, es decir, los cuatro estados de conciencia por los que transcurre la vida humana: el estado de vigilia (jāgrat), el ensueño o sueño con representaciones (svapna) y el sueño profundo (suṣupti), los tres de naturaleza cambiante, y un «cuarto» estado (turīya) que trasciende y sustenta a los anteriores. En el estado de vigilia se experimenta el mundo exterior de las cosas; en el ensueño, un mundo interior de fantasías e imaginaciones del que el yo es creación y parte. En el sueño profundo se pierde el sentido de la propia identidad y el de la pluralidad. Hay conciencia, pero no de «algo». En este sentido, el sueño profundo apunta hacia ese cuarto estado que comprende a los demás. La vigilia es un estado colectivo; el sueño, una creación privada basada en la experiencia colectiva; el sueño profundo, una manifestación privada y colectiva a la vez, pues se trata de un fenómeno universal. Aunque el estado de vigilia es solo un fragmento de la experiencia humana, permite a la persona tomar conciencia de la ignorancia que la ata al mundo ilusorio y emprender así una nueva vida con la que apartar el velo que obstaculiza la manifestación de la conciencia. Una tarea que lleva a cabo la propia conciencia, no el sujeto empírico, de ahí la importancia de la devoción y la pureza mental. El cuarto estado es algo que le «acontece» a uno, por lo que no se puede lograr o conquistar. No se trata tanto de comprender esta verdad como de vivirla, por eso son tan relevantes la fe y la creencia de que fue experimentada por los sabios del pasado.

En el primer capítulo de la *Gauḍapāda kārikā* se repasan las diversas teorías sobre el origen del mundo sin decantarse por ninguna. Juego de un dios ocioso o evolución del aliento vital, el mundo es una aparición cuya aparente dualidad es creación de māyā. En el segundo capítulo se ahonda en la naturaleza del mundo, cuya esencia es onírica y, aun así, parece real. Lo que vemos estando despiertos y lo que vemos en sueños comparten una misma irrealidad. De ello se infiere que nada surge ni perece. La vida humana está asediada por un mundo de apariciones. No hay seres encadenados al saṃsāra, pues las supuestas cadenas son irreales, están hechas del material del que están hechos los sueños. Tienen la realidad de la serpiente que en la oscuridad confundimos con una cuerda.

En el tercer capítulo, Gauḍapāda afirma que la realidad es como el espacio vacío (ākāśa) y que la existencia de contrarios (amor-odio, vida-muerte, grande-pequeño, dicha-sufrimiento) es una ilusión creada como por arte de magia (māyā). Pero cuando los sabios detienen su mente, se detiene el hechizo del mundo y se extinguen el sufrimiento y el temor. La mente, en el instante en que despierta, se disuelve. Y entonces, como nos dice en el cuarto y último capítulo a la manera de Nāgārjuna, desaparece la distinción entre el que conoce, el medio por el que conoce y el objeto que conoce.

Mientras estemos atados a las opiniones, a las causas y a las razones, estaremos sometidos al sufrimiento y a la ronda del renacer. Cuando se abandonan las opiniones, desaparecen las aflicciones que aquejan a la mente y se advierte que no hay saṃsāra, que lo que aflige no es sino la proyección de la propia imaginación, un mundo aparente creado por una mente intoxicada. Resulta tan obvia la influencia de Nāgārjuna que, como afirma Dasgupta, es innecesario probarla. Llegados a este punto, quizá sea irrelevante plantearse si Gauḍapāda era budista o hindú, pues tal vez esos últimos capítulos no salieron de su pluma. Sea como fuere, esas ideas se difundirán y se convertirán en el eje fundamental de la visión del vedānta advaita. Los budistas lo llaman *vacío* (śūnyatā), y los hindúes, *conciencia* o *Sí mismo* (ātman), pero la realización espiritual sigue en ambos casos caminos similares.

Para defender el carácter ilusorio de la pluralidad, Gauḍapāda ofrece citas de las escrituras sagradas de la India. En su apuesta por la unidad, es especialmente crítico con el concepto de causalidad. Nada es causa de nada, porque todo descansa en el Ser, y el Ser carece de causa u origen. Repite algunos de los argumentos clave de Nāgārjuna, como su doctrina de anutpāda: nada nace jamás, porque el Sí mismo es la realidad única, no originada, la eterna dicha y bienaventuranza que se ilumina a sí misma. No hay alma o ente individual que no sea parte de la grandeza de bráhman, el gran Sí mismo, idéntico al ātman. La individualidad del alma es una ilusión más. Desde la perspectiva del sentido último, no hay nada finito o perecedero, todo es una Unidad infinita, aunque desde la perspectiva del hombre común las cosas parezcan finitas y perecederas. Las distinciones empíricas entre sujeto y objeto, causa y efecto, mente y materia, entre lo que nace y lo que perece, son producto de nuestra ignorancia. Verlo requiere consagrar la vida a ese propósito (de ahí que el vedānta resulte en una suerte de monacato hindú, en la línea del budista o del jainista), llevar a cabo una continua purificación para preparar el terreno y recibir la gracia. No se trata de una cuestión de voluntad y esfuerzo personal. El paso final no lo da uno (no es asunto del yo). La mente, cuando brilla, lo hace porque toma prestada la luz del Sí mismo, del ātman. La mente, hecha del guṇa sattva, refleja la luz de la conciencia (que es el Sí mismo: ātman equivale a puruṣa), un punto en el que el vedānta coincide con el sāṃkhya. Pero para el sāṃkhya la mente es real, como real es su fundamento, la naturaleza primordial (prakṛti), mientras que para el vedānta la mente y la naturaleza son ilusorias. El vedānta es un puruṣa sin prakṛti, o con una prakṛti fantasmagórica. La mente puede detenerse si se siguen las prescripciones del yoga. La ignorancia (que en esencia es una creación mental) desaparece y la luz de la conciencia atraviesa el espacio diáfano de la mente. Entonces se experimenta ese cuarto estado (turīya) que sostiene a los demás, y la persona, que ha estado siempre liberada (pues todo es bráhman), experimenta la liberación. Una ilusión más, pero la única verdadera.

Puede decirse que el vedānta advaita no es un sistema filosófico, sino una intuición metafísica que exige una determinada forma de vida. Definir algo es limitarlo, de ahí que bráhman no se pueda definir. Pero, a diferencia de lo que sostiene el budismo, el principio supremo no es un principio vacío, sino que está colmado de ser. Es el Ser mismo, que se define positivamente como «existencia, conocimiento, dicha» (satya, jñāna, ānanda). Sin embargo, dicha definición es una concesión a la realidad convencional. Desde la perspectiva del sentido último, esa calificación se desvanece. La distinción entre dos verdades (una convencional y otra de sentido último: vyavahāra y paramārtha) es un préstamo de Nāgārjuna y constituye el eje de uno de los pasajes más importantes de *Fundamentos de la vía media*, el texto raíz de la escuela budista mādhyamika.

No es la única contribución importante del budismo al vedānta. El ser humano se encuentra en una posición más ventajosa que los dioses. Estos están atrapados en el círculo virtuoso del bien y del gozo; sus almas actúan para el disfrute. Pero, desde el punto de vista del vedānta, conviene desembarazarse de esa vestidura dorada. El compuesto mente-cuerpo es su causa (aunque hablemos aquí de un cuerpo divino), y el dios está tan atado al saṃsāra (y es tan ajeno a la liberación del espíritu) como el animal y el demonio.

La ignorancia hace que parezca que el alma individual es finita y transmigra de una existencia a otra antes de ser liberada por el conocimiento. Pero bráhman no es objeto de ningún acto. No puede serlo porque no encaja en la red de la causalidad. Por naturaleza, bráhman es lo que está eternamente liberado. No depende de la acción ritual (como creen los adeptos de la escuela de la mīmāṃsā) ni de ningún tipo de esfuerzo o voluntad de carácter humano. El propósito de «alcanzar» la liberación es una metáfora engañosa. Lo que juega un papel decisivo no es el culto, sino la entrega del ego. No hay logro o alcance alguno en este sentido. Conviene purificar la mente y recorrer el camino del conocimiento para que acontezca la liberación, pero el agente de este hecho extraordinario no es el individuo, sino bráhman mismo.

El comentario a la *Māṇḍūkya upaniṣad*

Ya hemos mencionado que la obra más importante de Gauḍapāda es su comentario a la *Māṇḍūkya upaniṣad*, en el que esta se ha conservado inscrita. De hecho, algunos indólogos, como Deussen, han llegado a afirmar que esta upaniṣad la escribió el propio Gauḍapāda. La *Māṇḍūkya*, breve pero muy influyente, se inicia con un análisis de los cuatro elementos que componen la sílaba *om* (los tres fonemas /a/, /u/, /m/ y el conjunto de todos ellos). La sílaba sagrada se identifica con toda la creación, con bráhman y ātman, que es resultado de una vibración original (como en las teorías de Bhartṛhari sobre el poder creativo de la palabra; véase el capítulo 14). Los tres fonemas de *om* se asocian a los tres mundos y a los tres estados de conciencia (la vigilia, el ensueño o sueño representativo y el sueño profundo), a los que se añade un cuarto, inefable, inasible, impensable. La vigilia, correspondiente al sonido /a/, se orienta al mundo exterior a través de los sentidos. El sueño representativo, correspondiente al sonido /u/, se dirige al mundo interior. Y el sueño profundo, desprovisto de imágenes y deseos, y correspondiente al sonido /m/, es la manifestación de la posibilidad misma de una conciencia sin contenido. El conjunto *aum* (pronunciado *om*) sirve de puente entre este mundo y lo incondicionado.

Una de las ideas centrales de la *Māṇḍūkya* es la importancia de la meditación auditiva que desde antiguo venía desarrollándose en la India. Tanto el control de la respiración como la pronunciación y audición de la sílaba *om* constituyen el acceso a bráhman. Uno es el ātman, el que experimenta los tres estados, pero solo alcanza la liberación si logra trascender dichos estados. Con ello se constata la secreta unidad de todas las cosas y se sugiere que la aparente multiplicidad y diversidad del mundo natural es una ilusión creada por una mente poco entrenada o evolucionada. La *Māṇḍūkya* saca a relucir la relevancia de la experimentación con el propio cuerpo mediante prácticas de contención y ardor interno. La obra se inscribe en la «fisiología metafísica» desarrollada en el yoga: la transformación del cuerpo fisiológico en cuerpo cósmico (siguiendo las correspondencias entre microcosmos y macrocosmos). Las venas, las arterias y los órganos de la sensibilidad devienen centros de energía interna que albergan fuerzas cósmicas o divinas.

Nada nace

La ilusión del mundo se justifica con la teoría de *ajāti*, 'nada nace'. Vemos las cosas surgir y perecer, pero se trata de una ilusión. El término *ajāti* es una crítica de la noción común de *causalidad* y entronca con la idea budista de que 'nada surge' (*anutpāda*), desarrollada por Nāgārjuna[3]. Se trata de una crítica a lo que podría llamarse la *superstición del origen*. La ilusión del surgimiento afecta a nuestras relaciones con la fugacidad de las cosas. Un tema que suscita otros dos: el del cambio y el de la identidad. El asunto del cambio está en el origen de la reflexión de Gauḍapāda y es un eco de la misma reflexión budista: nos apegamos a cosas que al cambiar dejan de ser nuestras, y eso nos hace sufrir. En sus *Fundamentos de la vía media*, al ocuparse del cambio y de la identidad, Nāgārjuna afirma que para hablar de cambio debe haber algo que permanezca invariable: el cambio presupone lo duradero y estable[4]. Una de las formas de reaccionar a esa paradoja es negar el cambio, considerarlo mera apariencia. Nāgārjuna y Gauḍapāda llegan a la misma conclusión: para los que conocen la verdadera realidad, nada surge (anutpāda, ajāta). Desde la perspectiva del mādhyamika, resulta sencillo reconocer la actividad febril del mundo, verse afectado por lo efímero de las cosas, pero, para los sabios, para los que conocen la verdad (los budas) y han despertado a la realidad del mundo, nada surge y todo vive en la paz del nirvāṇa.

Se da por sentada la fugacidad de las cosas (principio fundacional del budismo), y, desde un punto de vista retórico, es más útil decir «nada surge» que «nada cesa». Es evidente que los seres perecen, pero si uno supone que nada surge, la apuesta es ligeramente distinta. Lo que no surge no puede cesar. Nāgārjuna y, después, Gauḍapāda no dicen «nada perece», sino «nada surge». Una estrategia retórica basada en que la realidad del mundo exterior es lo bastante sólida para que dicho mundo pueda correr peligro. Damos por hecho con alegría que los niños crecen, que las semillas brotan, que el sol sale todos los días. Y aceptamos con resignación que una enfermedad puede matar a un niño, que las hojas se secan y pudren, que la vida se acaba. Podemos combatir el surgir porque nuestra confianza en ello es fuerte, sólida y dichosa; un buen terreno sobre el que edificar. La pértiga de la crítica funciona cuando un suelo firme le sirve de apoyo, porque esta consistencia permite el salto. Si estos dos filósofos hubieran dicho que «la verdad profunda de los sabios es que nada cesa», nadie los habría escuchado. El ser humano conoce demasiado bien la pérdida. No es posible encontrar un grano de mostaza en un hogar donde no haya muerto alguien, como en el episodio de Kisā Gotamī[5].

Decir que «nada muere» resultaría muy poco persuasivo e incluso inaceptable. Pero decir que «nada surge» ya es otra cosa. Los esfuerzos de esta retórica están destinados a convencernos de que, aunque no lo parezca, en realidad nada surge. Pues lo que vemos nacer aquí o allá es simplemente una ilusión creada por la ignorancia.

Es así como Gauḍapāda llega a su idea de la ilusión del mundo, cuyo origen es budista y que tiene un largo recorrido en el pensamiento hindú. La concepción del mundo como producto del poder creativo de māyā no se encuentra en las upaniṣad ni en la *Bhagavadgītā*. Esta última habla de la ilusión que crea la actividad gúṇica, pero no de māyā. El origen de esta metáfora hay que buscarlo en Nāgārjuna, mientras que su desarrollo se da en el vedānta a través de Gauḍapāda. He aquí un buen ejemplo de la fertilidad del diálogo entablado por estas dos tradiciones durante más de dos mil años.

Metáforas de la ilusión

La palabra para designar la ilusión mágica, *māyā*, tiene raíz indoeuropea. Aparece ya en el *Ṛgveda*, en referencia a una de las armas con las que el dios Indra ciega y confunde a sus enemigos: una red que le permite volverse invisible e inducir en los demás falsas percepciones o alucinaciones. De ahí que usualmente signifique 'engaño, encantamiento, artificio, truco, hechizo'. Posteriormente, en el budismo nikāya, designará los poderes de los magos y de los taumaturgos (māyākara), así como las extraordinarias destrezas adquiridas por ciertos monjes (abhijñā o siddhi) mediante la práctica del samādhi. A veces se refiere a la ilusión de un yo sustancial, en cuyo caso es una explicación metafórica de cómo puede surgir la idea del yo y lo mío en fenómenos que no constituyen un yo ni permiten apropiación alguna. Para el mahāyāna, *māyākara* es un epíteto de budas y bodhisattva diestros en las técnicas de la liberación.

El término *māyā* es, además, uno de los símiles que explican la ilusión de la realidad sobre un fondo vacío. Este último sentido está entrelazado con el de 'persona creada por arte de magia'. Es un concepto clave en la representación de la realidad física y espiritual en Nāgārjuna. El filósofo adopta el término y extiende su significado a todo fenómeno y doctrina: cualquier afirmación es una afirmación *engañosa*. Ninguna afirmación es real en sí misma, por estar sujeta a causas y condiciones, o, como diríamos hoy, por estar inscrita en una red de textos (intertextualidad) a los que hace referencia y de los que es efecto. Las afirmaciones, ya sean doctrinales o pertenezcan al lenguaje corriente, son resultado de un conjunto de causas y condiciones que en la mayoría de los casos no tenemos presentes o desconocemos. De ahí que se consideren ilusiones. Incluso la doctrina de la vacuidad tiene esa naturaleza ilusoria, por eso es parte de māyā[6]. Posteriormente, la metáfora del mago y sus poderes pasará a designar la facultad creadora y adaptadora de los budas y los bodhisattva, que son magos porque conocen la ilusión del mundo y se mueven con pericia en ella, con el fin de ayudar a los seres vivos que sufren. Así, el concepto de māyā quedará asociado a la soteriología y a uno de sus conceptos fundamentales: el de los medios (upāya) para avanzar en el camino hacia el despertar.

Las metáforas que Nāgārjuna pone en juego no pertenecen exclusivamente a la imaginación. Muchas de ellas son fenómenos visuales o auditivos no del todo inexistentes (como el espejismo, el eco, el reflejo o la ilusión mágica), pero cuya irrealidad reconocemos. Estas analogías son una metáfora de lo que consideramos mundo real y ocupan un lugar intermedio entre la existencia y la inexistencia. Comparten una naturaleza engañosa que puede llevarnos a zambullirnos en el agua para atrapar la luna o a creer que alguien en el interior de una gruta repite nuestras palabras. Sin embargo, en los sueños y en las ilusiones mágicas, la imaginación juega un papel más importante: el engaño es producto de la propia mente, que nos hace pasar por real algo que no lo es.

Nāgārjuna utiliza la metáfora en un sentido filosófico para referirse al mundo del devenir. La existencia de las cosas es una ilusión. En varios pasajes de su obra se dice que el surgimiento y la cesación de las cosas son como un sueño, como una ilusión mágica, como una ciudad de músicos celestiales. Las palabras que emplea recuerdan a las de Gauḍapāda[7].

Sin embargo, hay una diferencia importante entre el budismo y el vedānta. La ilusión del mundo deviene para el budista en la vacuidad de todas las cosas, en su naturaleza dependiente y en la necesidad moral de la ayuda mutua y la identificación afectiva con aquellos que sufren. Para Gauḍapāda, esa ilusión es un velo que oculta la realidad única y el fundamento de cuanto existe: bráhman. Por encima de todo, el velo cubre un tesoro escondido. En definitiva, según Gauḍapāda, el mundo de las almas individuales no es sino la proyección de una conciencia única e indivisible, mientras que los budistas sostienen que esa conciencia (citta) está asociada a una actividad mental efímera, que tan pronto como surge, perece. Los tres estados de conciencia (la vigilia, el ensueño y el sueño profundo) no son, por otro lado, completamente irreales ni constituyen en sí mismos un error. Son estados en los que la luz de la conciencia ha perdido intensidad. Pero gracias a ellos, fundamentalmente a la vigilia, se puede desandar el camino y alcanzar la luminosidad de la conciencia original. En cierto sentido, esa jerarquía de estados de conciencia recuerda a los modelos neoplatónicos, en los que, conforme se despliega el universo y se suceden las emanaciones del Uno-Bien, los seres van perdiendo gradualmente parte de su brillo original.

Hay otra diferencia importante. Para el vedānta, la liberación no depende tanto del esfuerzo personal como de la gracia; para el budismo temprano, sin embargo, el esfuerzo individual es decisivo, pues no hay nadie al rescate. Esa tendencia se corregirá en el mahāyāna, en el que budas y bodhisattva salen al rescate de aquellos que buscan el despertar, e incluso proyectan «tierras de dicha» en las que tal logro es más fácil si se renace en ellas.

El marcado carácter budista de los capítulos segundo, tercero y cuarto, sobre todo de este último (donde se utiliza la terminología de esta tradición), ha inducido a algunos estudiosos a considerar que solo el primer capítulo es obra de Gauḍapāda y que el resto son adiciones posteriores. De hecho, en la obra solo hay referencias a la *Māṇḍūkya upaniṣad* en el primer capítulo, que se centra en comentar detalladamente las escrituras sagradas (āgama). El segundo capítulo habla de la irrealidad del mundo fenoménico; el tercero, de la unidad de todas las cosas, y el cuarto, de la extinción del «carbón encendido». En este último hay una voluntad explícita de conciliar la postura advaita con la del mādhyamika. En un pasaje se dice que los budas hablan de «originación» para no escandalizar a aquellos que temen el nihilismo; más adelante, que todo lo que aparece es vacío por naturaleza, y al final del tratado se rinde homenaje a Buda[8]. Esta lectura, reconocida por especialistas como Surendranath Dasgupta o Karl H. Potter, dista de la de Śaṃkara, que sostenía que el budismo era el peor enemigo del vedānta. Hay quien sugiere que el comentario a la *Māṇḍūkya upaniṣad*, constituido por una docena de estrofas que explican el significado esotérico de la sílaba *om*, podría ser el texto original mismo. Madhva consideraba que las veintinueve estrofas del primer capítulo eran el texto mismo (śruti) y no un comentario (smṛti) al texto sagrado. Se ha llegado a postular la hipótesis de que el comentario es anterior a la upaniṣad. Sea como fuere, se trata de la obra más antigua del vedānta.

Śaṃkara

La sensación de existir

Śaṃkara es el genio tardío del pensamiento védico y uno de los filósofos más influyentes del hinduismo. Vivió intensamente, a caballo entre los siglos VII y VIII, y murió joven (según sus biógrafos, en el monte Kailāsa, la morada de Śiva), pero tuvo tiempo de fundar una orden monástica y de erigir un monismo filosófico que ejerció una honda influencia en los primeros europeos que se acercaron al pensamiento indio. Śaṃkara, como Sócrates, Buda o Jesús, se resistió a consignar por escrito su enseñanza. Prefería que resonara en los oídos de sus discípulos. Denunció las falsas identificaciones de un mundo soñado, rehuyó el personalismo divino y se propuso refutar, como Spinoza, la diversidad. Podemos aventurar que no fue un pensador original (la India desconfía de esa categoría), pero gozó de un talento expresivo incomparable. Renovó las viejas metáforas de la literatura védica y sintetizó ideas del sāṃkhya y del budismo[9].

El hecho de que seamos conscientes de nosotros mismos pone de manifiesto una realidad inapelable: la inmediatez del ātman. El ātman es ese reducto de luminosidad sin el cual nadie tendría la sensación de existir. Una sensación vigilante y siempre presente, aunque no le prestemos atención. Frente a dicha realidad ineludible, los conocimientos rituales, médicos o astronómicos palidecen, se convierten en modos de la *ignorancia*. El motivo es que en ellos se desdobla lo que no se puede desdoblar: una mente que percibe y un objeto percibido. Se asume –así lo hace Śaṃkara– que todo conocimiento dual tiene una naturaleza convencional. Respecto a si es certero o digno de confianza, se afirma que su exactitud depende de nuestros intereses. En todo caso, el conocimiento científico tiene para Śaṃkara un interés muy secundario. Mientras el hombre no sea capaz de ver más allá de la dualidad (donde el mundo deja de ser mundo, el padre deja de ser padre, el bandido deja de ser bandido), no sobrepasará su naturaleza animal. El ámbito de lo dual alcanza también a la propia literatura sagrada (el corpus de textos védicos), y, como en el mahāyāna, se dirá que las escrituras llevan implícita la disolución de la enseñanza, el cortejo de su propio fin.

La realidad del ātman es innegable e inapelable. Innegable porque, cuando se niega, es el propio ātman el que la niega; sin él, nadie podría negarse a sí mismo. E inapelable porque no requiere de ningún medio de conocimiento; es aquello que está detrás de todo conocimiento y de toda epistemología, aquello que es fundamento de la percepción, la inferencia o el testimonio verbal. Nos encontramos aquí en un nivel prelingüístico. Describir el ātman es tan imposible, nos dice Śaṃkara, como subir al cielo con una escalera o enrollar el firmamento como si fuera una piel.

El conocimiento que se conoce a sí mismo

Una de las primeras biografías de Śaṃkara plantea el tema de fondo de su filosofía. El sabio bebía de una fuente cuando se le acercó un brahmán que traía a su hijo del brazo. El niño parecía corto de entendimiento. «No juega ni va a la escuela, permanece todo el día callado», dijo el hombre. Śaṃkara sonrió al muchacho y levantó las cejas. El niño sonrió a su vez y, para sorpresa de todos, recitó una estrofa en impecable sánscrito:

> No soy ni hombre, ni dios ni espíritu,
> ni sacerdote ni guerrero,
> ni comerciante ni paria.
> No soy ni estudiante ni padre de familia,
> ni eremita ni renunciante.
> Solo soy conocimiento que se conoce a sí mismo.

«Conocimiento que se conoce a sí mismo». ¿Es la estrofa deliberadamente ambigua? No. Sobre este retruécano se edifica el pensamiento de Śaṃkara. Si la inteligibilidad se basa en la distinción entre el conocimiento y el que conoce, ¿cómo entender la frase? Lo primero será advertir que el conocimiento de bráhman no es un conocimiento «de» algo, pues bráhman no puede ser objeto de conocimiento.

Lo que llamamos *conocimiento de bráhman* es el mismo bráhman, dado que en él se disuelve la diferencia entre el que conoce, lo conocido y el conocimiento (los dos primeros se funden en el tercero). En este punto no hay sujeto y objeto, solo conocimiento; todo lo demás es puro arbitrio o convención[10].

Ese conocimiento no es externo a nosotros. Y, lo más curioso, no depende de nosotros alcanzarlo. ¿Por qué? Porque no es posible –nos dice Śaṃkara– alcanzar lo que ya se tiene. Omnipresente como el espacio, siempre nos acompaña, siempre está al alcance de la mano. El baño ritual, la recitación de mantras, las abluciones y la iniciación pueden ayudar a purificar esa entidad irreal que se identifica con el cuerpo, la mente y la sensibilidad (el yo, *aham*, del que hablan las upaniṣad), pero estas prácticas en nada afectan al ātman. La epifanía, si se produce, no es producto de la obediencia a los preceptos o de esfuerzos meditativos; nada tiene que ver con el empeño o la intencionalidad, sino que es algo tan natural y espontáneo como la transformación de la leche en yogur. Pues el fulgor puro del ātman carece de intenciones o de voluntad: es la visión espontánea que contempla el mismo acto de ver. Un hecho que ocurre en los bastidores de la percepción, un *saber* que se ve (aunque, paradójicamente, sea invisible): «No puedes ver al vidente de la visión», dice la *Gran upaniṣad del bosque*. Y en la *Kena* se dice algo que repetirá después, desde otro mito y de otra manera, Berkeley: la mejor forma de contemplar el ātman es a través de todas las percepciones.

La afirmación de Śaṃkara es en este sentido un eco del sāṃkhya: la liberación no es algo que pueda ocurrir, ni que uno tenga ocasión de realizar o llevar a cabo. Pues en cada acto cognitivo estamos siendo y percibiendo gracias al ātman, aunque no seamos conscientes de ello. Los seres están liberados, pero persisten en la ilusión, en la ficción que crean sus yoes. La liberación no es tanto un hacer como un dejar de hacer; es un detenerse, un apagar ese proyector de imágenes que es la mente ignorante (nutrida de las inclinaciones, los deseos y las obstinaciones que ha acumulado). La liberación no es acción ritual, no es logro ni conquista. Con ella no sucede nada y, al mismo tiempo, sucede todo. Liberación es desidentificación, desprendimiento, ascesis del pensamiento. Es un poner entre paréntesis los hábitos cognitivos e ir quitando mortajas que se toman por la piel, para desmontar la identidad –pozo sin fondo de vanidades– que se ve a sí misma *frente* al mundo, que se distingue de este y no acaba de entender la participación radical expresada en la fórmula *tú eres eso*. Entonces nada nos resulta ajeno, todo nos pertenece: «Solo aquel que contemple el mundo como distinto de sí –dice Śaṃkara– tendrá deseo de algo, y esa es precisamente la naturaleza del hombre que desea». Se trata de purificar la mente para facilitar la *aparición* del conocimiento. Una aparición impersonal, que carece de sujeto y agente, y se revela por sí misma cuando se quitan obstáculos y dejan de producirse proyecciones mentales. El yo que no es yo, pues incorpora el universo entero.

Algo hay de ensimismamiento en la persona singular: una inclinación natural al conocimiento de sí, y la intuición inexpresada de que el conocimiento del individuo llevará al conocimiento del todo. Dicha creencia subyace en las llamadas *técnicas arcaicas del éxtasis*, que buscan una joya en la caverna del corazón, oculta entre la hojarasca de los deseos y de las inclinaciones. Ese tesoro, que los budistas llaman *embrión del Tathāgata*, puede verse como un principio trascendente (origen y fin del cosmos) o como un principio inmanente que anima a los seres desde sus adentros. Es la luminosidad interior oscurecida por los apremios, la linterna que ilumina la percepción en la vigilia, la onírica proyección de imágenes y el gozo concentrado del sueño profundo.

El velo de la ignorancia

Según la *Māṇḍūkya upaniṣad*, hay cuatro niveles de conciencia: la del estado de vigilia, la del ensueño, la del sueño profundo y la del liberado (mokṣa), correspondientes a los cuatro elementos que componen la sílaba *om* (identificada con toda la creación, con los tres mundos, con ātman y con bráhman). En el *Vedāntasāra* se dice que el ātman está cubierto por cinco envolturas de diferente densidad. La primera, la más tosca, es la del alimento, que corresponde al estado de vigilia. La segunda, tercera y cuarta son la de la respiración, la de la mente y la sensibilidad, y la del entendimiento, respectivamente; en conjunto componen un cuerpo sutil que corresponde a la conciencia onírica. La quinta es la envoltura de la beatitud, que corresponde al sueño profundo.

Toda esa tramoya constituye una capa de ignorancia oscura y espesa que cubre toda la creación. Es el velo necesario para que la vida sea posible, para que la luz que la anima no ciegue ni arrase a las criaturas. Solo cuando han sido apartadas todas esas capas puede experimentarse el ātman, el sereno silencio que se encuentra más allá de los tres mundos, más allá de la sílaba sagrada, más allá de la vida. Rodeado por las cinco envolturas, el ātman no resplandece en toda su intensidad. Śaṃkara utiliza el símil del lago cubierto de juncos, incapaz de reflejar la luz.

Pero esa ignorancia, como puede colegirse de lo dicho anteriormente, no es solo un principio negativo. Gracias a ella es posible la diversidad del mundo, el universo en todo su esplendor creativo. En este sentido, es equiparable a la Śakti, la energía que proyecta la ilusión del mundo y se envuelve en sus cinco capas. La luz del sol no puede mirarse directamente, salvo que lo cubra una nube o el velo del atardecer. La envoltura de la ignorancia permite la percepción de las cosas, el juego de la sensibilidad, la fascinación y el odio, la irrealidad del placer. La liberación supone, entre otras cosas, darse cuenta de esa situación. El vedānta coincide en esto con el sāṃkhya. El sistema de Kapila distinguía entre espíritu y naturaleza; el de Śaṃkara, entre lo real y lo irreal. Reconocer nuestra verdadera situación implica deshacer la ilusión del mundo. De nuevo es fácil encontrar paralelismos en otros filósofos de la India. El budista Vasubandhu hablaba de «consumación»; Patañjali, de «detención» de esa misma irrealidad, creada por las inclinaciones latentes que están detrás de la actividad mental.

Las buenas obras, la consagración de ofrendas, la práctica de la meditación, la conducta intachable, el deber moral: todos estos elementos son propedéuticos. Pero la intuición definitiva no es obra del esfuerzo, sino de la gracia. No procede del ego, sino del propio ātman, y, en cierto modo, resulta inexplicable. Y lo es porque la ignorancia constituye el mayor de los misterios. Envuelve lo real con un velo, pero una vez apartado ese velo, tampoco se alcanza a ver lo que hay detrás. La ignorancia es un velo invisible, de ahí que por naturaleza sea incognoscible. Como dice la *Muṇḍaka upaniṣad*, quien conoce a bráhman se convierte en bráhman, y su visión ya no está velada u obstaculizada por la ignorancia. De hecho, la ignorancia es el gran enigma, mayor incluso que bráhman, el cual, en definitiva, se puede llegar a conocer o al menos experimentar. Conocer la ignorancia sería como tratar de conocer la oscuridad con una antorcha: en cuanto esta se enciende, aquella desaparece. Sin embargo, aunque sea indemostrable, su existencia debe aceptarse. La ignorancia tiene que ser «algo», eso que queda atrás después de la experiencia extática del ātman.

Para Śaṃkara, que en este punto se acerca al budismo, el cosmos es, sencilla y llanamente, una fulguración insustancial de la ignorancia. Su cosmología es más bien una *acosmología*, como apunta Òscar Pujol. El mundo parece existir, pero en realidad no existe. Solo existe como proyección de ese foco sombrío que es la ignorancia. Para ilustrar esta situación, Śaṃkara recurre a un *locus classicus*: la alegoría de la cuerda y la serpiente. Supongamos que entramos en una habitación en penumbra y vemos una serpiente donde en realidad hay una cuerda. Lo inexistente, en este caso la serpiente, produce lo (aparentemente) existente: el sobresalto, la huida, el espanto. La palpitación de la sangre y la respiración entrecortada son realidades incuestionables para la persona común, pero Śaṃkara las pone en duda. Y se atreve a afirmar que con la creación del mundo sucede algo parecido. La ignorancia (creer que la cuerda es una serpiente) produce la diversidad de las biografías y las emociones. Esa diversidad es lo que llamamos *cosmos* o *universo*, y esa diversidad es humo. Cuando desaparece la proyección producida por la ignorancia, la diversidad también desaparece[11].

En todo ello resuena Berkeley. Los sentidos son la llave. Para aclararlo, son necesarias unas cuantas consideraciones. La primera es que nunca somos esclavos de los sentidos. Podemos serlo de las fijaciones mentales suscitadas por ciertas experiencias de la sensibilidad (el tacto, el gusto o la visión), pero no de la experiencia sensible en sí, que tiene un valor genuino y una luminosidad inherente. Śaṃkara afirma que, si somos capaces de detenernos en el andamiaje mismo de la percepción, podremos percibir a «aquel que ve». Pues al ver la serpiente (el mundo ilusorio de los fenómenos), estamos viendo también la cuerda (bráhman). La percepción no engaña; la que se engaña es la mente, que hace inferencias y suposiciones, o saca conclusiones. En cierto sentido, Śaṃkara reedita una antigua doctrina del budismo mahāyāna formulada por Nāgārjuna: la equivalencia entre saṃsāra y nirvāṇa, entre el mundo doloroso de la existencia y el de la liberación.

La percepción, dotada de un fulgor inmanente y constitutivo, de un brillo interior, es la que produce el desdoblamiento de sujeto y objeto, la que crea la tensión de la experiencia subjetiva. Si nos detenemos en lo que Śaṃkara llama *conocimiento no dual*, veremos que corresponde a la relación misma: una relación reflexiva («el conocimiento que se conoce a sí mismo») en el seno de la unidad, pero que *se aparece* a la mente como dual, como el vértice del ángulo que enlaza sujeto y objeto. Estamos ante una especie de metafísica del amor: los amantes no son reales; únicamente lo es el lazo que los une.

¿En qué consiste el hechizo de la ignorancia? Śaṃkara responde, en primer lugar, que carece de origen, que es universal y fluye eternamente. Una fantasmagoría que posee sus propios grados: vigilia, ensueño, sueño profundo.

Vivimos inmersos en ella, pero es posible dejar de soñar. La vida misma nos obliga a aceptar el sueño, del mismo modo que aceptamos la percepción o el hecho de respirar, pero ese conocimiento convencional no tiene la última palabra. El juego de identificaciones cuenta también con sus grados (posesiones, familia, obra, cuerpo, deseos, dudas), y no todos resultan igualmente saludables. Es un error creer que la conciencia está en el sujeto. La conciencia es «trascendental» (un poco en el sentido kantiano): se encuentra en un ámbito entre el sujeto y el objeto, media entre ambos. Pero en este caso hace gala de un carácter ontológico del que carece en Kant, pues conforma tanto al sujeto como al objeto. La conciencia sería entonces no tanto una capacidad interna del sujeto (o del objeto) como algo que, por así decir, se encuentra *en el aire* y que el sujeto debe atrapar para, utilizándolo, poder ver, oír o pensar. Por eso es tan difícil llevar a cabo tareas creativas en determinados ambientes y necesitamos inspirarnos en el paisaje.

Ética

Toda esta metafísica tiene su correspondiente ética. ¿Cuál es el modo de vida más afín a esta visión del mundo? Esta pregunta es esencial si consideramos que, por un lado, Śaṃkara es el culmen de la tradición védica y, por el otro, que el noventa por ciento de la literatura védica está consagrada al ritual y no al conocimiento interior. ¿Quiere esto decir que Śaṃkara aboga por una forma de vida centrada en el ritual? En absoluto. Su originalidad estriba precisamente en el giro que da a esa tendencia (de ahí su budismo implícito). A su juicio, tanto las prácticas rituales como el cumplimiento del deber profundizan en la ilusión de la vida. La vía activa presupone un agente, un instrumento y una realización, mientras que la vía contemplativa tiende a borrar esas diferencias. Śaṃkara llega a afirmar que conocimiento y acción (sea o no de carácter ritual) son excluyentes y no pueden practicarse conjuntamente. En ocasiones, es todavía más intransigente con el ritual. El ritual sirve a las pasiones. Solo los ignorantes celebran sacrificios. Los sacerdotes que los practican, por muy eruditos que sean, nada saben del deseo que no busca su propia muerte: el deseo irónico.

Entre los diferentes modos de vida, unos están centrados en la práctica ritual y otros la combinan con la meditación. Los primeros conducen al mundo de los antepasados; los segundos, al ámbito de los Brahmā (una clase especial de dioses que los budistas asocian a ciertos estados mentales, al mundo hecho de materia sutil o *imaginal* asociado al primer dhyāna, donde persiste la dualidad y los viajeros están en tránsito). El camino ritual que conduce a los antepasados se llama *camino del sur*, mientras que el que se dirige al ámbito de los dioses es el *camino del norte*. Śaṃkara prefiere un camino no exclusivamente ritual, pues la meditación, los votos y los ejercicios espirituales facilitan el control de la sensibilidad. Y aunque en el camino ritual uno puede sentirse desorientado por ciertas prácticas violentas, como el sacrificio de animales, en él se afinan el intelecto y los afectos. Hay un tercer camino, más duro: el *camino del sinsentido*, el del extravío en el saṃsāra, donde uno se ve arrastrado por una corriente de deseos ajenos. Se vive y se muere sin llegar a ninguna parte. Se trata de una vida interminable, periódicamente renovada, pero, a fin de cuentas, agotadora:

> Obligado a entrar por la fuerza de la virtud o por la fuerza del pecado en un nuevo ámbito, ora divino, ora humano, animal o infernal, voy dando vueltas como en una noria. Y me siento cansado de peregrinar.

El ego de Dios

Un mito clásico explica a la perfección la ignorancia del Dios creador (Īśvara). Viṣṇu, acostado sobre la serpiente primordial, que flota en el océano de leche, sueña el universo. De su ombligo surge un loto, que es el asiento de Brahmā, el primogénito, el hacedor del universo. De nuevo resuenan aquí ideas budistas. El Dios creador se engaña a sí mismo (todos lo hacemos): su soberanía es ilusoria, como lo es su poder creativo. Su ego cósmico le impide ver que hay un principio detrás de todo cuanto hace, que la creación que se atribuye es el sueño de otro. Obnubilado por su propio esplendor, no reconoce el ātman. La divinidad misma es un efecto, un reflejo del engaño universal. Heinrich Zimmer ofrece una descripción admirable:

> El ego de Dios, la última entidad personal, es fundamentalmente tan irreal como el ego humano, tan ilusorio como el universo, no menos insustancial que todos los otros nombres y formas del mundo manifiesto; porque «Dios» es solo la más sutil, la más magnífica y la más lisonjera impresión falsa de todas las impresiones, en este espectáculo general de erróneos autoengaños[12].

Ecos budistas

La meditación guarda afinidades con el conocimiento no dual. Ambos son esotéricos (la iniciación es privada) y mentales (a diferencia del rito, acontecen solo en la mente). Pero sigue siendo importante subrayar que la meditación es una actividad mental, mientras que el conocimiento no dual no lo es. La mente desea, resuelve y luego duda.

> El conocimiento de la no dualidad se entiende como el cesar de esa percepción espontánea que nos hace ver el mundo según las distinciones de acción y resultado, causa y efecto, sujeto y objeto que superponemos en una conciencia que en sí misma está más allá de toda acción y distinción[13].

Ya hemos mencionado las resonancias de Nāgārjuna, la equivalencia entre saṃsāra y nirvāṇa: la revelación de algo que estaba allí, pero que no era percibido como tal. El nirvāṇa está aquí, alrededor nuestro, en esta corriente sin sentido de renacimientos, y el despertar consiste en aprender a verlo como tal. La metáfora de la cadena puede resultar desorientadora, pues no hay nadie encadenado a quien liberar.

También puede verse la huella del budismo en ese interés por la experiencia personal. La realización máxima ha dejado de ser pública (ritual) para convertirse en privada. Paradójicamente, se lleva a cabo mediante la negación de la individualidad, ya sea en la disolución en el bráhman de las upaniṣad o en la negación budista del yo. En ambos casos, apunta Pujol,

> el yo psicológico, nuestra identidad ordinaria, queda dinamitada a favor del no yo o de una conciencia no dual, impersonal. Sin embargo, el punto de partida y el material de estudio es nuestro

> yo más inmediato tal y como se refleja en nuestra percepción cotidiana. Será en los manuales budistas donde veremos nacer con todo lujo de detalles las técnicas de observación del flujo mental que derivarán en los distintos tipos de meditación [...] y el resultado será aprovechado por escuelas no budistas como el yoga de Patañjali[14].

Empieza a consolidarse la certeza de que hay una energía liberadora en el conocimiento. Mientras el conocimiento mundano permite escapar del hambre o de la esclavitud y hace posible la prosperidad, el conocimiento espiritual permite despertar del sueño del vivir.

El acceso al conocimiento

Un principio de seducción rige la vida. Los fenómenos parecen ser una maniobra de distracción; el lenguaje, también (Borges veía en la metáfora una distracción ocular). Pero esa madeja no es imposible de desovillar. Vivimos en un mundo dual que reposa en lo no dual: tal es la suposición fundamental de Śaṃkara. Lo no dual no puede ser el objeto de conocimiento porque es el fundamento de todo conocimiento. Detenerse en el andamiaje de la percepción es conectar esos dos mundos, descubrir esa tensión esencial (no entre los opuestos, sino entre los opuestos y aquello que carece de opuesto); es el cese del trasiego interminable de la dualidad, del magnetismo cíclico de la polaridad. Ser esto y querer ser lo otro, la oscilación del deseo, es el péndulo que cronometra la vida y la vuelve agotadora. Esa es la íntima y dolorosa naturaleza del placer: inquietud, zozobra.

El triángulo de la epistemología clásica dibuja en los vértices de su base al sujeto y a su objeto, al conocedor y a lo conocido, al perceptor y a lo percibido. En el vértice superior, mediando entre ambos, se encuentra la percepción (y su conocimiento asociado). Ese vértice no es la razón. Hay tantas razones como pueblos. La razón es importante en cuanto que permite reforzar nuestras capacidades persuasivas, mejorar los argumentos, pero toda lógica es a fin de cuentas retórica. El vértice puede verse como el conocimiento que se conoce a sí mismo, como el *testigo*, el fundamento anterior a la escisión de sujeto y objeto. Es el *mediador* que hace posible conocerlo y verlo todo: la mirada y el oído, la idea, la fantasía, el sueño. Podemos ver el árbol y deducir la lluvia gracias a él.

Ese fondo común es lo que permite que el sujeto conozca su objeto. El sāṃkhya lo llama *testigo*, pero en este contexto es más adecuado emplear el término *mediador*. Puedo ver la esbelta figura del árbol u oír el rumor de sus hojas gracias a dicho origen común, y lo mismo cabe decir de la fragancia de la flor o del sabor del fruto, experiencias que son posibles por el trasfondo compartido que las trasciende. Lo que se ha dicho del sujeto y de su objeto también sería válido para el bien y el mal, la locura y la sensatez, la causa y el efecto. Vivimos en el mundo de las distinciones, de modo que percibir las diferencias es un requisito indispensable para la vida. Pero todas esas percepciones operan sobre un trasfondo de unidad. De ahí que la percepción sea la llave del enigma de la existencia. El bráhman no puede ser dicho, visto, pensado ni tocado, pero sí atisbarse a través de las rendijas de la percepción, en el andamiaje mismo del ver o del oír. Lo decisivo aquí no es el sujeto ni el objeto, sino la relación misma.

Reflejos del sāṃkhya

No son dos. He ahí la genuina fraternidad. Aquí Śaṃkara recurre al sāṃkhya. El poder intelectivo (buddhi) es el componente más refinado de la mente (manas), capaz de absorber, como el hierro candente, la luminosidad del ātman. Este juego de identificaciones es de ida y vuelta. La conciencia, ubicua por naturaleza, queda circunscrita a un «yo» (siempre convencional), un molde idiosincrásico y particular llamado *jīvātman* que se cree distinto de otras conciencias particulares y del paisaje en el que vive. Es decir, el yo se cree consciente (aunque en el fondo no lo sea). La conciencia es testigo de las operaciones mentales, asiste impertérrita a cuanto acontece en el mundo. Y aunque contemple los horrores más abyectos, se mantiene neutral, indiferente y desinteresada.

Pero, de alguna manera, la proyección dota de conciencia a una mente material que, por su propia constitución *elemental*, carece de ella. Y la materia oscura y ciega hecha de fuego, aire, tierra y agua brilla con luz reflejada como un espejo ante una llama. La doble proyección de lo consciente en lo inconsciente y de lo inconsciente en lo consciente es esencial para entender la naturaleza de la persona individual. Por un lado, es singular (el amasijo de átomos de mi mente se distingue del tuyo) y, por el otro, universal (tu sensación de existir y la mía son idénticas). Se dice en la *Gran upaniṣad del bosque* que, así como las chispas salen del fuego, así las individualidades emanan de bráhman. Pero la alegoría puede llevar a confusión: el alma individual no es «parte» del bráhman como la chispa lo es del fuego, ya que el bráhman carece de partes. Es decir, el alma individual no es un «modo» de la sustancia, una mera participación: lo es todo. Pero ocurre que los sentidos se dirigen naturalmente a sus objetos, no a bráhman. Vemos el mundo, no su origen ni su causa. Es el gran enigma que se plantea al hombre.

Como ya hemos apuntado, Śaṃkara insistirá en que mokṣa no depende de la propia voluntad, no es efecto de ninguna causa, tampoco el logro de la meditación (al fin y al cabo, una actividad mental), de la purificación ritual ni de ningún otro tipo de esfuerzo personal. Se trata de algo inherente a la naturaleza de las cosas, un «acontecimiento» espontáneo que ocurre cuando se retira el obstáculo de las proyecciones mentales. Es como el brillo del sol cuando se retira la nube, o como el agua de la acequia cuando se levanta la compuerta. Aquí solo se requiere desidentificarse con la propia experiencia, no tender a la apropiación de lo que uno percibe y siente. Esa apropiación ilegítima contribuye a reforzar la doble atadura del placer y del dolor.

La literatura utiliza el ejemplo del espectador ante la representación de una obra teatral. Sufrimos con el héroe, nos alegramos de sus triunfos, nos amargan sus derrotas, pero es evidente que no somos él y que no estamos en el escenario. Lo mismo ocurre con la experiencia del yo. No somos realmente ese yo que sufre o se deleita, aunque tampoco somos nada en absoluto (nuestro yo convencional tiene algunos visos de realidad). Nuestro yo genuino habita en los bastidores de la percepción y de la atención. De ahí la purificación de las emociones que suscita la experiencia artística, su efecto liberador y catártico. Es más, no hay que hacer nada para romper la atadura; basta con abandonar el juego de las falsas identificaciones. Entre esas apropiaciones indebidas está la de considerar corpóreo lo que de hecho no lo es. La inmaterialidad es la condición natural del hombre. Nunca hemos dejado de ser incorpóreos, y a esa inmaterialidad habremos de regresar.

El juego de luces y sombras de māyā encandila al público. Las peripecias de la existencia, el vaivén de logros y fracasos, nos entretienen y ocupan, nos atrapan y desesperan. Pero, como en el caso del arte, hay verdad en todas estas mentiras. El mundo nunca fue realmente creado, el cosmos es una ficción, una historieta para la recreación de la conciencia, y, sin embargo, la incertidumbre del desenlace puede inquietar, acelerar el pulso, desatar los más nefastos temores. La irrealidad de la serpiente que de hecho es una cuerda produce la «aparente» realidad de unas emociones verdaderas. Sobre esas emociones se cierne esta filosofía, tan acosmológica y terapéutica. Pero ambas, la cuerda y la serpiente, no hallan al mismo nivel. La serpiente depende de la cuerda, pero, a diferencia del sāṃkhya, no ocurre lo contrario. Para Śaṃkara, la cuerda es el bráhman (que existe por sí mismo), mientras que la serpiente es el mundo (con todas sus falsas molestias y preocupaciones), que no puede existir sin la cuerda, es decir, sin el bráhman.

La *Chāndogya upaniṣad* contiene un ejemplo clásico: el de la arcilla y la jarra. La jarra no puede existir sin la arcilla, mientras que lo contrario sí es posible. La arcilla es el bráhman único, la esencia de la que están hechas todas las cosas. La jarra, el vaso o la tinaja que se fabrican a partir de ella representan la diversidad del mundo. Sin embargo, la alegoría de la serpiente y la cuerda es más certera, pues apunta directamente al problema de las emociones y del sufrimiento de los seres humanos. La literatura universal está llena de ejemplos de cómo lo ilusorio puede tener consecuencias físicas reales: desde el nuevo traje del emperador hasta el príncipe que muere por creerse envenenado.

Pese a esa maniobra de distracción que es el mundo, en la percepción de las apariencias hay algo real, como también lo hay en la percepción onírica. Las imágenes son falsas, pero no así el testigo que las presencia. Ese testigo es, como señalan las upaniṣad, «la realidad de lo real» (satyasya satyam), y en él apuntala Śaṃkara su particular realismo. Como sostiene Pujol, para esta filosofía, «toda percepción es una forma de conciencia». Todas las cosas tienen un fondo de conciencia, pero donde ese fondo es más accesible e inmediato es en la percepción, donde se abren las rendijas que permiten atisbar lo no dual, el conocimiento en el que quedan subsumidos tanto el sujeto como el objeto. Hay aquí una singularidad de carácter epistemológico y otra de carácter místico. Por un lado, el conocimiento no es algo que el sujeto incorpore, sino más bien algo en lo que se subsume. Por otro, no hay un amor (del sujeto) que atestigüe la existencia del amado, sino que el sujeto que ama, el objeto de ese amor y el mismo amor son una y la misma cosa.

El lugar del conocimiento

El espacio es otra de las metáforas favoritas de la literatura védica. Puede estar delimitado por los muros de una casa, las rocas de una cueva o la arcilla de una vasija, pero es el mismo dentro y fuera de todas estas cosas. Esa indiferencia sirve para ilustrar las relaciones entre el bráhman y el alma encarnada (jīvātman). La aparente diferencia se debe a la delimitación producida por los condicionantes o las limitaciones del cuerpo y de la mente, pero esta delimitación no afecta al alma, como no afectan al espacio los límites de la casa, la cueva o la vasija. Cuando el alma se libera, le ocurre lo mismo que al espacio: se queda como estaba[15]. En el instante de la muerte, esa alma encarnada (acompañada de la mente y de los sentidos) abandonará el cuerpo en busca de otro acorde a su ignorancia y a sus inclinaciones.

La obra de Śaṃkara puede verse como un esfuerzo por sintetizar una diversidad de tradiciones, desde el viṣṇuismo devocional hasta el budismo mahāyāna, pasando por el sāṃkhya y las tradiciones médicas del āyurveda. Siguiendo estas últimas, Śaṃkara considera el corazón y no la cabeza como la sede de la inteligencia. El corazón no solo hace las veces de enlace entre la conciencia y el cuerpo, sino que desde su gruta se irradia a todo el cuerpo la luminosidad sáttvica de lo intelectivo. Durante el sueño profundo, la conciencia se repliega en esa gruta y deja de percibir, pero se mantiene despierta y ensimismada (la conciencia no duerme, es la mente la que lo hace). Esa dulce oscuridad en la que está inmersa será recordada cuando salga de ella. El corazón es el sanctasanctórum donde confluyen lo finito y lo infinito; es el espacio supremo, el lugar que alberga todos los lugares. Ahí están la morada de bráhman; todo el pasado y todo el porvenir; el conocedor, lo conocido y el conocimiento; la atadura y la liberación. Como en el budismo, el espacio es aquí subsidiario del conocimiento, y no a la inversa. Según la fraseología castellana, el conocimiento no ocupa lugar. Para Śaṃkara, no solo no ocupa lugar, sino que ni siquiera puede considerarse una acción. Por eso no genera karma y carece de agente. El conocimiento es esencialmente reflexivo, un conocerse a sí mismo.

De modo similar, Śaṃkara recupera la idea del sāṃkhya de que el sujeto de la experiencia no es la mente individual. Tanto la actividad personal como la subjetividad individual son productos de la ignorancia. Parece que sea la persona particular la que experimenta, pero esto es solo una ilusión. Si así fuera, el alma individual nunca podría desembarazarse de su condición de agente y la liberación sería inalcanzable. En este punto, Śaṃkara recurre asimismo a elementos de la tradición budista. El dolor es un estado de identificación y no una realidad objetiva (de ahí que no se produzca en el liberado en vida). Śaṃkara considera que la identificación con el cuerpo y el propio cuerpo son lo mismo, porque la identificación es el cuerpo en sí. El ātman es eternamente libre, solo la ignorancia lo hace parecer encadenado. Ese yo individual (con su intelecto, su mente y sus sentidos) es también un objeto de la percepción del ātman. De hecho, «es la misma identificación de la conciencia, conjurada por la ignorancia, la que crea los objetos al determinar su nombre y su forma»[16].

La visión tiene algo de dantesca: el mundo como sueño de almas encarnadas que transmigran ignorantes de su libertad esencial. En última instancia, esa ignorancia no es real, carece de consistencia[17]. Y, sin embargo, tiene un poder creativo y fecundo: de ahí el ser, aunque sea fantasmal e ilusorio, y el no ser.

17. El śivaísmo

Las tradiciones de Śiva

Hay diversas perspectivas filosóficas entre los devotos de Śiva, desde el pluralismo ontológico hasta el estilo sāṃkhya o el monismo estricto del vedānta advaita. En este capítulo nos ocuparemos de las dos tradiciones más importantes, el śaiva-siddhānta y el trika (o śivaísmo de Cachemira). Śiva siempre ha mantenido ciertas distancias respecto a la tradición védica. En los himnos más antiguos, donde se le llama Rudra, se muestra con un aspecto fiero y terrible, aunque en ocasiones pueda ser benéfico. De hecho, el término sánscrito *śiva* significa precisamente 'auspicioso' o 'purificador', pues la divinidad se encarga de purificar lo que ha sido corrompido. En la literatura védica más antigua, Rudra se identifica con todos los seres, de ahí que en el *Atharvaveda* se lo llame Mahādeva e Īśana y en la *Śvetāśvatara upaniṣad* se asocie con todo aquello que respira.

En Mohenjo-Daro se descubrió un sello muy antiguo que fue llamado proto-Śiva. Es dudoso que represente al dios, aunque parece claro que el culto a Śiva es muy antiguo y su origen no es ario. El *Mahābhārata* menciona el pāśupata, una antigua escuela de śivaísmo, junto a otros sistemas heterodoxos, como el sāṃkhya, el yoga o el pañcarātra, que con el tiempo se convertirán en sistemas ortodoxos. Para algunas tradiciones, Śiva es el creador del universo y quien lo sostiene. Algo que hace transformando su unidad esencial en pluralidad a través de su māyā, que es a la vez velo e ilusión diversificadora. Śiva es entonces todos los dioses y todas las diosas, desde Brahmā hasta Indra o Umā, así como todos los mundos y todas las categorías (tattva) que dan forma a esos mundos. Los textos sagrados del culto a Śiva son los *Śaivāgama*. Cada uno de ellos contiene tanto doctrinas filosóficas como prácticas de meditación, indicaciones para la construcción de templos e iconos y detalles del culto.

El śaiva-siddhānta

El śaiva-siddhānta es el śivaísmo tamil y se considera la culminación de esta tradición. Acepta la autoridad védica y sus textos sagrados son los veintiocho *Śaivāgama* y las colecciones de himnos devocionales. La tradición reconoce a 63 antiguos santos (nāyanmār o aḍiyār) que mostraron el camino de la devoción a Śiva. Los más importantes fueron Meykaṇḍa, Marai y Umāpati. Meykaṇḍa escribió el *Śivajñānabodham* (s. XIII), un texto fundacional de esta escuela. Las principales categorías del śaiva-siddhānta son tres: Dios, alma y atadura (pati, paśu y pāśa, respectivamente); es decir, el origen, la vida y su circunstancia. Las tres categorías, lo divino, lo humano y la materia (que constituye el lazo o la atadura), son plenamente reales, por lo que el sistema asume un realismo pluralista.

La realidad suprema, el Señor de todos los seres, se llama *pati* y es la causa del mundo. El mundo es una creación divina, y Dios, el encargado de su mantenimiento y disolución. Pese a las continuas transformaciones del mundo, Dios no experimenta cambio alguno, sino que es fundamento inmutable de los cambios. Recibe los nombres de Hara, pues quita las ataduras del alma, y Śiva, pues es bendición suprema. Tiene los tres géneros, él, ella y ello (Śivaḥ, Śivā y Śivam), y los tres son plenamente reales. Se lo considera superior a la Trimūrti (Brahmā, Viṣṇu y Rudra), dado que es el único que no se ve afectado por la disolución del mundo. No obstante, Śiva es nirguṇa, es decir, carente de cualidades (guṇa), como el puruṣa del sāṃkhya. También se lo denomina, siguiendo a Gauḍapāda y la *Māṇḍūkya upaniṣad*, el «cuarto» (turīya), por estar más allá de los tres estados de conciencia (vigilia, ensueño y sueño profundo). Śiva es a la vez inmanente y trascendente. No tiene encarnaciones (avatāra) ni toma un cuerpo como en la tradición de Viṣṇu, pues carece de karma.

Los atributos de Śiva son ocho: independiente, puro, conocedor de sí mismo, conocedor de todas las cosas, libre de la ignorancia (en el sentido del poder creativo), benevolente, omnipotente y bendito. La causa material del mundo es māyā, que en este sistema se identifica con la naturaleza (prakṛti). Se trata de un principio que es un poder diversificador a la par que oscurecedor. Las tareas del hacedor son cinco: la creación, la preservación y la disolución del mundo, y el ocultamiento y la gracia. Las cuatro primeras tienen la última como meta. Toda la cuestión del mundo y la existencia, de por qué hay algo en lugar de nada, desemboca en la gracia divina. La evolución del universo tiene como fin la liberación del alma con la gracia de Dios. Desde la perspectiva divina, la existencia, con todas sus vicisitudes y miserias, con todo su componente trágico e inexorable, es como un juego de creación y rescate. Es como un teatro creado por la magia de māyā y cuyos actores son sin saberlo los seres. El desenlace de la obra no lo escribe el héroe, sino el dramaturgo supremo, cuyo objetivo es salvar al alma que sufre. La devoción es uno de los factores clave en esta tradición, pues suscita la gracia. El efecto de lo divino en esa representación teatral convierte la existencia en amor (anbu) y gracia (anugraha).

Para el śaiva-siddhānta, las almas son por naturaleza infinitas, omnipresentes y omniscientes, pero se encuentran limitadas por sus ataduras y oscurecidas por el velo de la ignorancia. De ahí que se experimenten a sí mismas como finitas, limitadas e inconscientes, debido a su vinculación con lo impuro (mala) y con lo que ata (pāśa). Esa es la razón por la que se ven sometidas a la ronda del renacimiento y la muerte. La tradición enumera tres tipos de impurezas o ataduras. El primer tipo (āṇavamala) es el de aquellas que son congénitas por estar relacionadas con la ignorancia (avidyā) inherente a la existencia. Se trata de un factor con un aspecto positivo: gracias a la ignorancia hay algo en lugar de nada. La ignorancia hace posible la creación del mundo y la diversidad de las experiencias, y es la causa original de la atadura del alma. El segundo tipo (kārmamala) es el de aquellas impurezas o ataduras que son forjadas por las propias acciones en el curso de la existencia (mérito y demérito, apetencia y aversión). El tercer tipo (māyīyamala) es la causa material del universo, que proporciona al alma los objetos y los medios para su goce o miseria.

Aunque el alma es idéntica a Dios en lo que se refiere a su naturaleza como entidad individual (atrapada en la ignorancia innata y encantada por la magia de māyā), se conserva como entidad distinta incluso después de haberse liberado (acercándose en este sentido a las concepciones del cristianismo y del islam). Para ese fin, debe seguir un camino que comprende diferentes fases. Entre ellas se cuenta el culto externo (caryā), el del buen hijo, que es el primer acercamiento a lo divino (kriyā). Es el yoga que busca la intimidad y amistad con Dios; el conocimiento que busca alcanzar la forma de Dios y la identificación última con lo divino. Esa unión se llama *advaita*, pero no supone una disolución en lo divino. Se participa de la naturaleza de Śiva, pero se conserva la propia identidad. Entonces el alma recupera su infinitud, omnipresencia y omnisciencia; libre de impurezas, goza de la bienaventuranza de Śiva. Pero no comparte sus cinco funciones cósmicas (la creación, mantenimiento y disolución del cosmos, y el ocultamiento y la gracia). Se trata de una experiencia de unidad que conserva algo de la dualidad consustancial al mundo creado. Sin llegar a ser idéntica a lo divino, el alma goza y se impregna de su presencia.

El śivaísmo de Cachemira

La liberación espiritual solo es posible si el individuo logra reconocerse como Śiva. De ahí que el śivaísmo de Cachemira sea una *filosofía del reconocimiento* (pratyabhijñā), una de las denominaciones de esta escuela. Un sistema monista, o no dualista, que recibe también los nombres de *trika* y *spanda*. Abhinavagupta es el pensador más influyente de esta escuela de pensamiento. Elaboró un complejo sistema y una teoría de la experiencia estética que se mantiene vigente. Además de exégeta de una antigua tradición consagrada a Śiva, fue músico, poeta y dramaturgo. Se lo conoce sobre todo por esta última faceta, aunque su sistema filosófico, del que nos ocuparemos aquí, es comparable al de Proclo o al de Spinoza. El primer ensayo moderno sobre la filosofía de Abhinavagupta es la tesis doctoral de K. C. Pandey, basada en manuscritos conservados en las bibliotecas de Jammu y Srinagar, que fue defendida en la Universidad de Lucknow (India). El trabajo, publicado en Benarés en 1935, es ya un clásico. La primera parte es un estudio histórico, mientras que la segunda trata del sistema filosófico, llamado técnicamente *trika* y que el autor define como «idealismo realista». La obra más importante de Abhinavagupta es el voluminoso *Tantrāloka (Luz sobre las escrituras)*, traducida al italiano en 1972 por Raniero Gnoli, que fue discípulo de Giuseppe Tucci y experto en lógica del tantrismo medieval budista.

Abhinavagupta, cuyas fechas de nacimiento y muerte son conocidas (950-1016), es uno de los pocos autores indios clásicos que incluyeron información autobiográfica en sus obras. Además, disponemos de una rica tradición oral que ha llegado hasta nuestros días custodiada por familias letradas de brahmanes y musulmanes de Cachemira. En general, las tradiciones orales no gozan del valor que tienen para el historiador los manuscritos o las evidencias arqueológicas, aunque no exista ninguna razón para creer que lo que un emperador graba en una piedra o un cronista en una corteza de abedul sea más valioso que lo que se transmite oralmente.

Vida de Abhinavagupta

Abhinavagupta nació en el seno de una prestigiosa familia de eruditos que vivía en el reino de Yaśovarman (*ca.* 730-740), entre el río Ganges y el Yamuna, en la región de Antarvedi. El rey de Cachemira, impresionado por la sabiduría de Atrigupta, antepasado de nuestro filósofo, lo llevó a Cachemira y construyó para su familia una espaciosa vivienda frente al templo de Sitāṃśumaulin, en una de las orillas del río Jhelum. Al célebre Atrigupta lo sucedieron generaciones de eruditos devotos de Śiva. En la India, la devoción a lo sensible (una imagen o un icono) no es incompatible con la devoción a lo abstracto (un concepto o conjunto de ellos).

Abhinavagupta es concebido en un ritual kaula[1]. Pierde a su madre a edad temprana y se cría en un ambiente familiar de devoción y estudio. Su padre lo forma en lógica, gramática y hermenéutica; su tío será uno de sus maestros, y su hermano, uno de sus primeros discípulos. Toda la familia asume la devoción a Śiva, el celo en el estudio de las escrituras tradicionales (āgama) y el espíritu de la renuncia. Al poco de morir su madre, el padre abandona el trabajo y el hogar familiar y se convierte en renunciante.

El término *abhinava* significa 'nuevo, fresco' o 'flamante'; *gupta*, 'secreto', además de hacer referencia a lo que está oculto o protegido. Desde muy pronto, el muchacho destaca por sus capacidades intelectuales. Según las tradiciones teatrales del sur, Abhinavagupta fue una encarnación de Śeṣa, la serpiente mítica que sostiene la Tierra por debajo de los mundos inferiores, también llamada *ananta* (infinito) en referencia a la infinitud de la creación. Śeṣa es asimismo el lecho que flota en el océano de leche y sobre el que descansa Viṣṇu antes de la creación del mundo. El joven estudioso bebe de muchas fuentes y se interesa por diferentes disciplinas yóguicas. El celibato canaliza su energía interna hacia el aprendizaje. Conoce a diversos maestros y diferentes doctrinas. Comprende enseguida que hay una doctrina para cada temperamento y que todas, si son honestas, conducen a un mismo fin. Su sed de conocimiento es insaciable, y busca maestros no solo fuera de Cachemira, sino también fuera de su propia tradición filosófica, entre budistas y jainistas. Profundiza en los tres sistemas de filosofía śivaísta: krama, trika (pratyabhijñā) y kula.

Abhinavagupta postula un no dualismo supremo, una conciencia absoluta y autónoma que contiene lo uno y lo múltiple. Siguiendo la tradición de las upaniṣad, esa conciencia no es algo que pueda pensarse, expresarse ni imaginarse. Ninguna palabra o conjunto de palabras puede alcanzarla o hacerle justicia. Cualquier intento de expresarla cae en la fábula budista del elefante (en la que los ciegos confunden la parte con el todo). Las ideas de unidad y multiplicidad, las concepciones asociadas al espacio y al tiempo, al nombre y a la forma, a la inmanencia y la trascendencia, no encajan en ella y la desvirtúan. Sin embargo, esa conciencia suprema (anuttara) se puede realizar, experimentar.

El *Tantrāloka*, la obra más importante de Abhinavagupta, expone los diversos aspectos del trika: el yóguico, el ritual y el teórico. El sistema trika se centra en los hechos de la experiencia y se distancia tanto del realismo del nyāya como del idealismo budista y del ilusionismo del vedānta. Con algunas modificaciones, acepta las categorías del sāṃkhya y la idea budista de la momentaneidad y fugacidad de los fenómenos. El mundo no es la creación de un dios. Lo divino se entiende como un principio activo que, junto con la materia, hace posible la experiencia. Esta última no es puramente subjetiva ni tampoco una mera ilusión. Es real, manifestación de una conciencia universal que todo lo permea. Pero tiene algo de ideal, porque es una experiencia de la conciencia, ya sea en la vigilia, en la meditación o en el sueño, de ahí que Pandey llame a esta propuesta *realismo idealista*.

Pese a lo inefable del principio supremo, no siempre se puede evitar mencionarlo, y Abhinavagupta no es una excepción. Ese principio tiene dos aspectos, uno trascendental (viśvottīrṇa) y otro inmanente (viśvamaya), uno colectivo y otro individual. Lo colectivo es definido por lo individual; el macrocosmos, por el microcosmos. El aspecto inmanente se describe como prakāśa-vimarśamaya. El primer término, *prakāśa* (lo manifiesto), hace referencia a la capacidad reflexiva del sí mismo individual, que funciona aquí como un espejo o sustrato de las imágenes mentales, ya procedan de la percepción (objetos externos) o de las inclinaciones de cada uno (objetos internos: sueño, imaginación, visiones). La mente retiene las influencias de su experiencia externa en forma de saṃskāra o inclinaciones latentes. En función de la naturaleza de ese archivo (que en principio carece de comienzo), se producen no solo los sueños y todas las actividades de la fantasía, sino también lo que uno ve. Ello se debe a que, como es sabido, la mirada es selectiva y no todas las mentes ven lo mismo. Esto quiere decir que lo que llamamos *manifiesto* puede seguir el camino del afuera o el del adentro. Esas imágenes se parecen a los objetos a los que representan, pero son otra cosa. Concebir todo como mente supone caer en el idealismo (como hicieron los budistas), pero concebir solo lo externo no es mejor solución, pues supone caer en el realismo (como el nyāya y el vaiśeṣika). Abhinavagupta evita ambos extremos. La diferencia entre el sí mismo y un espejo es que este no refleja nada en la oscuridad, mientras que aquel sí puede hacerlo porque goza de luminosidad propia.

Pero lo manifiesto no es el aspecto fundamental del sí mismo. El término *vimarśa* alude a otro aspecto que trasciende las cualidades reflexivas del espejo (que no dejan de ser transitivas, referentes a otro): la reflexión pura y maravillada de la conciencia de sí, el yo asombrado e ilimitado al contemplarse a sí mismo en toda su pureza y libertad. Decir que el sí mismo individual es prakāśa-vimarśamaya equivale a afirmar que goza de luminosidad propia y que contiene las inclinaciones que le permiten conocerse a sí mismo y al resto de las cosas, o sea, seguir el camino del afuera y el del adentro, ambos complementarios e interconectados, pues sin esa orientación que facilitan las inclinaciones latentes (nuestra experiencia previa) no seríamos capaces de ver nada.

La fenomenología

La fenomenología es la ciencia que trata de capturar la esencia de lo que aparece. Parte del fenómeno, como indica su propio nombre, y va en busca de su médula. En el contexto del śivaísmo de Cachemira, la fenomenología se llama *ābhāsavāda*[2]. Aunque la vida es contradictoria y no siempre encaja en los moldes de las categorías que concibe el entendimiento, Abhinavagupta enumera 36 categorías que permiten analizar lo que se aparece a la mente humana. Proceden tanto de medios válidos de conocimiento (por ejemplo, la percepción o la inferencia) como de la autoridad de las escrituras, que sintetizan siglos de experiencia yóguica, e incluyen las veinticinco categorías del sāṃkhya. La inclinación teológica de Abhinavagupta lo lleva a ampliar estas categorías por arriba, es decir, por los estadios superiores del ordenamiento cósmico. Una de ellas, la ilusión cósmica (māyā), es tomada de la tradición del vedānta, mientras que las restantes son comunes a las escuelas śivaístas, ya sean dualistas o monistas. En general, las categorías pueden clasificarse en puras o impuras, en función del impulso creativo al que se asocien. Las cinco primeras pertenecen a la creación pura y son manifestaciones del propio Śiva, de la fuerza de su voluntad creativa. El resto son creadas bajo la influencia de la ilusión cósmica (māyā) y ya no gozan de ese grado de pureza, de ahí que sean limitadas. Las controla la ley del karma y sirven de estímulo al desarrollo y a la evolución de los seres. Hay otra subdivisión de las categorías en función de si su luz es propia o refleja: autoluminosas o iluminadas. Todas ellas, como todas las cosas creadas, son manifestaciones de la conciencia universal.

La disolución cósmica

Una de las características más significativas del sistema de Abhinavagupta es que concibe dos tipos de disolución cósmica: una parcial (pralaya) y otra total (mahāpralaya). En la primera, todas las cosas se disuelven en sus sustancias y cualidades primordiales. Como en el sāṃkhya, las cualidades quedan en perfecto estado de equilibrio. Las almas individuales no pierden su individualidad, pero quedan en suspenso, en un estado de sueño profundo, aunque todavía están atadas a su karma pasado. En la disolución total, todo lo manifiesto queda aniquilado, incluso la individualidad de las diferentes almas que, como los ríos en la mar, se sumergen y funden en la conciencia universal.

La creación del universo no es gratuita, ni carece de propósito. Pretende proporcionar el estímulo necesario para que las diferentes almas recorran su itinerario por las alegrías y las penas en función de sus obras. Es decir, la creación presupone el karma individual y es el ámbito en el que las almas despiertan de su sueño profundo. Todo esto se puede entender en el caso de la disolución menor. Pero con la disolución total la cosa se complica. Las almas individuales pierden toda su individualidad. Y entonces, no habiendo karma que repartir, ¿qué es lo que desata la nueva creación? Este es el motivo por el que tanto el nyāya como el vedānta prescinden de la disolución total. Para el sistema trika, lo que desata la nueva creación es un deseo puro, sin objeto, un mero afán. Del mismo modo que puede haber una conciencia sin objeto, vacía de contenido, como en el sueño profundo, también es posible un deseo sin objeto ni referencia, que es el que precede a la creación de los objetos y de las referencias.

La ley del karma rige la creación, su mantenimiento y disolución, pero el oscurecimiento y la gracia dependen de la voluntad de Śiva. Dicho oscurecimiento es la manifestación de lo ilimitado en el juego de las incontables almas, todas ellas limitadas. Ese es el misterio de la autolimitación del Supremo, que en términos védicos se entendería como «sacrificio» y que aquí se entiende como «juego». Ese deseo de jugar, sin saber muy bien a qué, ese puro afán, es el que justifica la disolución total. Una idea que puede remontarse a la *Bhagavadgītā*, en la que Kṛṣṇa explica a Arjuna que, aunque él no tiene deseos que cumplir ni logros que alcanzar, pone en marcha una y otra vez el universo por el bien de los seres, para que lo limitado y condicionado tenga la oportunidad de alcanzar lo incondicionado.

La creación pura

La creación pura es suprasensible. El trika postula cinco clases de seres suprasensibles y sobrenaturales (un aspecto en el que guarda similitudes con la angelología de la escolástica medieval, tanto cristiana como árabe y judía). Estos seres no se sostienen gracias al aliento vital, el cuerpo, la sensibilidad, la inteligencia o la mente. Son la manifestación de los cinco poderes del principio universal (paramaśiva): ser, conciencia, voluntad, conocimiento y acción. Carecen de conexión con el mundo material y solo pueden percibirse en ciertos estados concentrados de la mente. Son como los dhyāna del budismo o las moradas de la mística teresiana: las diferentes etapas que se deben recorrer desde el estado ordinario de vigilia hasta un estado liberado o despierto.

En la *Chāndogya upaniṣad* se dice lo siguiente:

> En el principio este mundo era único, el Uno sin segundo. Algunos dicen que era el «no ser», Uno y sin segundo, y que del

> «no ser» nació el ser. Pero en verdad, hijo mío, ¿de dónde pudo nacer el ser? Así pues, parece más sensato considerar que en el principio el mundo era puro ser, Uno y sin segundo.
> Ese ser único pensó: «¡Oh, si pudiera procrear y ser múltiple!». Y emitió calor. Y el calor pensó: «¡Oh, si pudiera procrear y ser múltiple!». Y emitió agua. Por eso cuando el hombre trabaja y suda genera agua. Y el agua pensó: «¡Oh, si pudiera procrear y ser múltiple!». Y emitió alimento. Por eso cuando llueve hay cosecha y comida en abundancia. Del agua procede el alimento[3].

Ese es el puro afán del que habla Abhinavagupta, así como la respuesta a la cuestión que planteaba Leibniz de por qué hay algo en lugar de nada. El puro afán del Uno de ser muchos, la gran pregunta de la filosofía, según William James. Hay dos formas de la creación mediante las cuales el Uno puede devenir múltiple: la autodivisión y el flujo continuo de la energía propia del Uno. La primera exige un sacrificio primordial; la segunda, la emanación constante a través de un canal que conecte la naturaleza con lo divino, es decir, una suerte de sacrificio lento y prolongado.

Enumeramos a continuación las 36 categorías del śivaísmo de Cachemira. Al igual que para el sāṃkhya las cosas de este mundo son una combinación de tres cualidades básicas, para el trika cada manifestación de la creación pura es una combinación de los cinco poderes de la conciencia universal que se distingue por la predominancia de alguno de esos poderes. En la cumbre del sistema se encuentran las cinco categorías de la creación pura (śuddha):

1. Śiva es la primera manifestación ontológica y en ella predomina el Ser, que es la capacidad de existir. El Ser en

sí carece de predicados y también de las impurezas debidas a la acción (karma) y a la ilusión cósmica (māyā). Es puro Sí mismo sin cualidades. No es ni siquiera autoconsciente, sino puro Ser.

2. Śakti es la segunda categoría de la creación pura. Aparece al mismo tiempo que Śiva, por lo que consta en segundo lugar solo por necesidades expositivas. Mientras que Śiva es el Ser, Śakti es la Conciencia. Juntos constituyen el primordial Yo Soy, que dará lugar a las innumerables sensaciones de existir que experimentan los seres. Ser y Conciencia son uno. Esto es fundamental para entender la perspectiva del śivaísmo de Cachemira. Lógicamente, o mejor, narrativamente, la conciencia presupone el ser como el rayo presupone la llama. Por eso se dice que el ser precede a la conciencia (que aquí es femenina, a diferencia del espíritu masculino de sāṃkhya). Se trata de una unión dichosa o bendita (ānanda). El vínculo permanente entre Ser y Conciencia, entre Śiva y Śakti, constituye un matrimonio feliz.

3. La tercera categoría, sadāśiva, es el deseo o la voluntad, el principio a partir del cual comienza la experiencia del Ser. Es el antecedente de la actividad y el movimiento de las cosas de este mundo. No se trata de una voluntad imperiosa, sino de una leve inquietud en el Ser que suscita el afán de aventura, de buscar destinos menos autocomplacientes. Es un estado de transición entre la estabilidad de la unión Śiva-Śakti y el dinamismo de la siguiente categoría. Los seres que pertenecen a esta categoría se llaman *mantramaheśa* y no tienen voluntades concretas, sino un impulso de identificación con el cosmos en su totalidad.

4. La cuarta categoría, īśvara, está dominada por un conocimiento de lo concreto que solo ahora se ha despertado. El Ser empieza a sentir lo externo y lo objetivo. Esta etapa se complementa con la anterior. Si en sadāśiva predomina la sensación de «*yo* soy esto», el impulso de la propia inclinación, en esta nueva categoría predomina «*eso* soy yo», que pone énfasis en la identificación con lo otro. Lo que está fuera es lo que permite comprender la dignidad divina del universo.
5. En la última de las cinco categorías de la creación pura, sadvidyā, los dos aspectos de la experiencia, lo subjetivo y lo objetivo, el *yo* y el *eso*, se equilibran y adquieren la misma importancia. Esta categoría es la responsable del movimiento, de la actividad del pensamiento, y en ella predomina la facultad de la acción.

Estas cinco categorías se consideran puras no solo por ser la manifestación de Śiva, sino porque son independientes de cualquier influencia de los dos agentes principales de la creación, karma y māyā. Se trata de una manifestación ideal, sin ningún tipo de limitación o contingencia. Forman un orden inmaculado, puro y perfecto. Estos cinco tattva son la manifestación del Sí mismo universal (no del alma individual) y gozan para su satisfacción de la totalidad de la experiencia. A partir de ellos empieza a producirse la fragmentación y la limitación de los seres.

El orden precedente representa la emanación de las categorías a partir del Sí mismo universal. Cuando llega el momento de la disolución, la inmersión en el Sí mismo sigue el mismo orden de sucesión, pero en sentido contrario. El *reconocimiento de sí* (ātma pratyabhijñāna), concepto clave de la cosmovisión trika, no es sino la inmersión del sí mismo individual en el Sí mismo universal. Pero para ello debe ser cada uno de esos seres (sadvidyā, Īśvara, sadāśiva, Śakti-Śiva) y pasar por los correspondientes estados de emanación: mantra, mantreśa, mantramaheśa y śiva. Todos esos estados representan el ámbito del conocimiento cierto y la creación pura, y solo los experimentan los seres supranormales, en cuya experiencia predomina el principio de unidad. Se trata de estados liberados de las limitaciones de los ámbitos impuros, que son obra del principio de ilusión (māyā).

La creación impura

Los tattva restantes conforman el orden impuro (aśuddha) de la creación, la experiencia limitada de la criatura. Por orden, son los siguientes: (6) māyā, la facultad de ocultamiento, de la que hablaremos a continuación; (7) kāla, la fugacidad o limitación temporal; (8) niyati, la limitación espacial; (9) rāga, el apego por lo particular (por los seres y por los objetos de la experiencia); (10) vidyā, el conocimiento limitado, y (11) kalā, la acción limitada. Estos seis tattva se conocen como las *seis capas*, pues envuelven el alma y son responsables de sus limitaciones.

La categoría siguiente es (12) el alma envuelta por estas seis capas, que en el sistema trika se denomina *puruṣa* (persona) y que no hay que confundir con la conciencia original del sāṃkhya. Aquí, el Sí mismo se encuentra en estado de limitación (una limitación, claro está, aparente). El velo de māyā no solo oculta la naturaleza de lo real, sino que también proyecta la aparente pluralidad de «personas» o almas. El que todo lo experimenta se diversifica, se hace multitud y vive incontables vidas, miserables y dichosas, satisfechas y menesterosas; está en el rey y en el mendigo, en el sano y en el enfermo, en el devoto y en el heterodoxo, en el brahmán y en el intocable. Esas «personas» nacen y mueren, se atan y se liberan. Cada una de ellas se llama *aṇu*, término que puede significar 'átomo' (en el sentido antiguo), pero que es mejor traducir como 'punto metafísico', fuera del espacio y del tiempo, un «no lugar» donde el Sí mismo se reviste de limitación y finitud.

Esa situación particular, la de un Sí mismo diversificado en «personas» y que experimenta todo tipo de vivencias, da pie a la siguiente categoría: (13) prakṛti (naturaleza), que es el objeto de experiencia condicionado de cada alma o «persona» y que forma parte de un proceso evolutivo que se remonta a un origen sin comienzo. Esta «naturaleza» tiene el poder de desplegar toda clase de experiencias mediante objetos placenteros, dolorosos o ilusorios que se corresponden con tres tipos de impresiones (sattva, rajas y tamas) y que acaban configurando la naturaleza psíquica del individuo y su itinerario vital. Son los tres hilos de la cuerda que ata a la «persona», y puesto que hay un número ilimitado de «personas», también habrá un número ilimitado de «naturalezas». Vemos el universo no como es (ya que no es de ninguna manera particular), sino como somos. El trika se diferencia del sāṃkhya en esa pluralidad de «naturalezas». Pero a partir de este tattva, los restantes coinciden y siguen el orden de los del sāṃkhya: buddhi (intelecto), ahaṃkāra (sentido del yo), manas (mente), los cinco órganos de la sensibilidad, los cinco tipos de acción y las cinco esencias a partir de las cuales se desarrollan los cinco elementos físicos. Así hasta completar un total de 36 tattva[4].

La ocultación necesaria

Dios se oculta para que la criatura pueda vivir (una idea que recuerda a los planteamientos de la cábala). Ese ocultamiento (tras el velo de māyā) hace posible la particularidad. Sin él, todo quedaría arrasado por la luz del Supremo. Se trata de la primera manifestación de la creación impura, que rompe, solo aparentemente, la unidad del ámbito de la creación pura. Es velo e ilusión (māyā), un principio creativo y sutil, imposible de percibir en sí mismo, que hace que las criaturas vivan y marchen por la existencia encantadas, pero también es un factor que oscurece y oculta la verdadera realidad de las cosas, su fuente última. El propósito de māyā es limitar al sujeto y aquello que experimenta. Por eso es el primer factor del orden impuro (aśuddha). Convierte la fuente de luz, cegadora, inasumible para la condición humana ordinaria, en luz reflejada. Vemos gracias a māyā, pero solo parcialmente. La pluralidad de las cosas únicamente es posible gracias a ese oscurecimiento del Sí mismo universal. El velo de māyā es condición *sine qua non* de la diversidad del mundo. La luz primordial se deja tamizar por māyā, y ese velo es lo que permite observar lo individual, lo discreto y condicionado. En la creación pura, los poderes del Sí mismo carecían de límite, mientras que ahora se encuentran restringidos por el velo de māyā, que actúa como filtro de su poderosa energía. Sin māyā, todo quedaría arrasado por la luz del Supremo.

El alma

El velo de māyā es el gran misterio. Condiciona la mirada del ignorante, pero, una vez apartado, tampoco puede verse. Oscurece los cinco poderes del Sí mismo encubriendo su verdadera naturaleza. La eternidad, la omnipresencia, la integridad, la omnisciencia y la omnipotencia se resuelven en fugacidad o limitación temporal (kāla), limitación espacial (niyati), apego a lo particular (rāga), conocimiento limitado (vidyā) y acción limitada (kalā). Esa es la magia de la creación, necesaria para que haya algo en lugar de nada. Estas cinco cualidades son, de hecho, las cinco capas que envuelven el Sí mismo y lo hacen parecer atrapado y limitado. De ahí que en este contexto sea más exacto traducir *māyā* como 'velo'. Un velo que produce una «ilusión».

El alma, llamada *persona* (puruṣa), se encuentra protegida y velada por esas cinco capas. Es la expresión del Sí mismo en estado limitado, cubierto por cinco envolturas. Una realidad aparente y engañosa, pero de la que se deriva el sufrimiento. El Ser, bajo los efectos y la influencia de su propio poder de manifestación (māyā), asume la forma de innumerables seres individuales, cuyas capacidades están limitadas por la ignorancia esencial de su naturaleza. Esa ignorancia no es una cualidad de los individuos, sino que, en cierto sentido, es la esencia de la individualidad, la posibilidad misma de lo plural, el material del que está hecho el «sujeto».

A las cinco capas mencionadas se añade la de māyā. Ese oscurecimiento, esa prisión, se denomina *āṇavamala*, y los objetos de deseo de la «persona», *kārmamala*. Estas dos impurezas afectan al puruṣa, a su condición limitada y a su deseo. Esa es la «persona» que habita en medio de los alientos vitales, el cuerpo, la sensibilidad, la mente y el entendimiento. Es lo permanente que habita en lo pasajero y que pasa por incontables muertes y renacimientos. Como en el sāṃkhya, el trika sostiene que estos puruṣa son ilimitados y que la naturaleza (prakṛti) no es sino el necesario estímulo para su evolución y desarrollo, que depende de su karma individual y de la dureza de las capas que lo envuelven. Sin embargo, los incontables puruṣa son para el sāṃkhya entidades independientes, mientras que para el trika se trata de manifestaciones de la única realidad: el Sí mismo universal. Además, según Abhinavagupta, el puruṣa no se mantiene del todo indiferente y puede verse afectado por algunas circunstancias. Por último, la naturaleza primordial es plural, pues cada puruṣa acarrea una naturaleza particular. Cada puruṣa es en cierto sentido un mundo en sí mismo, una singular espiral de conocimiento. Ya lo hemos dicho: no vemos el mundo como es, pues no es de ninguna manera particular; lo vemos como somos, según el grado de ocultamiento (o encierro) en el que se encuentre nuestro puruṣa. El Sí mismo se divide en innumerables centros finitos de experiencia. Experimenta el mundo (la naturaleza) desde todos los ángulos posibles de experiencia, el sereno y el apesadumbrado, el feliz y el miserable. Aparentemente, māyā hace finito al Sí mismo, que deviene en una pluralidad de «personas» y proporciona a cada una de ellas una naturaleza que experimentar. Pero ese centro de experiencia carece de ubicación espacial; es, literalmente, una singularidad fuera del espacio y del tiempo.

El tiempo y los fenómenos

El tiempo es la primera creación de māyā. Con el tiempo se inician las dificultades, el mundo de la contingencia y de las ataduras, de los deseos insatisfechos, de la extrañeza y de la angustia del ser limitado. Para el trika, conocer el tiempo es un aspecto clave. No se trata de diferenciar el espíritu de la naturaleza, como en el sāṃkhya, sino de conocer la verdadera naturaleza de la sucesión. Descifrar el misterio del tiempo sitúa al individuo en la más alta categoría del conocimiento. Para el que busca el conocimiento más hondo, distinguir lo eterno de lo que no lo es resulta crucial. Sin embargo, para la vida cotidiana y práctica, el propio Abhinavagupta recomienda seguir la filosofía nyāya. La fenomenología aquí expuesta es de poca utilidad para el hombre de mundo, como lo sería conocer los detalles de la construcción del palacio que habita.

No existe nada distinto de Śiva. La divinidad es tanto la materia de la que está hecho el mundo como el agente que lo crea. Es el sustrato de todos los seres y de todos los fenómenos, de ahí que sean reales. Si el universo parece un valle de lágrimas, se debe a un error de percepción. Abhinavagupta pone el ejemplo clásico de la caña de azúcar:

> Al igual que el almíbar, la melaza, los dulces o los terrones proceden todos de la caña de azúcar, así las diversas manifestaciones de los seres y los fenómenos proceden todos de Śaṃbhu, el Sí mismo supremo.

Otras veces utiliza un ejemplo mental. La creación sería el conjunto de las imágenes que pasan por la mente de Śiva.

Esta fenomenología sostiene que los fenómenos, por muy aparentes o fugaces que sean, son todos reales por ser aspectos de la realidad última. Toda la creación es así bendecida. Y Śakti, el poder creativo que la manifiesta, no se diferencia de su poseedor. Dios y la energía creativa son una misma cosa. Śakti es la energía creativa de Śiva, su aspecto femenino, pero los dos son Uno. Los modos de manifestación de Śakti son innumerables, pero destacan cinco: inteligencia (cit), dicha (ānanda), voluntad (icchā), sabiduría (jñāna) y actividad (kriyā). El mundo se manifiesta cuando Śakti se despliega, y se diluye cuando se repliega. Pero en esta pulsión no hay principio ni fin.

Lo vivo y lo inerte

Hay dos tipos de manifestaciones de la conciencia universal, ambas de naturaleza finita o limitada: lo vivo (jīva) y lo inerte (jaḍa). El ser individual (jīva) carece de una existencia independiente como tal y, en rigor, tampoco tiene voluntad ni libertad, pues es la conciencia universal la que actúa y vive libremente a través de él, a través de su mente y de su cuerpo. De hecho, cada ser individual aúna dos aspectos, uno permanente y otro transitorio. La conciencia original está cubierta por seis capas de impurezas, pero gracias a su asociación con el cuerpo y con la respiración, experimenta el mundo sensible, vive en el espacio y siente el paso del tiempo, como si fueran algo externo a ella (aunque tanto el espacio como el tiempo son su creación). Esa conciencia, estando velada, tiende a identificarse con el cuerpo, con el momento y el lugar en los que vive, con quienes la rodean, ya sean familiares, amigos o enemigos. Pero, filosóficamente, el acoplamiento de cuerpo y espíritu (o de conciencia y objeto) es momentáneo y se renueva a cada instante (algo en lo que se parece al budismo sautāntrika). Se trata de un pacto continuamente renovado por la fuerza de la ilusión (māyā). De ahí que no se pueda hablar, como sostiene Hume, de felicidad o desgracia, sino solo de momentos felices o tristes a lo largo del día. Nacemos, en cuerpo y en espíritu, a cada momento, y a cada momento morimos. En este sentido, el sujeto o individuo es una ilusión más.

Respecto a lo inerte, es también momentáneo porque está supeditado al momento de la cognición. Depende de la percepción, ya sea individual o colectiva. Una jarra no es lo mismo para el aguador que para el alfarero o para el que tiene sed. Cada fenómeno es una colección de apariencias, y en esa aparición interviene la percepción del sujeto. Por eso cada individuo vive su propio mundo de sombras y apariciones.

Como afirma Ram Chandra Pandeya, lo que llamamos *conocimiento* es la intersección de dos olas en el océano de la conciencia universal, una subjetiva y otra objetiva. Ambas son configuraciones de apariencias con un mismo origen (la conciencia) cuya luz se refleja en el entendimiento (buddhi). La analogía del espejo, que se remonta a Nāgārjuna, es ilustrativa. Si colocamos cuatro espejos alrededor de un objeto, cada uno de ellos nos ofrecerá una imagen de este. Aunque las cuatro imágenes son distintas, todas ellas son parcialmente verdaderas. Cada individuo es uno de los espejos, y su realidad como sujeto dependerá de su orientación. Leibniz dirá algo parecido con sus mónadas. La posición del espejo es aquí la configuración de las ābhāsa de cada individuo. Cada cual ve el objeto según es, pero eso no quiere decir que no haya un objeto externo y real. Simplemente no tiene sentido hablar de tal objeto sin alguien que lo perciba. Lo que llamamos *experiencia* es la confluencia del espejo con el objeto. Lo curioso de esta metafísica, de este *idealismo realista*, como lo llama Pandeya, es que cada ābhāsa es una entidad independiente y, como tal, es siempre la misma. Se trata de una especie de atomismo parecido al vaiśeṣika. Lo que cambia es la configuración y la colocación de las ābhāsa, que hacen que percibamos y conozcamos las cosas de un modo u otro.

La liberación

Aunque es idéntica a Śiva, la «persona singular» sufre los reveses de la existencia porque desconoce su verdadero origen. La cubren las tres impurezas y las seis envolturas de las que ya hemos hablado. El objetivo de la enseñanza trika es lograr la liberación (mokṣa) de la persona singular, que pasa por reconocer la identidad de la propia persona con la realidad última. Ese reconocimiento supone la intuición espiritual de esa unidad de fondo, facilitada por la iniciación (dīkṣā) y el aprendizaje intelectual del sistema.

Como en algunas corrientes neoplatónicas, el camino a la liberación es inverso al de la manifestación del cosmos. En el momento de la disolución cósmica, el alma individual, sujeta a saṃsāra por las tres impurezas, ya no se encuentra atada a los efectos de māyā, la tercera impureza. Cuando el alma logra avanzar en el camino, se disuelve también la segunda impureza, relativa al karma. Solo subsiste la primera impureza, la de la ignorancia consustancial a la existencia. Pero esta última también puede ser eliminada si se recorren, en orden inverso, los cinco tattva de la creación pura, para finalmente lograr el reconocimiento de la completa identidad con Śiva.

Mādhavācārya ilustra el itinerario hacia la liberación con una alegoría. Una dama tiene noticia, a través de sus amigas, de las virtudes de cierto galán. Se enamora de él antes de haberlo visto y, sin poder resistirlo, le escribe una carta de amor. Él acepta ir a su encuentro, pero la dama, cuando finalmente lo ve, no reconoce las cualidades de las que oyó hablar y no encuentra satisfacción en su compañía. Sin embargo, en cuanto empieza a percibir esas cualidades que sus amigas le señalaban, se siente complacida. De igual modo, aunque la «persona singular» sea idéntica al Sí mismo universal, esa identidad no supone satisfacción alguna hasta que ocurre el «reconocimiento» por parte del individuo. El guía espiritual es el que enseña a «reconocer» (como las amigas de la dama, que le señalaban las cualidades del galán antes de que ella lo conociera), aunque el paso definitivo debe darlo uno mismo.

Otro aspecto esencial de dicho itinerario es la gracia. El esfuerzo humano no basta. Son necesarias la intervención y la influencia de la voluntad divina, que además de crear, sustentar y diluir el universo, tiene el poder del ocultamiento y de la gracia. Ese poder del ocultamiento no solo se ejerce sobre el Sí mismo universal, sino también sobre la propia «persona singular», que no sabe quién es, que desconoce su identidad última con el Sí mismo. Solo se libera cuando la gracia divina desciende sobre ella. Esa liberación, en el sistema trika o pratyabhijñā, es el retorno al estado original de perfección o pureza. Entonces, nos dice Abhinavagupta, el alma individual...

> ... se fusiona con bráhman, como el agua en el agua, como la leche en la leche. Mediante la contemplación, se funde en la sustancia de Śiva, y ahora, ¿qué pesar o engaño puede haber en quien se reconoce universo, en quien se sabe idéntico a bráhman?

Epílogo. El legado del pensamiento indio

Cada civilización es una forma de entender el mundo. Un crisol de ideas que definen la vida humana y dibujan el mapa de los obstáculos que hay que sortear y de los fines que hay que alcanzar. Cada cultura es un modo particular de abordar las preguntas eternas, ya sea en su formulación o en sus respuestas. A este respecto, me gustaría cerrar el volumen con una breve reflexión antropológica sobre el modo hindú de ver el mundo y estar en él.

Pese a lo que puedan decir los antiesencialistas, en muchos sentidos resulta legítimo hablar de una «mentalidad hindú» que conforma la vida cotidiana de millones de personas en la actualidad. Cualquier observador avezado que visite la India detectará, además de una interminable diversidad de credos y formas de vida, ciertas costumbres que han sobrevivido desde tiempo inmemorial: el cuidado del fuego, las abluciones en las aguas sagradas de los ríos, las pequeñas ermitas construidas en árboles milenarios, el ascetismo itinerante o el practicado en inaccesibles cuevas del Himalaya, los rituales cotidianos con los que se levanta al sol y se lo acuesta, las formas extremas de la devoción, etcétera. Un sentimiento de continuidad con el pasado impregna la sociedad india, sobre todo en las áreas rurales, y el «lazo» con la cultura védica parece que no se ha desatado del todo. El ciudadano hindú, sobre todo en las grandes ciudades, suele ser flexible respecto al estilo occidental impuesto por el capitalismo global y por los avances tecnológicos. Una actitud que consiste esencialmente en no dar la espalda a la herencia de la tradición y en adaptarla a las nuevas circunstancias. Se sigue buscando el consejo de los gurús, se realizan con frecuencia ayunos y peregrinaciones (una forma de turismo familiar cada vez más extendida) y, aunque la vida moderna ha abreviado las ceremonias y los festivales religiosos, se conserva la devoción hacia estos ritos antiguos. Al margen de la irrupción de la hindutva y de los insidiosos nacionalismos, cada vez más influyentes y opresivos, pervive un clima de tolerancia intelectual (la social es significativamente menor) que viene de antiguo. Hay un himno del *Ṛgveda* que se pregunta por la naturaleza del Creador, cuyo misterio ni siquiera los dioses conocen, para concluir irónicamente que quizá él mismo desconozca quién es. En otro himno se dice que hay una única verdad, pero muchos caminos para llegar a ella[1]. Una idea que reaparece en la *Bhagavadgītā* (donde se dibujan tres grandes itinerarios: el de la devoción, el del conocimiento y el de la acción) y que sigue vigente entre muchos hindúes cultivados. De hecho, fue la que inspiró la doctrina jainista del anekāntavāda (cada doctrina tiene su verdad, o la verdad no está en un único lugar) y el entusiasmo inclusivo de algunos maestros, como Vivekananda:

> Los hindúes no solo toleramos sino que aceptamos cada una de las religiones, al rezar en la mezquita con los mahometanos, al rendir culto al fuego con los parsis y al arrodillarnos ante la cruz de los cristianos, sabiendo que todas las religiones, desde el fetichismo más elemental, no son más que los diversos intentos del alma humana por aprehender lo infinito, intentos condicionados por su origen y circunstancia.

Esa actitud inclusiva, que se remonta a los orígenes mismos de la tradición hindú, no excluye, sin embargo, el reconocimiento de una jerarquía entre las doctrinas y los credos. La idea de la jerarquía, ya sea entre los seres, las castas, las doctrinas o las filosofías, está siempre presente en el pensamiento indio. Hay una unidad fundamental en la creación, el universo es como una gran familia, pero ello no es óbice para la existencia de diversos niveles de conocimiento y poder. Desde que Prajāpati dio el pistoletazo de salida a la carrera de las identidades, el universo se expresa mediante una gran cadena de seres, desde la humilde brizna de hierba hasta el bráhman supremo. En medio están todas las especies de animales, los demonios, las ninfas, los espíritus, las personas y los dioses, cada uno en su puesto, cada uno ayudando y sirviendo de alimento al otro, y, al mismo tiempo, buscando su propia liberación por la vía que mejor se adapte a su temperamento.

El mundo estratificado permite el contacto de la persona no solo con el cosmos, sino también con otros «niveles de existencia». Un contacto que se expresa de innumerables modos en la concepción āyurvédica del cuerpo, que es lugar de intercambio o campo de batalla de una identidad siempre cuestionada por lo que ingiere, habla, ve u oye. Frente a la visión occidental de la enfermedad como fenómeno invasivo que hay que erradicar, la medicina tradicional india la entiende como un desequilibrio que hay que reajustar, como una descompensación en el régimen de intercambios con el entorno, con el paisaje. Curar no consiste en extraer lo venenoso o lo «extraño» para el cuerpo (nada en el fondo lo es: la dosis hace al veneno), sino en recuperar el equilibrio interno. De ahí la importancia de los aspectos mentales, sensibles y emocionales.

La creencia en la existencia de diferentes niveles de realidad forma parte tanto de las sofisticadas liturgias y los complejos sistemas de los brahmanes como de las canciones, las leyendas y los mitos populares. Esos niveles mentales ascienden hasta una «realidad última», un estado de conciencia singular (sobre todo en sus relaciones con el deseo), diferente de la vigilia, el sueño representativo y el sueño profundo. He ahí la razón de que, en la India tradicional, el conocimiento empírico del mundo externo no goce del mismo prestigio e interés que otros tipos de aproximaciones a la realidad más cromáticos y emocionales, como la experiencia estética o la espiritual.

Las epopeyas y los cuentos infantiles abordan con frecuencia el juego de influencias entre los diferentes ámbitos de existencia. Un texto clásico, el *Yogavāsiṣṭha*, afirma (de modo muy shakespeariano) que la realidad última se parece al rastro que deja en la mente la narración de una historia, cuya urdimbre configura un orden secreto, no evidente, en el que, a pesar de todos los fracasos y calamidades de la vida, se puede confiar. El universo está, en cierto sentido, «etificado», organizado por la calidad moral y espiritual de los seres que lo habitan. Como en la antigua liturgia védica, existe la posibilidad de una asistencia mutua entre los diferentes ámbitos, así como la trasposición temporal de uno a otro (la naturaleza de la mente lo permite, y el testimonio de los santos lo confirma). La vida es viaje y búsqueda, aventura vertiginosa, con sus ascensiones y sus descensos. Ese orden oculto facilita la proliferación de curanderos, astrólogos, adivinos y chamanes, cuyos viajes y trasposiciones constituyen el legado moderno del viejo sacrificio védico. A ello se añade la convicción, heredada de las upaniṣad, de que en el corazón de cada ser humano mora la luz divina. No hay nada casual o accidental en la vida. Cada ser vivo, por ínfimo que sea, es una pieza clave en la configuración del cosmos. Una convicción que fomenta la autoestima y permite soportar el yugo de la necesidad y las desigualdades sociales.

Otro factor de importancia antropológica es la ausencia de leyes abstractas o universales (o, al menos, sin el prestigio del que gozan en Occidente). Cada nivel tiene sus propias leyes y sus propios hábitos locales. La escala de observación, como diría Whitehead, crea el fenómeno. De hecho, dentro del nivel humano, como si se tratara de culturas o etnias diferentes, cada casta tiene sus propias costumbres y su propia moral. La moral india no reconoce la abstracción platónica de lo «bueno en sí», ni el universal imperativo categórico kantiano. Todo dependerá de la circunstancia, del contexto y del paisaje. La valentía, que es el orgullo del guerrero, sería improcedente para el brahmán. Hay castas de ladrones que roban obedeciendo fielmente su deber (dharma) y encomendándose a su divinidad protectora. El alma vulgar carece de destino, no así la de las grandes personas o divinidades. Hasta Kṛṣṇa tiene que pasar una temporada entre las tinieblas por haber promovido la mentira que acaba con la vida del arquero Droṇa.

Una última observación. El paisaje, ya sea el físico habitado por el cuerpo, el emocional de la familia o el laboral de la comunidad, es más una fuente de recursos que un enemigo amenazante. En este sentido, el indio es muy poco existencialista. La unidad fundamental de la persona con su entorno, con el cosmos en general o con los seres con los que convive ha sido un tema recurrente desde las upaniṣad. El valor (saber lo que no hay que temer) reside más en el sentimiento de pertenencia que suscitan las afinidades, en la capacidad de congeniar y empatizar, que en el individualismo y la independencia, siempre ficticios y aparentes. De ahí la constante necesidad de asesoramiento y guía proporcionados por el gurú o por el jefe de familia. El énfasis en la conexión es un eco del pensamiento védico y su querencia ritual. Los arios, amigos del misterio y del sacrificio, seducen a los dioses con el soma, propician su amistad («quien ama a los dioses es querido por ellos»), buscan lo eterno en la imagen móvil del canto sagrado.

La inclinación a renovar ese viejo enlace recorre la historia entera de la civilización india. Hay un patrimonio común en todas las formas de existencia. El cuerpo es la forma burda de la materia; la mente, su forma sutil. La mente, gracias a su agilidad, puede saltar de un nivel a otro, visualizar otros mundos, escuchar antiguos secretos. Las fases lunares, el magnetismo mineral, la luz del sol o los ritmos estacionales son el viento por el que navega la mente. No explican la mente ni la electricidad del cerebro ni las conexiones sinápticas, ni cualquier otro parámetro químico o biológico de la materia. Lo sutil explica lo tosco, no a la inversa. Por eso las emociones vinculadas al principio femenino, como la empatía o la vergüenza, priman sobre la ira y la culpa, propias de la masculinidad. Una actitud que hace que la mente india esté especialmente dotada para lo erótico, para detectar esa distancia precisa que permite reconocer lo sagrado en el ser amado.

Agradecimientos

De no haber sido por ciertos libros, nunca habría escrito este ensayo. El primer impulso se debió a la lectura de *El ardor*, de Roberto Calasso, un fascinante excurso por el pensamiento védico. Otros libros (y el confinamiento) me permitieron extender el volumen hasta la Edad Media. Estoy especialmente en deuda con *A History of Indian Philosophy*, de Surendranath Dasgupta, la *Encyclopedia of Indian Philosophies*, editada por Karl H. Potter, y el *Diccionario sánscrito-español: mitología, filosofía y yoga*, de Òscar Pujol, que me facilitaron la glosa de argumentos y el trazado de genealogías. A Pujol debo agradecerle también su traducción y edición crítica de los *Yogasūtra* de Patañjali y su excelente ensayo sobre Śaṃkara, titulado *La ilusión fecunda*. El capítulo 11 («El jainismo») debe mucho al trabajo de Agustín Pániker, y el 8 («Los gramáticos»), a *El sánscrito: lengua, historia y filosofía*, de Pierre-Sylvain Filliozat. Las obras de Bimal Krishna Matilal han estado siempre encima de mi mesa, así como

Filosofías de la India, de Heinrich Zimmer, libro extraordinario e inagotable. He incorporado algunos materiales de publicaciones mías anteriores, adaptándolos al capítulo sobre el budismo y a los que se ocupan de la *Bhagavadgītā* y de las upaniṣad, cuyas traducciones del sánscrito han visto la luz recientemente.

La mente diáfana está dedicada a Su, Álvaro y Lucía, sin cuya luminosa y sonora presencia no habría podido siquiera concebirse.

Abreviaturas

AA	*Aṣṭādhyāyī*
AB	*Aitareya brāhmaṇa*
AiA	*Aitareya āraṇyaka*
AKB	*Abhidharmakośabhāsya (Abhidharmakośa* o *Kośa)*
AN	*Aṅguttara nikāya*
BhG	*Bhagavadgītā (El canto del bienaventurado)*
BU	*Bṛhadāraṇyaka (Bṛhat) upaniṣad* (o *Gran upaniṣad del bosque)*
CU	*Chāndogya upaniṣad*
DhpA	*Dhammapada aṭṭhakathā*
DN	*Dīgha nikāya*
GK	*Gauḍapāda kārikā* (o *Māṇḍūkya kārikā)*
JB	*Jaiminīya brāhmaṇa*
KaU	*Kaṭha upaniṣad*
MK	*Mūlamadhyamaka kārikā (Fundamentos de la vía media)*
MN	*Majjhima nikāya*

MtU *Maitrī (Maitrāyaṇī) upaniṣad* (o *Upaniṣad de la amistad)*
MuU *Muṇḍaka upaniṣad*
PU *Praśna upaniṣad*
RV *Ṛgveda*
SB *Śatapatha brāhmaṇa*
SK *Sāṃkhya kārikā*
SU *Śvetāśvatara upaniṣad*
TB *Taittirīya brāhmaṇa*
TMB *Tāṇḍya mahābrāhmaṇa*
TU *Taittirīya upaniṣad*
VaP *Vāyu purāṇa*
VM *Visuddhimagga*
VP *Vākyapadīya*
VV *Vigrahavyāvartanī (Abandono de la discusión)*
YS *Yogasūtra*
YṢ *Yuktiṣaṣtikā*

Notas

Preludio

1. MtU 6.34.

2. BU 6.3.12.

3. CU 3.11.5-6.

1. El diálogo entre la India y Europa

1. La obra más completa al respecto es Halbfass (1981). Cabe mencionar también: Schwab (1984), Almond (1988), Basham (1954), De Jong (1976) e Inden (1990).

2. Empleamos las abreviaturas «a. e. c.» (antes de la era común) y «e. c.» (de la era común) en lugar de «a. C.» y «d. C.» respectivamente.

3. David Hume, *Tratado de la naturaleza humana*, § 173. Sobre ese posible encuentro, véase Gopnik (2009).

2. La época védica

1. *Puruṣasūkta* o *Himno al puruṣa* (RV 10.90).

2. RV 10.90.13-14.

3. La imagen de un cosmos privado de conciencia es una *contradictio in terminis*, algo que han imaginado muchos, pero que, como sostenía Berkeley, nadie ha logrado representarse. Aun así, esa fue la visión de cierto positivismo que dominó la Europa decimonónica y que sigue teniendo numerosos incondicionales.

4. TB 2.2.9.1 y 2.5.11.4. El concepto de *mente* aparece a menudo en el *Ṛgveda*. Calasso (2010), pág. 148, enumera 116 menciones del término *manasā* ('mentalmente' o 'con la mente') y afirma: «Nada semejante se puede encontrar en otros textos fundacionales de una civilización. Es como si los hombres védicos hubieran desarrollado una peculiar lucidez y obsesión en relación con ese fenómeno que llamamos manas, 'mente', y que se les imponía [quizá debido al consumo de soma] con una evidencia desconocida en otras latitudes» (el comentario entre corchetes es nuestro).

5. Śīkṣa, chaṇḍa, vyākaraṇa y nirukta, respectivamente.

6. Kalpa y jyotiṣa.

7. SB 3.2.1.18. Texto muy antiguo y de gran extensión, rico en elucubraciones y detalles sobre el ritual, que ofrece una compleja teoría del sacrificio y cuya parte final constituye la *Bṛhadāraṇyaka upaniṣad*. Uno de los protagonistas es el sabio Yājñavalkya. Los múltiples modelos cosmogónicos, sus incontables variantes, pueden despertar la indiferencia y el desánimo en el lector. A veces se tiene la sensación de asistir a un torrente discursivo que carece de la canalización y el autodominio de las energías creativas.

8. La palabra, de igual modo que la respiración, como herramienta para apaciguar la mente, incluso para «atarla».

9. CU 7.3.

10. Tras más de dos siglos de investigaciones, sigue siendo difícil establecer la fecha de composición de esta literatura. En general, se admite una cronología relativa cuya secuencia es la siguiente: (1) el *Ṛgveda*, la colección más antigua, si bien se trata de una antología de fragmentos de diversas épocas y procedencias (los libros tercero, cuarto y quinto conforman el núcleo más antiguo); (2) las partes versificadas de las otras colecciones; (3) los pasajes en prosa del *Yajurveda*; (4) los pasajes en prosa de los brāhmaṇa, los āraṇyaka y las upaniṣad más antiguas, y (5) los sūtra. Respecto al área geográfica, el *Ṛgveda* menciona la cuenca de los siete ríos: el Indo y sus cinco afluentes en el Punyab, así como el Sarasvatī, que constituye el centro de la cultura védica, siendo sus límites la región occidental de la planicie gangética y la oriental de Afganistán. Ofrecer una cronología absoluta ya es más complicado. Para ello dependemos de datos externos. Aunque escasos, hay indicios (documentos procedentes de Asia Menor que datan del siglo XIV a. e. c., así como escritos en lengua hurrita) que probarían la existencia de la lengua védica a mediados del segundo milenio

a. e. c. Se considera que el corpus de los textos védicos, que sufrió modificaciones durante su conformación, se cerró en la época de Buda.

11. El *Sāmaveda* es, según Frits Staal, el *Ṛgveda* arreglado para el canto. Contiene un total de 1810 estrofas, de las cuales 1549 son una copia de los libros octavo y noveno del *Ṛgveda*, compiladas de manera diferente y con algunas estrofas repetidas en distintos lugares. Cuenta con solo 75 estrofas originales, pero incorpora la notación musical de las melodías, probablemente las más antiguas que se conocen. El *Yajurveda*, por su parte, se centra en la liturgia y el ritual, y un tercio de su contenido procede del *Ṛgveda*. Por último, el *Atharvaveda*, que se incorporó al canon védico posteriormente, recoge la colección del Atharvan, un legendario sacerdote del fuego. La transmisión oral de sus 760 himnos (una sexta parte del *Ṛgveda*) a lo largo de los siglos no ha conservado el rigor de los otros tres veda.

12. Un buen informe de estos procedimientos lo encontramos en P.-S. Filliozat (2010). Hablaremos de ello más adelante.

13. Toda abstracción es una «extracción» de datos en función de ciertos intereses.

14. RV 9.112.

15. RV 10.129.4.

16. JB 2.218-221. BU 2.2.6 ofrece un listado ligeramente distinto.

17. RV 1.179.

18. Gāyatrī, también conocido como Sāvitrī, es un mantra muy venerado del *Ṛgveda* (RV 3.62.10), dedicado a Savitṛ, el dios sol. Gāyatrī es el nombre del metro védico en el que se compone el verso. Su recitación se inicia con «oṃ» y la fórmula «bhūr bhuvaḥ svaḥ», conocida como *mahāvyāhṛti*, o 'gran expresión'. Se trata de un mantra pronunciado con frecuencia en textos védicos y posvédicos, en la *Bhagavadgītā*, el *Harivaṃśa* y el *Manusmṛiti*, y que incluso es elogiado por Buda en el canon pāli. El mantra fue parte importante de la ceremonia upanayana dirigida a los varones jóvenes, y los modernos movimientos reformistas difunden su práctica para incluir a las mujeres y todas las castas. Su uso está ahora muy extendido. El mantra dice así: «oṃ bhūr bhuvaḥ svaḥ / tat savitur vareṇyaṃ / bhargo devasya dhīmahi / dhiyo yo naḥ pracodayāt». Aunque carece de sentido traducir los mantras, literalmente correspondería a «que alcancemos la excelsa gloria de Savitṛ, que el dios ilumine nuestro entendimiento».

19. Los indios son el único pueblo cuyo patronímico proviene de una lengua extranjera, el griego.

20. Seguimos, con algunos retoques, la traducción de Tola (1968), pág. 85.

21. RV 10.136.

22. Según uno de los mitos que aparece en los *Cien caminos*, Prajāpati, exhausto tras la creación, se transforma en caballo y esconde el hocico bajo tierra durante un año. De su cabeza aflora el *Ficus religiosa*, el árbol del despertar (aṣvattha).

23. RV 10.129.

24. RV 10.121.

25. AB 12.10.

26. Otro de los grandes mitos es el del Embrión de Oro (Hiraṇya-garbha), «creador de los cielos y la tierra y de todo cuanto vive, cuya autoridad reconocen los propios dioses» (RV 10.121).

27. Véase Panikkar (1967), págs. 65-100.

28. AB 12.10.

29. RV 10.90.

30. Panikkar (1967), pág. 98.

31. RV 10.190.

32. SB 10.4.2.2.

33. TB 1.2.6.1.

34. RV 10.61, 1.71 y 1.164.

35. En la versión de la creación mediante el incesto que ofrece Hesíodo, Cronos castra a su padre Urano con una hoz de pedernal cuando yace con Gea.

36. CU 6.2.3.

37. Un himno tardío (RV 10.121) lo llama el «Embrión de Oro, el que otorga el aliento y la energía a los seres, y al que los dioses obedecen». En todo caso, cuanto más avanza la creación, más se deshace Prajāpati en ella, más se diluye su identidad. La creación no ocurre de una vez por todas, sino que supone una serie de gestos difíciles, a veces fallidos. Finalmente lo abandonan los «siete alientos vitales» (saptaṛsi) y los 33 dioses, dejándolo de nuevo en la soledad original, exhausto, vacío, olvidado, borrado del culto y de la historia, en un estado misterioso e inaccesible.

38. La invocación sacrificial svāhā implica la primera y la tercera personas: la propia voz y la de un testigo. Se pone de manifiesto mediante la «palabra» (vāc), como cuando uno habla consigo mismo.

39. RV 10.127.1.

40. SB 10.4.3.9.

41. Panikkar (1967), pág. 110. Según Panikkar, abstracciones como *Dios, hombre* o *cosmos* son en última instancia ilegítimas, pues pertenecen a una única realidad «cosmoteándrica». El hombre es una chispa divina, un momento de la recreación o restauración de Dios. Se asume sin cortapisas el «realismo» védico (tan alejado de Śaṃkara): la creación solo se convierte en ilusión cuando se enajena de su fuente, cuando se considera «autónoma». La solidaridad entre el hombre y lo divino es completa, y el sufrimiento pertenece a ambos. «Solo un mito que no separe a Dios del mundo puede justificar el dolor. Un Dios independiente, que no tiene nada que ver con los hombres, no existe».

42. Una de las maneras de experimentar ese trasfondo es la unión sexual. «Como el hombre, en íntimo abrazo con su amada, lo olvida todo, lo que ocurre en su interior y fuera de él, el espíritu, en íntimo abrazo con el ātman, que es pura conciencia, pierde el sentido de lo que ocurre dentro y fuera de él» (BU 4.3.21). Ninguna otra experiencia toca tan de cerca el origen, cuando el ātman tenía la forma de puruṣa, aquel espíritu solitario anterior al mundo.

43. BU 3.8.10.

44. SB 11.6.1.

45. Calasso (2010), pág. 71.

46. SB 2.3.2.13.

47. CU 5.3.3.

48. RV 10.51.

49. Mauss (1968), pág. 82.

50. «Fluye con ímpetu, oh soma, a través del tamiz, invitando a los dioses» (RV 9.2.1).

51. Véase la entrada «Soma» de Pujol (2019), pág. 1243.

52. RV 9.2.3, 9.2.10 y 9.108.

53. RV 7.48.3, 7.48.9 y 7.48.7.

54. RV 10.124.1, 10.119 y 4.26.

55. RV 10.85. Véase Pujol (2019), pág. 1243.

56. RV 9.108 y 9.113. Según un mito posterior (VaP 90.2), Soma fue creado por Atri, uno de los siete esclarecidos. Después de practicar el ardor creativo (tapas) durante tres mil años con los brazos erguidos, su cuerpo parecía un pedazo de madera. Era tal la penetración de su conciencia que un día comenzó a manar de sus ojos un líquido resplandeciente que iluminó todos los rincones del cosmos. La diosa acogió en el vientre ese fulgor, pero la luz era incontenible y el feto de Soma cayó a tierra. Brahmā lo subió a un carro tirado por blancos corceles y recorrió el firmamento iluminándolo con su luz.

Lo confundieron con la Luna y Dakṣa, el brahmán, le prometió veintisiete de sus hijas. Fue consagrado rey y, como regalo, ofreció los tres mundos a los esclarecidos. Los dioses lo reverenciaban. Se infló y sintió en su mente la ola de la lujuria y la soberbia. Raptó a Tāra, consorte del brahmán Bṛhaspati (el sacerdote de los dioses), lo que desató una guerṛa en el cielo, la quinta batalla entre los deva y los asura. Bṛhaspati maldijo a su mujer: «No podrás tener un hijo en ese vientre que me pertenece», y la conminó a abortar. Tāra, que detestaba la arrogancia de su marido, lo desobedeció. Entonces intervino Śiva cortando el cuerpo de Soma en dos partes. Tāra tuvo un hijo de Soma llamado Buda. El carácter licencioso del dios Luna se refleja en las leyendas, y el castigo por su incontinencia es menguar periódicamente.

57. RV 1.4.2.

58. RV 10.146.

59. RV 10.136.

3. Las upaniṣad: correspondencias ocultas

1. Olivelle (1993), pág. 63.

2. VaP 90.2.

3. Véase la n. 56 del cap. anterior.

4. RV 10.136.

5. RV 10.121. Corrobora esa idea otro himno del mismo libro, RV 10.81.

6. «Si el que golpea cree que mata y el golpeado se tiene por muerto, ninguno de los dos sabe nada» (KU 2.19). Véase Kuiper (1983).

7. BU 1.4.10.

8. MuU 1.2.6-10.

9. MuU 1.1.4-5.

10. BU 4.4.22.

11. DN 1.63, MN 1.179.

12. CU 5.10.1-2.

13. Los tres mundos: el mundo de aquí abajo (tierra), el espacio intermedio (aire) y el cielo (firmamento). Para el espacio intermedio utilizamos el término *aire* en vez de *atmósfera* porque este suena demasiado moderno. También preferimos *firmamento* en vez *cielo*, en este caso para rehuir la asociación con el paraíso.

14. La «Persona» a la que da a luz es el puruṣa.

15. En el pensamiento indio, la percepción es en general causa y no efecto de la materia. La sensibilidad antecede a lo sensible. Hay dependencia mutua, pero también prioridad ontológica de la percepción (activa) sobre la materia (pasiva).

16. Según Śaṃkara, las tres moradas del ātman se corresponden con el ojo derecho, la mente y el espacio interior del corazón, aunque parece más lógico que estos hagan referencia a los tres estados de conciencia que menciona la *Māṇḍūkya upaniṣad*: la vigilia, los ensueños y el sueño profundo sin representaciones.

17. RV 1.164.20.

18. CU 7.25, SU 5.8, BU 1.4.10.

19. MtU 3.5.

20. SB 12.3.4.11.

21. Calasso (2010), pág. 172, es certero en su análisis: «El Yo se superpone al Sí [ātman] tan perfectamente que puede ocultarlo. De hecho, esto es lo que sucede durante el curso de la filosofía occidental, que nunca se preocupó de darle un nombre al Sí, sino que prefirió siempre tener como observatorio al Yo [...]. No se trata de rechazar o refutar al Yo. Sería vano, y contrario a toda constitución psíquica [...] (la percepción del sujeto dual no es un dato del que partir, sino una conquista [...])». Acierta también en su propuesta de traducir el *sat* y el *asat* de los mitos cosmogónicos del *Ṛgveda* y de la *Taittirīya upaniṣad* –donde se dice que el «ser» surge del «no ser»– por «manifiesto» e «inmanifiesto» respectivamente, manteniéndose fiel al tono general de las cosmologías indias, siempre cíclicas o recurrentes, y en sintonía con cosmologías antiguas como la del sāṃkhya y la budista. Véase a este respecto Arnau (2012). Tres cuartas partes del mundo pertenecen a lo inmanifiesto, una versión antigua de la «materia oscura» que postulan las cosmologías modernas.

22. La tradición filosófica india asumió la sexualidad como un factor de importancia cósmica, no solo en sus cosmogonías, sino también en su metafísica. No se desprecia o condena el papel del sexo ni la función indispensable del principio femenino (prakṛti). La sexualidad es asimismo deseo de trascendencia, y la necesidad de emancipación pertenece a los estratos más profundos de la psique (humana o divina).

23. El conocimiento, para este tipo de gnosis, no consiste en conocer el nombre de las cosas, sino en conocer aquello mediante lo cual se conocen las cosas.

24. BU 4.3.7.

25. BU 1.5.4.

26. CU 8.7.1.

27. CU 8.1.1.

28. CU 8.4.1-2.

29. BU 1.5.4.

30. BU 6.1.7-14, CU 5.1.1-1, AiA 2.1.4, KaU 2.14, PU 2.2-4.

31. Lo que en general llamamos «respiración o aliento vital» (prāṇa) se compone en la tradición védica de cinco modos de circulación: la inspiración (prāṇa), la espiración (apāna), la respiración difusa (vyāna), la respiración ascendente (samāna) y la respiración moduladora (udāna). En PU 3.5-7 se dice que el aliento apāna se ocupa de las funciones de excreción y procreación; el prāṇa descansa en los ojos, los oídos, la boca y la nariz; el samāna se encarga del proceso digestivo; el vyāna mueve las arterias sutiles que recorren el cuerpo humano, y, por último, el udāna se ocupa de la expiración: conduce el alma del difunto al mundo virtuoso o al abismo en función de su karma acumulado.

32. BU 1.5.11-13.

33. KaU 1.14.

34. KaU 2.12-13.

35. KU 3.4, 2.24, 3.5, 3.12 y 3.14.

36. KU 2.15-18 y 2.22-23.

37. KU 3.7-8, 4.1 y 4.6-7.

38. BU 5.5.2.

39. KU 5.1, 5.3, 5.8 y 5.11-13.

40. KU 5.14-15, 6.5 y 6.12.

41. BU 2.4.12.

42. Una lectura cuidadosa del célebre *Himno al puruṣa* (RV 10.90) permite inferir que el puruṣa es al mismo tiempo el origen de este universo material y el principio que lo trasciende. Contiene todos los elementos que conformarán la creación. Mediante el desmembramiento de su cuerpo inicial se llega a la multiplicidad de la creación. El Uno primordial se inmola y el fruto de su sacrificio es el mundo. Como en la explosión de una estrella al final de su ciclo vital, esa violencia original hace posible la creación, pero también exige la insidiosa presencia del dolor en su seno. SB 5.1.1.12 y 11.1.8.3, TMB 7.2.1, CU 6.2.3, TU 2.6.1.

43. BU 1.4.7, CU 6.3.2, TU 2.6.1, KaU 4.20, 1.29 y 2.12.

44. Fatone (1972).

45. KaU 2.5.6-7.

46. Eliade (1933).

4. Dioses, mitos y símbolos

1. RV 10.34.8.

2. RV 10.116.9. Los dados también ejercen su dominio sobre el espacio: cada una de las tiradas se asocia a una de las direcciones espaciales. Es posible que los dados hayan simbolizado asimismo los puntos cardinales: en la ceremonia de consagración real, el sacerdote coloca unos dados en las manos del rey mientras recita un verso; al recibirlos, el rey establece su supremacía sobre los puntos cardinales, afirmando su dominio sobre el territorio del reino.

3. Zimmer (1946).

4. TU 2.6.

5. Como apunta Doniger O'Flaherty (1975), en los mitos de Kṛṣṇa se observan paralelismos con los de Śiva. El tercer niño, Sueño, es un aspecto de Kālī, que aparece como Noche en el mito de Skanda. El sueño, como hemos visto, es la expresión del poder creativo de Viṣṇu, que, según el mito cosmogónico, sueña el universo. Kālī aparece como Sueño, luego como Noche y Sueño profundo (que es la prerrogativa de Śiva) y finalmente asociada a la propia Muerte, el tiempo que todo lo devora. Creación, mantenimiento y disolución: los tres estadios de la evolución cósmica.

6. Véase Doniger O'Flaherty (1975).

7. La Palabra (Vāc) es la manifestación de Sarasvatī, consorte de Brahmā. He aquí el origen de la creación por el verbo, por los sonidos articulados en las sílabas del alfabeto, que forman el «sustrato permanente» (akṣara) de todo el conocimiento. Un principio indestructible que en el orden verbal equivale al cósmico Embrión de Oro, principio de toda vibración o movimiento. Esa energía vibratoria será un concepto importante en el śivaísmo de Cachemira.

8. En el carro de Śiva se concentran las fuerzas de los tres mundos. Viṣṇu es la punta de la flecha; Agni y Soma (el devorador y lo comido), el astil; la diosa Tierra, el carro; el monte Mandara, su eje; los grandes ríos, su cubierta; la serpiente Vāsuki, la lanza; los planetas, el bastidor; las estrellas, las protecciones; el Sol y la Luna, las dos ruedas, y el firmamento, el yugo. La fortaleza, la memoria, la perseverancia y la humildad de todos los seres son las fijaciones del yugo. Los protectores del mundo (Indra, rey de los dioses; Varuṇa, rey de las aguas; Yama, rey de los muertos, y Kubera, Señor de la riqueza) son los caba-

llos. La acción, la verdad, el ascetismo y los frutos son las riendas. La mente es la orientación y las escrituras son el camino del carro.

9. Daniélou (1992).

10. El episodio ocurre en el Bosque de los Pinos, en la ladera de una cumbre sagrada del Himalaya. Śiva se aparece como Orfeo, danzando y cantando, riendo a carcajadas. Desnudo, con el cabello suelto y alborotado, brama como un toro y rebuzna como un asno. Las esposas de los sabios quedan inmediatamente hechizadas por su danza. Los sabios le arrojan maldiciones, pero no lo alcanzan, pues no pueden verlo los que todavía no dominan el ātman. El mito apunta a una domesticación de los aspectos salvajes de lo divino. Propone contener la ira y consagrarse a la meditación. Śiva es recibido como un dios cuando regresa al campamento de los ermitaños, a los que instruye. «Yo soy Agni, unido a Soma. Pongo mi semilla en las cenizas y las esparzo sobre las criaturas. Yo soy Agni y mi esposa es Soma. El espíritu (puruṣa) es estéril sin la naturaleza (śakti). Las cenizas protegen al asceta de los impuros. Y quien se purifica bañándose en cenizas, vence la ira y controla sus sentidos, ese no vuelve a nacer. Las gentes de la ciudad tienen por alma la vergüenza, el engaño y el miedo. Pues las personas, los dioses y los sabios nacen desnudos. Quienes controlan los sentidos están desnudos, aunque se cubran con paños de seda. Ningún vestido puede ocultar a quien no domina sus sentidos. El mejor vestido es la paciencia, el dominio de sí, la indiferencia ante el horror o la deshonra, la no violencia y el desprendimiento».

11. El nacimiento de Skanda muestra el poder generador de Śiva. Ahora son los dioses los que interrumpen el lance erótico entre Śiva y Pārvatī solicitando la ayuda del dios contra los titanes. Los tres mundos se estremecen, los alientos se solidifican. Cuando Śiva escucha la petición, pierde su deseo, pero no interrumpe el juego amoroso por temor a la reacción de Pārvatī. El semen de Śiva es derramado y nadie puede hacerse cargo de él. Agni, empujado por los inmortales, se convierte en paloma y se lo traga. Śiva maldice al fuego: «Serás omnívoro y estarás constantemente torturado en tu alma». Todos los dioses intentan tragarse el semen de Śiva (que no puede perderse), pero les resulta insoportable y finalmente lo vomitan sobre la tierra. De ella surge una montaña que alcanza el cielo. Complacido por la devoción de Agni, Śiva libera al fuego de su maldición. El fuego coloca la semilla en los cuerpos de las mujeres, que en verano se bañan al amanecer. Las esposas de los siete sabios, al salir del agua, tienen frío y se acercan al fuego. Diminutas partículas de semen entran en ellas a través de los cabellos, y Agni se ve liberado de la semilla. Todas salvo una se quedan embarazadas y regresan a casa apesadumbradas. Cuando descubren su estado, los maridos las repudian. Ellas dejan la semilla en una cumbre del Himalaya, liberándose de su quemadura. Pero la montaña tampoco puede soportarla y la arroja a un cañaveral del Ganges.

12. Sanderson (1988), pág. 662.

13. Zimmer (1953), pág. 120.

5. El sāṃkhya

1. CU 6.4.5.

2. Respecto a una posible influencia del sāṃkhya en los pitagóricos, o a la inversa, no disponemos de datos concretos. Es evidente que hubo una transferencia de conocimiento entre la India y Grecia en los primeros siglos antes de la era común, seguramente a través de Persia. El asunto ha sido objeto de numerosas investigaciones, pero pocas son las conclusiones fiables. Richard Garbe considera que las relaciones entre la India y Alejandría se consolidaron en la época del Imperio kuśana, durante el apogeo del arte grecobúdico de Gandhāra. Para el estudioso alemán, ello explicaría la huella de la filosofía del sāṃkhya en los sistemas gnósticos y neoplatónicos.

3. SK 10.

4. Más preocupada por cuestiones epistemológicas, la Edad Moderna ha convertido la vieja querella entre realistas e idealistas en una oposición entre dualistas e idealistas. Para Kant, cuando alguien empieza a dudar de la realidad de los objetos externos a la mente, se está convirtiendo, lo quiera o no, en idealista, mientras que aquel que no duda se convierte de inmediato en dualista, pues separa los objetos del sujeto pensante y los concibe al margen de su propia experiencia. Según esta postura, la materia ya no es un fenómeno de la conciencia, es decir, una mera representación del espíritu a la que corresponde un objeto desconocido, sino que se postula como *cosa en sí* al margen de toda sensibilidad.

5. Pujol y Domínguez (2009), pág. 93.

6. Ibíd., pág. 68.

6. Pensamiento y sociedad

1. Olivelle (1993).

2. El llamado *deber* o *dharma eterno*: sanātanadharma.

3. BU 6.4.1-3.

4. Pániker (2014).

7. La *Bhagavadgītā*

1. BhG 1.31.

2. Dasgupta (1922-1955), «The Philosophy of the *Bhagavadgītā*», vol. II, pág. 478.

3. BhG 7.14-15.

4. BhG 18.61.

5. BhG 2.27.

6. BhG 9.12-16.

7. BhG 7.4-6.

8. BhG 7.8-9.

9. BhG 7.12-15.

10. BhG 3.27.

11. BhG 13.29-35.

12. Paz (1995), pág. 198.

13. BhG 6.20-24.

14. BhG 6.25.

15. BhG 6.10-15.

16. BhG 6.16-19.

17. BhG 13.24.

18. Garbe (1918).

19. BhG 13.25-26.

20. BhG 2.53.

21. BhG 18.55.

22. BhG 9.29-32.

23. BhG 8.5.

24. BhG 8.10-12.

25. BhG 3.3.

26. BhG 5.4-5.

27. BhG 7.7-11.

28. BhG 9.4-7.

29. CU 3.12.6, MtU 6.4.

30. BhG 10.4-6.

31. BhG 10.4-6.

8. Los gramáticos

1. Los lingüistas distinguen tres fases en la evolución de la lengua: (1) «indoario antiguo» o lengua de los veda, que ha sobrevivido hasta hoy gracias al sánscrito clásico; (2) «indoario medio» o «indo medio», que agrupa lenguas derivadas de formas antiguas desde pocos siglos antes de la era común hasta el siglo X (el pāli del budismo theravāda, el ardhamāgadhī del jainismo y los prácritos literarios y epigráficos), y (3) «indoario moderno» o «neoindio», que agrupa incontables variantes y cuya diversificación ha dado lugar a las lenguas vivas de gran parte de los estados de la India actual. Por otro lado, el «indoario» se distingue del «dravídico», la otra gran familia de lenguas del subcontinente indio, desarrollada en el sur y conformada, entre otras, por el tamil, el canarés y el telugu. Véase P.- S. Filliozat (2010), pág. 23.

2. Tras más de dos siglos de investigación, todavía resulta difícil establecer la fecha de composición de los textos védicos. En general, se admite una cronología relativa cuya secuencia de mayor a menor antigüedad sería la siguiente: (1) el *Ṛgveda*, la colección más antigua, que probablemente se remonte al 1200 a. e. c. aproximadamente, aunque no es posible determinar con precisión la fecha de su codificación final, pues se trata de una antología de fragmentos de diversas épocas y procedencias (los libros tercero, cuarto y quinto conforman el núcleo más antiguo); (2) las partes versificadas de las otras colecciones (saṃhitā); (3) las partes en prosa de las otras colecciones, en particular las del *Yajurveda*; (4) las partes en prosa de los brāhmaṇā, los āraṇyaka y las upaniṣad más antiguas, y (5) los sūtra, tratados breves y precisos compuestos por una serie de aforismos concatenados para facilitar su memorización. Todavía más difícil es establecer una cronología absoluta. Para ello dependemos de datos externos. Aunque escasos, hay indicios (documentos procedentes de Asia Menor que datan del siglo XIV a. e. c. y están escritos en lengua hurrita) que confirman la presencia de la lengua védica a mediados del segundo milenio a. e. c. Solo a partir del siglo III a. e. c., en la época del emperador Aśoka, aparecen los primeros restos arqueológicos que confirman el uso del indo medio, resultado de la evolución de viejas lenguas populares contemporáneas al védico.

3. Véase P.-S. Filliozat (2010), págs. 30-35. La primera modalidad básica (saṃhitā) consiste en recitar la estrofa de manera continua, sin hacer ninguna pausa entre las palabras, a excepción de la cesura a mitad de la estrofa. Es la forma más natural, pues reproduce el lenguaje ordinario, aunque supone la aplicación de modificaciones fonéticas en la confluencia de dos palabras. La sílaba final de casi todas las palabras recibe un tratamiento

fonético distinto dependiendo de si va seguida por una pausa o por otra palabra. Una vocal final se funde con una vocal inicial del mismo sonido, mientras que una consonante final se asimila a la consonante inicial de la siguiente palabra, etcétera. La segunda modalidad (pada) consiste en recitar el mismo texto haciendo una pausa después de cada palabra, lo que supone un gran apoyo para la comprensión del texto pero a veces puede exigir la modificación de la última sílaba. Es posible que surjan ambigüedades al prestarse una misma secuencia de palabras a diferentes formas de dividirlas. En estos casos se impone el sentido de la frase. Se trata de una tarea delicada que requiere la mano de un experto. El tercer modo de recitación (krama) es una combinación de los dos anteriores: consiste en reunir cada palabra del texto con la que le sigue, haciendo una pausa después de cada pareja. Ello implica la aplicación sucesiva de dos tratamientos fonéticos a la sílaba final de cada palabra: uno antes de cada pausa y otro antes de la sílaba inicial de la palabra siguiente. Entre el resto de las recitaciones, que se apoyan en estas tres, se encuentran la recitación «en trenzas» (que toma el primer par y luego lo invierte, para después recitarlo otra vez en el orden natural antes de hacer una pausa –ab ba ab...–) y la recitación «densa» (que toma el primer par y lo invierte, para después hacer lo propio con el grupo de las tres primeras palabras –ab ba abc cba...–).

4. Las dos primeras recitaciones del *Ṛgveda* las puso por escrito Max Müller en el siglo XIX, mientras que las otras nunca han sido confiadas a la escritura. Se recitan sobre todo el *Ṛgveda* y la *Taittirīya saṃhitā* del *Yajurveda*, pero hay recitadores que también se ocupan del *Yajurveda* blanco y del *Atharvaveda*, aunque son muy escasos. El *Sāmaveda* no está sujeto a recitaciones, pues se canta y han de memorizarse a la vez texto y melodía. Existen varios tipos de canto que requieren un largo aprendizaje, tradición viva en Tamil Nadu y Kerala, y un caso único de transmisión de música desde la antigüedad.

5. Pāṇini no da un nombre propio a la lengua que describe, que es la que él mismo hablaba. Emplea dos términos: bhāṣā (lengua hablada) y chandas (verso). La imagen que ofrece no es histórica, sino estructural. De sus padres recibió la lengua hablada y de su maestro los versos védicos. Su formulario es un valioso testimonio sobre la conciencia lingüística y cultural de un indio educado en el pensamiento védico. Pāṇini se presenta como practicante de la religión védica y muestra un hondo conocimiento literario y un genio científico incontestable. Es probable que lo separe un milenio de la época de composición del *Ṛgveda*. Como apunta P.-S. Filliozat, analizar su obra permite observar la evolución de la lengua védica, que apenas ha cambiado en un período tan extenso. La fonética sigue siendo prácticamente la misma. Solo se observa la desaparición de la semivocal retrofleja *ḷ*, reemplazada por la oclusiva sonora *ḍ*. Hay una mayor sistematización de las reglas de eufonía (sandhi), pero no una innovación. En cuanto a la morfología, se abandonan algunas duplicaciones, variantes formales de morfemas, sufijos de infi-

nitivo, desinencias, etcétera, es decir, todo aquello cuyo uso es redundante. Hay también una reducción en el número de formas verbales. La pérdida más notable es la del subjuntivo y el injuntivo. Véase P.-S. Filliozat (2010), págs. 40-41.

6. P.-S. Filliozat (2010) subraya que el sánscrito no fue la única lengua de la planicie indogangética. Las lenguas que conocemos gracias a las inscripciones de Aśoka (s. III a. e. c.) no derivan de la de Pāṇini, sino de formas más arcaicas de indoario antiguo.

7. La palabra *saṃskṛta* está compuesta por el sufijo - *ta*, del participio pasado pasivo; la raíz *-kṛ-*, 'hacer', y el prefijo *saṃ*, que introduce la idea de superioridad. A menudo se traduce como 'perfecto' atendiendo a su etimología, pero esta no proporciona todas las connotaciones del término.

8. Teniendo en cuenta todos estos factores, P.-S. Filliozat (2010) propone la siguiente definición del sánscrito: «Lengua de origen indoeuropeo, cuyas primeras formas conocidas son del védico y que después de casi dos milenios experimenta una primera evolución, por un lado conservando su herencia védica, y por el otro enriqueciéndose con influencias del indoario medio e incluso del dravídico; más tarde, con Pāṇini, se produce una toma de conciencia sobre los procedimientos lingüísticos de generación y, con Patañjali, de comprensión; esta conciencia, devenida en parte integral de la lengua, determinará su orientación y estandarización. Finalmente, el sánscrito será aprendido y empleado con esta conciencia durante casi dos milenios más, hasta la época contemporánea».

9. El signo gráfico se llama *akṣara*. Los hay simples y compuestos. Los simples representan o bien una vocal que constituye una sílaba por sí sola, o bien una consonante pronunciada con el sonido *a*. Los compuestos comprenden un akṣara simple consonántico y un segundo signo que expresa o bien la anulación de la vocal *a* (en el caso de una consonante independiente), o bien una vocal que no sea *a*; comprenden asimismo diferentes signos consonánticos alterados en su forma, unidos o superpuestos, con el fin de representar combinaciones de consonantes. Este tipo de escritura permite plasmar fielmente todos los fonemas de una secuencia, ya sea con consonantes y vocales separadas o, como es más frecuente, sílaba por sílaba.

10. P.-S. Filliozat (2010), págs. 26-27.

9. El yoga

1. Véase Pujol (2016).

2. YS 1.33.

3. YS 1.38.

4. YS 1.41.

5. YS 2.5.

6. YS 2.28.

7. Vyāsa pone el ejemplo de Jaigīṣavya, un sabio que gracias a las impresiones latentes pudo contemplar sus vidas previas en diez ciclos cósmicos, incluyendo el dolor en los abismos y los placeres en el paraíso. Cuando le preguntaron qué predominaba en las incontables vidas de los seres, si el placer o el dolor, respondió, muy a la usanza budista, que el dolor, pues el placer siempre acaba transformándose en sufrimiento.

8. Gracias al aliento ascendente (udāna), que es uno de los cinco alientos vitales de las upaniṣad, el yogui tendrá el poder de levitar o andar sobre las aguas o sobre espinas sin tocarlas. Ese poder de ascensión, añade Vyāsa, le permitirá, tras la muerte del cuerpo físico, tomar el camino ascendente de los dioses en lugar del camino de los antepasados. Gracias al aliento que controla el fuego del abdomen y de la digestión (samāna), el cuerpo brilla y el yogui es capaz de quemarlo (de inmolarse) con el fuego del pensamiento. Gracias al dominio del oído, puede controlar el espacio, que es el sustrato del sonido, y desarrollar un oído divino capaz de escuchar cuanto ocurre en todos los rincones del universo. Gracias a la relación de su cuerpo con el espacio, puede obtener la ligereza del algodón y elevarse en el aire o alzar el vuelo y desplazarse a donde le plazca. Gracias al dominio mental, puede hacer salir la mente del cuerpo y tomar posesión de otro cuerpo. Esa «salida» ocurre a diario con la percepción (la mente sale en busca del objeto y adquiere su forma), pero durante la meditación profunda los yoguis expertos pueden hacer salir su propia mente del cuerpo, trasladarla al objeto de la contemplación, poseer ese otro cuerpo y operar desde ahí. La meditación profunda también permite el dominio de los elementos (toscos o sutiles). Y el yogui puede llegar a contemplar los hilos de energía gúṇica que impulsan las transformaciones del mundo natural. Ese control de los elementos le confiere ocho poderes: los cuatro de hacerse pequeño o grande y de hacerse ligero o pesado, así como la cuádruple invulnerabilidad ante los elementos, que hace que el agua no lo moje, el fuego no lo queme, el viento no lo arrastre y la tierra no lo detenga. Además, ello le permite obtener un cuerpo diamantino (la metáfora es budista), con su solidez y pureza, su belleza y su gracia.

9. YS 3.29.

10. YS 4.24.

11. YS 4.10.

10. Escépticos, materialistas y nihilistas

1. RV 1.164.37.

2. TMB 22.10.3.

3. RV 10.129.

4. Jayatilleke (1963).

5. Según algunas experiencias extáticas de la época, el ātman es de color azul y puede verse en los trances meditativos. Buddhaghoṣa habla de la visión de filamentos de luz de color azul, naranja, rojo y blanco.

6. DN 1.2.

7. La duda y el asombro pueden originar el pensamiento, y cuestionar lo tácito, lo que se da por supuesto, es un estímulo para la filosofía. Las diversas upaniṣad ofrecieron diferentes versiones del ātman, lo que permitió abordar con escepticismo aquellas propuestas que parecían contradecirse. Esas aparentes contradicciones, llamadas técnicamente brahmodya, se habían integrado en el ritual védico bajo una forma teatral y eran representadas por los sacerdotes como parte del sacrificio. La rápida sucesión de preguntas y respuestas dejaba asombrado al neófito y constituía una especie de pirotecnia intelectual que pudo ser el germen de la práctica de los debates.

8. Kierkegaard (1838/1841), pág. 290.

11. El jainismo

1. Preferimos el término *gangético* a *dravídico*, que reservamos a los pueblos del sur de la India.

2. Agustín Pániker ha escrito una de las monografías más completas y rigurosas sobre el jainismo que pueden encontrarse en lengua española: Pániker (2001), que es la fuente principal de este capítulo.

12. El budismo

1. Véase el cap. 9, págs. 327-328.

2. El título sánscrito de la obra es *Mūlamadhyamaka kārikā* (MK): «Las estrofas (kārikā) sobre los fundamentos (mūla) de la vía media (madhyamaka)».

3. MK 13.8, 22.15 y 25.24.

4. MK 27.1-7, 27.13 y 27.29.

5. MK 25.3-4.

6. MK 25.17-20.

7. MK 22.16.

8. MK 24.8-10.

9. MK 24.11-13, 24.23-24, 24.30, 24.39-40 y 24.18. Se sugiere que la vacuidad es un medio de liberación, no un fin en sí misma.

10. MK 18.8-9.

11. MK 18.10-11.

12. MK 17.30-31.

13. MK 7.34.

14. MK 23.9.

15. MK 8.6.

16. MK 10.16, 11.1.7-8 y 22.16.

17. La Vallée-Poussin (1923-1931).

18. La escuela yogācāra establecerá posteriormente distinciones entre las palabras sánscritas utilizadas por Vasubandhu para referirse a la mente: *vijñāna*, *citta* y *manas*.

19. YS 1.43.

20. Para más detalles, véase Lusthaus (2002).

21. Sobre este asunto, véanse Waldron (2003) y Yamada (1977).

22. Zimmer (1953).

23. El término *paratantra* es equivalente a *pratītyasamutpāda*, 'origen condicionado', que Nāgārjuna asocia a la vacuidad.

24. Aunque *pariniśpanna* puede significar 'real' o 'perfecto' y connota esencia y verdad, e incluso, como traducen Tola y Dragonetti, se refiere en ocasiones a lo absoluto, preferimos, siguiendo a Nagao (1992), el término *consumación*.

25. *Triṃśikā (Treinta estrofas)* 21 c-d: «Cuando la naturaleza relativa del mundo se libera de su naturaleza imaginada, se produce su consumación». Véase Anacker (1984).

26. DN 1.77-78.

27. La Vallée-Poussin (1923-1931) y Ñāṇamoli (1999).

28. *Cūlamālunkyasutta* (MN 63), en Ñāṇamoli y Bodhi (1995).

29. AKB 4.1 a.

30. La Vallée-Poussin (1911), pág. 130.

31. AN 3.411, en La Vallée-Poussin (1911), pág. 130.

32. AKB 3.2 a-d.

33. El esquema de los dhyāna se desarrolló gradualmente. A veces eran ocho, con el cuarto dividido en otros cuatro.

34. AKB 3.2. La paramnesia no implica aquí un desorden de la memoria como en la medicina moderna.

35. AKB 3.3 a.

36. AKB 3.3 c-d. La Vallée-Poussin (1923-1931) comenta: «Los estados mentales de los dos primeros dhātu son "algo soportado" (āśrita) que se apoya en un cuerpo dotado de órganos; la mente cae o muere cuando se destruyen dichos órganos».

37. AKB 2.41 a.

38. AKB 3.19 c-d.

39. *Aggaññasutta* (DN 27).

40. VM 13.40 y 13.28-31.

41. VM 13.55-62 y 13.65, AKB 3.102.

42. AKB 3.90 a-b.

43. AKB 8.38 c-d.

44. Íbid.

45. AKB 3.100 c-d.

13. Atomistas y lógicos

1. RV 1.113.

2. Para mayores detalles, véase el excelente estudio Matilal (1986), así como Matilal (1998).

3. Matilal (1977), pág. 92.

4. Para más detalles, véase Arnau (2008).

14. La filosofía del lenguaje

1. La especulación en torno al poder mágico de la palabra es un tema central del *Atharvaveda* y del *Yajurveda*. Ambos textos contienen numerosas fórmulas

mágicas para todo tipo de remedios. Y no solo palabras, sino también sílabas dotadas de ciertos poderes. Se enumeran asimismo las correspondencias entre las fórmulas y los alientos vitales. Tanto la cosmogonía como la fisiología de la vida se fundan en la palabra.

2. RV 10.71.

3. RV 10.190.

4. El Cielo y la Tierra son dos divinidades de origen indoeuropeo que en el *Ṛgveda* aparecen juntas. Su fecundidad, beneficiosa para el hombre, y los dones que otorgan son celebrados por los poetas. Como copas enfrentadas, el Cielo y la Tierra permanecen separados y firmemente establecidos por orden de Varuṇa (RV 6.70). El sabio les rinde homenaje, pues sabe que de su enlace nacen los seres y las infinitas cosas de este mundo; sabe que destilan miel, gloria y vigor. El Cielo y la Tierra son nuestro Padre y nuestra Madre, termina diciendo el himno; hacen lo que es bueno y garantizan nuestra riqueza y abundancia.

5. CU 1.4.1-5.

6. Comentaristas posteriores, como Śaṃkara, asociaron esos cuatro elementos a las cuatro eras cósmicas (yuga).

7. CU 7.2.1.

8. Véase el cap. 8, pág. 314.

9. VP 1.1.

10. El término *sphoṭa* no se utiliza como tecnicismo antes de Patañjali, pero Pāṇini (AA 6.1.123) se refiere a un gramático llamado Sphoṭāyana como uno de sus predecesores. Esto indujo a los comentaristas medievales de Pāṇini (entre ellos, Haradatta) a atribuir el primer desarrollo del sphoṭavāda a Sphoṭāyana.

11. VP 1.93.

12. Matilal (1990).

13. Una idea derivada del concepto alemán *Geist* (espíritu), principio fundamental de la «psicología de los pueblos» y de otras evoluciones del hegelianismo y del Romanticismo alemán.

14. Valéry (1957), pág. 85.

15. Véase la n. 10 de este mismo capítulo.

16. Véase la n. 10 de este mismo capítulo.

15. La ciencia ritual

1. R. Garbe, «Mīmāṃsā», en Hastings (1908-1927), vol. VIII, pág. 648.

2. Para la mīmāṃsā, los veda son un amplio conjunto de mantras y de instrucciones normativas (vidhi). Hay tres clases de mandatos: (1) apūrva-vidhi, (2) niyama-vidhi y (3) parisaṃkhyā-vidhi. El primero prescribe algo que no podríamos conocer de otro modo; por ejemplo, «los granos deben lavarse». El segundo escoge la manera adecuada de hacer algo entre varias opciones posibles. Según el tercero, todo lo que se ordena ya se conoce, pero no necesariamente como alternativas. Véase Dasgupta (1922-1955), vol. I, pág. 404.

3. Matilal (1990), págs. 106-119.

4. Ibíd., pág. 118. «Si los hechos conectados no se admiten como entidades reales "ahí fuera" –comenta Matilal–, pero al mismo tiempo se afirma que las palabras en una oración designan tales elementos conectados, es decir, objetos con vinculación, y no objetos como tales, entonces esta relación de "designación" de palabras se supone que selecciona lo que podemos llamar objetos epistémicos, no los elementos u objetos reales en el dominio de lo real. Es nuestro conocimiento de tal relación de "designación" de palabras lo que nos da el conocimiento del significado de la oración como un todo. Esto parece requerir una distinción tentativa entre los objetos aislados (el dominio ontológico) y lo que podemos llamar un dominio semántico que incluirá *designata* de palabras, tales hechos conectados, los objetos epistémicos, es decir, objetos con enlace. Sin embargo, aunque es lo que parece derivarse de su punto de vista, no estamos seguros de si Prabhākara aceptaría esta consecuencia».

5. Dasgupta (1922-1955), vol. I, pág. 384.

6. Véase Arnau (2006).

7. Glosamos a continuación, con algunas variantes y adiciones, la descripción de la mīmāṃsā que ofrece Dasgupta (1922-1955), vol. I, págs. 367-405.

8. El sentido de la relacionalidad o del origen condicionado (pratītyasamutpāda) del budismo, uno de los conceptos más importantes en la obra de Nāgārjuna.

16. La síntesis del vedānta

1. BU 4.4.16, CU 8.3.4, KaU 5.15, MuU 2.2.9.

2. BU 1.5.4.

3. «Así pues, nada surge y nada cesa; sin embargo, por motivos prácticos, los budas han hablado de un camino en el que las cosas surgen y cesan» (YṢ 21).

4. MK 13.

5. La historia aparece en DhpA 2.270-275. Kisā Gotamī, una muchacha pobre, se casa con el hijo de un próspero comerciante y concibe un hijo que muere al nacer. La desconsolada madre vaga por las calles de Śrāvastī en pos de una medicina que le «cure» el dolor. Después de mucho buscar, encuentra a un médico incomparable, Buda, que le pide que le traiga una semilla de mostaza procedente de una casa «donde ningún hijo ni hija ni nadie haya muerto». Ella recorre en vano ciudad tras ciudad, hasta que por fin advierte que no «hay refugio en el que resguardarse de la muerte», ni cura para ella, y entonces despierta. Citado en Gómez Rodríguez (2000), pág. 109.

6. Dice Nāgārjuna: «Supongamos que un hombre artificial previene a otro hombre artificial de hacer algo, o que un mago creado por un mago debiera prevenir a otro mago creado por su propia magia de actuar de cierta manera. Aquí, el hombre artificial que es prevenido y el que previene son ambos vacíos; igualmente, el mago prevenido es tan vacío como el que previene. Del mismo modo es posible mi negación de la naturaleza intrínseca de las cosas, incluso aunque esta aserción mía sea vacía. Así, tu objeción: "Debido a la vacuidad de tu afirmación no es posible la negación de la naturaleza propia de las cosas" carece de fundamento» (VV 23).

7. Compárese el parecido: «yathā māyā yathā svapno gandharvanagaraṃ yathā / tathotpādas tathā sthānaṃ tathā bhaṇga udāhṛtam» (Nāgārjuna, MK 7.34) y «svapnamāye yathā dṛṣṭe gandharvanagaraṃ yathā / tathā viśvam idaṃ dṛṣṭaṃ vedānteṣu vicakṣaṇaiḥ» (Gauḍapāda, GK 2.31).

8. GK 4.42 y 4.98-99, respectivamente.

9. La mejor síntesis de su pensamiento se encuentra en Pujol (2015), lúcida lectura, alejada de la exégesis, de los comentarios del filósofo a los *Brahmasūtra*.

10. La tradición advaita (no dual) admite una lectura trinitaria, como también ocurre con la cosmología trigúṇica del sāṃkhya y de la *Bhagavadgītā*.

11. El término sánscrito para esa proyección es *adhyāsa*, que filosóficamente significa 'superponer lo real a lo que no es real'. Se trata de una falsa atribución, como cuando una cuerda se confunde con una serpiente.

12. Zimmer (1953), pág. 328.

13. Pujol (2012), pág. 52.

14. Ibíd., pág. 60.

15. Pujol (2015), pág. 138: «El jīvātman no es ni una parte ni una fracción ni una modificación ni una emanación de la persona divina, sino más bien como su sombra, una forma virtual que no existe fuera del mismo intelecto divino, que al inicio de la creación concibe o visualiza esta alma encarnada como elemento vivo del universo».

16. Pujol (2015), pág. 162.

17. El término *avidyā* (ignorancia) como equivalente de *nāmarūpa* (organismo psicofísico) y de *māyā* (ilusión, sueño).

17. El śivaísmo

1. Término genérico que comprende un buen número de tradiciones tántricas de la vía izquierda. Proviene de *kula*, que significa 'parentesco, linaje, estirpe'.

2. El término *ābhāsa* significa 'apariencia'; *ābhāsavāda*, 'teoría de la apariencia', es decir, 'fenomenología'.

3. CU 6.2.1-3.

4. Para una explicación detallada de estas categorías (tattva), véase el cap. 5, págs. 206-210.

Epílogo. El legado del pensamiento indio

1. «Lo llamaron Indra, Mitrá, Varuṇa, Agni; él es el Garuḍa celestial, de hermosas alas. La verdad es una, pero los sabios la llaman por muchos nombres y la describen de muchas maneras; la llamaban Agni, Yama, Mātariśvan» (RV 1.164.46).

Bibliografía

ALMOND, Philip C. (1988), *The British Discovery of India*, Cambridge University Press, Cambridge (Reino Unido).
ANACKER, Stefan (ed. y trad.) (1984), *Seven Works of Vasubandhu: The Buddhist Psychological Doctor*, Motilal Banarsidass, Nueva Delhi.
ARNAU, Juan (ed. y trad.) (2004), *Nāgārjuna: Fundamentos de la vía media*, Siruela, Madrid.
–, (2005), *La palabra frente al vacío: filosofía de Nāgārjuna*, Fondo de Cultura Económica, Ciudad de México.
–, (ed. y trad.) (2006), *Nāgārjuna: Abandono de la discusión*, Siruela, Madrid.
–, (2007), *Antropología del budismo*, Kairós, Barcelona.
–, (2008), *Arte de probar: ironía y lógica en India antigua*, Fondo de Cultura Económica, Madrid.
–, (2012), *Cosmologías de India: védica, sāṃkhya y budista*, Fondo de Cultura Económica, Ciudad de México.
–, (ed. y trad.) (2016), *Bhagavadgītā*, Atalanta, Vilaür.
–, (ed. y trad.) (2019), *Upaniṣad: correspondencias ocultas*, Atalanta, Vilaür.
–, y Carlos Mellizo (2011), *Vasubandhu – Berkeley*, Pre-Textos, Valencia.
BASHAM, Arthur L. (1951), *History and Doctrines of the Ājīvikas: A Vanished Indian Religion*, Luzac, Londres.
–, (1954), *El prodigio que fue India*, trad. de Jesús Aguado, Pre-Textos, Valencia, 2009.
BHARATI, Agehananda (1965), *The Tantric Tradition*, Rider, Londres.
BODHI, Bhikkhu (trad.) (2002), *The Connected Discourses of the Buddha: A Translation of the Saṃyutta Nikāya*, Wisdom, Boston.

Buswell, Robert E. (ed.) (2004), *Encyclopedia of Buddhism*, 2 vols., McMillan, Nueva York.

Calasso, Roberto (1996), *Ka*, trad. de Edgardo Dobry, Anagrama, Barcelona, 2005.

–, (2010), *El ardor*, trad. de Edgardo Dobry, Anagrama, Barcelona, 2016.

Chattopadhyaya, Debiprasad (ed.) (1970), *Tāranātha's History of Buddhism in India*, Indian Institute of Advanced Study, Simla.

Chelmicki, Hanna I. Ch. de (1999), «Concepto de *rtá* en el *Rgveda*», en *Ilu. Revista de Ciencias de las Religiones*, núm. 4, págs. 25-56.

Colebrooke, Henry T. y Horace H. Wilson (eds. y trads.) (1837), *The Sánkhya Káriká, or The Memorial Verses of the Sánkhya Philosophy, by Íswara Krishna; also The Bháshya or Commentary of Gaurapáda*, A. J. Valpy, Oxford.

Conze, Edward (ed.) (1953), *Buddhist Texts Through the Ages*, Harper and Row, Nueva York, 1964.

–, (1956), *Buddhist Meditation*, Harper and Row, Nueva York, 1969.

–, (ed. y trad.) (1957), *Vajracchedikā prajñāpāramitā*, Istituto Italiano per il Medio ed Estremo Oriente, Roma.

–, (1960), *The Prajñāpāramitā Literature*, Mouton, La Haya.

–, (ed. y trad.) (1961), *The Large Sutra of Perfect Wisdom*, University of California Press, Berkeley (California), 1984.

–, (1962), *Buddhist Thought in India*, The University of Michigan Press, Ann Arbor (Míchigan), 1996.

–, (1968), *Thirty Years of Buddhist Studies (Selected Essays)*, The University of South Carolina Press, Columbia (Carolina del Sur).

Daniélou, Alain (1992), *Dioses y mitos de la India*, trad. de Antonio Rodríguez, prólogo de Chantal Maillard, Atalanta, Vilaür, 2009.

Dasgupta, Surendranath (1922-1955), *A History of Indian Philosophy*, 5 vols., Motilal Banarsidass, Nueva Delhi, 1975.

De Jong, Jan W. (1976), *A Brief History of Buddhist Studies in Europe and America*, Sri Satguru, Nueva Delhi, 1987.

Doniger O'Flaherty, Wendy (ed.) (1975), *Los mitos hindúes*, trad. de María Tabuyo y Agustín López, Siruela, Madrid, 2004.

Dragonetti, Carmen (ed. y trad.) (1964), *Dhammapada: la esencia de la sabiduría budista*, Sudamericana, Buenos Aires, 1967.

–, (1984), *Siete sūtras del Dīgha Nikāya: diálogos mayores de Buda*, El Colegio de México, Centro de Estudios de Asia y África, Ciudad de México.

–, y Fernando Tola (eds. y trads.) (1977), *Dīgha Nikāya: diálogos mayores de Buda*, Monte Ávila, Caracas.

Edgerton, Franklin (1953), *Buddhist Hybrid Sanskrit Grammar and Dictionary*, 2 vols., Yale University Press, New Haven.

Eliade, Mircea (1933), *El yoga: inmortalidad y libertad*, trad. de Diana Luz Sánchez, Fondo de Cultura Económica, Ciudad de México, 1988.

– (1949), *El mito del eterno retorno*, trad. de Ricardo Anaya, Alianza, Madrid, 1997.

FATONE, Vicente (1972), *Obras completas I: ensayos sobre hinduismo y budismo*, Sudamericana, Buenos Aires.

FILLIOZAT, Jean (1949), *La doctrine classique de la médecine indienne: ses origines et ses parallèles grecs*, Imprimerie Nationale, París. [Trad. ingl. de Dev Raj Chanana: *The Classical Doctrine of Indian Medicine: Its Origins and its Greek Parallels*, Munshiram Manoharlal, Nueva Delhi, 1964.]

FILLIOZAT, Pierre-Sylvain (2010), *El sánscrito: lengua, historia y filosofía*, trad. de Óscar Figueroa y Wendy Phillips, Herder, Barcelona, 2018.

FRAUWALLNER, Erich (1973), *History of Indian Philosophy*, vol. I, Motilal Banarsidass, Nueva Delhi.

–, (1977), *Studies in Abhidharma Literature and the Origins of Buddhist Philosophical Systems*, SUNY, Nueva York, 1995.

GARBE, Richard (1917), *Die Sāṃkhya-Philosophie*, H. Haessel, Leipzig.

–, (1918), *Introduction to the «Bhagavadgītā»*, University of Bombay, Bombay.

–, (1927), «Sāṃkhya», en Hastings (1908-1927), vol. XI, págs. 189-192. Geertz, Clifford (1973), *The Interpretation of Cultures: Selected Essays*, Basic Books, Nueva York. [Trad. esp. de Alberto L. Bixio: *La interpretación de las culturas*, Gedisa, Barcelona, 1983.]

GETHIN, Rupert (1997), «Cosmology and Meditation: From the Aggañña-Sutta to the Mahāyāna», en *History of Religions*, vol. 36, núm. 3, págs. 183-217.

GOMBRICH, Richard (1975), «Ancient Indian Cosmology», en *Ancient Cosmologies*, Carmen Blacker y Michael Loewe (eds.), Allen and Unwin, Londres.

–, (1988), *Theravāda Buddhism: A Social History from Ancient Benares to Modern Colombo*, Routledge, Nueva York, 1995. [Trad. esp. de Jesús Valiente Malla: *Budismo theravāda: historia social desde el antiguo Benarés hasta el moderno Colombo*, Cristiandad, Madrid, 2002.]

GÓMEZ Rodríguez, Luis O. (1977), «The Bodhisattva as WonderWorker», en *Prajñāpāramitā and Related Systems: Studies in Honor of Edward Conze*, University of California, Berkeley (California).

–, (ed. y trad.) (1996), *The Land of Bliss: The Paradise of the Buddha of Measureless Light (Sanskrit and Chinese Versions of the Sukhāvatīvyūha Sutras)*, University of Hawai'i Press, Honolulú.

–, (2000), «Two Jars on Two Tables: Reflections on the "Two Truths"», en Jonathan A. Silk (ed.), *Wisdom, Compassion, and the Search for Understanding: The Buddhist Studies Legacy of Gadjin M. Nagao*, University of Hawai'i Press, Honolulú.

–, (ed. y trad.) (2012), *Śāntideva: Camino al despertar. Introducción al camino del bodisatva (Bodhicaryāvatāra)*, Siruela, Madrid.

GONDA, Jan (1963), *The Vision of the Vedic Poets*, Mouton, La Haya.

–, (1975), *Vedic Literature: Saṃhitās and Brāhmaṇas*, Harrassowitz, Wiesbaden.

–, (1980), *Vedic Ritual: The Non-Solemn Rites*, E. J. Brill, Leiden.

GONZÁLEZ Reimann, Luis (1988), *Tiempo cíclico y eras del mundo en la India*, El Colegio de México, Ciudad de México.

GOPNIK, Alison (2009), «Could David Hume Have Known about Buddhism? Charles François Dolu, the Royal College of La Flèche, and the Global Jesuit Intellectual Network», en *Hume Studies*, vol. 35, núms. 1 y 2, págs. 5-28.

HALBFASS, Wilhelm (1981), *India y Europa: ejercicio de entendimiento filosófico*, trad. de Óscar Figueroa Castro, Fondo de Cultura Económica, Ciudad de México, 2013.

HASTINGS, James (ed.) (1908-1927), *Enciclopaedia of Religion and Ethics*, 13 vols., T and T Clark, Edimburgo.

HUME, David (1739-1740), *A Treatise of Human Nature*, Clarendon, Oxford, 1958.

INDEN, Ronald (1990), *Imagining India*, Basil Blackwell, Oxford.

JAYATILLEKE, K. N. (1963), *Early Buddhist Theory of Knowledge*, Motilal Banarsidass, Nueva Delhi, 2004.

JHĀ, Gangānātha (1896), *The Sāṃkhya-Tattva-Kaumudī: Vācaspati Miśra's Commentary on the Sāṃkhya-kārikā, Chaukhamba Sanskrit Pratishthan*, Nueva Delhi, 2004.

–, (ed. y trad.) (1939), *The Nyāya-Sūtras of Gautama: with the Bhāṣya of Vātṣyāyana and the Vārtika of Uddyotakara*, 4 vols., Motilal Banarsidass, Nueva Delhi, 1984.

JOHNSTON, E. H. (1937), *Early Sāṃkhya: An Essay on its Historical Development according to the Texts*, The Royal Asiatic Society, Londres, 1979.

KALUPAHANA, David J. (1976), *Buddhist Philosophy: A Historical Analysis*, University of Hawai'i Press, Honolulú.

KASAWARA, Kenjiu (ed.) (1885), *The Dharma Samgraha: An Ancient Collection of Buddhist Technical Terms*, reed. de F. Max Müller y H. Wenzel, Clarendon Press, Oxford.

KEITH, Arthur B. (1918), *The Sāṃkhya System: A History of the Sāṃkhya Philosophy*, Oxford University Press, Londres.

–, (1925), *The Religion and Philosophy of the Veda and Upanishads*, Harvard University Press, Cambridge (Massachusetts).

KIERKEGAARD, Søren (1838/1841), *Escritos*, vol. I: *De los papeles de alguien que todavía vive. Sobre el concepto de ironía*, trad. de Darío González y Begonya Sáez, Trotta, Madrid, 2.ª ed., 2000.

KLOETZLI, W. Randolph (1983), *Buddhist Cosmology: Science and Theology in the Images of Motion and Light*, Motilal Banarsidass, Nueva Delhi.

KUIPER, F. B. J. (1983), «The Basic Concept of Vedic Religion», en John Irwin (ed.), *Ancient Indian Cosmogony*, Vikas, Nueva Delhi.

LAMOTTE, Étienne, (1954), «Sur la formation du Mahāyāna», en *Asiatica*, núm. 49.

–, (1958), *History of Indian Buddhism, from the Origins to the Śaka Era*, trad. de Sara Boin-Webb, Université du Louvain, Lovaina, 1988.

–, (ed. y trad.) (1962), *L'enseignement de Vimalakīrti*, Institut Orientaliste, Lovaina.

–, (1980), *Le traité de la grande vertu de sagesse de Nāgārjuna (Mahāprajñāpāramitāṣāstra)*, 5 vols., Bureaux du Muséon, Lovaina.

LARSON, Gerald (ed. y trad.) (1969), *Classical Sāṃkhya: An Interpretation of its History and Meaning*, Motilal Banarsidass, Nueva Delhi, 1998.

–, y Ram S. Bhattacharya (eds.) (1987), *Encyclopedia of Indian Philosophies*, ed. de Karl H. Potter, vol. 4: *Sāṃkhya, a Dualist Tradition in Indian Philosophy*, Motilal Banarsidass, Nueva Delhi.
La Vallée-Poussin, Louis de (1908), «Ages of the World (Buddhist)», en Hastings (1908-1927), vol. I, págs. 187-190.
–, (1911), «Cosmogony and Cosmology (Buddhist)», en Hastings (1908-1927), vol. IV, págs. 129-138.
–, (ed. y trad.) (1923-1931), *Abhidharmakośabhāṣyam of Vasubandhu*, trad. de Leo M. Pruden (a partir de la versión francesa, basada en textos chinos y tibetanos), 4 vols., Asian Humanities Press, Berkeley (California), 1988.
Lusthaus, Dan (2002), *Buddhist Phenomenology: A Philosophical Investigation of Yogācāra Buddhism and the «Ch'eng Wei-shih lun»*, RoutledgeCurzon, Londres.
Mahadevan, T. M. P. (1998), *Invitación a la filosofía de la India*, Fondo de Cultura Económica, Ciudad de México.
Mainkar, T. G. (2004), *Sāṁkhyakārikā of Īśvarakṛṣṇa: With the Commentary of Gauḍapāda*, Chaukhamba Sanskrit Pratishthan, Nueva Delhi.
Marasinghe, M. M. J. (1974), *Gods in Early Buddhism: A Study in Their Social and Mithological Milieu as Depicted in the Nikāyas of the Pāli Canon*, Vidyalankara Campus, University of Sri Lanka, Kelaniya (Sri Lanka).
Masefield, Peter (1983), «Mind/Cosmos Maps in the Pāli Nikāyas», en *Buddhist and Western Psychology*, ed. de N. Katz, Prajña Press, Boulder (Colorado), págs. 69-93.
Matilal, Bimal Krishna (1977), *Nyāya-Vaiśeṣika*, Harrassowitz, Wiesbaden.
–, (1985), *Logic, Language and Reality: An Introduction to Indian Philosophical Studies*, Motilal Banarsidass, Nueva Delhi.
–, (1986), *Perception: An Essay on Classical Indian Theories of Knowledge*, Clarendon Press, Oxford.
–, (1990), *The Word and the World: India's Contribution to the Study of Language*, Oxford University Press, Nueva Delhi.
–, (1998), *The Character of Logic in India*, ed. de Jonardon Ganeri y Heeraman Tiwari, SUNY, Nueva York.
Mauss, Marcel (1968), *Lo sagrado y lo profano (Obras I)*, trad. de Juan Antonio Matesanz, Barral, Barcelona, 1970.
–, (1969), *Institución y culto (Obras II)*, trad. de Juan Antonio Matesanz, Barral, Barcelona, 1971.
Nagao, Gadjin M. (1990), *The Foundational Standpoint of Mādhyamika Philosophy*, Sri Satguru, Nueva Delhi.
–, (1992), «The Buddhist World-View as Elucidated in the Three-Nature Theory and its Similes», en *Mādhyamika and Yogācāra*, Sri Satguru, Nueva Delhi, págs. 51-74.
Nakamura, Hajime (1980), *Indian Buddhism: A Survey with Bibliographical Notes*, KUFS, Hirakata (Japón).
Ñāṇamoli, Bhikkhu (trad.) (1999), *The Path of Purification (Visuddhimagga) by Buddhaghosa*, BPS Pariyatti, Seattle.

–, y Bhikkhu Bodhi (trads.) (1995), *The Middle Length Discourses of the Buddha: A Translation of the Majjhima Nikāya*, Wisdom, Boston.

OBERMILLER, E. (trad.) (1986), *The History of Buddhism in India and Tibet by Bu-Ston*, Sri Satguru, Nueva Delhi.

OLIVELLE, Patrick (1993), *The Āśrama System: The History and Hermeneutics of a Religious Institution*, Oxford University Press, Nueva York.

–, (1998), *The Early Upaniṣads: Annotated Text and Translation*, Oxford University Press, Nueva York y Oxford.

PANDEY, K. C. (1963), *Abhinavagupta: An Historical and Philosophical Study*, Chaukhamba Amarabharati Prakashan, Benarés.

PANDEYA, Ram Chandra (ed.) (1967), *Yuktidīpikā: An Ancient Commentary on the Sāṃkhya-Kārikā of Īśvarakṛṣṇa,* Motilal Banarsidass, Nueva Delhi.

PÁNIKER, Agustín (2001), *El jainismo: historia, sociedad, filosofía y práctica*, Kairós, Barcelona.

–, (2014), *La sociedad de castas: religión y política en la India*, Kairós, Barcelona.

PANIKKAR, Raimon (1967), «La faute originante ou l'immolation créatrice: Le mythe de Prajapati», en E. Castelli (ed.), *Le Mythe de la peine*, Aubier, París.

–, (1970), *El silencio del Buddha: una introducción al ateísmo religioso*, Siruela, Madrid, 2.ª ed. revisada, 2005.

–, (1979), *Mito, fe y hermenéutica*, Herder, Barcelona, 2007.

PAZ, Octavio (1995), *Vislumbres de la India*, Seix Barral, Barcelona, 2012.

POTTER, Karl H. (1963), *Presuppositions of India's Philosophies*, Motilal Banarsidass, Nueva Delhi, 1991.

–, (ed.) (1977), *Encyclopedia of Indian Philosophies*, vol. 2: *Indian Metaphysics and Epistemology: The Tradition of Nyāya-Vaiśeṣika Up to Gaṅgeśa*, Motilal Banarsidass, Nueva Delhi.

–, (ed.) (1993), *Encyclopedia of Indian Philosophies*, vol. 6: *Indian Philosophical Analysis: Nyāya-Vaiśeṣika from Gaṅgeśa to Raghunātha Śiromaṇi*, Motilal Banarsidass, Nueva Delhi.

–, (ed.) (1995), *Encyclopedia of Indian Philosophies*, vol. 8: *Buddhist Philosophies from 100 to 350 A. D.*, Motilal Banarsidass, Nueva Delhi.

–, (ed.) (2003), *Encyclopedia of Indian Philosophies*, vol. 9: *Buddhist Philosophies from 350 to 600 A. D.*, Motilal Banarsidass, Nueva Delhi.

PUJOL, Òscar (2015), *La ilusión fecunda: el pensamiento de Śaṃkara*, Pre-Textos, Valencia.

–, (ed. y trad.) (2016), *Patañjali: Yogasūtra. Los aforismos del Yoga*, Kairós, Barcelona.

–, (2019), *Diccionario sánscrito-español: mitología, filosofía y yoga,* Herder, Barcelona.

–, y Atilano Domínguez (2009), *Patañjali-Spinoza*, Pre-Textos, Valencia.

–, y Félix G. Ilárraz (eds. y trads.) (2004), *La sabiduría del bosque: antología de las principales upaniṣáds*, Trotta, Madrid.

RADHAKRISHNAN, Sarvepalli (1926), *The Hindu View of Life*, Allen and Unwin, Londres.

–, (1927), *Indian Philosophy*, 2 vols., Oxford University Press, Oxford, 1999.

–, (1939), *Eastern Religions and Western Thought*, Oxford University Press, Londres.

–, (1948), *The Bhagavadgītā*, Allen and Unwin, Londres.

–, (1953), *The Principal Upanishads*, Allen and Unwin, Londres.

–, (1960), *The Brahma Sūtra: The Philosophy of Spiritual Life*, Allen and Unwin, Londres.

RAPPAPORT, Roy A. (1999), *Ritual y religión en la formación de la humanidad*, trad. de Sabino Perea, Cambridge University Press, Madrid, 2001.

RENOU, Louis (1955-1969), *Études védiques et pāṇinéennes*, 17 vols., Publications de l'Institut de Civilisation Indienne, E. de Boccard, París.

RUEGG, D. Seyfort (1981), *The Literature of the Madhyamaka School of Philosophy in India*, Harrassowitz, Wiesbaden.

SADAKATA, Akira (1997), *Buddhist Cosmology: Philosophy and Origins*, Kosei, Tokio, 2004.

SAID, Edward W. (1978), *Orientalism*, Routledge and Kegan Paul / Pantheon Books, Londres / Nueva York. [Trad. esp. de Cristóbal Pera y Enrique Benito Solé: *Orientalismo*, DeBolsillo, Barcelona, 2016.]

SANDERSON, Alexis G. J. S. (1988), «Śaivism and the Tantric Traditions», en S. Sutherland *et al.* (eds.), *In The World's Religions*, Routledge and Kegan Paul, Londres, págs. 660-704.

SCHWAB, Raymond (1984), *Oriental Renaissance: Europe's Rediscovery of India and the East, 1680-1880*, Columbia University Press, Nueva York.

SOLOMON, Esther A. (1974), *The Commentaries of the Sāṃkhya Kārikā: A Study*, Gujarat University, Ahmedabad (India).

–, (1976-1978), *Indian Dialectics: Methods of Philosophical Discussion*, 2 vols., B. J. Institute of Learning and Research, Ahmedabad (India).

STAAL, Frits (1982), *The Science of Ritual*, Bhandarkar Oriental Research Institute, Poona (India).

TOLA, Fernando (ed. y trad.) (1968), *Himnos del Rig Veda*, Sudamericana, Buenos Aires.

–, y Carmen Dragonetti (1999), *El sūtra del loto de la verdadera doctrina: Saddharmapuṇḍarīkasūtra*, El Colegio de México, Ciudad de México.

–, (2008), *Filosofía de la India*, Kairós, Barcelona.

–, (2010), *Diálogos mayores de Buda*, Trotta, Madrid.

VALÉRY, Paul (1957), *Teoría poética y estética*, trad. de Carmen Santos, Visor, Madrid, 1990.

WALDRON, William S. (2003), *The Buddhist Unconsciousness: The Ālaya-vijñāna in the Context of Indian Buddhist Thought*, RoutledgeCurzon, Londres.

WARDER, Anthony K. (1971), *Outline of Indian Philosophy*, Motilal Banarsidass, Nueva Delhi.

WAYMAN, Alex (1973), *The Buddhist Tantras: Light on Indo-Tibetan Esoterism*, S. Weiser, Nueva York.

–, (1990), *Buddhist Insight: Essays by Alex Wayman*, ed. de George R. Elder, Motilal Banarsidass, Nueva Delhi.
WIJAYARATNA, Mōhan (1983), *El monje budista: según los textos del theravāda*, trad. de Antonio Rodríguez, Pre-Textos, Valencia, 2010.
WILLIAMS, Paul (1989), *Mahāyāna Buddhism: The Doctrinal Foundations*, Routledge, Londres / Nueva York.
YAMADA, Isshi (1977), «Vijñaptimātratā of Vasubandhu», en *Journal of the Royal Asiatic Society*, vol. 109, núm. 2, págs. 158-176.
ZIMMER, Heinrich (1946), *Mitos y símbolos de la India*, trad. de Francisco Torres Oliver, Siruela, Madrid, 1995.
–, (1953), *Filosofías de la India*, trad. de J. A. Vázquez, Sexto Piso, Madrid, 2010.